관측 가능성과 근본 원인 분석으로 완성하는 AIOps

관측 가능성과 근본 원인 분석으로 완성하는 AIOps

1판 1쇄 발행 2026년 2월 26일

지은이 정현석
펴낸이 장성두
펴낸곳 주식회사 제이펍

출판신고 2009년 11월 10일 제406-2009-000087호
주소 경기도 파주시 회동길 159 3층 / **전화** 070-8201-9010 / **팩스** 02-6280-0405
홈페이지 www.jpub.kr / **투고** submit@jpub.kr / **독자문의** help@jpub.kr / **교재문의** textbook@jpub.kr

소통기획부 이상복, 안수정, 박재인, 박새미, 송영화, 김은미, 나준섭, 권유라
소통지원부 민지환, 이승환, 김정미, 박예은 / **디자인부** 이민숙, 최병찬

기획 송영화 / **진행** 이상복 / **교정 · 교열** 김은미 / **내지 디자인** 이민숙 / **내지 편집** 최병찬 / **표지 디자인** nu:n
용지 타라유통 / **인쇄** 해외정판사 / **제본** 일진제책사

ISBN 979-11-24205-17-4 (93000)
책값은 뒤표지에 있습니다.

분산 추적 신호 분석부터 오픈서치와 RAG를 통한 자동화 프레임워크까지
관측 가능성으로 구축하는 운영 자동화 엔터프라이즈 AIOps 아키텍처

관측 가능성과 근본 원인 분석으로 완성하는 AIOps

정현석 지음

Jpub 제이펍

차 례

이 책에 대하여

관측 가능성이 많이 성숙하고 다양한 기술이 제공되고 있지만, 아직도 많은 관측 가능성과 AI 프로젝트가 실패하고 있다. 이 책에서는 관측 가능성과 AI가 실패하는 다양한 원인을 분석했으며, 성공적으로 구성하기 위한 해결책과 접근법을 설명한다. 또한 실무에서 발생하는 다양한 실패 사례와 이를 위한 해결책을 살펴본다.

간단히 요약하면, 애플리케이션의 분산 추적과 인프라의 시스템 추적을 구성하고, 나아가 AIOps로 근본 원인 분석을 자동화한다. AI의 발전 속도는 놀랍다. 이 책을 기획할 시점에서 AI가 이 정도까지 빠르게 발전할 것이라곤 생각하지 못했다. 마지막 장에서 RAG로 확인한 근본 원인 분석 결과와 정확도는 필자가 예상한 것보다 훨씬 뛰어나다.

한편, 젊은 개발자들은 마이크로서비스에 친숙하지만, 레거시에 대한 이해는 부족하다. 또한 개발자는 시스템 리소스와 커널에 대해서 이해하지 못하고, 운영자는 애플리케이션과 레거시에 대해서 이해하지 못한다. 마이크로서비스 개발자, 인프라 운영자, 레거시 개발자가 서로를 이해해야 함에도 불구하고, 서로 단절된 채 업무를 진행한다. 10년 이상 경력을 가진 자바 백엔드 개발자라면, C로 개발된 리눅스 커널 소스에 관심이 없을 것이다.

애플리케이션과 인프라가 직접적으로 영향을 주는 상황에서, 문제가 발생하면 양쪽을 모두 이해하고 해결책을 찾을 수 있어야 한다. 애플리케이션과 인프라 모두를 이해시키기 위해서는 SRE의 역할이 중요하며, 이를 위한 지식과 경험이 필요하다. 개발자, 아키텍트, 프로덕트 오너, 인프라 운영자를 모두 설득하고 가이드해줄 수 있는 그 역할이 바로 SRE이다. 이 책은 조직과 기술 간 차이점을 서로 이해할 수 있도록 돕고, 이를 통해 신뢰성과 관측 가능성을 향상하는 방법을 설명한다.

데모(실습 예제) 코드 및 지면상 생략한 자료는 이 책의 깃허브 저장소에 업로드했으니 참고 바란다.

- https://github.com/philllipjung/aiops

대상 독자

1. 시스템 내부의 작동 원리와 근본 원인을 이해하고 싶은 개발자

장애가 발생했지만, 원인을 이해 못 하는 경우가 종종 발생한다. 시간과 인력에 대한 제약이 있으므로 애플리케이션을 재시작하고 근본 원인에 대한 이해 없이 넘어가곤 한다. 의지가 있고 없고를 떠나서 개발자와 엔지니어가 내부 시스템 처리 방식에 대한 지식이 없거나, 관측 가능성 내 신호가 정확하게 수집되지 않았다면 근본 원인을 분석할 수 없다. 이 책을 집필한 목적은 엔지니어가 시스템의 내부 작동 원리를 이해하고 신호를 수집해서 근본 원인을 분석할 수 있도록 돕는 데 있다.

2. 관측 가능성을 자동화하고 AIOps를 이해하고 싶은 데이터 엔지니어

데이터 관점에서 보면 관측 가능성은 빅데이터이고, AI를 적용하기에 적합한 분야다. 현재는 과도기적인 시점이며 오픈소스와 상용 모두 데이터 활용 측면에 있어서 제한적인 기능을 제공하고 있다. 동시에 AIOps와 같은 최신 기술에 많은 투자를 진행하고 있다. 상용 AIOps 구축 경험에 따르면, 운영에서 발생하는 근본 원인을 분석하고 노이즈를 줄이는 측면에서는 효과적이지 못하다. 현재 발전을 거듭하고 있는 AI도 비용 대비 성과 측면에서 보자면 아직까지 부족한 게 사실이지만, 기술 발전의 흐름을 고려하면 계속 관심을 가지고 학습하는 과정이 필요하다. 관측 가능성 데이터를 분석하고 집계하는 부분에 대해서 관심을 가지고 이해할 필요가 있다.

3. 근본 원인을 신속하게 식별하고 해결책을 이해하고 싶은 SRE

운영에서 중요한 부분은 시스템을 자동화하고 문제를 신속하게 해결하는 것이다. 특히 SRE에게 문제를 식별하고 해결하는 능력은 중요하다. 개발 언어가 다양하고 문제가 전파되는 상황에서 장애를 빨리 인지하고 해결책을 내놓는 것은 쉬운 일이 아니다. 이 책은 실무에서 발생하는 다양한 에러에 대한 접근법과 해결 방법을 포함하므로 많은 SRE에게 도움이 될 것이다.

4. 레거시가 많은 금융, 통신사에 근무하지만 새로운 관측 가능성을 도입하고 싶은 운영자

SRE 문화는 테크 기업 중심으로 소개되는 것이 현실이지만, 기업 중에서 테크 기업은 극소수이므로 테크 기업의 SRE 문화가 레거시가 많은 대기업과 일반적인 산업군에 적용이 가능한지 고민해봐야 한다. 교차 관심사인 관측 가능성을 구성하는 것은 어렵고 진행이 더디다. 레거시에서는 추적의 전파가 중단되고, 에이전트의 구성이 어려우며 기술적으로 지원이 안 되는 경우가 빈번하기 때문이다. 이 책에서는 다양한 미들웨어에 대해서 설명한다. EAI 서버와 메시지 서버를 통해서 레거시가 연계되어 있는 경우가 많으므로 이들 미들웨어를 계측함으로써 전 구간 관측 가능성을 구성하는 방법을 설명한다.

5. 관측 가능성을 기술적으로 고도화하고 비즈니스적인 가치를 이해하고 싶은 아키텍트

이 책에서는 관측 가능성을 비즈니스적인 개선과 기회의 도구로 바라보는 새로운 시도를 했다. 애플리케이션, 커널과 가상머신 등 시스템 영역으로만 관측 가능성을 고려하는 것은 과거의 일이다. 향후 관측 가능성은 비즈니스를 보다 더 지원하고 연계하며, 매출을 증가시킬 수 있는 도구로 활용될 수 있다. 이 책은 근본 원인 분석과 운영 자동화를 넘어서, 비즈니스를 리딩하고 프로덕트 오너와 경영진에게 가치를 제공할 수 있는 관측 가능성으로 발전하는 방법을 설명하고자 한다.

6. 테크 기업과 대기업의 관측 가능성 베스트 프랙티스가 궁금한 개발자

개발자들은 구글의 SRE 문화와 프랙티스를 선호하고, 테크 기업의 SRE에 대해서 어느 정도 동경이 있는 것이 사실이다. 필자는 현 직장의 실장, 팀장, 팀원이 구글 SRE 출신이라서 테크 기업 출신들이 생각하고 경험한 SRE에 대해서 이해하고 배울 수 있는 좋은 기회를 가지게 되었다. 함께 일하면서 느낀 점은 모든 일이 그러하듯 장단점이 있다는 점이다. 이 책에서 독자들도 그러한 점을 간접적으로 경험할 수 있을 것이다.

7. 오픈소스와 상용 관측 가능성 사이에서 고민하는 데브옵스 엔지니어

관측 가능성은 SRE만의 도구가 아니라, 개발자와 함께 전사적으로 사용될 수 있는 도구다. 오픈소스는 생산성과 외부로부터의 서비스 지원이 어려우므로 내부 SRE의 역량이 중요하다. 내부적인 기술 역량과 노하우, 시행착오를 경험하기 위해서는 많은 구성원의 인내와 시간을 필요로 한다. 단순히 비용 절감만을 목적으로 오픈소스 관측 가능성을 선택하는 잘못된 판단을 하지 않도록 이 책이 안내할 것이다.

책의 구성

이 책은 크게 관측 가능성 이론(1~2장), 애플리케이션 관측 가능성(3~5장), 인프라 관측 가능성(6~7장), 관측 가능성 데이터 활용(8~11장)이라는 네 가지 주제로 구성되어 있다.

1장. 근본 원인 분석이란

이 책의 주요 주제인 애플리케이션 관측 가능성과 인프라 관측 가능성에 대해서 간략하게 설명한다. 메트릭으로 식별이 가능한 스레드와 OOM 에러, CPU 프로파일과 전 구간 추적, 시스템 리소스에 대한 시스템 추적을 소개하고 접근법을 설명한다. 다양한 에러 유형과 관측 가능성으로 장애를 어떻게 해결하는지 설명한다. 실사용자 모니터링, 프로파일, 이벤트, 디버깅 등 다양한 신호를 소개하고, 각 신호의 한계, 버그, 이를 해결하기 위한 방안, 향후 방향성 등을 설명한다.

2장. 근본 원인 분석의 접근법

관측 가능성은 복잡하고 높은 러닝 커브를 필요로 한다. 개발자들이 쉽게 이해하고 사용할 수 있도록 도와주는 상관관계는 신호들이 서로 분리되지 않고, 문제의 범위를 좁히면서 다양한 관점으로 근본 원인을 분석할 수 있도록 도와준다. 다양한 신호들 간의 상관관계를 시각화하는 대시보드와 차트를 개발하는 방법을 설명하고, 필자가 설계한 근본 원인 분석 프로세스를 제시한다.

3장. 추적 중심의 관측 가능성

애플리케이션 관측 가능성의 시작점은 분산 추적이다. 이 장에서는 추적과 에이전트의 내부 작동 방식을 설명한다. 관측 가능성은 시스템 내부를 이해해야 하므로 마이크로서비스 개발보다 어렵고 복잡하다. 이번 장에서 SRE가 관측 가능성의 내부 문제를 이해하고 해결할 수 있도록 돕는 방법을 설명한다.

4장. 산업별 근본 원인 분석 사례

실무에서 어떻게 관측 가능성이 구성되는지 산업별로 설명한다. 각 산업별로 목표로 하는 고객, 상품, 업무 프로세스가 다르므로 이를 지원하는 관측 가능성도 다르게 구성되어야 한다. 금융, 통신, 게임사 등에서 전 구간 추적을 구현 시 겪게 되는 다양한 문제점을 오픈소스 및 상용을 사용해서 해결하는 방법을 설명한다.

5장. 오픈텔레메트리 데모

오픈텔레메트리 레퍼런스 데모를 사용해서, 이제까지 설명한 애플리케이션 관측 가능성을 데모에 적용해보고, 데모를 개선한다. 3, 4장에서 설명하지 못한 애플리케이션 관측 가능성의 다른 주제도 다루며, 다양한 개선 방향에 대해서 설명한다.

6장. 인프라 근본 원인 분석

이 책의 핵심이라 할 수 있는 장으로서, 시스템 추적과 eBPF를 사용해서 시스템 리소스에서 지연과 에러를 식별하고 문제점을 해결한다. 애플리케이션 관측 가능성의 분산 추적과 인프라 관측 가능성의 시스템 추적을 연계해서, IT 운영에 이르는 모든 하드웨어와 소프트웨어의 처리 과정을 시각화하고, 구간별로 지연과 문제점을 측정 가능하도록 구성해본다. 또한 실리움과 카오스 엔지니어링을 인프라 관측 가능성에 적용하는 방법을 설명한다.

7장. 인프라 이상 탐지

이 장에서는 인프라 관측 가능성의 제약을 보완하고, 관측 가능성 자동화를 위해서 이상 탐지를 사용한다. 오픈서치 이상 탐지를 사용해 시스템 리소스에서 이상치를 미리 식별하고 선제 대응할 수 있는 인프라 관측 가능성을 구성한다. 또한 다양한 이상 탐지 사례를 소개하고, 신뢰할 수 있는 이상 탐지를 구성하는 방법을 설명한다.

8장. 관측 가능성 데이터 분석

관측 가능성 데이터는 주로 근본 원인을 분석해서 문제를 해결하는 데 사용하지만, 그 외에도 대시보드, 알람, AIOps 등 다양한 목적으로 활용할 수 있다. 구축이 고도화될수록 요구 사항은 복잡해지며 별도의 관측 가능성 데이터 분석 도구가 필요하게 되는데, 이럴 때 오픈소스인 프롬스케일이 유용하다. 수집한 추적과 메트릭을 프롬스케일에 저장하고, 복잡한 요구 사항에 적합하게 관측 가능성 데이터를 조회하고 분석하는 방법을 설명한다.

9장. 관측 가능성 데이터 집계

관측 가능성 신호를 집계하기 위한 데이터 레이크를 구축하는 데 프레스토와 드루이드를 사용해본다. 이들을 선정한 이유와 장단점도 설명한다. 관측 가능성을 사용해서 복잡한 마이크로서비스로 구성된 드루이드 내부의 클러스터를 디버깅하고 이해하는 과정을 설명한다.

10장. AIOps

데이터를 검색, 분석, 집계하는 방법에 대해서 설명하고, 수집한 관측 가능성 데이터를 활용해서 랭체인과 RAG로 AIOps를 구현하는 과정을 설명한다. 기존 AIOps가 실패한 이유를 분석하고, CMDB와 장애 목록 등 AIOps를 구성하는 데 필요한 다양한 데이터를 설명한다.

11장. RAG와 MCP를 활용한 AIOps

AIOps 구성을 위해서 오픈서치의 에이전트와 도구를 이용하고, RAG를 신속하게 구축해본다. 오픈서치 RAG를 사용해서 구축된 AIOps는 지식 베이스를 포함하며, 근본 원인 분석을 자동화하고 장애를 추론할 수 있다.

다루는 내용과 다루지 않는 내용

문제의 근본 원인을 이해하지 못하면, 해결책을 제시하지 못한다. 그래서 향후 유사한 문제가 재발할 가능성이 있다. 이 책은 특정 기술의 해결책에 대해서 자세히 설명하지 않는다. 해결책은 언어, 운영체제, 애플리케이션, 인프라별로 다양하다. 문제점을 신속하게 발견하고, 원인을 정확히 이해하는 것이 중요하다. 이를 위해서 인프라, 애플리케이션의 관측 가능성에 집중했다.

또한 테크 기업의 관측 가능성보다는 포괄적이고 현실적인 관측 가능성을 설명한다. 테크 기업의 관측 가능성을 다루는 원서들은 이미 출판되어서 구입이 가능하다. 하지만 실무적인 데모와 예제가 부족하거나, 구글, 페이스북, 넷플릭스 등 테크 기업에 초점을 맞추었으므로 일반적인 도메인에 적합하지 않다. 현실적인 어려움을 간과하고, 기술적인 측면에서만 관측 가능성을 설명하는 것 또한 적합하지 않다. 이 책은 기존 접근법과는 다르게 생각하고 대안을 제시할 것이다.

- 관측 가능성은 과거의 성능 튜닝 방법과 다르다. 전통적인 방법과 어떻게 다른지 이해하고, 개선된 이유를 설명한다. 예상 사용자 수와 배치된 시스템 자원이 고정되어 있다고 가정한다. TPS는 기본적인 성능 지표이지만, 이 책에서는 이러한 SLO에 대해 자세히 다루지 않는다. 운영 관점에서 볼 때, 시스템 리소스에 대한 비용을 최소화하며 서비스 신뢰성을 향상시킴으로써 MTTR을 최소화하는 것이 더 중요하다.
- 하루에도 수십 번 배포하는 것이 자연스럽다고 생각하는데, 그런 환상을 추천하지 않는다. 서비스는 정해진 일정과 절차대로 운영되고, 가급적 변동성을 최소화하면서 안정적으로 애플리케이션과 인프라를 운영하는 것이 적합하다. MTTR을 최소화하는 것이 근래의 추세이지만, 견고한 테스트와 배포를 통해서 장애를 최소화해야 한다.
- SLO에 큰 비중을 두지 않았다. 책에서 설명하는 근본 원인 분석 대시보드 한 개면 충분하다고 판단했다. 한 개의 대시보드만 완성할 수 있다면, SLO에 대한 해답을 충분히 찾을 수 있을 것이고, SLO와 대시보드에 대한 명확한 가이드라인을 제시하고자 했다.
- 대용량 트래픽과 클러스터를 경험해보는 것도 중요하지만, 더 중요한 것은 커널, CPU, IO이고

컴퓨터공학에서 배우는 기본적인 주제들이다. 기본을 이해하지 못하면, 운영 환경의 복잡도를 올바르게 제어하기 어렵다.

전작과의 비교

필자는 전작 《모니터링의 새로운 미래 관측 가능성》(제이펍, 2023)을 통해 다양한 오픈소스를 활용한 관측 가능성 실습 내용을 다룬 바 있다. 전작에서는 그라파나, 오픈서치 등을 사용해서 관측 가능성 시스템을 구축하는 데 집중했다면, 이 책에서는 시스템을 구축하는 것보다 문제, 원인, 에러, 장애 등에 초점을 맞추었다. 또한 특정 관측 가능성 설루션에 의존하기보다는 관측 가능성을 구축하고 운영하는 과정에서 겪게 되는 문제점에 대해 집중했다.

과거에는 WAS, 오라클 데이터베이스, 자바의 성능 튜닝이 인기 있고 흥미로운 주제였다. 근래의 개발 추세는 소수의 상용 소프트웨어에 더 이상 의존하지 않고, 오픈소스를 사용해서 개발하는 것이다. 이 책은 과거 접근법과 다음과 같은 차이가 있다.

- WAS와 오라클 데이터베이스보다 메시지 서버와 EAI 서버, 다양한 레거시를 사용한다.
- 다양한 개발 언어, 예를 들어 자바, Go, 파이썬으로 개발한다.
- 새로운 클라우드와 쿠버네티스 인프라에서 관측 가능성을 구성한다.
- 마이크로서비스의 논블로킹, 코루틴, 비동기 처리 방식을 설명한다.

이번 책에서는 관측 가능성을 구성하는 것보다는 관측 가능성 구축 시 겪게 될 에러를 설명하고, 근본 원인 분석을 위한 접근법에 집중했다. 이를 위해서 이 책에서는 eBPF와 자바 에이전트를 사용해 하위 레벨에서 자세하게 관측 가능성을 분석하고, AI 기술인 이상 탐지, AIOps, 생성형 AI 등을 적용해서 자동화할 것이다. 여러 기술을 활용하면, 각자의 환경과 선호에 따른 다양한 근본 원인 분석 방법을 학습할 수 있다.

전작과 마찬가지로 이 책에서도 다양한 데모를 제공한다. 이론을 먼저 설명한 다음, 데모를 구성하는 방식으로 진행된다. 구성에 어려움을 겪는다면 필자에게 문의 바란다.

전작에서는 관측 가능성에 대해 프로테메우스, 오픈텔레메트리, 그라파나 등 기술적인 측면을 설명했다. 이 책에서 설명하는 관측 가능성의 목적은 특정 설루션이 아니라 SRE가 수행하는 근본 원인 분석이다. 신속하게 문제를 발견하고 정확하게 원인을 이해하는 것이 주요 목적이다.

CHAPTER 1

근본 원인 분석이란

이 책은 근본 원인을 분석하는 방법, 그리고 이를 위해 사용하는 관측 가능성과 AIOps를 설명한다. 근본 원인 분석을 본격적으로 살펴보기 전에, 책의 세 가지 주요 주제를 정의하고 시작하겠다.

- **근본 원인 분석(root cause analysis, RCA)**: 문제를 파악하고, 원인을 이해하고, 해결책을 제안하는 과정이다. 근본 원인 분석은 문제에 집중한다.
- **관측 가능성(observability)**: 신호를 올바르게 정의하고, 신호를 수집, 변환, 저장, 분석하는 과정과 SRE가 수행하는 일련의 과정이다. 관측 가능성은 신호에 집중한다.
- **AIOps**: 데이터를 기반으로 AI를 사용하여 IT 운영을 자동화하는 것을 말한다. AIOps는 자동화에 중점을 둔다.

용어에 약간의 차이가 있지만, 목표는 동일하다. 서비스의 신뢰성을 향상시키고, 비용을 절감하는 것이다. 복잡한 비즈니스 프로세스, 레거시 및 블랙박스, 시스템 리소스의 근본 원인을 분석하는 방법을 이해할 수 있어야 한다. 비즈니스 프로세스, 애플리케이션, 시스템 리소스 간의 관계를 정확하게 일치시켜야 문제를 명확하게 식별할 수 있을 것이다. 이를 위해 이 책에서는 상용 레거시, 리눅스 커널, 시스템 리소스, 오픈소스를 포함한 IT 운영에서 겪게 되는 다양한 에러와 장애를 설명할 것이다.

SRE는 운영에서 사용하는 다양한 미들웨어, 데이터베이스, 레거시, 시스템 리소스의 신뢰성을 향상해야 한다. 관측 가능성을 개선하는 다양한 사례를 이해하고, 관측 가능성이 조직 내에서 성공적으로 구성될 수 있도록 베스트 프랙티스를 제공해야 한다.

백엔드 개발자는 트래픽이 많은 환경을 중요하게 생각하지만, SRE에게 트래픽 규모 자체는 우선순위가 높지 않다. 클라우드와 같이 필요한 리소스를 쉽게 프로비저닝하고, 쿠버네티스 오토스케일링처럼 증가하는 부하에 탄력적으로 대처하는 것이 중요하다. 시스템 리소스는 항상 변화하고 동적이다. 따라서 과거와는 다른 운영 방식이 필요하며, 기존의 모니터링으로는 다음과 같은 상황에 효과적으로 대응하기 어렵다.

1. 다양한 언어로 개발된 마이크로서비스 개수는 만 개가 넘는다.
2. 멀티 클라우드와 멀티 쿠버네티스에 등록된 리소스 개수는 수십만 개가 넘는다.
3. 메인프레임, SAP 등 레거시와 블랙박스도 수십 개에 이른다.

개별 마이크로서비스의 성능 저하와 이슈는 중요하지만, 개별적인 성능 문제 이전에 크리티컬한 장애와 에러를 관리하는 것이 더 중요하다. 성능이 저하되거나 트래픽이 증가하는 경우 리소스를 늘리거나 오토스케일링을 사용하는 등 쉽고 유연하게 대응할 수 있는 스케일 아웃 방안이 있다. 기존 성능 방법론이 현재의 운영 환경에 적합하지 않은 이유이기도 하다. 트래픽을 예상하기 어렵더라도, 과거처럼 성능 문제가 핵심이 아니고, 서비스를 신뢰성 있게 제공하는 것이 관측 가능성의 목표다. 과거 방식을 개선하려는 의지가 필요하며, 새로운 기술과 접근법, 방법을 받아들이기 위해서 노력해야 한다. 더 나아가 관측 가능성 이후의 고도화되고 자동화된 운영이 목표가 되어야 한다.

성능을 분석하거나 문제점을 이해할 수 있는 도구들이 많이 있지만, 특정 유틸리티 툴만으로는 복잡한 운영 환경에서 관측 가능성을 구성하는 것이 어렵다. 개인이 사용하는 툴이 아니라, 구성원 모두가 함께 사용하고, 협업을 통해서 개선점을 모색하고 지속적으로 고도화해나가는 과정이 필요하다. 소수의 우수한 SRE가 모든 문제점을 해결하는 것이 아니라, 개발자 아키텍트와 함께 모두가 함께 이해하고 신뢰성을 향상하기 위해서 노력해야 한다.

1.1 관측 가능성

이 책에서는 우선 애플리케이션 관측 가능성을 구성한 다음, 인프라 관측 가능성에서 근본 원인을 분석할 것이다. 그림 1.1에서 수평은 애플리케이션 관측 가능성을 나타낸다. 수직은 인프라 관측 가능성을 나타낸다. 수평은 중간에 끊어지면 안 되고, 수직은 깊게 내려갈 수 있어야 한다.

- **수평**: 애플리케이션을 의미하며 추적이 중간에 끊어지거나, 상관관계로 연결되어야 함을 의미한다. 전 구간 추적을 구성해서, 처리 과정과 구간별 99분위수 지연을 이해한다. 지연이 식별된

구간에 CPU 프로파일로 지연을 발생시키는 메서드를 확인한다.

- **수직**: 인프라를 의미하며 커널, 네트워크 등 하위 수준의 지연을 식별할 수 있어야 함을 의미한다. 시스템 추적을 구성해서, 시스템 리소스의 처리 과정과 구간별 99분위수 지연을 이해한다. 지연이 식별된 구간에 eBPF 프로파일로 지연을 발생시키는 메서드를 확인한다.

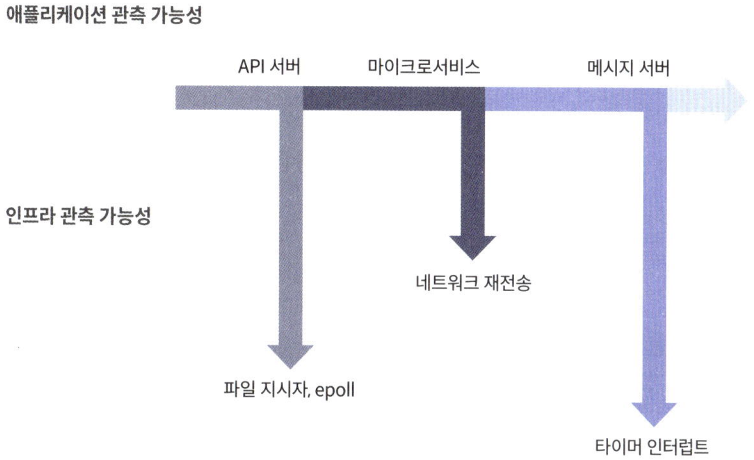

그림 1.1 **애플리케이션과 인프라 관측 가능성의 처리 과정**

예를 들어 위 그림의 왼쪽 API 서버에서 장애가 발생했다고 하자. 원인을 분석하니 커널 파라미터 내 파일 지시자(file descriptor)와 epoll 구성이 잘못되었다. 오른쪽 메시지 서버에서는 지연이 발생한다. 원인을 분석해보니 커널의 타이머 인터럽트에 버그가 있어서 패치(patch)를 적용한다.

애플리케이션 관측 가능성에서는 전 구간에 걸쳐 분산 추적을 구성하고, 인프라 관측 가능성에서는 다양한 시스템 리소스를 아우르는 시스템 추적을 구성한다. 그리고 애플리케이션 관측 가능성과 인프라 관측 가능성 간의 상관관계를 구성한다.

이 책의 목표는 관측 가능성을 단순한 모니터링 기술로만 보지 않고, 협업, IT 안정성 및 비즈니스 개선, 그리고 궁극적으로 수익 증대를 위한 도구로 활용하는 것이다. 우선 애플리케이션 및 인프라 관측 가능성을 구성하고, 마지막으로 AIOps를 구성한다. AIOps로 관측 가능성 데이터를 활용할 때의 대략적인 데이터 흐름은 그림 1.2에 나와 있다.

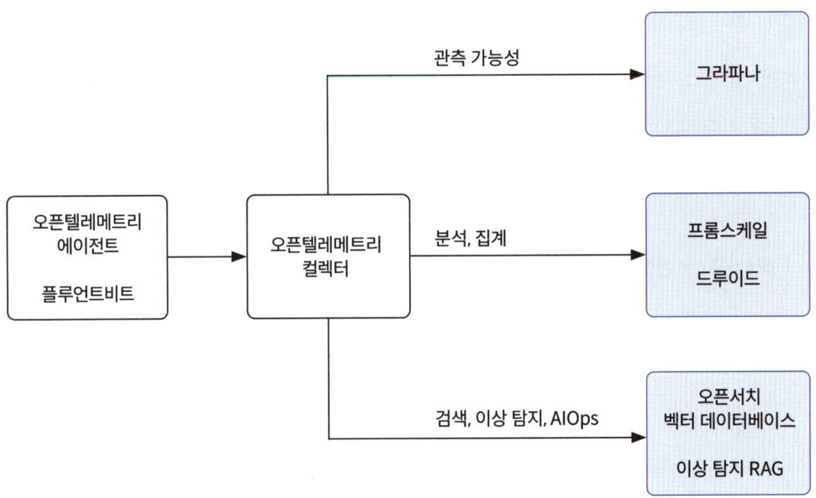

그림 1.2 **관측 가능성과 AIOps의 연계**

이러한 아키텍처를 구현하기 위해서, 관측 가능성과 AIOps 시스템의 파이프라인을 구축할 것이다.

1. 전작에서 설명한 로그, 메트릭, 추적의 3개 신호 외에 실사용자 모니터링, 프로파일, 디버깅, 이벤트, 이상치 5개 신호를 추가했다. 이러한 방향성은 오픈텔레메트리 로드맵과 일치한다. 총 8개 신호를 어떻게 이해해야 하는지, 그리고 각 신호 간에는 어떠한 상관관계가 있는지 설명할 것이다. 다양한 상관관계를 소개할 것이지만, 모든 상관관계를 사용하는 것은 비효율적이며, 요구 사항에 적합하게 근본 원인 분석 프로세스를 설계하는 것이 필요하다.
2. SQL을 사용해서 관측 가능성 데이터를 분석한다. 근본 원인을 분석하는 방법에는 여러 가지가 있다. 가장 기본적인 방법은 대시보드를 사용하는 등 화면에서 신호를 시각화하는 것이다. SQL 데이터에 익숙한 독자는 직접 쿼리를 작성해서 문제를 이해하고 해결한다. 시니어 SRE는 화면을 이해하는 것에 그치지 않고, SQL을 사용해서 근본 원인을 분석하는 것에 익숙하고, 이를 통해서 다양한 자동화와 운영에 필요한 워크플로를 개발한다. 수집한 다양한 신호는 관측 가능성 데이터다. 여러 가지 신호를 자유롭게 검색(정규식과 알고리즘 검색, 시맨틱 검색), 분석(GROUP BY), 집계(다차원 집계)하는 과정을 이해하는 것은 중요하다. 복잡한 전처리 없이 표준 SQL만으로 원하는 메트릭과 추적 데이터를 조회할 수 있다. 또한 이상 탐지와 AIOps는 최신의 근본 원인 분석 방법이다. 수집한 로그, 메트릭, 추적 데이터에 AIOps를 도입하고, 이를 통해서 근본 원인 분석을 자동화한다.
3. 클라우드가 대세로 떠오르면서 리눅스는 가장 보편적이고 많이 사용하는 운영체제로 자리매김했다. 특정 목적에 따라 Go, 파이썬을 활용하긴 하지만, 기업 애플리케이션에는 보편적으로

자바를 사용하고 있다. 리눅스 커널과 자바 가상머신 내부에 계측하는 방법을 이해하는 것은 중요하다. 리눅스는 인프라의 근간이며, 자바 가상머신에 대한 깊은 이해 없이 기업 애플리케이션의 문제점을 식별하고, 원인을 이해하는 것은 어렵다. 근래에 유망한 리눅스 관측 가능성 기술은 eBPF이며, eBPF는 리눅스 커널의 이벤트를 분석할 수 있는 기술로, 특히 네트워크와 관측 가능성, 보안에 활발하게 적용되고 있다.

4. 기술적인 측면뿐만 아니라 실제 산업에서 어떻게 관측 가능성을 적용하는지 설명한다. 통신사(유무선)에서는 레거시가 존재하고, 새로운 마이크로서비스를 도입하는 과정에서 관측 가능성을 어떻게 구현할 것인지 고민할 수밖에 없다. 이제까지 사례가 될 만한 자료가 없었으므로 전 구간 관측 가능성을 어떻게 구현하는지 구체적인 데모를 통해 아키텍처를 제시하고자 한다. 레거시를 포함하는 은행, 증권사, 통신사 산업과 레거시가 없는 온라인 게임에서 현실적인 관측 가능성 방안을 설명할 것이다.
5. 이 책에서는 실무에서 적용되는 다양한 마이크로서비스 패턴을 설명하고, 관측 가능성을 어떻게 적용하고 있는지 설명하고 있다. API 서버, 메시지 서버, EAI 서버, 배치처리, 레거시 등 다양한 데모를 포함하고 있다. 주니어부터 시니어까지 이미 고민했거나 향후 경험할 가능성이 많은 해결 방안에 대해서 설명한다.

상용 관측 가능성에는 다양한 파이프라인이 있다. 이 책에서는 상용 관측 가능성과 약간의 차이가 있는 3가지 유형의 파이프라인을 개발할 것이다.

- **관측 가능성 파이프라인**: 내부 데이터 유형이 알려지지 않은 비정형 데이터다. 그라파나 LGTM은 객체 스토리지에 신호를 적재하며, ETL로 처리가 어렵다.
- **분석, 집계 파이프라인**: 정형 데이터를 처리한다.
- **검색, 이상 탐지, AIOps 파이프라인**: 로그와 이벤트를 활용한다.

1.1.1 상관관계

관측 가능성 시스템은 개별적으로 구축한 후, 분리하여 운영 및 관리하는 것이 일반적이다. 하지만 효율적이고 성공적인 결과를 얻기 위해서는 모두 하나의 통합 플랫폼으로 연결되어야 한다. 통합이 되려면 관측 가능성 신호 간 상관관계를 정의해야 한다.

신호를 빠르게 이해하고 대시보드, 알람, SLO(service level objective) 등에 적용하려면 다음 3가지 관계를 구성해야 한다. 2.2절에서 더 자세히 설명하겠다.

- **신호 간의 상관관계**: 이 책에서는 14개로 설명한다.
- **비즈니스, 애플리케이션, 인프라 간의 상관관계**: 14개 중에서 특히 중요한 2개 상관관계에 집중한다.
- 아이디 간의 구조와 관계

신호 사이의 상관관계는 그림 1.3과 같이 표현할 수 있다.

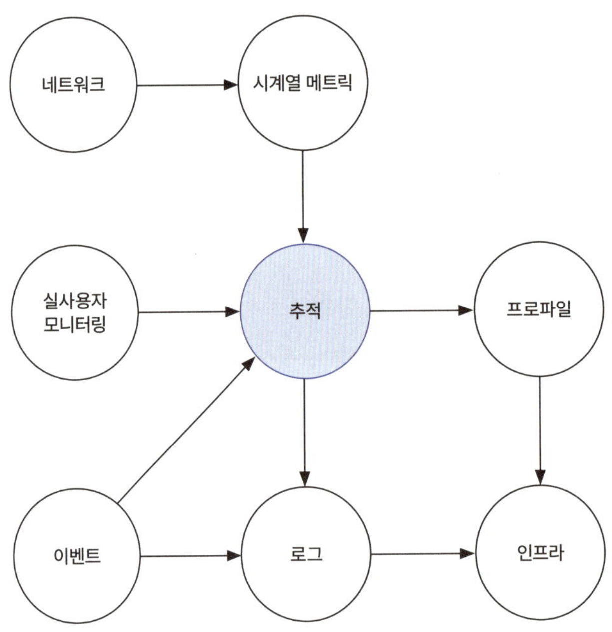

그림 1.3 **관측 가능성 신호 간 상관관계**

일반적으로 추적의 의미는 분산 추적을 의미한다. 분산 추적은 애플리케이션 관측 가능성에 사용되며, 시스템 추적은 인프라 관측 가능성에 사용된다. 이 그림에는 인프라 관측 가능성이 포함되어 있지 않다. 인프라 관측 가능성에 대한 신호는 애플리케이션 관측 가능성 신호와 다르다. 애플리케이션과 이벤트 간의 상관관계는 6장에서 설명한다.

서로 다른 신호 간의 상관관계는 비즈니스와 IT, 애플리케이션과 인프라를 연결한다. 많은 상관관계가 있지만, 2가지 중요한 상관관계는 다음과 같다.

- 이벤트와 분산 추적은 함께 작동하여 비즈니스와 IT를 연결한다.
- 분산 추적과 시스템 추적을 연관시켜 애플리케이션과 인프라를 연결한다.

상관관계가 잘 정리되어 있으면, 수천 개의 스팬을 가진 복잡한 추적도 근본 원인 분석을 위해 쉽게 이해할 수 있다. 예를 들어 이벤트, 분산 추적, 시스템 추적, eBPF 간의 상관관계가 필요하며, 이러한 상관관계를 구성할 때는 코드를 수정할 필요가 없고, 단지 구성만 하면 된다.

그림 1.4는 이벤트가 비즈니스와 IT를 연결하는 데 어떻게 사용되는지, 그리고 추적이 애플리케이션과 인프라를 연결하는 데 어떻게 사용되는지를 예를 보여준다. SRE는 마이크로서비스뿐만 아니라 비즈니스 및 시스템 리소스를 이해하고, 그들 사이의 관계를 정의하고, 개발자와 이해관계자에게 어떤 방식으로든 설명해야 한다. 이 책은 이러한 방식으로 근본 원인을 분석하는 방법을 다룬다.

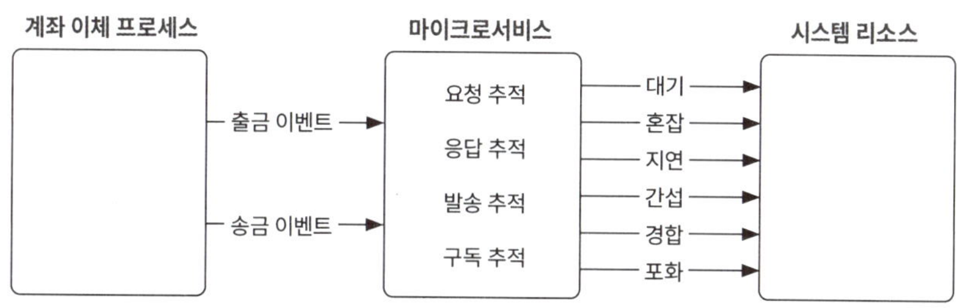

그림 1.4 **비즈니스, 서비스, 시스템 리소스 간의 관계**

예를 들어 계좌 이체 프로세스를 설명하면, 단일 트랜잭션 내 이벤트에 의해서 수집되는 페이먼트 아이디는 동일하다. 단일 페이먼트 아이디는 다수의 추적 아이디를 포함한다. 추적 아이디는 다수의 스팬 아이디를 포함한다. 스팬 아이디는 스레드 아이디를 포함하며, 다수의 시스템 추적을 포함한다. 이러한 아이디들 간의 관계를 도식화하면 그림 1.5와 같다.

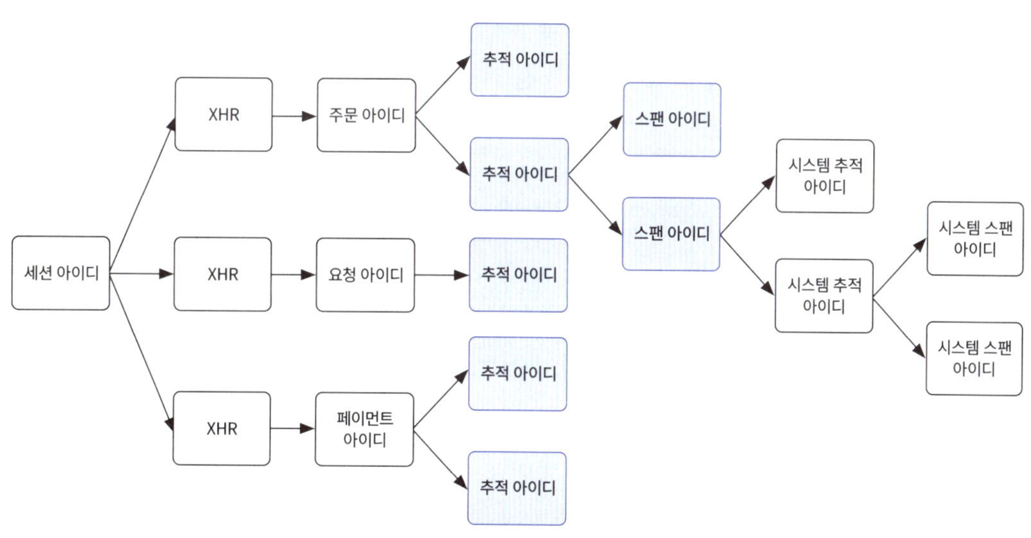

그림 1.5 **아이디 구조와 관계**

아이디 구조를 파악하면, 이 구조대로 신호를 수집하고 데이터를 저장하고, 데이터를 조회하고 분석할 수 있다. 식별한 비즈니스 콘텍스트와 아이디를 시작으로 애플리케이션 서비스와 시스템 리소스 간의 상관관계를 정의할 수 있는 것이다.

카탈로그 조회는 간단한 업무다. 단일 추적 아이디만으로 처리가 가능하다. 하지만 주문은 복잡한 업무다. 주문 시 여러 번 버튼을 선택하고, 다수의 추적 아이디를 생성한다(다수의 추적 아이디를 결합하기 위해서 이벤트를 사용한다). 데이터는 다음과 같은 구조에 따라 저장된다. 이 구조대로 조인, 룩업으로 쿼리를 작성하고, 대시보드와 알람에 적용한다.

- 세션 아이디에는 여러 개의 요청 아이디(예: 개인 정보 변경), 주문 아이디, 페이먼트 아이디가 포함된다.
- 이벤트는 어떠한 처리 구간이든 상관없이, 메시지 헤더와 보디를 캡처할 수 있다.
- 특정 세션 아이디를 기준으로 요청 아이디와 주문 아이디를 집계할 수 있다.
- 주문 아이디에 여러 개의 추적 아이디가 포함되어 있으며, 주문 아이디별로 추적 아이디를 집계할 수 있다.
- 추적 아이디에 스팬 아이디가 포함되어 있으며, 추적 아이디 내의 스팬 아이디를 집계할 수 있다.

1.1.2 대시보드

비즈니스 프로세스를 파악하고 관측 가능성을 개선하기 위해 대시보드를 개발할 것이다. 대시보드를 개발하기 전에는 아이디를 사용하여 구조와 관계를 파악해야 한다. 예를 들어 계좌 이체 프로세스를 설명하면 다음과 같다.

- 단일 트랜잭션 내 이벤트에 의해서 수집되는 페이먼트 아이디는 동일하다. 단일 페이먼트 아이디는 다수의 추적 아이디를 포함한다.
- 추적 아이디는 다수의 스팬 아이디를 포함한다. 스팬 아이디는 스레드 아이디를 포함하며, 다수의 시스템 추적을 포함한다. 논블로킹과 가상 스레드는 예외이지만 스레드 아이디 개수가 많아지더라도, 큰 문제가 없다.
- 업무명(계좌 이체), 페이먼트 아이디, 추적 아이디, 스팬 아이디, 스레드 아이디, 시스템 추적 아이디 순으로 대시보드에 필터로 정의한다. 대시보드에는 시간 순서에 따라 분산 추적, 시스템 추적의 지연 시간과 에러 여부를 출력한다. 추가적으로 eBPF 대시보드를 구성할 수 있다.

- 시스템 추적 중에 지연이 크거나, 장애가 있다고 판단되는 부분은 ftrace, strace를 사용해서 메서드를 확인하고, eBPF로 99분위수를 측정한다. PCP를 사용해서 99분위수 대시보드를 구성한다.

아이디 구조대로 데이터를 구성하고 시각화하면, 그다음 단계는 AI를 사용해서 자동화하는 것이다. 아이디 구조를 파악하는 것이 중요하다. SRE는 대략적인 유저 저니에 대한 아이디 구조를 이해하고 구조화할 수 있어야 한다. 이는 깊이 있는 인사이트와 분석 결과를 만들기 위해서 필요한 과정이다. 식별한 비즈니스 콘텍스트와 아이디를 시작으로 애플리케이션 서비스와 시스템 리소스 간의 상관관계를 정의할 수 있다.

대시보드를 개발하기 위해 코드를 수정할 필요는 없다. 시간이 많이 걸리는 전처리도 필요하지 않다. 아이디 구조를 파악하면 새로운 코드를 개발하고 전처리하는 데 많은 시간을 할애할 필요가 없다.

- 상용 관측 가능성은 신호에 대한 정교한 데이터 모델링을 포함한다. 예를 들어 이벤트 내의 여러 분산 추적 정보가 포함된다. 이 구성은 서비스 신뢰성을 측정하고 MTTR(mean time to repair)을 개선하는 것을 용이하게 한다.
- 신호의 디멘션을 정의하는 것이 어려운 경우도 있으므로 레이블을 정의하고 확장하는 것을 추천한다.
- 오픈소스 구성은 분산 추적 내의 시스템 추적을 포함한다. 이 구성으로 근본 원인 분석을 신속하게 수행할 수 있다.
- 상용 관측 가능성은 한계가 있으며, 오픈소스를 사용해서 부족한 부분을 보강하는 것이 중요하다.

카탈로그 조회는 간단한 업무다. 단일 추적 아이디만으로 처리가 가능하다. 하지만 주문은 복잡한 업무다. 주문 시 여러 번 버튼을 선택하고, 다수의 추적 아이디를 생성한다. 다수의 추적 아이디를 결합하기 위해서는 이벤트를 사용한다.

1.1.3 기술 스택

이 책의 기술 스택은 그림 1.6에 표시한 것처럼 인프라 관측 가능성, 애플리케이션 관측 가능성, AIOps의 3가지 주요 영역으로 나뉜다. 사실 관측 가능성은 인프라, 애플리케이션, 데이터베이스의 3가지 영역으로 구분할 수도 있지만, 이 책은 인프라와 애플리케이션 관측 가능성에 초점을 맞추고 데이터베이스 관측 가능성은 다루지 않는다. 데이터 관측 가능성과 유사한 데이터베이스 신뢰성 엔지니어링에도 관심을 가지길 바란다.

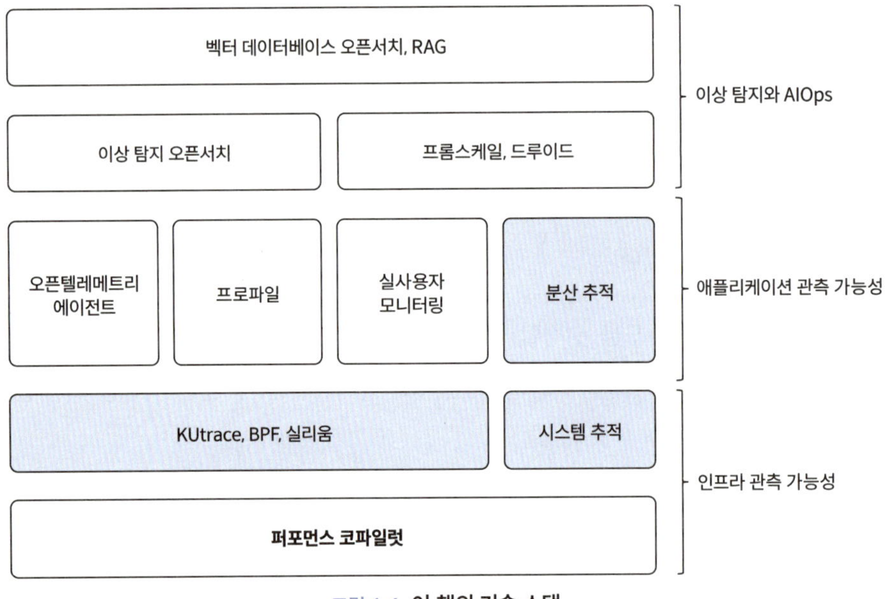

그림 1.6 이 책의 기술 스택

이 책에서는 그라파나 파이로스코프(Pyroscope)와 파로(Faro), 프롬스케일(Promscale), 오픈서치, PCP, 실리움(Cilium)을 포함한 다양한 오픈소스를 사용하여 관측 가능성과 AIOps를 구축한다.

로그, 메트릭, 추적, 실사용자 모니터링, 프로파일 등 8가지 신호를 사용하여 상관관계를 정의하고 신호 검색, 분석, 집계를 개선할 것이다. 신호를 이해하고 AIOps를 적용하여 예측과 추론을 자동화해야 한다. 관측 가능성은 로그와 메트릭 등 특정 신호에 제한되지 않고, 다수의 신호를 조인하여 적재적소에 사용하는 것이다.

- 대시보드와 차트를 사용하여 근본 원인 분석을 하는 대신, SQL을 사용하여 자동화하는 방법을 소개한다. 이것은 어렵고 복잡하지만 흥미로운 주제다. SQL은 이상 탐지와 AIOps를 구현하는 데 필요한 기본 기술이다.
- S3 오브젝트 저장소에 대한 쿼리를 매번 처리한다면, 비용이 많이 드는 스캔과 전처리에 대한 비용을 지불하게 된다. 대안으로 프롬스케일이 있다. 프롬스케일은 포스트그레시퀄(PostgreSQL)을 기반으로 하며 시계열 데이터를 지원한다. 프로메테우스와 100% 호환되며, 메트릭과 예거(Jaeger) 추적을 위한 백엔드 저장소 역할을 한다. 상용 관측 가능성에서도 찾기 어려운 유용한 기능이다.

- SQL에 익숙해지고, 화면에서 분석하는 것보다 더 잘 활용하는 데 주력해야 한다. SQL은 화면에서 볼 수 없는 세부 데이터를 분석하는 데 사용할 수 있고, 자동화할 수 있기 때문이다. 숙련된 SRE는 여러 SQL을 순차적으로 처리하여 근본 원인 분석을 위해 타임스탬프별로 결과를 자동화하고 정렬할 수 있어야 한다.

1.2 근본 원인 분석 과정

SRE의 역할은 장애 대응이다. 아키텍처를 개선하고 성능을 튜닝하는 것도 중요하지만, 우선적으로 장애를 식별하고 장애를 해결해야 한다. 신뢰성을 향상하기 위해서는 다양한 개선 작업이 필요하고, 아키텍처와 프로세스 등 다양한 방면에서 고민을 해야 한다. 개발이 잘못되어 코드에 문제가 있더라도, 신뢰성을 향상시키고 MTTR을 줄이는 것을 목표로 해야 한다. 소수의 마이크로서비스가 잘못되어서 특정 서비스에 문제가 발생하는 것을 방지해야 되지만, API 서버가 다운되어서 모든 서비스가 작동하지 않는 것을 방지하는 것은 더 중요하다. SRE는 신뢰성을 향상시키기 위해서 노력해야 한다.

근본 원인 분석은 평균 문제 해결 시간을 최소화하고, 문제의 범위를 좁혀가면서 최초 혹은 초기 시점에 발생한 문제를 찾는 과정이다. 근본 원인을 분석하고 이해한 후에, 해결책을 적용하고 개선과 튜닝을 해야 한다. 애플리케이션의 성능이 느려지거나 장애가 발생했을 경우에만 근본 원인 분석이 필요한 것은 아니다.

이 책에서는 다양한 근본 원인 분석에 대해서 설명한다. 문제의 유형이 다양하고, 문제 해결을 위해서 사용하는 신호가 다르다. 커널과 가상머신에서 발생하는 에러는 마이크로서비스와 같은 분산 환경에서 발생하는 에러와 서로 다르다. 대용량 클러스터에서 발생하는 에러와 네트워크, 시스템 리소스에서 발생하는 에러는 또 다르다. 장애는 전파되고 중첩되지만, 기술 영역에 따라 문제를 정확하게 식별해야 한다.

애플리케이션, 인프라의 시스템 리소스, 네트워크, 커널, 가상머신에서 발생하는 다양한 문제에 대해서 설명할 것이다. 3단계로 진행되는 근본 원인 분석 접근법은 이 책의 방향성이다.

1. **문제 영역 식별**: 메트릭은 시계열이고 집계를 표현한다. 이를 통해서 문제가 발생한 영역을 이해할 수 있도록 도와준다. 메트릭을 사용한 대시보드는 시간의 흐름에 따른 변화의 정도를 표현한다. 시스템의 개수가 많고 범위가 넓지만, 메트릭을 통해서 문제의 범위를 좁히고 알람과 대시보드를 구성해 MTTD(mean time to detect)를 줄여야 한다. 설루션별로 제공되는 커스텀 메

트릭은 유용하다. 잘못된 리소스를 설정하거나, 자바 가상머신 등의 문제점은 메트릭만으로도 해결이 가능하다.

2. **개별 요청 분석**: 메트릭과 대시보드만으로 문제를 식별할 수 없는 경우에는 추적과 프로파일을 사용하는 것이 좋은 방법이다. 추적은 특정 마이크로서비스와 SQL의 지연과 에러를 출력하며, 프로파일은 메서드 수준에서 CPU와 메모리의 성능과 지연을 이해할 수 있다. 즉, 추적은 개별 요청과 프로파일 수준에서 문제점을 이해할 수 있도록 도와준다. 이 2단계의 추적과 프로파일은 1단계 메트릭과 대시보드보다 자세하며, 3단계 시스템 추적과 eBPF 프로파일보다 쉽고 신속하게 근본 원인을 이해할 수 있도록 도와준다. 적은 공수로 정확하고 신속하게 문제를 이해하고 해결책을 제공해서 MTTR을 줄여야 한다. 2단계를 효율적으로 구성해서 관측 가능성의 기술적인 장점을 극대화하고, 비즈니스적으로 확장할 수 있다.
3. **하위 수준 이해**: 하위 수준의 근본 원인 분석에 걸리는 시간을 측정하기 위한 지표는 없다. 3단계가 중요한 이유는 근본 원인 분석과 관련이 있다. 근본 원인을 해결하지 못하면, 추후에 동일한 문제가 재발할 가능성이 높다. 3단계는 많은 시간과 인력이 소요되더라도 원인을 찾아내고 해결하는 것이 목적이다. 메트릭, 추적, 프로파일은 관측 가능성에서 제공하는 유용한 신호들이다. 하지만 이를 통해 근본 원인을 이해할 수 없다면, 더 하위 수준의 방법과 신호를 분석하는 것이 필요하다. 커널과 시스템 리소스에 대한 지식을 바탕으로 시스템 추적과 eBPF 프로파일을 통해서 문제를 식별하고 해결한다.

1.2.1 문제 영역 식별

성능 저하는 다른 문제의 증상일 수 있다. 경합이 발생하거나 스파이크와 같은 부하는 임곗값과 SLO를 초과하는 문제들의 증상일 수 있다. 이러한 문제는 초기에는 특정 시나리오로 제한되더라도 모든 서비스와 API에 영향을 미치고 전파될 수 있다.

예를 들어 다운스트림 서비스에 문제가 발생하면 해당 다운스트림 서비스에 포함한 모든 API의 처리량이 크게 떨어질 수 있다. 리소스 소비량이 많든 적든 그것만으로는 문제를 나타내지 않는다. 사용자가 영향을 받지 않는다면 높은 CPU 또는 메모리 사용률은 유효할 수 있다.

SLO를 모니터링하고 지연 알람을 전송해서 성능 문제를 감지할 수 있다. 문제가 특정 시나리오에 국한되지 않고 광범위하게 발생하고 있다면 CPU 사용량, 메모리, 스레드 수 등 프로세스의 전반적인 리소스를 확인하여 병목현상을 찾아야 한다. 다양한 신호를 수집하고 분석해야 할 수도 있다. 메트릭 사용률만으로는 문제 해결이 어려운 경우가 많다. 추적, 프로파일 등을 순서대로 적용하면서 다양한 문제를 어떻게 해결하는지 이해해보자. 이러한 문제의 예를 간략하게 살펴보고 그 해결책에 대해 이야기해보자.

❶ 잘못된 리소스 설정

마이크로서비스와 클러스터의 내부적인 작동 방식을 이해하고, 예상 트래픽에 기반해서 용량 산정을 하고 리소스를 할당해야 한다. 예를 들어 스프링 부트의 스레드와 커넥션풀에 적당한 개수를 유지해야 한다. 개별 스레드는 메모리를 사용하므로 스레드의 개수에 비례하는 적절한 메모리가 설정되어야 한다.

스레드 문제를 이해하기 위해서 메트릭 시계열 차트를 이용하는 것이 적합하지만, 추적 차트를 사용할 수도 있다. 스레드풀, 커넥션풀, 리소스풀을 잘못 설정하면 다수 스팬이 계단식으로 처리되거나, 일괄적으로 타임아웃된다. 그림 1.7에서는 다수의 스팬이 동시에 타임아웃되는 것을 확인할 수 있다. 리소스를 설정할 때 항상 높은 값으로 변경하는 것이 정답이라고 생각하면, 다른 장애를 불러올 수 있다. 오토스케일링, 스레드풀 커넥션풀의 개수를 늘리면 다른 예상하지 못한 부작용이 발생할 수도 있으며, 오히려 허용되는 리소스의 개수를 줄이는 것이 안정적으로 시스템을 운영하는 데 도움이 되는 경우도 발생한다.

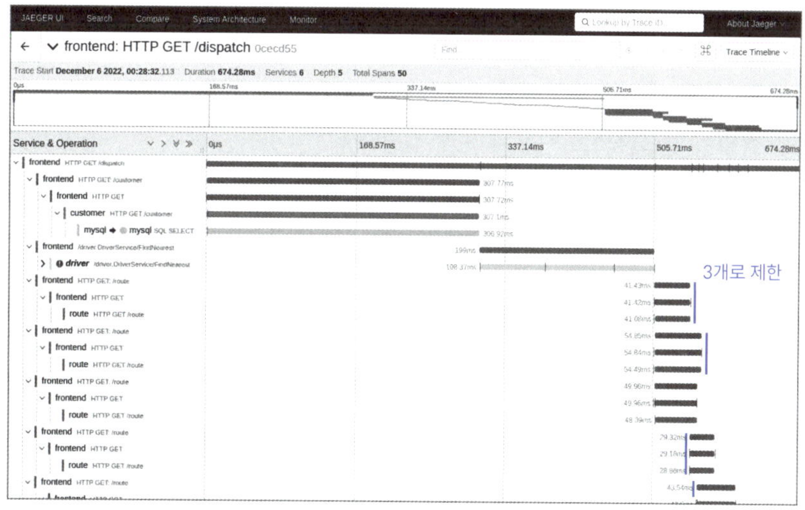

그림 1.7 **리소스 제한**

문제와 장애의 유형이 다양하기 때문에 복잡하게 중첩되고 전파가 되므로 근본 원인을 분석하는 것이 어렵다. 커널과 가상머신의 에러는 시스템 추적과 프로파일링을 해야만 분석이 가능하고, 클러스터 수준의 에러는 관측 가능성에서 지원을 해주지 못하는 경우도 많다.

클러스터에서 발생하는 리소스 에러는 커널, 가상머신의 에러와 많은 차이점이 있다. 노드 개수의 변경 재시작, 백업 등도 클러스터는 장애로 간주한다. 운영자 입장에서는 장애가 없는 정상적인 유지 보수이지만, 클러스터 입장에서는 운영자의 정상적인 클러스터 구성의 변경은 장애 시 복구 절차와 다르지 않다. 클러스터 관점에서는 운영자가 노드의 개수를 정상적으로 줄이는 것과 장애로 인해서 갑자기 노드가 다운되는 것은 차이가 없으며, 동일하게 복구 절차를 진행하게 된다.

클러스터를 운영하는 과정에서는 데이터 일관성, 합의, 리밸런싱, 파티셔닝 및 샤딩, 복제 등의 원칙을 이해해야 한다. 마이크로서비스는 상태가 없는 반면에 클러스터는 상태가 있으며, 내부 동작과 운영 방법이 확연히 다르다.

클러스터에서 발생하는 다양한 관리 방법은 기술적으로는 정상적이더라도, 연관된 다른 애플리케이션과 서비스 측면에서 큰 장애가 될 수 있다.

- 복제는 가용성을 향상하지만 여러 가지 예상치 못한 부작용을 일으킬 수 있다. 복제 개수가 늘어날수록, 구독자 성능이 늦어지는 것을 확인할 수 있다. 복제는 추가적인 I/O를 발생시킨다. 카프카의 경우 브로커 내 토픽이 처리하는 IO를 모니터링해야 한다. 단순히 브로커만 모니터링하면 IO 문제를 정확히 이해할 수 없다.
- 일래스틱서치는 읽기 경로의 스케일 아웃 시에 상당한 시간이 걸리는 것을 확인할 수 있다. 쓰기 경로는 변경이 복잡하며, 읽기 경로는 런타임에 변경이 가능하지만 서비스에 부정적인 영향을 준다. 클러스터는 재시작과 오토스케일링 시 부트스트랩, 다른 노드의 헬스체크, 캐시 동기화 등 많은 작업이 필요하므로 시간이 오래 걸린다.
- HDFS, 프레스토는 처리 도중에 실패하거나, 타임아웃이 발생하면 재처리되도록 설계되었다. 데이터가 유실되는 것을 방지할 수 있지만, 서비스에는 지연이 발생한다.
- 기존 복제 방식이 무겁고 유연하지 못하고, 클러스터의 합의 알고리즘은 복잡하다. 그라파나 로키처럼 정족수에 따른 쿼럼(quorum) 합의 프로토콜을 통해서 복제를 보다 가볍게 관리할 수 있다.
- 부트스트랩 헬스체크보다 가벼운 가십 프로토콜이 소개된 바 있다. 클러스터를 더 가볍게 운영할 수 있는 기술이지만 여전히 클러스터는 무겁다. 갑작스러운 장애로 인해서 데이터 유실을 방지하려면 WAL(write-ahead logging) 로그 파일을 작성하고, 일관성 있는 복제 개수를 유지하는 쿼럼을 사용한다.
- 노드 추가, 삭제 시 많은 시간이 발생하고 리밸런싱으로 인해서 네트워크 대역폭에도 영향을 줄 수 있다. HDFS처럼 실시간이 아니라면 상관없지만, 레디스처럼 실시간이라면 장애가 될 수 있다.

- 클러스터가 다운되는 이유는 CPU보다 메모리 부족으로 인해 발생하는 경우가 많다. 할당된 메모리보다 많은 데이터가 입수되면, 문제가 발생할 수 있다. 메모리에 있는 데이터가 유실되지 않도록 WAL을 설정하고, 복제, 버퍼링, 플러시를 설정한다.
- 대용량 클러스터에서는 블록 사이즈, 압축, 병합, 컴팩션, 티어링의 기술이 항상 처리된다. 고가용성을 지원하지만, 사소한 장애는 항상 존재한다. 자원이 부족해서 재시도가 발생하거나, 우선순위로 인해서 타임아웃이 발생할 수 있다.
- 데이터가 공평하게 분배되지 않고, 핫스팟과 스큐(skew)가 발생할 수 있다. 파이프라인, 파티셔닝과 샤딩 구성 시 스큐에 대해서 고민해야 한다.

대용량 클러스터는 주로 자바로 개발되기 때문에 자바 관측 가능성이 중요하다. 대부분의 상용 관측 가능성 기능은 클러스터 운영에 충분하지 않다. 클러스터 운영 시 자주 발생하는 에러는 OOM(out of memory) 관련이다.

- 프로메테우스 쓰기 경로는 충분한 메모리 설정을 필요로 한다. 메모리에 입수되는 데이터를 보관하고, 일정 주기로 디스크에 플러시한다. CPU보다 디스크 속도가 느리므로 매번 디스크에 쓰지 않고 메모리에 버퍼링하고, 일정 크기의 블록을 만든 다음 디스크에 플러시한다. 입수되는 데이터가 할당된 메모리보다 많으면 OOM 문제가 발생할 가능성이 높다.
- 프레스토와 스파크는 다른 클러스터와 비교해 많은 메모리를 요구한다. 내부적으로 데이터를 메모리에 로딩한 후에 처리를 시작하기 때문이다. 메모리가 부족해서 스레드 처리가 중단되는 경우가 발생한다.
- 일래스틱서치는 3가지 유형의 캐시를 제공한다. 일래스틱서치 캐시를 사용해서 비용을 절감하고, 성능을 향상시킨 다수의 경험이 있다. 캐시는 성능 향상을 위해서 유용하지만, 장애가 빈번하므로 주의가 필요하다. 레디스 외에도 클러스터 내부적으로 캐시를 다양하게 사용한다. 캐시는 장애를 유발하기 쉽다.
- 드루이드의 캐시는 자바 논힙 영역에 할당된다. 힙 영역은 가비지 컬렉터가 처리하므로 캐시로 사용하면 안 된다. 드루이드는 캐시는 가비지 컬렉션이 일어나도 삭제되지 않도록 자바 가상머신의 논힙 메모리에 저장된다. 힙 메모리와 논힙 메모리의 용량 산정이 중요하다. 메모리 설정이 잘못되면 OOM이 발생하고, 매번 파드(pod)가 재시작될 것이다.
- 오픈텔레메트리 컬렉터로 파이프라인을 구성 시에는 배치와 버퍼링을 구성한다. 만약 일래스틱서치로 입수를 처리하는 파이프라인이라면, 데이터가 입수될 때마다 곧바로 일래스틱서치로 전송하지 않는다. 파이프라인은 입수되는 데이터를 버퍼링한 후에 플러시해서 성능을 향상할 수

있다. 가용성과 성능을 고려해서 복제본 개수를 정해야 한다. HDFS, 주키퍼의 복제 개수는 3개다. 대부분의 클러스터는 기본적으로 3개의 노드로 구성된다.

- 카프카와 일래스틱서치 등은 클러스터 구성 시에 복제본 개수가 중요하다. 복제본 개수가 불필요하게 많아질수록 IO가 늘어나고 성능 저하가 발생한다.
- 정합성과 부하를 고려해서 설계해야 한다. 빈번한 플러싱은 데이터 정합성에 문제를 일으키고, 일래스틱서치의 부하를 높인다.

애플리케이션은 호스트, 클러스터, 가상머신, 프레임워크 등과 직접적으로 연계되는데, 구성해야 하는 설정이 복잡하고, 다수의 리소스를 사용하게 된다. 리소스가 정확히 설정되지 않으면, 장애가 마이크로서비스로 전파되고 예상치 못한 서비스 장애를 겪게 된다. 외부 클라우드와 서비스형 소프트웨어(software as a service, SaaS)의 유지 보수로 인해서 발생하는 장애는 다음과 같다.

- AWS 관리형 카프카 클러스터의 유지 보수 시 브로커를 재시작한다. 모든 브로커가 한꺼번에 재시작하지 않는다. 클러스터 내 브로커들이 순차적으로 재시작하고, 클러스터 내 리밸런싱이 발생한다. 만약 애플리케이션의 트랜잭션이 처리되고 있는 도중이라면, 트랜잭션에 문제가 발생할 가능성이 있고, 에러가 발생한다. 이 경우에는 애플리케이션에서 재시도가 필요하지만, 재시도 로직이 구현되어 있지 않으면 사용자의 트랜잭션은 실패하게 된다.
- 클라우드의 가상머신으로 클러스터를 구성하는 경우에는 샤드에 문제가 발생할 수 있다. 가상머신의 유지 보수로 인해서 클러스터 내 특정 샤드에 문제가 발생하고, 샤드가 갑자기 다운되고 복구 작업이 진행된다. 근본 원인은 가상머신의 유지 보수로 인해서 호스트가 다운되므로 호스트 내 샤드도 다운되는 것이다. 클러스터 내 샤드는 장애를 인지하고 샤드의 복구를 진행하게 된다. 신규 샤드를 재생성하고 복구 작업이 완료된다. 외부의 클라우드 서비스를 사용하면, 외부 유지 보수로 인해서 서비스들이 영향을 받는 경우가 빈번하다.
- 클러스터가 불안정한 상황을 자주 경험한다. 쿠버네티스 클러스터가 사라지거나, 데이터 센터 내에 스파크 처리 시 가용한 리소스가 부족하거나, 리전에 서비스가 제공되지 않아서 다른 리전을 사용하고, 디스크와 네트워크 대역폭이 줄어드는 간섭이 발생한다.

❷ 자바 트러블슈팅

자바는 기업 환경에서 인기 있는 개발 언어이다. 자바를 사용하는 환경에서는 메모리 누수나 스레드 관련 문제를 자주 마주치게 될 것이다. 자바 가상머신을 정확히 이해하고, 자바 가상머신 내에서 실행되는 자바 애플리케이션의 성능과 효율성을 높이기 위해 스레드, 자바 가상머신 매개변수, 가비지 컬렉션 등의 주제에 대해서도 알아두는 게 좋다.

먼저 운영 환경에서 경합, 논블로킹, 콘텍스트 전환, 스레드풀 등 다양한 스레드 장애를 겪게 되므로 스레드 문제의 해결책에 대해서 학습해야 한다. 이 책에서 관련 기본 지식을 설명하지는 않지만, 초저지연 서버에 필요한 튜닝에 대해서는 나중에 설명하겠다.

자바 가상머신 매개변수 튜닝은 자바 가상머신에서 실행되는 자바 애플리케이션의 성능과 동작을 최적화하기 위해 필수적이다. 최적화할 수 있는 자바 가상머신 매개변수는 힙 크기(-Xmx 및 -Xms), 스레드 스택 크기(-Xss), IO 버퍼 크기, 가비지 컬렉터, 병렬처리 및 동시성(XX:ParallelGCThreads), JIT 컴파일(-XX:CompileThreshold 및 -XX:MaxInlineSize) 등이 있다. 메트릭을 분석할 때 자바 가상머신 매개변수 조정으로 얻을 수 있는 이점은 아주 크다. 이 책에서는 자바 가상머신, 가비지 컬렉터에 대해서 자세히 설명하지 않지만, 중요하므로 추가적으로 학습해야 한다.

끝으로 자바 가비지 컬렉터 최적화도 자바 가상머신 최적화에서 필수적인 부분이다. 운영 환경에서는 자바 가상머신 가비지 컬렉터의 에러가 빈번하게 발생하므로 자세하게 학습할 필요성이 있다.

가비지 컬렉터는 사용되지 않는 객체가 점유한 메모리를 회수한다. 메모리 관리를 개선하고 가비지 컬렉션이 자바 애플리케이션 성능에 미치는 영향을 최소화하는 데 초점을 둔다. 여기에서 자세한 설명은 생략하지만, 적절한 가비지 컬렉터 선택, 가비지 컬렉터 매개변수 조정, 세대 메모리 관리, 객체 생성 및 보존 최소화, 병렬 가비지 컬렉터, 가비지 컬렉터 로깅 및 분석 등 알아둘 게 많다. 가비지 컬렉션을 최적화하면 메모리 관리를 개선하고, 가비지 컬렉션 오버헤드를 줄이고 애플리케이션 성능을 향상할 수 있다. 이 작업은 애플리케이션의 특징과 요구 사항에 따라 많은 부분이 좌우된다는 점에 유의해야 한다.

애플리케이션이 자주 다운되면 사용자 CPU 사용률이 상승하는 특정 시점이 있다는 걸 확인할 수 있다. 다운되기 이전에 메모리 덤프를 다수 수집하여 내부를 확인해볼 수 있다. 메모리 덤프를 캡처함으로써 메모리 누수를 확인할 수 있다. 덤프가 수집되면 이를 자동화하고 간소화하는 도구를 사용하여 덤프를 분석할 수 있다. 메모리 누수는 메트릭으로도 이해할 수 있다. 어떤 객체와 메서드에서 누수가 되는지 식별하기 위해서 메모리 덤프를 사용하는 것이다.

1.2.2 개별 요청 분석

메모리 누수는 개별 트랜잭션을 분석하는 것만으로는 특별한 사항을 발견할 수 없다. 문제별로 접근법이 다르다는 점을 이해해야 한다. 메트릭의 집계만으로 문제를 이해하는 것이 가능하지만, 특정 에러는 개별 트랜잭션을 분석해야만 원인을 이해할 수 있다. 이제 특정 API 또는 개별 요청과 관련된 성능 문제를 조사하는 방법을 알아보자.

개별 요청을 분석하려면 추적을 확인해야 한다. 추적은 개별 트랜잭션과 일치하며, 처리된 각 구간에 대한 지연 시간과 에러를 출력한다. 추적을 사용하면 개별 요청에 대해 특정 구간에서 발생하는 지연 시간과 오류를 빠르고 정확하게 이해할 수 있다. 분산 추적이 소개되기 전에는 트랜잭션별 특정 구간의 지연 시간을 추정하는 것이 복잡하고 시간이 많이 걸리는 작업이었다.

코드에 비효율적인 메서드가 있다고 의심되는 경우, 어떤 신호를 먼저 분석해야 할까?

관측 가능성의 주요 신호인 메트릭, 추적, 로그를 사용하는 경우에, 코드에서 비효율적인 메서드를 찾을 수 없는 경우는 빈번하게 발생한다. 스택 트레이스, 콜 트리 등이 있어야만 비효율적인 메서드를 확인할 수 있다. 그래서 샘플링된 성능 데이터를 수집하는 도구인 프로파일을 사용해야 한다. 단기간만 실행하여 프로파일 수집이 성능에 미치는 영향을 최소화하고, 프로파일을 백엔드 스토리지로 전송하여 저장한다.

프로파일을 사용하면 다음과 같이 비효율적인 메서드를 식별할 수 있다.

- 코드의 메서드 수준에서 메서드의 처리 시간, 호출 횟수를 출력한다.
- 스택 트레이스는 스레드 상태 정보와 지연을 제공한다. 이를 통해서 록(lock)과 경합 등을 이해할 수 있다.
- 콜 트리에서 객체 간의 호출 관계를 이해할 수 있다.
- CPU, 메모리 사용률에서 코드 변경 전후로 발생하는 차이점을 비교할 수 있다.

프로파일은 애플리케이션 또는 타사 라이브러리 코드의 내부에서 어떤 일이 발생하는지 확인할 수 있도록 세부 정보를 제공한다. 프로파일을 캡처하면 자세한 스택 트레이스를 확인하고, CPU 사용량에 대한 통계를 얻고, 경합과 가비지 컬렉션을 보다 정확하게 모니터링할 수 있다. 이는 하위 수준 문제를 조사할 뿐만 아니라 코드를 최적화하는 데도 훌륭한 도구다. 디펜던시에 문제가 발생했을 때에도 프로파일이 유용하다. 추가로 프로파일은 라이브 디버깅도 제공한다.

프로파일은 애플리케이션 실행 시점에 메서드 수준에서 CPU, 메모리 등 리소스에 대한 상세한 분석이 필요한 경우에 유용하다. 경합, 데드록(교착 상태), 스타베이션(기아 상태), 핫스팟, OOM 메모리 문제 등은 프로파일로 문제점을 식별하는 것이 가능하다.

프로파일을 사용하면 성능을 측정하고 문제가 발생한 구간을 코드에서 식별할 수 있지만, 제약도 다수 존재한다. 예를 들어 은행의 계좌 이체와 같은 트랜잭션은 내부적으로 수백 개가 넘는 스팬을 생성한다. 사용자는 계좌 이체 버튼을 선택하면 외부 기관 연계까지 수십 개가 넘는 마이크로서비스, 다수의 데이터베이스, 레거시를 경유한 후에 트랜잭션이 완료되는 것이 일반적이다. 프로파일만으로 지연을 찾고 개선을 시도한다면 비효율적이고 많은 시간이 필요할 것이다. 프로파일만 단독으로 사용하는 것보다 추적과 상관관계를 구성하고, 함께 사용해야 한다.

정리하면 프로파일의 제약은 다음과 같다.

- 프로파일의 시각화에 사용되는 차트는 플레임 그래프와 히스토그램이고, 다른 신호와 비교해서 시각화에 제약이 있다.
- 언어별로 프로파일의 기능이 다르므로 특정 언어의 프로파일은 기대만큼 유용하지 않다.
- eBPF 프로파일은 히스토그램으로 99분위수를 정확하게 출력할 수 있지만, 일반적인 프로파일이 출력하는 값은 평균이므로 99분위수처럼 반드시 해결이 필요한 문제점의 분포와 문제가 발생한 개별 트랜잭션을 식별하기 어렵다.

트랜잭션 처리 과정에서 에러가 발생하면, 스팬에서 에러를 분석해야 한다. 대부분의 경우, 추적은 기술적으로 계측할 수 없는 경우가 발생할 수 있다. 가급적 추적을 구성해야 하지만, 다른 신호를 사용해서도 장애를 분석할 수 있어야 한다. 또한 특정 신호를 자세히 이해하는 것도 중요하지만, 다양한 신호를 사용하여 여러 관점에서 문제를 분석할 수 있어야 한다.

1 잘못된 처리 순서

스레드를 잘못 관리하거나, 마이크로서비스 간 호출 순서를 제어하지 못해서 재시도가 발생할 수 있다. 재시도가 지속적으로 발생한다는 말은 곧 지연이 증가한다는 의미다.

재시도와 타임아웃을 정확하게 설정하는 것은 중요하다. 재시도는 기술 에러인 경우에 유용하고, 비즈니스 에러인 경우에는 재시도를 하면 안 된다. 불필요한 재시도를 하는 것은 지연을 증가시킨다. 원칙 없이 타임아웃을 길게 설정해서는 안 되고, 업무의 특성을 이해하고 타임아웃을 정의해야 한다. 코드에서 커넥션 관리를 잘못하거나 정상적으로 종료하지 않는 경우라면, 파드의 리소스를 늘리고 커넥션 개수와 타임아웃을 늘리는 것은 도움이 되지 않는다. 비동기 처리에서 적절한 지연이 허용된다는 가정하에 재시도 및 타임아웃을 정의해야 한다.

API 간에는 병렬처리가 아닌 순차처리가 되어야 한다. 병렬처리가 되려면, 정교하게 설계되어야 한다. 프런트엔드에서 부주의하게 XHR 호출 순서가 변경되어서, 백엔드 마이크로서비스가 전부 실패하고, 처음부터 다시 재시도를 시도하는 경우도 발생할 수 있다. 사용자 경험에 부정적인 영향을 주는 것은 당연하다. 처리량, 동시 접속자, 대용량 트래픽보다 지연이 더 중요하고, 에러를 줄이고 신뢰성을 향상하는 것이 목적이 되어야 한다. 그림 1.8처럼 추적은 재시도 발생 시 처리 과정을 정확히 표시한다.

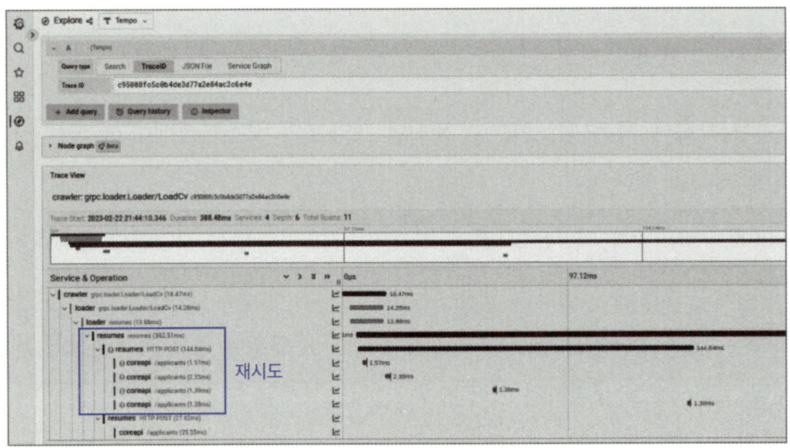

그림 1.8 추적 내 재시도

마이크로서비스가 아니라 서비스 메시와 API 서버에서 재시도 횟수와 재연결 간격을 설정한다. 재시도는 비즈니스 로직과는 관계가 없고, 정책적으로 관리될 필요가 있기 때문에 API 서버에서 설정해주는 것이 적합하다. 하지만 API 서버가 추적으로 계측이 되지 않는 경우, 재시도 발생 시 스팬이 생성되지 않으므로 운영자는 재시도가 왜 발생했는지 이해할 수 없다. API 서버를 정확하게 계측하고, 재시도 횟수, 재시도 간격, 타임아웃 등을 정확하게 설정해야 한다. 그리고 스팬으로 시각화해서, 문제 발생 시에 대응할 수 있도록 구성해야 한다.

무분별한 재시도는 혼란을 가져올 수 있고, 데이터 정합성에 문제가 발생할 가능성이 높다. API 서버에서 재시도를 안 하도록 구성하고, 프런트엔드만 재시도를 허용하는 것도 가능하다. 재시도는 대기열을 사용해서 구성하는 것이 유용하다.

❷ 병렬처리

병렬처리를 사용한다고 할 때, 잘못된 리소스를 설정하고 할당하면 더 많은 처리를 할 수 있음에도 불구하고 적은 수의 병렬처리만 이루어진다. 스레드풀 개수를 10으로 구성해도 되는데 2로 구성해서 지연이 발생하는 경우 등이다. 이러한 경우에 스팬은 잘못된 구성을 정확히 출력한다.

혹은 병렬처리를 할 수 있음에도 불구하고, 순차처리를 해서 지연이 증가하는 경우도 있다. 물론 순차처리를 위해서 한 개의 대기열에 대응되는 한 개의 스레드로 구독자를 구성하면 처리 과정 중에 순서가 뒤바뀔 가능성은 적다. 그림 1.9처럼 순차처리는 개별 스팬이 계단식으로 처리된다. 그 과정이 병렬적으로 처리되어야 함에도 불구하고 순차적으로 처리되어 불필요한 지연을 초래한 것을 볼 수 있다.

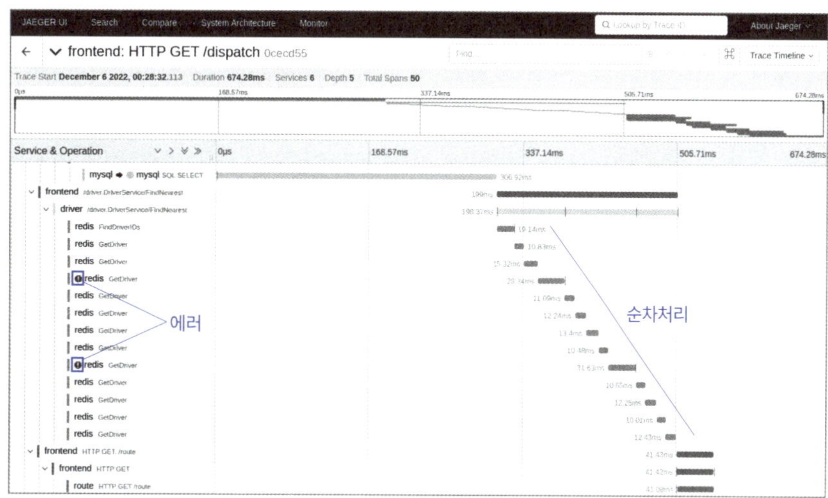

그림 1.9 **추적 내 순차처리**

이어서 병렬처리와 관련된 몇 가지 주제들을 살펴보겠다.

동기화

스레드 동기화는 여러 개의 스레드가 동시에 작동할 때 생길 수 있는 문제를 예방하기 위해, 순차적으로 자원에 접근한다. 동기화는 멀티태스킹 환경에서 여러 개의 처리를 서로의 진행 상태에 맞추어 진행시키고, 독립된 2개 이상의 프로세스들 간의 주기적인 처리를 제어하는 프로세스 관리 기법이다.

스레드의 특성상 마치 동시에 수행되는 것처럼 보이지만 실제로는 동시가 아니며, 따라서 스레드가 2개 이상 수행되고 있을 때는 스레드 간의 동기화가 필요하다. 서로 간의 작업이 관련이 없다면 동기화가 되지 않아도 상관이 없지만, 관련이 있는 경우라면 동기화가 필요하다.

공유 리소스의 접근 제어를 생각해보자. 동시에 접근해서 제어를 하려고 하면, 원하는 결과와 다른 현상이 발생될 수 있다. 예를 들면 한쪽에서 데이터를 쓰고 있는 동안 그 값을 읽어오면 그 값을 신뢰할 수 없게 된다. 프로세스 내부에서는 스레드끼리 자원을 공유하므로 동기화에 대한 문제가 항상 발생할 수 있다. 즉, 공유된 자원에 여러 스레드가 동시에 접근하면서 문제가 발생하게 된다.

뮤텍스와 세마포어는 필수적인 동기화 메커니즘이다. 뮤텍스는 주로 상호 배제를 통해 리소스에 대한 독점적 접근을 제어하는 데 사용된다. 세마포어는 동시에 여러 스레드가 리소스에 접근할 수 있도록 제한적으로 허용하는 데 사용된다. 가장 큰 차이점은 동기화 대상의 개수다.

- 뮤텍스는 동기화 대상이 오직 1개일 때 사용하며, 세마포어는 동기화 대상이 1개 이상일 때 사용한다.
- 뮤텍스는 자원을 소유할 수 있고 책임을 가지는 반면, 세마포어는 자원을 소유하지 않는다.
- 뮤텍스는 상태가 0, 1뿐이므로 록을 가질 수 있고, 소유하고 있는 스레드만이 뮤텍스를 해제할 수 있다. 반면 세마포어는 세마포어를 소유하지 않는 스레드가 세마포어를 해제할 수 있다.
- 세마포어는 시스템 범위에 걸쳐 있고, 파일시스템상의 파일로 존재한다. 반면 뮤텍스는 프로세스의 범위를 가지며 프로세스 종료 시 자동으로 정리된다.

스레드에서 일어나는 문제점 중 대표적인 것이 바로 록이 발생하는 것이다. 공유되는 데이터를 처리하기 위해서 잠시 록을 거치는 것은 문제가 되지 않는다. 하지만 록이 풀리지 않거나, 그 록이 풀리기만을 여러 스레드에서 대기하고 있다면, 성능상 문제뿐만이 아니라 서비스가 제대로 작동하지 않을 수도 있다.

경합

멀티 스레드 환경에서 하나 이상의 공유 데이터를 처리할 때 록 처리를 하지 않을 경우, 동시에 여러 스레드에서 데이터를 변경할 수도 있다. 경우에 따라서 동시에 스레드들이 데이터를 처리하려 할 때 무한 대기에 빠질 수도 있다. 이러한 경우를 경합이라고 한다. 예를 들어 2개의 스레드와 밸런스(잔고)라는 공유 자원이 존재한다고 가정해보자. 밸런스가 출금 금액보다 적을 경우에는 출금할 수 없다.

1. 밸런스에는 현재 50,000원이 있다.
2. 스레드 1에서 50,000원을 출금하기 위해 밸런스를 먼저 조회한 후, 50,000원 이상인 것을 확인했다.
3. 그런데 콘텍스트 전환이 발생하여 스레드 2로 교체되었다.
4. 스레드 2도 동일한 작업을 한다. 스레드 2에서는 출금 전 콘텍스트 전환이 발생하지 않아 출금이 완료되고 밸런스는 0원이 되었다.
5. 콘텍스트 전환이 발생하여 다시 스레드 1로 교체되었다. 스레드 1은 잔액 조회까지 마쳤기 때문에 출금을 시도한다. 그러나 밸런스는 스레드 2의 작업으로 이미 0원이 되어 있어 출금을 하

게 되면 0보다 작은 수가 된다.

동시성

자바와 Go 등의 언어는 동시성 처리를 위한 다양한 기능을 제공하고, 기업 애플리케이션의 트랜잭션 처리에 필요한 데이터 정합성을 보장한다. 동시성의 문제는 병렬처리 및 스레드와 관련이 많다. 여러 개의 스레드가 동시에 수행되고 있는 상황에서는 자원에 대한 충돌이나 오류가 발생될 수 있다. 이러한 오류는 시스템이 더 이상 진행되지 못할 수 있는 데드록과 같이 치명적인 상태로 될 수 있다.

록

록은 한국어로 잠금을 뜻한다. 록을 식별하기 위해서는 프로파일을 추천하지만, 분산 추적에서도 식별이 가능하다. 록에 문제가 발생하면, 추적 내 로그를 확인해야 한다. 그림 1.10처럼(코드에서 록에 대한 예외처리가 구현되었다고 가정) 록이 발생하면 스팬에서 정상보다 긴 지연을 확인할 수 있다. 개별 호출로는 동시성 문제에 대한 판단이 어렵고, 다수의 트랜잭션을 동시에 처리하는 과정에서 지연이 증가하거나 타임아웃이 발생한다. 정상 상태의 스팬의 처리 시간과 비정상 상태의 스팬의 처리 시간을 비교하면 쉽게 알 수 있다.

그림 1.10 **추적 내 에러 메시지**

추적 결과를 통해 록, 임계영역 등의 문제를 의심할 수 있는 수준이어서, 보다 세부적인 분석이 필요한 것으로 판단된다. 프로파일과 시스템 추적이 필요한 이유다. 록과 임계영역은 시스템 추적과 스택 트레이스가 더 정확하다.

복잡한 스택 트레이스, 그리고 스레드, 메모리, 지연, 에러 등의 이슈를 분석하는 데에는 시간이 오래 걸리지만, 추적 차트와 플레임 그래프를 사용하면 신속하게 문제 식별이 가능하다. 복잡한 스택 트레이스는 분석하기 어려우므로 이를 시각화한 플레임 그래프를 사용하기도 한다.

분산 추적에서는 지연, 추적 내 로그를 통해서 록을 이해할 수 있고, 프로파일을 통해서 보다 상세하게 분석할 수 있다. 프로파일을 사용하면 코드에 록이 있는 경우처럼 CPU에서 아무 일도 일어나지 않는다는 것을 알 수 있다.

예를 들어 CPU와 메모리 사용량은 낮고 크게 증가하지 않으며, 스레드 수는 크게 변하지 않고 스레드 대기열도 비어 있으며 경합률은 낮지만, 동시에 처리량이 낮고 지연은 크다고 하자. 애플리케이션은 아무것도 하지 않고, 더 빨라질 수 없는 상태다. 추적을 확인하면 큰 격차를 볼 수 있지만, 추가적으로 분석할 수 있는 데이터는 없다. 이 문제는 록이 발생하는 API에만 제한적으로 적용되므로, 록과 관련이 없는 다른 API와 헬스체크 API를 호출하면 즉시 응답한다. 이런 식으로 록이 발생하는 API에 대한 검색 범위를 좁힐 수 있다.

록이 있는지 모른다고 가정하고 topN 스택을 얻으면, 작업을 기다리는 스레드만 표시된다. 록은 빠르지만, 잠긴 리소스를 사용할 수 있게 되기를 기다리는 데는 훨씬 더 오래 걸린다. 실제 시나리오에서는 이 문제가 다른 호출들 사이에서 드러나지 않을 수 있다. 코드를 살펴보면 문제는 분명하지만 실제 코드에서는 기능 플래그나 타사 라이브러리 뒤에 잘 숨겨져 있을 수 있다. 추적과 로그에서 식별 안 되는 문제점에는 프로파일이 유용하다.

1.2.3 하위 수준 이해

먼저 장애의 원인에 대해 이야기하고 넘어가자. 서비스 운영 시 발생하는 대부분의 장애는 업무 프로세스와 관련성이 높다. 업무에 대한 이해 없이 기술만으로 문제를 이해하는 것이 쉽지 않다. 업무를 처리하는 마이크로서비스와 도메인에 대한 업무 경험이 있을 때 애플리케이션 관측 가능성이 성공할 수 있다. SRE가 도메인에 대한 이해가 부족하면 스스로 문제 해결이 어렵지만, 적어도 추적이 문제 해결을 위한 중요한 단서를 제공하는 경우가 많다. 추적은 구간별로 지연과 문제점을 식별할 수 있고, 어떠한 업무의 처리 과정에서 문제가 발생했는지 단서를 제공한다.

다중 인스턴스 환경에서 하위 수준 데이터를 수집하는 것은 쉽지 않다. 로그 수집에 사용되는 에이전트와 프로메테우스가 OOM 에러 때문에 재시작되는 경우가 빈번하게 발생한다. 예를 들어 느린 메모리 누수나 드문 데드록 상태와 같은 문제가 몇 개의 인스턴스에만 영향을 미치는 경우, 이를 감지하기조차 어려울뿐더러 설사 감지하더라도 이미 인스턴스가 종료되어 문제가 더 이상 보이지 않을 수 있다. 실행 중인 프로세스의 특정 인스턴스에서 문제를 재현하고, 애플리케이션에서 프로파일 또는 덤프를 수집하는 것은 어렵다. 스레드 데드록이 발생하면 더 이상 CPU 프로파일을 사용할 수 없으며, OOM 에러가 발생하면 메모리 프로파일을 할 수 없다.

사용자 서비스 관점의 애플리케이션 관측 가능성과는 다르게, 인프라 관측 가능성은 시스템 리소스를 중심으로 데이터베이스, 보안, 서버 프레임워크 등이 복잡하게 상호작용한다. 업무 프로세스처럼 절차와 담당자를 식별하는 것이 어렵고, 분산 추적처럼 처리 과정을 스팬으로 표현할 수도 없다.

메트릭, 프로파일, 로그만으로는 인프라에서 발생하는 시스템 리소스의 처리 절차를 완벽하게 시각화할 수 없다. 각각의 특성을 보면 그 이유를 알 수 있다.

- **메트릭**: 디스크 접근, 인터럽트, 메모리 오류, L1 캐시 미스와 같은 이벤트 수, 전송한 네트워크 데이터의 바이트 수를 카운트한다. 상세 정보를 제공하지는 않고 시스템 활동에 대해 전반적인 개요를 나타낸다. 전체적인 부하나 속도, 예를 들면 초당 전송된 바이트, 디스크 접근당 오류나 초당 콘텍스트 전환 횟수를 이해하는 데 도움이 된다. 평균과 비교해서 비정상적으로 높거나 낮은 수는 에러율이 급격히 증가하거나 디스크 활동이 갑자기 불가능해지는 등의 다양한 문제를 의미하기도 한다. 메트릭에는 CPU 이벤트뿐 아니라 메모리, 디스크, 네트워크, 록과 대기 시간들도 포함될 수 있다.
- **프로파일**: 일정량의 샘플을 주기적으로 수집한다. 프로파일은 프로그램이 실행되지 않고 대기하는 데 걸리는 시간은 인식할 수 없다. 프로파일은 평균 CPU 성능을 이해하는 데 도움이 되지만, 정상적인 실행과 비정상적인 실행이 뒤섞여서 비정상적인 동작이 감춰지기도 한다. 또한 지연, 프로그램 시작과 종료 시간은 확인할 수 없다. eBPF는 프로파일의 특징을 가지고 있지만, 출력되는 형식은 카운터, 히스토그램 등 메트릭이다.
- **로그**: 추적의 한 종류다. 메시지는 보통 usec(마이크로초) 단위로 타임스탬프와 함께 작성된다. 로그 파일은 프로그램의 시작, 종료, 재시작 이벤트와 오류, 비정상적인 상황을 기록하고 느린 트랜잭션을 찾아내는 데 유용하다. 로그를 사용해 모든 트랜잭션의 인수들과 시작, 종료 시간을 기록할 수 있다. 로그는 인프라 관측 가능성에서는 사용에 제한이 있다. 애플리케이션 개발자에게 더 유용하다.

따라서 인프라의 내부 처리 과정을 시각화하고, 신속하게 문제가 발생하는 구간을 식별할 수 있는 도구가 필요하다. 애플리케이션 관측 가능성에 사용하는 분산 추적처럼, 인프라 관측 가능성에도 추적이 있다면 도움이 될 것이다.

1 시스템 추적

시스템 추적은 시스템 리소스에서 발생하는 이벤트를 수집하고, 스팬으로 출력한다. KUtrace, strace, ftrace 등은 인프라 관측 가능성에서 추적을 가능하게 도와주는 도구들이다. 애플리케이션 관측 가능성의 분산 추적과 유사하게 KUtrace를 사용하면, 인프라 관측 가능성에서도 분산 추적처럼 시스템 리소스에서 발생하는 구간별로 지연을 식별하고 문제를 이해할 수 있다.

시스템 추적은 프로그램 내 모든 시스템 콜이나 디스크 접근 같은 이벤트를 시간 순으로 기록한다. 시스템 라이브러리, 파일시스템 접근, 커널 코드, 외부적으로 드러나지 않는 처리를 포함한 디스크나 CPU에서 발생한 모든 처리는 추적을 통해 관찰할 수 있다. 잘 설계된 추적은 문제점과 지연을 놓치지 않는다.

추적을 이용하면 비정상적인 트랜잭션과 정상적인 동작을 구분할 수 있고, 비정상적인 트랜잭션이 실행되는 경로를 확인할 수 있다. CPU, 디스크, 네트워크 등의 이벤트를 추적하면, 프로그램이 실행되지 않고 대기하는 원인을 알 수 있다. 단순한 카운터와 CPU 프로파일은 CPU를 사용하지 않는 지연에 대해서 측정할 수 없다. 시간 순서를 포함해 거의 동시에 일어나는 이벤트 간 상호작용의 원인과 결과도 파악할 수 없다. 그러므로 시스템 추적은 실행 중인 프로그램의 동적인 동작과 비정상적인 트랜잭션을 이해하는 유일한 방법이라고 할 수 있다.

- CPU 추적을 이용해, 모든 메서드 호출을 추적해 타임스탬프를 기록할 수 있다. 커널공간과 유저공간 간의 전환, 콘텍스트 전환을 추적할 수 있다.
- 메모리 추적은 프로그램의 동적 할당과 메모리 해제를 기록할 수 있다.
- 디스크 추적은 디스크의 모든 읽기와 쓰기를 타임스탬프와 함께 기록할 수 있다. 디스크는 버퍼링과 플러시가 되므로 오버헤드 없이 모든 디스크에 대한 트래픽을 포착할 수 있다.
- 네트워크 추적은 패킷의 송신과 수신, 시간을 포착할 수 있다. 송신과 수신된 모든 메시지를 타임스탬프와 함께 기록할 수 있다.
- 임계영역 추적은 록 획득과 해제를 추적한다.

분산 추적이 애플리케이션 관측 가능성의 시작점인 것과 마찬가지로, 시스템 추적은 인프라 관측 가능성이 시작점이 될 수 있다. 하지만 시스템 추적만으로 인프라 관측 가능성이 성공할 수는 없다. 다른 신호인 메트릭, 로그, 프로파일과 함께 사용되어야 한다. 메트릭으로 시스템 리소스의 사용률, 포화율을 구하고, USE 대시보드 등을 구성한다(이를 위해 프로메테우스 익스포터 등이 적합하다). 인프라 메트릭은 개괄적인 인프라 콘텍스트를 이해하는 데에 유용하다.

KUtrace 시스템 추적을 사용하면 지연이 발생하는 구간을 식별하는 것이 가능하다. 구간이 식별되었다면, 그다음 과정은 무엇일까?

- 코드에서 지연이 발생한 메서드를 분석하기 위해서 프로파일을 사용한다. eBPF가 제공하는 BCC, bpftrace로 문제가 발생할 가능성이 있는 메서드를 선정해서, 메서드별 호출 횟수, 메서드별 지연, 커널의 스택 트레이스를 분석하는 과정을 수행하게 된다.
- 해당 구간의 처리 과정을 메서드 수준에서 상세하게 이해하기 위해서는 ftrace, strace를 사용한다.
- 인프라 관측 가능성은 메트릭, KUtrace, ftrace, eBPF 순으로 진행한다.

eBPF 결과를 히스토그램, 플레임 그래프를 시각화하는 도구로는 PCP가 유용하다. PCP로 bpftrace 원라이너를 신속하게 개발하고 커널 내 메서드의 성능과 지연을 측정할 수 있다. PCP는 인프라 관측 가능성에 사용되고, 시스템 추적과 함께 사용하는 것이 유용하다.

- 애플리케이션 관측 가능성에서 99분위수의 문제가 되는 트랜잭션의 분포를 이해한 것처럼, 인프라 관측 가능성에서도 99분위수를 이해하고 지연이 발생하는 지점과 메서드를 찾는 것이 중요하다. 나노초 수준에서 작은 지연으로 작동되는 내부적인 버그일 수도 있으므로 문제점을 식별하고 해결하는 것이 더 어렵다.
- 리눅스 커널의 계측 기법인 tracepoint와 eBPF를 사용해서, 커널에서 정확히 메서드의 지연을 식별한다. 커널 코드를 이해하고 성능을 측정하고, eBPF를 시각화하는 PCP 사용법을 이해한다. 시스템 추적의 단점을 보완하기 위해서 eBPF를 구성한다. PCP, eBPF가 필요한 이유는 시스템 추적이 제공하는 정보만으로 커널 코드 내 메서드에 대한 식별이 어렵기 때문이다.
- 네트워크 관측 가능성과 실리움을 활용한다. 애플리케이션 중심의 분산 추적의 단점을 보완하고, 쿠버네티스 모니터링을 향상해야 한다.

다음 단계로 애플리케이션 관측 가능성과 인프라 관측 가능성 간의 상관관계를 구성해야 한다. 인프라 신호는 독립적인 신호가 아니다. 애플리케이션 신호보다 근본 원인에 더 가깝다. 인프라의 문제라고 판단되는 경우에는 애플리케이션에서 식별한 분석 결과를 바탕으로 문제 범위를 좁히고, 인프라 신호를 사용해서 계속 근본 원인 분석을 진행해야 한다.

시스템 추적과 eBPF는 인프라 관측 가능성(6~7장)에서 더 자세히 설명하겠다.

❷ 전파되고 중첩되는 장애

하위 수준의 시스템에서 발생하는 지연을 이해하는 것은 중요하다. 사용자 인증과 같은 핵심 서비스, API 서버, SPOF(single point of failure)로 장애가 전파되지 않도록 사전에 작은 지연이라도 분석하는 것이 필요하다. 무시할 수 있는 수준의 지연이라도 중요한 시스템으로 전파되어 대형 장애가 발생하는 시초가 되기 쉽다.

우선 업스트림과 다운스트림이 통신하는 과정에서 장애가 어떻게 전파되는지 살펴보자. SOA(service-oriented architecture)는 서비스 재사용을 목표로 하지만, 특정 서비스에 부하가 집중되거나 지연이 증가하면 전체 서비스에 영향을 미친다. SOA와 마이크로서비스가 유사해 보이지만, SOA는 중앙집중형이고, 마이크로서비스는 완전한 분산 시스템이다. SOA처럼 SPOF가 되는 것을 방지하고자 마이크로서비스가 대두했지만, 너무 분산된 나머지 장애가 전파되는 것은 마이크로서비스의 단점이다. 마이크로서비스와 같은 방식으로 분해 및 배포하면 예상치 못한 문제가 발생할 수 있다.

다운스트림의 장애가 업스트림으로 전파되는 장애 시나리오들을 몇 가지 살펴보겠다. 이들 시나리오는 상용 관측 가능성에서도 감지하지 못하는 장애다(커널과 시스템 리소스 수준의 모니터링은 관측 가능성에서 지원되지 않는다. 관측 가능성은 유저공간과 커널공간 간의 시스템 콜의 모니터링을 지원하지 않는다. 따라서 이를 보완하기 위한 대안이 필요한데, 자세한 내용은 뒤에서 인프라 관측 가능성을 다룰 때 설명하겠다).

시나리오 1

문제점

- 평소보다 많은 트래픽을 처리하고 있었고 다운스트림이 다운되었다.
- 다운스트림에 장애가 발생하여 업스트림에 응답하지 않는다.
- 업스트림은 9초의 타임아웃으로 설정되어 있고 재시도를 처리한다.
- 업스트림은 스레드풀이 허용하는 최대 스레드 수를 생성했다. 대부분의 스레드가 다운스트림과 통신하고 있으며, 업스트림의 요청 스레드 상태는 RUNNABLE로, 다운스트림의 응답을 기다리고 있다.
- 업스트림이 새로운 요청을 수신하고 스레드를 생성해야 하지만, 더 이상 스레드를 생성할 수 없다.

분석 및 해결책

9초의 타임아웃은 너무 길다. 재시도를 포함하면 18초의 지연 시간을 유발할 수 있다. 사용자는 오랜 시간 동안 서비스를 이용할 수 없다. 타임아웃이 길어짐에 따라 장애가 업스트림으로 전파되었다. API 서버나 공통 보안 서비스 같은 중요한 업스트림 서비스에 장애가 발생하면 전체 서비스를 사용할 수 없게 된다.

원인을 파악하려면 스택 트레이스에서 스레드 상태를 분석해야 한다. 관측 가능성은 스레드 상태 정보를 제공하지 않으므로 다수 스레드 덤프를 통해 스레드 상태를 파악해야 한다.

시나리오 2

문제점

- 의도적으로 타임아웃을 생성한다. 다운스트림 응답 시간이 지연된다.
- 업스트림에서 응답이 3초 이내에 도착하지 않으면, 타임아웃으로 처리된다.
- 다운스트림에서 반복적인 실패가 일어나고, 업스트림에서 빈번한 타임아웃 오류가 발생한다.

분석 및 해결책

개발자는 3초 타임아웃 프로세스가 업스트림을 보호하고 실패가 전파되는 것을 방지한다고 생각할 수 있다. 그러나 그들은 많은 수의 타임아웃이 부작용을 일으킬 수 있다는 것을 이해하지 못한다.

다운스트림에서 실패가 불규칙적으로 발생하며, 애플리케이션 수준의 관측 가능성만으로는 원인을 파악하기가 어렵다. 원인을 파악하려면 네트워크의 시스템 유틸리티와 커널 파라미터를 분석해야 한다.

연결을 종료한 쪽이 TIME WAIT 소켓을 생성하므로 업스트림에 여러 개의 TIME WAIT 소켓이 생성된다. TIME WAIT 소켓은 시간이 지나면 자동으로 사라지므로 실패가 복구된다.

프로세스 흐름이 로드 밸런서, API 서버, 마이크로서비스로 구성되어 있다면, 로드 밸런서의 관점에서 API 서버는 다운스트림에 해당한다. API 서버는 로드 밸런서와 세션을 설정하고 타임아웃을 설정한다. 마이크로서비스의 관점에서 API 서버는 업스트림에 해당한다. 각 구간에 대해, TIME WAIT, CLOSE WAIT, keepalive, 파일 지시자, 스레드 수, 세션 수, 타임아웃, 재전송, 비동기, 논블로킹, epoll을 구성해야 한다. 카오스 엔지니어링을 통해 장애를 이해하고, 장애가 전파되지 않도록 설정해야 한다. 즉, 특정 마이크로서비스가 다운되더라도, 서비스 일부분만 이용이 불가능하도록 구성한다.

시나리오 3

메모리에서 디스크로 플러시하거나 파일 블록을 병합하는 등의 작업은 주기적으로 발생한다. 이러한 작업은 CPU 사용량보다 IO 사용량이 더 많고, 대량의 데이터를 처리하는 애플리케이션과 커널의 기본 작업이다. IO 작업의 빈도와 처리량에 주의를 기울여야 한다. 낮은 빈도는 플러시 IO 스레드가 자주 실행되지 않음을 의미하지만, 높은 IO 사용률을 초래할 수 있다. 높은 빈도는 낮은 IO 사용량을 초래하지만, 스케줄링에 오버헤드를 추가한다. 너무 많은 빈도의 플러시 IO 스레드가 CPU 자원을 소모할 수 있기 때문에 성능 저하가 발생할 수 있다.

IO 사용률이 증가함에 따라, 시스템 콜과 시스템 모니터링을 통해 지연 시간을 정확하게 진단할 수 있어야 한다. 빈도와 처리량을 구성할 수 있는 애플리케이션 파라미터와 커널 파라미터를 테스트하여 적절한 값을 할당해야 한다.

주기적으로 병합, 압축, 정렬을 처리하면, 디스크 처리량을 향상시킬 수 있다. 압축 작업이 제대로 처리되지 않고 후순위로 밀려나거나, 큰 블록이 나중에 처리되는 경우, IO 사용률이 급격히 증가하고 CPU 사용률도 증가한다. 이로 인해 애플리케이션에서 예기치 않은 중단과 지연이 발생할 수 있다. 작업 부하를 이해하고 그에 따라 IO 스케줄러의 커널 매개변수를 구성해야 한다. IO WAIT 활용도가 높고, USER 활용도가 필요량만큼 할당되지 않거나, SYSTEM 활용도가 비정상적으로 높아 다른 작업에 부정적인 영향을 미치는 경우가 있다.

시나리오 4

대기 시간은 메모리에서도 발생할 수 있다. 시스템이 안정적으로 작동할 수 있도록 비상용으로 예약된 메모리 공간을 스왑 영역이라고 한다. 스왑은 물리적 메모리가 아니라 메모리로 사용하기 위해 따로 마련된 디스크의 일부이기 때문에 메모리가 부족할 때 사용할 수 있지만, 메모리에 비해 액세스 및 응답 시간이 느리다. 따라서 스왑을 사용하면 시스템 성능이 저하된다.

프로세스가 사용하지 않는 여유 메모리는 주로 캐시 목적으로 커널에 의해 사용된다. 캐시에 사용하지 않는 메모리를 확보함으로써 시스템의 전반적인 성능이 향상된다. 그러나 프로세스가 다시 메모리를 필요로 할 때 메모리가 부족할 수 있다. 이 경우 메모리 재할당이 발생한다.

캐시를 위해 충분한 메모리를 확보했지만, 프로세스에 할당할 메모리가 더 이상 없는 경우에는 어떻게 해야 할까? 이때 스와핑이 발생한다. 스와핑 영역에서 메모리를 읽고 쓰는 작업은 디스크에서 이루어지기 때문에 IO가 발생하고, 그 과정에서 시스템 속도가 느려진다.

시나리오 5

마이크로서비스 운영 시 발생하는 장애로 다음과 같은 것들이 있다.

- **적절한 타임아웃 설정**: 외부 서비스와의 통신은 항상 성공적인 것은 아니다. 실패할 가능성이 있

다. 타임아웃이 설정되어 있지 않거나 타임아웃이 설정되어 있지만 너무 길면 외부 서비스가 응답을 반환하지 못할 때 서버의 요청을 처리하는 데 오랜 시간이 걸릴 수 있다. 이 경우 서버에서 처리 중인 요청이 많이 쌓여 부하가 높아질 수 있다. 따라서 적절한 타임아웃을 설정해야 한다. 요청의 특성에 따라 타임아웃값을 구분하는 것이 효과적이다. 예를 들어 GET 요청은 짧은 타임아웃을 설정하고, POST 요청은 긴 타임아웃을 설정한다. 이렇게 하면 데이터를 업데이트하지 않는 요청에 신속하게 응답하고, 데이터를 업데이트하는 요청을 완료하는 데 충분한 시간을 확보할 수 있다.

- **동일한 호스트에 많은 요청을 보낼 때 호스트에 대한 연결 수 제한**: 외부 서비스의 부하를 최소화하기 위해 대상 호스트에 대한 연결 수를 제한할 수 있다. 따라서 동일한 호스트에 많은 요청을 보내는 경우, 호스트당 제한되는 연결 수를 확인해야 한다. 요청하는 서비스와 받는 서비스 모두 견딜 수 있는 부하 제한을 조사하고 그에 따라 적절한 설정을 해야 한다.
- **동일한 호스트에 대한 연결 재사용**: HTTP 클라이언트가 각 요청에 대해 대상 호스트에 대한 TCP 연결을 재사용하지 않는 경우, TCP 핸드셰이크를 반복해야 하므로 서버 간 통신 횟수가 증가하고 많은 수의 로컬 포트를 사용하게 된다. 따라서 TCP 연결을 재사용하면 성능을 향상시킬 수 있다. 핸드셰이크에서는 서버와 클라이언트 사이에 여러 번의 통신이 이루어진다. TLS 핸드셰이크에는 많은 CPU가 필요하므로 TLS 세션이 설정되면 가능한 한 많이 재사용해야 한다.

1.3 관측 가능성 신호

관측 가능성은 초기 단계의 기술이기 때문에 아직 기술적으로 성숙하지 않았고 개선이 필요하다. 단순한 기술을 구현할 때는 문제가 되지 않지만, 복잡한 요구 사항을 구현할 때는 기능이 제공되지 않아 제때 구현하기 어려운 상황에 자주 직면한다.

신호가 잘못 구성되면 상관관계가 깨지고 신호 간의 데이터 조인과 룩업이 구성될 수 없다. 개발자는 필요한 데이터를 검색할 수 없고, 대시보드를 만들 수 없으며, 부정확한 알람이 생성된다. 이어서 실사용자 모니터링, 프로파일, 디버깅, 이벤트, 이상치 등 전작에서 설명하지 않은 신호들의 실패 사례 및 한계를 살펴볼 텐데, 그에 앞서 전작에서 설명했던 신호 중 로그에 대해서만 다시 한번 살펴보겠다.

1.3.1 로그

자동 계측을 사용하면 편리함은 있지만 의도한 대로 자세하게 출력이 안 되고, 개발자가 커스텀 메시지와 속성을 로그에 추가하는 데 제약이 있다. 그리고 블랙박스와 레거시 등은 다른 신호는 지원하지 못하고, 로그와 프로파일로 관측 가능성을 구성해야 한다. 관측 가능성에서 로그는 다른 신호보다 우선순위가 낮지만, 그럼에도 로그만 가능한 부분이 있다는 점은 이해해야 한다.

관측 가능성에서 로그의 요구 사항은 다음과 같다.

- 로그를 출력하는 경우에 오픈텔레메트리의 추적 콘텍스트와 상용 관측 가능성의 추적 콘텍스트를 함께 출력해야 한다. 에이전트별로 계측이 다르므로 에이전트 간에 로그에 출력되는 결과가 다를 수 있다. 예를 들어 로그에 출력되는 스레드 정보가 에이전트별로 다르므로 차이점을 확인해야 한다.
- 에이전트, MDC, 스레드 간에 버그와 여러 문제점이 있어 로그의 출력은 부정확하거나 누락될 수 있지만, 로그는 다른 신호를 보완하고 추가적인 콘텍스트를 제공해줄 수 있다.

1 오픈텔레메트리 에이전트

상용 관측 가능성과 오픈텔레메트리 에이전트 로그의 결과는 다르다는 것을 이해하는 것이 중요하다. 문제는 에이전트와 자바 가상머신 스레드 사이에서 자주 발생한다. 예를 들어 상용 관측 가능성 추적 아이디로 로그를 검색하면 70%가 반환되는 반면, 오픈텔레메트리 추적 아이디로 로그를 검색하면 90%가 반환되는 식이다. 각 에이전트가 서로 다른 구현과 내부 동작으로 사용하기 때문에 추적 콘텍스트가 포함된 로그가 서로 다르다. 따라서 로그를 검색할 때는 상용 관측 가능성과 오픈텔레메트리 추적 아이디를 조합하여 사용해야 한다. 로그 쿼리를 올바르게 입력하지 않으면 원하는 결과를 얻지 못하고, 필요한 레코드가 누락되는 부정확한 결과를 얻을 수 있다.

오픈텔레메트리 에이전트는 trace_id를 사용하고, Micrometer 추적은 traceId를 사용하며, 상용 관측 가능성은 dt.trace_id를 사용한다. 이들은 예약어로서 로그에 기록되는 추적 콘텍스트이므로 다른 용도로 사용하면 예기치 않은 부작용이 발생할 수 있다(예를 들어 추적 아이디가 로그에 출력되지 않거나 충돌이 발생할 수 있다).

에이전트를 사용하는 동안 로그에 문제가 발생하면, 콘텍스트, ThreadLocal, MDC, 로그 라이브러리의 순서로 조사해야 한다. 특정 단계에서 변수가 정의되었는지 또는 값이 널인지 여부를 디버깅해야 한다. 그림 1.11은 오픈텔레메트리 로그의 과정을 보여준다.

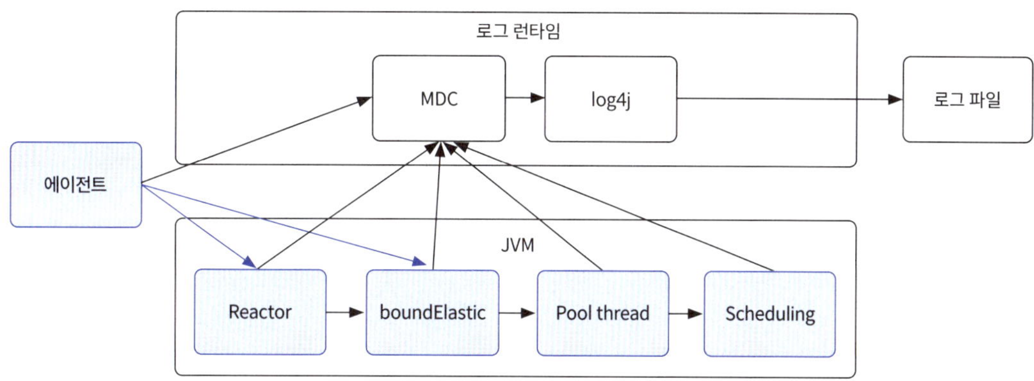

그림 1.11 로그와 추적 콘텍스트 간 관계

1. 자바 가상머신의 스레드는 ThreadLocal을 통해 MDC에 데이터를 저장한다. 트랜잭션 아이디와 같은 전 구간에서 사용하는 데이터를 MDC에 추가하는 것이 좋다. 스레드 아이디를 전달하면 MDC에 여러 스레드 아이디가 출력되는 것을 볼 수 있다.
2. 오픈텔레메트리 에이전트는 스레드를 계측하고 콘텍스트를 얻는다. 내부적으로 Span.current().getSpanContext().getTraceId()와 Span.current().getSpanContext().getSpanId()의 2개 API를 사용하며, 계측이 실패하고 추적 콘텍스트를 얻지 못하면 비어 있는 추적 콘텍스트가 되어 이들은 널값을 반환한다.
3. 에이전트는 추적 콘텍스트를 읽으려고 시도한다. 에이전트가 특정 스레드에서 추적 콘텍스트를 지원하지 않거나 부분적으로만 지원한다면 문제가 생긴다.
4. 오픈텔레메트리는 내부 스레드 처리 중에 스팬을 생성하지 않을 수 있다. 개발자는 스레드 내부에서 생성되는 많은 작업과 상태, 스레드 간 콘텍스트 전달을 관리해야 한다.
5. 오픈텔레메트리 에이전트는 추적 콘텍스트를 MDC에 주입한다.
6. log4j API의 로거를 사용하여 출력하고자 하는 데이터를 내부 메모리에 저장한다.
7. log4j는 내부 메모리에 저장된 데이터와 MDC에 저장된 데이터를 로그 파일에 기록한다.

상용 관측 가능성 에이전트는 추적 콘텍스트를 로그에 자동으로 주입할 수 있다. 이 작업은 스레드에서 콘텍스트를 추출하고 MDC에 추적 콘텍스트를 주입하는 방식으로 이루어진다. 하지만 이 과정에서 다수 문제점이 발생할 수 있다.

- 자동 계측은 내부 스레드의 스팬을 생성하지 않는다. 내부 스레드 간 전달은 콘텍스트를 사용한다. 필요시 수동 계측으로 개발한다.

- 논블로킹 처리 시 ThreadLocal을 사용하지 못하므로 MDC 콘텍스트 처리가 복잡하다. 블로킹에서는 스레드 아이디만 MDC에 저장했지만, 논블로킹에서는 요청 아이디 등을 MDC에 저장해야 한다.
- 버그일 수도 있지만, 로그에 일부 스레드의 추적 콘텍스트를 출력하지 않는다. 상용 관측 가능성은 내부 스레드를 계측하지 않지만, 오픈텔레메트리는 내부 스레드를 계측하는 경우도 있다. 그래서 오픈텔레메트리는 상용 관측 가능성보다 더 많은 추적 콘텍스트를 로그에 기록한다.

오픈텔레메트리 에이전트를 사용하면 WebFlux는 한 개의 스팬을 생성한다. 리액터를 기준으로 설명하면, 추적은 네티(Netty)만 스팬을 생성하고, 그 이후에 생성하는 스레드에 대한 스팬은 생성하지 않는다. 리액터는 단일 요청에 대해서 다수의 스레드를 사용하는데, 추적을 사용하는 경우에는 세부적인 추적과 디버깅이 어렵다.

논블로킹의 경우 MDC 문제가 발생한다. 요청과 응답이 단일 스레드에 의해 처리될 때, MDC에 주입된 콘텍스트는 일관성을 유지한다. 단일 스레드가 ThreadLocal을 사용하기 때문이다. 그러나 논블로킹, 비동기, 배치는 여러 스레드를 생성하고, 각 스레드가 별도의 ThreadLocal을 생성한다. 블로킹에서 스레드 아이디를 로그에 출력했다면, 논블로킹에서 스레드 아이디를 더 이상 사용하지 못한다. 또한 에이전트의 내부 문제로 추적 아이디가 출력되지 않을 수 있다. 그래서 다수 에이전트를 사용하거나, 전 구간에 사용되는 중요 아이디를 함께 로그에 출력해야 한다.

인프라 관측 가능성에서 스레드 아이디가 중요한 식별자라는 것을 고려하면, 논블로킹 처리 방식은 SRE와 개발자에게 콘텍스트 이해를 어렵게 만든다. 즉, 논블로킹 방식은 추적만으로는 충분하지 않으며, 다양한 방식으로 관측 가능성을 보강해야 한다.

추적 아이디와 같이 오픈텔레메트리가 사용하고 주입하는 값에 문제가 발생하면 SRE가 질문에 답할 수 있어야 한다. 논블로킹과 같은 내부 스레드 간 전파는 로그를 사용하는 것이 가장 좋다. 오픈텔레메트리의 MDC 결과가 상용 관측 가능성의 MDC 결과와 다른 경우, SRE는 개발자에게 이러한 차이점을 설명해야 한다. 예를 들어 개발자가 여러 스레드에 걸쳐 전파되도록 MDC를 개발해도, 에이전트의 추적 콘텍스트(오픈텔레메트리의 추적 콘텍스트 trace_id, 상용 관측 가능성의 추적 콘텍스트 dt.trace_id)는 로그에 기록되지 않는다. 에이전트는 MDC에 빈 값을 주입한다. 에이전트의 스레드 계측이 실패하고 빈 값을 반환하기 때문이다.

오픈텔레메트리 에이전트는 공식적으로 스프링 스케줄링, WebFlux, 리액터, 리액터 네티, 코틀린 코루틴을 지원하며 만족스러운 결과를 보여준다. 그러나 상용 관측 가능성에서는 스프링 프레임워크 계측이 실패할 수 있다. 콘텍스트 전파가 실패하고 중단되는 경우 상용 관측 가능성에서만 문제가 발생하기 때문에, 많은 개발자가 그 이유를 묻는다. SRE는 이러한 문제에 신중하게 대응해야 한다.

요약하면 관측 가능성에서 로그의 활용 방법은 다음과 같다.

- 기존 로그 중심 모니터링과 관측 가능성 간의 차이점을 이해하고, 로그를 이전과 다르게 활용할 수 있어야 한다. 관측 가능성에서 로그는 중심이 되어서는 안 되고, 다른 신호를 보강하는 역할을 한다.
- 추적은 외부 호출만 스팬을 생성하고, 내부 스레드 간 호출은 스팬을 생성하지 못한다. 로그를 사용해서 스레드의 스팬을 검색할 수 있어야 한다.
- 블랙박스와 레거시 등 다른 신호들을 사용해서는, 관측 가능성을 구성하기 어려운 시스템이 다수 있다. 이러한 경우에 로그를 사용해서 관측 가능성을 구성하는 것이 효과적이다.
- 자동 계측으로 구성하는 경우에는 상세한 에러와 디버깅 메시지를 포함하지 못한다. 로그에 콘텍스트를 추가하면, 문제 해결에 도움이 된다.
- 가상 스레드 등 복잡한 논블로킹 처리는 로그를 사용해서 문제를 분석해야 한다.
- 메트릭과 추적에 속성을 추가하는 것이 제약이 있는 반면, 로그는 상대적으로 유연하게 속성을 추가할 수 있다. 이를 통해서 알람, 대시보드 등에 활용이 가능하다.

2 문제 발생 예시

로그에 추적 콘텍스트를 출력할 때 문제가 발생하는 구체적인 상황을 생각해보자.

서비스 A의 scheduling-1이 중요한 처리를 하므로 이를 모니터링하는 것이 중요하다고 가정해보자. 추적이 scheduling-1 스레드를 지원하지 않으므로 로그를 사용해야 한다. 로그에서 오픈텔레메트리 스팬 아이디로 scheduling-1 스레드를 검색할 수 있다. 문제는 상용 관측 가능성 추적 아이디와 스팬 아이디로는 scheduling-1 스레드를 검색할 수 없다는 점이다.

	오픈텔레메트리 추적 아이디	오픈텔레메트리 스팬 아이디	상용 관측 가능성 추적 아이디	상용 관측 가능성 스팬 아이디	스레드 이름
서비스 A	1	1-1	A	A-1	pool-4-thread-10
서비스 A	1	1-1			scheduling-1
서비스 A	1	1-1			scheduling-1
서비스 A	1	1-1			scheduling-1
서비스 B	1	1-2	A	A-2	reactor-http-epoll-4

표를 보면 상용 관측 가능성으로 계측된 결과와 오픈텔레메트리로 계측된 결과가 다르게 추적에 출력되는 것을 확인할 수 있다. 에이전트가 개선 중이기 때문에 추후에는 결과가 변경될 수 있지만, 정리하면 다음과 같다.

스레드 이름	오픈텔레메트리	상용 관측 가능성
pool-4-thread-10	미지원	미지원
boundedElastic-439	미지원	미지원
reactor-http-epoll-4	부분 지원, 일부 스레드는 스팬이 없음	부분 지원, 오픈텔레메트리보다 출력되는 스팬 개수가 적음
scheduling-1	부분 지원, 모든 스레드에서 스팬 출력, 새로운 스팬 생성은 없음	부분 지원, 첫 번째 스레드만 스팬 출력

scheduling-1을 모니터링해야 하는 경우에는, 항상 오픈텔레메트리를 사용해야 하는 부담이 있다. 상용 관측 가능성 에이전트는 특정 스레드에 대해서 MDC 처리에 문제가 발생하기 때문이다.

❸ 오픈텔레메트리의 로그 처리 방식

오픈텔레메트리가 도입되기 전에는 로그에 명명 규칙이 없거나 명명 규칙이 준수되지 않는 경우가 많았다. 수십만 줄이 넘는 코드에서 추적 콘텍스트의 키만 변경해야 하는 경우 올바른 방법을 찾기가 어렵다. logback 라이브러리가 프로파일의 콜 트리에서 처리하는 과정을 이해해야 한다. 여러 에이전트가 함께 사용되고 발생하는 경우, 콘텍스트, ThreadLocal, MDC를 처리하고 디버깅할 수 있어야 한다. 오픈텔레메트리의 opentelemetry-java-instrumentation 깃허브 저장소에서 logback 폴더에 들어 있는 opentelemetryAppender.java 소스를 참고하자.

```
private String traceIdKey = LoggingContextConstants.TRACE_ID;
...
/** Customize MDC key name for the trace id. */
public void setTraceIdKey(String traceIdKey) {
    this.traceIdKey = traceIdKey;
}
```

앞에서 설명한 바와 같이, 그림 1.12에서 볼 수 있듯 오픈텔레메트리 에이전트는 ThreadLocal 대신 MDC에 추적 콘텍스트를 주입하여 중간에서 가로채고 추적 아이디의 키를 변경한다.

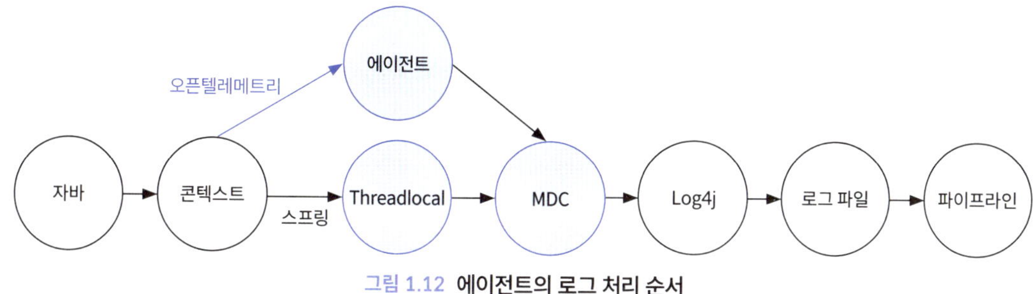

그림 1.12 에이전트의 로그 처리 순서

로그는 다음 5단계 과정을 통해 처리된다.

1. 콘텍스트를 생성한다
2. 자바 에이전트가 콘텍스트를 읽는다.
3. 자바 에이전트가 콘텍스트를 MDC에 복사한다.
4. 로그 라이브러리가 MDC에서 읽는다.
5. 로그 라이브러리가 실행 코드에서 로그를 출력하는 데 사용된다.

개발자가 로그 표준을 설정하고, 지침에 따라 코드를 수정하고, 재배포하고, 로그에 올바르게 출력하는 것은 쉽다. 그러나 이미 수천 개의 마이크로서비스가 운영되고 있는 상황에서 코드를 수정하지 않고 정확하게 로그를 출력하는 것은 어렵다. 상용 관측 가능성 또는 다수 에이전트를 사용하는 경우 이러한 문제가 발생할 가능성이 크다. 로그 파이프라인을 수집한 후에는 문제를 해결할 수 없다. 로그 수정은 SRE가 주도하지만 개발자와의 협력이 필요하다.

4 WebFlux 사례

WebFlux로부터 요청을 받은 후, 프로젝트 리액터와 코루틴을 사용하면 논블로킹 처리를 할 수 있다. 다운스트림의 JPA에 의해 처리되는 과정에서 블로킹되더라도, 코루틴이 논블로킹 처리이기 때문에 문제가 없다. 논블로킹 기능이 없으면 멜트다운이 발생한다. 그림 1.13을 참고한다.

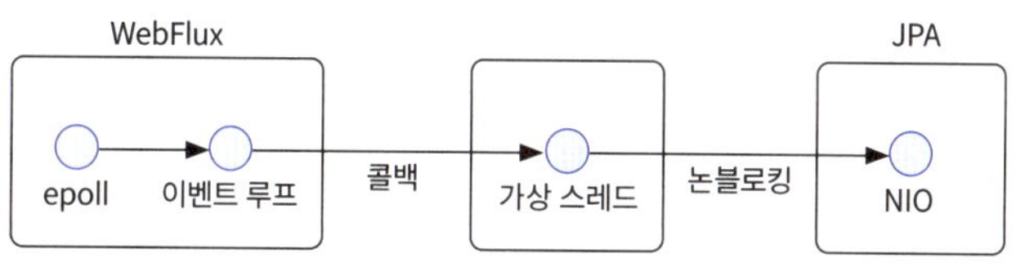

그림 1.13 스프링 처리 과정

WebFlux에서 리액터 스케줄러를 사용하는 경우, 상용 에이전트에서는 parallel 스레드가 스팬을 생성하지 못할 수 있다. 기술적 검증을 통해 추적이 수행되고 있는지 확인해야 한다. 프로젝트 리액터나 리액터 스케줄러를 사용할 때는 로그를 올바르게 구성해야 하므로, 로그에 대한 표준을 확립하고 개발자들에게 정확한 지침을 제공해야 한다.

1.3.2 실사용자 모니터링

분산 추적이 백엔드 애플리케이션에 특화된 신호라면, 실사용자 모니터링은 웹과 앱 등 프런트엔드 애플리케이션에 특화된 신호다.

프런트엔드와 유저 관점에서 신세틱(synthetic) 테스트와 실사용자 모니터링 2가지 모니터링 방법이 있다. 신세틱 테스트는 자동화된 테스트 방법으로 주로 엔드포인트의 가용성을 측정하기 위해서 사용되고, 실사용자 모니터링은 실제로 발생한 유저의 세션, 액션, 이벤트, 에러를 주로 측정한다. 실무에서는 2가지 모두를 적절하게 활용할 수 있어야 한다.

먼저 신세틱 테스트는 다양한 서비스의 헬스체크에 유용하다.

- HTTP, TCP 등 다양한 프로토콜과 엔드포인트를 헬스체크한다.
- 쿠버네티스 라이브니스를 사용해서, 서비스를 헬스체크한다.
- 데이터베이스의 조회 쿼리를 통해 헬스체크한다.
- 메시지 서버는 엔드포인트를 제공하지 않으므로 헬스체크가 어렵다. 토픽과 대기열에 대기하는 메시지 개수를 측정하고, 로그와 메트릭으로 출력하는 애플리케이션을 개발해서 헬스체크한다.

CNCF에서는 실사용자 모니터링에 대한 기능을 오픈텔레메트리 표준에 추가하고 있다. 웹브라우저에서 사용하는 자바스크립트 외에도 다양한 앱을 지원하기 위해 스위프트, 코틀린 클라이언트 개발 언어를 지원한다.

프런트엔드에서 추적이 생성되는 경우는 2가지다.

- 프런트엔드에서 XHR 이벤트가 발생하는 시점에 생성된다.
- 이미지 리소스와 도큐먼트가 로딩되거나, Fetch되는 시점에 생성된다.

구글 크롬 개발자 도구의 화면과 유사하며, 도큐먼트와 이미지가 로드되는 등의 지연과 순서를 이해하는 데 도움이 된다. XHR 메서드는 백엔드를 호출하는 역할을 한다.

실사용자 모니터링과 추적을 연결하면, 사용자가 모바일 앱 혹은 웹브라우저에 접속 후 세션이 시작된 후 프런트엔드를 거쳐, 백엔드까지 전 구간에 걸쳐 모니터링이 가능해진다. 이러한 모니터링 방법은 근본 원인 분석에 큰 도움이 된다. 실제 사용자 관점, 예를 들어 장소, 사용자의 디바이스 등 SRE가 고려하지 못한 영역을 포함해서 모니터링이 가능하므로, 전 구간에서 문제의 원인을 분석할 수 있게 된다.

곧 살펴볼 실사용자 모니터링 데모는 그라파나 파로를 사용해서 실사용자 모니터링을 구현하고, 프런트엔드와 백엔드 사이의 네트워크 지연을 스팬으로 표시할 것이다. 그라파나 파로는 프런트엔드 계측과 추적 계측으로 구성된다. 먼저 프런트엔드에서 필요한 데이터를 수집한 다음, 그라파나 파로 웹 SDK는 이를 그라파나 에이전트로 보낸다. 여기서 데이터는 로그, 예외, 이벤트, 측정으로 분류된다. 프런트엔드를 관찰하는 데에는 다음과 같은 계측을 사용할 수 있다.

- **콘솔 계측**: 활성화된 로그 수준 필터(디버그, 에러, 로그)에 따라 로그를 수집한다.
- **에러 계측**: 에러를 수집하고, 가능한 경우 해당 스택 트레이스를 추출하여 서버에 보고한다.
- **웹 바이털 계측**: 사용자 경험을 개선할 수 있도록, 브라우저에서 사이트의 실제 성능을 측정한다.
- **세션 추적 계측**: 애플리케이션의 단일 세션 동안 특정 최종 사용자에 대해 발생하는 오류, 로그 및 이벤트의 상관관계를 파악하는 데 도움이 된다.
- **뷰 추적 계측**: 애플리케이션의 특정 구간에서 발생하는 오류, 로그 및 이벤트의 상관관계를 파악하는 데 도움이 된다.

그다음 추적 계측은 프런트엔드 계측 후에 발생한다. 사용자가 애플리케이션과 상호작용할 때의 기간을 측정하고, 브라우저에서 호출되는 이벤트의 메타데이터를 수집한다. 추적을 위한 계측은 다음과 같다.

- **사용자 상호작용 계측**: 트리거된 이벤트의 지속 시간, 발생한 사용자 상호작용의 종류를 기록한다.
- **도큐먼트 로드 계측**: 웹페이지가 처음에 정적 리소스를 가져오는 데 걸리는 시간을 측정한다.
- **Fetch 계측**: Fetch API를 사용하여, 요청에 전달되는 데 걸리는 시간을 측정한다. XML HttpRequest는 Fetch API의 이전 버전이다. 분산 추적이 생성되고, 백엔드와 연계된다.

오픈텔레메트리 실사용자 모니터링 절차는 다음과 같다.

- 로그에서 에러를 보고, 문제점을 인식한다.
- 로그에는 에러 메시지와 함께 세션 아이디가 출력되고 있다.

- 버튼을 선택하는 이벤트는 XHR을 호출하고, 추적 아이디를 생성한다. XHR은 메시지 헤더에 추적 아이디를 추가하고, 백엔드와 프런트엔드를 연계할 수 있다.
- 추적 아이디뿐만 아니라, 세션 아이디도 쿠키에 주입되어야 한다.

사용자 경험을 식별하고, 문제점을 해결하고 튜닝해야 하는 경우도 발생한다. 예를 들어 특정 지역에서 서비스가 느린 경우가 발생하거나, 특정 사용자의 서비스 품질에 문제가 발생하는 경우 실사용자 모니터링은 유용하며, 해결책을 제시할 수 있다.

오픈텔레메트리 자바스크립트는 웹 화면에서 호출되는 요청에서 추적을 생성할 수 있다. 아직 오픈텔레메트리 실사용자 모니터링은 단순하게 추적만 생성할 뿐, 프런트엔드 영역의 전반적인 관측 가능성 기능은 제공하지 않는다. 실사용자 모니터링으로 수집되는 데이터는 분석 측면에서도 가치가 높고 활용도도 높다. 아직 개선의 여지가 많은 기술이지만, 향후 기대되는 신호임에는 틀림없다.

1 실사용자 모니터링 데모

그라파나 파로는 실사용자 모니터링을 위한 API를 제공한다. 예를 들어 프런트엔드 자바스크립트를 자동 계측하고, 여러 가지 메트릭과 추적을 생성한다. 추적과 다른 신호 간의 연계는 관측 가능성 구현의 핵심이다. 이번 데모에서도 실사용자 모니터링과 분산 추적과의 상관관계를 설명한다. 실사용자 모니터링에서 설명하는 추적은 기존의 분산 추적보다 복잡하다. 프런트엔드에서의 추가 계층이 존재하기 때문이다.

실사용자 모니터링에는 다양한 이벤트가 있다. 예를 들어 이미지와 도큐먼트를 로딩하거나, 버튼을 선택하고, 결과를 출력하는 다수의 이벤트가 있다. 페이지 로드 시의 리소스, 요청 Fetch 및 사용자 상호작용이 포함된다. 파로는 이벤트에 대한 자동 계측 기능을 제공하고, 이벤트에서 추적의 스팬을 생성한다.

- 초기 도큐먼트가 로드되면, 오픈텔레메트리 계측은 서버 측 이벤트에 대한 스팬을 생성한다. 파로에서 제공하는 추적 계측은 자동으로 traceparent를 생성하고, 도큐먼트에 대한 리소스 로딩을 계측할 때 스팬을 생성한다.
- Fetch 요청을 실행하면, traceparent가 요청의 헤더에 추가된다. 오픈텔레메트리 API에서 이 헤더를 읽고 전파를 처리한다.
- 자동 계측 외에도 파로는 스팬 등을 수동으로 생성하기 위해, pushTraces라는 API도 제공한다.

데모 구성 방법은 다음과 같다. 도커로 데모를 실행한다.

```
docker-compose --profile demo up -d
```

사용하는 패키지 관리자에 따라 다음을 실행해 프로젝트에 라이브러리를 설치한다.

```
npm i -S @grafana/faro-web-sdk
…또는…
yarn add @grafana/faro-web-sdk
```

오픈텔레메트리 추적은 @grafana/faro-web-tracing 패키지로 제공된다. 제공된 오픈텔레메트리 설정에는 사용자 상호작용, 도큐먼트 로드를 위한 추적, Fetch 및 XHR을 통한 W3C 추적 콘텍스트 전파가 포함된다.

```
import { getWebInstrumentations, initializeFaro } from '@grafana/faro-web-sdk';
import { TracingInstrumentation } from '@grafana/faro-web-tracing';

const faro = initializeFaro({
  url: 'http://localhost:12345/collect',
  apiKey: 'secret',
  instrumentations: [...getWebInstrumentations(), new TracingInstrumentation()],
  app: {
    name: 'frontend',
    version: '1.0.0',
  },
});

const { trace, context } = faro.api.getOTEL();

const tracer = trace.getTracer('default');
const span = tracer.startSpan('click');
context.with(trace.setSpan(context.active(), span), () => {
  doSomething();
  span.end();
});
```

로그에 세션 아이디와 추적 아이디를 출력해볼 것이다. 즉, 세션 아이디를 로그에서 확인하고, 로그에서 추적으로 이동하는 순으로 진행한다.

실사용자 모니터링이 추적과의 연계를 위해서는 세션 아이디, 추적 아이디를 생성해야 한다. 테스트 시나리오는 다음과 같다.

- Seed 페이지로 이동하고, Seed 버튼을 선택한다. 추적 아이디와 스팬 아이디를 확인하고, 그라파나에서 에러를 확인한다.
- 기사 추가 페이지로 이동하고, 기사를 추가한다. 추적 아이디와 스팬 아이디를 확인하고, 그라파나에서 결과를 확인한다.
- 작성한 기사에 댓글을 작성한다. 추적 아이디와 스팬 아이디를 확인한다.

그림 1.14는 실사용자 모니터링에서 추적 헤더를 생성하는 화면이다. 별도의 모니터링 툴 없이, 크롬 개발자 도구에서도 헤더의 추적 아이디를 확인할 수 있다.

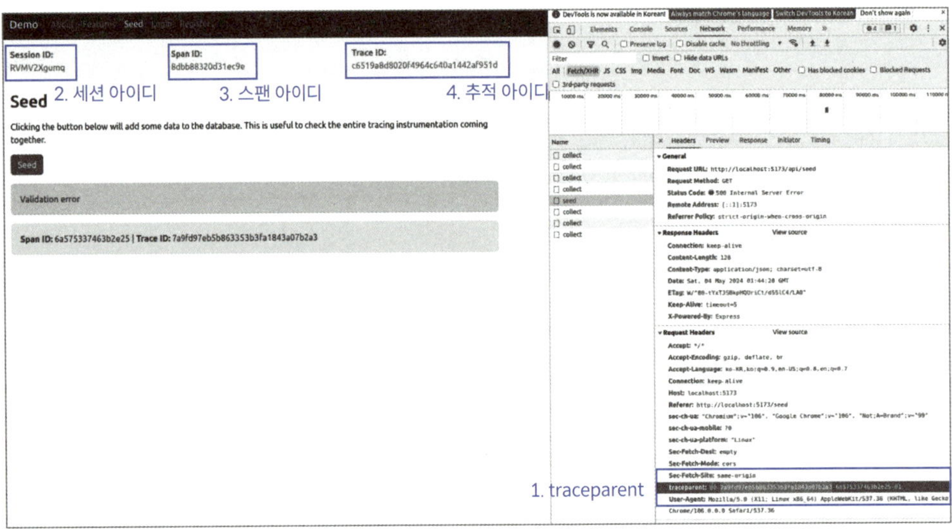

그림 1.14 **실사용자 모니터링 내 추적 아이디 확인**

에러가 발생된 것을 확인할 수 있다. 이러한 에러를 확인하기 위해서, 추적 아이디를 그라파나 템포(Tempo)에 입력한다. 템포에서는 클라이언트와 서버 측의 스팬을 확인할 수 있고, 서버에서 에러가 발생한 것을 확인할 수 있다. 백엔드 서버의 상세 에러를 확인하고, 에러를 해결하는 데 유용하다.

그림 1.15처럼 브라우저에서 곧바로 추적 아이디를 확인하고, 템포에서 추적 아이디를 검색하면서 문제점을 이해할 수 있다. 프런트엔드에서부터 추적 콘텍스트를 생성하고, 백엔드와 분산 추적으로 연계되어 있다. 프런트엔드부터 백엔드까지 전 구간 추적이 구성되었고, 프런트엔드에서 문제 발생 시에 쉽게 에러를 식별할 수 있다. 로그에는 세션 아이디를 출력하며, 세션 아이디는 추적 아이디와 연계되는 것이 일반적이다.

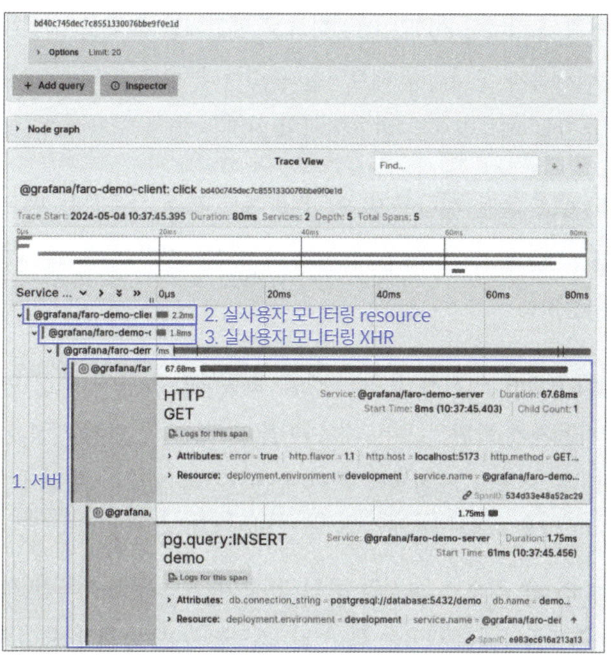

그림 1.15 **실사용자 모니터링과 분산 추적 간 연계**

추적 아이디에 템포 연결이 활성화된 것을 확인할 수 있다. 데모의 프런트엔드에서는 리소스와 도큐먼트를 가져오고, 버튼을 선택하는 이벤트를 발생하는 경우에 스팬을 생성한다. 그리고 백엔드에 있는 분산 추적으로 추적을 전파한다.

요약하면 2가지 방법으로 프런트엔드의 장애를 식별할 수 있다.

- 프런트엔드에서 추적 콘텍스트를 생성하므로 추적 아이디를 통해서 에러를 식별할 수 있다.
- 프런트엔드는 로그에 추적 콘텍스트를 기록하므로 로그에서 에러가 발생한 추적 아이디를 식별할 수 있다.

클라이언트에서 XHR의 호출 순서를 제어하지 못하거나, 순차처리로 지연이 증가하는 경우가 발생한다. 분산 추적을 사용해서 백엔드를 상세하게 분석하더라도, 프런트엔드에서 잘못된 방식으로 호출이 지속된다면 문제 해결이 어렵다. 백엔드만으로는 문제의 분석이 어렵고, 실사용자 모니터링과 결합해서 전 구간 관측 가능성을 구성해야 하는 이유다. 문제를 이해하고 해결하기 위해서는, 프런트엔드와 백엔드를 동시에 분석하는 것이 필요하다. 실사용자 모니터링을 사용하면, 이러한 분석이 가능해진다.

❷ 실사용자 모니터링 메트릭

상용 관측 가능성 실사용자 모니터링을 사용한다면, 자동으로 메트릭이 생성되거나 제공된다. 일부 오픈소스는 실사용자 모니터링 API만 제공하므로 메트릭을 별도로 생성하는 과정이 필요하지만, 그라파나 파로는 실사용자 모니터링 메트릭을 출력한다. 로그 자체를 대시보드에 출력하는 것도 좋은 방법이지만, 로그를 메트릭으로 변경해서 출력하는 것을 권장한다.

FCP, TTFB, LCP, INP, CLS 등은 실사용자 모니터링에서 자주 사용하는 메트릭이다. 대부분이 응답 속도와 관련이 있다. 네트워크에서도 ping으로 측정되는 시간이 중요한 것처럼, 사용자 만족도 면에서 응답 속도는 중요하다.

- **FCP(First Contentful Paint)**: 인지된 로드 속도를 측정하는 사용자 중심 메트릭이다. 페이지 로드 타임라인에서 사용자가 화면의 모든 내용을 볼 수 있는 첫 번째 지점을 표시한다. FCP는 사용자가 처음 페이지로 이동한 시점부터 페이지 콘텐츠의 일부가 화면에 렌더링된 시점까지의 시간을 측정한다. 이 메트릭에서 '콘텐츠'는 텍스트와 이미지를 의미한다.
- **TTFB(Time to First Byte)**: 리소스 요청과 응답의 첫 바이트가 도착하기 시작하는 시점 사이의 시간을 측정하는 메트릭이다. TTFB는 FCP 및 LCP와 같은 사용자 중심 메트릭보다 우선하므로 사용자의 75번째 백분위수가 '양호' 기준 이내의 FCP를 경험하도록, 서버가 요청에 충분히 빠르게 응답하는 것이 좋다. 대부분의 사이트는 첫 바이트까지의 처리 시간이 약 0.8초 이하가 되도록 노력한다.
- **웹 바이털(Web Vitals)**: 웹에서 우수한 사용자 환경을 제공하는 데 필수적인 웹페이지 품질 신호에 관한 통합 가이드를 제공하기 위한 구글의 프로젝트다. 여기서 제공하는 메트릭들은 사용 가능한 다양한 성능 측정 도구를 단순화하고, 가장 중요한 측정 항목인 코어 웹 바이털의 세 가지 메트릭에 집중할 수 있도록 돕는 것을 목표로 한다.
- **LCP(Largest Contentful Paint)**: 최대 콘텐츠 렌더링 시간을 뜻하며, 로드 성능을 측정한다. 우수한 사용자 환경을 제공하려면, 페이지가 처음 로드되기 시작한 후 2.5초 이내에 LCP가 발생해야 한다.
- **INP(Interaction to Next Paint)**: 상호작용을 측정한다. 우수한 사용자 환경을 제공하려면, 페이지의 INP가 200밀리초 이하여야 한다.
- **CLS(Cumulative Layout Shift)**: 누적 레이아웃 변경을 뜻하며 시각적 안정성을 측정한다. 우수한 사용자 환경을 제공하려면, CLS를 0.1 이하로 유지해야 한다.

애플리케이션은 운영 중에 로그를 생성한다. 로그를 읽고 처리해서, 실사용자 모니터링 메트릭을 생성할 수 있다. 프런트엔드 애플리케이션의 특성상 로그를 수집하는 것은 유용하다. 로그를 메트릭으로 변환하는 방법은 프로메테우스 레코딩 규칙을 사용하는 것이다. 그라파나 미미르(Mimir)에서 레코딩, 알람 규칙을 개발하기 위해서는, 레코딩 규칙 생성 기능을 활성화할 수 있도록 다음과 같이 구성해야 한다.

```
ruler_storage:
  backend: filesystem
  filesystem:
    dir: /tmp/mimir/rules
```

알람은 메트릭을 기반으로 한다. 추적, 프로파일, 로그는 복잡한 규칙을 개발하기에 적합하지 않다.

로키는 프로메테우스 레코딩 규칙을 사용한다. 다음과 같이 레코딩 규칙을 사용하면 로키에 대한 메트릭을 생성하고 알람 규칙에서 해당 메트릭을 사용한다.

```
groups:
    - name: Loki logs disk usage
      interval: 1m
      rules:
        - record: logs_bytes_over_time_1m
          expr: |
            bytes_over_time({job="hotrod"} [1m])
```

로키 구성 파일은 다음과 같다.

```
auth_enabled: false

server:
  http_listen_port: 3100

ingester:
  lifecycler:
    address: 127.0.0.1
    ring:
      kvstore:
        store: inmemory
      replication_factor: 1
    final_sleep: 0s
  chunk_idle_period: 5m
  chunk_retain_period: 30s
  max_transfer_retries: 0

ruler:
```

```
  storage:
    type: local
    local:
      directory: /rules
  remote_write:
    enabled: true
    client:
      url: http://localhost:9090/api/v1/write

storage_config:
  boltdb:
    directory: /data/loki/index

table_manager:
  retention_deletes_enabled: false
  retention_period: 0s
```

멀티 테넌트를 적용하지 않는 경우에는 /fake 디렉터리를 사용한다.

```
$ pwd
/rules/fake
```

멀티 테넌트 환경에서는 레코딩과 알람 규칙을 테넌트별로 개발해야 한다. 로그, 추적, 메트릭이 테넌트별로 격리되어 있어야 한다. 멀티 테넌트를 구성하면 시스템을 더 안정적으로 운영할 수 있지만, 테넌트 구성이 쉽지 않은 것이 현실이므로 조직 구조상 어렵다면 무리해서 멀티 테넌트를 구성할 필요는 없다.

3 상용 관측 가능성의 실사용자 모니터링

이번 절에서는 다이나트레이스와 같은 상용 관측 가능성에서 이뤄지는 실사용자 모니터링을 살펴본다. 다이나트레이스는 실사용자 모니터링 API뿐만 아니라, 프런트엔드를 모니터링하기 위한 다양한 기능을 제공한다.

관측 가능성 도입을 결정하기 이전에, 실사용자 모니터링이 오픈텔레메트리 혹은 분산 추적으로 구성이 가능한지 확인해야 한다. 상용 관측 가능성은 분산 추적을 지원하지 않고, 오픈텔레메트리 비호환 기술로 실사용자 모니터링을 구성한다(마이크로서비스로 추적을 전파하는 형식이 아니라, 쿠키로 유저 세션과 액션을 전달하는 방식으로 실사용자 모니터링과 분산 추적을 연계한다). 오픈소스에서 실사용자 모니터링은 추적의 일부분이다. 상용 관측 가능성의 실사용자 모니터링은 추적과 분리되어 있으며, API 서버를 무시하고 마이크로서비스로 직접 전파하게 된다.

특히 API 서버와 관련하여 고려할 사항은 다음과 같다.

- 일부 API 서버는 분산 추적을 지원하지 않는 경우가 있다. 실사용자 모니터링에서 분산 추적을 전파하더라도 API 서버에서 전파되지 않을 수 있다(API 서버를 바이패스하는 것이다).
- 관리형 API 서버는 계측을 허용하지 않으며, 에이전트를 구성할 수 없기 때문에 추적을 생성할 수 없다. 예를 들어 Spring Cloud Gateway에서는 에이전트를 구성할 수 있으므로 추적을 생성할 수 있다. 관리형 API 서버는 에이전트 계측을 허용하지 않는다.
- API 서버는 종종 B3 zipkin을 사용하며 오픈텔레메트리를 사용하지 않는다. API 서버가 B3를 통해 마이크로서비스로 전파하는 경우, 마이크로서비스는 B3 전파기로 구성되어야 한다. 수백 개의 마이크로서비스에 대한 B3 전파기는 구조적으로 비효율적이며 구성하기 어렵다.

실사용자 모니터링에서는 프런트엔드를 자동 계측해서 스팬을 생성하는 것을 원칙으로 한다. 그래서 프런트엔드 스팬과 백엔드 스팬 사이에서 콘텍스트의 전파를 수행하게 된다. 설루션의 구현에 따라 프런트엔드에서 추적이 생성되지 않는다면, API 서버가 추적을 생성하는 시작점이 된다(설루션에 따라 프런트엔드에서 추적을 생성하는 경우도 있고, API 서버에서 추적을 생성하는 경우도 있다). 설루션을 이해하고 전 구간 추적 아키텍처를 구성해야 한다.

실사용자 모니터링은 API만 제공하는 방식이 아니라, 모든 사용자 경험을 관리하는 실사용자 모니터링 백엔드와 실사용자 모니터링 데이터를 쿼리하기 위한 쿼리 언어도 제공한다. 실사용자 모니터링은 비즈니즈 관점에서도 높은 가치를 전달하므로 실사용자 모니터링 백엔드를 구축하고, 전사적으로 데이터를 잘 활용할 수 있도록 제공해야 한다.

실사용자 모니터링으로 수집되는 데이터는 크게 리소스와 도큐먼트 관리, 그리고 Fetech나 XHR API 호출 두 가지로 나눌 수 있다. 오픈텔레메트리 실사용자 모니터링에서는 두 가지 이벤트를 스팬으로 생성하고, 백엔드 스토리지에 저장한다. 즉, 실사용자 모니터링의 벡엔드 스토리지가 추적의 백엔드 스토리지와 동일하다. 하지만 상용 관측 가능성에서는 실사용자 모니터링 백엔드 스토리지를 별도로 구축한다. 이 백엔드 스토리지가 분산 추적과 분리되는 경우가 있는데, 분리되는 것보다 가급적 분산 추적에서 통합 관리하는 것이 적합하다.

오픈텔레메트리는 코틀린, 스위프트를 지원하므로 앱의 실사용자 모니터링도 가능하지만, 자동 계측이 어렵고 기능도 상용 관측 가능성에 비교해서 부족하다. 상용 관측 가능성에서는 세션 리플레이 등 추가적인 기능도 제공한다.

④ 실사용자 모니터링과 추적 간의 관계

그림 1.16은 실사용자 모니터링과 추적 간의 관계를 보여준다. 실사용자 모니터링을 구성하는 유저 세션, 액션의 개념을 이해하고, 이를 분산 추적과 매핑하는 것이 중요하다.

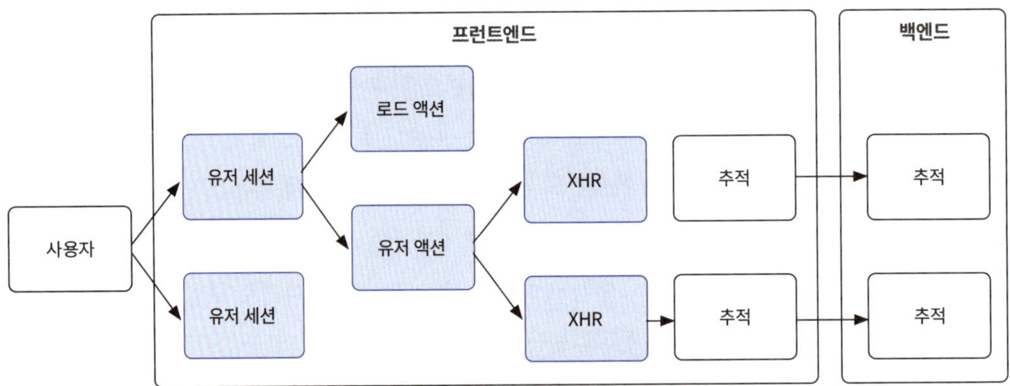

그림 1.16 **실사용자 모니터링과 추적 간의 관계**

- 세션은 사용자가 프런트엔드에 접속하고 종료한 시간을 기록한다. 예를 들어 "사용자는 아이폰으로 인터넷뱅킹에 9시에 접속했다"처럼, 사용자가 브라우저로 사이트에 접속했다면 세션이 생성된 것이다.
- 사용자는 웹 애플리케이션 내에서 다양한 액션을 수행한다. "사용자는 펀드를 다른 은행으로 이체했다"처럼, 사용자가 어떤 버튼을 선택했다면 액션이 발생한 것이다.

상용 관측 가능성에서는 유저 세션, 로드 액션, XHR이 추적에 포함되지 않고, 이벤트에 저장된다. 실사용자 모니터링과 추적 간의 상관관계는 런타임에 쿠키로 처리되며, 이벤트와 추적 간의 데이터를 조인할 수 있다.

유저 세션, 로드 액션, 유저 액션, XHR은 실사용자 모니터링에 의해서 계측되고, 백엔드는 분산 추적을 사용한다. 실사용자 모니터링에서는 유저 액션은 추적 아이디와 연계된다. XHR은 추적을 생성하는 시작점이 된다. 유저가 웹과 앱을 접속하면 유저 세션을 생성하고, 모든 사용자 경험을 구조화하고, 실사용자 모니터링 데이터베이스에 기록하게 된다.

세션을 측정하면, 접속자와 사용자 트래픽 외에도 다양한 정보를 측정할 수 있다. 웹은 다수의 웹페이지로 구성되므로 특정 웹페이지만의 사용자 트래픽을 측정할 수 있다. 웹페이지에는 여러 개의 버튼이 존재하고, 버튼을 선택하면 이벤트를 생성하는데, 백엔드로 요청을 하게 된다. 버튼을 직접 선택하는 XHR 이벤트 외에도 웹페이지가 로딩되면 다수의 API를 자동으로 호출하는데, 호출하는 모든 API가 측정되어야 한다.

세션 내에 포함되는 유저와 로드 액션의 응답 시간과 에러를 모니터링하는 것이 중요하고, 세션 내 다수 액션을 분석하기 위해서 다양한 아이디가 사용된다.

- 사용자가 웹브라우저를 사용하는 경우에는 세션 아이디를 사용할 수 있다. 세션 아이디는 다수의 유저 액셴, 로드 액션을 포함하고 있다. 세션이 만료되면, 새로운 실사용자 모니터링을 위한 세션 아이디를 생성한다.
- 세션 아이디는 로드 액션과 유저 액션을 포함하고 있다. 유저 액션은 다수 XHR을 포함한다. XHR은 분산 추적과 연계한다.
- 이미지 등 리소스는 로드 액션으로 CDN에서 처리되어야 하며, 유저 액션은 XHR을 통해서 API 서버에서 처리된다. 즉, 로드 액션을 통해서 CDN, 유저 액션을 통해서 API 서버의 장애 발생 여부를 식별할 수 있다. 세션 아이디와 사용자 아이디를 조인하면, 장애에 따른 사용자 영향을 분석할 수 있다.

실사용자 모니터링에서는 이러한 아이디어를 사용해서 쿼리를 작성할 수 있다. 대시보드, 알람에서는 실사용자 모니터링 쿼리를 사용해서 근본 원인을 분석하고, 비즈니스 리포트를 생성할 수 있다.

1.3.3 프로파일

정확히 말하면, 로그와 추적은 근본 원인 분석에 적합하지 않다. 프로파일과 디버깅이 근본 원인 분석에 더 적합한 신호다. 프로파일이라는 의미를 다양하게 사용하므로 혼동할 수 있다. 지금 설명하는 프로파일은 유저공간에서 실행되는 애플리케이션의 프로파일을 의미한다. 이 책에 등장하는 프로파일은 3개 유형으로 나눌 수 있다.

1. VisualVM처럼 특정 언어의 CPU, 메모리, 록, IO, 가비지 컬렉션, 쿼리, 샘플링 등을 자세히 분석할 수 있는 '전통적인 프로파일'이 있다. 스택 트레이스, 콜 트리 등을 통해서, 처리 과정을 시각화할 수 있다.
2. 그라파나 파이로스코프에서 사용되는 프로파일은 '지속적인 프로파일'이라고 하며, 관측 가능성과 협업에 적합하다. 또한 다른 신호와 프로파일 간에 상관관계를 구성할 수 있다. 시각화 방법은 플레임 그래프, 히스토그램, 히트맵 등으로 처리 시간, 사용률, 호출 횟수 등을 이벤트와 메서드별로 출력할 수 있다.
3. 인프라 수준에서는 eBPF와 시스템 유틸리티를 사용해서 프로파일링할 수 있다. eBPF가 많은

기능을 제공하므로 혼란스러울 수가 있는데, eBPF는 프로파일을 지원하고 메트릭으로 데이터를 출력한다. 추적이 아니고 프로파일을 지원한다.

여기에서 논의할 프로파일은 두 번째 유형인 지속적인 프로파일이다.

파이로스코프는 관측 가능성에 적합하고 다양한 언어를 지원하지만, 전통적인 프로파일과 비교하면 기능 면에서는 아직 부족한 점이 많다. eBPF는 시스템 유틸리티보다 오버헤드가 적고 더 자세한 프로파일을 제공하지만, 사용자 인터페이스가 좋지 않고 체계적이지 않으며, 러닝 커브가 높다. 프로파일 간에는 차이점이 분명하므로 현재 상황과 목적에 적합한 프로파일을 선택해야 한다.

전통적인 프로파일은 주로 애플리케이션 개발 중에만 활용되었고, 프로덕션 환경을 정확하게 예측할 수 있는 별도의 부하 테스트와 벤치마크의 개발 능력이 요구되었다. 지속적인 프로파일을 사용한다는 것은 운영 환경에서 실행되는 동안 애플리케이션을 프로파일링하는 것을 말한다. 이 방식을 사용하면, 운영 환경의 부하 테스트와 벤치마크를 개발할 필요가 없다. 오버헤드가 적고, 운영 환경에 적합한 통계 또는 샘플링 프로파일이 가능하다. 다시 말해 지속적인 프로파일을 우선시하는 이유는 다음과 같다.

- **다수의 개발 언어 지원**: 특정 언어만 지원하는 것이 아니라, 근래의 개발 환경에 적합하게 다수의 개발 언어를 지원한다. 단점은 언어별 지원하는 기능에 차이점이 있을 수도 있다는 것이다.
- **다른 신호와의 상관관계**: 지속적인 프로파일은 메트릭, 로그를 보완하고 보다 포괄적인 관측 가능성 전략을 만든다.
- **낮은 오버헤드**: 낮은 오버헤드로 운영이 가능하다. 지속적인 프로파일을 통해 성능 병목현상을 사전에 식별하고 해결할 수 있어, 보다 효율적이고 안정적인 애플리케이션을 만들 수 있다.

1 프로파일 아키텍처

전통적인 프로파일은 프로그램이 제한된 리소스를 어떻게 활용했는지 이해하도록 도와준다.

- **샘플 기반 프로파일**: 스레드 덤프와 메모리 덤프처럼 매번 프로그램의 상태를 캡처한다. 개발자는 이러한 스냅숏을 분석하여, 코드 부분이 실행되는 빈도를 추론할 수 있다.
- **계측 기반 프로파일**: 개발자는 실행에 대한 정보를 기록하는 프로그램에 추가 코드를 주입한다. 이 접근 방식은 자세한 통찰력을 제공하지만, 추가 코드의 오버헤드가 부담이 된다.

에러가 발생하는 시점에 스레드 덤프를 수행하는 것이 중요하다. 스레드 덤프는 여러 번 수행해야 하는데, 트래픽이 있는 운영 환경이라면 여러모로 문제가 발생할 수 있으므로 쉽지 않은 작업임에 틀림이 없다. 지속적인 프로파일은 스레드 덤프를 대체하고자 하는 목적이 아니고, 스레드 덤프의 단점을 보완하고 함께 사용하는 경우에 더 유용하다. 스레드 덤프를 매번 실행하는 대신 프로파일을 통해서 코드 변경 후 문제가 없는지 여부, 스레드 수준에서의 핫스팟, 스레드 유형, 처리 시간 등 자세한 정보를 얻을 수 있기 때문이다.

스레드 덤프의 분석 내용을 토대로 코드를 수정하고 배포했다면, 운영 환경에서 어떠한 변경이 발생했는지 비교하기 위한 관측 가능성이 필요한데, 지속적인 프로파일이 이러한 역할을 수행할 수 있다. 프로파일은 추적이 제공해주는 수준보다 자세하게 메서드 수준에서 세부 정보를 제공해주므로 추적과 연계되면 신속하고 정확한 분석이 가능하다. 로그를 프로파일과 연계하는 것도 좋은 방법이다.

전통적인 프로파일의 단점은 다음과 같다.

- 관측 가능성과 통합이 어렵고, 상관관계 구성이 어렵다.
- 그라파나 대시보드 혹은 SQL을 사용한 분석이 어렵다.
- 개발 시에 활용되므로 추가적인 규칙과 알람 등을 구현하는 것이 어렵다.
- 프로파일마다 사용 방법과 결괏값이 다르게 출력되므로 높은 러닝 커브를 필요로 한다.

지속적인 프로파일은 전통적인 프로파일의 여러 단점을 극복할 수 있다. 대표적으로 플레임 그래프를 사용해 다양한 리소스를 일목요연하게 표현할 수 있다. 단, 언어별로 공통적이고 기본적인 기술은 지원하지만, eBPF와 다수 프로그래밍 언어의 세부적인 수준까지 표현하기에는 부족하다(언어별로 프로파일을 제공하는 기능에 차이가 있다. 예를 들어 특정 프로파일은 Go에서는 경합을 식별할 수 있지만, 자바에서는 어렵다).

전통적인 프로파일은 지속적인 프로파일에 비해 개발 언어별로 특화된 상세한 프로파일 정보를 제공하고 기능도 더 다양하다. 하지만 그만큼 마이크로서비스 환경에서는 표준화가 어렵고 러닝 커브가 높다. 또한 언어별로 프로파일을 다양하게 관리하는 것은 많은 시간이 걸리며, 비효율적이다.

일반적인 프로파일이 출력하는 것은 빈도, 개수, 사용량, 처리 시간이다. 이를 통해서 지연이 발생해서 속도가 느려지거나, 과도하게 리소스를 사용하는 문제들을 이해할 수 있다. 이 중에서 CPU 처리 시간과 메모리 사용량이 특히 중요하므로 조금 더 설명하겠다.

CPU 처리 시간

- CPU 시간은 CPU가 코드 블록을 실행하는 데 걸리는 시간이다. CPU가 대기 중인 시간을 측정하는 것도 중요하다.
- 메서드의 실제 처리 시간은 메서드 입력부터 종료까지의 처리 시간을 측정한 값이다. 실제 처리 시간에는 록 및 스레드 동기화를 포함한 모든 지연이 포함된다. 코드 블록의 실제 처리 시간은 CPU 처리 시간보다 짧을 수 없다.
- 실제 처리 시간이 CPU 시간보다 길다면, 코드가 대기하는 데 시간이 걸린다는 의미다. 차이가 클 경우 애플리케이션에 리소스 병목현상이 발생할 수 있다.
- CPU 시간이 실제 처리 시간과 비슷할 경우 이는 코드가 CPU를 많이 사용한다는 것을 의미한다. 코드 실행에 걸리는 대부분의 시간을 CPU가 잡아먹는다. 코드에서 오래 실행되는 CPU 집약적인 메서드를 최적화하는 방안이 필요할 수 있다.

메모리 사용량

- 메모리는 힙을 지칭하며, 힙 사용량은 프로파일이 수집되는 순간 프로그램의 힙에 할당되는 메모리양이다. 특정 간격에 걸쳐 데이터가 수집되는 다른 프로파일 유형과 달리, 이 프로파일 유형은 단일 시점에서 힙 사용량을 수집한다.
- 힙 사용량에는 할당되었다가 지금은 해제되어 더 이상 사용되지 않는 모든 메모리가 포함된다. 예를 들어 1 M를 할당하고 500밀리초간 대기했다가, 1 M를 해제하고 500밀리초를 대기하는 시퀀스를 반복하는 작업을 가정해보자. 할당된 힙 프로파일이 수집되는 10초 동안 10개의 할당과 10개의 해제가 있었다. 이 프로파일에는 해제는 고려하지 않기 때문에 10 M의 할당된 힙이 표시된다. 할당의 평균 속도는 10 M/10초 또는 초당 1 M이다.
- 힙 사용량을 프로파일링하면, 프로그램의 잠재적인 비효율성과 메모리 누수를 확인할 수 있다. 힙 할당을 프로파일링하면, 가비지 컬렉터의 작업 부하를 가장 많이 가중시키는 할당을 알 수 있다.

2 플레임 그래프

프로파일을 시각화하는 차트는 플레임 그래프다. 애플리케이션의 처리 과정과 문제점을 이해할 수 있는 가장 좋은 방법은 스택 트레이스를 분석하는 것이고, 플레임 그래프는 스택 트레이스를 시각화하는 좋은 방법이다. 스택 트레이스는 코드의 흐름을 보여주는 일련의 메서드들이다. 스택 트레이스의 샘플링은 각 라인마다 몇백 줄이 될 수 있는 수천 개의 스택을 수집한다.

- y축은 스택의 깊이를 보여주는데, 위로 본다면 코드의 흐름을 이해할 수 있고, 위에서 아래로

본다면 메서드의 계보(lineage)를 확인할 수 있다.

- x축은 샘플의 빈도를 나타낸다.
- 박스의 너비는 프로파일에서 메서드의 존재를 의미하고, 넓을수록 프로파일에 메서드가 더 많이 있다는 뜻이다.

플레임 그래프를 읽기 위해서는 가장 폭이 넓은 타워를 찾고, 그것을 먼저 이해해야 한다. 수천 개의 샘플로 이루어진 큰 프로파일에서는 메서드 이름을 포함할 공간이 없을 정도로 좁게 표시된다. 따라서 메서드 이름을 쉽게 읽을 수 있는 더 넓은 타워에 자연스럽게 주목하게 되는데, 이렇게 하는 게 프로파일의 대부분을 먼저 이해하는 데 도움이 된다.

요약하면, 플레임 그래프 사용법은 다음과 같다.

1. 왼쪽 테이블에 위치한 상위 메서드부터, 값이 높은 이유를 분석해야 한다.
2. x축이 비정상적으로 길어지면, 주의 깊은 분석이 필요하다.
3. y축으로 내려가면서, 상대적으로 x축이 긴 것을 분석해야 한다.
4. 길이가 긴 x축의 메서드를 확인하고, 코드를 수정하면서 길이에 변화가 있는지 비교해야 한다.

트리 및 그래프와 달리 플레임 그래프는 많은 양의 정보를 작고 읽기 쉬운 형식으로 표시하여, 화면 공간을 효율적으로 사용한다. 트리를 플레임 그래프로 변환하는 방법을 살펴보고, 플레임 그래프의 주요 특징을 간략하게 설명하겠다. 먼저 트리에서 플레임 그래프를 만들려면, 그림 1.17과 같은 단계를 완료해야 한다.

1. 메서드 호출을 나타내는 화살표를 트리에서 삭제한다.
2. 각 트리 노드를 플레임으로 바꾼다.

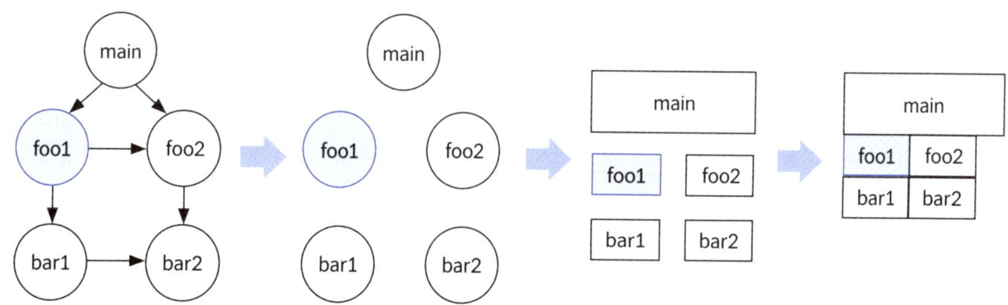

그림 1.17 **플레임 그래프의 생성 과정**

자체 CPU 시간별로 플레임 색상을 지정한다. 플레임 모양은 직사각형이며, 모든 플레임의 높이는 동일하다. 플레임에 명명된 메서드가 사용하는 총 CPU 시간에 따라 플레임 너비가 결정된다.

메서드 의사 코드	자체 CPU 시간	총 CPU 시간
main(): foo1() foo2()	2	4+3+2=9
foo1(): bar()	1.5	2.5+1.5=4
foo2(): bar()	0.5	2.5+0.5=3
bar():	2.5	2.5

foo2로 시작하는 콜 스택이 foo1 플레임 옆에 있더라도, foo1 및 foo2의 호출이 유지된다는 점에 주목하자. 그림 1.18처럼 bar를 제외하면 foo1의 CPU 시간이 1.5초임을 알 수 있다. 프로파일은 평균이므로 99번째 백분위수 문제는 식별할 수 없다. 이것이 바로 플레임 그래프가 출력할 수 없는 정보를 위해 메트릭을 참조해야 하는 이유다.

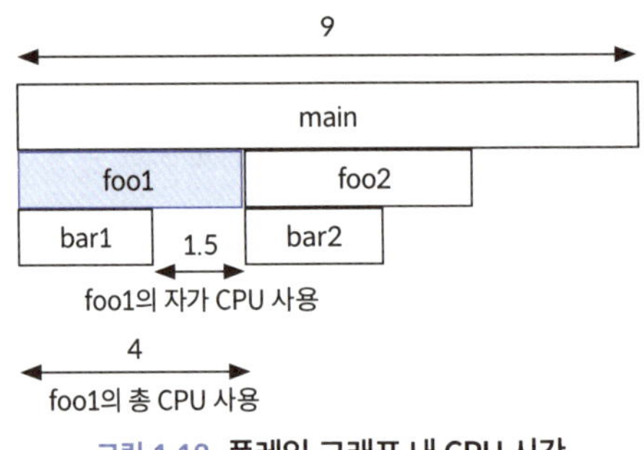

그림 1.18 **플레임 그래프 내 CPU 시간**

프로파일은 메서드별로 CPU, 메모리의 자원 해지와 사용량, 최적화되지 못한 처리 시간, CPU 외 IO로 인한 지연, 록으로 인한 지연, 메서드별 호출 횟수를 비교하면서, 비효율적인 코드를 찾아내고 개선하는 데 유용하다. 코드를 수정해가면서 비교하고, 반복적으로 개선하는 과정이 필요하다.

- CPU가 많이 사용되는 메서드를 파악하고, 구현을 최적화한다. CPU 시간 프로파일을 사용하여, 코드에서 CPU를 많이 사용하는 메서드를 식별한다.
- 메모리 프로파일을 사용하여, 애플리케이션에서 많은 할당량을 사용하는 메서드를 파악하는 방법을 이해해야 한다.

- 프로파일은 플레임 그래프에서 애플리케이션의 변경 전과 후의 결과를 비교하면서, 사용하는 것이 일반적이다. 코드의 버전을 변경하고, 비교를 하는 과정을 이해할 필요가 있다.
- CPU 시간 및 할당된 힙 프로파일을 사용하여, 애플리케이션을 최적화해야 한다. 처리량을 늘리고, 불필요한 메모리 할당을 제거해야 한다.

3 HotROD 프로파일 예제

지금까지 프로파일만 설명했으며, 추적과의 상관관계와 전체적인 근본 원인 분석 측면에서 어떻게 프로파일을 사용하는지는 설명하지 않았다. 마이크로서비스 개수가 수천 개에 이르고, 레거시가 많은 상황에서 전체적인 콘텍스트를 이해하고, 프로파일 대상을 정확히 찾아내는 것은 어려운 과정이다. 추적에서는 보이지 않는 지연과 문제들이 프로파일에서는 더 뚜렷하게 보인다.

전작에서는 HotROD(Rides on Demand)에서 순차처리에서 병렬처리로 변경하고, 구성 파라미터에 설정된 스레드풀을 변경하고, 동시성 문제를 해결함으로써 지연을 줄이고 성능을 향상하는 방법을 살펴봤다. 이렇게 하면 추적의 시각화된 스팬으로 순차처리, 제한된 스레드풀의 개수, 커넥션 타임아웃, 재시도 등에 대한 이해는 가능하지만, 그래도 스레드와 메모리 등에 대한 시스템 리소스 분석이 어렵기 때문에 근본 원인을 분석하는 데 한계가 있다. 비효율적인 코드라고 의심이 되거나, 시스템 리소스에 관련된 문제라면 프로파일을 사용해야 한다.

한 가지 데모를 구성해서 살펴보자. 파이로스코프 헬름 차트를 파이로스코프 서버로 배포하고, 적절한 RBAC 역할을 생성한다.

```
helm repo add pyroscope-io https://pyroscope-io.github.io/helm-chart
helm install demo pyroscope-io/pyroscope -f values.yaml
```

value.yaml에 정의된 구성을 적용한다. 파이로스코프는 프로메테우스와 동일한 검색 메커니즘을 사용하며, 쿠버네티스 서비스 디스커버리를 지원한다.

샘플 애플리케이션으로 예거 HotROD를 사용한다. 유일한 차이점은 내장된 Go pprof 엔드포인트를 활성화했다는 것이다. 파이로스코프는 엔드포인트에서 프로파일을 풀(pull) 방식으로 수집할 수 있다.

쿠버네티스 리소스는 manifest.yaml에 정의되어 있다. 여기에 파드 레이블이 정의되어 있다. 이를 통해 CPU 및 메모리 프로파일을 수집하도록 지시한다.

```
pyroscope.io/scrape: "true"
pyroscope.io/application-name: "hotrod"
pyroscope.io/profile-cpu-enabled: "true"
pyroscope.io/profile-mem-enabled: "true"
pyroscope.io/port: "6060"
```

다음과 같은 명령어를 통해서, 애플리케이션을 생성한다

```
kubectl apply -f manifests.yaml
```

애플리케이션이 작업을 수행하면, 프로파일이 수집을 시작한다. HotROD에서 주문을 생성한다.

```
$ kubectl get pod
NAME                               READY   STATUS    RESTARTS   AGE
demo-pyroscope-8598bbd875-5h29w    1/1     Running   0          2m2s
hotrod-golang-79f4976d9-5ctpz      1/1     Running   0          99s
jaeger-69f49ff949-2rj7m            1/1     Running   0          99s
```

유일한 변경 사항은 pprof 엔드포인트를 활성화하는 것이다.

```
func main() {
	mux := http.NewServeMux()
	mux.HandleFunc("/debug/pprof/", pprof.Index)
	mux.HandleFunc("/debug/pprof/cmdline", pprof.Cmdline)
	mux.HandleFunc("/debug/pprof/profile", pprof.Profile)
	mux.HandleFunc("/debug/pprof/symbol", pprof.Symbol)
	mux.HandleFunc("/debug/pprof/trace", pprof.Trace)
	go func() {
		log.Println(http.ListenAndServe(":6060", mux))
	}()

	cmd.Execute()
}
```

pprof 패키지는 엔드포인트를 등록할 수도 있다.

```
package main

import (
	"fmt"
```

```
	"net/http"
	_ "net/http/pprof"
)

func main() {
	// Server for pprof.
	go func() {
		fmt.Println(http.ListenAndServe(":6060", nil))
	}()
}
```

1.3.4 디버깅

원격 디버깅은 일반적으로 원격에서 실행되는 코드의 문제 해결 또는 디버깅을 뜻한다. 메트릭은 집계이고, 추적은 원격 호출을 관찰할 수 있으며, 프로파일은 메서드를 관찰할 수 있고, 디버깅은 변수를 관찰할 수 있다. 디버깅은 가장 세분화된 수준의 분석을 가능하게 한다.

원격 디버깅은 IDE로 코드에 액세스하여 원격 디버그 세션을 시작하는 것이 가장 좋다. VSCode 및 IntelliJ 등은 원격 디버깅을 제공하며, 자바의 JDWP, Go의 Delve(dlv) 등 언어에서 제공하는 디버거와 연계해서 작동한다. 컨테이너 도커와 쿠버네티스 파드를 포함해서 다양한 방식으로 원격 디버깅이 가능하다.

에이전트를 사용하면 계측이 실패하는 경우가 발생하고, 실패하는 원인을 이해하기 위해서 디버깅이 필요하다. 에이전트의 내부 구조를 이해하는 것이 간단하지 않은데, 다수의 메서드에 중단점을 생성하고, 스팬 생성 시점을 비교하면서 계측이 정확하게 처리되는지 확인할 수 있다. 주로 오픈텔레메트리와 상용 관측 가능성 에이전트를 동시에 사용하는 경우에 문제가 발생할 수 있는데, 원격 디버깅을 통해서 에이전트 간에 계측의 차이점을 분석한다.

2개의 에이전트가 동시에 계측이 되고 있고, 오픈텔레메트리 에이전트는 A 메서드에서 스팬이 생성되고, 상용 관측 가능성 에이전트는 A 메서드에서 스팬이 생성되지 않는다고 가정해보자. 이런 경우 원격 디버깅을 통해서 특정 메서드의 계측 결과가 다르다는 것을 직접 확인할 수 있다.

오픈소스를 커스터마이징해서 설루션을 만들거나, 오픈소스의 핵심 내부 기능을 이해하기 위해서 추천하는 신호는 디버깅이다. 오픈소스는 버그가 있어도 기술 지원이 어렵기 때문에, 직접 디버깅을 해서 코드를 수정하여 버그를 해결해야 하는 경우도 종종 발생한다. 중단점을 설정하고, 변수의 값을 보면서 코드를 이해하는 과정은 필수다.

다양한 방식으로 오픈소스 디버깅이 가능하다.

- 자바는 JDWP를 통해서 원격 디버깅이 가능하다. 개발 툴에서 실행되고 있는 자바 서버 프로세스에 접속할 수 있다.
- VSCode는 SSH를 통해서 원격 디버깅 기능을 제공한다. 서버에 SSH로 접속해서, 로컬 VSCode로 서버에 있는 코드를 실행할 수 있다.
- Go는 Delve 원격 디버깅 기능을 제공한다.
- 파이참과 IntelliJ도 훌륭한 원격 디버깅 기능을 제공한다.

JDWP를 사용한 아파치 아틀라스 원격 디버깅을 하는 경우라면, 다음과 같이 아틀라스의 구성 파일에 설정을 추가한다.

```
DEFAULT_JVM_OPTS="-Xdebug -agentlib:jdwp=transport=dt_socket,address=9999,server=y,suspend=n
-Dlog4j.configuration=atlas-log4j.xml -Djava.net.preferIPv4Stack=true -server"
```

IntelliJ에는 다음과 같은 구성을 추가한다.

```
-agentlib:jdwp=transport=dt_socket,server=y,suspend=n,address=9999
```

물론 원격 디버깅에도 몇 가지 측면에서 단점은 있다.

- **관리자 전용 액세스**: 적절한 원격 디버깅 설정을 적용하려면 관련 서버에 대한 관리자 액세스 권한이 필요하므로 디버그 세션을 시작할 수 있는 사람이 제한되며, 이는 운영 환경에서 문제가 발생할 경우 심각한 약점이 될 수 있다.
- **데이터 노출**: 원격 디버그 세션에서는 데이터 노출이 위험하다. 서버와 사용자 환경 간에 트래픽이 오가는 방식과 데이터가 요청되는 방식에 따라, 디버그 중에 토큰과 비밀번호가 노출될 수 있다.
- **지연**: 클라우드 서버에 대한 사용자의 위치로 인해 디버그 프로세스가 느려질 수 있으며, 심지어 시간 초과로 이어져 문제 해결이 더욱 지연될 수도 있다.
- **쿠버네티스 디버깅**: 운영 환경을 제외한, 특정 환경에서만 원격 디버깅이 가능할 가능성이 높다. 범위와 대상이 제한되므로 효율적이지 않다. 원격 디버깅은 많은 IDE에서 프리미엄 기능일 수 있으므로 재정적으로도 낭비다.

원격 디버깅의 중단점으로 인해서 실행이 중단될 수도 있다. 운영 환경에서 중단점으로 인한 중단 없이 변수를 디버깅할 수 있는 기능을 라이브 디버깅이라고 한다. 라이브 디버깅도 내부적으로 바이트코드 계측을 사용한다. 라이브 디버깅은 보다 동적인 바이트코드 주입을 사용하여, 애플리케이션과 함께 실행되므로 디버깅할 때마다 애플리케이션을 다시 배포할 필요가 없다. 프로파일에서도 바이트코드 주입을 사용해서 라이브 디버깅과 유사한 기능을 제공한다.

1.3.5 이벤트

실사용자 모니터링과 추적은 메시지 헤더만 관리하고 보디에 대한 가시성이 없다. 이벤트는 추적의 이러한 제약을 해결할 수 있도록 도와준다. 이벤트는 메시지 내 헤더와 보디를 모두 캡처해서, 이를 비즈니스 관점에서 활용할 수 있도록 도와준다.

이벤트는 주문 관리 같은 비즈니스 프로세스를 추적하거나, 결제 게이트웨이에서 재무 정보를 추출하고 비즈니스 데이터로 관측 가능성 데이터를 보강하는 데 사용할 수 있다.

이벤트 데이터 흐름은 세 단계로 구성된다.

1. **캡처**: 이벤트 데이터는 API 및 외부 코드에서 수집할 수 있다.
2. **처리**: 데이터 처리 파이프라인은 들어오는 이벤트를 처리하여, 개선한다. 규칙을 만들어 데이터를 필터링, 구문 분석, 보강, 변환할 수 있다.
3. **분석**: 저장된 데이터는 쿼리 언어를 사용하여 패턴을 탐색하고, 이상치를 식별하고, 추세를 보고하는 등의 작업을 수행할 수 있다.

이벤트는 단독으로 사용되지 않고, 다양한 신호와 함께 사용하는데, 이 책에서는 추적과 함께 사용한다. 이 책에서는 대시보드, 알람, SLO 등 관측 가능성에서 수행되는 대부분 업무에서 단독으로 신호를 사용하지 않고, 다양한 신호를 조인해서 사용한다. 추적과 함께 사용하면 다음과 같은 이점이 있다.

- 추적의 중단 문제를 해결한다.
- 알람과 대시보드를 개선한다.
- 비즈니스 프로세스를 체계화한다.
- 배포, 카나리(canary) 등 복잡한 요구 사항을 관측 가능성에서 구현할 수 있다.

이어서 이벤트 관련 몇 가지 예제를 살펴보겠다.

1 예제 1: 이벤트 소싱을 사용하는 이벤트 저장소

관측 가능성 기반의 이벤트 소싱은 기존 이벤트 소싱을 개선했고 여러 가지 장점이 있다. 장애를 재현하고, 근본 원인을 디버깅할 수 있다. 이벤트 소싱을 사용해서 이 책의 중요 주제 중 하나인 근본 원인 분석 데이터 모델을 구현해보겠다.

지급 서비스를 제공하는 업체가 감사를 받는 경우를 생각해보자.

- 특정 시점의 계정 잔액을 알 수 있는가?
- 과거 및 현재 계정 잔액이 정확한지 어떻게 알 수 있는가?
- 코드 변경 후에도 시스템 로직이 올바른지는 어떻게 검증하는가?

이러한 질문에 체계적으로 답할 수 있는 설계가 도메인 주도 설계에서 개발된 기법인 이벤트 소싱이다.

이벤트 소싱에는 명령, 이벤트, 상태 세 가지 중요 개념이 있는데, 이 중 명령과 이벤트를 카프카 같은 원격 저장소가 아닌 로컬 디스크에 저장하는 방안을 생각해볼 수 있다. 이렇게 하면 네트워크를 통한 전송 시간을 개선할 수 있다. 이벤트 목록은 추가 연산만 가능한 자료구조에 저장한다.

추가는 순차적인 쓰기 연산으로, 일반적으로 매우 빠르다. 운영체제는 보통 순차적 읽기 및 쓰기 연산에 엄청나게 최적화되어 있기 때문에 HDD에서도 잘 작동한다(경우에 따라서는 무작위 메모리 접근보다도 빠르게 실행될 수 있다). 최근 명령과 이벤트를 메모리에 캐시해놓으면 로컬 디스크에서 다시 로드하지 않아도 된다.

mmap 기술도 최적화에 유용하다. mmap을 사용하면 로컬 디스크에 쓰는 동시에, 최근 데이터는 메모리에 자동으로 캐시할 수 있다. mmap은 디스크 파일을 메모리 배열에 대응시킨다. 운영체제는 파일의 특정 부분을 메모리에 캐싱하여 읽기 및 쓰기 연산의 속도를 높인다. 추가만 가능한 파일에 이루어지는 연산의 경우 필요한 모든 데이터는 거의 항상 메모리에 있으므로 실행 속도를 높일 수 있다. 지연 시간에 대한 엄격한 요구 사항만 없었으면 카프카를 사용할 수도 있을 것이다.

계정 잔액 정보는 관계형 데이터베이스에 저장하지만, 마찬가지로 상태 정보도 로컬 디스크에 저장할 수 있다. 예를 들어 파일 기반 로컬 관계형 데이터베이스 SQLite를 사용할 수 있다.

이벤트 소싱 아키텍처는 현재 상태를 저장하는 대신 상태를 변경하는 모든 이벤트의 로그를 유지한다. 주문 상태를 변경하는 모든 이벤트를 추적하므로 모든 이벤트를 순서대로 재생하면 주문 상태를 복구할 수 있다.

2 예제 2: 이벤트 생성

이스티오의 공식 예제인 BookInfo 샘플을 가지고 생각해보자. 그림 1.19처럼 상용 관측 가능성을 사용하면 4개 서비스 중 productpage와 details은 자동 계측이 되지 않으며, reviews와 ratings은 자동 계측이 가능하다. productpage의 경우 오픈텔레메트리로 수동 계측된다.

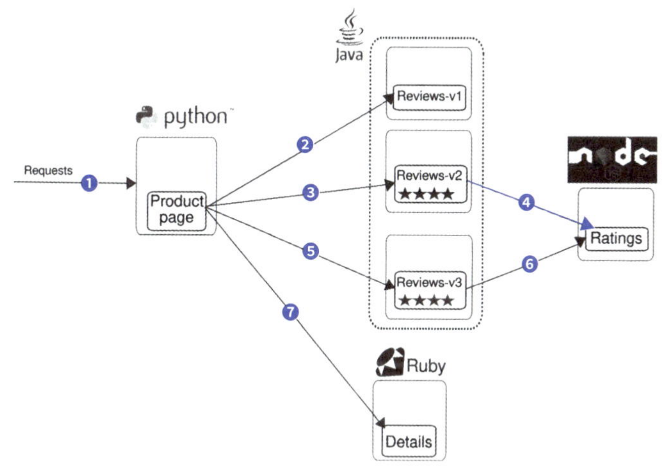

그림 1.19 **이벤트 캡처 과정**

이벤트를 사용하여 얻을 수 있는 정보는 다음과 같다.

- 요청과 응답은 7개의 구간으로 이루어진다.
- 이벤트는 전 구간에서 캡처할 수 있다.
- 이벤트는 요청과 응답을 분리하고, 다양한 프로토콜을 지원한다.
- 헤더와 보디를 모두 수집할 수 있다.

예를 들어 reviews에서는 ratings 내에서 처리된 요청과 응답의 제목과 본문을 캡처한다. 이를 이벤트로 변환하고, 관측 가능성 백엔드 저장소에 저장하여 쿼리할 수 있다. 이벤트만으로 다른 신호보다 더 자세한 분석을 제공할 수 있다. 추적은 헤더만 출력하고, 로그는 제한된 정보만 출력하지만, 이벤트는 헤더와 보디를 캡처하고, 자유롭게 볼 수 있으며, 다른 신호와 결합할 수 있다. 이러한 장점이 다른 신호와 결합되면, 기존에 해결하기 어려웠던 많은 문제를 해결할 수 있다.

❸ 예제 3: 은행 계좌 이체 업무

은행 업무는 2PC(two-phase commit)로 이루어진다. 은행 계좌 이체를 예로 들어본다.

- 첫 번째 단계에서 돈은 은행 A에서 출금된다. 페이먼트 아이디 1과 추적 아이디 01을 생성한다. 은행 A는 관계형 데이터베이스를 사용하며, 출금 후 데이터가 커밋된다. 입금은 은행 B로 전파되어야 하지만, 관계형 데이터베이스의 특성상 송금을 추적할 수 없다.
- 두 번째 단계에서 돈은 은행 B로 입금된다. 새로운 추적 아이디 02를 생성하고 기존 페이먼트 아이디 1을 그대로 사용한다.

두 단계를 그림으로 나타내면 그림 1.20과 같다.

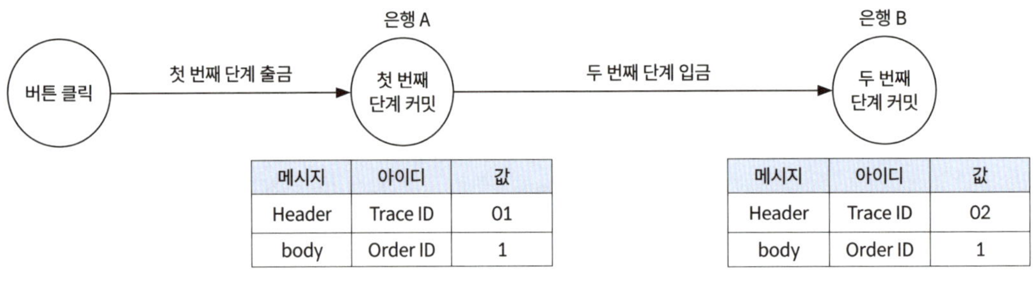

메시지	아이디	값
Header	Trace ID	01
body	Order ID	1

메시지	아이디	값
Header	Trace ID	02
body	Order ID	1

select order_id, trace_id from event where order_id = 1 order by timestamp

주문 아이디	추적 아이디	시간
1	01	09:00:01
1	02	09:00:02

그림 1.20 **계좌 이체 이벤트를 사용한 다수 추적의 결합**

전파에 실패했으며, 단일 트랜잭션이었지만 두 개의 추적이 생성되었다. 기술적 한계로 인해 계측이 항상 올바른 답은 아니다. 기술적 한계가 비즈니스에 의해 해결될 수 있는지 고려해야 한다. 때로는 이벤트를 사용하면 문제를 쉽게 해결할 수 있다.

첫 번째 단계에서 이벤트를 캡처하고 두 번째 단계에서 이벤트를 캡처한다. 즉, 총 두 개의 이벤트를 캡처한다. 그리고 대시보드에서 두 개의 추적이 포함된 이벤트를 쿼리해서 출력한다(페이먼트 아이디는 고객 정보가 아니기 때문에 보안 문제가 없고 이벤트로 캡처할 수 있다).

- 페이먼트 아이디로 그룹화한다.
- 추적 아이디를 시간 순서대로 선택한다.

이벤트는 다른 관점에서 생각해야 한다. 이벤트는 다목적이며, 기술적 콘텍스트뿐만 아니라 비즈니스 콘텍스트에서도 사용할 수 있는 유일한 신호다.

1.3.6 이상치

이상치의 데이터 소스는 이벤트와 로그다. 헤더에 위치하는 추적과 집계 데이터인 메트릭은 이상치의 데이터 소스로 적합하지 않다. 월별 100억을 지출하는 서비스의 클라우드의 리소스 개수가 5만 개 이상이라고 가정하면, 매년 수천억을 지출하는 회사에서 클라우드의 리소스 개수는 수십만 개 이상일 것이다. 이 규모의 리소스를 SRE가 직접 관리하는 것은 어려우므로 이상 탐지를 사용해서 자동화해야 한다. 이상치는 비즈니스 데이터와 기술적인 데이터 모두가 될 수 있으며, 제한은 없다.

일반적으로 비즈니스 수준의 이상 탐지는 기술 수준의 이상 탐지보다 더 복잡하다. 단일 유스케이스에 자세히 집중하는 것보다, SRE가 추구하는 관측 가능성의 이상치와 이상 탐지 시나리오에 대해서 이해할 필요가 있다. 이 책에서는 비즈니스 관점보다는, 대규모 리소스와 서비스를 효과적으로 탐지하고 신속하게 배포할 수 있는 이상 탐지에 대해 설명한다.

기존에 다른 이상 탐지를 경험한 사용자들도 쉽게 오픈서치 이상 탐지를 학습하고, 이상 탐지 모델을 개발하고, 고도화할 수 있다. 오픈서치는 다른 모델을 반입하고 배포할 수 있도록 설계되었다. 파이프라인을 통해 데이터의 처리가 쉽고, 기존에 개발된 모델과 파이썬 API의 변경을 최소화해서 오픈서치에 배포하고 운영할 수 있다.

오픈서치 이상 탐지가 적합하지 않은 경우도 있지만, 여기에서는 장점만 살펴본다.

1. 실시간 스트리밍과 연계해서, 이상 탐지 감지를 실시간으로 처리한다.
2. 이상 탐지를 위한 감지기를 지원한다. 감지기는 머신러닝 지식이 없이, 배치와 실시간 감지기를 통해 시계열 데이터의 이상치를 모니터링하고 감지할 수 있는 AI 서비스이다.
3. 다양한 API와 SQL을 활용하면 추가 개발과 후속 처리가 쉽다. 파이썬 API와 노트북을 사용하고, 케라스 등 외부 머신러닝 프레임워크를 사용할 수 있다.
4. 오픈서치는 이상 탐지 관리 화면을 제공하고, 시각화와 분석 기능을 제공한다. 관리 화면을 통해서 알람과 대시보드로 쉽게 구성할 수 있다.
5. 이상 탐지 결과는 오픈서치 내 인덱스로 저장되며, 이를 쉽게 분석할 수 있도록 도구를 제공한다.

오픈서치는 일래스틱서치에서 포크된 프로젝트이므로 일래스틱서치의 이상 탐지와 유사하게 구현되었다. 다만 일래스틱서치 수준의 자동화를 구현하기 위해서는 API를 사용해서 추가 개발이 필요하다.

1.3.7 근본 원인 분석 데이터 모델

이제까지 다양한 신호의 문제점과 제약에 대해서 살펴봤다. 1장의 마지막으로 관측 가능성의 복잡성을 해결하고 단순화할 방법에 대해서 이야기하고자 한다.

이 책에서 1개의 근본 원인 분석 데이터 모델과 1개의 대시보드를 개발할 것이다. 그림 1.21처럼 데이터 모델 없이 대시보드 1개만 있어도 운영에 필요한 모든 요구를 만족시킬 수 있을 정도로 충분하다는 것을 설명할 것이다. 추가적으로 에러와 eBPF 대시보드가 필요할 수도 있지만 선택 사항이다. 관측 가능성에 필요한 SLO와 대시보드가 많을 필요는 없다.

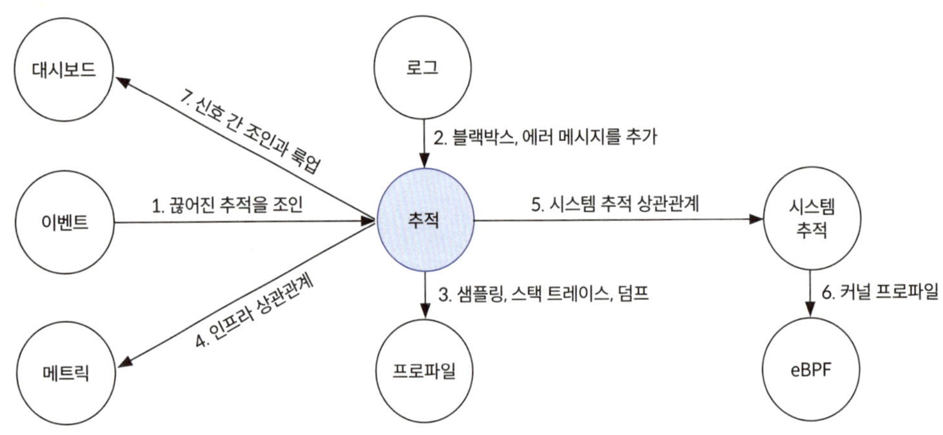

그림 1.21 상관관계를 사용한 근본 원인 분석 데이터 모델

근본 원인 분석 데이터 모델은 추적의 단점을 보강하고, 다양하게 확장할 수 있다. 추적은 조인을 위한 기본 테이블과 유사하다. 근본 원인 분석 데이터 모델은 다른 시스템과 연계 시에도 유용하다. 근본 원인 분석 데이터 모델을 설계하고, CMDB와 SLO를 조인할 것이다. 근본 원인 분석 데이터 모델을 사용해서, CMDB, SLO, 알람, 대시보드에 관련된 문제점을 해결할 것이다.

그림 1.22처럼 대시보드, SLO, CMDB는 관측 가능성의 데이터를 필요로 한다. 실시간으로 개별 트랜잭션에 대한 데이터를 제공할 수 있기 때문이다.

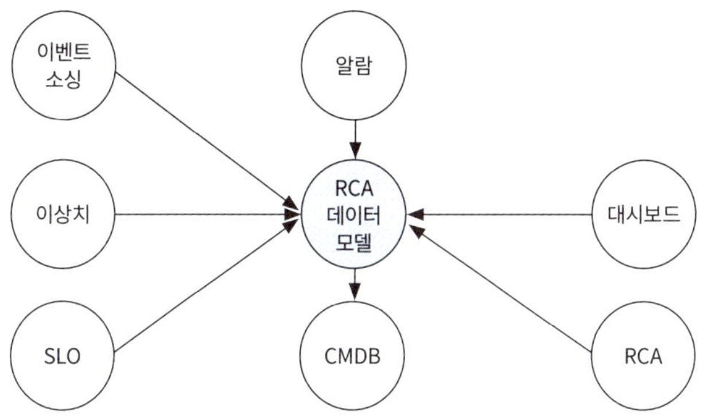

그림 1.22 **RCA 데이터 모델과 인터페이스**

상용 관측 가능성을 사용해서 근본 원인 분석 데이터 모델을 구성했다. 오픈소스만으로 구성하는 것은 쉽지 않다. 상용 관측 가능성은 데이터 레이크를 제공하고 다양한 쿼리 기능을 제공하므로, 이를 활용해서 이벤트 소싱을 추가로 개발하고 이벤트 저장소를 구성할 수 있다. 물론 적재적소에는 오픈소스를 활용한다.

결과적으로 그림 1.23처럼 전 구간 관측 가능성, RCA 데이터 모델, RCA 대시보드, AIOps 모델을 구축할 것이다. 다양한 신호를 조인해서 만든 관측 가능성 데이터 모델에 최신 AI 기술을 적용해서 근본 원인 분석 프로세스를 자동화할 것이다.

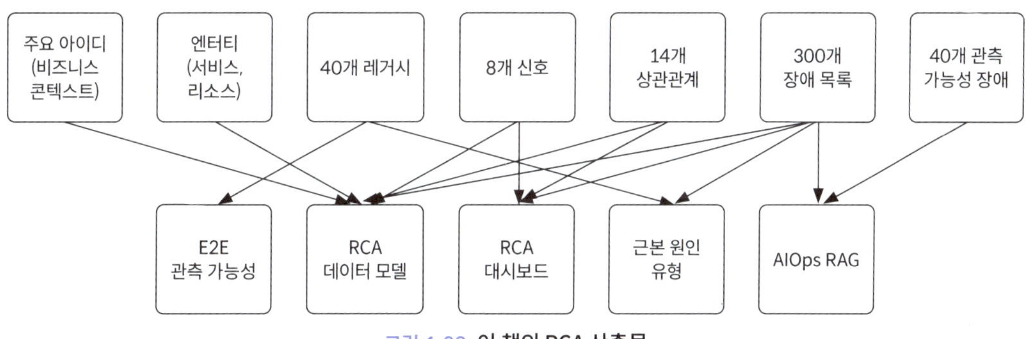

그림 1.23 **이 책의 RCA 산출물**

1.4 요약

관측 가능성에서는 개별 신호의 특성과 제약에 대해서 정확히 이해하고, 신호들 간의 상관관계로 제약을 보완하는 것이 필요하다. 로그와 메트릭에 익숙한 개발자들과 SRE가 새로운 관측 가능성에 적응하기 어려운 이유이기도 하다. 메트릭에만 익숙하면 간단한 모니터링 수준에서 머물게 되고, 운영 고도화와 비즈니스 개선에 대한 기회를 잃게 된다. 많은 비용을 지출하면서 관측 가능성에 투자하지만, 투자한 만큼 성과가 나오지 않는 이유는 관측 가능성의 문제가 아니라, 새로운 개념과 방식에 적용하지 못하는 구성원의 문제가 크다.

이번 장에서는 실사용자 모니터링, 프로파일, 디버깅, 이벤트, 이상치 등 새로운 신호를 설명했다. 시스템 추적과 eBPF는 나중에 설명할 것이다. 복잡하고 어렵지만 각 신호를 하나씩 이해한다면, 이제까지 해결하지 못한 많은 문제가 해결되는 경험을 할 것이다.

CHAPTER 2

근본 원인 분석의 접근법

신호와 관련된 14가지 상관관계는 다음과 같다. 상관관계는 복잡한 신호 구조를 단순화하고 근본 원인 분석을 빠르게 할 수 있도록 해준다. 중요한 순서대로 나열한다.

1. 분산 추적에서 시스템 추적으로(시스템 추적에서 eBPF로)
2. 이벤트에서 추적으로
3. 추적에서 로그로
4. 추적에서 프로파일로
5. 로그에서 프로파일로
6. 메트릭에서 추적으로
7. 실사용자 모니터링에서 추적으로
8. 이벤트에서 이상 탐지로
9. 로그에서 추적으로
10. 네트워크에서 추적으로
11. 추적에서 메트릭으로
12. 추적에서 서비스 맵으로
13. 서비스 맵에서 메트릭으로
14. 메트릭에서 로그로

다양한 상관관계가 있지만, 상관관계를 평가하기 위한 중요한 지표는 MTTR이다. 신속하고 정확하게 근본 원인을 분석하고, 문제를 해결하기 위해서 어떠한 상관관계가 우선적으로 고려되어야 하는지 고민했다. 상위 2개 신호가 가장 중요한 상관관계다. 이 책의 핵심은 2개 상관관계를 사용해서 근본 원인 분석 대시보드를 개발하는 것이다. 이게 완성되면 나머지는 옵션이다.

1. 분산 추적에서 시스템 추적으로
2. 이벤트에서 추적으로

상위 2가지 상관관계는 비즈니스와 IT를 연계하고 근본 원인 분석, 대시보드, 알람을 개선하는 데 도움이 된다. 이벤트, 분산 추적, 시스템 추적을 상호 연관시키는 것이 상관관계의 핵심이다.

2가지 상관관계를 성공적으로 구축하면 다음을 달성할 수 있다.

- 신호의 품질을 향상하고, 신호를 정확하게 구성할 수 있다. 대시보드, 알람, SLO를 정확하게 구현할 수 있다.
- 근본 원인 분석이 신속하고 정확하게 수행되고, 신뢰성과 MTTR이 크게 개선될 수 있다.

2.1 14가지 상관관계

상관관계를 사용하면 복잡한 관측 가능성을 단순화하고, 신속하게 근본 원인 분석을 할 수 있다. 상관관계를 사용하면 쉽게 신호를 이해할 수 있고, 상관관계는 다양한 신호와 차트, 대시보드를 연계하는 역할을 한다.

관측 가능성의 복잡도를 낮추고, 사용자가 쉽게 관측 가능성을 사용할 수 있도록 구성해야 한다. 다양한 대시보드와 SLO를 제공해주는 것도 중요하지만, 핵심 SLO와 근본 원인 분석 대시보드가 더 중요하다. 상관관계는 관측 가능성과 복잡한 신호를 정확히 이해할 수 있게 해주고, 이를 통해 개발자와 효과적으로 협업할 수 있게 된다. 개발자와 함께 근본 원인을 신속하게 식별하고, 해결하는 것이 중요하다.

규모가 큰 사이트에서는 오픈소스만으로 관측 가능성을 구축하는 것보다 상용 관측 가능성을 사용하는 것이 대부분이다. 생산성을 고려하면 상용 관측 가능성이 우수하지만 비용에 대한 부담이 있으므로 오픈소스를 적절하게 사용하는 경우도 많다. 그라파나는 훌륭한 대시보드를 제공해준다. 이 책의 데모에서도 그라파나를 사용한다. 그라파나 관측 가능성에서는 14개의 상관관계를 모두 제공한다.

핵심은 추적이 끊어지면 이벤트를 사용해서 연결하고, 스팬이 누락되면 로그에서 읽어서 추가하는 것이다. 모든 구간에서 스레드 아이디를 얻어야 한다. 그리고 시스템 추적의 스레드 아이디와 상관관계를 구성한다.

이어서 중요도 순서대로 상관관계를 하나씩 살펴보겠다.

2.1.1 분산 추적에서 시스템 추적으로

'분산 추적에서 시스템 추적으로' 상관관계를 높은 우선순위로 선정했다. 이 책의 방향성과 가장 일치하는 상관관계이기 때문이다. 이 상관관계는 애플리케이션과 인프라를 연결하기 때문에 중요하다. 애플리케이션은 서비스를 의미하고, 인프라는 근본 원인 분석을 의미한다.

업계에 전 구간 분산 추적과 기술적인 시스템 추적이라는 개념이 없는 상황이지만, 상관관계를 사용해서 MTTR을 줄일 수 있는 좋은 방법이다. 애플리케이션 관측 가능성에서 사용되는 이벤트, 추적, 프로파일, 스택 트레이스, 로그를 사용해서 인프라 관측 가능성과 연계할 수 있다.

우선 분산 추적을 통해 인프라와의 상관관계를 정의할 수 있다. 프로세스 아이디, 스레드 이름, 스레드 아이디, 파일 지시자는 스팬 속성으로 정의된다. 시스템 추적의 마커에 콘텍스트를 추가하면 분산 추적과 상관관계를 구성할 수 있다. KUtrace는 RPC 아이디를 제공하며, 애플리케이션은 JNI를 통해 RPC 아이디를 식별자로 사용할 수 있다. 분산 추적과 시스템 추적 사이에 PID를 사용하고 애플리케이션의 스택 트레이스에서 동일한 PID를 사용하면 애플리케이션과 인프라 간의 상관관계를 이해할 수 있다. 시스템 추적에서는 커널 메서드와 시스템 콜, 스택 트레이스에서 애플리케이션은 PID에 의해 상관관계가 있다. tcpdump의 네트워크를 통해 서버로 전달되는 PID를 모니터링할 수 있다.

분산 추적은 세부적인 정보를 제공하지 않는다는 한계가 있다. 예를 들어 메서드별 처리 시간, 메서드 호출 횟수 등은 추적에서 제공해주지 않고, 스택 트레이스와 프로파일을 사용하면 이해할 수 있다. 애플리케이션 수준에서 근본 원인을 분석하지 못한 경우에는, 시스템 추적을 검토해야 한다. 인프라 관측 가능성의 KUtrace 시스템 추적은 구간별 지연 정보를 제공해주지만, 메서드의 집계와 호출 횟수 등 상세한 정보를 제공하지 않는다. 그러므로 eBPF를 함께 사용해서 KUtrace의 부족한 부분을 보완하는 것이 필요하다. KUtrace 단일 추적 도구로 모든 문제를 해결하려 하는 것보다 다양한 신호를 다양한 관점으로 보면서, 근본 원인을 분석하는 것이 효과적이다.

2.1.2 이벤트에서 추적으로

관측 가능성 입장에서 이벤트는 기술적인 신호보다는 비즈니스적인 신호다. 이 상관관계는 비즈니스와 기술을 연결하기 때문에 중요하다. 추적의 한계는 비즈니스 콘텍스트가 아니라 기술적 콘텍스트를 나타낸다는 것이다. 여러 가지 면에서, 그것은 제한적인 신호다. 이러한 단점을 이벤트로 개선할 수 있다.

하나의 이벤트는 여러 개의 추적을 포함할 수 있다. 예를 들어 하나의 주문이 여러 개의 추적 아이디를 포함할 수 있다. 추적만으로는 비즈니스 콘텍스트를 이해할 수 없기 때문에, 기술적 추적을 보기 위해 주문 아이디와 같은 이벤트를 살펴보는 것이 유용하다.

전체적인 흐름은 이벤트, 분산된 추적, 프로파일, 시스템 추적 등으로 구성될 수 있다.

이벤트는 HTTP를 지원하지만, 프런트엔드에서 시작된 분산된 추적을 지원하는 데는 아무런 문제가 없다. 이벤트는 추적을 찾기 위해 본문에 아이디만 저장하며, 구조화된 쿼리로 구축될 수 있다. 백엔드에서 메시지 서버를 사용하더라도, 모든 구간을 추적 아이디로 구성할 수 있다.

이벤트라는 신호는 아직 오픈텔레메트리와 여타 표준에서 설명되지 않았지만, 허니컴, 다이나트레이스 등 상용 관측 가능성에서는 이벤트를 사용해서 관측 가능성의 가치를 향상하고 있다. 또한 상용 관측 가능성은 보디의 속성을 헤더에 추가하거나 보디와 헤더의 내용을 캡처, 저장, 조회하는 것이 자동화되어 있다는 등의 이점이 있다. 그림 2.1처럼 이벤트는 메시지의 헤더와 보디에 속하는 데이터가 해당되고, 그 외에도 다양한 속성들이 이벤트에 추가될 수 있다.

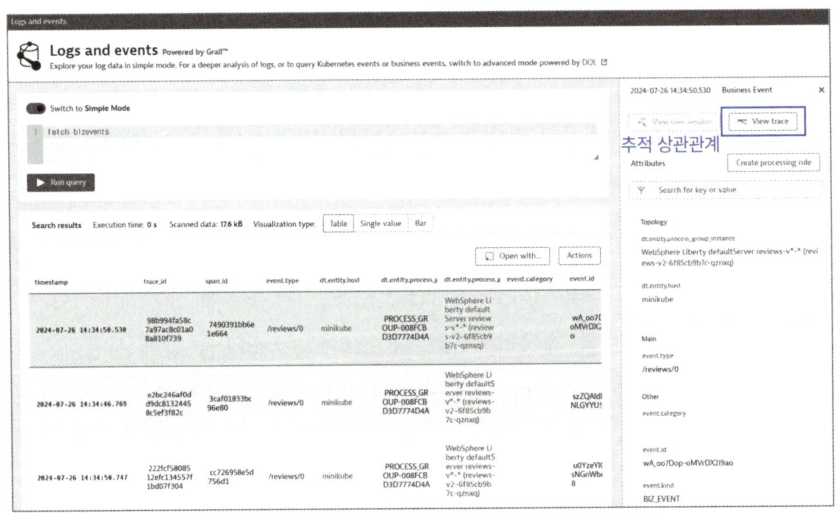

그림 2.1 이벤트에서 다른 신호 간 상관관계

2.1.3 추적에서 로그로

추적은 관측 가능성 상관관계와 개별 트랜잭션의 문제점을 이해하는 데 핵심이 되는 신호다. 추적은 로그를 포함할 수 있고, 스팬 속성과 배기지(baggage)로 콘텍스트를 보강할 수도 있다. 수동 계측을 하면 풍부한 콘텍스트를 구성하는 것이 가능하다. 모든 이벤트를 포함시키고 로깅 수준을 더 낮은 수준으로 조정하면, 로그에 더 자세한 디버깅 정보가 출력될 수 있다.

자동화된 추적에서는 로그의 상관관계가 중요하지만, 추적 아이디를 다른 중요한 아이디와 일치시키고 표준화하는 것도 중요하다. 이렇게 하면 추가적인 문제 해결과 분석에 도움이 된다. 추적 아이디를 로그에 정확하게 추가하기 위해 개발 시에는 dt.trace_id, dt.span_id, trace_id, span_id를 로그에 모두 출력하고, 추적 UI에서는 헤더를 모두 활성화해야 한다. 다이나트레이스의 경우에는 dt.trace_id가 추적 아이디가 되고, dt.span_id와 오픈텔레메트리 span_id 모두를 logback에 추가해야 한다. 만약 dt.span_id만 추가하면 오픈텔레메트리 span_id가 계측하는 내용을 로그에서 확인할 수 없다.

가장 유연한 신호가 로그이므로 로그 활용법에 대해서 고민해보는 것이 필요하다. 추적으로만 문제를 해결하려고 접근하는 것보다, 개발자에게 익숙한 로그를 적절하게 활용하는 것이 필요하다. 메시지 헤더의 주요 속성을 출력하고, 로그에 추적 아이디를 시간 순으로 출력하고 비교해야 한다. 논블로킹, 가상 스레드, 블랙박스, 레거시, 스레드 간 호출은 추적만으로 세부적인 분석이 안 되는 경우가 많다.

2.1.4 추적에서 프로파일로

추적이 출력하는 지연, 콘텍스트 등은 애플리케이션의 성능 문제를 해결하는 데 도움이 된다. 하지만 애플리케이션에서 메모리 누수가 발생하는지, CPU에서 동시성이 잘 처리되고 있는지, CPU 스파이크가 발생하는지 등의 정보는 자세히 출력하지 않는다. 추적 차트와 스팬 메시지를 보고 추정만 할 수 있다. 플레임 그래프를 통해야 해당 스팬이 CPU, 메모리 등의 자원을 어떻게 처리하고 있는지 이해할 수 있다.

오픈텔레메트리 추적은 스택 트레이스와 상관관계가 없지만, 상용 관측 가능성은 추적과 스택 트레이스 간의 상관관계를 제공한다. 추적과 스택 트레이스를 함께 사용하면 코드 수준에서 추적과 프로파일을 함께 적용할 수 있다.

- 추적은 개별 트랜잭션의 분석이 가능하지만, 리소스에 대한 분석이 어렵다. 프로파일은 리소스에 대한 정보를 제공하므로 추적을 보강해준다.
- 플레임 그래프는 코드 변경 전후로, 리소스의 변화를 비교하고 분석하기에 유용하다. 상세한 리소스 분석이 가능하지만, 개별 트랜잭션을 이해하기 어렵다.

상관관계를 구성하면, 각 신호의 단점을 보완하고, 장점을 보강할 수 있다. 추적과 프로파일을 수동으로 검색하는 것은 번거로운 작업이다. 간단하게 상관관계를 구현함으로써 신속하고 정확하게 근본 원인 분석을 수행하는 것이 좋다. 기술적인 이점은 다음과 같다.

- 추적을 통해 지연이 발생한 서비스를 찾아내고, 프로파일을 통해 해당 코드를 자세히 조사한다.
- 요청의 전 구간과 개별 코드 내 메서드의 성능을 시각화한다.
- 추적을 통해 서비스 지연을 식별한다. 데이터베이스 쿼리, API 호출 또는 특정 코드 비효율성 등 원인에 대한 프로파일을 지원한다.

2.1.5 로그에서 프로파일로

프로파일은 애플리케이션이 처리하는 시스템 내부 정보를 자세하게 출력한다. 추적에서 프로파일로 이동하면서 문제점을 이해하고 해결하는 것도 좋은 방법이다. 로그에서 프로파일 아이디를 통해서 직접 프로파일로 이동할 수 있다. 로그 레벨이 상세하지 않거나, 로그의 디버깅 정보가 충분하지 않을 때, 프로파일로 이동하면 하위 수준의 문제점을 이해할 수 있다.

로그와 프로파일의 목적이 다르므로 상관관계를 통해서 단점을 보완할 수 있다. 로그는 프로파일과 다르게 특별한 형식이 없이 유연하게 개발자가 원하는 내용을 추가하는 것으로, 시스템 리소스에 대한 정보는 아니다. 따라서 집계를 내는 것도 어렵지만, 개별 트랜잭션을 분석하기에는 용이하다. 프로파일은 시스템 리소스에 대한 정보를 제공하며 집계 정보도 제공하므로 개괄적인 이해에 적합하다.

2.1.6 메트릭에서 추적으로

프로메테우스는 이그젬플러(exemplar)를 지원한다. 메트릭은 지연, 처리량, 에러율을 기본적으로 포함해야 한다. 에이전트를 사용해서 자동 계측하면, SLO를 자동으로 생성할 수 있다.

추적은 개별 트랜잭션을 의미하므로 전체적인 현상을 보여주지 않는다. 시계열 메트릭은 시간 순으로 트래픽의 변화를 보여주므로 문제를 이해하는 데 도움이 된다. 이그젬플러는 메트릭에서 제공하는 추적의 샘플링이다. 메트릭에 이그젬플러가 출력되고, 추적으로 이동할 수 있는 링크를 제공한다.

2.1.7 실사용자 모니터링에서 추적으로

실사용자 모니터링은 시스템 신호이지만, 비즈니스 신호로 사용할 수 있다. 실사용자 모니터링으로 프런트엔드와 분산 추적의 백엔드를 연계하면 사용자의 행동별로 추적이 가능하므로 이를 통해서 비즈니스 분석이 가능해진다.

실무에서 실사용자 모니터링이 필요한 이유는 프런트엔드에서 CDN, 로드 밸런서, API 서버, 클라우드의 관리형 로드 밸런서, 관리형 쿠버네티스 내 DNS 서버, 쿠버네티스 서비스를 거치면서 추적을 생성하지 않는 경우가 많기 때문이다. 실제로는 중간에 장애가 발생하는 경우가 많음에도 불구하고, 추적 구성이 안 되는 경우가 빈번하다. 각 구간이 측정되지 못하고 하나의 스팬으로만 표시되는 경우에는 장애가 발생하더라도 해당 구간을 식별하기가 어렵다. 각 구간이 SPOF이라서 모든 서비스가 중단되는 위험이 발생할 가능성이 있다.

실사용자 모니터링은 실제 사용자 대상으로 실행되며, 실사용자 모니터링은 사용자의 경험을 분석하는 데 집중한다. 기술적인 측면을 고려하면 프런트엔드의 성능을 관리하고 개선하기 때문에 APM과 유사하다. 프런트엔드 APM이라고 생각하면 이해가 쉽다.

실사용자 모니터링은 문제가 발생한 사용자 경험을 이해하는 데 큰 도움이 된다. 예를 들어 지연이 길어지거나, 모바일 앱에 크래시가 발생하고 갑자기 앱이 중단된다. 사용자는 서비스에 불편을 경험하는 경우가 많은데, 실사용자 모니터링이 유용한 데이터를 제공하고 백엔드와 연계되므로 근본 원인 분석이 가능하다. 기술적인 관점에서만 실사용자 모니터링을 생각하는 것보다, 비즈니스와 함께 구현됨으로써 중요해지고 있다. 예를 들어 구글 애널리틱스의 세션 관리, 구글 애널리틱스가 지원하지 못하는 모바일과 웹을 모두 지원하며, 옴니 채널과 채널 통합 모니터링이 가능하다.

예전에는 구글 애널리틱스로 사용자 유입 경로 등을 분석해서 마케팅에 사용했지만, 구글 애널리틱스는 백엔드에 대한 정보를 제공하지 못한다. 예를 들어 시스템 에러가 발생해도 원인을 알 수 없다. 실사용자 모니터링이 추적과 연계되면, 구글 애널리틱스를 뛰어넘는 우수한 분석이 가능하다.

실사용자 모니터링과 추적을 연계하는 것이 중요한 이유는, 프런트엔드에서 시작되는 트랜잭션이 백엔드 추적과 연계되므로 전 구간에 대한 분석이 가능해지기 때문이다. 추적은 API 서버 이후의 마이크로서비스 구간을 분석하고, 실사용자 모니터링을 제외하면 전 구간이라고 말할 수 없다.

2.1.8 이벤트에서 이상 탐지로

이 책에서는 이상 탐지를 위해서 오픈서치를 사용하는데, 오픈서치의 데이터 소스는 로그와 이벤트가 될 수 있다. 따라서 이상 탐지를 통해 문제가 발생한 특정 이벤트를 식별할 수 있다.

오픈서치는 스트리밍 데이터의 이상치를 실시간으로 식별할 수 있는 이상 탐지 엔진을 지원한다. 예전에는 단일 스트림 감지기를 사용했는데, 이는 제약이 많았고 결과가 부정확했다. 오픈서치는 이상 탐지 모델을 엔터티에 맞게 커스터마이징함으로써 단일 스트림 감지기와 차별화한다.

오픈서치 이상 탐지는 이벤트에서 이상치를 식별하고, 결과를 결과 인덱스에 저장한다. 결과 인덱스를 통해서, 이상 탐지의 결과를 조회하거나 집계할 수 있다. 이상치는 이벤트에서 사용되는 키를 사용하므로 이벤트에서 이상치를 식별할 수 있다.

2.1.9 로그에서 추적으로

로그는 다양한 정보를 포함할 수 있다는 유연성이 가장 큰 장점이다. 관측 가능성이 비즈니스 관점에서 좀 더 의미 있는 결과를 전달하기 위해서는, 로그를 잘 활용하는 것이 중요하다. 추적은 헤더를 주로 사용하므로 비즈니스 콘텍스트를 전달하는 데 제약이 있다. 추적과 로그에 비교해서, 메트릭은 추가적인 속성을 정의하는 것이 더 어렵다. 관측 가능성에서 비즈니스 콘텍스트를 포함할 수 있는 신호는 로그고, 추적만으로 콘텍스트를 이해하기 어려운 블랙박스는 로그를 통해서 이해하는 것이 바람직하다.

로그는 시스템 로그와 사용자 로그로 구분된다. 시스템 로그는 서버 인프라와 단말 클라이언트 로그를 의미하며, 사용자 로그는 사용자의 요청에 대한 로그다. 사용자 로그에는 세션 아이디, 추적 아이디, 프로파일 아이디를 포함할 수 있다. 로그를 사용하면 추적, 실사용자 모니터링, 프로파일과 연계할 수 있는 장점이 있다. 추적 아이디와 프로파일 아이디를 로그에 출력하므로 로그에서 다른 신호로 상관관계를 구성할 수 있다.

로그의 에러 메시지는 운영자가 주목하는 장애의 징후다. 그래서 메트릭과 로그에서 에러가 발견되는 경우에 알람을 전송하도록 구성한다. 로그가 워낙 방대한 정보를 출력하기에, 사용자는 이해하는 것이 어렵다. 로그 내부에 추적과 연결을 정의함으로써, 추적을 쉽게 식별하고 이동할 수 있다.

추적은 헤더에서만 구성되고, 로그는 헤더와 보디에서 구성된다. 추적이 헤더에서만 구성되기 때문에 이로 인한 제약도 많고, 개발 난도가 높다. 하지만 로그는 코드의 수정 없이 구성 파일만으로 필요한 데이터를 로그에 추가하는 것이 가능하다. 로그로 분석하는 것이 간단하기 때문에, 추적이 어렵고 단기간에 관측 가능성을 향상시켜야 된다면 추적보다 로그를 활용하는 것이 적합하다.

로그에는 다양한 추적 콘텍스트가 출력되는데, 앞에서 언급했던 것처럼 추적 표준별로 표기법이 다르다. 또한 추적에서 생성하는 에러와 로그에서 생성하는 에러가 다를 수 있다. 추적의 스팬에서 생성하는 에러는 마이크로서비스에서 직접 생성하므로 상세하고, 프런트엔드와 API 서버는 최종 사용자 관점을 반영하므로 에러 메시지가 다를 가능성이 높다. 특히 마이크로서비스 아키텍처에서는 에러가 전파되므로 다양한 에러 코드가 생성된다.

기술적으로 장애의 전파로부터 근본 원인을 정확히 이해하는 것도 중요하고, 비즈니스적으로 장애로 인해서 받는 손실과 영향 등에 대해 정확한 수치를 구하고 이해하는 것도 필요하다. 로그를 통해 비즈니스적인 에러 및 장애의 영향 등을 이해하고, 추적에서 근본 원인 분석과 정확한 에러 구간을 이해할 수 있다. 이러한 요구 사항을 지원하는 상관관계가 '로그에서 추적으로'다.

2.1.10 네트워크에서 추적으로

L7에서 유입되는 HTTP 트래픽을 추적으로 연계할 수 있다. 지연, 재시도, 타임아웃 등의 에러가 증가하는 경우에 인프라 네트워크의 문제인지, 애플리케이션 내부적인 문제인지 이해해야 한다. L7 프로토콜 HTTP는 TCP처럼 스트림이 아니고, 개별 요청으로 명확하게 구분이 되어 있다. 클라이언트와 서버 간에는 연결과 세션 등의 상태를 가지고 있지 않다. HTTP 헤더에 추적 아이디를 포함하고, HTTP 개별 요청을 메트릭의 이그젬플러로 매핑할 수 있다.

에이전트 없이는 HTTP 헤더에 추적 콘텍스트를 주입할 수 없다. 실사용자 모니터링처럼 프런트엔드 애플리케이션에 추적 콘텍스트를 주입하기 위해서는 에이전트를 사용해서 자동 계측을 하거나 API를 사용해서 수동 계측을 해야만 추적 콘텍스트를 생성할 수 있다.

TCP, UDP 등은 개발자에 의해서 커스터마이징되는 경우가 많고 패킷 단위로 통신하므로 자동 계측이 어렵다. 예를 들어 단일 HTTP 요청은 핸드셰이크를 포함한 다수의 패킷 전송, DNS 조회를 포함하고 있다. L3에 직접 추적 콘텍스트를 주입하는 것은 어렵다. 하지만 실리움처럼 네트워크에 전문화된 애플리케이션은 TCP, UDP, TLS 등 다양한 프로토콜을 모니터링할 수 있다. 만약 애플리케이션에서 트랜잭션이 실패하고 재시도가 발생했는데, 네트워크에 대한 자료가 없다면 문제를 해결하기 어려울 것이다. 실리움은 세부 네트워크에 대한 자료를 제공해서, 문제 해결이 쉽도록 도와준다.

실리움과 eBPF를 추적과 연계함으로써 얻을 수 있는 이점은 네트워크가 문제인지, 애플리케이션이 문제인지 신속하게 확인이 가능하다는 점이다. 운영 환경에서는 문제가 발생하면, 인프라와 애플리케이션 중에 어느 영역에서 문제가 발생했는지 판단해야 한다. 서로 다른 많은 조직과의 토론, 회의는 지루할뿐더러 어렵고 오랜 시간이 걸리는데, 어느 쪽이 문제인지만 확인할 수 있다면 문제 해결에 큰 도움이 된다.

2.1.11 추적에서 메트릭으로

그라파나는 추적에서 메트릭으로 이동하는 기능을 제공한다. 추적에서 메트릭 기능을 사용하면 각 스팬의 추세 또는 집계된 데이터를 확인할 수 있다. 그라파나 구성 파일에서 기능을 활성화하여 상관관계를 사용해볼 수 있다.

- 탐색으로 이동하여 추적을 쿼리한다. 이제 각 스팬에는 쿼리에 대한 링크가 있다.
- 링크를 선택하면 분할 패널에서 쿼리가 실행된다. 태그가 구성된 경우 그라파나는 스팬 속성 값을 쿼리에 동적으로 주입한다. 쿼리는 선택한 시간 범위에 걸쳐 실행된다.

그라파나 구성 파일을 다음과 같이 수정하면, 기능을 활성화할 수 있다.

```
systemctl start grafana-server
/etc/grafana/grafana.ini

[feature_toggles]

tempoApmTable = true
traceToMetrics = true
```

2.1.12 추적에서 서비스 맵으로

서비스 맵은 인프라 네트워크와 추적에서 자주 사용한다. 추적의 경우에는 마이크로서비스의 실행 경로를 포함하고 있다. 그라파나 템포는 서비스 맵을 자동적으로 생성한다. 다양한 조건을 지정해서, 분석하기 원하는 노드를 검색할 수 있다. 폴리스탯이 인프라에 대한 전체적인 모습을 출력한다면, 서비스 맵은 애플리케이션에 대한 전체적인 맵을 출력한다.

그라파나 템포, 오픈서치 관측 가능성은 기본으로 SLO 대시보드를 제공하고 있다. 특별한 개발이 필요 없으므로 SLO 대시보드를 사용하기 유용하다. 그라파나 APM 대시보드는 에러율, 처리량, 지연 등 기본적인 SLO를 출력한다. 별도의 SLO 대시보드를 개발할 필요가 없으며, 서비스 맵과 함께 결과를 출력하므로 특정 서비스에서 문제가 발생했는지 여부나 의존된 서비스를 이해할 수 있도록 도와준다.

대시보드에는 다수의 차트를 배치하고, 변수를 사용해서 차트가 지정하는 값을 일치시켜야 한다. 차트 간에 연결 관계가 없다면, 변수를 사용해서 연결해주는 것은 좋은 방법이다. SRE는 상관관계를 추가함으로써 문제 해결 시간을 더욱 단축할 수 있다.

2.1.13 서비스 맵에서 메트릭으로

서비스 맵은 마이크로서비스 간의 관계와 의존성을 나타낸다. 전체적인 흐름을 이해하고 장애의 전파를 파악하거나, 근본 원인 분석 등에 유용하다. 하지만 규모가 큰 마이크로서비스 다수를 한 화면에 출력할 경우에는 복잡도가 증가해서, 문제점을 이해하는 것이 어려워진다는 단점도 있다. 그래서 해당 서비스와 관계가 있는 다운스트림과 업스트림만 제한적으로 출력해서, 중요 경로 분석을 하는 것이 유용하다.

서비스 간의 경로를 이해하는 것도 의미는 있지만 문제 해결을 위해서는 경로만으로는 부족하다. 서비스 맵에 출력되는 개별 마이크로서비스가 잘 처리되고 있는지 정보가 필요하다. 연관된 다른 마이크로서비스의 상태에 대해서 이해하는 것이 필요하다. 서비스 맵 내 노드를 선택하면, 지연, 처리량, 에러율 등을 출력함으로써 특정 마이크로서비스 상태를 이해할 수 있다.

2.1.14 메트릭에서 로그로

메트릭과 로그 간의 상관관계는 태그를 사용한다. 태그를 사용하면 장점이 많지만, 현실적으로 수만 개에 이르는 태그를 관리하는 것은 어려운 일이다.

로그는 이그젬플러처럼 특별한 샘플링 기술을 제공하지 않는다. 메트릭과 로그는 특정 아이디로 상관관계를 지정할 수 없다. 즉, 메트릭과 로그 간에는 직접적인 관계가 없다. 명시적으로 태그와 레이블을 사용해서 상관관계를 지정해줘야 한다. 그라파나에서 제공해주는 메트릭과 로그 간의 상관관계는 화면의 동기화 버튼을 통해 제공된다. 메트릭에서 특정 시점에 드래그앤드드롭하면 오른쪽 로그와 추적에서 해당 레이블과 기간을 기준으로 자동으로 조회를 한다.

태그의 사용을 가능한 한 줄이고, 상관관계를 구성해야 한다. 상관관계가 잘 구성되면, 수작업으로 태그를 추가할 필요성이 줄어든다.

2.2 시각화

이번 절에서는 기존 대시보드 구성과는 다른 성공적인 대시보드를 개발하는 방법을 설명한다. 문제를 이해하는 가장 쉬운 방법은 화면에 시각화하는 것이다. 대시보드를 개발하는 것은 관측 가능성을 구성하는 데 가장 기본적인 첫 번째 단계이다.

근본 원인 분석을 위해서는 목적에 맞는 차트를 사용하고 신호를 적절하게 시각화할 수 있는 방법을 이해해야 한다. SRE 대시보드는 시계열 차트를 많이 사용하지만, 다양한 차트와 함께 상관관계를 구현하면 콘텍스트가 더 풍부하고 신호를 이해하기도 쉬운 사용자 대시보드를 구현할 수 있다. 곧 살펴볼 다양한 유형의 차트는 관측 가능성 신호를 시각화하는 데 유용하다.

그라파나는 오픈소스이지만 상용 관측 가능성에 버금가는 우수한 차트와 대시보드를 제작할 수 있으며, SRE가 가장 선호하는 관측 가능성 대시보드다. 그라파나에서 제공하는 다양한 차트 중 중요한 차트에 대해서 하나씩 살펴보겠다.

2.2.1 폴리스탯

그림 2.2와 같은 폴리스탯은 노드, 서버 등 운영 중인 IT 인프라의 개수와 상태를 표현하기에 적합하다. 다양한 색을 통해서 정상과 비정상을 쉽게 구분하고, 전체에서 문제가 되는 세부 항목을 쉽게 이해할 수 있도록 도와준다. 세부 항목으로 CPU, 메모리, 디스크 등을 포함할 수 있다.

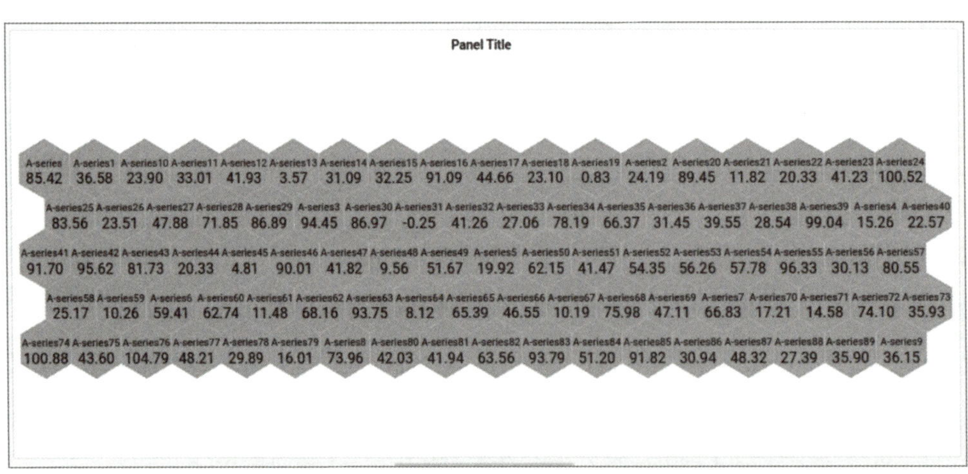

그림 2.2 **폴리스탯**

폴리스탯은 주로 인프라를 모니터링하기 위해서 사용한다. 예를 들어 노드, 가상머신, 컨테이너, 파드 등에 적용하면 인프라 전반에 걸쳐서 모니터링이 가능하다. 인프라에 특화된 노드 익스포터의 메트릭과 함께 사용할 수 있다.

폴리스탯은 인프라에 적용하고, 서비스 맵은 네트워크와 애플리케이션에 적용하는 것을 추천한다. 폴리스탯은 서비스 맵과 IT 시스템의 개괄적인 모습을 보여주는 데 유용하며, 근본 원인 분석의 시작점으로 활용하는 것이 유용하다.

폴리스탯은 인프라뿐만 아니라 서비스와 애플리케이션 등 다양한 용도로 활용이 가능하다. 예를 들어 논리적인 서비스 그룹을 만들고, 그룹의 SLO 상태를 표현할 수도 있다.

2.2.2 서비스 맵

그림 2.3에서 볼 수 있듯 서비스 맵은 노드와 에지로 구성된다.

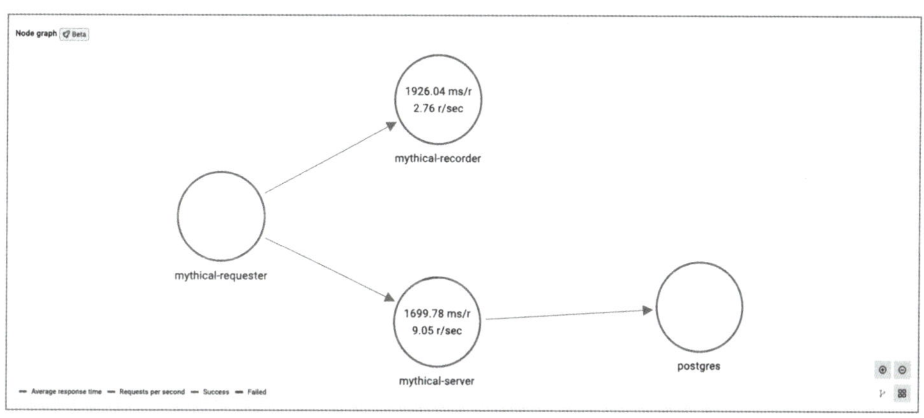

그림 2.3 **서비스 맵**

서비스 맵을 네트워크 그래프, 노드 그래프라고 칭하기도 한다. 마이크로서비스와 네트워크 등에서 각 노드 간의 의존성을 표현하기에 적합하다. 각 노드는 메트릭과 연계되어, 추가적인 분석이 가능하다. 장애는 전파되는 경향이 있으므로 서비스 맵을 통해서 장애가 전파되는 경로와 영향 범위 등을 이해할 수 있다.

서비스 맵은 마이크로서비스 간의 호출과 인프라 네트워크 간의 관계를 표현하는 데 유용하다. 인프라와 애플리케이션 양쪽 모두에서 서비스 맵을 사용하면 흐름을 이해하고, 문제를 발견하는 데 도움이 된다.

서비스 맵을 잘못 표현하면 복잡성이 증가하고, 내용을 이해하기가 어렵게 된다. 다음과 같은 가이드라인을 따르면 좋다.

- 업스트림과 다운스트림을 중심으로 트랜잭션이 처리된 경로를 표시한다.
- 메트릭과 연계해서 특정 노드에 대한 추가 분석이 가능하도록 구성한다.

서비스 맵은 템포의 마이크로서비스, 실리움의 서비스 맵에서 활용된다. 오픈텔레메트리 컬렉터와 템포의 메트릭 생성기에서 서비스 맵을 생성할 수 있다. 서비스 맵의 버킷을 데이터 소스로 하면, 자동적으로 서비스 맵 차트를 출력할 수 있다.

서비스 맵은 네트워크 토폴로지를 추상화할 수 있다. 서비스 맵은 인프라, 특히 네트워크, 그리고 마이크로서비스 간 상호작용을 모니터링하는 데 사용된다. 전체적인 콘텍스트를 이해할 수 있어 근본 원인 분석에 유용하다.

2.2.3 히스토그램

히스토그램은 특정 기간 내 분포도를 출력한다. 버킷을 데이터 소스로 사용하고, 분포를 출력한다. 버킷 내 트랜잭션을 (처리 시간 기준으로) 정렬하는 데 사용된다. 분포도를 통해서, 현시점에서의 대략적인 부하의 정도를 이해할 수 있다. 예를 들어 99분위수는 문제가 발생할 가능성이 높으며, 지연이 비정상적으로 높은 트랜잭션의 개수를 확인하는 데 유용하다.

그라파나의 강점은 히스토그램, 히트맵, 서비스 그래프를 생성 시에 추가적인 전처리가 필요 없다는 점이다. 프로메테우스에 생성한 히스토그램을 통해서, 선택 몇 번만으로도 쉽게 다양한 차트를 생성할 수가 있다.

히스토그램은 처리 시간을 백분위수로 나타내고, 이에 대한 분포를 시각화하는 중요한 차트이다. 하지만 버킷을 사용하므로 정해진 간격 내의 데이터만 출력할 뿐, 추세를 보는 것이 어렵다. 전체적인 추세를 이해하기 위해서는 히트맵을 먼저 보는 것이 좋다. 히트맵에 개별 히스토그램을 시간대별로 출력하면 히트맵에 각 시간대별로 히스토그램이 정리된다. 어느 시간대에 히스토그램에 문제가 발생했는지 쉽게 이해할 수 있다.

eBPF는 성능과 지연을 이해하기 위해서 히스토그램과 히트맵을 사용한다. PCP는 히스토그램과 히트맵을 사용해서, 성능과 추적을 표현한다.

2.2.4 히트맵

히트맵은 시계열로 다수 히스토그램을 출력하고, 버킷을 데이터 소스로 사용한다. 그림 2.4에서 예를 볼 수 있다.

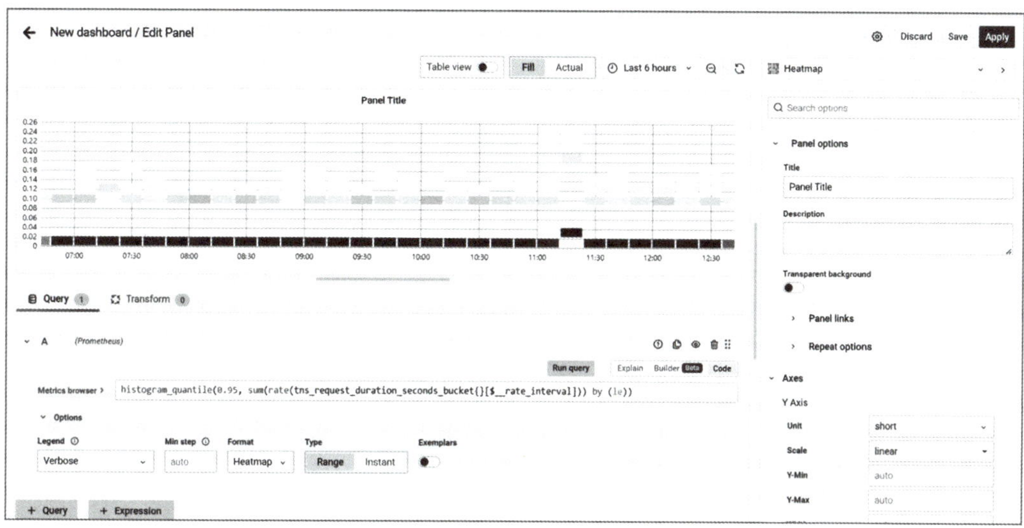

그림 2.4 **히트맵**

y축은 지연, 카테고리 등이 된다. 시간의 흐름에 따른 전체적인 분포도는 히트맵을 분석하고, 특정 시간의 세부적인 분포는 히스토그램을 분석한다. 즉, 히트맵은 다수의 히스토그램을 포함한다. 예를 들어 스팬 메트릭으로 생성된 버킷을 데이터 소스로 사용해서, 히스토그램과 히트맵을 생성한다.

히트맵과 히스토그램은 인프라, 애플리케이션의 성능 및 지연을 이해하는 중요한 단서이다. 이그젬플러를 포함하는 시계열 차트와 히스토그램, 히트맵은 유사하지만, 서로 다른 관점으로 지연을 출력한다.

PCP 히스토그램, 스팬 메트릭 등은 히스토그램에 필요한 버킷을 자동으로 생성한다. 그라파나에서는 전처리 없이 히트맵을 시각화할 수 있다.

2.2.5 시계열 차트

시계열 차트는 가장 보편적이고 일반적인 차트이다. 시계열 차트는 다양한 방법으로 출력이 가능하다. rate, histogram_quantile 등과 함께 사용하거나 이그젬플러를 활성화할 수도 있다. bucket, sum, count, total 등에 사용할 수 있다. 시계열 차트는 이그젬플러를 표현하므로 메트릭과 추적 간의 상관관계를 표현하기에 유용하다. 태그와 레이블을 활용해서 로그와 메트릭 상관관계를 표현할 수도 있다.

2.2.6 플레임 그래프

프로파일을 시각화하는 일반적인 방법은 그림 2.5와 같이 플레임 그래프를 사용하는 것이다. 다양한 신호 중에서도 프로파일은 하위 수준의 시스템 정보를 가장 명확하게 출력할 수 있다. 추적, 로그, 메트릭과 프로파일 간의 상관관계를 정의하는 것은 근본 원인 분석을 위한 중요한 작업이다.

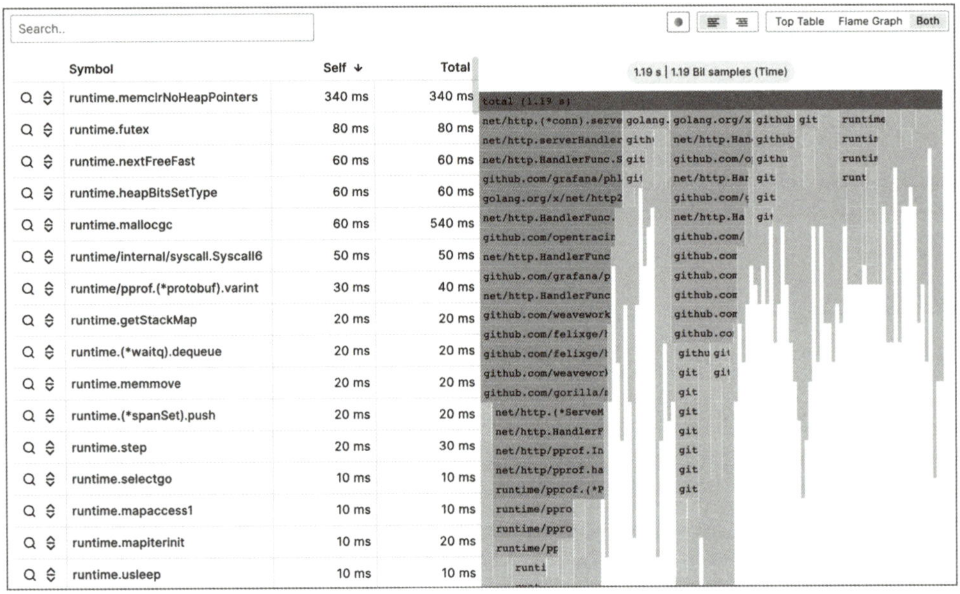

Search..
Top Table
Flame Graph
Both
Symbol
Self
Total
1.19 s | 1.19 Bil samples (Time)
runtime.memclrNoHeapPointers 340 ms 340 ms
runtime.futex 80 ms 80 ms
runtime.nextFreeFast 60 ms 60 ms
runtime.heapBitsSetType 60 ms 60 ms
runtime.mallocgc 60 ms 540 ms
runtime/internal/syscall.Syscall6 50 ms 50 ms
runtime/pprof.(*protobuf).varint 30 ms 40 ms
runtime.getStackMap 20 ms 20 ms
runtime.(*waitq).dequeue 20 ms 20 ms
runtime.memmove 20 ms 20 ms
runtime.(*spanSet).push 20 ms 20 ms
runtime.step 20 ms 30 ms
runtime.selectgo 10 ms 10 ms
runtime.mapaccess1 10 ms 10 ms
runtime.mapiterinit 10 ms 20 ms
runtime.usleep 10 ms 10 ms

그림 2.5 플레임 그래프

플레임 그래프 차트를 사용하면 eBPF, pprof 프로파일 데이터를 시각화할 수 있다. 스레드, 메모리 등 하위 수준의 리소스에 관련된 에러를 이해하기 위해서는 로그와 애플리케이션 추적만으로는 분석이 쉽지 않다. 이때 필요한 차트가 프로파일 플레임 그래프 차트이다. 플레임 그래프는 1장에서 살펴봤으므로 자세한 설명은 생략한다.

2.2.7 스테이트 타임라인

시계열 차트는 임곗값을 정하지만, 구체적인 상태는 없다. 스테이트 타임라인은 상태를 가지고 있으며, 상태를 포함하는 데이터라면 스테이트 타임라인을 사용해서 시각화할 수 있다. 예를 들어 알람은 상태를 가지고 있다. 스테이트 타임라인, 스테이터스 히스토리 차트를 사용하면 보기 쉬운 알람 대시보드를 구현할 수 있다(알람 리스트, 스테이트 차트와 함께 사용하는 것을 권장한다). 근래에는 알람이 포함되는 대시보드가 많으므로 스테이터스 히스토리 차트의 사용법에 익숙해져야 한다.

SLO 대시보드에 필요한 여러 메트릭 중 에러 예산, 소각 비율이 임겟값을 초과한다면 알람을 전송하고, 임겟값 초과에 대한 시각화가 이루어져야 한다. 스테이트 타임라인은 이를 표현하기 위한 가장 효과적인 차트이다. MTTR, MTTD 등 복잡하고 어려운 SLO를 표현하기에 좋은 차트이다.

알람이 활성화되고 있다는 것은 가용성에 문제가 있거나, 아직 해결이 되지 않은 상태라는 것을 의미한다. 스테이트 타임라인에서 알람의 상태가 변화하는 것을 이해하는 것만으로 MTTR에 대한 대략적인 이해가 가능하다.

스테이터스 히스토리는 스테이트 타임라인과 유사하지만, 다음과 같은 면에서 다르다.

- 임겟값으로 상태를 정의할 수 있다.
- 임겟값을 초과하거나, 값이 변경되면 다른 상태를 출력한다.
- 상태의 변경을 시계열로 출력한다.

상용 관측 가능성 대시보드는 그라파나보다 부족하고 기능적으로 한계가 있는 부분이 있다. 이 경우 그라파나는 상용 관측 가능성에 대한 데이터 소스를 제공하므로 상용 관측 가능성과 연계해서 그라파나만의 장점과 차트를 활용할 수 있다. 예를 들어 상용 관측 가능성과 연계해서 스테이트 타임라인 차트를 구성할 수 있다.

2.2.8 스테이트

시계열 차트와 카운터가 결합된 차트이다. 숫자 메트릭과 시계열 그래프를 동시에 출력한다. 대시보드 상단에 위치하는 것이 일반적이다. 메트릭, 그래프, 색을 사용해서 전체적인 개요를 설명하는 데 유용하다.

2.2.9 추적

추적 차트는 다수의 스팬으로 구성되며, 개별 스팬은 애플리케이션의 처리 순서를 이해하고, 지연을 측정하는 데 유용하다. 클라우드 관리형 서비스와 레거시가 운영되는 상황에서는 전 구간 추적을 구현하는 것은 상당히 어려운 것이 사실이다. 이 책에서는 추적의 문제점을 이해하고, 개선하는 방법을 상세히 기술한다.

2.2.10 애너테이션

인프라와 애플리케이션 성능을 시각화하기 위해서 대시보드를 사용하지만, 다른 용도로 대시보드를 구성할 수도 있다. 예를 들어 보안과 네트워크, 빌드 배포, 에러 등의 정보를 운영 중인 애플리케이션의 차트에 추가할 수 있다. 콘텍스트를 이해하기 위해서는 애너테이션 기능을 활용하면 유용하다.

다음과 같은 작업이 운영 중에 빈번하게 발생한다면, 웹훅을 사용해서 외부로 이벤트를 전송할 수 있다.

- 클라우드에서 자원이 추가된다.
- 아르고시디(Argo CD)에서 배포가 실행된다.
- 지라에서 이슈가 등록된다.
- 테라폼 클라우드에서 작업이 실행된다.
- 깃에 이벤트가 발생한다.
- 이상 탐지가 발생한다.

이렇게 하면 에러와 장애 알람이 발생한다. 수신을 받은 웹훅 이벤트를 애너테이션으로 정확한 차트와 그래프에 추가해주면 콘텍스트를 이해하는 데 도움이 된다. 예를 들어 배포로 인해서 장애가 발생하거나, 갑작스러운 리소스 스파이크가 발생해도 이유를 모르는 경우가 많다. 사전에 애너테이션으로 정보가 공유되어야 하는 이유다. 만약 애너테이션을 정확한 차트와 그래프에 추가하는 것이 어렵다면, 애너테이션 목록으로 일괄적으로 이벤트와 애너테이션을 관리하는 것도 유용하다.

2.3 대시보드 개발

알람과 대시보드는 결과의 표현이다. 정확한 알람과 대시보드는 신호가 정확하게 정의된 경우에만 구성할 수 있으며, 그다음에 수집, 변환, 저장, 쿼리, 알고리즘 적용 등의 과정을 거친다. 하나의 프로세스라도 잘못 구성되면 정확한 대시보드를 구성하기가 어렵다.

인프라 대시보드를 개발하는 경우가 아니라면, 여러 가지 SLO를 나열하는 것은 좋은 대시보드가 아니다. 비즈니스 프로세스와 관련이 있어야 하고 스토리를 전달할 수 있어야 좋은 대시보드가 될 수 있다. 아이디의 구조를 이해하고 이를 비즈니스 프로세스와 연관 지어 보면 자연스럽게 스토리를 발견할 수 있다. 스토리를 표현하고, 사용자 경험을 향상해야 좋은 대시보드다. 요청 아이디, 주문 프로세스를 시작하는 주문 아이디, 결제 프로세스를 시작하는 페이먼트 아이디, 전 구간 추적을 시작하는 추적 아이디를 이해하고 구조화하는 것은 대시보드 초기 분석에 유용하다.

분류에 포함된 값은 수동으로 입력하지 않고 쿼리를 통해 신호에서 추출되어야 한다. 복잡한 작업이라면 쿼리를 통해 데이터를 추출하고 분류 내에서 값을 구성할 수 있다. 이것은 강력하고 유용한 방법이다. 대시보드의 모든 프로세스는 자동화되어야 한다.

예시로 살펴볼 다음 대시보드 내 테이블의 특징은 다음과 같다(근본 원인 분석 데이터 모델에는 서비스, 리소스와 관련된 엔터티 정보가 포함되지 않았는데, 하지만 엔터티를 추가하는 것은 어려운 일이 아니다. 책 후반부에서 설명한다).

- 요청 아이디, 주문 아이디, 페이먼트 아이디는 이벤트에 의해서 캡처된다.
- 001, 002는 요청 아이디를 사용하고, 상품 조회처럼 간단한 업무다.
- 003은 페이먼트 아이디를 사용하고, 계좌 이체처럼 복잡한 업무다.
- 004는 주문 아이디를 사용하고, 통신사 신규 개통 주문 생성처럼 복잡한 업무다.
- 추적 아이디는 스팬 아이디를 포함하고, 스팬 아이디는 스레드 아이디와 일대일 관계다. 스레드 아이디는 시스템 추적 아이디를 포함한다.
- 각 레코드는 지연 시간, 에러 메시지, 상품 카테고리, 시스템 리소스를 포함한다.

이 대시보드의 사용법은 간단하다.

- 사용자는 필터에서 중요 프로세스를 선택하고, 요청 아이디, 주문 아이디, 페이먼트 아이디를 선택하면 된다. 중요 프로세스는 상품 조회, 계좌 이체, 신규 개통 주문이 될 수 있다.
- 다수의 추적 아이디, 스팬 아이디를 시간 순으로 출력한다.

이를 위해 도메인, 중요 프로세스, 이벤트 같은 필터가 필요하다. 또한 테이블에 포함될 칼럼은 다음과 같다.

- 분산 추적 아이디
- 스팬 아이디
- 스레드 아이디
- 시스템 추적 아이디
- 시스템 스팬 아이디

요청 아이디	주문 아이디	페이먼트 아이디	트랜잭션 아이디	추적 아이디	스팬 아이디	스레드 아이디	시스템 추적 아이디	시스템 스팬 아이디	지연 시간	에러 메시지	상품 카테고리	배포	시스템 리소스
001				001-A									
002				002-A									
		003		003-A									
		003		003-B									
	004			004-A									
	004			004-B									
	004			004-C									
			005	005-A									
			005	005-B									

여기서 스레드 아이디는 분산 추적과 시스템 추적 간의 상관관계를 구성한다. 예를 들어 고루틴은 자식 스레드에 해당하므로 부모 스레드를 식별할 수 있어야 한다. 고루틴의 경우, 콘텍스트에는 부모 스레드 아이디 혹은 비즈니스 아이디, 메타데이터를 포함할 수 있다.

근본 원인 유형을 판단하는 데 도움이 될 수 있도록 다음 필터들을 추가한다.

- 에러 여부
- 근본 원인 유형
- 알람 여부
- 배포 여부

결과물은 그림 2.6과 같다. 간단한 대시보드이지만, 전작(메트릭 1개 신호만 사용)과 달리 대시보드는 8개 이상의 신호를 모두 사용해서 하나의 대시보드를 개발했다. 이벤트, 로그, 추적, 프로파일을 조인하거나 룩업하는 것은 아주 기본적인 방식이며, 출력되는 신호뿐만 아니라, 필터 간에도 다른 신호를 포함한다. 모든 대시보드 내 데이터는 다양한 신호를 모두 함께 사용해서 개발한다.

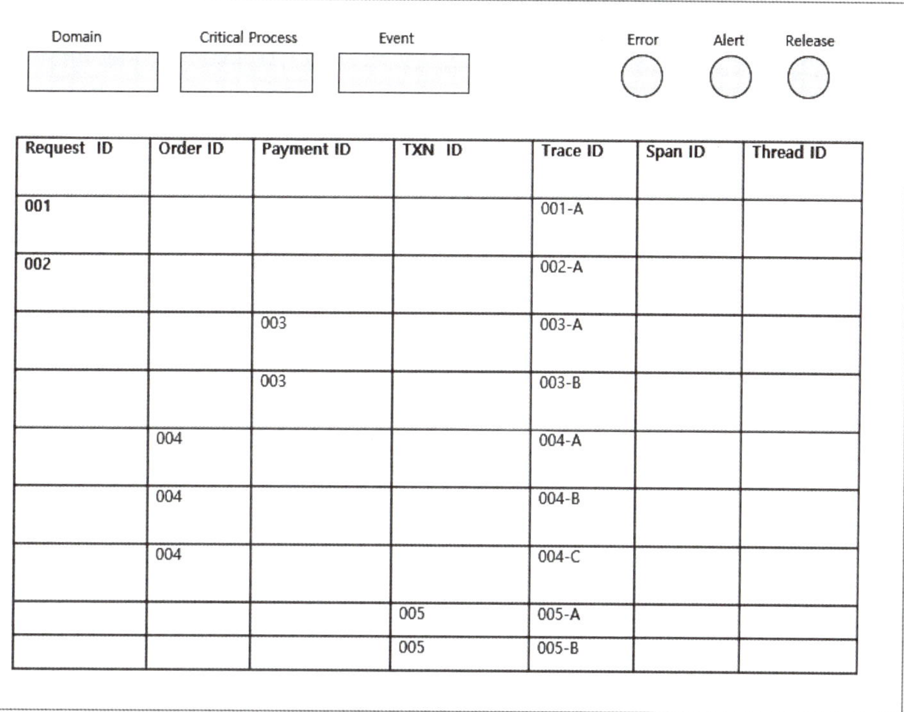

Request ID	Order ID	Payment ID	TXN ID	Trace ID	Span ID	Thread ID
001				001-A		
002				002-A		
		003		003-A		
		003		003-B		
	004			004-A		
	004			004-B		
	004			004-C		
			005	005-A		
			005	005-B		

그림 2.6 RCA 대시보드 레이아웃

2.4 요약

이번 장에서는 신호 간의 주요 아이디로 14개의 상관관계를 정의했다.

- 상관관계를 사용하면 신속하게 근본 원인 분석을 수행할 수 있다. 상관관계를 정의하면 개발자가 쉽게 신호를 이해하고, 대시보드와 알람 구성이 더 쉽다. 신호의 목적과 가지고 있는 데이터, 사용법이 다르다. 이를 이해하기 위해서는 복잡하고 많은 러닝 커브가 필요한 것이 사실이다.
- 상관관계가 깨진다면, 이는 신호가 부정확하게 구성되거나 누락되었음을 의미한다. 상관관계를 사용하면 신호의 정합성을 검증하고 신호의 품질을 향상시킬 수 있다.
- 규칙을 적용해서 자동으로 태그를 추가하는 것이 가능하다. 하지만 태그를 추가하는 것은 대부분 수작업이다. 태그를 사용하고, 파이프라인과 인터페이스를 개발하는 것은 비효율적이다. 상관관계는 이러한 수작업을 최소화하고, 관측 가능성 신호가 가지고 있는 기능만으로 데이터의 활용이 가능하도록 도와준다.

다양한 차트와 근본 원인 분석 대시보드도 살펴봤다. 근본 원인 분석 데이터 모델에 따라서 표준화된 데이터 구조를 구성하는 것이 필요하다. 상관관계에 따라서 데이터 모델을 구성하면 필터, 조인, 룩업을 사용하여 다양한 신호로 구성된 근본 원인 분석 대시보드를 개발할 수 있다.

근본 원인 분석 대시보드는 사용자에게 콘텍스트와 스토리를 전달할 수 있어야 한다. 현재의 콘텍스트를 정확하게 이해하고, 어떠한 데이터를 추가적으로 더 분석해야 하는지 이해하고, 단서를 제공해야 한다. 인과관계, 상관관계를 무시한 메트릭을 나열하는 수준에서 대시보드는 의미를 분명하게 전달할 수 없다. 사용자에게 전달하고자 하는 의미가 분명한 대시보드를 개발해야 한다.

CHAPTER 3

추적 중심의 관측 가능성

이번 장에서는 추적의 내부 작동 방식과 구성 시 발생하는 문제점을 설명한다. 추적이 복잡하고, 구성이 어려워서, 추적의 도입을 기피하는 경우가 자주 발생한다. 기존에 로그에 익숙한 개발자들은 추적의 효과에 대해서 공감하지 못하고, 반대하는 경우도 종종 있다. 추적은 예외 상황이 많고, 요구 사항도 복잡하고, 다양한 언어와 프로토콜을 이해해야 한다. 마이크로서비스 간에 발생하는 분산 추적 외에도, 시스템 리소스 간에 발생하는 시스템 추적에 주목해야 한다(아직까지 시스템 추적을 구현한 상용 관측 가능성은 없고, 구체적인 기술 표준도 없다. 이 책에서는 KUtrace를 사용해서 시스템 추적을 구성하고, 분산 추적과 연계할 것이다).

과거의 웹서버, WAS, 오라클 데이터베이스는 오늘날 쿠버네티스, 클라우드로 변화했다. 이는 개발과 운영 측면에서 많은 변화를 가져왔다. 과거의 성능 테스트, 성능 튜닝 등도 관측 가능성에 적합하게 변화되고 개선되어야 한다. 기존 온프레미스는 클라우드 SaaS와 관리형 서비스로 마이그레이션되고 있다. 모든 것이 혼재되어 있으며, 복잡하게 거미줄처럼 연계되어 있다.

대부분의 기업에는 예전부터 중요한 역할을 수행하는 다양한 레거시가 존재한다. 메인프레임에서 코볼로 개발된 CICS 애플리케이션도 있으며, 대부분 기업은 SAP ERP를 사용하고 있다. 상대적으로 레거시가 많은 기업에서는 새로운 기술을 도입하고 적용하는 것이 여간 복잡하고 어려운 게 아니다. 단순히 기술의 문제를 떠나서, 검증되지 않거나 어려운 기술을 꺼리고 높은 리스크를 원하지 않기 때문이다. 복잡한 레거시의 패쇄성과 제약으로 인해서, 추적 프로젝트가 실패하는 경우가 빈번하게 발생한다.

도메인별로, 기술별로 추적을 부분적으로 구현하는 사례가 많지만, 마이크로서비스와 레거시를 포함해서 전 구간 추적을 적용하는 것은 큰 도전이다. 학문적이고 이론적인 추적에 대해서 설명하기보다는, 프로젝트에서 추적의 문제점을 개선하려고 노력한 경험을 공유하는 것이 더 유용하다. 필자는 실무에서 추적과 관측 가능성을 구현하면서 다양한 문제를 경험했다. 현재 추적을 구현하는 대부분의 SRE는 모범 답안이 없는 상태이고, 참고할 자료도 부족한 상황일 것이다. 이에 시행착오를 최소화하고, 구체적인 결과와 함께 사례를 설명하기 위해 노력했다.

3.1 추적과 다른 신호들

추적은 다른 신호와 상관관계를 갖는다. 추적이 잘못되어도, 추적만으로는 문제를 검증할 수 없다. 다른 신호와 추적을 비교하고 검증해야 한다. 즉, 신호를 검증하고 비교하는 절차를 만들어야 한다. 신호가 관측 가능성 내에서 일관성에 문제가 있거나 상관관계를 구축하기 어려운 문제가 있는 신호를 발견하면, 개선 방법을 찾아야 한다. 예를 들어 전 구간에서 사용되는 트랜잭션 아이디가 있는 경우, 로그에서 특정 트랜잭션 아이디를 시간 순으로 조회할 수 있다. 로그에서 특정 트랜잭션의 라인 수를 세어보면, 대략적인 요청 및 응답 수를 측정할 수 있다.

1. 예를 들어 트랜잭션이 20개의 요청과 응답으로 이루어진 것을 확인하고, 트랜잭션 아이디를 추적의 배기지에 추가할 수 있다.
2. 해당 트랜잭션 아이디로 추적에서 스팬 카운트를 조회하면, 스팬이 5개만 출력된다고 가정해보자.
3. 로그에 20개의 요청이 있지만 추적에 5개의 스팬만 있는 경우, 15개의 스팬이 계측되지 않았거나 올바르지 않다고 추측할 수 있다. 트랜잭션 아이디에 포함된 스팬이 정확하게 계측되지 않았고 개선이 필요하다는 것을 확인하는 것은 어렵지 않다.

로그와 추적을 비교하고 계산함으로써 문제를 식별하고, 어떤 애플리케이션에 문제가 있는지, 원인을 정확히 파악할 수 있다. 로그는 업스트림과 다운스트림에 대한 다양한 아이디를 출력한다. 로그 수와 시간을 기준으로 추적을 비교하면 문제를 식별할 수 있다. 표준화되지 않은 경우, 속성 이름이 일관되지 않고, 이름이 다르면 로그와 추적을 비교할 수 없다.

- 추적은 로그와 유사하지만, 로그에 비해 콘텍스트를 더 쉽게 이해할 수 있다. 로그를 정확하게 구성하고, 로그를 기준으로 추적의 문제점을 식별하고, 원인을 이해하는 것이 중요하다. 추적

아이디로는 검증을 할 수 없으며, 로그와 추적을 비교하는 경우에 트랜잭션 아이디 등을 사용해서, 두 신호를 비교할 수 있다.

- 로그에 출력되는 추적 콘텍스트가 더 많으므로 로그와 추적 간에 정확한 개수를 비교하는 것이 쉽지 않다. 로그를 정교하게 구성해야 한다. 로그의 속성을 명확하게 정의하고, 정확한 검색이 가능하도록 구성해야 한다. 로그를 기준으로 추적의 문제점을 해결하고, 로그와 추적을 비교하고 검증하기 때문이다.
- 스팬 카운트를 적용하면 추적이 가능한 통계를 얻을 수 있다.
- 실사용자 모니터링은 추적에 연계되고, 실사용자 모니터링의 세션 아이디는 다수의 추적 아이디를 포함한다. 예상보다 적은 스팬 카운트를 출력한다면, 추적에 문제가 발생했다고 추측할 수 있다.

상관관계는 여러모로 유용하다. 상관관계를 통해 개발자는 근본 원인을 분석할 수 있다. 관측 가능성 구성 시 다양한 문제점에 부딪치는데, 상관관계를 통해서 문제 해결이 가능하다.

- 추적 계측이 실패했다면, 프로파일을 통해서 에이전트가 계측하려고 시도한 메서드를 식별할 수 있다.
- 추적이 끊어지고 중단되면, 이를 해결하기 위해서 로그를 사용해서 추적과 비교하고 검증할 수 있다.

3.2 추적의 작동 방식

에이전트가 처리하는 추적의 원리를 살펴보자. 내부 작동 방식을 이해해야만 계측 실패의 원인을 파악하고 버그를 해결할 수 있다. 관측 가능성의 시작은 전 구간 추적이다. 추적을 통해서, 구간별 지연과 에러를 신속하고 정확하게 이해할 수 있다. 추적의 작동 원리를 이해하고, 추적이 끊어지거나 계측이 실패하는 경우에 이를 해결할 수 있어야 한다.

추적을 이해하는 방법은 헤더와 보디를 캡처해서 추적 콘텍스트를 이해하는 것이다. 그림 3.1은 추적의 작동 방식을 보여준다. 그림을 보면 마이크로서비스 A, B, 그리고 관측 가능성 백엔드의 3가지 대상이 있다. 마이크로서비스들은 서로 상호작용하면서 추적 관점을 전파하고 전송한다.

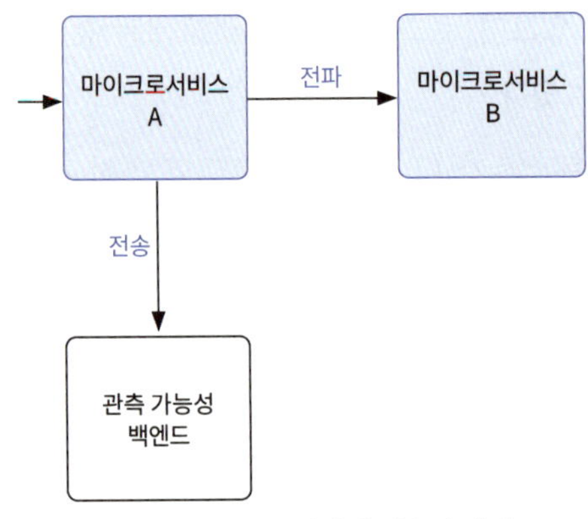

그림 3.1 **추적 내 전파와 전송의 의미**

마이크로서비스는 추적 구현을 위해 3개의 동작을 수행한다.

1. **헤더를 검증**: 메시지를 전파받으면, 먼저 헤더에 추적 아이디가 존재하는지 검사한다. 만약 존재하지 않으면 새로운 추적 아이디를 생성하고, 존재하면 기존 추적 아이디를 재사용하고, 전파가 성공적으로 처리된다. 만약 헤더가 존재하지만 형식이 부정확하면, 에러가 발생한다.
2. **다른 마이크로서비스로 전파**: 마이크로서비스 A는 마이크로서비스 B에 요청한다. 요청 메시지의 헤더에는 추적 콘텍스트가 정의되어야 한다. 추적 콘텍스트에는 추적 아이디, 부모의 스팬 아이디, 스팬 아이디를 포함한다. 메시지 내 보디는 업무 데이터를 포함한다. 마이크로서비스 A는 수신받은 요청의 헤더를 검증한다. 그리고 마이크로서비스 B에 추적 콘텍스트를 전파한다. 추적 콘텍스트는 마이크로서비스 B 요청의 헤더에 위치한다.
3. **관측 가능성 백엔드로 전송**: 마이크로서비스는 관측 가능성 백엔드에 추적 콘텍스트를 전송한다. 전송하는 메시지는 추적 아이디, 부모의 스팬 아이디, 스팬 아이디, 요청의 시작 시간, 종료 시간, 서비스명, 다양한 속성 등을 포함한다. 전송하는 메시지의 헤더는 없으며, 보디만을 구성한다.

전파(propagation)와 전송(transmission)이라는 두 개념을 구분한 것에 주목하자. 전파는 다운스트림 마이크로서비스를 대상으로 하며, 전송은 관측 가능성 백엔드 스토리지를 대상으로 한다. 개념을 구분하는 이유는 혼란을 피하고, 의미를 분명히 하기 위해서이다(일반적으로 업스트림과 다운스트림이라는 용어도 자주 사용한다. 전파는 업스트림과 다운스트림 간에 발생하는 상호작용이고, 전송은 관측 가능성과 마이크로서비스 간에 발생하는 상호작용이다).

발행자/구독자의 추적 콘텍스트 전파는 다음과 같이 작동한다.

- 발행자는 추적 콘텍스트를 헤더에 주입하고, 메시지를 발송한다.
- 구독자는 메시지를 구독하고, 헤더에 위치한 추적 콘텍스트를 추출한다.

다른 추적 표준 간의 변환을 필요로 하는 유스케이스가 자주 발생한다.

- 마이크로서비스 A는 B3 형식 추적을 전파한다. 마이크로서비스 B는 전파자를 사용해서 B3 형식을 수신한다.
- 마이크로서비스 A는 B3 형식을 컬렉터로 전송한다. 컬렉터는 OTLP 형식을 백엔드 스토리지로 전송한다.

기본적으로 오픈텔레메트리는 다음과 같은 전파 형식을 지원한다.

- W3C 추적 콘텍스트
- W3C 배기지

W3C 외에도 B3, 오픈트레이싱 등 다양한 전파자를 제공한다. 그림 3.2처럼 전파와 전송의 메시지 형식은 다르다. 전송보다 전파가 더 복잡하다. JMS(자바 메시지 서비스), TCP 등 다양한 프로토콜의 헤더를 사용해서 전파가 발생하고, 전송은 HTTP, gRPC 프로토콜 기반의 OTLP 메시지를 사용한다.

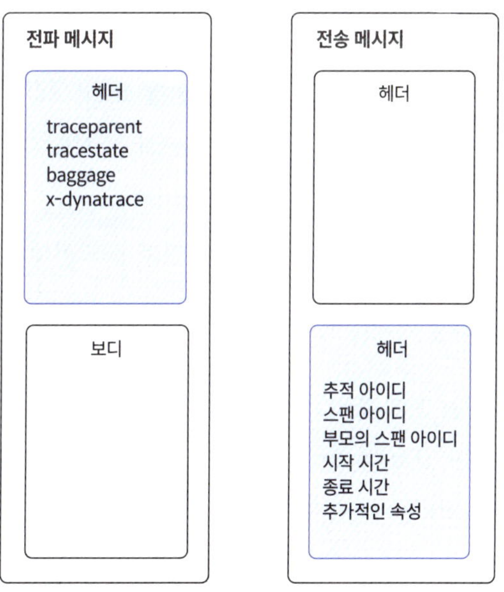

그림 3.2 전파와 전송 메시지의 구조

3.2.1 콘텍스트

계측에서 콘텍스트는 시작점이지만, 콘텍스트라는 용어가 다양한 방식으로 사용되기 때문에 혼란을 야기할 수 있다. 오픈텔레메트리 로그와 추적은 콘텍스트에서 시작한다.

- 로그는 콘텍스트, ThreadLocal(오픈텔레메트리 에이전트로 대체), MDC, log4j 라이브러리, 파이프라인으로 처리된다.
- 추적은 콘텍스트, 전파자의 전파, 익스포터의 전송, 스레드 간에 전달되는 흐름이다.

콘텍스트 객체는 프로세스 내의 여러 신호 간 또는 전파를 통해 서비스 경계를 넘어 데이터를 공유하는 메커니즘이다. 코드 어디에서나 콘텍스트 API를 사용하여 현재 스팬을 얻을 수 있다. 콘텍스트 객체는 일관된 API를 제공하는 불변 데이터 저장소다. 콘텍스트 API의 구현은 언어에 따라 다르지만, 오픈텔레메트리를 사용한다면 일관성을 유지할 수 있다.

- **get_value**: 주어진 키에 대한 값을 콘텍스트로부터 추출한다. 호출을 위한 필수 인수는 키 하나이며, 필요한 경우 콘텍스트를 전달할 수도 있다. 콘텍스트가 전달되지 않을 경우 기본적으로 글로벌 콘텍스트에서 값을 추출한다.
- **set_value**: 콘텍스트에 주어진 키로 값을 저장한다. 필수 인수는 키와 저장할 값이며 특정 콘텍스트에 값을 저장할 때는 콘텍스트 인수도 함께 전달한다. 콘텍스트는 불변이기 때문에 메서드 호출 시 새로운 값이 저장된 새로운 콘텍스트 객체가 반환된다.
- **attach**: 특정 콘텍스트 환경에서 API 호출이 실행되도록 한다. 전달된 콘텍스트 인수로 현재의 콘텍스트를 지정한다. 응답 값은 고유의 토큰이며 detach 메서드에서 사용된다.
- **detach**: 콘텍스트 이전 상태로 되돌리기 위해 사용되며, attach로 획득한 고유 토큰을 인수로 받는다. 메서드가 호출되면 attach 직전에 지정되어 있던 원래 콘텍스트로 되돌아간다.

오픈텔레메트리는 콘텍스트라는 객체를 제공하며, 콘텍스트는 추적에 대한 정보를 포함한다.

- 추적과 로그 구현 시 콘텍스트에 추적 정보를 저장한다. 전파자에게 콘텍스트를 전파한다.
- 작업자 스레드의 경우처럼, 내부 스레드 간에는 추출과 주입이 필요 없이 콘텍스트를 다른 스레드에게 전달해서 콘텍스트 전파를 처리한다. 스레드는 콘텍스트에서 추적을 읽을 수 있다.
- 다운스트림으로 추적 콘텍스트를 전파하는 경우에는 전파자를 사용해서 추출과 주입이 발생한다.
- 로그 처리 시 에이전트는 콘텍스트에서 추적을 읽고, MDC로 콘텍스트를 전달한다.

전파와 전달의 차이점을 정리하면 다음과 같다(영어로는 모두 propagation이다).

- **전파**: 서비스 경계를 넘으면 전파라고 한다.
- **전달**: 스레드 간의 콘텍스트 교환은 전달이라고 한다.

오픈텔레메트리는 추적에 대한 정보를 포함하는 콘텍스트라는 객체를 제공한다. 계측 문제가 발생하면, 이 콘텍스트부터 분석한다. 콘텍스트는 계측의 디버깅에 중요한 정보를 제공한다.

- 에이전트는 계측 결과를 콘텍스트에 저장한다. 추적과 로그를 처리하는 경우에는 콘텍스트를 디버깅해야 한다.
- 작업자 스레드인 boundedElastic, parallel 스레드에서 추적 정보가 출력되지 않으면, 콘텍스트를 디버깅해야 한다.

추적 및 로깅을 구현할 때에도 콘텍스트에 추적 정보를 저장한다. 콘텍스트를 읽고 전파자로 사용해서 서비스 경계로 다운스트림에 전파한다.

작업자 스레드의 경우와 마찬가지로, 콘텍스트 전파는 내부 스레드 간에 추출 및 주입할 필요 없이 콘텍스트를 다른 스레드로 전달함으로써 처리된다. 작업자 스레드는 콘텍스트의 추적을 읽을 수 있다.

- 추적 콘텍스트를 다운스트림으로 전파할 때, 전파자를 사용하여 추출과 주입이 발생한다.
- 로그를 처리할 때, 에이전트는 콘텍스트에서 추적 콘텍스트를 읽고 콘텍스트를 MDC로 전달한다.

3.2.2 전파자

추적 콘텍스트는 전파자(propagator)에 의해서 처리된다. 전파는 서비스 간에 콘텍스트를 교환하는 메커니즘이다. 네트워크 경계에 분산된 서비스 전반에 걸쳐, 시스템에 대한 인과관계를 구축할 수 있게 해준다. 오픈텔레메트리에서 제공하는 다양한 전파자를 사용할 수 있다.

- 자동 계측 시 SDK에서 다양한 전파자를 구성할 수 있다.
- 수동 계측 시 복합 전파자 API를 사용하며, 이를 통해 다양한 추적 형식을 지원할 수 있다.

요청 헤더에 추적 콘텍스트를 포함해서 전파하고, 관측 가능성 백엔드로 추적 콘텍스트를 전송한다. 오픈텔레메트리는 다음과 같이 3가지 전파자를 제공한다.

- **W3C 전파자**: 오픈텔레메트리는 W3C 추적 콘텍스트를 HTTP 헤더에 주입하고, 전파하는 텍스트 기반 접근 방식을 제공한다.
- **복합 전파자**: 여러 개의 전파자를 하나의 전파자로 결합한다.
- **배기지 전파자**: 오픈텔레메트리 배기지를 HTTP 헤더에 주입하고, 전파하는 텍스트 기반 접근 방식을 제공한다.

기본적으로 오픈텔레메트리는 W3C 콘텍스트 전파 표준을 사용한다. 오픈텔레메트리로 계측된 애플리케이션이 다른 콘텍스트가 사용되는 서비스와 통신하는 경우, 서비스 간에 이벤트를 상호 연관시키기 위해 추가로 전파자를 구성하는 것이 유용하다. 전파자 패키지를 설치하고, OTEL_PROPAGATORS 환경 변수를 사용하면 된다.

전파는 라이브러리별 요청 인터셉터와 전파자를 통해 구현된다. 인터셉터는 송신과 수신 요청을 감지하고, 각 전파자의 추출 및 주입 작업을 처리한다(오픈텔레메트리는 인터셉터, 상용 관측 가능성은 센서라는 용어를 사용한다). 이어서 전파자와 관련된 주요 개념들을 더 자세히 설명하겠다.

❶ 텍스트맵 전파자

전파자 유형은 프로세스 경계를 넘어 콘텍스트 데이터를 전파하기 위해 데이터 유형에 바인딩된다. 우리가 살펴볼 전파자 유형은 텍스트맵 전파자로서, 텍스트맵 전파자는 문자열 키와 값 쌍으로 이루어진다. 캐리어에 값을 주입하고 캐리어에서 값을 추출하는 유형이다.

캐리어는 전파자에서 값을 읽고 쓰기에 사용하는 매체다(텍스트맵과 바이트 배열 두 종류가 있는데 오픈텔레메트리는 텍스트맵을 사용한다). 쉽게 설명하면 사람(전파자)이 가방(캐리어)에 선물(콘텍스트)을 운반(전파)한다. 선물(콘텍스트)은 가방(캐리어)에 넣어야 한다(주입).

전파자는 캐리어에 값을 쓰고 캐리어에서 값을 읽기 위해, 주입과 추출 연산을 정의해야 한다. 각 전파자 유형은 캐리어를 정의해야 하며, 추가 파라미터도 정의할 수 있다. 인수로 전달된 콘텍스트에서 파생된 새 콘텍스트를 반환하며, 추출된 값은 스팬 콘텍스트, 배기지 또는 다른 교차 관심사 콘텍스트가 될 수 있다. 예를 들어 HTTP 요청의 헤더에 값을 주입하는 경우에 필수 인수는 다음과 같다.

- **콘텍스트**: 전파자는 먼저 콘텍스트에서 값(스팬 콘텍스트, 배기지) 또는 다른 교차 관심사를 검색해야 한다.
- **전파 필드를 보유하는 캐리어**: 예를 들어 송신 메시지와 HTTP 요청이다.

수신 요청에서 값을 추출하는 경우에는 HTTP 요청의 헤더에서 값을 추출해야 한다. 이때 필수 인수인 전파 캐리어는 수신 메시지가 될 것이다.

오픈텔레메트리가 제공하는 텍스트맵 전파자는 캐리어에 문자열 키와 값 쌍으로 된 교차 관심사 값을 주입 및 추출한다. 클라이언트(주입기)와 서버(추출기) 양쪽에서 전파된 데이터의 캐리어는 일반적으로 HTTP 요청이다.

추적은 단일 프로세스를 넘어 확장될 수 있다. 이를 위해서는 추적의 식별자에 대해 원격 프로세스로의 콘텍스트 전파가 필요하다. 추적 콘텍스트를 전파하려면, 전파자를 등록해야 한다. Getter와 Setter는 각각 추출과 주입에 사용되는 선택적인 헬퍼(optional helper) 컴포넌트이다.

```
import (
  "go.opentelemetry.io/otel"
  "go.opentelemetry.io/otel/propagation"
)
...
otel.SetTextMapPropagator(propagation.TraceContext{})
```

❷ 복합 전파자

전파자 유형을 주입 및 추출 메서드를 노출하는 객체로 구현하거나, 주입기와 추출기로 나누도록 선택할 수 있다. 이렇게 하면 서로 다른 교차 관심사의 여러 전파자를 그룹화하여, 단일 엔터티로 활용할 수 있다.

복합 전파자는 전파자 목록 또는 주입기와 추출기 목록으로 구성할 수 있다. 생성된 복합 전파자는 지정된 순서대로 전파자, 주입기 또는 추출기를 호출한다. 전파를 보내는 경우 다음과 같이 정의한다. 각 복합 전파자는 각기 다른 전파자 유형이 다른 데이터 유형에서 작동할 가능성이 높으므로 텍스트맵 전파자와 같은 특정 전파자 유형을 구현해야 한다.

```
set_global_textmap(CompositePropagator([tracecontext.TraceContextTextMapPropagator(),
B3MultiFormat()]))
```

오픈텔레메트리는 지원되는 전파 유형에 대해 전파자를 가져올 수 있는 방법을 제공한다. 언어에 따라 의존성 주입 기술을 사용하여, 전파자를 설정하거나 전역 접근자로 사용할 수 있다.

계측 라이브러리는 콘텍스트를 추출하고 주입하기 위해 전파자를 호출해야 한다. 권장하지 않는 방법이지만 특정 계측 라이브러리에서는 독점적인 콘텍스트 전파 프로토콜을 사용하거나, 특정 프로토콜을 사용하도록 하드코딩되어 있을 수 있다. 이러한 경우, 계측 라이브러리에서 제공하는 전파자를 사용하지 않고, 대신 콘텍스트 추출 및 주입 로직을 하드코딩할 수 있다.

전파자는 기본적으로 W3C 추적 콘텍스트 전파자와 배기지 전파자를 포함하는 복합 전파자로 설정되어야 한다. 사전 구성된 전파자를 비활성화하거나, 재정의할 수 있어야 한다.

❸ 전파자 배포

오픈텔레메트리 조직에서 유지 관리하며, 오픈텔레메트리 확장 패키지로 배포해야 하는 공식 전파자 목록이다.

- W3C 추적 콘텍스트는 오픈텔레메트리 API의 일부로 배포가 가능하다.
- W3C 배기지는 오픈텔레메트리 API의 일부로 배포가 가능하다.
- B3
- 예거

오픈텔레메트리 확장 패키지로 유지 관리 및 배포될 수 있는 추가 전파자로는 OT 추적과 오픈센서스 바이너리 형식도 있다. AWS X-Ray 추적 헤더 프로토콜과 같은 공급 업체 프로토콜을 구현하는 추가 전파자는 오픈텔레메트리 리포지터리로 유지 관리하거나 배포해서는 안 된다.

B3는 오픈텔레메트리 이전에 많이 사용했던 추적 표준이다. 스프링 부트 3로 업그레이드하면서 슬루스(Sleuth)를 오픈텔레메트리로 마이그레이션하는 경우가 발생한다. 기존 B3에 대한 호환성을 제공하는 것도 중요하다. B3에는 단일 및 다중 헤더 인코딩이 모두 있다. 또한 디버그 추적 플래그, 송신과 수신의 스팬이 동일한 아이디를 공유할 수 있도록 허용하는 등 오픈텔레메트리에 직접 매핑되지는 않는다.

❹ 전파자 구성

다양한 분산 추적 표준이 존재한다. 집킨, 우버가 개발한 오픈트레이싱 예거, 구글이 개발한 오픈센서스, CNCF가 주도하는 오픈텔레메트리 W3C 외에도 AWS, 데이터독 등 다양한 추적 표준이 있다. 오픈텔레메트리는 W3C, B3등 다양한 전파자를 지원한다. 이를 위해서 전파자 API를 제공하며 다른 추적 표준과 상호운용성을 지원한다. 다양한 전파자로 마이크로서비스 간에 추적을 전파하는 역할을 수행한다. 오픈텔레메트리 컬렉터와 자바 에이전트, SDK, API에는 다양한 전파자를 처리하고, 전파할 수 있는 기능을 포함하고 있다.

파이썬을 사용해서 다음과 같이 구현할 수 있다.

```
pip install opentelemetry-propagator-B3==1.23.0
```

수동 계측 시 복합 전파자를 사용한다.

```
tracer = configure_tracer("CompositePropagator", "0.1")
set_global_textmap(CompositePropagator([tracecontext.TraceContextTextMapPropagator(),
B3MultiFormat()]))
```

다음과 같은 OTEL_PROPAGATORS 환경 변수를 설정할 수 있다. 허용되는 값은 다음과 같다.

- **tracecontext**: W3C trace Context
- **baggage**: W3C Baggage
- **b3**: B3 Single
- **b3multi**: B3 Multi
- **jaeger**: Jaeger
- **xray**: AWS X-Ray
- **ot trace**: OT trace

기본 구성은 OTEL_PROPAGATORS="tracecontext,baggage"와 동일하다.

자동 계측 시 SDK에 OTEL_PROPAGATORS을 사용한다. 자동 계측 구현 시 SDK 설정은 다음과 같다.

```
export OTEL_PROPAGATORS=B3,B3multi,tracecontext,baggage
```

컬렉터 설정은 다음과 같다.

```
  receivers:
    otlp:
```

```
    protocols:
      grpc:
      http:
  jaeger: null
  prometheus: null
  zipkin: null
```

3.2.3 추적 전파

추적 콘텍스트는 콘텍스트를 전달하는 데 사용되는 두 개의 HTTP 헤더를 지정한다. 추적 사양이 정확히 준수되지 않으면 추적이 올바르게 작동하지 않는다. 예를 들어 추적이 생성되지만 스팬에 문제가 있거나, 추적이 전파 및 전송 중에 오류가 발생하여 중단될 수 있다.

오픈텔레메트리에서는 필수 항목을 잘못 구성하거나 생략하면 추적이 제대로 작동하지 않는다. 추적 아이디, 스팬 아이디, 부모의 스팬 아이디는 필요에 따라 구성해야 하며, 추적에 의해 설정된 표준에 따라 전파 및 전송되어야 한다. 상용 관측 가능성 에이전트는 헤더에 추적 콘텍스트를 자동으로 생성하고 추적 아이디를 로그에 주입한다. 상용 관측 가능성은 오픈텔레메트리 시맨틱 규칙이 아닌 자체 텔레메트리 시맨틱 규칙을 사용한다.

- 오픈텔레메트리 캐리어는 텍스트맵 형식을 사용한다. 그리고 이 형식에 대응하는 언어별 데이터 구조(맵, 사전)가 있다.
- 배기지는 데이터를 추적에 전파하는 일반적인 방법이다. 그러나 상용 관측 가능성은 배기지를 사용하지 않고, 자체 방식으로 키-값 형식으로 헤더에 데이터를 추가한다.
- 추적의 개념은 HTTP 프로토콜을 중심으로 설계되었다. 추적의 전파가 다른 프로토콜을 사용하는 메시지 서버로 인해 중단될 수 있다는 것이다. 따라서 이에 대비하려면 수동 계측이 필요하다.

자동 계측은 클래스를 로딩하고, 엔트리 포인트와 메서드에 바이트코드를 주입하는 과정을 자동화한다. 스프링 부트와 같은 유명 프레임워크는 에이전트가 이미 계측하고 주입하는 클래스와 메서드를 이해하고 있으므로 계측에 문제가 되지 않는다. 하지만 개발자가 커스텀으로 개발하거나, 예를 들어 클라우드 벤더에서 새롭게 출시한 관리형 서비스라면 에이전트가 어떻게 계측하고 주입해야 하는지 이해하지 못하므로 스팬을 생성하지 못하고 누락되는 경우가 발생한다. 클라이언트의 요청과 응답에 대한 스팬이 계측하지 못하면 해당 스팬은 누락되고, 서버에서 전파가 실패하는 경우에는 추적이 끊어진다.

마이크로서비스 A, B, C가 있다고 가정하면, 추적의 처리 흐름은 그림 3.3과 같다.

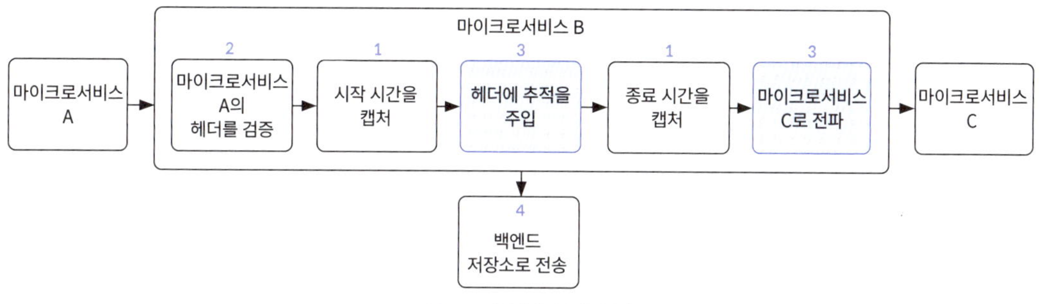

그림 3.3 **추적의 처리 흐름**

각 단계를 더 자세히 살펴보면 다음과 같다.

1. **계측**: 마이크로서비스 내 주요 메서드를 식별하고, 메서드의 전후를 계측한다.
2. **추출**: 업스트림으로부터 전파를 받고, 헤더에 콘텍스트가 존재하는지 확인한다. 전파 형식을 확인해야 한다. 헤더를 통해 전파를 받지 못하거나 부정확하게 전파를 받을 경우에는, 다운스트림은 새로운 추적을 생성하기 때문이다. 콘텍스트가 존재하지 않으면 새로운 콘텍스트를 생성하고, 존재하면 기존 콘텍스트를 추출한다.
3. **주입과 전파**: 헤더에 콘텍스트를 주입하고 다운스트림으로 전파한다. 전파 형식이 다른 경우에는, 다운스트림에 전파자를 지정해야 한다. 업스트림에서 B3로 송신하는 경우에는 B3 전파자가 필요하다.
4. **전송**: 백엔드 스토리지로 추적을 전송한다. 관측 가능성 백엔드로 추적을 전송하는 경우와 마이크로서비스 간에 전파를 하는 경우에는, 항상 전파 형식과 전파자에 대한 호환성에 문제가 없도록 해야 한다

솔러스(Solace) 서버는 JMS와 JCSMP 2개 유형의 메시지 스펙을 지원한다. JCSMP는 솔러스 JCSMPTextMap을 사용하고, JMS는 솔러스 JmsW3CTextMap을 사용한다. 개발자는 JMS와 JCSMP에 대한 수동 계측도 개발이 가능하다. 수동 계측 시 메시지 유형에 따라 차이점이 있다. 다음은 JMS 발행자의 수동 계측 예시다.

```
void howToCreateSpanOnMessagePublish(Message message, MessageProducer messageProducer, Topic
messageDestination, OpenTelemetry openTelemetry, Tracer tracer) {

    //현재 콘텍스트에서 스팬을 생성
    final Span sendSpan = tracer
```

```
        .spanBuilder("mySolacePublisherApp" + " " + MessagingOperationValues.PROCESS)
        .setSpanKind(SpanKind.CLIENT)
        .setAttribute(SemanticAttributes.MESSAGING_DESTINATION_KIND,
MessagingDestinationKindValues.TOPIC)
        .setAttribute(SemanticAttributes.MESSAGING_TEMP_DESTINATION, false)
        //추가 속성을 설정
        //.setAttribute(...)
        .setParent(Context.current())
        .startSpan();

    try (Scope scope = sendSpan.makeCurrent()) {
        final SolaceJmsW3CTextMapSetter setter = new SolaceJmsW3CTextMapSetter();
        final TextMapPropagator propagator = openTelemetry.getPropagators().
getTextMapPropagator();
        //메시지에 콘텍스트를 주입
        propagator.inject(Context.current(), message, setter);
        //토픽으로 메시지를 발송
        messageProducer.send(messageDestination, message);
    } catch (Exception e) {
        sendSpan.recordException(e);
        sendSpan.setStatus(StatusCode.ERROR, e.getMessage()); //스팬 상태를 설정
    } finally {
        sendSpan.end();
    }
}
```

다음은 수신자의 수동 계측 예시다.

```
void howToCreateNewSpanOnMessageReceive(Message receivedMessage,
    Consumer<Message> messageProcessor,
    OpenTelemetry openTelemetry, Tracer tracer) {

    //SolaceJmsW3CTextMapGetter를 사용해 메시지에서 추적 콘텍스트를 추출
    final SolaceJmsW3CTextMapGetter getter = new SolaceJmsW3CTextMapGetter();
    final Context extractedContext = openTelemetry.getPropagators().getTextMapPropagator().
extract(Context.current(), receivedMessage, getter);

    //현재 콘텍스트를 설정
    try (Scope scope = extractedContext.makeCurrent()) {
        //스팬을 생성
        final Span receiveSpan = tracer
            .spanBuilder("mySolaceReceiverApp" + " " + MessagingOperationValues.RECEIVE)
            .setSpanKind(SpanKind.CLIENT)
            .setAttribute(SemanticAttributes.MESSAGING_DESTINATION_KIND,MessagingDestination
KindValues.QUEUE)
            .setAttribute(SemanticAttributes.MESSAGING_TEMP_DESTINATION, false)
```

```
            //속성을 추가
            //.setAttribute(...)
            //발행자 스팬에 부모 자식 관계를 생성
            .setParent(extractedContext)
            //스팬을 시작
            .startSpan();

        try {
            messageProcessor.accept(receivedMessage);
        } catch (Exception e) {
            receiveSpan.recordException(e);
            receiveSpan.setStatus(StatusCode.ERROR, e.getMessage());
        } finally {
            receiveSpan.end();
        }
    }
}
```

추적과 스팬이 잘못 출력되는 경우, 계측하는 단계에서 문제점이 있을 가능성이 높다. 잘못 계측하거나, 계측이 생략되었거나, 비동기 혹은 발행과 구독 방식 등을 지원하지 않기 때문이다. 만약 3개의 스팬이 생성되는데 부정확하거나 그림 3.4와 같이 3개의 스팬이 출력되지 않고, 1개의 긴 스팬만 출력되는 경우도 발생한다. API 서버가 계측이 안 되거나, 계측이 안 되는 외부 기관과의 통신 등이 이러한 스팬을 출력하게 된다.

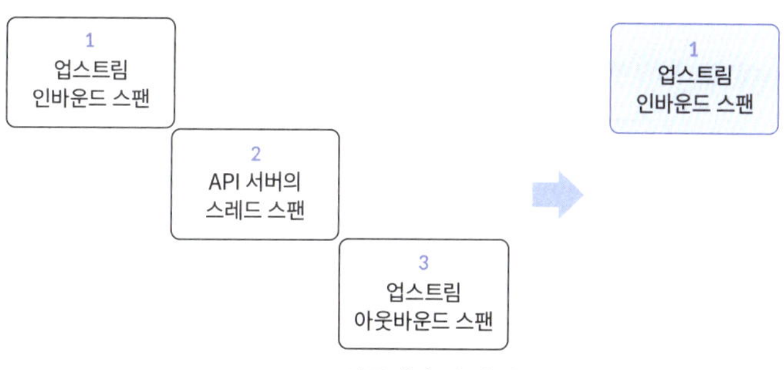

그림 3.4 **잘못된 추적 사례 1**

이렇게 API 서버가 하나의 긴 스팬으로 표시되는 경우는 요청과 응답이 API 서버를 포함한 다운스트림 계측에서 실패한 경우다. API 서버가 헤더 처리를 막았을 가능성이 있고, 대부분의 경우에 헤더에 추가된 추적 콘텍스트를 이해하지 못하고 전파에 실패했기 때문이다(추적 콘텍스트가 포함된 헤더를 통과시키면, API 서버 이후의 다운스트림으로 전파가 되고 스팬이 생성된다). 아웃바운드 스팬만 생성된 것은 계측이 안 되었기 때문이다. 이러면 다운스트림으로 추적 아이디가 전파되지 못한다.

원인은 API 서버인 경우가 많지만, 다운스트림에서 추적 콘텍스트를 이해하지 못하는 경우일 수도 있다.

그림 3.5는 동기식 요청과 응답 호출이다. 2개의 스팬만 출력되고, 스팬 1개는 출력되지 않는다. 이유는 2번 스팬을 계측하지 않았기 때문이다. 내부 스레드는 계측이 안 되고 있다. 하지만 인바운드와 아웃바운드 스팬이 계측되므로 지연 시간과 전파에는 문제가 없다.

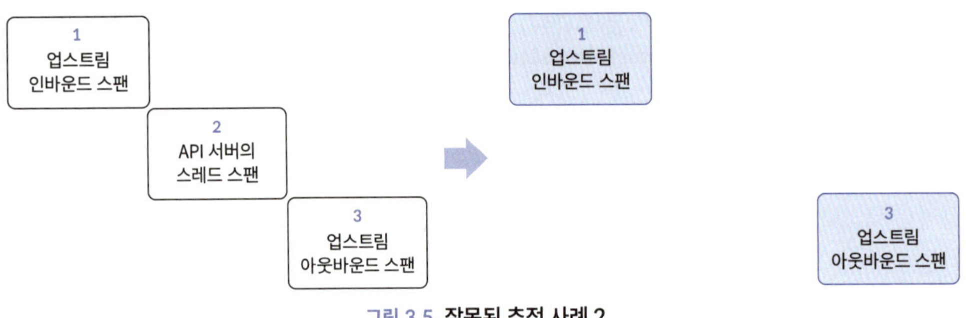

그림 3.5 **잘못된 추적 사례 2**

그림 3.6은 1개의 추적이 생성되어야 정상인데, 추적이 전파되지 않아서 2개의 분리된 추적을 생성한 경우다. Pub/Sub에서 구독자에게 전파하는 것에 실패한 경우, 이러한 스팬을 출력하게 된다.

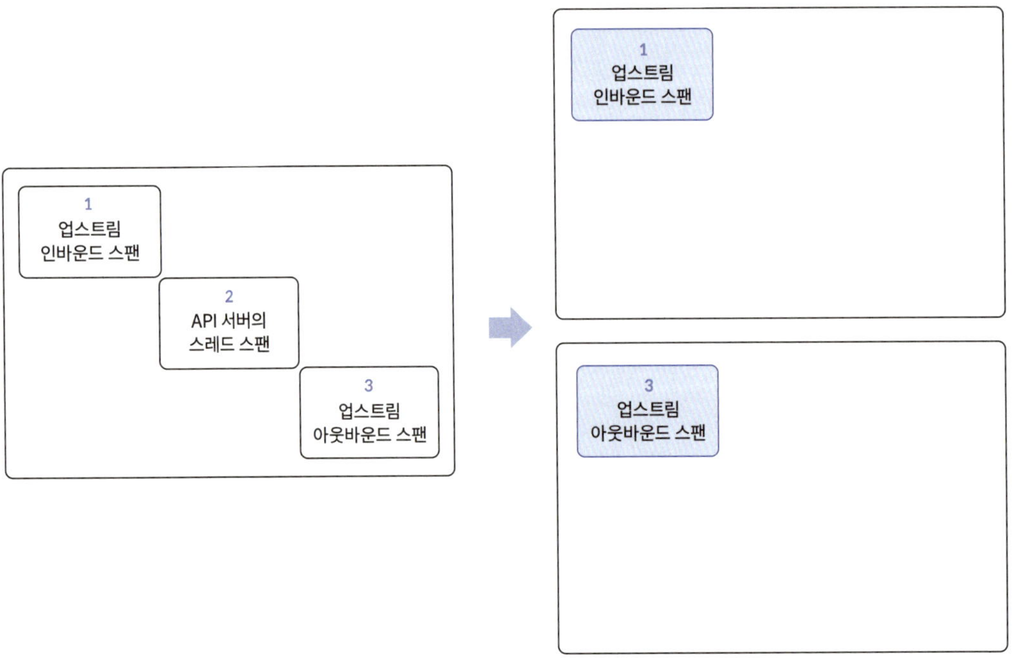

그림 3.6 **잘못된 추적 사례 3**

3.2.4 배기지 전파

추적에는 다양한 컴포넌트들이 있다. 기본은 추적과 스팬이지만, 그 외에도 이벤트, 속성, 데코레이터, 링크, 상태, 예외, 전파자 등이 있다. 오픈텔레메트리에서는 추적 콘텍스트 외에도 배기지 콘텍스트를 정의한다. 추적 콘텍스트가 서비스 경계를 넘어 다른 마이크로서비스로 전파되는 것처럼, 배기지 콘텍스트도 전파되어야 한다. 추적은 기술적인 콘텍스트를 포함하고, 배기지는 비즈니스 콘텍스트를 포함해야 한다.

트랜잭션 아이디, 요청 아이디, 주문 아이디 등은 메시지 보디에 위치한다. 추적 아이디는 기술적인 전 구간에 해당하고, 사용자 관점에서는 전 구간이 아니다. 예를 들어 사용자는 주문을 생성하고 제출하기 위해서 최소 2번 이상의 버튼을 선택해야 한다. 선택할 때마다 추적 아이디가 생성되므로 개별 주문 업무는 2개 이상의 추적 아이디를 생성한다. 헤더에 위치하는 추적 아이디만으로는 사용자와 주문을 식별하는 것이 어렵다. 장애 발생 시 인시던트가 생성이 되고, 인시던트에는 주문 아이디가 명시되어 있지만, 추적의 헤더에는 해당되는 아이디가 없다. 비즈니스적인 주문에 대해 기술적인 추적을 일치시켜야, 장애 대응이 가능하다.

배기지는 유용하지만, 실무에서는 적용이 어렵다. 자동 계측이 안 되고 수동 계측 개발이 필요하며, 런타임에 부정적인 영향을 준다는 단점이 있다. 배기지는 에이전트에 의해서 자동 계측되지 않고, 수동 계측으로만 구성할 수 있다. 비즈니스 콘텍스트를 전파하는 방법은 배기지 콘텍스트뿐만 아니라 다양한 방법이 있다. 오픈텔레메트리는 스팬 속성이 있으며, 상용 관측 가능성은 자체적인 방법을 제공하고 있다.

배기지는 추적의 검색 목적으로 사용되지만, 배기지보다는 스팬 속성으로 검색하는 것을 권장한다. 스팬 속성은 전 구간에 적용이 어렵고 특정 구간의 스팬에만 사용할 수 있지만, 손쉽게 추가할 수 있다.

배기지의 개발 절차는 추적 콘텍스트와 유사하고, 다음과 같이 처리된다.

- 배기지는 텍스트맵 전파자를 통해서 전파가 된다. 전파자는 콘텍스트의 추출과 주입을 처리한다.
- 콘텍스트 내 배기지가 구성되고, 배기지에서 키와 값을 처리하는 Get, Set 메서드를 사용한다.

HTTP의 배기지 전파보다 메시지 서버의 배기지 전파가 더 복잡하다. SQS 서버도 다음과 같이 배기지 구성이 가능하다. 스프링 프레임워크에서는 배기지를 지원하지만, HTTP를 지원하고 메시지 서버에서는 배기지를 지원하지 않는 것이 일반적이다.

```
private void InjectContext(Message message, Activity? act)
{
    if (act != null)
    {
        PropagationContext context = new(act.Context, Baggage.Current);
        propagator.Inject(context, message, static (m, k, v) => m.Headers[k] = v);
    }
}
```

3.2.5 오픈트레이싱 심

오픈트레이싱 심(OpenTracing shim)은 오픈트레이싱에서 오픈텔레메트리로 쉽게 마이그레이션할 수 있도록 해주는 라이브러리이다. 이 라이브러리는 수동으로 계측된 코드를 가진 레거시 애플리케이션이 있는 경우에 유용하다. 새로운 오픈텔레메트리 API 위에 레거시 오픈트레이싱 API를 사용할 수 있도록 해주기 때문에 마이그레이션을 단계별로 수행하는 데 도움이 될 수 있다.

심은 오픈트레이싱 API를 구현하고 백그라운드에서 오픈텔레메트리 구성을 사용하는 클래스 집합으로 구성되어 있다. 이 클래스의 목적은 이미 오픈트레이싱으로 계측하고 있는 애플리케이션이 코드의 많은 부분을 다시 작성할 필요 없이 최소한의 노력으로 계측을 시작할 수 있도록 하는 것이다.

오픈트레이싱 심은 계측을 처리하며, 이 계측은 오픈트레이싱 형식으로 전파된다. 다운스트림에서는 오픈트레이싱 전파자를 사용한다. 수동으로 계측된 오픈트레이싱 애플리케이션의 예시를 보자.

```
@Path("/hello")
@ApplicationScoped
public class GreetingResource {

    @Inject
    io.opentracing.Tracer legacyTracer;

    @GET
    @Produces(MediaType.TEXT_PLAIN)
    @Traced(operationName = "Not needed, will change the current span name")
    public String hello() {
        // Add a tag to the active span
        legacyTracer.activeSpan().setTag(Tags.COMPONENT, "GreetingResource");

        // Create a manual inner span
        Span innerSpan = legacyTracer.buildSpan("Count response chars").start();

        try (Scope dbScope = legacyTracer.scopeManager().activate(innerSpan)) {
            String response = "Hello from REST";
```

```
            innerSpan.setTag("response-chars-count", response.length());
            return response;
        } catch (Exception e) {
            innerSpan.setTag("error", true);
            innerSpan.setTag("error.message", e.getMessage());
            throw e;
        } finally {
            innerSpan.finish();
        }
    }
}
```

여기서 다음과 같은 변경이 필요하다.

- Tracer 애너테이션을 제거하고, 대신 오픈텔레메트리 SDK를 삽입해야 한다.
- Tracer 애너테이션은 @WithSpan 애너테이션으로 대체되지만, 이 애너테이션은 항상 새 스팬을 생성한다는 점에 유의한다.
- legacyTracer의 인스턴스를 가져와야 한다. 심에는 이를 위한 유틸리티 클래스가 포함되어 있다.

다음과 같이 변경한 코드를 컴파일하면 오픈트레이싱 및 오픈텔레메트리 API를 동시에 사용할 수 있다.

```
    @Inject
    io.opentelemetry.api.OpenTelemetry openTelemetry;
    ...
    @GET
    @Produces(MediaType.TEXT_PLAIN)
    @WithSpan(value = "Not needed, will create a new span, child of the automatic JAX-RS
span")
    public String hello() {
        // Add a tag to the active span
        Tracer legacyTracer = OpenTracingShim.createTracerShim(openTelemetry);
        legacyTracer.activeSpan().setTag(Tags.COMPONENT, "GreetingResource");
        ...
```

오픈텔레메트리만 사용하기 어려운 경우가 있다. 예를 들어 SaaS를 사용하는데 오픈트레이싱만 지원하고 오픈텔레메트리를 지원하지 않는다면 오픈트레이싱의 GlobalTracer를 구성해야 한다. 이러한 경우 오픈트레이싱 심을 사용하는 것을 권장한다.

상용 관측 가능성은 오픈트레이싱 심을 정확하게 지원하지 않는 경우가 있다. GlobalTracer가 작동하지 않거나, 예상치 못한 계측이 발생할 수 있다. 2개의 스팬이 생성되어야 하는데, 5개 스팬이 생성되는 경우도 발생한다. 스팬이 잘못되면, 이를 무시해야 하는 경우도 있다.

3.3 관리형 서비스의 전파

SaaS와 관리형 서비스는 구축 없이, 외부에서 제공하는 서비스를 사용한다. 사용자 편의성은 향상되는 반면에, 관측 가능성 구현은 어려워진다. 관리형 서비스는 에이전트를 설치하는 것이 어려우므로 관측 가능성과 추적을 구현하는 것이 어렵다. 아직 많은 관리형 서비스에서 오픈텔레메트리를 지원하지 않는다.

추적은 서버보다 클라이언트를 우선적으로 계측한다. 관리형 서비스에 에이전트를 설치할 수 없으므로 클라이언트를 계측해야 한다. 마이크로서비스 아키텍처에서 클라이언트는 업스트림이고 마이크로서비스로 개발되기 때문에, 관측 가능성을 구성할 수 있다. 관리형 서비스는 업스트림이므로, 다운스트림 마이크로서비스로 전파하고 외부의 관측 가능성 백엔드로 전송하는 것은 어렵다. 분산된 마이크로서비스 간의 추적은 전파를 하기 때문에, 주입과 추출이 필요하다. API 서버와 NoSQL을 관리형 서비스에서 운영하는 경우에 전파와 전송이 지원되지 않으므로 관측 가능성 구성에 어려움이 발생할 수 있다.

전송이 제한되어 있지만, AWS 기준으로는 전송을 위해 람다와 클라우드와치 로그를 읽어서 사용하는 방법이 있다. 단순한 데이터베이스를 가정하면, 다운스트림 데이터베이스에 호출을 하고, 스팬을 생성한다. 데이터베이스는 서버이지만 데이터베이스 서버가 내부적으로 처리 시 스팬을 생성하지 않으므로 계측이 안 된다. 단순하게 요청과 응답으로 종료되고 하나의 스팬만 생성한다. 결과적으로는, 호출하는 메서드의 지연만 측정한다.

- API 서버는 인바운드, 아웃바운드의 2개 스팬이 필요하다.
- 메시지 서버에는 발행자, 구독자의 2개 스팬이 필요하다. 메시지 서버가 계측되면 발행자, 서버, 구독자의 3개 스팬이 생성된다.

AWS API 게이트웨이처럼 외부의 관측 가능성 백엔드로 전송이 불가능한 경우에는, AWS API 게이트웨이에서 스팬을 생성하지 못하고, 요청이 다운스트림 마이크로서비스에 도달하는 순간에 스팬을 생성한다. AWS API 게이트웨이가 스팬을 생성하지 않고, AWS API 게이트웨이의 스팬을 확인할 수 없다.

스팬을 전파하는 것이 불가능한 경우가 종종 있을 수 있으나 개발자와 상의해서 스팬 문제점에 대해서 동의한다면 큰 문제는 아니다. 모든 구간의 스팬을 구성하는 것이 분산 추적의 목표는 아니다. 일부 스팬이 누락되더라도 핵심적인 구간과 애플리케이션의 스팬을 정확히 생성하고, 근본 원인 분석이 가능한 수준에서 전 구간 추적을 구성하기 위해서 노력해야 한다. 스팬이 생성되지 못하고 일부 누락되는 것은 큰 문제가 아니지만, 끊어지는 등의 문제가 발생하면 SRE는 이를 해결해야 한다. 개발자는 추적 콘텍스트를 이해하고, 근본 원인 분석이 가능한 수준의 결과물을 구성하는 것이 목표이다.

관리형 서비스는 이벤트를 생성하고 처리할 수 있는 기능을 제공한다. 예를 들어 AWS 람다는 특정 애플리케이션의 이벤트를 캡처하고, 후속 처리를 구현하기 위해서 사용할 수 있다. 이벤트를 캡처해서 관측 가능성 백엔드로 추적 콘텍스트를 전송할 수 있다. 이때 전송하는 데이터는 추적 아이디, 스팬의 부모 아이디, 스팬 아이디, 처리 시작 시간, 처리 종료 시간, 서비스명, 그 외 다양한 속성을 관측 가능성 백엔드로 전송할 수 있다. 관리형 서비스에서 전파에 대한 기능을 제공하지 않는다면, 마이크로서비스를 수정해서 요청의 헤더에 추적 콘텍스트를 추가해야 한다. 그리고 W3C 형식과 호환성 있는 메시지를 전파해야 한다.

추적 형식이 다른 경우에는 전파와 전송을 구현하는 데에 어려움을 겪게 된다. API 서버는 B3, 마이크로서비스는 W3C 헤더를 사용하면, 전파가 안 되는 현상이 발생한다. 이러한 경우에는 전파자를 사용해야 한다. 전파되는 스팬에는 동일한 추적의 헤더를 사용해야 한다. 서로 다른 헤더를 사용한다면, 역시 추적에 적합한 전파자를 사용해야 한다.

일부 상용 관측 가능성의 실사용자 모니터링 설루션은 분산 추적을 사용하지 않는다. 실사용자 모니터링은 스팬과 유사하지만 스팬 형식을 따르지 않으며, 분산 추적과 별개로 구성된다. 실사용자 모니터링의 내부 아이디와 분산 추적의 추적 아이디를 연계하는 방식으로 구현되는 경우도 있다. 실사용자 모니터링, 관리형 서비스 API 서버, 마이크로서비스를 추적으로 연결하는 것은 쉽지 않다.

그림 3.7처럼 실사용자 모니터링, API 서버, 마이크로서비스가 구간마다 스팬을 생성하는 것이 정상이다. 하지만 상용 관측 가능성은 실사용자 모니터링과 API 서버는 스팬을 생성하지 못하고, 마이크로서비스에서 추적이 시작된다.

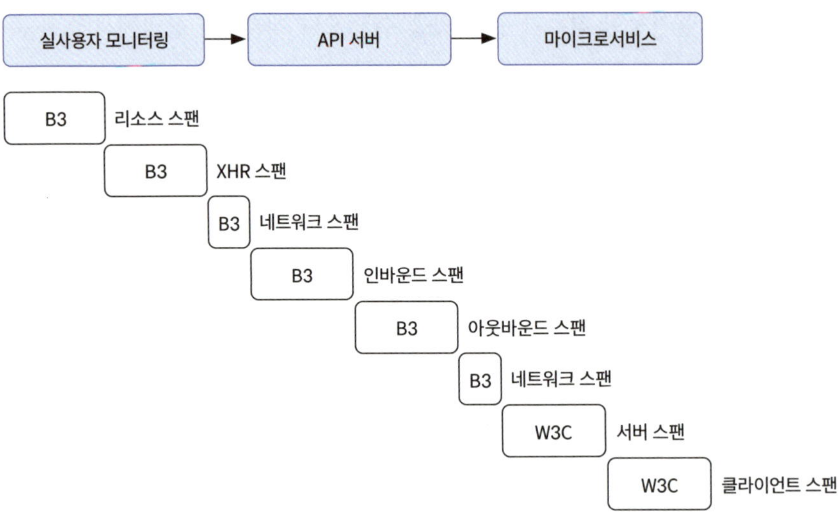

그림 3.7 **다른 추적 간의 전파**

전파에 실패하면, 구간마다 추적을 신규로 생성한다. 특정 구간에서 추적이 전파가 안 되면, 추적이 중단되고 끊어진다. 하나의 추적 아이디에 다수의 스팬으로 구성되어야 정상이다. 하지만 여러 개의 분리된 추적 아이디를 생성하면, 추적을 분석하는 SRE는 콘텍스트를 이해하는 데 혼란을 겪게 된다.

이어서 AWS, GCP, 애저 관리형 서비스에 추적 기능을 구현하는 데모들을 살펴보자.

3.3.1 AWS 클라우드프런트 데모

클라우드프런트는 CDN이다. 이 데모는 두 서비스 간의 헤더를 통해 추적 콘텍스트를 전파하는 방법을 보여주므로 API 서버와 다양한 관리 서비스를 연결하는 경우에 유용하다. 결론적으로, 앞에서 말했듯이 서로 다른 추적 신호 간의 변환 문제는 전파자만 구성하면 해결된다.

그림 3.8에서 클라우드프런트는 B3를 사용하고, 마이크로서비스는 스프링 부트를 사용한다. 스프링 부트는 오픈텔레메트리 에이전트를 사용해서 자동 계측된다. 총 7개를 식별한다.

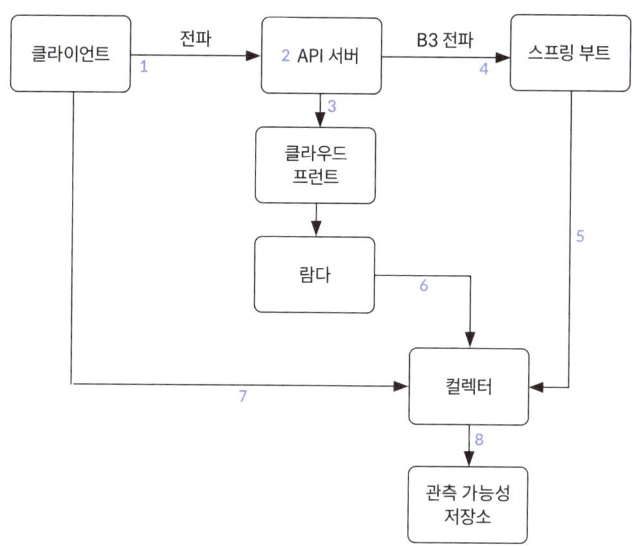

그림 3.8 **B3 전파 흐름도**

하나의 추적 아이디 내 클라우드프런트와 스프링 부트에서 2개 스팬이 생성된다(이 예시에서 클라이언트는 추적을 생성하지 않는다). 추적을 구현할 때 주의해야 할 구간은 2번과 3번이다.

- 클라우드프런트와 같은 관리형 서비스에서는 기본적으로 AWS X-Ray를 통한 추적을 지원하지만 오픈텔레메트리는 지원하지 않는다.
- 클라우드프런트와 API 서버에서 시작되는 추적 대신, 클라이언트부터 추적하기를 원할 수도 있다.

이러한 요구 사항을 충족하기 위해 오픈텔레메트리와 추가 개발을 통해서 전 구간 추적을 설정할 수 있다. 클라우드프런트에서 시작하는 추적은 클라이언트에서 지연과 에러를 측정할 수 없기 때문에, 전 구간 추적이라고 할 수는 없다. 관리형 서비스의 전송과 전파를 개발해야 한다.

- 전파자를 사용하면, 다른 추적 간의 전파에서 발생하는 문제를 해결할 수 있다.
- 전파는 클라우드프런트의 스크립트 내 오픈텔레메트리 전파 API를 사용해서 traceparent 헤더를 구성할 수 있다. 전송이 문제인데, 이 경우에는 로그를 통해 사용해서 해결할 수 있다. 로그는 구현이 쉬우므로 로그에 추적 콘텍스트를 추가한다. 서버리스 메서드를 사용해서, 로그에서 추적 콘텍스트를 읽어서 백엔드 관측 가능성으로 전송할 수 있다.

클라우드에서 운영되는 일부 로드 밸런서, CDN, API 서버 등은 스크립트를 작성해서, 기능을 보강할 수 있다. 스크립트를 사용해 2가지의 로직을 개발할 수 있다.

- 클라이언트로부터 요청을 받은 후에 요청 아이디와 추적 아이디를 포함하는 로그를 작성한다. 로그에 새로운 추적 아이디를 포함한 레코드가 출력될 때마다, 람다와 같은 FaaS는 변경을 트리거해서, 외부 백엔드 스토리지로 추적 콘텍스트를 전송할 수 있다.
- 추적 콘텍스트를 생성해서, 다운스트림으로 전파하는 로직을 개발할 수 있다.

관리형 서비스가 분산 추적을 지원하는 경우에, 오픈텔레메트리 B3 메시지를 오픈텔레메트리 컬렉터로 전송할 수 있으며, 다운스트림은 오픈텔레메트리 B3 전파자를 사용해서 추적 콘텍스트를 전파할 수 있다. 예를 들어 AWS 클라우드프런트는 요청과 응답을 라우팅하는 것 외에도, 추가적인 전파 로직을 구현할 수 있다. 다운스트림으로 추적 콘텍스트틀 전파하는 로직은 다음과 같이 개발할 수 있다.

- 루트 스팬의 추적 콘텍스트를 생성한다. Apigee에서 생성된 요청 아이디, 즉 16진수 문자열로 변환된 추적 아이디 및 스팬 아이디가 B3 사양과 호환되어야 한다.
- 추적 아이디와 스팬 아이디는 헤더 키 B3을 사용하여 요청 헤더에 첨부된다. 헤더는 오픈텔레메트리 자바 에이전트로 전파된다.
- 샘플링 속도를 1로 설정한다. 운영 환경에서는 성능을 위해 0에서 1 사이의 비율을 설정한다.

클라우드프런트가 최종 사용자에게 응답을 반환할 때, 응답 이벤트가 트리거된다. 클라우드프런트 요청 아이디, 추적 시작 시간, 추적 종료 시간 및 B3 전파 헤더가 포함된 로그가 생성된다.

- 헤더값을 구문 분석하여, 로그를 기록한다. 로그에 임의의 속성을 추가하면, 개선된 관측 가능성을 확보할 수 있다.
- 요청 메서드에서 생성된 B3 헤더를 응답 헤더에 추가한다.

이렇게 하면 람다를 사용해서 클라우드와치 로그의 추적 콘텍스트를 읽고, 외부의 백엔드 관측 가능성으로 전송할 수 있다. 다음 코드는 간단한 스프링 부트 컨트롤러로, 자바 에이전트를 사용해서 자동 계측을 처리하고 클라우드프런트로부터 B3 전파를 받는다.

```
package com.example.demo;

import org.springframework.web.bind.annotation.GetMapping;
import org.springframework.web.bind.annotation.RestController;

@RestController
public class MainController {
```

```
    @GetMapping(path = "/")
    public String greet() {
        return "Hello World";
    }
}
```

오픈텔레메트리 자바 에이전트를 활성화하기 위해서, jar 파일을 실행할 때 자바 옵션을 추가한다.

```
java -javaagent:/path/to/opentelemetry-agent.jar -jar app.jar
```

에이전트 구성은 환경 변수로 주입한다.

- **OTEL_EXPORTER_OTLP_ENDPOINT**: 오픈텔레메트리 자바 에이전트가 텔레메트리 데이터를 전송하는 엔드포인트이다. 여기서는 에이전트가 gRPC 프로토콜을 통해 오픈텔레메트리 컬렉터로 추적 데이터를 전송하도록 구성했다.
- **OTEL_TRACES_EXPORTER="otlp"**: 에이전트가 추적 데이터를 오픈텔레메트리 형식으로 내보낸다.
- **OTEL_PROPAGATORS="B3"**: 에이전트가 B3 명세서를 사용하여 요청 헤더에서 추적 콘텍스트를 처리한다.
- **OTEL_ TRACES_SAMPLER="parentbased_always_off"**: 앞의 서비스로 샘플링 플래그를 켜고, 추적 콘텍스트를 전송하는 경우에만 에이전트가 스팬 데이터를 생성한다.

컬렉터는 다음과 같다.

```
receivers:
  otlp:
    protocols:
      grpc:
      http:
  jaeger: null
  prometheus: null
  zipkin: null
```

관리형 서비스와 블랙박스 유형의 애플리케이션의 경우, 추적 API와 로그를 사용하여 전파를 생성하는 것이 유용하다. 분산 추적이 장비가 어려운 영역에는 다른 신호를 사용한다. 추적이 가능한 영역에만 추적을 적용하고 추적하기 어려운 영역에는 추적과 로그, 프로파일을 함께 사용하는 것이 좋다. 프로파일 후에 커스텀 서비스를 생성해서 엔드포인트를 제공하고, 스팬을 생성하는 것도 유용한 방법이다.

클라우드프런트와 AWS API 게이트웨이는 X-Ray라는 별도의 추적 형식을 지원한다. 전송을 위해 오픈텔레메트리 컬렉터는 X-Ray 리시버를 제공하고, 전파를 위해 오픈텔레메트리 에이전트는 X-Ray 전파기를 지원하므로 전파 처리에 문제가 없다.

3.3.2 GCP Pub/Sub 데모

GCP Pub/Sub는 메시지를 발송하고 구독하는 이벤트 드리븐 애플리케이션, 스트리밍 분석, 데이터 통합 파이프라인에 사용된다. 애플리케이션 통합을 위한 메시지 중심 미들웨어로 효과적이다.

발행자는 동기식 RPC가 아니라, 이벤트를 브로드캐스트하여 구독자와 비동기적으로 통신한다. 이벤트가 처리되는 방식이나 시기에 관계없이 Pub/Sub 서비스에 이벤트를 발송한다. 그다음 Pub/Sub는 이벤트를 구독하는 모든 서비스에 이벤트를 전송한다. Pub/Sub의 비동기 통합은 전반적인 시스템의 유연성과 견고성을 높여준다.

Pub/Sub의 부하 분산 메커니즘에 따라 트래픽은 데이터 저장이 허용되는 가장 가까운 구글 클라우드 데이터 센터로 보내진다. 여러 리전의 발행자가 하나의 토픽에 대한 메시지를 짧은 지연으로 발송할 수 있다. 개별 메시지는 단일 리전에 저장되지만 하나의 토픽에는 여러 리전에 저장된 메시지가 있을 수 있다. 구독자 클라이언트가 이 토픽에 발송된 메시지를 요청하면, 해당 토픽에 발송된 모든 메시지의 데이터를 집계하여, 클라이언트에게 전달하기 위해 가장 가까운 서버에 연결한다.

Pub/Sub 메시지는 메시지 데이터 및 메타데이터가 있는 필드로 구성된다. 다음 중 하나를 메시지에 지정해야 한다.

- **메시지 데이터**: 텍스트 또는 바이너리 데이터일 수 있다. 이는 발행자와 구독자 간에 통신하려는 실제 정보를 나타낸다. REST API를 직접 사용하는 경우, 메시지 데이터는 base64로 인코딩되어야 한다.
- **순서 키**: 메시지 순서를 지정해야 하는 항목을 나타내는 식별자이다. 순서 키가 동일한 메시지는 발송된 순서대로 구독자에게 전송된다. 순서 키는 순서가 지정된 메시지의 전송을 원하는 경우에만 필요하다.

- **속성**: 메시지에 대한 추가 콘텍스트와 정보를 제공하는 선택적 키와 값 쌍이다. 추적 콘텍스트는 속성에 기록된다. 메시지 데이터를 라우팅, 필터링, 보강하는 데 사용할 수 있다. 예를 들어 타임스탬프 또는 트랜잭션 아이디와 같은 속성을 추가할 수 있다.

1 오픈텔레메트리로 Pub/Sub 흐름 추적하기

그림 3.9에 HTTP와 구글 Pub/Sub에 대한 추적을 나타냈다.

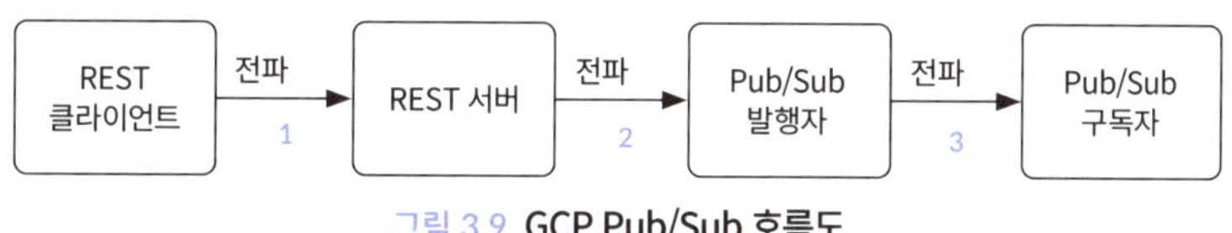

그림 3.9 **GCP Pub/Sub 흐름도**

하나의 추적 아이디와 다수의 스팬이 출력되어야 한다.

1. 클라이언트에서 서버로 REST를 요청한다.
2. 발행자를 호출한다.
3. 구독자를 호출한다.

비동기 추적은 마치 릴레이 경주처럼 보인다. 동일한 Go 서비스 내에서 추적은 ctx 객체에 의해 전달된다. 서비스 간에 추적은 traceparent HTTP 헤더로 전파된다. W3C 표준에 따라 추적 데이터는 HTTP 헤더를 사용하여 클라이언트에서 서버로 전파된다.

```
traceparent: <version>-<trace-id>-<parent-id>-<trace-flags>
```

예를 들어 헤더는 다음과 같다.

```
traceparent: 00-351772fff98e2108663b0d55f8eb5466-46158e065b2f87cb-01
```

이 예에서 알 수 있는 것은 다음과 같다.

- 추적 버전은 00이다.
- 추적 아이디는 351772fff98e2108663b0d55f8eb5466이다. 이는 요청의 수명 주기 동안 변경되지 않는다.

- 부모의 스팬 아이디는 46158e065b2f87cb이다. 요청을 보낸 HTTP 클라이언트의 스팬이다.
- 추적 플래그는 01이다. 유효한 유일한 플래그는 01이며, 이는 추적이 샘플링되었음을 의미한다.

전 구간 추적은 클라이언트, 서버, Pub/Sub로 구성된다.

- **클라이언트 측**: HTTP 클라이언트는 Go 콘텍스트 객체를 추적 헤더로 자동 직렬화할 수 있다. 요청을 할 때 HTTP 클라이언트는 URL을 스팬 이름으로 사용하여, 새 스팬을 생성한다.
- **서버 측**: Go Fiber를 사용한다. Fiber에는 otelfiber라는 미들웨어가 있다. 이 미들웨어는 추적 헤더를 자동으로 구문 분석하고, HTTP 엔드포인트를 이름으로 하는 새 스팬을 생성한다. 구문 분석된 추적과 새 스팬은 파이버 콘텍스트(c *fiber.Ctx)에 저장된다. ctx = c.UserContext()를 호출하여, 파이버 콘텍스트 c를 Go 콘텍스트 ctx로 변환할 수 있다. 그런 다음 ctx에서 하위 스팬을 만들 수 있다.
- **Pub/Sub 추적**: 구글 Pub/Sub는 표준 추적 라이브러리를 제공하지 않으므로 직접 수동 계측으로 개발해야 한다. 각 메시지에서 traceparent라는 Pub/Sub 속성을 수동으로 생성한다. 그런 다음 자체 라이브러리로 직렬화 및 역직렬화를 처리한다.

다음은 메시지 발송을 위한 코드다.

```
func BeforePublishMessage(ctx context.Context, tracer trace.Tracer, topicID string, msg
*pubsub.Message) (context.Context, trace.Span) {
  opts := []trace.SpanStartOption{
    trace.WithSpanKind(trace.SpanKindProducer),
    trace.WithAttributes(
      semconv.MessagingSystemKey.String("pubsub"),
      semconv.MessagingDestinationKey.String(topicID),
      semconv.MessagingDestinationKindTopic,
    ),
  }
  ctx, span := tracer.Start(ctx, fmt.Sprintf("%s send", topicID), opts...)
  if msg.Attributes == nil {
    msg.Attributes = make(map[string]string)
  }

  otel.GetTextMapPropagator().Inject(ctx, propagation.MapCarrier(msg.Attributes))
  return ctx, span
}
func AfterPublishMessage(span trace.Span, messageID string, err error) {
  if err != nil {
    span.RecordError(err)
```

```
    span.SetStatus(codes.Error, err.Error())
  } else {
    span.SetAttributes(semconv.MessagingMessageIDKey.String(messageID))
  }
}
```

추적을 헤더에 생성하고, 메시지를 발송한다.

```
ctx, span := telemetry.BeforePublishMessage(ctx, tracer, topicName, &msg)
defer span.End()
messageID, err := topicObj.Publish(ctx, &msg).Get(ctx)
telemetry.AfterPublishMessage(span, messageID, err)
if err != nil {
   return err
}
```

토픽에서 메시지를 구독하는 코드다.

```
type PubSubHandler = func(context.Context, *pubsub.Message)
func WrapPubSubHandlerWithTelemetry(tracer trace.Tracer, topicID string, handler
PubSubHandler) PubSubHandler {
  return func(ctx context.Context, msg *pubsub.Message) {
    ctx, span := beforePubSubHandlerInvoke(ctx, tracer, topicID, msg)
    defer span.End()

    handler(ctx, msg)
  }
}
func beforePubSubHandlerInvoke(ctx context.Context, tracer trace.Tracer, topicID string, msg
*pubsub.Message) (context.Context, trace.Span) {
  if msg.Attributes != nil {
    propagator := otel.GetTextMapPropagator()
    log.Info().Msg("Extracing traceparent from message attribute")
    ctx = propagator.Extract(ctx, propagation.MapCarrier(msg.Attributes))
  }
  opts := []trace.SpanStartOption{
    trace.WithSpanKind(trace.SpanKindConsumer),
    trace.WithAttributes(
      semconv.FaaSTriggerPubsub,
      semconv.MessagingSystemKey.String("pubsub"),
      semconv.MessagingDestinationKey.String(topicID),
      semconv.MessagingDestinationKindTopic,
      semconv.MessagingOperationProcess,
      semconv.MessagingMessageIDKey.String(msg.ID),
```

```
    ),
  }
  return tracer.Start(ctx, fmt.Sprintf("%s process", topicID), opts...)
}
```

시스템 구성은 다음과 같다.

```
wget https://golang.org/dl/go1.18.1.linux-amd64.tar.gz
tar -xvf go1.18.1.linux-amd64.tar.gz

export GOROOT=/root/go
export GOPATH=/root/go/workspace
export PATH=$GOROOT/bin:/root/go/workspace/bin:$PATH
gcloud config set project infra-voyage-417702
export GOOGLE_APPLICATION_CREDENTIALS=
```

애플리케이션을 빌드한다.

```
go build
```

오픈텔레메트리 컬렉터를 다운로드한다.

```
wget https://github.com/open-telemetry/opentelemetry-collector-releases/releases/download/
v0.90.0/otelcol-contrib_0.90.0_linux_amd64.tar.gz
```

오픈텔레메트리 컬렉터의 구성은 다음과 같다.

```
./otelcol-contrib --config developer.values.yaml
receivers:
  otlp:
    protocols:
      grpc:
      http:
exporters:
  logging:
    loglevel: debug
service:
  pipelines:
    traces:
      receivers: [otlp]
```

```
      exporters: [logging]
```

GCP SDK를 구성한다.

```
curl -O https://dl.google.com/dl/cloudsdk/channels/rapid/downloads/google-cloud-cli-468.0.0-
linux-x86_64.tar.gz
tar -xf google-cloud-cli-468.0.0-linux-x86_64.tar.gz
./google-cloud-sdk/install.sh
./google-cloud-sdk/bin/gcloud init
```

다음과 같은 환경 변수를 정의한다.

```
gcloud config set project
export GOOGLE_APPLICATION_CREDENTIALS=
export GOOGLE_CLOUD_PROJECT=
gcloud components install pubsub-emulator
gcloud beta emulators pubsub start --project=
```

3개의 스팬 결과를 확인해보자. 먼저 REST 요청에 대한 스팬이고, 추적 아이디를 생성했다.

```
InstrumentationScope github.com/gofiber/contrib/otelfiber semver:1.9.0
Span #0
    Trace ID       : 423c0359495a291950233be9dbcc8c2c
    Parent ID      :
    ID             : 373c1356d9868163
    Name           : /publish
    Kind           : Server
...
```

발행자에 대한 스팬이다.

```
InstrumentationScope api-a
Span #0
    Trace ID       : 423c0359495a291950233be9dbcc8c2c
    Parent ID      : 373c1356d9868163
    ID             : b65f1f3a552500a4
    Name           : source-topic send
    Kind           : Producer
...
```

끝으로 구독자에 대한 스팬이다. 이렇게 하나의 추적 아이디에 3개의 스팬이 생성되었다.

```
InstrumentationScope api-b
Span #0
    Trace ID       : 423c0359495a291950233be9dbcc8c2c
    Parent ID      : b65f1f3a552500a4
    ID             : 388e79312451b0af
    Name           : source-topic process
    Kind           : Consumer
...
```

수동 계측은 개발이고, 이에 대한 가이드라인이 필요하다. 이를 위해서 오픈텔레메트리는 시맨틱 컨벤션을 제공하고 있다. 수동 계측과 익스텐션 개발 시에는 시맨틱 컨벤션을 준수하는 것을 권장한다. 동일한 서비스 내에서 추적은 ctx 객체에 의해 전달된다. 서비스 간에 추적은 traceparent 헤더로 전파된다.

발행자를 위해서 source-topic 토픽을 생성하고, 구독자를 위해서 source-sub 구독을 생성한다. Pub/Sub는 서버이고, 발행자와 구독자는 클라이언트다. 이제까지 계측한 것은 서버가 아니고, 클라이언트를 계측한 것이다. 오픈텔레메트리 컬렉터는 GCP Pub/Sub를 지원하며, 이를 통해 서버 측 스팬을 생성하면, GCP Pub/Sub 서버는 화이트박스처럼 운영할 수 있다.

그림 3.10에서 구독자 없이 발송된 메시지의 헤더를 보면 추적 콘텍스트를 확인할 수 있다.

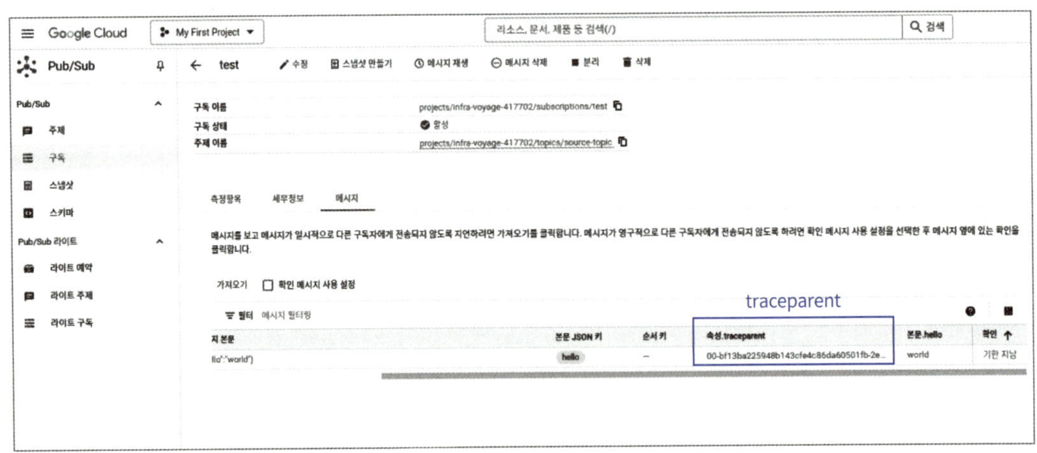

그림 3.10 **GCP 관리 화면에서 추적 결과 확인**

백엔드 마이크로서비스 이후의 처리 과정을 백오피스라고 칭한다. 백엔드 마이크로서비스와 백오피스 간의 연계에 메시지 서버를 사용할 수 있다. 기존 백오피스의 처리 방식은 배치 스케줄러와 셸스크립트를 사용하는데, 이러한 구성은 추적과 관측 가능성을 구성하는 것이 어렵다. 하지만 메시지 서버를 사용하면, 전 구간 추적이 가능하고, 실시간 처리의 장점이 있다.

다양한 기술을 사용해서 백오피스를 처리할 수 있지만, 메시지 서버를 사용해서 처리하는 것을 추천한다. 이를 통해서 프런트엔드 마이크로서비스, 백엔드 마이크로서비스, 백오피스에 걸쳐 전 구간 추적을 구성할 수 있다.

2 배치처리 시나리오 계측

메시지 서버를 사용하는 배치처리에서는 개별 메시지별로 처리하기보다 다수의 메시지를 묶어서 발송하고 수신하는 게 낫다. 분석 목적으로 데이터를 집계하거나, 구독된 데이터를 복제하고, 배치 처리하는 경우 개별 메시지별로 분리해서 처리하는 것은 불가능하다. 구독하는 배치가 여러 개의 새로운 배치로 분할되어 타깃으로 전송되는 시나리오에서는 상황이 더욱 복잡해진다. 스팬 링크를 사용하여 관계를 기록하면 메시지가 수신되었는지, 어떤 처리 작업에 기여했는지 알 수 있다.

기본적으로 처리 중인 모든 메시지에 대해, 링크가 포함된 배치처리 추적을 만든다. 링크에는 속성이 있으며, 전송 횟수, 메시지 아이디, 주입 시간과 같은 중요한 메시지 메타데이터를 넣을 수 있다.

메시지 및 배치처리는 메시지 클라이언트 라이브러리 프레임워크에 의해 수행된다. 자동 계측을 통해 처리 호출을 추적하거나, 측정할 수 있는 경우는 거의 없다. 이러한 시나리오는 애플리케이션마다 매우 다양하기 때문에, 특정 사용 사례와 메시지 서버에 맞게 조정된 수동 계측이 필요하다.

3.3.3 애저 SQS 데모

애저 SQS를 수동 계측하는 시나리오에 대해서 설명한다.

1 발행자 계측

발행자는 브로커에 메시지를 발송하는 역할을 담당하는 컴포넌트다. 브로커에 요청을 보내고, 브로커로부터 메시지가 성공적으로 발송되었는지 여부를 나타내는 응답을 받는 발송 프로세스는 일반적으로 동기식으로 이루어진다. 메시지 시스템과 발행자의 필요에 따라, 하나의 발송 요청에 하나 이상의 메시지가 포함될 수 있다. 이를 추적하려면 메시지를 발송할 때, 호출 기간과 상태를 추적하고 개별 요청을 디버깅하면 된다.

❷ 콘텍스트 전파 추적

메시지 내 콘텍스트는 메시지의 헤더를 통해 전파하여, 구독자에게까지 전파되도록 해야 한다. 브로커에 메시지를 발송할 때 추적과 발송을 고유하게 식별할 수 있다. 메시지는 서비스가 전달하는 규정된 구조나 형식이 없는 페이로드이다. 헤더 속성을 사용하여 추적 콘텍스트를 전파하고, 페이로드를 텍스트 속성에 유지한다. 브로커, 대기열을 식별하고 기타 정보를 추가하기 위해 새 추적을 만들고, 여기에 메시지 속성을 넣어야 한다. 그런 다음 메시지에 콘텍스트를 주입하고, 발송을 진행한다. 메시지가 성공적으로 발송되면, 브로커가 반환한 메시지 아이디를 기록할 수도 있다. Inject 메서드를 사용하여 콘텍스트를 주입한다.

❸ 구독자 계측

개별 메시지를 추적하여 메시지가 언제 구독자에게 도착하고, 어떻게 처리되는지 기록하는 것부터 시작한다. 이를 통해 "이 메시지는 지금 어디에 있는가?" 또는 "데이터를 처리하는 데 왜 오래 걸렸나?"와 같은 질문에 답함으로써 문제를 디버깅할 수 있다.

- 대기열에 하나 이상의 메시지를 요청한다. 메시지가 처리되고 완료되면 대기열에서 메시지를 삭제한다. 일시적인 문제로 처리가 실패하는 경우, 애플리케이션은 메시지를 삭제하지 않는다. AWS SQS에서도 일반적으로 동일한 흐름이 사용된다.
- 애플리케이션이 대기열을 폴링하는 대신, 클라이언트 라이브러리 콜백에 반응하도록 메시지를 구독자에게 푸시할 수 있다. 콜백 기반 전송을 사용하면, 클라이언트 라이브러리에서 계측을 제공할 수 있지만, 폴링 기반 모델을 사용하면 기본적으로 처리를 위해 최소한 수동 계측을 작성해야 한다.
- 메시지 처리를 구독자와 분리하여 계측한다. 메시지 삭제를 포함하여, 처리에서 일어나는 모든 작업을 캡처할 수 있는 추적을 만들어야 한다. 메시지 삭제 및 변경은 SQS 계측을 통해 추적된다.
- 메시지에서 콘텍스트를 추출하여, 부모의 스팬 아이디로 사용한다. 상관관계를 유지하기 위해 링크를 유지한다. 메시지가 구독되고 해당 작업이 종료되려고 할 때, 메시지의 추적 콘텍스트에 링크를 추가할 수 있다.
- 대기열에 너무 많은 메시지가 들어와서 소비하는 속도보다 생산되는 속도가 더 빠르다면, 개별 추적의 간격을 보면 해당 메시지가 대기열에서 시간을 보냈다고 의심할 수는 있지만, 확실하게 알 수는 없다. 개별 메시지의 지연은 추적이 적합하며, 지연의 집계는 메트릭을 사용해야 메시지들이 발송, 처리, 삭제되는 속도를 확인할 수 있다. 메시지가 대기열에 머무는 시간과 대기열의 크기도 파악해야 한다.

④ 예제 실행

계측하는 방법에 대한 아이디어를 얻었으니 실제로 이를 어떻게 사용할 수 있는지 살펴보자. 이 애플리케이션은 관측 가능성과 함께 하나의 발행자와 세 개의 구독자를 실행한다. http://localhost:5051/send에서 발행자에게 요청을 보내면, 이 발행자는 대기열에 하나의 메시지를 보내고, 응답으로 수신 정보를 반환한다.

구독자 개수를 늘리면서 메트릭이 어떻게 변경되는지 확인할 수 있다. 구독자가 제대로 작동하는지 어떻게 확인할 수 있을까? 구독자 지연 및 대기열 대기 메트릭부터 시작할 수 있다. 메시지 서버 내 대기열에 대기하는 메시지의 개수를 파악하고, 구독자가 대기열을 읽고 처리하는 시간에 대해서도 파악한다.

오류를 추가해보자. http://localhost:5051/send?malformed=true로 잘못된 메시지를 보낸다. 시간이 지나면서, 구독자 지연이 증가한다. 메시지를 구독하고 처리할 때 실패를 반복하고 있다는 걸 확인할 수 있다. 초당 약 4번의 메시지 구독을 시도하는 것을 볼 수 있는데, 이 중 3번은 메시지를 반환하지 않고, 나머지 한 번은 처리에 실패한다.

예거(http://localhost:16686)를 열고, 구독자로부터 발생한 오류가 있는 추적을 필터링한다. 네 개의 메시지가 구독되었고, 오류와 함께 실패했음을 알 수 있다. 이 작업에 링크를 추가할 수 있다면, 각 개별 메시지에 대한 추적을 탐색할 수 있다. 스팬 링크 외에도 스팬 속성으로 메시지 아이디를 사용하면 된다. 해당 속성을 사용하여, 이들 메시지 중 하나에 대한 추적을 찾으면 문제점을 상세히 분석할 수 있다.

⑤ 예제의 아키텍처

이번 데모를 기반으로 그림 3.11과 같이 아키텍처를 구성할 수 있다.

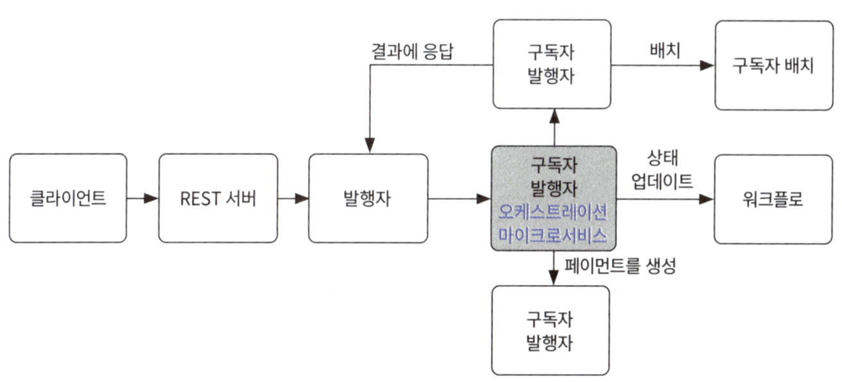

그림 3.11 애저 SQS 스팬의 전파

마이크로서비스가 도입되면서, 위와 같은 아키텍처 구성을 자주 접하게 된다. 아키텍처를 조금 더 설명하면 다음과 같다.

- 백엔드는 모두 메시지로 통신이 되고 있다.
- 핵심은 오케스트레이션을 수행하는 마이크로서비스다. 오케스트레이션 마이크로서비스는 다양한 마이크로서비스와 느슨하게 결합되어 있으며, 상태를 갱신하고, 배치를 실행하고, 결과에 응답하고, 주요 데이터를 추가한다. 그림 3.11에서는 발행자가 오케스트레이션의 역할을 수행한다.
- 논블로킹과 메시지 서버로 느슨하게 결합된 구조는 마이크로서비스가 장애가 나더라도 장애를 격리하고, 장애가 전파하지 않도록 하며, 전체 시스템에는 확산되지 않고, 서비스를 지속할 수 있도록 도와준다(물론 오케스트레이션 자체가 중단되면 모든 서비스가 중단될 가능성이 있다).
- REST 서버의 메트릭은 처리량, 에러율, 가용성, 지연 등이지만, 메시지가 기반이 되는 오케스트레이션 마이크로서비스는 다른 메트릭이 필요하다. 대기열을 사용하면 펜딩(pending)된 메시지의 개수로, 토픽을 사용하면 오프셋으로 구독자의 LAG을 측정할 수 있다. 발행자에서 균등하게 분배가 안 되면 특정 대기열과 토픽의 사이즈가 비정상적으로 커지는 경우도 있으므로 대기열에 대기하는 메시지 개수를 측정하는 것도 필요하다. 토픽의 경우에는 메트릭을 측정하는 것이 어려운데 오프셋이 없다면, 발행자와 구독자의 처리량을 비교하는 것도 좋은 방법이다.

교차 관심사라는 새로운 계층을 헤더에 구성해야 한다. 구현 특성상 모든 마이크로서비스와 기술 스택은 헤더를 통해서 전파가 되고, 교차 관심사가 헤더에 구성이 되어야 한다. 헤더에 아이디를 추가하고, 필요시 메시지 보디에 있는 주요 아이디를 헤더에 추가하는 작업을 필요로 한다. 이번 예제처럼 복잡한 대기열과 토픽의 구조인 경우에는 다음과 같이 아이디를 추가할 수 있을 것이다.

- 스팬 간의 관계에는 부모의 스팬 아이디가 필요하다.
- 수신자의 스팬에는 발행자의 스팬에 대해서 링크가 구성되어야 한다.
- 메시지 아이디 혹은 서비스 아이디를 스팬 속성에 추가한다.

6 스팬 링크

대기열로 메시지를 라우팅할 때, 업스트림 서비스에 기존 추적 콘텍스트가 주입되어 있을 수 있다. 기본 동작은 콘텍스트를 그대로 유지하고 전파하는 것이다. 메시지에서 발생하는 작업을 연관시키기 위해, 메시지를 발송하거나 구독 시 기존 추적 콘텍스트에 대한 링크를 추가할 수 있다.

링크는 스팬에 부모가 여러 개 있거나, 한 번에 여러 개의 다른 스팬과 연관시키는 방법을 제공한다. 링크가 없는 스팬은 하나의 부모와 여러 자식만 가질 수 있으며, 다른 추적의 스팬과 연관될 수 없다.

링크는 메시지 서버의 시나리오에서 여러 개의 메시지를 한 번에 수신하거나, 처리하는 것을 표현하기 위해 사용된다.

- 여러 메시지를 처리할 때는 추적 콘텍스트를 추출하고, 각 메시지에서 링크를 만들어야 한다.
- 그런 다음 링크의 컬렉션을 전달할 수 있다.

스팬 링크는 단절한 추적을 연결하는 것이 아니고, 스팬 간의 관계를 명시적으로 연결한다. 스팬 링크를 데이터 파이프라인에 적용하면, 복잡한 스팬 구조를 시각화할 수 있다. 스팬은 다른 스팬과 인과적으로 연결되는 0개 이상의 스팬 링크를 만들 수 있다.

```
from opentelemetry import trace

tracer = trace.get_tracer(__name__)

with tracer.start_as_current_span("span-1"):
    ctx = trace.get_current_span().get_span_context()
    link_from_span_1 = trace.Link(ctx)

with tracer.start_as_current_span("span-2", links=[link_from_span_1]):
    pass
```

그림 3.12와 같이 스팬 링크를 출력하는 것을 볼 수 있다.

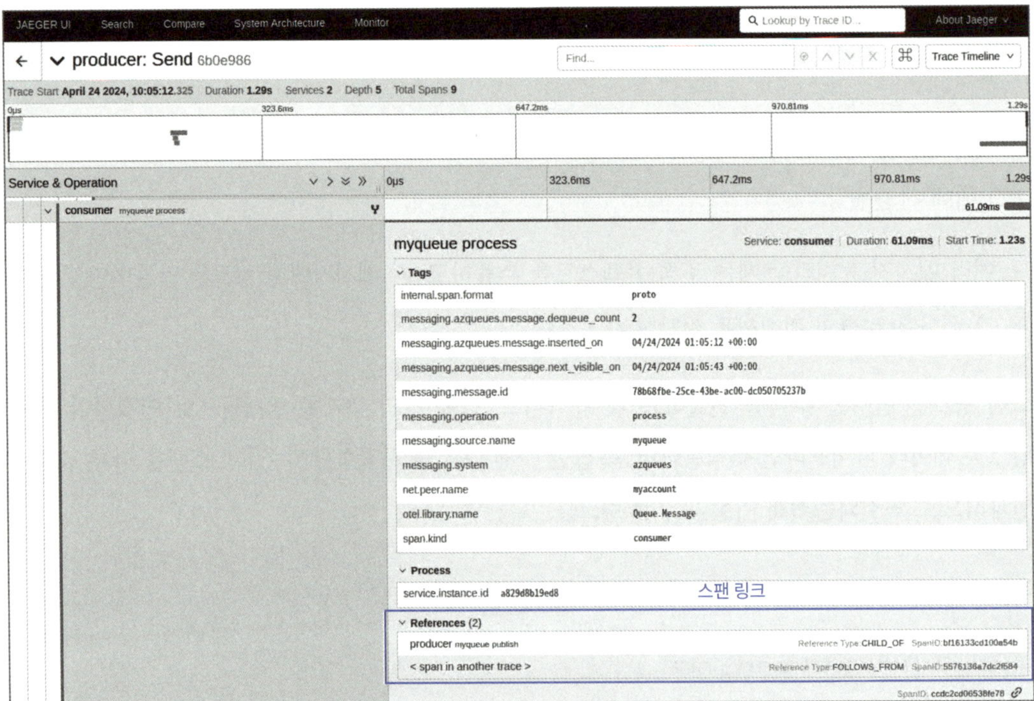

그림 3.12 **추적 내 스팬 링크**

메시지에는 다음과 같이 스팬 링크가 출력된다.

```
"traceID": "6b0e986eb1fa393aba0cf74ccede8884",
"spanID": "ee1f1372009db420",
"operationName": "HTTP POST",
"references": [
    {
        "refType": "CHILD_OF",
        "traceID": "6b0e986eb1fa393aba0cf74ccede8884",
        "spanID": "bf16133cd100a54b"
    }
],
```

스팬 링크는 여러 작업이 단일 스팬으로 결합되는 시나리오에 적합하다. 단일 스팬은 여러 작업으로 다시 분리된다. 링크는 비동기 메시지 서버를 사용하는 데이터 파이프라인, 실시간 스트리밍 등에 유용하다.

- **맵 리듀스**: 스팬 링크는 하나의 프로세스로 결합되는 여러 병렬 프로세스를 추적하고, 상호 연관시킨다. 스팬 링크는 이러한 병렬 프로세스의 결과를 출력한다.

- **메시지 집계**: 카프카 스트림과 같은 시스템에서 스팬 링크는 메시지 그룹의 각 메시지를 집계된 결과에 연결하여, 개별 메시지가 최종 출력에 어떻게 기여하는지 보여준다.
- **트랜잭션 메시지**: 메시지 대기열을 사용하는 여러 메시지가 단일 트랜잭션의 일부인 시나리오에서, 스팬 링크는 각 메시지와 전체 트랜잭션 프로세스 간의 관계를 추적한다.
- **이벤트 소싱**: 이벤트 소싱의 스팬 링크는 여러 변경 메시지가 엔터티의 현재 상태에 어떻게 기여하는지 추적한다.

7 메시지 식별자

그림 3.13에서 볼 수 있듯, 링크를 사용해서 구독 및 처리 반복을 추적하고, 수신된 메시지 아이디가 포함된 속성을 추가하여, 이 메시지에 영향을 준 모든 스팬을 찾을 수 있도록 개선해야 한다. 더 많은 관측 가능성 백엔드들이 링크에 대한 더 나은 지원을 제공하고 있다.

메시지 아이디는 발행과 구독을 상호 연관시키고, 전 구간 처리에 걸리는 시간을 확인할 수 있다. 이를 통해 구독자가 작동하고 있고, 메시지를 수신하고 처리하는지 여부를 파악할 수 있다. 특정 메시지와 관련된 모든 작업을 쉽게 찾을 수 있도록, 스팬에 messaging.message.id 속성을 출력해서 식별할 수 있어야 한다.

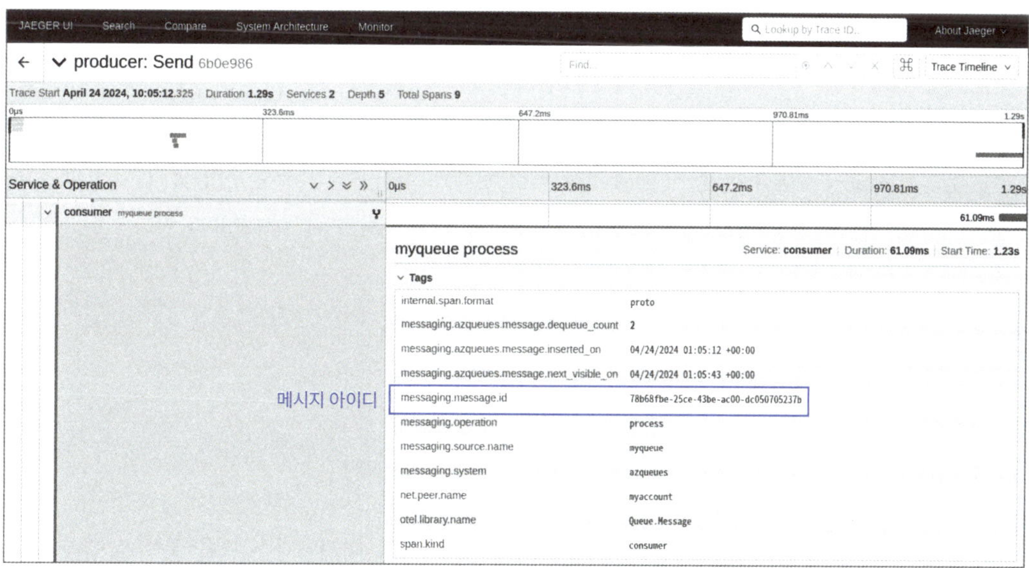

그림 3.13 **추적 내 스팬 속성**

3.4 메시지 서버의 전파

메시지 서버는 시스템을 느슨하게 결합하고 신뢰성을 향상하기 위해서 사용한다. 마이크로서비스가 도입되며, 이벤트 드리븐과 실시간 처리에 따른 메시지 서버가 광범위하게 사용되고 있다. 메시지 서버를 응용해서 CQRS와 배치, 파이프라인 등에서도 관측 가능성을 필요로 하므로 추적을 담당하는 SRE 입장에서는 어려움을 많이 느낀다.

이벤트 드리븐 패턴이 유연성을 강조하므로 다양한 목적으로 종류가 다른 다수의 (언어별, 제품별) 메시지 서버가 운영된다는 점도 관측 가능성을 어렵게 만드는 요인이라고 할 수 있다.

IBM MQ, JMS는 4장 은행 데모, 카프카는 5장 오픈텔레메트리 데모를 통해서 설명하겠다. GCP Pub/Sub, 애저 SQS, JMS 데모는 사용자로부터 HTTP 요청을 받고, 발행자와 토픽, 구독자를 거쳐서 전 구간 추적을 확인할 수 있다.

카프카와 JMS 등은 발행자와 구독자에서 스팬을 생성할 수 있다.

- 카프카는 실시간 데이터 파이프라인과 마이크로서비스의 이벤트 처리에 주로 사용한다. 다른 메시지 서버와 비교해서, 쉽게 확장이 가능하고 우수한 성능을 보여준다.
- 카프카는 4개의 컴포넌트를 가지고 있다. 브로커, 토픽, 발행자와 구독자다.
- 오픈텔레메트리는 현재 카프카를 지원하고 있으며, 추적을 생성한다.

오픈텔레메트리는 JMS를 지원한다. JMS는 애플리케이션 통합을 위해서 사용한다. 클라우드 환경에서 카프카가 많이 사용되지만, 기존 레거시 기업 환경에서는 주로 JMS를 사용했다. 다음과 같은 컴포넌트들이 있으며, 오픈텔레메트리 자바 에이전트를 사용해서, 자동 계측할 수 있다.

- 메시지 서버
- 대기열과 토픽
- 발행자
- 구독자

JMS는 발행자와 구독자의 2개 스팬을 생성하지만, 메트릭으로 대기열과 토픽을 통해 발행자의 처리 시간, 브로커 내 토픽에서의 지연, 구독자의 지연 등을 측정할 수 있다.

JMS는 표준이고, 자바에서 API와 스펙을 정의한다. 즉, 개발자 입장에서는 동일한 API를 사용해서 개발하므로 JMS의 클라이언트 개발 코드는 동일하다. 하지만 JMS의 서버를 개발하는 데에는 제약이 없다 보니 각기 상이한 내부 구조로 인해서, JMS 서버를 계측하는 것은 까다롭다. 자동 계측의 전제 조건은 API가 변경되지 않고, 항상 동일해야 한다는 것이다.

대기열을 포함한 JMS 서버를 제외하고, 발행자와 구독자만 계측하고 스팬을 생성하는 경우가 많다. 서버의 계측이 안 되더라도 발행자와 구독자 스팬이 존재하므로 서버에서 대기되는 지연은 근사치로 추정이 가능하다.

3.4.1 솔러스 JMS 데모

비동기 통신 외에도 발행자와 구독자가 브로커를 통해 상호작용하기 때문에, 상황이 더 복잡해진다. 구독자가 메시지를 처리할 때까지 기다릴 필요 없이 메시지가 브로커에 발송되면, 발행자에 대한 작업이 완료된다. 시나리오와 애플리케이션 상태에 따라, 구독자는 즉시, 몇 초 후 또는 며칠 후에 처리할 수도 있다.

오픈텔레메트리를 사용하면 브로커에 대한 스팬과 메트릭이 생성된다. 이전에는 클라이언트만 스팬을 생성했지만, 서버 계측을 통해 서버의 스팬과 메트릭이 생성되도록 구성할 수 있다.

기본적으로 발행자는 구독자의 존재 여부를 알 수 없으므로 파이프라인의 실패나 지연은 발행자 측에서 볼 수 없다. 따라서 지연, 처리량 또는 에러율을 바라보는 방식이 달라진다. 예를 들어 HTTP 호출만 사용하는 경우, 요청의 지연은 요청과 함께 발생한 거의 모든 것을 포함한다.

메시지 서버를 도입하면, 전 구간 지연을 측정하고 서로 다른 컴포넌트 간의 장애를 식별할 수 있는 수단이 필요하다. 예를 들어 실시간 구독자 마이크로서비스는 최신 메시지를 처리하는 반면, 배치 구독자는 오래전에 발송된 메시지를 처리한다. 이 경우 배치 구독자는 오랜 지연을 포함하고, 실시간 구독자와는 작은 지연을 가지며, 긴 지연을 갖게 되면 장애를 의심해야 한다.

그림 3.14를 보면 JMS 서버가 화이트박스로 처리되고 있다.

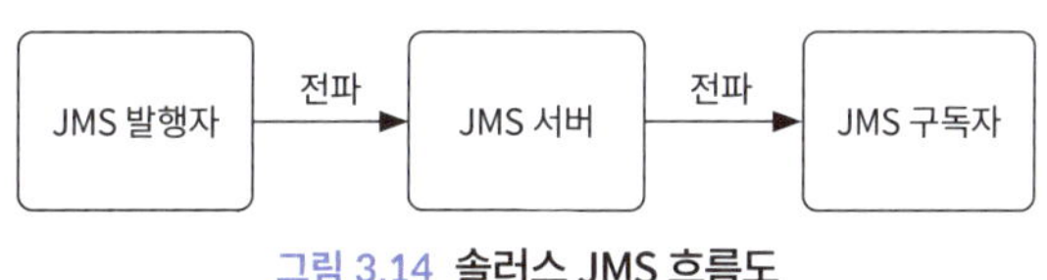

그림 3.14 **솔러스 JMS 흐름도**

발행자와 구독자의 2개 스팬만 생성하는데, JMS 서버를 화이트박스처럼 추적을 적용해서 4개의 스팬을 생성할 수 있다. 이러한 원리는 GCP Pub/Sub 서버, 카프카 브로커, JMS 서버에 모두 적용된다.

오픈텔레메트리의 자동 계측을 사용해도 스팬 속성과 이벤트를 추가할 수 있다. 과거에는 수동 계측으로만 가능했던 기능들이 자동 계측에서도 기능을 지원한다.

다음과 같이 CLI를 사용해서 솔러스를 구성할 수 있다.

```
docker exec -it 2ee0ebc54b8f /usr/sw/loads/currentload/bin/cli -A
```

JMS 메시지 내 헤더에서 추적 콘텍스트를 확인해야 한다. JMS를 시연하기 위해서 솔러스 서버를 사용한다.

```
receivers:
  otlp:
    protocols:
      grpc:

  solace:
    broker: [solbroker:5672]
    max_unacknowledged: 500
    auth:
      sasl_plain:
        username: trace
        password: trace
    queue: queue://#telemetry-trace
    tls:
      insecure: true
      insecure_skip_verify: true
```

구독자의 실행 결과다.

```
java -javaagent:opentelemetry-javaagent.jar -Dotel.javaagent.extensions=solace-
opentelemetry-jms-integration-1.1.0.jar -Dotel.propagators=solace_jms_tracecontext
-Dotel.traces.exporter=otlp -Dotel.metrics.exporter=none -Dotel.instrumentation.jms.
enabled=true -Dotel.resource.attributes="service.name=SolaceJMSQueueSubscriber" -Dsolace.
host=localhost:55557 -Dsolace.vpn=default -Dsolace.user=default -Dsolace.password=default
-Dsolace.queue=q -Dsolace.topic=solace/tracing -jar solace-queue-receiver.jar

Destination:                        Topic 'solace/tracing'
...
Replication Group Message ID:       rmid1:30fc6-908abb10544-00000000-00000011
```

```
Tracing TransportContext:             {traceId=a3ca102ad6f675c8ff707910f0a220e2,
spanId=e86b0c21aa07c345, sampled=true, traceState=}
Tracing CreationContext:              {traceId=a3ca102ad6f675c8ff707910f0a220e2,
spanId=529b2367f3dd8fe8, sampled=true, traceState=}
XML:                                  len=12
  48 65 6c 6c 6f 20 77 6f    72 6c 64 21               Hello.world!
```

Tracing TransportContext, Tracing CreationContext가 추가된 것을 확인할 수 있다.

발행자는 다음과 같이 실행한다.

```
java -javaagent:opentelemetry-javaagent.jar -Dotel.javaagent.extensions=solace-
opentelemetry-jms-integration-1.1.0.jar -Dotel.propagators=solace_jms_tracecontext -Dotel.
exporter.otlp.endpoint=http://localhost:4317 -Dotel.traces.exporter=otlp -Dotel.metrics.
exporter=none -Dotel.instrumentation.jms.enabled=true -Dotel.resource.attributes="service.
name=SolaceJMSPublisher" -Dsolace.host=localhost:55557 -Dsolace.vpn=default -Dsolace.
user=default -Dsolace.password=default -Dsolace.topic=solace/tracing -jar solace-publisher.
jar
```

그림 3.15에서 출력되는 것들의 의미를 이해해야 한다.

그림 3.15 **솔라스 JMS 스팬의 전파**

- 총 4개의 스팬을 생성한다. 오픈텔레메트리 컬렉터와 연계해서, 솔라스 서버는 화이트박스처럼 모니터링할 수 있다.
- 자동 계측을 사용해서, 계측과 전파가 처리되고 있다.
- 발행자와 구독자가 한 화면에 표시되고, 이는 전파가 성공적으로 처리된 것을 의미한다.
- 솔라스 데모는 자바 에이전트, 익스텐션, 오픈텔레메트리 컬렉터를 모두 사용하고 있다.
- 1개의 발행자와 1개의 구독자로 구성되어 있다.

- 결과를 확인하기 위해서는 메시지 헤더의 traceparent에서 추적 아이디, 부모의 스팬 아이디를 확인해야 한다.

그림 3.16은 발행자, 서버, 구독자 등 여러 지점에서 생성된 스팬이, 오픈텔레메트리 컬렉터로 전송되는 과정을 보여준다. 오픈텔레메트리를 사용하면 브로커에 대한 메트릭이 생성된다. 에이전트를 사용해서 클라이언트만 스팬을 생성하고, 서버에 대한 스팬과 메트릭을 생성하도록 서버 계측을 구성한다.

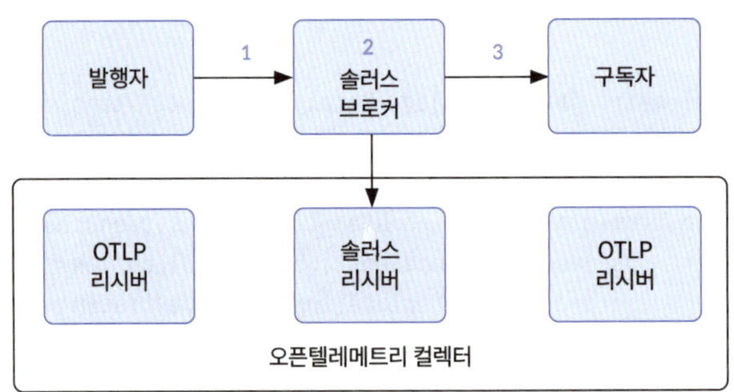

그림 3.16 **솔러스와 오픈텔레메트리 컬렉터 간 연계**

3.4.2 팁코 JMS 데모

API 서버에서 인바운드는 서버이고, 아웃바운드는 클라이언트다. EAI 서버에서 구독은 인바운드이고 서버이다. 오픈텔레메트리 에이전트는 자동 계측이며, 팁코(TIBCO) EMS의 JMS를 지원한다. 카프카 메시지 헤더처럼 JMS의 메시지 헤더에 추적 콘텍스트를 구성한다.

먼저 발행자를 실행한다.

```
java -javaagent:opentelemetry-javaagent.jar -Dotel.service.name=Producer -Dotel.traces.
exporter=otlp -Dotel.exporter.otlp.protocol=http/protobuf -Dotel.logs.exporter=none -Dotel.
metrics.exporter=none tibjmsMsgProducer -server localhost:7222 -queue "test.queue" test
```

구독자를 실행한다.

```
java -javaagent:opentelemetry-javaagent.jar -Dotel.service.name=Consumer -Dotel.traces.
exporter=otlp -Dotel.exporter.otlp.protocol=http/protobuf -Dotel.logs.exporter=none -Dotel.
metrics.exporter=none tibjmsMsgProducer -server localhost:7222 -queue "test.queue" test
```

컬렉터의 구성 파일은 다음과 같다.

```
receivers:
  otlp:
    protocols:
      grpc:
        endpoint: 0.0.0.0:4317
      http:
        endpoint: 0.0.0.0:4318
processors:
  batch:

exporters:
  logging:
    loglevel: debug

service:
  pipelines:
    traces:
      receivers: [otlp]
      processors: [batch]
      exporters: [logging]
    metrics:
      receivers: [otlp]
      processors: [batch]
      exporters: [logging]
    logs:
      receivers: [otlp]
      processors: [batch]
      exporters: [logging]
```

자동 계측을 하는 경우에는, 별도의 개발은 필요하지 않다. 자동 계측이 실패하거나 의도한 대로 계측이 안 되는 경우가 발생하면 결과에 대한 해석이 중요하다. 스팬을 검증 시, 고려 사항은 다음과 같다.

- 헤더의 내용을 확인하고, 정확한 전파 여부를 확인한다. 전파에 실패하면 추적이 끊어지거나 중단 여부를 확인한다. 마이크로서비스 간 전파는 자동 계측을 하고, 자동 계측을 지원하지 않으면 수동 계측으로 개발한다. 추가 개발된 로직과 수동 계측은 익스텐션으로 자동화한다.
- 스팬에서 예상치 못한 지연이 발생했는지 확인한다.
- 추적 내 발생한 예외와 에러를 확인한다.
- 계측되지 않고 누락된 스레드와 스팬이 있는지 확인해야 한다.

- 상용 관측 가능성과 오픈텔레메트리 간 스팬의 차이점이 무엇인지 확인한다. 다른 추적 표준과의 연계를 위해서 전파자와 tracestate를 추가한다.
- 속성을 추가하거나, 콘텍스트 보강이 필요한지 분석한다.

수동 계측의 개발에는 많은 공수가 필요하므로 정확히 분석하고 가급적 수동 계측을 피하는 방향으로 설계해야 한다. 그림 3.17처럼 추적의 전파 유무를 확인하기 위해서 메시지의 헤더에서 traceparent와 x-를 확인한다. 그 외에도 다른 헤더가 있는 경우에는, 개발자와 확인해야 한다.

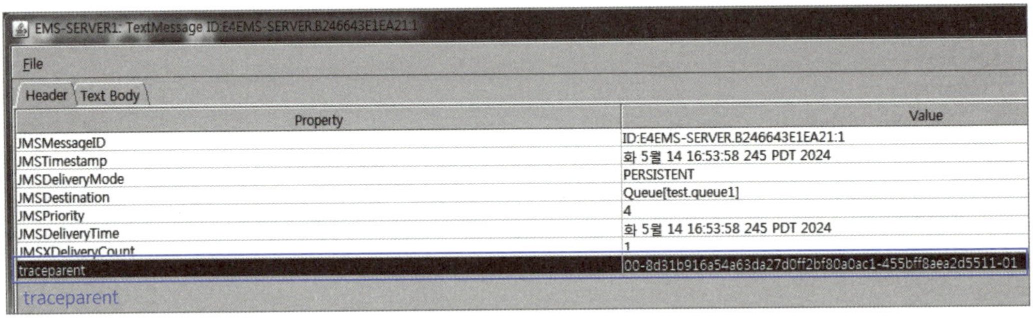

EMS-SERVER1: TextMessage ID:E4EMS-SERVER.B246643E1EA21:1

File

Header | Text Body

Property	Value
JMSMessageID	ID:E4EMS-SERVER.B246643E1EA21:1
JMSTimestamp	화 5월 14 16:53:58 245 PDT 2024
JMSDeliveryMode	PERSISTENT
JMSDestination	Queue[test.queue1]
JMSPriority	4
JMSDeliveryTime	화 5월 14 16:53:58 245 PDT 2024
JMSXDeliveryCount	1
traceparent	00-8d31b916a54a63da27d0ff2bf80a0ac1-455bff8aea2d5511-01

traceparent

그림 3.17 **JMS 헤더의 확인**

팁코 EMS와 솔러스 데모는 오픈텔레메트리를 지원한다. 스프링 JMS도 지원한다. 이것은 벤더 독립적인 프로토콜이 아니라 표준을 지원하기 때문이다.

3.4.3 MQTT 데모

MQTT(Message Queuing Telemetry Transport)는 발행과 구독 메시지 프로토콜이다. M2M이나 IoT에서 사용된다. 낮은 대역폭과 높은 지연 같은 제한된 네트워크 환경에 적합하기 때문이다.

MQTT는 브로커, 발행자, 구독자로 구성된다. 브로커에 연결하여 메시지를 발행, 구독하는 부분을 클라이언트라고 한다. 즉, 발행자 클라이언트와 구독자 클라이언트가 있다. 발행자 클라이언트와 구독자 클라이언트는 직접 메시지를 주고받지 않고, 브로커를 통해서 메시지를 주고받는다. 이때 토픽을 사용한다.

토픽은 슬래시(/)를 분리 문자로 사용하여 폴더 및 파일과 유사한 계층구조를 가진다. 토픽은 디렉터리와 같은 구조로 상위 토픽과 하위 토픽으로 구성되어 배치된다. 상위 토픽 내에 여러 클라이언트가 있는 경우, 구독자 클라이언트가 브로커에게 관심 있는 토픽을 구독한다고 알려주면, 소켓을 생성하는 것처럼 메시지를 주고받을 수 있는 연결 통로가 생긴다.

❶ MQTT 작동 원리

MQTT가 작동하려면, 발행자와 구독자 클라이언트, 브로커가 서로 통신이 가능한 네트워크에 연결되어 있어야 한다. 해당 토픽에 발행자 클라이언트가 메시지를 배포하면, 브로커는 배포된 해당 토픽의 모든 메시지를, 해당 토픽을 구독한 모든 구독자 클라이언트에게 발송한다.

구독자 클라이언트는 주기적으로 체크하는 폴링 방식으로 토픽에서 해당되는 메시지를 구독하며, 구독자 클라이언트는 해당 토픽에 대한 브로커로부터의 메시지 수신을 중지하기 위해, 구독을 취소할 수도 있다. 구독자 클라이언트는 구독한 토픽에서 들어오는 메시지를 수신하고 조건을 정의해서, 해당 토픽에 발송된 내용에 따라 제어할 수 있다.

❷ MQTT 추적 콘텍스트 전파

paho-mqtt 라이브러리가 MQTT 클라이언트 SDK로 사용되고 있다. 이 라이브러리는 파이썬에서 가장 많이 사용되는 MQTT 라이브러리이지만, 자동 계측 기능이 없어 수동으로 계측해야 한다. 데이터를 발송하는 라이브러리를 수동으로 계측할 때 어려운 점 중 하나는 추적 콘텍스트를 어디에 저장할지 파악하는 것이다. 다음과 같이 직접 엔벨로프를 정의한다.

```
{
  "trace_context": {
    "traceparent":"00-0af7651916cd43dd8448eb211c80319c-b7ad6b7169203331-01",
    "tracestate":"congo=BleGNlZWRzIHRohbCBwbGVhc3VyZS4"
  },
  "payload": ""
}
```

오픈텔레메트리 에이전트를 사용하면 메시지 서버에서는 tracestate 헤더를 활성화하지 않는 것이 일반적이지만, 수동 계측 시에는 tracestate를 활성화할 수도 있다.

발송 시 추적 콘텍스트를 주입하고, 구독 시 추적 콘텍스트를 추출한다. MQTT 추적 콘텍스트에 대한 W3C 사양 초안에 따르면, 사용하려는 MQTT 프로토콜 버전에 따라 2가지 옵션(JSON용)이 있다. 일반적으로, 사용자 속성과 함께 MQTT v5를 사용하는 후자의 접근 방식을 사용한다.

1. MQTT v3 메시지의 페이로드를 사용하고, 다른 페이로드 데이터와 함께 루트 레벨에 추적 콘텍스트를 포함한다.
2. MQTT v5 사용자 속성을 사용하여, 추적 콘텍스트를 임베드한다. 사용자 속성은 MQTT v5의 새로운 기능이다.

이제 추적을 설정하고, 추적 콘텍스트 전파를 위한 paho-mqtt 라이브러리를 계측한 다음, 추적 텔레메트리를 OTLP 엔드포인트로 전송할 수 있다.

3.4.4 카프카 데모

gRPC와 카프카 데모는 전 구간 추적이 가능하다. 예를 들어 그림 3.18에서 REST 클라이언트가 REST 서버로 요청을 하면, REST 서버는 스팬을 생성한다. REST 서버는 곧바로 카프카 발행자에게 전파한다. 카프카 발행자는 카프카 구독자에게 전파한다. 이러한 방식으로 REST 서버와 카프카 발행자, 카프카 구독자 간에는 1개의 추적 아이디가 사용되고 전파된다.

이전 데모들과의 차이점은 다수의 구독자가 있다는 점이다.

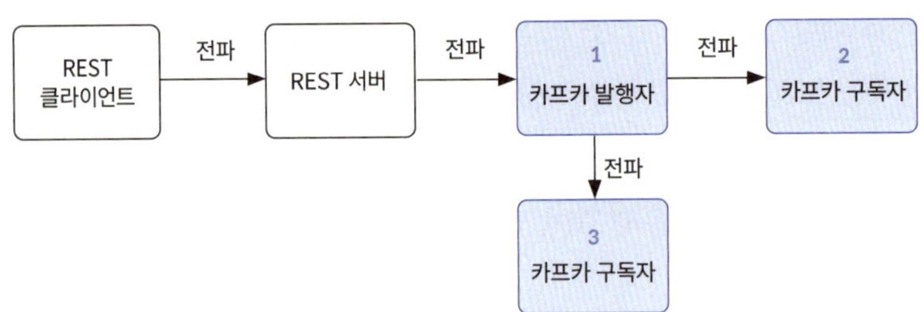

그림 3.18 **카프카 흐름도**

이를 염두에 두고, 그림 3.19의 출력의 의미를 이해할 수 있어야 한다.

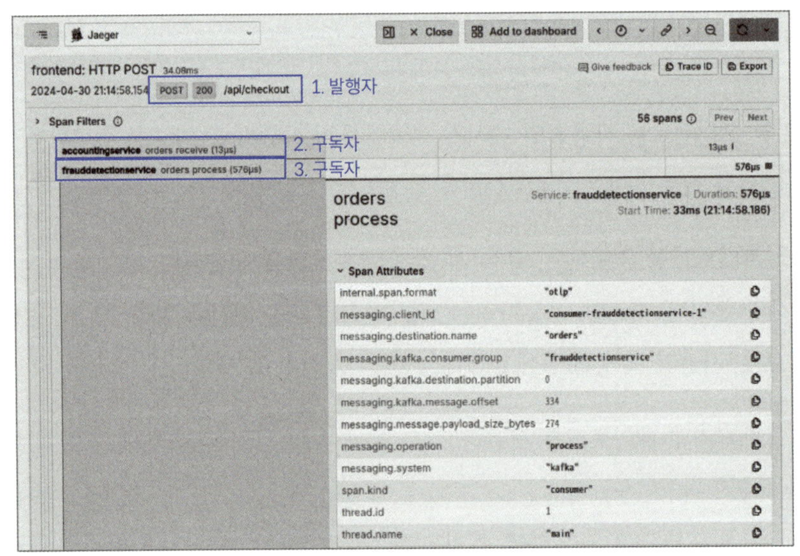

그림 3.19 **카프카 스팬의 전파**

- 발행자와 구독자가 서로 분리되지 않고, 부모와 자식 스팬 관계로 결합된 것을 확인할 수 있다. 결합의 의미는 추적의 전파가 성공적으로 구성된 것을 의미한다. 발행과 구독이 분리가 되거나, 한 화면에 출력이 되지 않으면 전파가 실패했다는 것을 의미한다
- 1개의 발행자와 2개의 구독자가 표시되어 있다. 다른 스팬이 실행되는 시간과 비교해보면, 병렬 처리가 발생하는 것을 확인할 수 있다. 즉, 발행자와 구독자는 다른 스팬의 처리에 영향을 받지 않으며, 부모 스팬에 의존적인 것을 확인할 수 있다.

카프카 브로커 서버는 블랙박스이고, 스팬을 생성하지 않는다. 발행자와 구독자만 스팬을 생성하고 기본적으로 2개의 스팬만 생성한다. 오픈텔레메트리 컬렉터 내 카프카 리시버를 사용하면 화이트박스가 되고, 카프카 서버의 스팬을 생성할 수 있다.

그림 3.20처럼 대부분의 메시지 서버는 tracestate를 출력하지 않고, traceparent만 출력한다. 카프카, 솔러스 JMS, 팁코 JMS, GCP Pub/Sub에서도 동일하게 확인할 수 있다. 오픈텔레메트리는 tracestate를 통해서 콘텍스트 전파에 대한 추가적인 제어를 하는데, 메시지 서버에서는 이러한 제어가 쉽지 않다는 것을 의미한다.

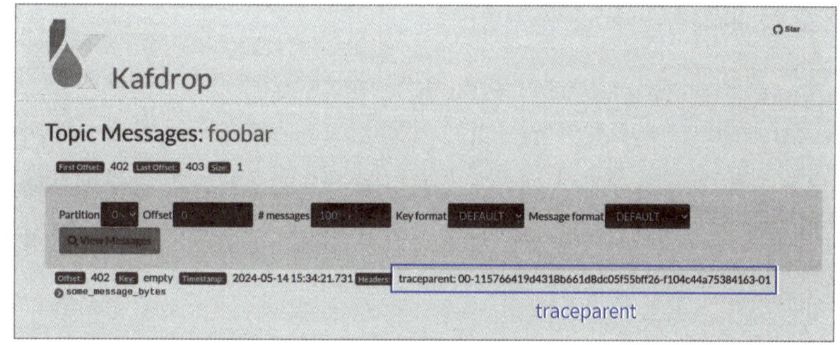

그림 3.20 **카프카 헤더의 확인**

카프카 토픽 내 발행자의 메시지에 대한 traceparent를 확인할 수 있다. 오픈텔레메트리 자바 에이전트는 카프카 자동 계측을 할 수 있다. 데모에서는 파이썬으로 수동 계측한다. 파이썬 카프카 메시지를 생성할 때, 메시지의 헤더에 주입한다.

```
propagate.inject(
                headers,
                context=trace.set_span_in_context(span),
                setter=_kafka_setter,
)
```

메시지를 읽을 때에는 동일한 헤더에서 추출한다.

```
extracted_context = propagate.extract(record.headers, getter=_kafka_getter)
```

이벤트 드리븐은 추적을 구현하기 어렵다. 이유는 콘텍스트 전파가 어렵기 때문이다. 발행과 구독이 분리되어 있으므로 추적 콘텍스트를 별도로 추가해서 전파해야만 한다.

카프카 헤더를 주입하는 발행자 코드는 다음과 같다.

```
>>> producer.send('foobar', value=b'c29tZSB2YWx1ZQ==', headers=[('content-encoding', b'base64')])
```

카프카 헤더를 추출하는 구독자 코드는 다음과 같다.

```
>>> for msg in consumer:
...     print (msg.headers)
```

3.4.5 스프링 클라우드 스트림 데모

이제까지 솔러스, 카프카, GCP Pub/Sub 등을 살펴봤다. 메시지 서버는 HTTP처럼 기술적인 표준이 없고 자체적인 구현이므로 표준화하는 것이 어렵다. 대부분의 회사에서 다수의 메시지 서버를 사용하므로 더욱 관측 가능성 구성이 어렵다. 스프링 클라우드 스트림은 개별 메시지 서버를 추상화하고, 상위 수준에서 동일한 API를 제공한다. 메시지 서버의 종류에 상관없이 공통 API로 이벤트 드리븐 아키텍처를 구성할 수 있다.

클라우드 스트림의 바인더는 메시지 서버의 벤더 임의대로 구현했지만, 내부 로직을 분석하면 기존 메시지 서버의 발행과 구독을 그대로 사용한다. 예를 들어 카프카 바인더는 카프카 프로토콜을 그대로 사용한다. 그래서 오픈텔레메트리는 카프카의 클라우드 스트림을 지원한다.

오픈텔레메트리 자바 에이전트와 상용 관측 가능성 에이전트의 계측 결과를 비교해보면, 스팬의 개수와 계측된 메서드명이 다른 것을 확인할 수 있다. 에이전트 간에 생성되는 스팬이 다른 것은 정상이다.

클라우드 스트림의 처리 순서는 소스, 프로세스, 싱크이다. 그림 3.21은 상용 관측 가능성을 사용해서 솔러스의 클라우드 스트림을 계측한 화면으로, sink는 2개이고, process는 1개의 스팬을 확인할 수 있지만 source는 계측이 안 되고 있다. 문제의 원인은 Lambda$.run을 계측하지 못하고, 내부 스레드를 정확하게 인식하지 못하는 데 있다. 이렇게 특정 스레드 수준에서 계측이 안 되는 경우가 발생할 수 있다.

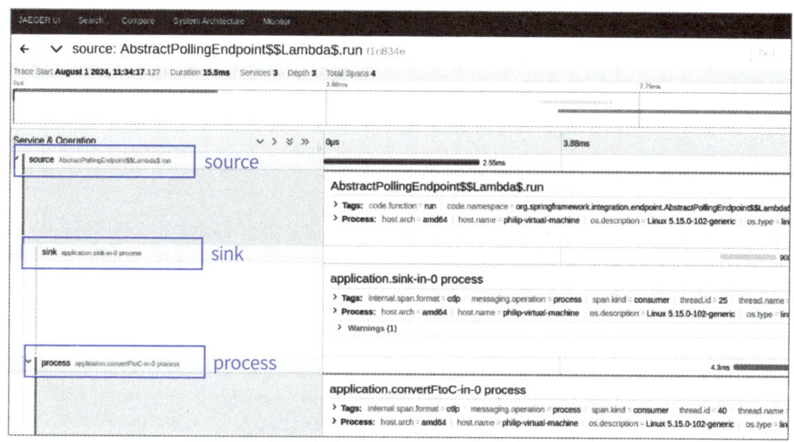

그림 3.21 스프링 클라우드 스트림의 추적 결과

솔러스의 경우에는 오픈텔레메트리 익스텐션을 통해서 추적을 지원한다. 오픈텔레메트리 에이전트가 계측을 지원하는 경우는 다음과 같이 클라우드 스트림에서도 계측이 지원되는 것을 확인할 수 있다.

```
Destination:                              Topic 'sensor/temperature/fahrenheit'
Key 'solace_scst_messageVersion' (Integer): 1
  Key 'traceparent' (String): 00-4b14fe0ce9787f5606bc3f91150e7bcc-65f99fe121f9a271-01
  Key 'solace_scst_serializedHeaders' (String): ["id"]
  Key 'id' (String): rO0ABXNyAA5qYXZhLnV0aWwuVVVJRLyZA/eYbYUvAgACSgAMbGVhc3RTaWdCaXRzSgALbW9
zdFNpZ0JpdHN4cLDshDyuTJwQbJRMzhmqA00=
  Key 'solace_scst_serializedHeadersEncoding' (String): base64
  Key 'contentType' (String): application/json
  Key 'timestamp' (Long): 1723166795643
```

에이전트는 상위 수준의 클라우드 스트림 API에서 계측이 되는 것이 아니라, 하위 수준의 바인더 API에서 계측된다. 바인더는 내부적으로 개별 메시지 서버의 API를 사용하기 때문에, 오픈텔레메트리 에이전트가 클래스 로딩을 통해서 계측 API를 발견하고, 계측에 성공하는 것이다.

오픈텔레메트리와 상용 관측 가능성에서는 GCP Pub/Sub를 지원하지 않는다. 계측이 실패하는 경우에는 원인을 분석하기 위해서 디버깅을 하는데, 클라우드 스트림의 상위 수준의 API는 AOP

를 사용하므로 문제를 디버깅하는 것이 복잡하다. 또한 오픈텔레메트리는 기본적으로 Pub/Sub 계측을 지원하지 않는다. 상용 관측 가능성으로 추적을 구성하면, 의미를 이해할 수 없는 스팬이 생성되곤 한다. 이유는 정확한 계측에 실패하기 때문이다. 잘못된 계측이 발생한 지점을 코드 내에서 식별하는 것이 중요하다. 다음의 예를 보자. GCP Pub/Sub의 클라우드 스트림 발행자이다.

```
@RestController
public class PublisherController {

  private final MessageChannel outgoing;

  public PublisherController(Channels channels) {
    outgoing = channels.outgoing();
  }

  @PostMapping("/publish/{name}")
  public void publish(@PathVariable String name) {
    outgoing.send(MessageBuilder.withPayload("Hello " + name + "!").build());
  }

}
```

GCP Pub/Sub의 클라우드 스트림 구독자다.

```
@Slf4j
@EnableBinding(Sink.class)
@SpringBootApplication
public class PubsubSubscriberApplication {

  public static void main(String[] args) {
    SpringApplication.run(PubsubSubscriberApplication.class, args);
  }

  @StreamListener(Sink.INPUT)
  public void handleMessage(Message<String> message) {
    log.info("Received: {}.", message.getPayload());
  }

}
```

계측이 안 되고 실패하며, 예상치 못한 에러를 경험했다. 추가적인 디버깅이 필요하다.

- 발행자, 토픽에 저장된 메시지의 헤더, 수신자를 정확히 비교해가면서, 문제가 발생한 구간을 정확히 식별해야 한다.
- 클라우드 스트림은 AOP를 사용하므로 디버깅하는 것이 어렵다. AOP 내부를 디버깅해야 한다.
- 수신자는 토픽에 저장된 traceparent를 읽지 못하고, 새로운 추적 아이디를 생성한다. 프로파일을 사용하면 어떤 메서드가 계측되어 스팬을 생성했는지 확인할 수 있다. 프로파일의 콜 트리를 확인하자. 디버깅을 위해 메서드에 중단점을 지정하고 스팬이 생성되는지 확인해보자. 에이전트가 잘못된 메서드에 스팬을 계측하고 생성하는 것을 발견했다면 바인더의 내부를 프로파일해야 한다. 디버깅 이전에 프로파일을 먼저 해서, 콜 트리를 이해하고, 디버깅을 해야 한다.
- 상위 수준의 애플리케이션 코드를 계측하는 것이 아니고, 하위 수준의 바인더를 계측하는 것이 정확하다. 원격 디버깅을 시작하고, 바인더를 포함해서 여러 메서드에 중단점을 추가하고, 언제 스팬이 생성되는지 확인해야 한다. 오픈텔레메트리 에이전트 내 어떤 메서드에서 계측이 되는지 디버깅해야 한다. 필요하면 바인더와 오픈텔레메트리 에이전트를 모두 디버깅해야 한다.

일반적으로 계측은 하위 수준 API에서 처리된다. 클라우드 스트림은 하위 수준 API를 바인더에서 처리하며, 개발자는 상위 수준 API를 사용해서 개발한다. 스프링 클라우드 스트림은 메시지 서버에서 제공하는 기본 프로토콜과 API를 사용하며, 별도의 메시지 프로토콜을 사용하지 않는다. 바인더에서는 기존 메시지 서버별 API를 그대로 사용한다.

3.5 EAI 서버의 전파

EAI(enterprise application integration) 서버는 다양한 레거시와 블랙박스를 통합한다. EAI는 BPM, MFT, MDM 등 다른 미들웨어와 통합이 가능하다. 만약 EAI 서버를 사용 중이라면, EAI 서버를 계측해서 관측 가능성을 구성해야 한다. 관측 가능성을 단기간에 향상할 수 있는 좋은 방법이다.

레거시는 추적을 지원하지 않는다. 오래된 레거시와 패키지 애플리케이션은 추적의 계측 자체가 불가능한 경우도 있다. 자바를 사용하지만 너무 오래된 버전을 사용해서, 현재 오픈텔레메트리의 적용이 불가능한 경우도 있다.

다양한 레거시와 연계하기 위해서는 EAI 서버를 사용한다. EAI 서버 내부를 계측해서 스팬을 생성하는 방식으로 추적을 구성하는 것이다. 오픈텔레메트리가 다양한 레거시를 지원하는 것은 어렵기 때문이다.

그림 3.22는 EAI 서버의 처리 구간을 보여준다. SAP는 웹메서드 EAI 서버를 통해서 연계된다. 웹메서드 계층이 없다고 가정하면, SAP는 단일 스팬으로 표시된다. 원래 기대했던 스팬은 5개이지만 1개의 스팬만 출력되므로 각 구간의 지연을 측정하고 콘텍스트를 이해하는 것이 어렵게 된다.

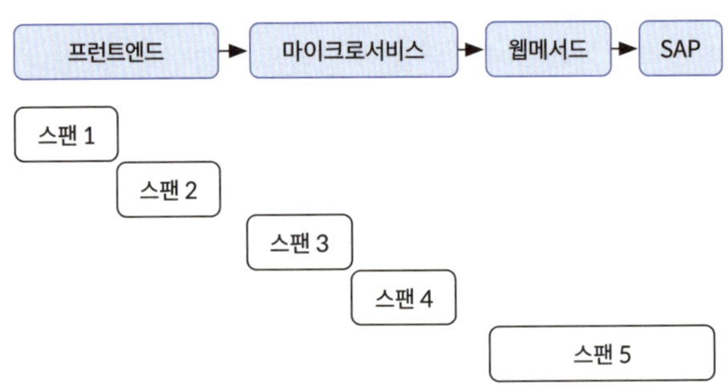

그림 3.22 **EAI 서버 내 추적의 문제점**

그림 3.23은 추적이 정확하게 측정되는 경우다. 추적 아이디가 전파되고, 전 구간 추적을 구현한 모습이다. 스팬 1에서 추적 아이디가 생성되고, 추적 아이디가 전파되고 있다. EAI 서버 입장에서는 신규 추적 아이디를 생성하면 안 되고, 기존에 생성한 추적 콘텍스트를 전파받아야 한다. 잘못 구성되었을 때 추적은 스팬 6–9에서 스팬을 4개 생성했지만, 정확히 구성된 스팬은 9개를 생성한다.

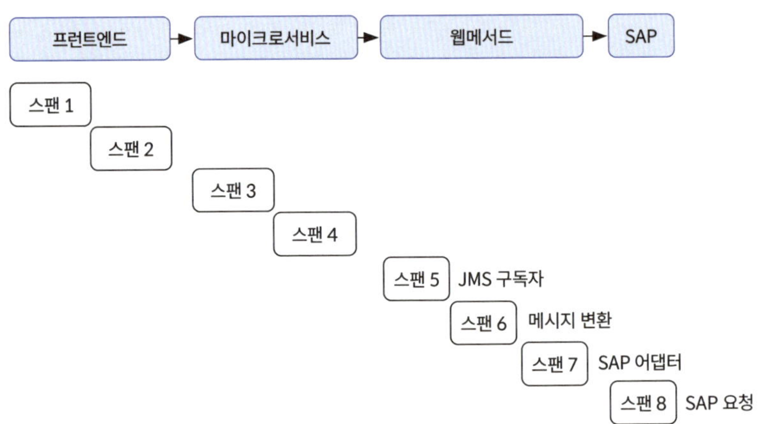

그림 3.23 **전 구간을 스팬으로 출력**

일반적으로 EAI 서버 내부 구조는 다음과 같이 처리된다.

- 마이크로서비스는 JMS 서버에 메시지를 발송한다.
- EAI 서버는 소스 시스템의 이벤트를 캡처하고, 대기열에 메시지를 구독한다.

- EAI 서버는 대기열에서 메시지를 구독하고, 메시지를 변환한다. EAI 어댑터의 타깃 시스템인 SAP으로 메시지를 발송한다.

3.5.1 추적 구현의 어려움

EAI 서버는 추적을 구현하는 것이 복잡하고 어렵다. 우선 EAI 서버는 패키지 형태로 구성된 블랙박스이므로 내부 구조를 알 수 없다. 따라서 바이트코드를 사용해서 하위 수준에서 성능을 측정하는 로직을 주입해야 한다. 이해하기 어려운 클래스들이 많기 때문에, 바이트코드를 주입하기 위한 정확한 클래스를 찾는 것은 어려운 일이다. 기능을 하나씩 실행하면서 프로파일을 사용하면 처리하는 메서드를 식별할 수 있다.

EAI 서버 내부 구조는 API 서버만큼 간단하지 않다. 엔트리 포인트를 찾아서 중요 메서드의 전후에 지연을 측정하고, 추적 백엔드로 전송하는 부분을 직접 구현해야 한다. 오픈텔레메트리 익스텐션을 사용해서 개발이 가능하지만, 개발해야 하는 서비스 개수가 많으므로 여러모로 부담이다. 또한 익스텐션으로 계측이 자동화되더라도 배포가 복잡해진다.

개발자가 직접 작성한 코드라면, 바이트코드 계측을 통해서, 주요 메서드의 성능을 측정하는 것이 일반적이다. EAI 서버는 상용 설루션이므로 코드를 공개하지 않으며, 계측을 하는 것이 어렵다. 프로파일로 내부 메서드를 식별해서 계측해야 한다. 내부 스레드 간에는 헤더에 주입과 추출이 필요 없고, 오픈텔레메트리 인터셉트와 상용 관측 가능성 센서가 헤더를 자동으로 인식해서, 스레드 간에 추적을 공유할 수 있다.

데이터베이스와 패키지, 메인프레임 레거시는 블랙박스이고, 레거시와 패키지는 계측을 하는 것이 불가능한 경우가 많다. 레거시에 직접 계측하는 대신에, 주로 마이크로서비스, EAI 서버를 대신 계측하는 경우가 많다. 다만 개발 언어가 자바도 아니고, 추적을 적용하는 것에 대해서 조직과 개발팀이 동의하지 않는 경우가 많다. 바이트코드 계측은 추가적인 오버헤드이고, 재시작이 필요하다.

EAI 서버를 계측하는 것이 가능하다는 전제하에, 레거시에 대한 직접적인 계측보다는 EAI 서버를 사용하는 것이 적합하다.

이 책에서는 팁코 비즈니스워크스와 웹메서드 인티그레이션 서버를 대상으로 관측 가능성을 구현하는데, 팁코는 오픈텔레메트리를 공식적으로 지원하지만, 웹메서드는 아직 오픈텔레메트리를 지원하지 않는다. 제이보스 WAS에서 웹메서드가 실행되므로, 에이전트를 사용하여 계측이 가능하다. 상용 관측 가능성은 팁코와 웹메서드의 추적을 지원한다는 게 장점이다. 많은 기업에서 EAI 서버를 사용하므로 이미 고객의 요구 사항을 제품에 반영한 셈이다.

3.5.2 BPM 서버의 계측

BPM(business process management)은 사람, 애플리케이션, 외부 소스에 의해 수행되는 비즈니스 프로세스를 관리하고 자동화하는 기술과 도구 등을 뜻한다. BPM 서버는 워크플로 기능을 제공한다. BPM 서버는 케이스를 관리하며, 새로운 케이스를 생성하는 요청을 받고, 케이스가 완료되면 상태 정보를 외부 대기열에 발송하는 방식으로 작동한다. BPM 서버는 새로운 케이스, 완료된 케이스, 진행 중인 케이스, 에러가 발생한 케이스 등과 같은 정보를 출력한다.

BPM 서버의 계측은 EAI 서버보다 어렵다. BPM 내부 워크플로의 처리에 관리자의 승인 등이 필요하다고 가정하면, 이러한 수동 처리는 오랜 시간이 걸릴 수도 있으므로 추적으로 처리하기에는 적합하지 않다.

BPM에 관측 가능성을 적용하기 위해서는, BPM에서 케이스 생성 시에 케이스 아이디를 반환하고, 케이스가 완료 혹은 에러 발생 시에 대기열에 케이스 아이디의 상태를 업데이트하게 해야 한다.

에이전트를 사용한 추적만으로는 BPM의 관측 가능성이 어렵다. 많은 커스터마이징이 필요하다.

- 케이스 아이디와 함께 케이스 시작, 케이스 완료, 케이스 에러의 상태 정보를 로그로 출력한다.
- 로그에서 케이스 아이디를 읽고, 추적을 생성한다. 배기지에 케이스 아이디를 추가한다.
- 이벤트를 사용해서, 동일한 케이스 아이디를 가지는 다수의 분리된 추적을 결합한다.

전 구간 추적을 구성하는 것보다, 비즈니스적으로 분리된 추적을 결합해주는 방식이 더 적합하다. 예를 들어 동일한 케이스 아이디는 다수의 추적 아이디를 포함해서, 하나의 케이스를 처리한다. 추적을 적용하기 어려운 경우에는 메트릭과 로그 등 다른 신호를 사용해서 보완해주는 방식을 고려해야 한다.

3.6 블랙박스의 전파

다양한 레거시와의 연계는 EAI 서버를 사용한다. 이 책에서는 레거시처럼 추적이 어려운 경우에는 로그의 사용을 권장하지만, 블랙박스가 중요한 역할을 한다면 신뢰성을 향상시키기 위해서 관측 가능성 수준으로 블랙박스를 개선할 필요성도 있다. 블랙박스를 계측하고 관측 가능성을 구성하기 위해서, 프로파일, 추적, 디버깅을 적용하는 방법을 설명할 것이다.

레거시는 탠덤, AS400, OS390 등 리눅스가 아닌 플랫폼을 의미하며, 패키지로는 SAP, 시벨, 피플소프트 등을 뜻한다. 블랙박스는 자바, 닷넷 등으로 개발되었지만, 오픈텔레메트리를 지원하지 않는 내부 구조를 알 수 없는 서버를 의미한다.

- 프로파일로 생성되는 스레드의 상태를 확인한다. 블랙박스가 새로운 요청을 처리하는 과정에서 스레드가 생성되고, 처리 완료 시 스레드가 종료되는 것을 식별할 수 있다.
- 생성된 스레드에서 메서드를 확인할 수 있다. 격리된 환경이라면 블랙박스에서 처리하는 입출력 메서드명과 호출 개수를 정확히 식별할 수 있다.
- 소스가 있다면, 원격 디버깅을 통해서 메서드의 변수를 확인한다.

블랙박스에 에이전트를 구성하면, 자동 계측으로 알 수 없는 스팬을 생성한다. 어떠한 메서드 혹은 엔드포인트에서 스팬이 생성되었는지 이해하기가 어렵다. 대부분의 경우에 문제의 원인이 정확히 계측되지 않기 때문이다. 이를 개선해야 한다. 상용 관측 가능성은 커스텀 서비스를 생성할 수 있는 기능을 제공한다.

- 커스텀 서비스는 클래스 로딩을 사용해서, 엔트리 포인트와 메서드를 지정할 수 있다.
- 선택한 메서드 전후로 바이트코드를 주입해서, 메서드의 지연을 측정한다.
- 커스텀 서비스는 선택한 메서드에서 스팬을 생성한다. 만약 HTTP 프로토콜을 사용하면, 엔드포인트를 제공한다.

내부 스레드는 전파가 필요하지 않으며, 자동으로 스팬을 생성한다.

프로파일과 디버깅을 통해서 메서드를 식별했으므로 커스텀 서비스를 통해서 메서드에서 서비스를 생성할 수 있다. 생성된 서비스에서는 스팬이 생성된다. HTTP, JMS 프로토콜이라면 전파도 자동적으로 구성이 된다. traceparent, x-를 헤더에서 식별하고, 주입과 추출할 수 있다.

한편 오픈텔레메트리도 개발을 통해 통해 유사한 기능을 구현할 수 있다. 많은 오픈소스가 오픈텔레메트리를 최우선으로 지원한다. 블랙박스에 관측 가능성을 적용하는 방법은 2가지다.

- 로그를 사용해서 관측 가능성을 구성한다.
- 프로파일로 내부를 분석하고, 디버깅, 추적을 구성한다. 프로파일을 사용해서 호출 개수, CPU와 IO, 지연, 사용률 등으로 메트릭을 구성하는 것도 가능하다. 프로파일만 사용해서 블랙박스

의 추적, 메트릭, 디버깅을 구성하는 것이 가능하다.

상용 관측 가능성의 경우 설루션 벤더가 모든 서버 프레임워크에 대한 계측 도구를 자체적으로 개발해야 한다. 또 다른 방법은 서버 프레임워크에서 제공하는 플러그인, 필터, 정책의 기능을 확장하고 이를 개발하여 상용 관측 가능성을 지원하는 것이다.

코드가 없고 내부 구조가 알려지지 않은 API 서버에 관측 가능성을 적용하는 경우, 프로파일이 그 해결책이다. 프로파일의 콜 트리에서 인바운드 및 아웃바운드 호출을 처리하는 메서드를 확인하고 바이트코드를 사용하여 스팬을 생성할 수 있다. 인바운드 및 아웃바운드 메서드는 스레드 간에 콘텍스트를 전파하기 때문에 주입 또는 추출할 필요가 없으며, 추적이 중단되지 않는다.

블랙박스의 계측을 요약하면 다음과 같다.

1. 가능하면 EAI 서버를 사용한다.
2. 프로파일로 메서드를 식별한다. 커스텀 서비스를 만든다.
3. 로그를 사용해서 다수의 추적을 만들고, 이벤트로 추적을 묶는다.
4. 블랙박스는 SDK를 통해 추적을 개발한다.
5. 프로파일로 메서드를 식별한다. 자바를 사용하는 블랙박스라면 익스텐션으로 traceparent, tracestate를 읽고, 배기지를 생성한다.
6. 상용 관측 가능성은 바이트코드 계측으로 메서드의 파라미터를 추적의 헤더에 추가할 수 있다.
7. EAI 어댑터 개발 시 레거시의 클라이언트 API를 사용하는 것처럼, 바이트코트와 에이전트 개발 시에 레거시의 클라이언트 API를 함께 사용하면 레거시의 메시지와 내부 호출을 인터셉트하는 것이 가능하다. 자바로 개발된 레거시의 경우에는 이론적으로는 계측이 가능하다.

3.7 서버 프레임워크의 전파

전 구간 추적에는 여러 한계가 있다. 다양한 방법으로 추적의 단점을 보완하고 관측 가능성을 구현해야 한다.

3.7.1 미들웨어

기업에는 API 서버, 채널 서버, 대외 서버, EAI 서버 등 다양한 미들웨어가 존재한다. 다양한 미들웨어 중에서 API 서버와 EAI 서버는 관측 가능성을 구현하는 데에 중요한 역할을 수행한다. EAI

서버와 API 서버는 프로토콜 변환과 통합을 처리하지만 추적을 지원하지 않는 경우가 많으며 예외 사항이 많다. 관측 가능성 구성 시 미들웨어로 인해서 예상치 못한 어려움을 겪게 되는 경우가 자주 발생한다. 미들웨어에서 추적을 구현하기 위해서는 다양한 예외 상황을 고려해야만 한다.

레거시 미들웨어는 EAI, BPM, ETL, MFT, MDM과는 다른 미들웨어다. 다음과 같이 다양한 미들웨어가 사용되고 있다.

설루션	내용
이스티오	이스티오는 B3를 지원한다. 엔보이 프록시 서버를 통해서, 오픈텔레메트리를 지원한다.
엔진엑스	엔진엑스는 오픈텔레메트리를 지원한다.
엔보이 프록시	엔보이 프록시 서버는 오픈텔레메트리를 지원한다. Gloo는 엔보이를 기반으로 한다. 마이크로서비스 간 호출 시 지연이 발생하면, 엔보이를 통해서 지연을 측정할 수 있다. 엔보이를 경유한 후에는, 추가적인 스팬을 생성한다.
API 서버	Apigee는 GCP Cloud 추적과 B3만 지원하고, 오픈텔레메트리를 지원하지 않는 경우도 있다. AWS API 게이트웨이는 AWS X-Ray만 지원한다. AWS, GCP에서 제공하는 관리형 API 서버를 사용하는 경우에는 추적이 제한적으로 지원된다. 내부적인 관측 가능성 백엔드만 지원하고, 외부로 추적을 전송하는 기능을 제공하지 않기 때문이다. 전 구간 추적이라는 측면에서 API 서버는 중요한 역할을 차지하지만, 외부로 전송이 불가능하므로 API 서버를 위한 추가적인 스팬을 생성할 수 없다. 그러므로 프런트엔드에서 백엔드로 유입되는 트랜잭션에 대한 지연 측정은 어려운 경우가 많다.
EAI 서버	팁코는 오픈텔레메트리를 지원하지만, 웹메서드는 내부적으로 텔레메트리를 지원하지 않는다. 상용만 웹메서드를 지원한다.

3.7.2 마이크로서비스 패턴

추적 구현에서 마이크로서비스는 문제가 되지 않는다. 코드의 수정 없이 마이크로서비스 패턴과 관측 가능성을 적용하려면 미들웨어에 대한 정확한 이해와 구성이 필요하다. 불필요하게 마이크로서비스에서 코드가 수정되거나, 개발을 통해서 마이크로서비스 패턴과 관측 가능성을 구현하는 것은 좋은 방법이 아니다.

그림 3.24처럼 트랜잭션이 처리되는 과정에서 다양한 게이트웨이, EAI 서버, 메시지 서버, 인그레스 서버, API 서버, 로드 밸런서, 프록시 등을 경유하게 된다. 모든 서버를 계측하는 것이 추적의 목적은 아니다. 문제 해결에 필요하고, 중요한 서버 위주로 추적을 적용하는 것을 권장한다.

그림 3.24 트랜잭션 내 처리되는 애플리케이션

CDN, 로드 밸런서, API 서버 등은 추적을 생성하거나, 외부로 전파하고 전송하는 데 어려움이 많다. 직접적인 계측이 어려운 대신에 자체적인 스크립트를 제공해주므로 이를 통해 헤더를 활성화하고, 헤더를 전파하고 로그에 쓰고, 추적을 전송하도록 구성해야 한다. 스크립트 API를 제공해주지 않는 경우도 있는데, 이 경우에는 바이트코드 계측이 필요할 수도 있으며, 추적이 더 복잡해지는 것을 감안해야 한다. 항상 바이트코드 계측을 시도하는 것보다, 스크립트로 기능을 추가할 수 있다면, 스크립트를 사용해야 한다.

3.7.3 AWS 및 GCP API 서버

AWS API 서버와 GCP API 서버를 사용한다면, 어떻게 추적을 구성해야 할까?

- API 서버에서 스크립트를 사용해서, traceparent 헤더를 추가하도록 개발해야 한다. 만약 상용 관측 가능성을 사용한다면, x- 헤더를 추가하도록 개발해야 한다.
- 다운스트림 마이크로서비스는 traceparent, x- 헤더를 처리할 수 있도록, 에이전트를 사용해서 자동 계측한다.
- 프런트엔드부터 추적을 시작하려면, 실사용자 모니터링에서 추적을 주입해야 한다. 상용 관측 가능성은 헤더 내 쿠키에 실사용자 모니터링 아이디를 추가할 수 있다. API 서버는 프런트엔드 추적을 추출하고, 다운스트림으로 전파한다.

추적의 시작이 오픈텔레메트리 traceparent라면, 추적의 마지막까지 오픈텔레메트리 traceparent를 사용하는 것이 유용하다. 상용 관측 가능성의 x-로 시작되는 추적은 마지막까지 x-를 사용하는 것이 유용하다. traceparent와 x- 간에 전환하고, tracestate로 상호 운영성을 구성하는 것은 좋은 방법이 아니다.

근래 들어 다양한 서버들이 오픈텔레메트리를 기본으로 지원하는 경우가 많다. 이 경우에는 추가 개발 없이 전 구간 추적을 구성할 수 있다. 오픈소스와 다양한 벤더들은 오픈텔레메트리의 지원이 최우선순위이므로 상용 관측 가능성을 사용하면, 오픈텔레메트리보다 많은 비용과 시간을 투자해야 한다. traceparent를 사용하지 못하고, x-를 헤더에 구성해야 되기 때문이다.

traceparent, x- 전파를 구성하기 위해서 미들웨어에 추가적인 필터 혹은 정책을 추가할 수 있는 기능을 제공해야 한다. 그림 3.25의 경우를 보자.

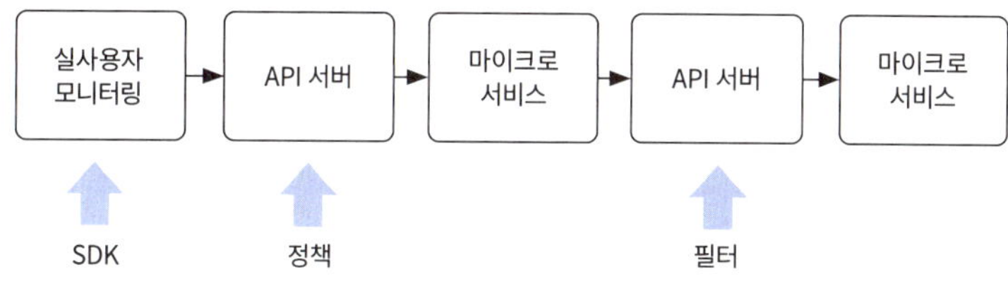

그림 3.25 애플리케이션별 추적 개선 방법

- 실사용자 모니터링은 오픈텔레메트리 자바스크립트, 스위프트, 코틀린 API를 사용해서 스팬을 생성하고, 추적을 구성할 수 있다. 상용 관측 가능성은 SDK를 제공하므로 이를 사용해서, x-추적 콘텍스트를 생성할 수 있다.
- Apigee API 서버는 커스텀 정책을 제공한다.
- AWS 클라우드프런트는 커스텀 메서드를 제공한다.
- 이스티오는 커스텀 필터를 제공한다.

서버 프레임워크를 이해하고 필요에 따라 헤더를 구성할 수 있어야 한다. traceparent를 사용하지 않고, 이미 x- 헤더를 사용하는 경우가 많은데 이 경우 x-를 필터링하는 코드를 서버에 추가해서 전 구간 추적을 지원하도록 개발할 수 있다.

3.7.4 상용 관측 가능성 SDK 추적 데모

상용 관측 가능성은 에이전트를 필요로 하며, 에이전트 없이는 운영이 어렵다. 에이전트를 사용해서 자동 계측을 해야 하지만, 상용 관측 가능성이 계측을 지원해주지 않는 경우에는 상용 관측 가능성의 SDK를 사용해서 수동 계측을 개발해야 한다.

그림 3.26은 상용 관측 가능성 SDK로 개발되었으며, 인바운드와 아웃바운드, 총 2개 스팬을 생성한다.

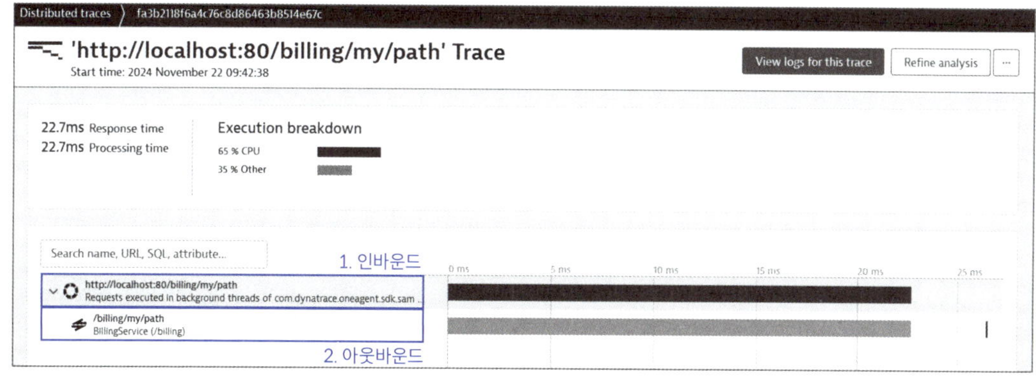

그림 3.26 상용 관측 가능성 SDK를 사용한 추적

상용 관측 가능성은 오픈텔레메트리와 비교해서, 다수의 차이점이 있다.

- 상용 관측 가능성은 전송이라는 개념이 없으며, 전송을 위한 엔드포인트가 제공되지 않는다. 수동 계측으로 x- 헤더가 활성화되면, 에이전트는 자동으로 x- 헤더를 인식한다. 에이전트가 추적 콘텍스트를 읽고 전송한다. 자동으로 추적을 인식하는 기능을 '센서'라고 한다.
- 상용 관측 가능성은 오픈텔레메트리 컬렉터처럼 파이프라인을 구성하는 기능을 제공하지 않으며, 에이전트 내부에 파이프라인 기능을 포함하고 있다. 상용 관측 가능성은 무조건 에이전트를 사용하게끔 강제하므로 엔드포인트를 제공하지 않고 센서를 통해서 전송 기능을 구현한다. 상용 관측 가능성은 에이전트를 더 많이 설치할수록 매출이 늘어나므로 에이전트의 사용을 강요한다.
- 상용 관측 가능성 SDK는 x- 헤더만 활성화하고, 오픈텔레메트리 추적 콘텍스트를 활성화하지 않는다.

처리 과정을 도식화하면 그림 3.27과 같다. 클라이언트는 아웃바운드이고, 서버는 인바운드 역할을 수행한다.

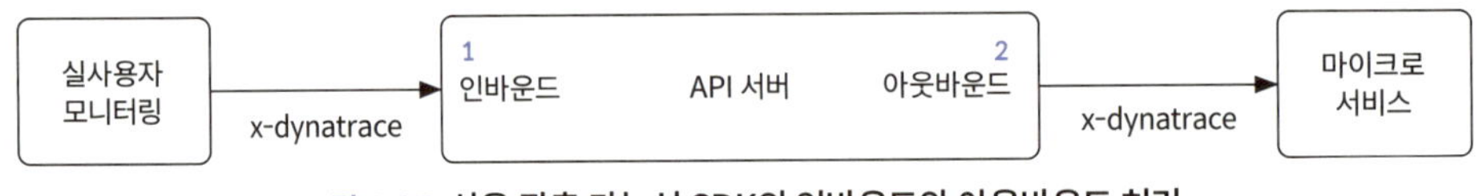

그림 3.27 **상용 관측 가능성 SDK의 인바운드와 아웃바운드 처리**

API 서버 입장에서는 프런트엔드로 들어오는 경우에 인바운드이고, 다운스트림으로 나가는 경우에는 아웃바운드이다. 그림 3.28과 같이 헤더에 traceparent가 아니고, x-가 활성화되는 것을 확인할 수 있다.

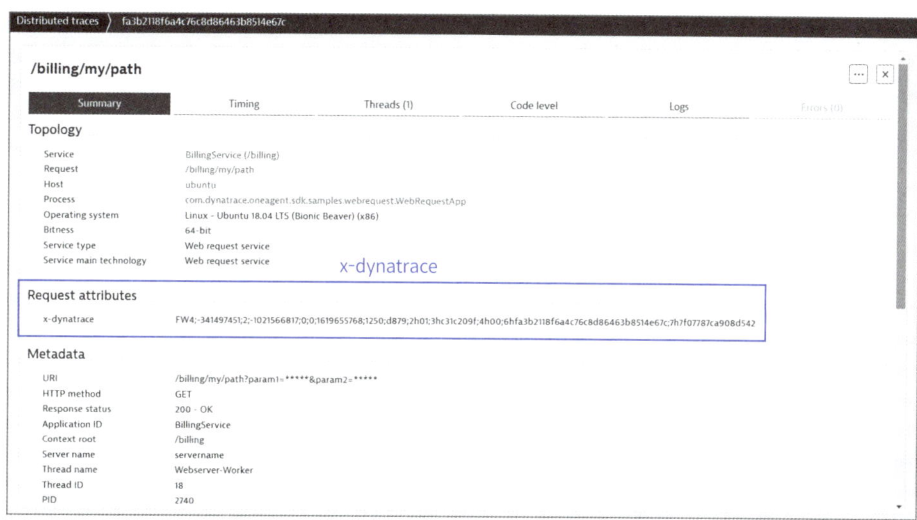

그림 3.28 상용 관측 가능성 SDK의 추적 결과

3.7.5 마이크로미터 추적 데모

스프링 부트는 마이크로미터라는 자체적인 관측 가능성을 제공하며, 이를 메트릭과 추적에 활용한다. 스프링 부트에서는 프로메테우스보다 마이크로미터를 사용하는 경우가 더 빈번하다.

마이크로미터 추적은 오픈집킨 Brave와 오픈텔레메트리 2가지 방식을 지원한다. 로그와 추적 간의 상관관계는 다음과 같다. logging에 출력하고자 하는 추적 콘텍스트를 추가한다.

```
tracing:
  url: http://localhost:4318/v1/traces

management:
  tracing:
    sampling:
      probability: 1.0

logging:
  pattern:
    level: "%5p [${spring.application.name:},%X{traceId:-},%X{spanId:-}]"
```

상용 관측 가능성 에이전트는 로그 파일에 추적 콘텍스트를 자동적으로 주입하거나, MDC를 사용해서 수동으로 추적 콘텍스트 추가가 가능하다. 로그와 추적 간의 상관관계는 웹 프레임워크에 따라서 별도의 구성을 필요로 하는 경우가 많다. 스프링 슬루스는 이전부터 추적을 지원했다.

다양한 추적 표준 간에 충돌이 발생하거나 호환성에 문제가 발생하는 경우가 빈번하다. 마이크로미터에서 micrometer-tracing-bridge-otel 오픈텔레메트리를 활성화하고, 오픈텔레메트리 에이전트에서 중복으로 계측하는 것은 추천하지 않는다.

개발 환경에서 다양한 추적 아이디를 모두 활성화하고, 로그에 추적 콘텍스트가 출력되는 것을 확인해야 한다. 스프링 부트에서 오픈텔레메트리 형식의 추적을 생성하고, 로그에 쓰는 경우에는 주의가 필요하다. 상용 관측 가능성 에이전트는 x- 추적 아이디를 생성하고 로그에 출력하므로 다양한 추적 콘텍스트를 이해하고 문제점을 해결해야 한다.

3.7.6 상용 관측 가능성과 오픈텔레메트리 데모

오픈텔레메트리만 지원하는 업스트림과 상용 관측 가능성으로 구성된 다운스트림 간의 전 구간 추적을 구성하는 방법을 설명한다. 즉, 오픈텔레메트리와 상용 관측 가능성을 상호 운영하는 방법에 대해서 설명한다. 데모의 업스트림과 다운스트림은 스프링 부트로 개발했다.

- 업스트림은 마이크로미터 오픈텔레메트리 브리지를 사용한다. 상용 관측 가능성 에이전트를 사용하지 않는다.
- 다운스트림은 마이크로미터 오픈텔레메트리 브리지를 사용한다. 상용 관측 가능성 에이전트를 사용한다.

다음과 같은 설정에서는 업스트림과 다운스트림 간의 전파가 실패한다.

- 업스트림과 다운스트림은 추적 콘텍스트를 오픈텔레메트리 컬렉터로 전송하고, 외부로 전송하지 않는다.
- 상용 관측 가능성에서는 다운스트림의 추적만 인식이 되고, 업스트림의 추적은 확인이 안 된다.

그림 3.29처럼 시스템을 구성한다.

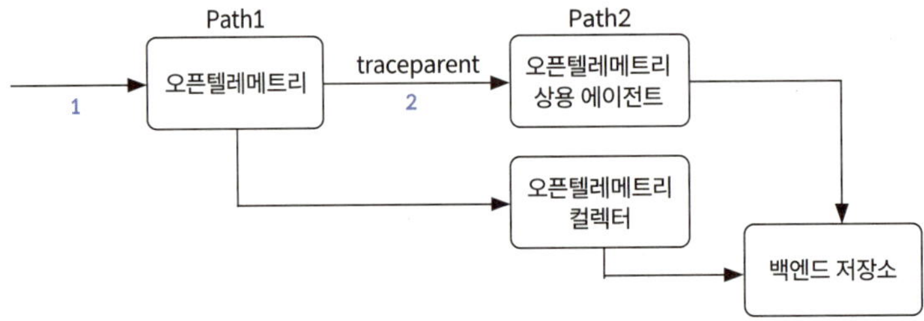

그림 3.29 오픈텔레메트리와 상용 관측 가능성의 처리 흐름

그림 3.30처럼 오픈텔레메트리 컬렉터를 사용해서 업스트림과 다운스트림이 연계된 것을 확인할 수 있다.

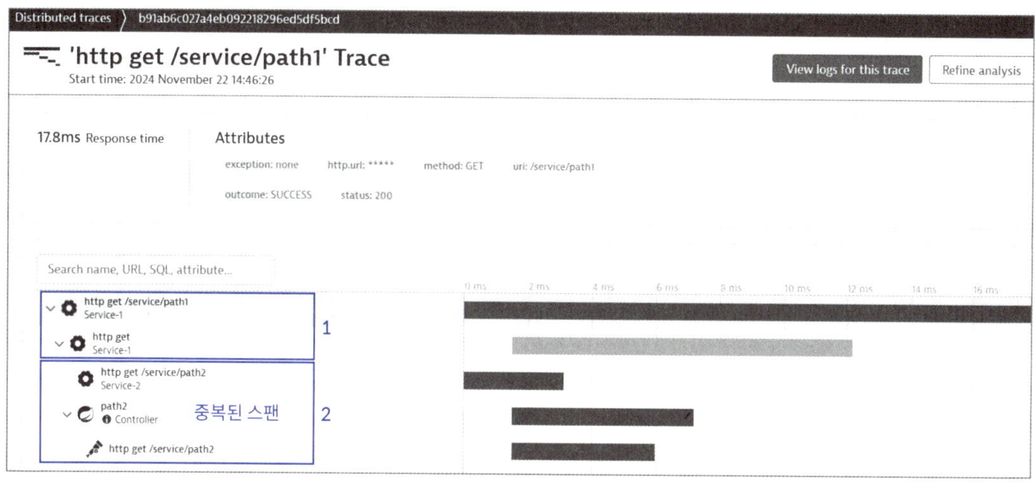

그림 3.30 추적 전파가 성공한 화면

오픈텔레메트리 컬렉터를 상용 관측 가능성으로 전송하도록 구성을 변경하자 상용 관측 가능성에서 업스트림과 다운스트림의 전 구간 추적을 확인할 수 있었다. 다만 다운스트림의 추적이 중복되어 발생하는 것을 볼 수 있다. 다운스트림에서 마이크로미터 오픈텔레메트리 브리지를 사용해서 오픈텔레메트리 컬렉터로 추적을 전송하고, 상용 관측 가능성도 다시 오픈텔레메트리 스팬을 전송하기 때문이다. 다운스트림의 오픈텔레메트리 브리지를 비활성화하면 문제를 해결할 수 있다.

만약 오픈텔레메트리 컬렉터가 없는 경우에는 업스트림과 다운스트림 간에 전파가 실패하게 되고, 그림 3.31처럼 다운스트림의 스팬만 출력한다.

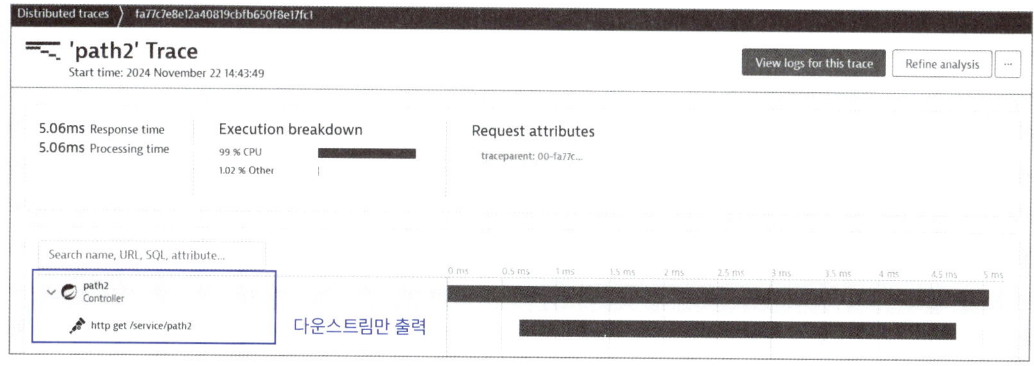

그림 3.31 추적 전파가 실패한 화면

그림 3.32와 같이 업스트림과 다운스트림은 traceparent로 전파해야 한다.

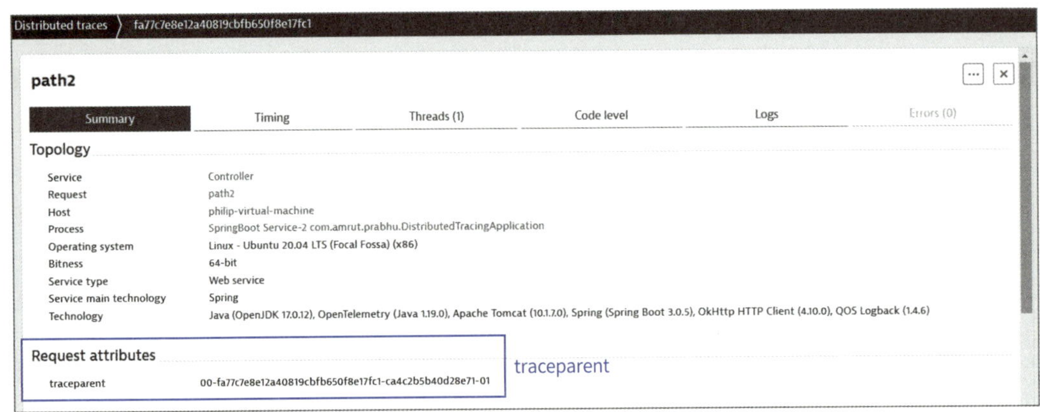

그림 3.32 **추적 전파가 성공한 상세 화면**

이처럼 오픈텔레메트리만으로 추적을 구성하는 것보다 오픈텔레메트리와 상용 관측 가능성이 상호 운영되도록 구성하는 것이 더 복잡하고 어렵다. 상용 관측 가능성마다 상호 운영을 구성하는 방법에는 차이가 있다.

3.7.7 웹소켓 데모

클라이언트와 서버가 비동기 방식으로 통신하기 위해 gRPC 또는 웹소켓 같은 기타 프로토콜을 사용하는 것이 일반적이다. 이러한 종류의 통신에 대한 일반적인 사용 사례로는 채팅 애플리케이션, 협업 도구 및 데이터가 실시간으로 양방향으로 통신하는 경우가 있다. 채팅에서는 클라이언트가 연결을 시작할 때 통화가 시작되며, 클라이언트가 연결을 끊거나 연결이 유휴 상태가 되거나 네트워크 문제가 발생할 때까지 지속될 수 있다.

카프카는 서버를 계측하지 않고, 발행자와 구독자만 계측해도 문제가 없었다. 하지만 웹소켓은 서버의 계측도 필요하다. 서버가 인바운드, 아웃바운드를 처리해야 되기 때문에, 직접 서버를 수동 계측으로 구현하는 것은 다른 메시지 서버와는 다르게 흥미롭다.

연결이 살아 있는 동안, 클라이언트와 서버는 해당 네트워크 스트림에 서로 메시지를 쓸 수 있다. 이 접근 방식은 DNS 조회, 부하 분산, 권한 부여 및 라우팅으로 인해 발생하는 오버헤드를 최소화한다. 단점은 클라이언트 메시지를 서비스 응답과 연관시키고, 메타데이터 및 상태 코드(status code)에 대한 자체 시맨틱을 마련해야 하므로 애플리케이션이 더 복잡해질 수 있다는 점이다.

일부 애플리케이션은 하나의 스트리밍 호출 내에서 독립적인 메시지를 전달하며, 개별 메시지를 설명하기 위해 서로 다른 추적을 원한다. 다른 애플리케이션은 스트리밍을 사용하여 다수 메시지를 배치처럼 발송하며, 하나의 추적에 하나의 스트리밍 호출 내에서 일어나는 모든 일을 설명하기를 원한다.

STOMP(Simple Text Oriented Messaging Protocol)는 메시지 발행과 구독을 효율적으로 하기 위한 프로토콜로, Pub/Sub 기반으로 작동한다. 웹소켓만 사용해서 구현하면, 해당 메시지가 어떤 요청인지, 어떤 포맷인지, 메시지 통신 과정을 어떻게 처리해야 하는지 정해져 있지 않아 일일이 구현해야 한다. STOMP를 프로토콜로 사용하면, 클라이언트와 서버가 서로 통신하는 데 있어 메시지의 형식, 유형, 내용 등을 정의해준다. 따라서 메시지 발행, 구독에 대한 처리를 명확하게 정의할 수 있으며, WebSocketHandler를 직접 구현할 필요 없이 @MessageMapping과 같은 애너테이션을 사용해서 메시지 발송 시 엔드포인트를 별도로 분리해서 관리할 수 있다. 스프링 프로젝트의 웹소켓을 통해 STOMP 프로토콜을 사용하고, 발행과 구독 메시지 프레임워크를 구축할 수 있다.

먼저 서버는 웹소켓을 노출한다. 발행자는 메시지를 보내기 위해 이 웹소켓에 연결하고, 구독자는 메시지를 받기 위해 동일한 웹소켓에 연결한다. 스프링 컨트롤러는 메시지 유형을 변환하고, 다른 목적지로 라우팅하는 데 도움을 준다.

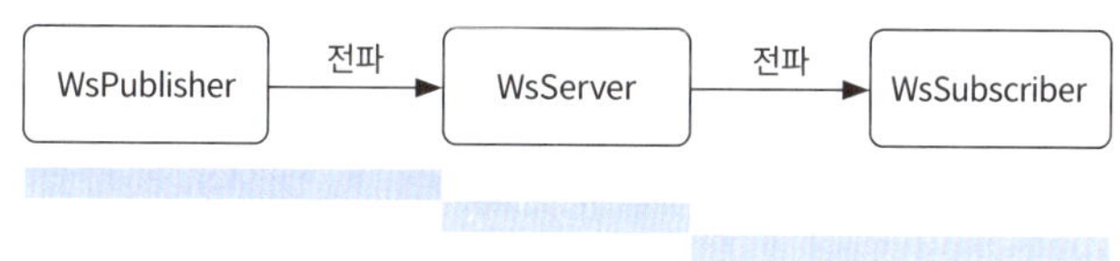

그림 3.33 **웹소켓 호름도**

1. WsPublisher는 웹소켓에 연결하여 STOMP 형식의 JSON 메시지를 /app/tube에 발송한다.
2. WsServer는 메시지를 타임스탬프 메시지로 변환하고, 이를 /topic/messages로 보내는 메시지 매핑이 포함되어 있다. 이것은 정교한 메시지 변환을 포함하는 비즈니스 계층이다.
3. 또한 WsSubscriber는 ws에 연결하여, /topic/messages에 대한 구독을 만든다. 메시지를 받으면 그 내용을 기록한다.

이제 오픈텔레메트리 에이전트를 구성하고, 로컬에 설치된 오픈텔레메트리 컬렉터로 전송한다. 추적 콘텍스트를 전파하고, 관측 가능성을 개선하기 위해 수동 계측을 추가해보자. 먼저 build.gradle.kts 파일에 다음 2가지 오픈텔레메트리 의존성을 추가한다.

```
dependencies {
    implementation("io.opentelemetry:opentelemetry-sdk:1.21.0")
    implementation("io.opentelemetry.instrumentation:opentelemetry-instrumentation-
annotations:1.22.1")
    ...
}
```

1 발행자

발행자부터 시작하자. 예약된 작업은 2초마다 WsPublisher.sendOne()을 호출한다. 이 메서드에 @WithSpan 애너테이션을 추가하는 것으로 시작한다.

```
@WithSpan(value="/app/tube publish", kind = SpanKind.PRODUCER)
private void sendOne() {
    ...
}
```

애너테이션은 sendOne() 메서드가 호출될 때마다 새 스팬을 생성하도록 오픈텔레메트리에 지시한다. 사양에 따라 스팬이 PRODUCER임을 나타낸다. 이것은 발송 프로세스의 시작이므로 부모가 없으며 추적에서 루트 스팬이 된다.

다운스트림에 있는 컴포넌트는 추적 아이디, 스팬 아이디의 부모를 포함하는 추적 콘텍스트를 알아야 한다. 하지만 지금은 콘텍스트가 STOMP로 전파되지 않으므로 약간의 코드를 작성해야 한다. 이를 위해 StompHeaders의 새 인스턴스를 만들고 메시지 대상을 설정한다.

```
StompHeaders headers = new StompHeaders();
headers.setDestination("/app/tube");
```

그다음 오픈텔레메트리 API를 활용하여, 현재 추적 콘텍스트를 콘텍스트 전파 메커니즘에 주입한다. 이 메커니즘은 텍스트맵 전파자로 구현된다.

```
GlobalOpenTelemetry.getPropagators()
    .getTextMapPropagator()
    .inject(Context.current(), headers, (carrier, key, value) -> {
        if(carrier != null){
            carrier.set(key, value);
        }
    });
```

사용자로서는 전파 메커니즘의 내부 작동 방식을 알 필요가 없다는 접근 방식이다. 예를 들어 콘텍스트 헤더의 이름이나 전파값 내부의 데이터 형식을 참조할 필요가 없다. 람다는 특정 구현을 위한 작은 타입 어댑터 역할을 할 뿐이다.

❷ 서버 라우터

서버 측의 라우팅 메서드는 WsServerController.routeTube()이며, 스프링의 @MessageMapping으로 애너테이션이 지정되어 있다. 구독 메시지에 있는 헤더에 액세스할 수 있도록, 메서드에 SimpMessageHeaderAccessor 매개변수를 추가할 수 있다.

```
@MessageMapping("/tube")
public void routeTube(ExampleMessage exampleMessage, SimpMessageHeaderAccessor
headerAccessor) {
    ...
}
```

올바른 추적 콘텍스트에 들어가기 위해, SimpleMessageHeaderAccessor에서 헤더값을 가져올 수 있는 인터페이스를 구현해야 한다. 간단하게 하기 위해 내부 클래스로 빌드한다.

```
static class HeadersAdapter implements TextMapGetter<SimpMessageHeaderAccessor> {
    @Override
    public String get(@Nullable SimpMessageHeaderAccessor carrier, String key) {
        return carrier.getFirstNativeHeader(key);
    }

    @Override
    public Iterable<String> keys(SimpMessageHeaderAccessor carrier) {
        return carrier.toMap().keySet();
    }
}
```

이제 텍스트맵 Getter 임포트를 만들었으니, 오픈텔레메트리에서 들어오는 추적 콘텍스트를 추출할 수 있다.

```
var traceContext = GlobalOpenTelemetry.getPropagators()
                   .getTextMapPropagator()
                   .extract(Context.current(), headerAccessor, new HeadersAdapter());
```

current로 만든다.

```
try (var scope = traceContext.makeCurrent()) {
    ...
}
```

여기서는 SERVER를 선택했지만, CONSUMER를 선택해야 할 수도 있다. doRoute()는 발행자에 사용한 것과 동일한 기본 헤더 주입 방법을 사용한다.

이렇게 서버 라우팅이 구현되었다. 새 추적이 생성되고, 라우팅된 메시지 헤더에 콘텍스트가 입력된다. 해당 메시지는 구독자가 수신하게 된다.

3 구독자

구독자 메서드는 WsSubscriber.handleFrame()이다. 이 메서드는 STOMP 메시지 헤더와 페이로드, 메시지 객체 인스턴스를 구독한다. 라우터에서 했던 것과 마찬가지로, 구독 추적 콘텍스트를 오픈텔레메트리에서 추출한다. 이전과 마찬가지로 부모 콘텍스트에 makeCurrent()를 적용한 다음, 해당 콘텍스트 내에서 새 구독자 스팬을 생성한다.

결과를 확인해보자. 1개의 추적 아이디와 총 3개의 스팬을 생성한다. 발행자에 대한 스팬을 생성했으며, 추적 아이디는 91099e17c146196ba6f14bdfb2a42b57이다.

```
[otel.javaagent 2024-03-30 19:50:26:257 +0900] [pool-3-thread-1] INFO io.opentelemetry.
exporter.logging.LoggingSpanExporter - '/app/tube publish' : 91099e17c146196ba6f14bdfb2a
42b57 507f2448e48d351b PRODUCER [tracer: io.opentelemetry.opentelemetry-instrumentation-
annotations-1.16:1.22.1-alpha] AttributesMap{data={thread.name=pool-3-thread-1,
thread.id=22, code.namespace=com.splunk.example.WsPublisher, code.function=sendOne},
capacity=2147483647, totalAddedValues=4}
```

서버에 대한 스팬을 생성한다.

```
[otel.javaagent 2024-03-30 19:50:26:259 +0900] [clientInboundChannel-10] INFO
io.opentelemetry.exporter.logging.LoggingSpanExporter - '/tube process' : 91099e17
c146196ba6f14bdfb2a42b57 e62e2a7afb9b920c SERVER [tracer: Custom_MessageMapping:]
AttributesMap{data={thread.name=clientInboundChannel-10, thread.id=62}, capacity=2147483647,
totalAddedValues=2}
2024-03-30 19:50:26.261  INFO 13589 --- [lient-AsyncIO-1] com.splunk.example.WsSubscriber
: Subscriber received:
2024-03-30 19:50:26.261  INFO 13589 --- [lient-AsyncIO-1] com.splunk.example.WsSubscriber
```

```
:     2024-03-30 19:50:26 | From: cash | Subject: rope
2024-03-30 19:50:26.261  INFO 13589 --- [lient-AsyncIO-1] com.splunk.example.WsSubscriber
:     Body: Imagine the silhouette of a rope
```

구독자에 대한 스팬을 생성한다.

```
[otel.javaagent 2024-03-30 19:50:26:261 +0900] [WebSocketClient-AsyncIO-1] INFO
io.opentelemetry.exporter.logging.LoggingSpanExporter - '/topic/messages receive' : 91099e1
7c146196ba6f14bdfb2a42b57 35478ae88fad434e CONSUMER [tracer: Custom_MessageSubscriber:]
AttributesMap{data={thread.name=WebSocketClient-AsyncIO-1, thread.id=41, x-from=cash,
x-subject=rope}, capacity=2147483647, totalAddedValues=4}
```

사용자 지정 속성의 형태로 구독자 스팬에 추가된다는 점에 주목할 필요가 있다. 컴포넌트에 관찰 가능한 세부 사항을 더 추가할 수도 있다.

발행자에서 프로세서를 거쳐, 최종적으로 구독자까지 웹소켓 기반 STOMP 프로토콜 메시지를 추적하기 위해, 스프링에 수동 계측을 추가하는 데모를 살펴봤다. 메시지 헤더를 읽고 써서 추적 콘텍스트 전파를 달성하는 방법과 오픈텔레메트리 자바 API의 구체적인 사용법을 살펴봤다.

3.8 오픈텔레메트리 익스텐션

오픈텔레메트리가 지원하지 않는 기술을 계측하려면 수동 계측이 가능하지만, 최종적으로는 익스텐션을 통해서 자동 계측으로 배포되어야 한다.

데모를 시작하기 전에, 먼저 몇 가지 기본 개념과 용어를 설명하겠다. 계측를 구현하는 API는 바이트버디이며, 전파를 수행하는 API는 오픈텔레메트리다.

- **자바 에이전트**: 자바 가상머신에서 클래스 파일의 바이트코드를 계측하는 데 사용할 수 있는 도구다. 자바 에이전트는 성능 모니터링, 로깅, 보안 등과 같은 다양한 목적으로 사용된다.
- **바이트코드**: 자바 코드에서 자바 컴파일러가 생성한 중간 코드이다. 이 코드는 실행 가능한 기계어 코드를 생성하기 위해 자바 가상머신에 의해 해석되거나 컴파일된다.
- **바이트버디(Byte Buddy)**: 바이트코드 계측 라이브러리이다. 런타임 시 자바 클래스를 생성, 수정 또는 조정하는 데 사용된다. 자바 에이전트의 콘텍스트에서 바이트버디는 바이트코드를 수정하는 유연한 방법을 제공한다. 오픈텔레메트리 에이전트는 내부적으로 바이트버디를 사용한다.

자바 애플리케이션의 성능을 계측하기 위해서 에이전트를 개발할 수 있다.

- 자바 기반의 APM 시스템에서는 대부분 자바 에이전트를 사용해서 에이전트를 개발했다. 에이전트의 역할은 주로 애플리케이션의 성능 데이터를 수집하는 것이다.
- 바이트코드 계측은 예전부터 에이전트 개발 시에 가장 선호한 기술이다. 레거시 코드에서 성능을 측정하거나, 코드 커버리지를 수행하는 등 기존 소스의 변경 없이 다양한 작업을 수행할 있도록 도와준다.
- 익스텐션은 다양한 애플리케이션에 대한 바이트코드 계측을 제공하고, 오픈텔레메트리 에이전트상에서 작동한다. 익스텐션이 추가적으로 계측하면, 오픈텔레메트리 에이전트는 이를 위한 스팬을 생성하고 전송을 처리한다.
- 계측은 추출, 주입, 전파를 의미하며, 익스텐션에 의해서 처리된다. 이를 위해서 익스텐션은 자바 에이전트 API, 바이트버디 API, 오픈텔레메트리 API를 사용한다. 전파는 오픈텔레메트리 에이전트가 처리한다.

오픈텔레메트리와 자바 에이전트를 함께 사용하면, 관측 가능성을 구현하기 위한 오픈텔레메트리 에이전트를 개발할 수 있다. 에이전트를 사용하는 바이트코드를 주입하고 계측하는 대략적인 구조는 다음과 같다.

- 자바 에이전트는 중요 메서드의 전후에 성능을 측정하는 메서드를 추가한다. 기존 소스의 변경 없이 바이트코드를 사용해서, 필요한 로직을 추가하는 것이 가능하다. 상위 수준의 바이트버디와 하위 수준의 ASM을 사용한다.
- 익스텐션은 메시지의 헤더에 추적 콘텍스트의 주입과 추출을 처리한다. 그리고 다운스트림으로 전파도 처리한다.
- 오픈텔레메트리 에이전트는 익스텐션의 계측 내용에 대한 스팬을 생성하고, 전송을 처리한다.

익스텐션을 통해 기존 소스를 변경하지 않고 메서드의 지연을 측정하기 위해 바이트코드를 추가하고 계측에 활용할 수 있다. 상용 관측 가능성 기능의 대부분은 바이트코드를 사용한다.

이어서 바이트코드 계측을 살펴보고 자바 에이전트를 구성하는 방법에 대해서 설명하겠다. 그다음에 오픈텔레메트리 익스텐션을 구성하는 방법을 설명한다.

3.8.1 바이트코드 계측 데모

익스텐션의 기본이 되는 바이트버디에 대해서 설명한다. 바이트코드 계측을 위한 다양한 라이브러리가 있는데, 바이트버디는 사용하기 쉽고 우수한 기능을 제공한다. 바이트버디는 컴파일러의 도움 없이, 자바 애플리케이션의 런타임 중에 자바 클래스를 생성하고 수정하기 위한 코드 생성 및 조작 라이브러리이다. 바이트버디는 개발자가 쉽게 계측할 수 있도록 @Advice라는 애너테이션을 제공한다. 메서드들은 다음과 같다.

- **@Advice.OnMethodEnter**: 애너테이트 메서드는 바이트버디와 일치하는 메서드가 호출되기 전에 인라인되어야 한다.
- **@Advice.This**: 애너테이트 매개변수가 계측된 메서드의 참조에 매핑되어야 함을 나타낸다.
- **@Advice.Origin**: Annotated 애너테이트 매개변수가 계측된 메서드의 문자열 표현에 매핑되어야 함을 나타낸다.
- **@Advice.AllArguments**: 계측된 메서드의 모든 인수가 포함된 배열을 애너테이트 매개변수에 할당한다. 애너테이트 매개변수는 배열 유형이어야 한다.
- **@Advice.Argument(0~n)**: 필요한 메서드 매개변수에 직접 액세스하는 데 사용할 수 있다. 또한 읽기 전용 플래그를 false로 설정하고, 새 값을 설정하여 인수를 변경할 수도 있다.
- **@Advice.FieldValue**: 애너테이트 매개변수가 계측된 메서드 범위의 필드에 매핑되어야 함을 나타낸다. 읽기 전용 플래그를 false로 설정하고, 새 값을 설정하여 필드를 변경할 수도 있다.
- **@Advice.OnMethodExit**: 계측된 메서드를 종료하기 전에, 애너테이트 메서드를 실행해야 한다. 예외처리는 @Advice.Thrown 애너테이트 매개변수를 통해 사용할 수 있다.
- **@Advice.Enter**: 애너테이트 매개변수는 @OnMethodEnter로 애너테이트 Advice 메서드에서 반환되는 값에 매핑되어야 한다.
- **@Advice.Return**: 애너테이트 매개변수가 계측된 메서드의 반환값에 매핑되어야 한다.

먼저 @Advice 없이 애플리케이션을 실행한다.

```
public class Robot {
    private String name = "Casper";
    public String greetUser(String name ){
        System.out.println("Inside greetUser method . . . ");
        return "Hello " + name + "! I am " + this.name;
    }
}
```

메인 메서드는 다음과 같다.

```
public class ByteBuddyExampleMain {
    public static void main(String[] args) throws Exception {
        String returnVal = (new Robot()).greetUser("John");
        System.out.println("return value: " + returnVal);
    }
}
```

코드를 실행하면 다음과 같이 출력된다.

```
Inside greetUser method . . .
return value: Hello John! I am Casper
```

바이트버디로 Robot 클래스를 계측한 다음, 다시 실행해보자. 계측을 위해 별도의 파일이 추가되고, 메인 메서드가 다음과 같이 변경되었다.

```
public class ByteBuddyExampleMain {

    public static void main(String[] args) throws Exception {

        Class<?> type = new ByteBuddy()
                .redefine(Robot.class)
                .visit(Advice.to(MyAdvices.class).on(ElementMatchers.isMethod()))
                .make()
                .load(ClassLoadingStrategy.BOOTSTRAP_LOADER, ClassLoadingStrategy.Default.
WRAPPER)
                .getLoaded();

        String returnVal = (String)type.getDeclaredMethod("greetUser", String.class).
invoke(type.getDeclaredConstructor().newInstance(), "John");
        System.out.println("return value: " + returnVal);
    }
}
```

다음과 같이 @Advice 메서드를 구현한다.

```
public class MyAdvices {
    @Advice.OnMethodEnter(suppress = Throwable.class)
    static long enter(@Advice.This Object thisObject,
                      @Advice.Origin String origin,
```

```
                    @Advice.Origin("#t #m") String detaildOrigin,
                    @Advice.AllArguments Object[] ary,
                    @Advice.FieldValue(value = "name", readOnly = false) String nameField){

        System.out.println("Inside enter method . . .  ");

        if(ary != null) {
            for(int i =0 ; i < ary.length ; i++){
                System.out.println("Argument: " + i + " is " + ary[i]);
            }
        }

        System.out.println("Origin :" + origin);
        System.out.println("Detailed Origin :" + detaildOrigin);

        nameField = "Jack";
        return System.nanoTime();
    }

    @Advice.OnMethodExit(suppress = Throwable.class, onThrowable = Throwable.class)
    static void exit(@Advice.Enter long time){
        System.out.println("Inside exit method . . .");
        System.out.println("Method Execution Time: " + (System.nanoTime() - time) + " nano
seconds");
    }
}
```

다음과 같은 출력이 나타난다.

```
Inside enter method . . .
Argument: 0 is John
Origin :public java.lang.String Robot.greetUser(java.lang.String)
Detailed Origin: Robot greetUser
Inside greetUser method . . .
Inside exit method . . .
Method Execution Time: 90445 nano seconds
return value: Hello John! I am Jack
```

Advice 메서드에서는 중단점이 작동하지 않는데, 그 이유는 코드가 바이트버디에 의해 대상 클래스에 직접 인라인되기 때문이다. 이러한 메서드는 가능한 한 작게 유지하는 것이 좋다.

바이트버디는 자바 에이전트와 함께 사용된다. 자바 에이전트에서는 Premain, Agentmain, Transformer 메서드가 중요하며, 바이트버디 Advice와 함께 사용한다.

3.8.2 익스텐션 데모

자동 계측은 에이전트가 애플리케이션 클래스의 바이트코드를 수정하여, 코드를 주입하는 프로세스다. 에이전트는 코드를 직접 수정하지 않고, 자바 가상머신에 로드된 바이트코드를 수정한다. 이는 자바 가상머신이 클래스를 로드하는 동안 수행되므로 수정 사항은 런타임 중에 적용된다.

프로세스에 대한 간단한 설명은 다음과 같다.

- **에이전트로 자바 가상머신 시작**: 자바 애플리케이션을 시작할 때, -javaagent 명령줄 옵션을 사용하여 자바 에이전트를 지정한다. 이는 애플리케이션의 기본 메서드가 호출되기 전에, 에이전트를 로드하도록 자바 가상머신에 지시한다. 이 시점에서 에이전트는 클래스 파일 변환기를 설정할 수 있다.
- **바이트버디에 클래스 파일 변환기 등록**: 에이전트는 바이트버디에 클래스 파일 변환기를 등록한다. 변환기는 클래스가 자바 가상머신에 로드될 때마다 호출된다. 이 변환기는 클래스의 바이트코드를 수신하고, 클래스가 실제로 사용되기 전에 이 바이트코드를 수정할 수 있다.
- **바이트코드 변환**: 변환기가 호출되면, 바이트버디의 API를 사용하여 바이트코드를 수정한다. 바이트버디를 사용하면 복잡한 바이트코드를 수동으로 작성하는 대신, 높은 수준의 표현 방식으로 변환을 지정할 수 있다. 예를 들어 계측하려는 클래스 내에서 특정 클래스와 메서드를 지정하고, 해당 메서드에 새로운 동작을 추가하는 인터셉터를 제공할 수 있다.
- **메서드의 처리 시간 측정**: 특정 클래스와 메서드를 대상으로 하도록 바이트버디에 지시한 다음, 타이밍 코드로 메서드 호출을 래핑하는 인터셉터를 제공한다. 이 메서드가 호출될 때마다 인터셉터가 먼저 호출되고, 시작 시간을 측정한 다음 원래 메서드를 호출하고, 마지막으로 종료 시간을 측정하고 기간을 출력한다.
- **변환된 클래스 사용**: 에이전트가 변환기를 설정하면, 자바 가상머신은 평소와 같이 클래스를 계속 로드한다. 클래스가 로드될 때마다, 변환기가 호출되어 바이트코드를 수정할 수 있다. 그런 다음 애플리케이션은 이러한 변환된 클래스를 원래 클래스인 것처럼 사용하지만, 이제 인터셉터를 통해 주입한 추가 동작을 갖게 된다.

바이트버디를 사용한 자동 계측은 코드를 직접 변경할 필요 없이, 런타임 시 자바 클래스의 동작을 수정하는 것이다. 코드를 애플리케이션 전체에 분산시키는 대신 자바 에이전트에서 통합적으로 관리할 수 있으므로 로깅, 모니터링 또는 보안과 같은 교차 관심사에 유용하다.

다음은 계측하기 위한 애플리케이션이다. 단순히 텍스트를 입력하라는 요청을 한 다음, 단어 수를 계산한다.

```java
package org.davidgeorgehope;
import java.util.Scanner;
import java.util.logging.Logger;

public class Main {
    private static Logger logger = Logger.getLogger(Main.class.getName());

    public static void main(String[] args) {
        Scanner scanner = new Scanner(System.in);
        while (true) {
            System.out.println("Please enter your sentence:");
            String input = scanner.nextLine();
            Main main = new Main();
            int wordCount = main.countWords(input);
            System.out.println("The input contains " + wordCount + " word(s).");
        }
    }

    public int countWords(String input) {
        try {
            Thread.sleep(10000);
        } catch (InterruptedException e) {
            throw new RuntimeException(e);
        }

        if (input == null || input.isEmpty()) {
            return 0;
        }

        String[] words = input.split("\s+");
        return words.length;
    }
}
```

오픈텔레메트리 에이전트를 사용하여 빌드하고 실행한다.

```
java -javaagent:opentelemetry-javaagent.jar -Dotel.metrics.exporter=otlp -Dotel.logs.
exporter=otlp -Dotel.service.name=your-service-name -jar simple-java-1.0-SNAPSHOT.jar
```

계측이 되지 않으면, 아무 일도 일어나지 않을 것이다. 오픈텔레메트리 에이전트가 모니터링할 내용을 알 수 없기 때문이다. 자바 애플리케이션에는 org.davidgeorgehope.Main에 대한 사전 지식이 없다. 다행히 오픈텔레메트리 익스텐션 프레임워크를 사용하여, 이를 추가할 수 있는 방법이 있다. 오픈텔레메트리 익스텐션 관련 파일은 WordCountInstrumentation.java 및 WordCountInstrumentationModule.java에 있다.

오픈텔레메트리 익스텐션은 코드 계측을 위한 라이브러리인 바이트버디를 사용하지만 코드가 부트스트랩되는 방식에는 두 가지 주요 차이점이 있다.

1. WordCountInstrumentation 클래스는 TypeInstrumentation의 인스턴스 중 하나다.
2. Typeinstrumentations은 적용 가능한 클래스 로더 기준으로 그룹화되며, 세트로만 활성화하거나 비활성화할 수 있다.

오픈텔레메트리를 사용하여 코드를 주입하는 기본 방법은 오픈텔레메트리를 사용하는 인라인이고, InstrumentationModule을 사용하여, 클래스 로더에 의존성을 주입한다. TypeInstrumentation 클래스와 WordCountInstrumentation 클래스를 클래스 로더에 주입한다.

```
@Override
    public List<String> getAdditionalHelperClassNames() {
        return List.of(WordCountInstrumentation.class.getName(), "io.opentelemetry.
javaagent.extension.instrumentation.TypeInstrumentation");
    }
```

TypeInstrumentation 클래스의 또 다른 흥미로운 부분은 설정이다. InstrumentationModule에는 이름이 하나 이상 있어야 한다.

```
public WordCountInstrumentationModule() {
    super("wordcount-demo", "wordcount");
}
```

필요한 경우, 이를 로드하는 순서를 지정하기 위해 이 클래스의 메서드를 볼 수 있으며, TypeInstrumentation을 확장하고 계측 작업을 담당하는 클래스를 지정한다.

이제 TypeInstrumentation을 확장하는 WordCountInstrumentation 클래스를 살펴보자.

```
public class WordCountInstrumentation implements TypeInstrumentation {

    @Override
    public ElementMatcher<TypeDescription> typeMatcher() {
        logger.info("TEST typeMatcher");
        return ElementMatchers.named("org.davidgeorgehope.Main");
    }
```

계측을 위한 대상 클래스는 typeMatch 메서드에 정의되어 있고, 계측하려는 메서드는 transform 메서드에 정의되어 있다. Main 클래스와 countWords 메서드를 목표로 삼고 있다.

onEnter 및 onExit 클래스는 countWords 메서드를 입력할 때와 countWords 메서드를 종료할 때 수행할 작업을 알려준다.

```
@SuppressWarnings("unused")
    public static class WordCountAdvice {

        @Advice.OnMethodEnter(suppress = Throwable.class)
        public static Scope onEnter(@Advice.Argument(value = 0) String input, @Advice.
Local("otelSpan") Span span) {
            Tracer tracer = GlobalOpenTelemetry.getTracer("instrumentation-library-name","
semver:1.0.0");
            System.out.print("Entering method");

            span = tracer.spanBuilder("mySpan").startSpan();

            Scope scope = span.makeCurrent();

            return scope;
        }
```

onEnter 메서드에서는 새로운 오픈텔레메트리 스팬을 설정하고, onExit 메서드에서는 스팬을 종료한다. 메서드가 성공적으로 종료되면, 단어 수를 가져와 속성에 추가한다.

```
@Advice.OnMethodExit(onThrowable = Throwable.class, suppress = Throwable.class)
        public static void onExit(@Advice.Return(readOnly = false) int wordCount,
                                  @Advice.Thrown Throwable throwable,
                                  @Advice.Local("otelSpan") Span span,
                                  @Advice.Enter Scope scope) {

            scope.close();

            if (throwable != null) {
                span.setStatus(StatusCode.ERROR, "Exception thrown in method");
            } else {
                span.setAttribute("wordCount", wordCount);
            }

            span.end();
        }
```

setAttribute처럼 오픈텔레메트리 API를 사용해서, 익스텐션을 개발하면 된다.

주목해야 할 2가지 중요한 사항이 있다. 첫 번째는 opentelemetry-javaagent.jar로 설정된 자바 에이전트 매개변수를 시작한다는 것이다. 이렇게 하면 코드가 실행되기 전에, 오픈텔레메트리 자바 에이전트가 먼저 시작된다. jar 안에는 자바 가상머신이 찾을 premain 메서드가 있는 클래스가 있어야 한다. 그러면 자바 에이전트가 부트스트랩된다. 위에서 설명한 대로 컴파일된 모든 바이트 코드는 기본적으로 자바 에이전트 코드를 통해 필터링되므로 실행되기 전에 클래스를 수정할 수 있다. 두 번째 중요한 점은 애플리케이션에 계측을 추가하기 위해 익스텐션을 로드하는 javaagent.extensions의 구성이다.

이제 다음 명령을 실행한다. wordCount를 정수형으로 사용하여 다음과 같이 스팬 코드에서 이 속성을 생성했기 때문에, 자동으로 숫자 필드로 할당된다.

```
span.setAttribute("wordCount", wordCount);
```

이제 익스텐션을 실행하면 다음과 같은 결과를 확인할 수 있다.

```
InstrumentationScope instrumentation-library-name semver:1.0.0
Span #0
    Trace ID       : e898347a2a04a9691f8ba3b14e43c76f
    Parent ID      :
    ID             : 75af7fc7ecc6da59
    Name           : mySpan
    Kind           : Internal
    Start time     : 2024-03-31 02:10:03.77131869 +0000 UTC
    End time       : 2024-03-31 02:10:13.77182043 +0000 UTC
    Status code    : Unset
    Status message :
Attributes:
     -> thread.id: Int(1)
     -> thread.name: Str(main)
     -> wordCount: Int(3)
    {"kind": "exporter", "data_type": "traces", "name": "logging"}
```

모니터링을 용이하게 하기 위해, 애플리케이션에 추적 코드를 주입하는 에이전트의 기능을 설명했다.

일반적으로 익스텐션의 목적은 에이전트에서 계측이 안 되는 프레임워크, 프로토콜 등을 계측하는 것뿐만 아니라, 수동 계측을 최소화하고 자동 계측을 하는 것이다. 자동화의 예로, 추적 콘텍스트와 배기지 콘텍스트를 구성하기 위해서, 익스텐션을 사용할 수 있다. 만약 추가적인 프로브와 헬스체크가 필요하다면, 이러한 기능도 익스텐션에 포함할 수 있다. 익스텐션에 많은 기능을 추가하는 것을 권장하지 않지만, 개발자의 지원을 기대하기 어려운 상황이라면 익스텐션은 좋은 방법이다.

다수의 마이크로서비스에서 계측의 문제점이 발생하고, 이를 위해서 다수의 마이크로서비스의 코드 수정이 필요한 상황이라면, 개발 팀 입장에서는 관측 가능성의 요구 사항을 받아들이기 어렵다. 이러한 경우에는 우선 수동 계측으로 개발하고 로직에서 계측이 발생하는 패턴을 이해해야 한다. 개발된 수동 계측의 로직을 익스텐션으로 구현하고, 이를 자동 계측화하는 것이 좋은 방법이다. 익스텐션으로 구현된 로직은 자동 계측이므로 코드의 변경을 필요로 하지 않고, 개발자가 모든 마이크로서비스를 수정할 필요도 없다.

물론 계측과 익스텐션의 접근 방식이 최선의 방법은 아니다.

- 자바 에이전트를 사용하는 바이트코드 계측은 클래스 로딩과 부트스트랩으로 대략 2% 이상의 오버헤드를 추가한다.
- 중요 메서드 전후로 시간을 측정하는 경우를 고려하면, 시간을 읽기 위해서는 커널의 타이머를 호출하는 시스템 콜이 필요하다. 100마이크로초마다 호출이 2번 발생한다.
- 로그를 파일시스템에 쓰는 경우에는 시스템 콜이 1번 발생한다. 대략 200마이크로초마다 호출이 1번 발생한다.
- 지연을 계산하고, 주입과 추출하는 메서드에서 50마이크로초 지연이 발생한다.

마이크로서비스마다 시간을 측정하고 로그 파일을 쓰는 시스템 콜이 발생시키는 지연을 합하면 수백 마이크로초의 지연이 발생한다. 익스텐션을 개발하기 이전에 오버헤드와 지연이 증가하는 것을 계산하고, 서비스에 끼치는 영향을 최소화해야 한다. 익스텐션은 생각만큼 저렴하지 않다.

3.8.3 익스텐션 디버깅

마이크로서비스와 업무 애플리케이션은 계측이 되는 입장이다. 익스텐션은 이와는 반대로 계측을 하는 애플리케이션이다. 에이전트와 익스텐션의 역할을 이해하고, 문제에 대한 접근을 해야 한다. 계측에서 문제가 발생하면, 익스텐션을 우선적으로 디버깅해야 한다.

수동 계측을 위해 개발된 익스텐션이 계측에 실패하거나 잘못 전파되는 경우 에이전트 내부를 자세히 분석해야 한다. 에이전트는 내부적으로 바이트코드를 사용하는 시스템 수준의 애플리케이션이다. 즉, 에이전트를 디버깅하려면 시스템을 낮은 수준에서 이해하고 접근해야 한다.

❶ Advice 메서드

Advice 애너테이션에는 인라이닝을 비활성화하는 옵션이 있어, 중단점이 Advice 메서드 내에서 작동하도록 할 수 있다. 이 옵션으로 작동이 중단될 수 있으므로 디버깅에만 사용해야 한다. 따라서 먼저 Advice 메서드 자체보다는 Advice가 호출하는 메서드를 디버깅하는 것이 가장 좋다.

```
@Advice.OnMethodEnter(inline = false)
```

Advice 메서드와 에이전트 초기화를 디버깅하기 위해서 다음과 같은 방식을 사용할 수 있다.

```
System.out.println();
Thread.dumpStack();
```

수정된 클래스 파일을 디컴파일할 수 있는 디렉터리로 출력하여, 어떤 변경 사항이 발생하는지 정확히 확인할 수 있다. 기존 대상 디렉터리가 정의된 상태에서 자바 가상머신 시작 인수에 다음을 추가한다.

```
-Dnet.bytebuddy.dump=/some/path
```

에이전트 초기화 코드(예: OpenTelemetryAgent, AgentInitializer, AgentInstaller, OpenTelemetryInstaller 등)를 디버깅하려면 –agentlib를 지정하는 것이 중요하다. JVM 인수 앞에 –javaagent: JVM 인수를 지정하고 suspend=y를 사용해야 한다.

❷ 디버깅 활성화하기

다음 예제는 원격 디버깅 구성을 보여준다. 중단점은 Advice 메서드를 제외한 모든 코드에서 작동해야 한다.

다음과 같이 원격 디버깅을 위해서 jdwp 옵션을 추가한다.

```
java -agentlib:jdwp="transport=dt_socket,server=y,suspend=y,address=5000"
-javaagent:opentelemetry-javaagent-<version>.jar -jar app.jar
```

추적 데이터는 build/native/agent-output 폴더에 생성된다.

에이전트의 내부 디버그 로깅을 사용 설정하려면 다음과 같이 구성한다. 디버그 로깅은 애플리케이션의 성능에 부정적인 영향을 미치므로 주의해야 한다.

```
-Dotel.javaagent.debug=true
```

3.9 상용 관측 가능성의 전파

상용 관측 가능성을 사용해서 관측 가능성을 구축하면, 많은 비용을 지불하게 된다. 상용 관측 가능성에 대해서 정확히 이해하고 도입 여부를 결정해야 한다.

상용 관측 가능성이 내부적으로 어떻게 구성되고 처리되는지 이해할 필요가 있지만, 상용 관측 가능성은 내부 처리 구조를 공개하지 않기 때문에, 스스로 디버깅하면서 내부 구조를 파악해야 한다.

상용 관측 가능성의 장단점은 다음과 같다.

- HTTP는 지원하지만, 특정 메시지 서버는 지원 안 되는 경우가 많다.
- 특정 패키지를 지원한다. 팁코, 웹메서드 등 EAI 서버와 메인프레임 CICS를 지원하는 경우도 있다.
- 추적의 내부 구현 로직이 끊어지지 않고, 가능한 한 중단 없이 연결된 추적을 생성한다.

상용 관측 가능성과 오픈텔레메트리로 구현되는 관측 가능성에서 가장 중요한 기술은 에이전트이다. 에이전트의 작동 원리를 이해하고, 문제점을 해결하는 것은 중요하다. 에이전트를 사용해서 추적을 계측하는데, 이 과정에서 문제점과 내부 구조를 이해하기 위해서 디버깅을 하는 방법도 중요하다.

- 에이전트마다 내부 구현이 다르므로 로그의 결과가 다른 경우가 자주 발생한다. 운영 환경을 제외한 다른 환경에서는, 전 구간에 로그를 활성화하는 것을 권장한다. 예를 들어 로그에 출력하는 아이디는 trace_id, span_id, dt.trace_id, dt.span_id, 스레드 아이디, 스레드 이름, traceparent, tracestate, x-dynatrace, 다양한 쿠키, JSESSION 아이디 등이 출력되어야만, 디버깅이 수월하다. 추적 아이디가 변경되거나 비어 있거나, 비정상적인 구간을 로그에서 쉽게 발견할 수 있다.
- 상용 관측 가능성은 오픈텔레메트리 이전부터 자체 헤더와 전파 방법을 제공해왔으며, 현재는

자체 헤더를 오픈텔레메트리 헤더와 연결하는 방법을 제공한다. 상용 관측 가능성 에이전트는 다양한 에이전트에 의해 계측된 스팬을 병합한다.

마이크로미터 추적, x- 추적 아이디, traceparent 등 다수의 추적 표준을 함께 사용하는 경우가 있다. 관측 가능성을 구현하는 과정에서 에이전트 카오스를 겪게 된다. 다수의 에이전트를 함께 계측함으로써 발생하는 혼란이다. 에이전트 카오스를 해결하는 방법이 상용 관측 가능성마다 다르므로 이에 대한 디버깅과 분석이 필요하다.

마이크로미터 추적, 오픈텔레메트리 에이전트, 상용 관측 가능성 에이전트를 사용하는 경우 3가지 경우가 존재한다. 마이크로미터 추적은 브리지를 제공한다. micrometer-tracing-bridge-brave 혹은 micrometer-tracing-bridge-otel을 사용할 수 있다. 일반적으로 micrometer-tracing-bridge-otel을 사용한다면, 우선적으로 traceparent를 생성한다. 상용 관측 가능성 에이전트는 x-를 추가하고, traceparent를 전파한다.

- 관측 가능성 에이전트만 사용하면 x- 및 traceparent를 생성하고, 두 추적 아이디는 동일하다.
- 마이크로미터를 상용 관측 가능성 에이전트와 함께 사용하는 경우, x-와 traceparent는 다르다.
- 마이크로미터, 오픈텔레메트리 에이전트, 상용 관측 가능성 에이전트를 모두 함께 사용할 경우 x-, traceparent는 다르다.

다양한 에이전트를 함께 사용해서, 추적을 분석한 결과는 다음과 같았다.

1. 오픈텔레메트리만으로는 전파가 실패하지만, 상용 관측 가능성을 사용해서 전파가 성공한 경우다.
2. 상용 관측 가능성에서는 전파가 실패하고, 오픈텔레메트리에서는 전파가 성공한 경우가 있다.
3. 상용 관측 가능성만으로는 계측이 안 되지만, 오픈텔레메트리는 계측이 되어서 더 많은 스팬을 생성할 수 있다.

개발자와 아키텍트는 오픈텔레메트리에 대한 선호도가 높은 것이 일반적이므로 2, 3번의 경우라면 SRE가 곤란한 상황에 처하게 된다. SRE는 상용 관측 가능성의 사용자들이 시간과 수고를 지나치게 소비하지 않도록, 명확한 가이드라인을 제공해야 한다. 이를 위해서 에이전트의 내부 동작과 해결책에 대해서 사용자들에게 설명하고, 함께 해결하기 위해서 노력해야 한다. 높은 지출을 하며 상용 관측 가능성으로 관측 가능성을 구축했지만 기대한 만큼 결과를 달성하지 못했다면, 이번 절의 내용을 참고하면서 개선하자.

3.9.1 상용 관측 가능성의 자동화

다이나트레이스는 관측 가능성을 지원하기 위한 다양한 자동화 기능을 제공한다. 상용 관측 가능성은 센서를 사용하므로 특정 스팬이 생성되지 않는 경우가 발생한다. server, consumer는 문제가 발생한다. 또 client, internal, producer가 정확하게 계측되지 않는 경우가 발생한다. 스팬의 순서, 관계, 구조 등이 부정확하게 출력되는 경우도 발생한다. 예를 들어 REST 요청은 스팬의 순서가 정확하게 출력되지만, 그래프QL은 스팬의 순서가 부정확하거나, 부모의 스팬 아이디가 부정확한 경우가 발생한다. 이 경우 스팬의 순서와 역할을 정의할 수 있다.

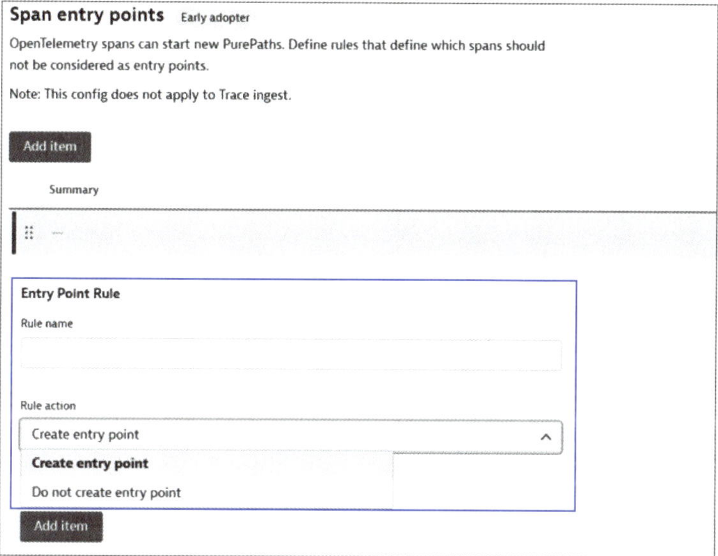

그림 3.34 스팬 엔트리 포인트 설정

오픈텔레메트리는 tracestate를 정의할 수 있는 기능을 제공한다. tracestate는 곧이어 자세히 설명할 것이다.

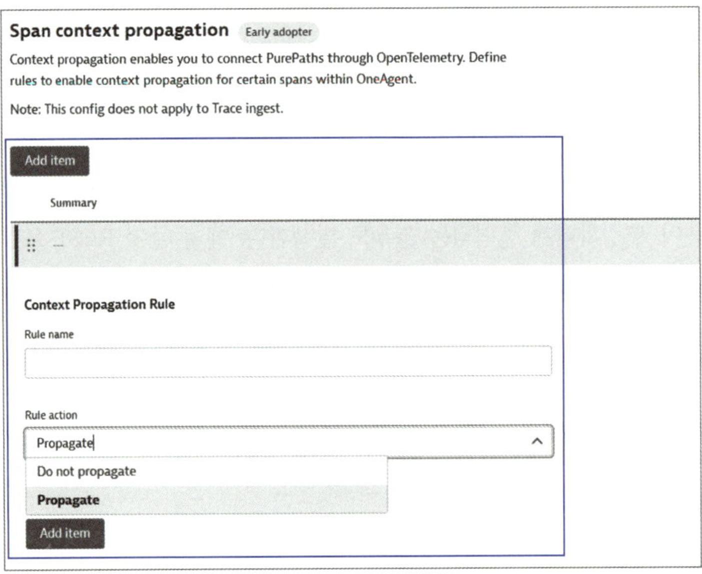

그림 3.35 tracestate 자동화 기능

자바 메서드와 파라미터를 추적 콘텍스트와 스팬에 추가할 수 있는 기능도 제공한다. 헤더에 추가해서 전파하고, 백엔드 스토리지에 전송한다. 오픈텔레메트리의 배기지와 유사한 기능을 제공한다.

Define request attribute

Define request attributes to enrich monitored requests with metadata. Request attributes are derived from captured data (Web request URLs, HTTP request headers, and other request metadata) in requests that you define. Request attributes are key/value pairs that are filterable across all Dynatrace service and trace views. How can I make use of request attributes?

Request attribute name

For example, MyRequestAttribute

Data type

This setting can't be changed following request attribute setup.

Text

If multiple values are returned in a single request, which values should be contained in this request attribute?
Note that each request attribute may include a unique value each time the request is executed.
For each unique request Dynatrace stores up to 10 values for this request attribute.

First value

Normalize text or leave it as-is?

Leave text as-is

Allow this request attribute to access unmasked personal data. What levels of data protection does Dynatrace provide?

Request attribute contains confidential data (hides data from unauthorized users).

Rule applies to requests of the following process group, host group, technology, and process-group tag

All process groups

IMS transaction call type
IMS unit of work id
IMS user id
Java method parameter(s)
Java method parameter(s)

그림 3.36 요청 속성 추가

이벤트를 정의할 수 있는 기능도 있다. 이벤트는 메시지의 헤더와 보디를 캡처해서, 수집하고 분석할 수 있다.

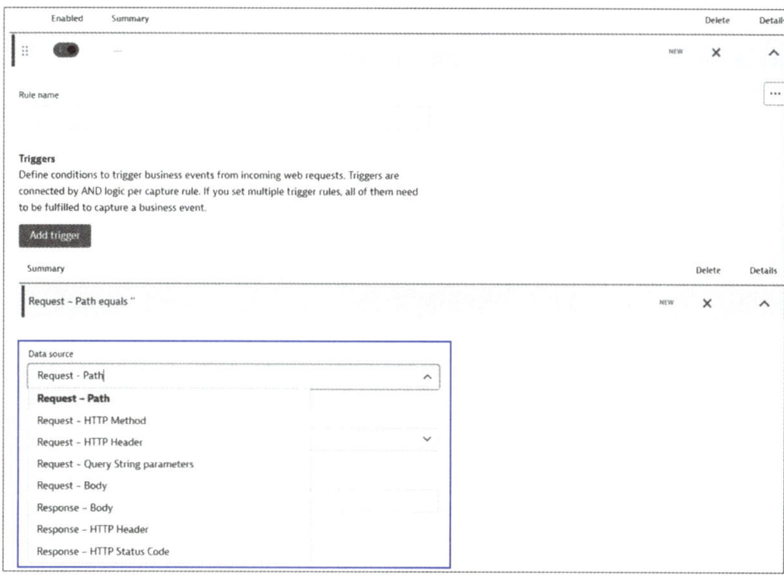

그림 3.37 **이벤트 추가**

다양한 애플리케이션의 헤더에 추적 콘텍스트를 주입하고, 추출하는 기능을 제공한다. W3C 추적 콘텍스트를 활성화하면, 헤더에 traceparent, tracestate를 생성한다.

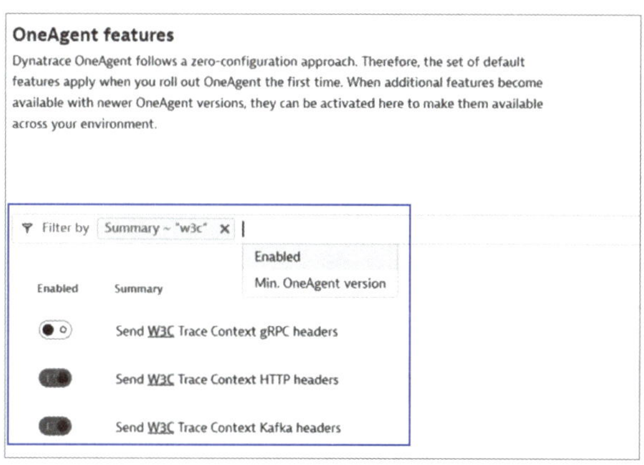

그림 3.38 **에이전트 기능 활성화**

오픈텔레메트리 에이전트와 상용 관측 가능성 에이전트 간의 호환성과 전파를 설정할 수 있다. 오픈텔레메트리와 상용 관측 가능성 모두 계측이 성공하는 경우라면, 오픈텔레메트리 스팬이 상용 관측 가능성의 스팬으로 복사된다.

부작용이 발생하는 경우도 있다. 예를 들어 상용 관측 가능성 에이전트가 서비스 B의 계측에 실패한다면, 상용 관측 가능성 추적 아이디는 아무 값도 출력하지 않는다. 오픈텔레메트리는 계측에 성공하여 전 구간을 추적할 수 있게 된다.

	오픈텔레메트리 추적 아이디	상용 관측 가능성 추적 아이디
서비스 A	1	2
서비스 B	1	
서비스 C	1	

하지만 예상치 못한 상황이 발생할 수 있다. 상용 관측 가능성이 계측에 실패하는 경우 오픈텔레메트리 추적 아이디가 상용 관측 가능성 추적 아이디로 복사된다.

	오픈텔레메트리 추적 아이디	상용 관측 가능성 추적 아이디
서비스 A	1	2
서비스 B	1	1
서비스 C	1	1

결국 상용 관측 가능성 추적 아이디는 2개로 분리되고, 전 구간 추적에 실패하게 된다. 즉, 오픈텔레메트리만 계측에 성공하는 경우에는 문제가 발생할 수 있다. 이러한 문제점은 상용 관측 가능성의 계측이 실패해서 발생한 문제이므로 상용 관측 가능성 SDK를 사용해서 수동 혹은 자동 계측이 개발되어야 한다. 다음과 같이 상용 관측 가능성에서 서비스 B와 C를 계측해서 전파가 될 수 있도록 추가 개발이 필요하다.

	오픈텔레메트리 추적 아이디	상용 관측 가능성 추적 아이디
서비스 A	1	2
서비스 B	1	2
서비스 C	1	2

다음과 같이 오픈텔레메트리 전파 설정을 할 수 있다.

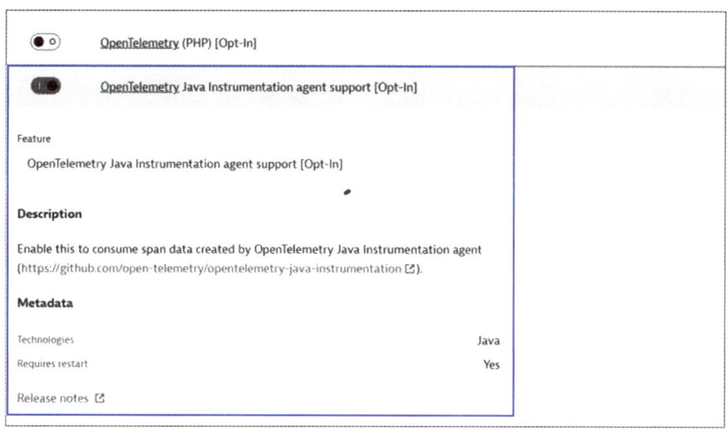

그림 3.39 **오픈텔레메트리 전파 설정**

그 외에도 다양한 자동화 기능이 존재한다. 예를 들어 서비스 검색이 실패할 경우 커스텀 서비스를 추가하는 자동화 기능이 있다. 블랙박스이고 내부에 무엇이 있는지 알지 못하더라도 프로파일을 사용하면 요청을 처리하기 위해 어떤 메서드가 실행되는지 확인할 수 있다. 식별된 메서드를 커스텀 서비스로 생성하면 요청이 처리될 때마다 스팬이 생성된다. 프로파일로 분석하고 바이트코드를 적용하면 블랙박스에서도 스팬을 정확하게 생성하고 추적을 전파할 수 있다.

에이전트는 로그에 추적 콘텍스트를 자동 혹은 수동으로 추가하는 방법을 제공한다. 로그가 구조적 혹은 비구조적이든 추적 콘텍스트를 자동으로 추가하는 방법을 제공하고, 자동화를 제공할 수 있다. 수동으로 로그에 추적 콘텍스트를 추가하는 방법은 MDC와 다르지 않으며, 이렇게 하면 다수의 추적 콘텍스트를 검색할 수 있다.

3.9.2 에이전트 카오스

상용 관측 가능성과 오픈텔레메트리를 함께 사용하는 경우 계측이 안 되고 전파가 중단되는 경우가 발생한다. tracestate를 사용하면 문제를 해결할 수 있다.

결론부터 말하면 상용 관측 가능성을 사용하는 경우에는 오픈텔레메트리보다 상용 관측 가능성을 우선적으로 계측하고, 오픈텔레메트리는 낮은 우선순위로 계측하고 호환성을 유지해야 한다. 상용 관측 가능성은 x-datadog, x-dynatrace처럼 헤더에 x- 추적 콘텍스트를 지원한다. 상용 관측 가능성 에이전트가 계측하는 마이크로서비스 간에는 x-를 이해할 수 있기 때문에 전파가 가능하다. 오픈텔레메트리는 traceparent만 사용하고, x- 헤더는 사용할 수 없다. 상용 관측 가능성은 오픈텔레메트리 traceparent와 x- 속성을 모두 지원하는 경우가 일반적이고, 우선순위는 x-가 더 높다. x- 계측 결과와 오픈텔레메트리 계측 결과를 병합해서, 추적의 최종 결과를 생성한다.

추적 콘텍스트 표준인 traceparent 헤더는 분산 추적을 활성화하는 데 필수 정보인 부모의 스팬 아이디를 포함하며, 대부분의 추적 시스템은 전체 추적의 일부(너무 많은 오버헤드를 발생시키지 않도록 하기 위함)만 캡처하므로 이 정보가 필요하다. 하지만 추적에 사용되는 헤더는 traceparent만이 아니고, tracestate라는 다른 헤더가 있다.

❶ tracestate

traceparent 헤더는 분산 애플리케이션 내에서 트랜잭션 콘텍스트를 유지하는 데 필요한 많은 것을 갖췄지만, 대부분의 구현에서는 traceparent 헤더에 정의할 수 있는 것보다 더 많은 정보가 필요하다.

tracestate는 공급 업체별 정보를 전파하는 데 사용할 수 있는 선택적 헤더이다. 서로 다른 공급 업체를 통해 계측된 두 서비스 간에 추적이 전파되면, 각 서비스의 공급 업체별 데이터가 기존 tracestate에 추가된다.

키-값 쌍의 목록에 추적 시스템별 콘텍스트를 전파한다. tracestate를 사용하면, 다른 상용 관측 가능성에서 사용하는 추적 콘텍스트와 상호 운용할 수 있다. tracestate 값을 설정할 때는 반드시 ot 키를 사용하여 항목에 모두 포함해야 하며, 값은 세미콜론으로 구분된 키-값 쌍의 목록이어야 한다.

```
ot=p:8;r:62
ot=foo:bar;k1:13
```

기존 값을 유지하려면, 설정값을 업데이트하거나 tracestate의 ot 항목에 추가해야 한다. 예를 들어 k1:13을 추가로 설정하려는 경우에, ot=p:8;r:62는 ot=p:8;r:62;k1:13이 된다. 기존에 k1값이 존재하는 경우에는, ot=p:8;k1:7;r:62는 ot=p:8;r:62;k1:13으로 업데이트된다. 순서를 보존할 필요는 없다.

tracestate는 레이블과 비슷하다. 업스트림에서 키-값 형식으로 tracestate에 주입한다. 다운스트림은 tracestate 키값을 조회하고, 필요한 키값만 추출해서 활용한다.

상용 관측 가능성을 사용하는 경우에 추적 콘텍스트의 전파 문제를 해결하기 위해, 상용 관측 가능성은 두 개의 표준화된 헤더가 필요한 W3C 추적 콘텍스트 사양을 지원한다. 상용 관측 가능성 에이전트는 x-를 추가한다. 다이나트레이스는 tracestate를 기본적으로 활성화한다. 업스트림과 다운스트림은 tracestate를 사용하고, 다운스트림의 tracestate는 업스트림의 참조를 tracestate에 추가한다.

- **traceparent**: 추적 아이디와 부모의 스팬 아이디를 식별하는 헤더이다.
- **tracestate**: 공급 업체별 추적 정보를 전파하고, 키와 값 형태로 레이블처럼 추가한다.
- **x-**: 이전 상용 관측 가능성 에이전트와의 하위 호환성을 유지하기 위해 전파되는 고유한 헤더이다.

3가지 헤더의 조합을 통해, 에이전트로 계측된 서비스 전반에 걸쳐 추적을 전파할 수 있다. 다음과 같이 3개의 시나리오 흐름이 가능하다.

- **시나리오 1**: 상용 관측 가능성이 업스트림에서 설치되지 않고, 다운스트림에 설치된 경우다. tracestate를 사용하기 위해서는 오픈텔레메트리의 계측이 성공해야 된다는 조건이 있다. 상용 관측 가능성은 tracestate를 사용해서 오픈텔레메트리로 계측된 추적 콘텍스트를 전파한다.
- **시나리오 2**: 오픈텔레메트리 에이전트와 상용 관측 가능성 에이전트를 함께 사용하는 경우다. 오픈텔레메트리 에이전트에서 traceparent를 생성하고, 상용 관측 가능성 에이전트는 x– 추적 콘텍스트를 생성한다. 오픈텔레메트리보다 상용 관측 가능성의 x– 추적 아이디가 우선순위가 높다.
- **시나리오 3**: 상용 관측 가능성 에이전트가 x–, traceparent, tracestate를 모두 지원하는 경우다. tracestate를 사용해서 상용 관측 가능성 에이전트로 전파한다.

그림으로 나타내면 그림 3.40과 같다.

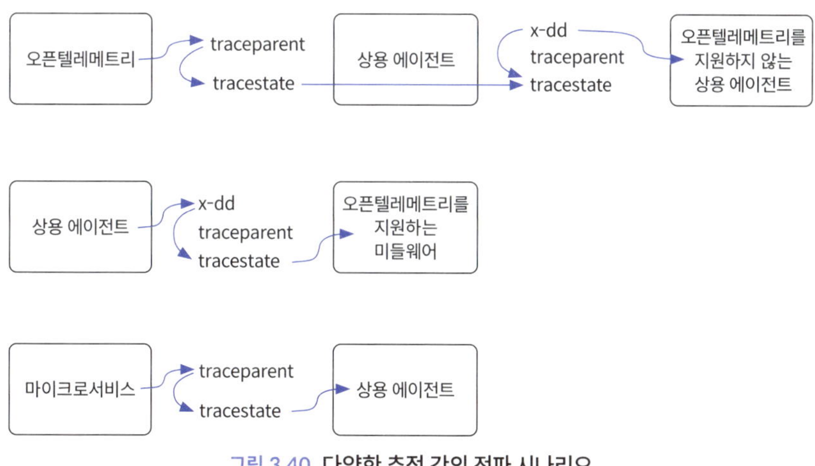

그림 3.40 다양한 추적 간의 전파 시나리오

오픈텔레메트리로 메시지 서버를 자동 계측하면, 대부분의 경우(카프카, GCP Pub/Sub, 솔러스 JMS, 팁코 EMS, 스프링 클라우드 스트림, 애저 SQS)에는 tracestate를 생성하지 않는다. 업스트림의 tracestate가 없으므로 다운스트림의 tracestate를 적용하는 것이 어렵다.

tracestate는 자동 계측이 아니라 수동 계측이 되는 경우가 대부분이다. 상용 관측 가능성은 tracestate 규칙이 적용되어서 자동으로 생성되거나, 자동화할 수 있는 툴을 제공한다. 아직 자동화 기능은 개선이 필요해 보인다. 오픈소스에서는 tracestate에 주입, 추출하는 방법 등이 수동으로 개발되어야 한다.

스프링의 추적만 놓고 보면, 오픈텔레메트리가 상용 관측 가능성보다 더 많은 기능을 제공하고 있다. 반면 상용 관측 가능성은 오픈텔레메트리가 지원하지 못하는 특정 분야를 지원하므로 다수의 에이전트를 함께 사용하면서 호환성과 확장성을 유지하는 것이 최선의 방법이다.

2 tracestate 전파 실패 예제

벤더별로 다른 추적 형식이 문제를 일으키고 이로 인해서 추적이 중단되는 한 가지 예시를 보자. 그림 3.41처럼 추적 콘텍스트에는 다양한 유형의 헤더 형식이 함께 사용될 수 있다. 그림과 같은 상황에서는 상용 관측 가능성으로 계측된 스팬 B만 출력되며 오픈텔레메트리로 계측된 스팬은 출력이 되지 않는다. 즉, A, C는 오픈텔레메트리로 계측이 되지만, 상용 관측 가능성의 추적 화면에는 출력되지 않을 수도 있다.

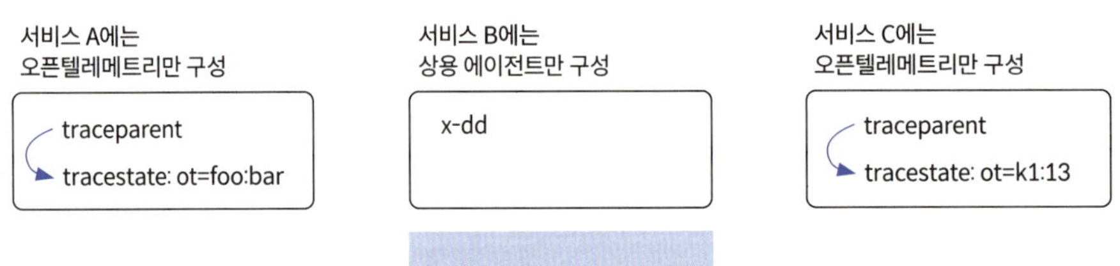

그림 3.41 이기종 추적 간에 전파가 실패한 경우

요청이 서비스 A에서 다운스트림 B, C로 이동함에 따라, 각 추적 도구는 자체 콘텍스트 추적 데이터를 다운스트림 서비스로 전파해야 한다. 그러나 서비스가 호환되지 않는 헤더를 사용하는 추적 도구로 계측되는 경우, 추적 콘텍스트가 서비스 간에 제대로 전파되지 않는다. 그 결과 각 서비스의 스팬이 포함된 전체 요청을 시각화하는 단일 추적이 아니라, 개별 추적이 생성된다.

❸ tracestate 전파 예제

tracestate를 사용하면 그림 3.42와 같이 서로 다른 2가지 유형의 추적 콘텍스트가 연결되어 있다는 걸 확인할 수 있다. 상용 관측 가능성으로 계측된 스팬 B를 중심으로 하며, 오픈텔레메트리로 계측된 스팬 A와 C를 포함한다.

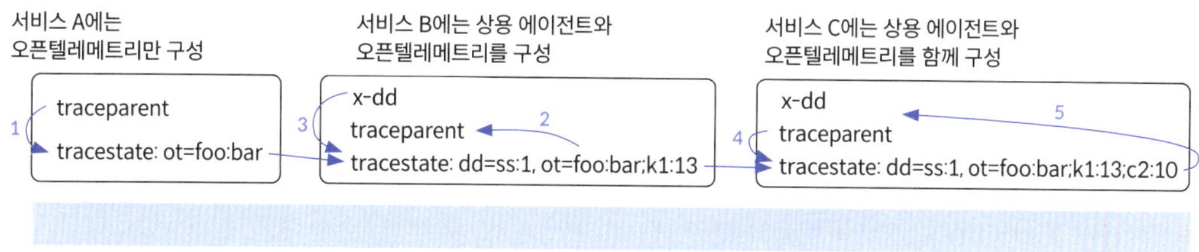

그림 3.42 **tracestate를 사용한 전파 예제 1**

- 서비스 A와 B에는 오픈텔레메트리 에이전트가 구성되어 있어야 하고, 서비스 A와 B에는 tracestates가 필요하다.
- 공급 업체별 tracestate가 서비스 B의 tracestate에 추가된다.
- 상용 관측 가능성의 x-는 우선순위가 높다. 상용 관측 가능성에 따라 차이가 발생할 수 있으므로 디버깅 과정을 통해 내부 추적 콘텍스트의 우선순위를 이해해야 한다. 전 구간 추적에 사용되는 추적 콘텍스트는 x-이다.

서비스 A와 C는 tracestate를 사용하여 서비스 B와 연결되고 성공적으로 전파된다. A, C에는 상용 관측 가능성이 작동하지 않고 에이전트가 설치되지 않아서 x-가 없다.

1. 서비스 A는 tracestate에 traceparent를 추가한다.
2. B는 전파된 tracestate에 traceparent를 추가한다.
3. 서비스 B는 x-dd와 traceparent를 tracestate에 추가한다.
4. 서비스 C는 tracestate에 traceparent를 추가한다.
5. 서비스 C는 tracestate에서 x-dd를 생성한다.

이런 식으로 서비스 A, B, C는 추적 콘텍스트를 전파할 수 있다.

W3C 추적 콘텍스트의 도입으로 서비스 B는 서비스 A로부터 들어오는 추적 헤더를 성공적으로 수신할 수 있다. 서비스 B는 자체 벤더별 아이디를 추가하여 새로운 tracestate 헤더를 구성한다.

다른 예제도 살펴보자. 업스트림에는 x-가 없지만, tracestate를 사용하여 전파되도록 구성하려면 추가 개발이 필요하다. x-는 상용 관측 가능성에서만 지원되는 기능이기 때문에, 상용 관측 가능성은 추적에서 이러한 전파를 인식하도록 구성되어야 한다. 즉, 추적 아이디를 중심으로 전 구간 추적을 구성해야 한다.

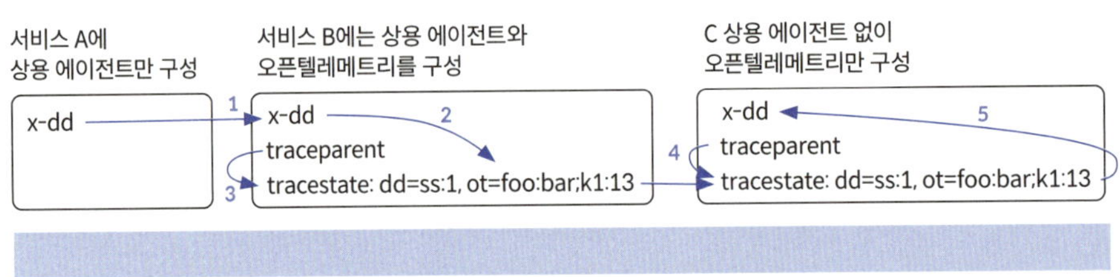

그림 3.43 **tracestate를 사용한 전파 예제 2**

추적의 중단 지점을 정확히 파악하고 계측이 전파되고 디버깅되는지 확인해야 한다. tracestate와 같은 복잡한 상황을 구성하지 않고 정상적으로 계측하는 것이 가장 좋다(tracestate의 추가 개발 및 유지 관리가 복잡하므로 권장되지 않는다).

1. 서비스 A가 x-dd를 전파한다.
2. 서비스 B가 x-dd를 tracestate에 추가한다.
3. 서비스 B가 traceparent를 tracestate에 추가한다.
4. 서비스 C가 traceparent를 tracestate에 추가한다.
5. 서비스 C가 tracestate에서 x-dd를 생성한다.

다운스트림은 x-dd 없이 tracestate를 구성하는 것만으로 업스트림과 연결되도록 설정할 수 있다. tracestate에는 업스트림의 x-dd 추적 콘텍스트가 있기 때문에, x-dd를 수동으로 생성할 수 있다.

1. 상용 관측 가능성이 설치되어 있지 않으면 x-가 생성되지 않는다.
2. 계측이 성공하면 x-, traceparent가 생성된다.

오픈텔레메트리는 tracestate를 자동으로 생성하지 않으므로 다운스트림 tracestate와 함께 전파하기 위해서는 개발이 필요하다. 모든 마이크로서비스를 수정하지 않도록 자바 에이전트와 익스텐션 기능을 사용하여 자동화를 수행해야 하며, 전파와 전송을 고려해야 한다.

3.10 요약

이번 장에서는 관리형 서비스, 메시지 서버, 서버 프레임워크, EAI 서버에서 어떻게 추적을 적용하는지 설명했다. 자동 계측이 안 되는 경우에는 수동 계측을 개발하고, 수동 계측을 자동화하기 위해서 오픈텔레메트리 익스텐션으로 에이전트를 개발하는 방법을 살펴봤다.

SRE는 오픈텔레메트리와 상용 관측 가능성의 한계를 이해하고, 개발자에게 적절한 가이드라인을 제공해야 한다. 개발자들은 애플리케이션 프로그래밍에 익숙해져 있으므로 에이전트 같은 시스템 프로그래밍에는 부담을 느낄 수 있다. SRE가 직접 개발하는 것이 필요할 수도 있고, 개발자와 긴밀하게 협업하는 것도 필요하다.

이번 장에서 설명한 기술들은 분명 유용하지만, 실무에서 적용하기 위해서는 많은 시행착오를 경험할 것이다. 기술뿐만 아니라, 조직 차원에서 반대에 직면할 수도 있다. SRE가 단독적으로 수행할 수 있는 일은 없으며, 시니어 디렉터 간의 의사결정과 전폭적인 지원이 있지 않으면 추진력을 가지고 성공적인 결과물을 만드는 것이 어려울 것이다. SRE와 개발자 모두가 열정을 가지고, 오픈된 마인드로 협업해야 한다.

CHAPTER 4

산업별 근본 원인 분석 사례

근본 원인 분석은 2가지 큰 주제로 구성된다.

- 비즈니스, 애플리케이션, 인프라 간의 상관관계를 어떻게 구성하는가?
- 기술, 데이터, 비즈니스 프로세스를 이해하고, 어떻게 근본 원인 분석을 개선할 것인가?

지금까지는 기술에 대해서만 설명했지만, 이번 장에서는 복잡한 도메인에 관측 가능성을 적용 시 문제점과 실제 사례에 대해서 설명하고자 한다. 즉, 기술뿐만 아니라 도메인별 데이터와 비즈니스 프로세스에 대해서도 함께 설명할 것이다. 이번 장의 주제는 다음과 같다.

- 각 산업별 관측 가능성 사례와 문제점을 이해한다.
- 레거시를 포함한 전 구간 추적과 분산 트랜잭션 처리를 이해한다.
- 다양한 마이크로서비스 패턴에 대응하는 관측 가능성 패턴을 이해한다.

이번 장에서 구성할 아키텍처는 다음과 같다.

- **은행**: EAI, BPM, MDM, MFT, ETL 미들웨어와 레거시를 모니터링하는 아키텍처
- **통신사**: 분산 트랜잭션을 처리하는 오케스트레이션 서버를 프로세스에 적용
- **온라인 게임, 증권사**: 도메인에 적합한 초저지연 아키텍처를 구성하고 모니터링을 구성

여기서 다룰 아키텍처들의 특성은 다음과 같다.

- 프런트엔드는 블로킹이 아니라, 리액터를 적용한 논블로킹, 코루틴을 사용한다.
- 백엔드는 메시지 서버를 사용해서, 이벤트 드리븐으로 구성한다.
- 데이터베이스는 NoSQL을 사용한다.
- 백오피스, EAI, 배치는 메시지로 연계한다.
- 관리형 서비스, 블랙박스, 레거시에도 관측 가능성이 필요하다.
- 데이터 파이프라인은 메시지 서버를 사용한다.

동기식 REST 요청과 응답, 관계형 데이터베이스는 예전만큼 많이 사용되지 않는다. 동기식 관계형 데이터베이스와 블로킹 대신, 비동기식, 콜백, 이벤트 기반 메시지, NoSQL, epoll, 코루틴, 스케줄러, 논블로킹, GraphQL을 사용하는 것이 미래의 추세이며, 이 책에서도 이러한 추세를 따른다.

물론 산업군에 따라 관측 가능성과 AIOps에 대한 다른 요구 사항을 가지고 있다. 각 산업별 요구 사항을 사례와 함께 살펴볼 것이다. 예시에서 은행, 통신사 등은 레거시를 포함하며, 온라인 게임은 레거시를 포함하지 않는다(은행과 통신사는 과거부터 전 구간 추적과 분산 트랜잭션에 대한 요구 사항이 있었다. CQRS와 Saga 패턴이 소개되기 이전부터, 다른 방식으로 전 구간 추적과 분산 트랜잭션을 처리하고 있었다). 이들 도메인에 다음과 같은 데모를 구현해볼 것이다.

- **은행**: 전 구간 추적을 구현
- **통신사**: 분산 트랜잭션에 관측 가능성을 구현하고, 롤백과 리비전을 지원하는 Saga 패턴 구현
- **온라인 게임**: 읽기와 쓰기를 분리한 CQRS와 캐시를 구현

4.1 은행의 관측 가능성

먼저 간략하게 은행에 대해서 설명한다. 은행 업무는 계정계 시스템과 정보계 시스템으로 나뉜다. 계정계는 예금, 대출, 자산 관리, 외환, 카드 등의 영역으로 나뉜다.

은행에는 퍼스널 은행, 비즈니스 은행, 프라이빗 은행(자산 관리), 카드, 대출, 현금 등 다양한 사업부서가 있다. 해외 은행의 경우에는 사업부서에 공통적으로 적용되는 표준 기술 아키텍처는 없다. 이유는 각 사업부서별로 사업을 시작한 시점이 다르고, 그 시기에 적합한 기술 아키텍처를 도입했기 때문이다. 그러므로 사업부서별로 다른 코어뱅킹이 존재하고, 고객의 계좌는 여러 개의 코어뱅킹에서 관리된다. 한 고객을 대상으로 예금, 펀드, 카드 등 다양한 상품을 판매할 수 있으므로 이를 처리하기 위해서 다양한 코어뱅킹과 연계가 필요하다.

은행은 문화와 조직 관점에서 신중하고 보수적인 경향이 있다. 예전부터 WAS와 데이터베이스 모니터링을 필수적으로 적용했으며, 최신 기술을 도입하고 시스템을 개선해가는 과정에서 점진적으로 마이크로서비스와 관측 가능성을 도입하고 있다. 즉, 은행의 백엔드는 다양한 레거시와 마이크로서비스가 복잡하게 연계되어 있다.

한편 은행에서 단일 트랜잭션은 수백 개의 요청으로 처리되므로 장애 발생 시 신속한 문제 해결이 어렵다. 이에 대응해서 분산 추적은 수백 개의 스팬을 생성할 수 있다. 전 구간 추적은 문제 해결을 위한 시작점이 된다.

은행의 전 구간 추적 데모와 통신사 분산 트랜잭션 데모에 사용된 소프트웨어는 오픈소스가 아니라 상용 설루션이므로 독자들이 실습하기 어려울 수 있다. 데모 서버에는 이 책에 사용된 모든 애플리케이션이 이미 구성되어 있으니 앱 사용 방법에 대한 자세한 내용은 필자 이메일로 문의하기 바란다. 은행 데모에 사용된 애플리케이션은 턱시도, CICS, SAP ERP 등 다수가 있는데, 이들 레거시에 대해서는 곧이어 살펴볼 것이다.

4.1.1 은행 프로세스의 특성

은행은 레거시가 많으며, 금전적인 거래를 처리하므로 데이터의 정합성이 중요하다. 은행의 거래에서 오류가 발생하거나 부정확한 계산이 이루어진다면, 은행은 손해를 배상하고 신뢰도가 하락하게 된다. 또한 다양한 계좌가 다양한 시스템에 분산되어 관리되므로 거래에 따른 계좌 간에 정합성을 지원하기 위해서는 분산 트랜잭션과 실패 시 롤백이 중요하다. 동시성이 단일 리소스에 다수의 스레드가 접근하면서 발생하는 문제라면, 분산 트랜잭션에서는 다수의 분산된 데이터베이스에서 발생할 수 있는 롤백과 데이터 정합성이 중요하다.

동시성, 일관성, 정합성이 유사한 용어로 사용될 수 있고, 동일한 문제를 유발한다. 이 책에서는 용어의 의미를 구분해서 사용한다. 동시성은 단일 자원에 다수의 요청이 경합하면서 발생하고, 일관성은 업무 프로세스에 다수의 데이터베이스를 처리하면서 발생한다. 정합성은 데이터를 비교, 검증하고 일치시킨다. 즉, 운영과 분석 시스템 간에 데이터가 일치하지 않아서 발생하는 문제다.

동시성, 일관성, 정합성을 포함해서, 몇 가지 주요 개념에 대해 차례로 살펴보겠다.

1 동시성

은행에서는 지급이라는 용어를 사용한다. 영어로 페이먼트(payment)를 의미한다. 지급은 계좌 이체이며 출금과 입금의 2가지 동작을 포함한다. 지급에서 동시성 문제가 발생할 수 있다. 예를 들어 이중 지급을 어떻게 방지할 것이냐 하는 것이다. 2가지 문제를 해결해야 한다.

1. 같은 사용자가 지급 버튼을 여러 번 누를 수 있다.
2. 계좌에 100달러가 있다. 계좌 이체를 100달러 진행 중인데, 100달러 공과금 지급이 시작되었다.

첫 번째 문제에 대한 접근법으로는 다음 2가지가 있다.

- **클라이언트 측 구현**: 클라이언트가 요청을 전송하고 난 다음에 지급 버튼을 숨기거나, 비활성화하는 것이다. 이렇게 하면 대부분의 이중 클릭 문제는 해결할 수 있다. 하지만 그다지 안정적인 방법은 아니다. 가령 사용자가 자바스크립트를 비활성화하면 클라이언트 측 확인 절차를 우회할 수 있다.
- **멱등 API**: 지급 API 요청에 멱등 키를 추가하는 방안이다. 몇 번을 호출해도 같은 결과를 내는 API를 멱등 API라고 부른다. 페이먼트 아이디를 멱등 키로 사용하여 이중 지급 문제를 해결하는 방안이다.

시스템의 대부분의 질의는 페이먼트 아이디를 필터링 조건으로 사용한다. 페이먼트 아이디가 지급 테이블의 기본 키이므로 기본 키의 유일성 조건에 위반되어 새로운 레코드는 생성되지 않는다. 따라서 이중 지급 문제를 피할 수 있다.

두 번째 문제를 살펴보자. 데이터베이스의 ACID 속성에 따라, 계좌 이체 트랜잭션 A가 변경한 데이터는 계좌 이체 트랜잭션 A가 완료되기 전에는 공과급 지급 트랜잭션 B에 보이지 않는다. 따라서 공과급 지급 트랜잭션도 지급을 완료하고 주문을 갱신한다. 즉, 1개만 판매 가능한 상품에서 2번 판매가 일어나, 결과적으로 계좌 이체와 공과금 지급이 모두 처리되어 잔액은 –100달러가 되었다.

이 문제를 해결하려면 어떤 형태로든 록을 활용해야 한다. 사용자가 레코드를 갱신하려고 하는 순간 즉시 록을 걸어 동시 업데이트를 방지한다. 해당 레코드를 갱신하려는 다른 사용자는 먼저 록을 건 사용자가 변경을 마치고 록을 해체할 때까지 기다려야 한다.

SELECT FOR UPDATE 문을 실행하면 SELECT가 반환한 레코드에 록이 걸린다. 트랜잭션 A가 먼저 실행되었다면, 트랜잭션 B는 트랜잭션 A가 종료되기를 기다려야만 한다. 트랜잭션 A가 먼저 레코드에 록을 걸기 때문에 트랜잭션 B의 SELECT FOR UPDATE 문은 트랜잭션 A가 끝날 때까지 기다려야 한다. 트랜젝션 A가 끝나고 나면, 트랜잭션 B가 처리된다. 장점은 다음과 같다.

- 애플리케이션이 변경 중이거나 변경이 끝난 데이터를 갱신하는 일을 막을 수 있다.
- 구현이 쉽고 모든 갱신 연산을 직렬화하여 충돌을 막는다. 록은 데이터에 대한 경합이 심할 때 유용하다.

반면, 단점은 다음과 같다.

- 여러 레코드에 록을 걸면 데드록이 발생할 수 있다. 데드록이 생기지 않는 애플리케이션 코드 작성은 까다로울 수 있다.
- 확장성이 낮다. 트랜잭션이 너무 오랫동안 록을 해제하지 않고 있으면 다른 트랜잭션은 록이 걸린 자원에 접근할 수 없다. 이는 특히 트랜잭션의 수명이 길거나 많은 엔터티에 관련된 경우, 데이터베이스 성능에 심각한 영향을 끼친다.

2 일관성

지급 실행 과정에서 상태 정보를 유지 관리하는 여러 서비스가 호출된다.

- 지급 서비스는 비중복 난수, 지급, 실행 상태 등의 지급 데이터를 유지 관리한다.
- 원장은 모든 회계 데이터를 보관한다.
- 계좌에는 사용자의 계정 잔액을 유지한다.
- 데이터는 안정성을 높이기 위해 여러 데이터베이스 사본에 복제될 수 있다.

분산 환경에서는 서비스 간 통신이 실패하고 데이터 불일치가 발생할 수 있다. 지급 시스템에서 발생 가능한 데이터 일관성 문제를 해결하는 기법은 다음과 같다.

- **2PC**: 여러 노드에 걸쳐 원자적 트랜잭션 실행을 보증하는 데이터베이스 프로토콜이다. 모든 노드가 성공하든 아니면 실패하든 둘 중 하나로 트랜잭션이 마무리되도록 보증한다는 것이다. 2PC는 어느 한 노드에서 장애가 발생하면 해당 장애가 복구될 때까지 진행이 중단된다. 성능이 뛰어난 프로토콜이 아니다.
- **Saga**: 각 노드에 지역적으로 발생하는 트랜잭션을 하나로 엮은 것이라 보면 된다. 각각의 트랜잭션은 완료되면 다음 트랜잭션을 시작하는 트리거로 쓰일 메시지를 만들어 보낸다. 어느 한 트랜잭션이라도 실패하면 Saga는 그 이전 트랜잭션의 결과를 전부 되돌리는 트랜잭션들을 순차적으로 실행한다.

2PC는 여러 노드에 걸친 하나의 트랜잭션을 통해 ACID 속성을 만족시키는 개념이지만 Saga는 각

단계가 하나의 트랜잭션이라서 결과적 일관성에 의존하는 것으로 보아야 한다. 2PC를 사용하는 경우에 일관성은 트랜잭션이 완료된 뒤에나 확인할 수 있다. 보통 검증 방법은 내부 기록과 은행의 명세서를 비교하는 것이다. 그러나 이런 조정 작업으로는 데이터의 정합성 문제가 발생한 사실은 알 수 있지만 그 차이가 왜 발생했는지는 알기 어렵다. 따라서 재현성을 갖춘 시스템을 구성해야 한다.

③ 정합성

데이터는 운영 시스템에 입력되고, 실시간으로 캡처된 변경분은 데이터 웨어하우스로 전송된다. 이어서 ETL을 통해 데이터 웨어하우스에서 데이터 마트로 데이터가 변환되고 로딩된다. 주제에 맞게 데이터 마트가 구성된 후에는 OLAP을 통해 데이터를 집계하고 분석한다. 정합성 문제는 ETL에서 일어난다.

중간에 레코드가 누락되거나, 변환이 잘못되는 경우에 사용자는 잘못된 결과를 보게 될 것이다. 데이터가 잘못되는 경우에는 원인을 분석하고 재처리를 해서 데이터를 일치시키고, 데이터 정합성을 유지해야 한다. 사용자가 데이터를 임의로 변경하는 것은 올바르지 못하며, 추후에 또 다른 문제가 발생할 위험이 있다.

데이터 파이프라인으로 구성되는 분석 시스템은 데이터 정합성을 보장해야 한다. 운영 시스템은 데이터 소스이며, 동시성과 일관성을 통해 정확한 데이터를 보장해야 한다. 만약 분석 시스템이 부정확하면, 운영 시스템과 비교를 통해서 부정확한 부분을 확인하고 정합성을 달성해야 한다.

④ 조정

시스템이 비동기적으로 통신하는 경우 메시지가 전달되거나 응답이 반환된다는 보장이 없다. 이는 시스템 성능을 높이기 위해 비동기 통신을 자주 사용하는 지급 업무 프로세스에서 발생하는 일반적인 문제다. 은행과 연계하는 신용평가기관과 중앙은행 같은 외부 시스템도 비동기 통신을 선호한다. 그렇다면 어떻게 정확성을 보장할 수 있을까?

답은 조정이다. 관련 서비스 간의 상태를 주기적으로 비교하여 일치하는지 확인하는 것이다. 일반적으로 지급 시스템의 마지막 방어선이다.

매일 밤 은행은 외부 은행과 기관에게 정산 파일을 보낸다. 정산 파일에는 은행 계좌의 잔액과 하루 동안 해당 계좌에서 발생한 모든 거래 내역이 기재되어 있다. 조정 시스템은 정산 파일의 세부 정보를 읽어 원장 시스템과 비교한다.

조정 중에 발견된 차이는 일반적으로 재무 팀에 의뢰하여 수동으로 고친다. 발생 가능한 불일치 문제 및 해결 방안은 다음 3가지 범주로 나눌 수 있다.

- **어떤 유형의 문제인지 알고 있으며 문제 해결 절차를 자동화할 수 있는 경우**: 원인과 해결 방법을 알고 있으며, 자동화 프로그램을 작성하는 것이 효율적인 경우다. 엔지니어는 불일치 문제의 분류와 조정 작업을 모두 자동화할 수 있다.
- **어떤 유형의 문제인지는 알지만 문제 해결 절차를 자동화할 수는 없는 경우**: 불일치의 원인과 해결 방법을 알고는 있지만 자동 조정의 작업 비용이 너무 높다. 발생한 불일치 문제는 대기열에 넣고 재무 팀에서 수동으로 수정하도록 한다.
- **분류할 수 없는 유형의 문제인 경우**: 불일치가 어떻게 발생했는지 알지 못하는 경우다. 이런 불일치 문제는 대기열에 넣고 재무 팀에서 조사하도록 요청한다.

5 복식부기

원장 시스템에는 복식부기라는 중요한 설계 원칙이 있다. 복식부기는 모든 지급 시스템의 필수 요소이며 정확한 기록을 남기는 데 핵심적 역할을 한다. 모든 지급 거래를 두 개의 별도 원장 계좌에 같은 금액으로 기록한다. 한 계좌에서는 출금이 이루어지고 다른 계좌에는 입금이 이루어진다.

복식부기 시스템에서 모든 거래 항목의 합계는 0이어야 한다. 1달러를 더하면 다른 쪽에서는 1달러를 빼야 한다. 이 시스템을 활용하면 자금의 흐름을 끝까지 추적할 수 있으며, 지급 주기 전반에 걸쳐 일관성을 보장할 수 있다.

원장은 지급 트랜잭션에 대한 금융 기록이다. 예를 들어 사용자가 판매자에게 1달러를 결제하면 사용자로부터 1달러를 출금하고 판매자에게 1달러를 입금하는 기록을 남긴다. 원장 시스템은 총수익을 계산하거나 향후 수익을 예측하는 등 지급 후 분석에서 매우 중요한 역할을 한다.

6 재시도와 멱등성

모든 지급 시스템은 실패한 지급을 적절히 처리할 수 있어야 한다. 안정성 및 결함 내성은 지급 시스템의 핵심적 요구 사항이다. 또한 모든 단계에서 지급 상태를 정확하게 유지하는 것은 중요하다. 실패가 일어날 때마다 지급 거래의 현재 상태를 파악하고 재시도 또는 환불이 필요한지 여부를 결정한다. 지급 상태는 추가만 가능한 데이터베이스 테이블에 보관한다.

실패를 처리하기 위해서는 재시도 큐와 실패 메시지 대기열을 두는 것이 바람직하다.

- **재시도 대기열**: 일시적 오류 같은 재시도 가능 오류는 재시도 큐에 보낸다.
- **실패 메시지 대기열**: 반복적으로 처리에 실패한 메시지는 결국에는 실패 메시지 대기열로 보낸다. 이 대기열은 문제가 있는 메시지를 디버깅하고 격리하여 성공적으로 처리되지 않은 이유를 파악하기 위한 검사에 유용하다.

지급 시스템에서 발생 가능한 심각한 문제 중 하나는 고객에게 이중으로 청구하는 것이다. 지급 주문이 정확히 한 번만 실행되도록 지급 시스템을 설계하는 것이 중요하다. '최소 한 번' 그리고 '최대 한 번' 이 두 요건이 충족되면 주어진 연산은 정확히 한 번 실행된다. 예를 들어 네트워크 오류나 시간 초과로 인해 지급 거래를 다시 시도해야 하는 경우가 있다고 가정하자. 재시도 메커니즘을 활용하면 어떤 지급이 최소 한 번은 실행되도록 보장 가능하다.

카프카 오프셋처럼 처리된 시점을 정확히 이해하고, 재처리 시에 활용하는 방법도 유용하다. 재시도를 도입할 때는 얼마나 간격을 두고 재시도할지 정하는 것이 중요하다.

- **고정 간격**: 재시도 전에 일정 시간을 기다린다.
- **증분 간격**: 재시도 전에 기다리는 시간을 특정한 양만큼 점진적으로 늘려나가는 방식이다.
- **지수적 백오프**: 재시도 전에 기다리는 시간을 직전 재시도 대비 두 배씩 늘려나가는 방안, 예를 들어 요청이 처음 실패하면 1초 후에 재시도하고, 두 번째로 실패하면 2초, 세 번째로 실패하면 4초를 기다린 후에 재시도한다.

적절한 재시도 전략을 결정하는 것은 어렵다. 모든 상황에 맞는 해결책은 없다. 다만 일반적으로 적용 가능한 지침은, 네트워크 문제가 단시간 내에 해결될 것 같지 않다면 지수적 백오프를 사용하라는 것이다.

한편, 멱등성은 최대 한 번 실행을 보장하기 위한 핵심 개념이다. API 관점에서 보자면 멱등성은 클라이언트가 같은 API 호출을 여러 번 반복해도 항상 동일한 결과가 나온다는 뜻이다. 멱등성을 지원하는 한 가지 방법은 데이터베이스 고유 키 제약 조건을 활용하는 것이다.

클라이언트와 서버 간의 통신을 위해서는 일반적으로 클라이언트가 생성하고 일정 시간이 지나면 만료되는 고유한 값을 멱등 키로 사용한다. 많은 기술 회사가 UUID를 멱등 키로 권장하며 실제로 널리 사용한다. 지급 요청의 멱등성을 보장하기 위해서는 HTTP 헤더에 멱등 키를 추가하면 된다.

이런 시나리오를 생각해보자. 사용자가 지급을 선택해서 멱등 키가 HTTP 요청의 일부로 지급 시스템에 전송되었다. 지급 시스템은 두 번째 요청을 재시도로 처리하는데, 요청에 포함된 멱등 키를 이전에 받은 적이 있기 때문이다. 그런 경우 지급 시스템은 이전 지급 요청의 가장 최근 상태를 반환한다. 동일한 멱등 키로 동시에 많은 요청을 받으면 지급 서비스는 그 가운데 하나만 처리하고 나머지에 대해서는 429 Too Many Requests 상태 코드를 반환한다.

다음으로 지급을 성공적으로 처리했지만 네트워크 오류로 응답이 지급 시스템에 전달되지 못하여, 사용자가 지급 버튼을 다시 선택하는 시나리오도 생각해보자.

지급 서비스는 외부 기관에 비중복 난수를 전송하고 외부 기관은 해당 난수에 대응되는 토큰을 반환한다. 이 난수는 지급을 유일하게 식별하는 구실을 하며, 해당 토큰은 그 난수에 일대일로 대응된다. 따라서 토큰 또한 지급을 유일하게 식별 가능하다. 사용자가 지급 버튼을 다시 누른다 해도 지급이 같으니 외부 기관으로 전송되는 토큰도 같다. 외부 기관은 토큰을 멱등 키로 사용하므로 이중 지급으로 판단하고 종전 실행 결과를 반환한다.

4.1.2 은행 레거시

은행은 상품이 복잡하지는 않고, 고객 정보가 복잡한 편이다. 레거시가 많고, 고객 정보가 다양한 시스템에서 관리되어서 중복되고 정합성에 문제가 발생하기 쉽다. 은행의 계좌 종류는 수십 개에 이르며, 고객의 계정은 단일 시스템에서 관리되지 않고, 다양한 시스템에서 개별적으로 관리된다. 외환 계좌, 카드 계좌, 펀드 계좌, 예금 계좌 등이 개별 시스템에 관리되는 경우가 많다. 고객의 계좌 정보를 조회하면, 다수의 데이터베이스를 호출하는 경우가 빈번하다. 다양한 계좌 간에 연계해서 트랜잭션을 처리하는 경우가 많아 분산 트랜잭션에 대한 처리가 필요하다.

한국의 은행은 차세대 프로젝트를 통해서 레거시를 통합하고, 새로운 시스템으로 대체했다. 이에 따라 코어뱅킹이 유닉스에서 상용 프레임워크 기반으로 운영 중이다. 외국은 차세대 프로젝트보다 수십 년 된 시스템을 개선하면서 사용하는 경우가 대부분이다. 해외 은행의 경우에는 메인프레임에서 코어뱅킹을 운영하는 경우가 많고, 메인프레임의 코어뱅킹은 상용 프레임워크로 운영한다. 50년이 넘은 레거시가 존재하는 경우도 있으며, 이러한 다양한 레거시가 관측 가능성을 어렵게 만든다.

은행의 트랜잭션은 인바운드와 아웃바운드로 구분되며, 여러 단계의 커밋으로 구성된다. 계좌 이체의 경우, 외부 은행으로 요청을 하는 아웃바운드와 외부 은행에서 요청을 받는 인바운드로 구성된다. 돈을 출금하는 첫 번째 커밋과 돈을 입금하는 두 번째 커밋으로 하나의 트랜잭션이 구성되고 처리된다.

은행에서는 분산 트랜잭션을 처리하기 위해서, 다양한 레거시 미들웨어를 사용해왔다. CICS, 턱시도, 오라클 데이터베이스 등으로 분산 트랜잭션을 구현하며, Saga 패턴에 의존하지 않고 기존 레거시의 2PC 분산 트랜잭션 처리 방법을 사용한다.

그림 4.1에 나타낸 것처럼 다양한 레거시 시스템에 직접 연결하고 계측하는 대신 EAI 서버를 계측함으로써, 시간과 비용을 절약하고 기술적 목표를 달성할 수 있다.

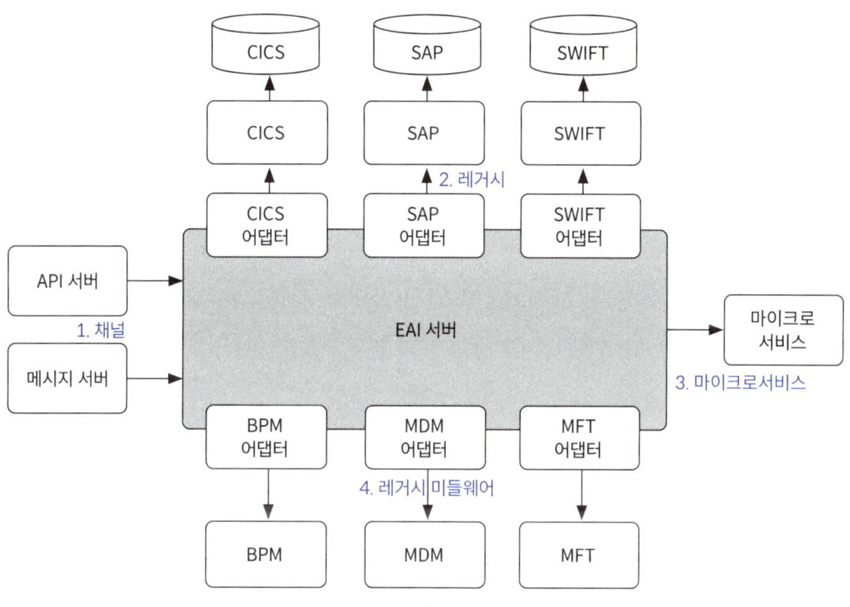

그림 4.1 **EAI 서버의 연계 과정**

EAI 서버를 중심으로 다양한 미들웨어가 연계된다. MDM, BPM, MFT가 EAI 서버와 긴밀하게 연결된다. 즉, EAI 서버를 통해서 관측 가능성을 구성하고, 추적을 생성한다.

워크플로, 메시지 서버, 스트리밍, 이벤트 드리븐, 배치 등 다양한 방법으로 마이크로서비스가 작동하기 때문에 관측 가능성에서는 다양한 예외 사항에 대한 고려가 필요하다. 추적은 클라이언트 계측이 기본인데, 아키텍처에서는 클라이언트가 없는 애매한 상황이 자주 발생한다. 배치로 백엔드에서 실행되거나 EAI 서버와 같은 비동기 메시지 이벤트에 의해 시작되는 경우에는 클라이언트가 없다.

1 턱시도

턱시도는 TP 모니터의 산업 표준이며, C, C++, 코볼, 자바를 사용해서 2PC와 롤백을 보장하는 애플리케이션을 개발할 수 있다. 턱시도는 트랜잭션 관리, 내결함성 및 로드 밸런싱과 같은 기능을 처리하며, 애플리케이션 서버 역할을 한다. CICS가 메인프레임 기반의 트랜잭션 처리 모니터라면, 턱시도는 유닉스의 트랜잭션 처리 모니터이다. 턱시도 클라이언트 애플리케이션은 파워빌더와 델파이를 사용해서 개발한다.

XA 프로토콜을 사용해 복잡한 분산 트랜잭션을 처리하고, 2PC를 지원하기 위해서는 턱시도와 오라클 데이터베이스를 사용했다. 현재까지도 턱시도만큼 XA와 2PC를 지원하는 미들웨어는 없으며, 대부분의 은행, 통신사, 공기업 등에서 널리 사용하고 있다(분산 트랜잭션 처리 기술은 진입 장벽이 높고, 오픈소스에서도 잘 지원하지 못하고 있다). 턱시도는 트랜잭션 관리자, EAI 서버는 리소스 관리자가 되므로 XA로 2대의 PC를 구성할 수 있다.

턱시도의 컴포넌트는 다음과 같다.

- **ATMI(Application-to-Transaction Monitor Interface)**: 턱시도 시스템에 대한 API이다. 여기에는 트랜잭션, 메시지 처리, 서비스 인터페이스 및 버퍼 관리가 포함된다.
- **턱시도 서비스**: 턱시도 클라이언트의 요청을 처리할 수 있는 있는 애플리케이션을 턱시도 서비스라고 한다.
- **턱시도 서버**: 서비스를 감독하는 프로세스다. 서비스를 요청하는 클라이언트를 위해, 턱시도 서버는 턱시도 클라이언트의 각 요청을 적절한 서비스로 분배하고, 클라이언트에 응답한다.
- **턱시도 클라이언트**: 턱시도 클라이언트는 ATMI로 통칭되는 오라클 턱시도 메서드 및 라이브러리를 호출한다. 클라이언트는 필요한 경우에만 서비스에 참여하고, 처리가 완료되면 서비스와 연결을 종료하고, 다른 클라이언트에서 사용할 수 있도록 턱시도 시스템 리소스를 해제한다.

턱시도 서버와 클라이언트는 다음과 같은 정의된 버퍼를 사용해서 통신한다. 버퍼는 IDL과 유사한 개념이다.

- **CArray**: CArray는 정의되지 않은 문자 배열로, 널이 될 수 있다. 이 유형의 버퍼는 턱시도 시스템이 배열의 의미를 해석하지 않는다. CArray는 발송 중에 항상 길이를 제공해야 한다.
- **FML32 버퍼**: 턱시도는 필드형 버퍼를 사용하여, 클라이언트에서 서버로 전송되는 데이터의 형식과 레이아웃을 정의한다. ATMI에서 반환한 메시지는 필드 버퍼를 생성하며, FML(Field Manipulation Language) 메서드는 메시지를 조작하는 데 사용된다.

턱시도는 클라이언트와 서버 간의 메시지를 위해 동기, 비동기, 대기열 기반, 이벤트 기반 등 통신 방식을 제공한다. 또한 게이트웨이로는 졸트, JMS C API, 웹로직 턱시도 커넥터, 팁코 턱시도 어댑터 등이 있다. 다양한 방식이 가능하지만, 데모에서는 팁코 턱시도 어댑터의 FML32와 ATMI를 사용해서 턱시도 서버와 연계하겠다.

팁코 턱시도 어댑터는 턱시도 서버에 연결하여 클라이언트 역할을 수행한다. 팁코 EAI 서버는 오픈텔레메트리를 사용하여 계측을 할 수 있다. 따라서 턱시도와 연계되어 처리되는 모든 스텝을 스팬으로 생성할 수 있다.

턱시도 서버를 시작하기 위해서는 먼저 다음과 같이 다양한 환경 변수를 설정해야 한다.

```
> set TUXDIR=C₩bea\tuxedo8.1
> set WSNADDR=//127.0.0.1:5000
> set APPDIR=C:\tuxedo
> set PATH=%TUXDIR%\bin;%APPDIR%;%PATH%
> set TUXCONFIG=%APPDIR%\tuxconfig
> set ULOGPFX=%APPDIR%\ulog
```

tmboot를 통해서 턱시도 서버와 애플리케이션을 실행하면, 3개의 프로세스가 시작되는 것을 확인할 수 있다.

```
> tmboot -y
Booting all admin and server processes in C:\tuxedo\tuxconfig
...

Booting admin processes ...

exec BBL -A :
        process id=364 ... Started.

Booting server processes ...

exec WSL -A -- -n //127.0.0.1:5000 -m 1 -M 10 -x 1 :
        process id=292 ... Started.
exec server -A :
        process id=1148 ... Started.
3 processes started.
```

레거시에 관측 가능성을 적용해도 서버 애플리케이션을 변경하지는 않는다. 클라이언트는 다양한 언어로 개발이 가능하고 관측 가능성을 적용할 수 있다. 턱시도의 관측 가능성은 클라이언트에 구현되어서, 클라이언트와 서버 간의 지연을 측정한다. 관측 가능성에서는 클라이언트의 계측이 기본적인 요구 사항이다.

턱시도 어댑터는 내부적으로 턱시도 ATMI API와 팁코 API를 사용해서 개발되었으며, 턱시도 서버로 요청에 대한 지연을 계산한다.

- 턱시도 서버와 클라이언트는 FML 메시지 형식을 통해서 입력과 출력을 생성하고 통신한다. CICS의 CommArea, RPC의 IDL과 유사한 의미다.
- 턱시도 어댑터는 턱시도 클라이언트의 역할을 하며, 팁코 개발 툴에서 어댑터를 실행하고 손쉽게 테스트할 수 있는 환경을 제공한다.

그림 4.2처럼 FML 기반으로 연계에 필요한 응답 스키마를 구성할 수 있다.

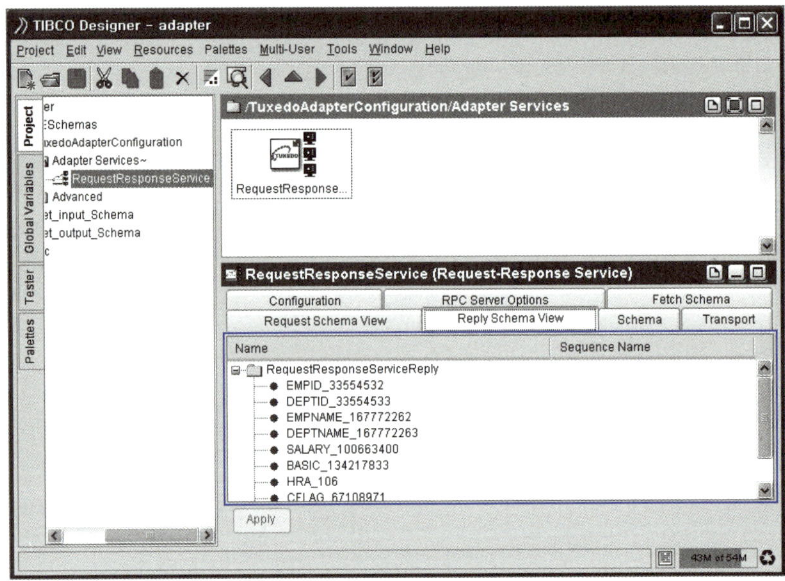

그림 4.2 **턱시도 어댑터 구성 화면**

EAI 서버의 프로세스는 다수의 스텝을 거치고 처리가 완료된다. 프로세스 내에 포함되는 모든 개별 스텝은 관측 가능성에서 측정되어야 하는 대상이다. 각 스텝별로 스팬을 생성해야 한다. 각 단계별로 지연과 에러율, 처리량 등이 관측 가능성에서 측정되어야만, 장애 발생 시에 대응과 근본 원인 분석이 가능하다.

2 CICS

은행은 메인프레임을 사용하는 대표적인 도메인이다. 전 세계 많은 은행은 아직까지 IMS 미들웨어와 계층형 IMS 데이터베이스를 사용해서 지급 서비스를 제공하고 있다. 은행의 경우에는 CICS와 DB2보다 더 오래된 IMS Transaction Manager와 Database Manager를 사용하는 경우도 많다.

코볼보다 오래된 PL1으로 개발된 애플리케이션은 SNA LU0, LU6.2라는 고유한 프로토콜로 운영되고 있다. CAPA는 일본 IBM에서 개발된 코어뱅킹 시스템인데, 유닉스로 다운사이징 이전에는 한국의 많은 은행도 이러한 CAPA 방식으로 구현되었다.

은행 계정계의 접근 채널은 내부 터미널, 내부 애플리케이션 및 외부 기관이 있으며 접근 채널에 따라 지원되는 거래 유형이 상이하다.

접근 채널	종류	특성
내부 터미널	청구 단말	C++로 작성된 클라이언트 프로그램으로 TCP를 이용해서 게이트웨이와 연결되며, 게이트웨이는 SNA로 계정계와 연결되어 있다.
내부 터미널	자동화 기기	CAPA 헤더는 지점에서 조립되며, TCP를 이용하여 게이트웨이와 연결된다.
내부 애플리케이션	서버	계정계와 그 외 시스템의 연계를 담당하는 서버이다. 미들웨어, FEP, MRS, 게이트웨이 서버 등이 있다.
외부 기관	서버	X.25로 계정계와 접속되거나, FEP 서버를 경유하여 계정계와 접속된다.

다양한 채널로부터 요청되는 트랜잭션을 처리하기 위한 서버가 필요한데, CICS와 IMS는 메인프레임에서 운영되는 미들웨어다. 네트워크는 TCP를 사용하지 않고, LU0, LU6.2를 사용하고 SNA 서버를 통해서 SNA와 TCP를 연계하는 구성이다.

IMS/CAPA보다 개선된 미들웨어는 관계형 데이터베이스를 사용하는 DB2와 CICS 미들웨어다. CICS는 고객 정보 제어 시스템(Customer Information Control System)을 의미한다. CICS는 분산 트랜잭션 처리와 안정적인 은행 서비스를 제공하기 위한 메인프레임 기반의 TP 모니터 미들웨어다. CICS 사용자는 트랜잭션을 제출하여 실행된다. 트랜잭션은 필요한 기능을 구현하는 다수의 애플리케이션으로 구성된다.

데모에서는 CICS의 오픈시스템 버전인 TXSeries를 사용하겠다. 코볼과 C를 사용해서 애플리케이션을 개발하고, 메인프레임 CICS와 호환성을 보장할 수 있다. DB2, VSAM(SFS) 등 백엔드 데이터 스토리지도 지원한다. 리전 리스너, 파일시스템 등 자원을 생성하고 관리할 수도 있다. 데모 코볼 애플리케이션은 TXSeries에서 프로그램과 트랜잭션에 등록되고 런타임에 배포된다.

CICS 클라이언트는 다양한 형태로 구현될 수 있다. 전통적인 방식은 그림 4.3처럼 3270 터미널을 사용하는 것이다. 근래에는 웹을 사용한 사용자 친화적인 화면을 사용하지만, 예전 은행의 업무 화면은 3270 터미널에서 처리되었다. 그림 4.3은 3270 터미널에서 데모 애플리케이션이 운영되는 것을 보여준다.

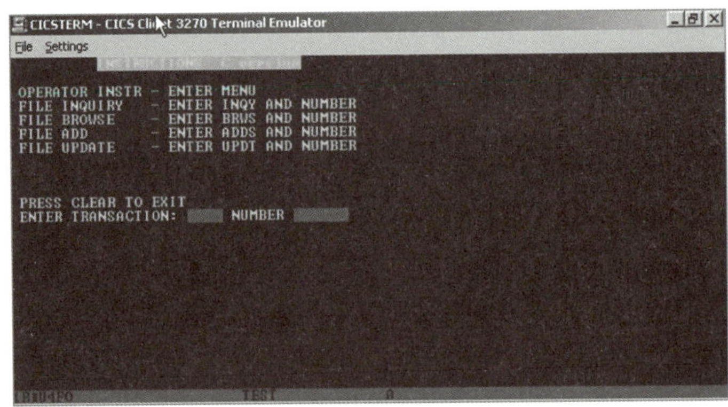

그림 4.3 CICS 3270 클라이언트

오픈텔레메트리에서는 코볼로 개발된 애플리케이션에 계측하는 방법을 제공하지 않는다. 은행의 보수적인 성향을 고려하면 에이전트가 제공되더라도, 직접적으로 코볼 애플리케이션에 계측하는 것을 동의하는 메인프레임 운영자는 없을 것이다. 수동 계측을 위해서 CICS의 코볼 코드를 수정하는 것도 쉽지 않다. 기술적인 문제를 떠나서, 조직적인 동의를 구하는 것이 쉽지 않다. 그래서 추천하는 방법은 CICS를 직접 계측하는 것보다, CICS 클라이언트에 해당하는 애플리케이션을 계측하는 것이다.

CICS 트랜잭션 게이트웨이(CTG), 소켓 등을 사용해서 다양한 유형의 클라이언트 애플리케이션을 개발할 수 있다. CICS는 소켓 통신을 지원한다. CICS에 등록된 프로그램은 소켓 서버가 되고, 클라이언트는 다양한 언어를 사용해서 개발 가능하다. EAI 서버는 소켓 통신을 지원하므로 CICS 서버에 배포된 소켓 서버와 통신할 수 있다. 여러 가지 방법이 가능하지만, 데모에서는 CTG와 CICS 어댑터를 사용해서, 관측 가능성을 구현하겠다.

CTG는 코볼 카피북을 통해서 CICS 서버에 데이터를 요청하고 응답받는다. CTG 애플리케이션은 보통 자바로 개발되는 경우가 많다. 오픈텔레메트리 에이전트를 사용해서 CTG에 배포된 자바 애플리케이션을 계측하면, CICS 서버로 요청되는 트랜잭션을 추적할 수 있다. 오픈텔레메트리 에이전트를 사용하면 코볼은 계측이 안 되지만, 자바는 계측이 가능하므로 관측 가능성의 구현에는 문제가 없다.

팁코 EAI 서버는 CICS 어댑터를 제공한다. 이를 사용하면 CICS 직접 연계나 CTG를 통한 연계가 가능하다. 그러므로 코볼과 CICS에 직접적인 연계 없이도, 관측 가능성이 가능하다. 아직까지 다수의 EAI 서버는 오픈텔레메트리를 지원하지 않는다. 하지만 웹메서드와 팁코 EAI 서버는 오픈텔레메트리 계측을 지원한다.

서버 UCC는 CTG의 컴포넌트이며, CICS와 통신한다. UCC와 CICS 서버가 통신할 때에는 디폴트로 1435를 사용하는데, C로 개발된 프로그램일 경우 자바 게이트웨이 없이, 곧바로 UCC에서 CICS 서버로 호출한다. 3270 클라이언트를 사용하여, CICS 서버에 등록된 프로그램을 테스트할 경우에는 1435번 포트로 사용한다.

자바로 된 프로그램일 경우, 자바 게이트웨이를 2006번 포트를 사용하여 호출한 후, 내부적으로 자바 게이트웨이에서 UCC로 호출한 후, 다시 CICS 서버로 호출이 이어진다. 이렇게 자바 게이트웨이와 UCC를 모두 합쳐서 CTG 서버라고 칭한다. 이번 데모에는 CTG 서버, CICS 서버, 팁코 CICS 어댑터의 구성이 필요하다. 먼저 CICS 어댑터를 구성한다.

1. CTG 호스트와 포트를 입력한다.
2. CICS 프로그램을 실행하기 위해서는, CICS에 등록된 사용자 정보를 입력해야 한다.
3. 트랜잭션은 SXEX를 입력한다.
4. CTG 서버명에는 CICS 리소스의 정보를 입력한다.

CICS에 직접 연계하거나, 중간에 CTG 서버를 경유해서 EAI 서버와 연계하는 것이 가능하다. 그림 4.4처럼 데모에서는 CTG를 사용해서 EAI 서버와 연계했다.

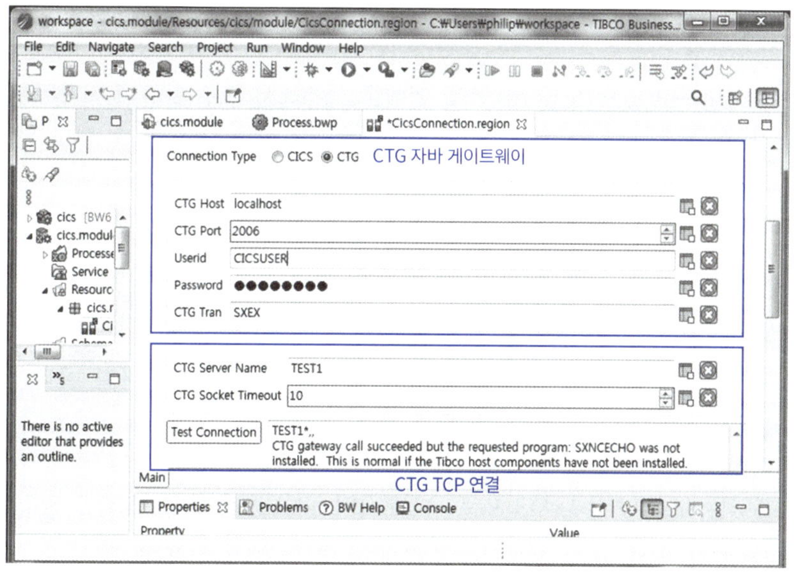

그림 4.4 CICS CTG 어댑터의 연결 화면

CICS 서버 설정은 다음과 같이 한다.

1. 프로토콜은 TCP를 사용한다.
2. 초기 트랜잭션은 옵션이고, CEMT 관리 트랜잭션을 지정한다.
3. 호스트 이름은 CICS의 IP 주소를 입력한다.

끝으로 CTG 서버를 설정한다.

1. 2006 포트로 CTG에 접속한다.
2. 프로토콜은 TCP를 사용한다.
3. 호스트명에 CICS 서버명을 입력하고, 포트는 1435를 입력한 후 완료 버튼을 누른다.

❸ SAP ERP

SAP는 상업적으로 가장 성공한 ERP이며, 국내외 대부분의 기업에서 사용하는 애플리케이션이다. 생산, 물류, 회계 등 기업에 필요한 비즈니스 프로세스를 제공한다. 고객에게 서비스를 제공하는 프런트엔드를 제외한, 대부분의 백오피스는 SAP로 구성되는 경우가 많다.

CICS 코볼 애플리케이션에서 개방형 턱시도 C로 마이그레이션되었으며, 많은 레거시 애플리케이션이 SAP로 통합되고 마이그레이션되고 있다. 근래에는 SAP를 클라우드에 구성하고 운영한다. 다양한 산업에서 SAP를 사용하고 있는데, 은행에서는 SAP 코어뱅킹 설루션도 사용된다. SAP는 업무 프로세스를 포함하고 있으며, ABAB 개발 언어를 사용해서 요구 사항에 적합하게 커스터마이징하여 사용한다.

SAP는 내부적으로 복잡한 아키텍처로 구성되어 있다. 데모에서는 SAP의 내부적인 구성까지는 설명하지 않고, 관측 가능성을 구현하기 위한 SAP 클라이언트 라이브러리를 사용한다. SAP는 넷위버(NetWeaver) 애플리케이션 서버와 하나(HANA) 데이터베이스로 구성된다. 넷위버 애플리케이션 서버는 외부 클라이언트에서 요청을 받아서, SAP 서버의 메서드를 호출한다. 클라이언트는 SAP API를 사용해서, SAP 서버와 연계할 수 있다.

팁코 SAP 어댑터는 SAP API를 내부적으로 구현했으며, SAP 클라이언트 역할로 SAP 서버와 통신할 수 있다. 팁코 EAI 어댑터는 다음과 같은 SAP 통합 인터페이스를 지원한다.

- **BAPI(Business Application Programming Interface)**: SAP 비즈니스 객체에서 외부에 제공되는 메서드다. 이 인터페이스는 SAP 서버에 대한 실시간 쿼리 및 업데이트를 처리하기에 적합하다.

- **RFC(Remote Function Call)**: 외부에서 RFC가 활성화된 SAP ABAP 함수를 호출할 수 있다. 기능 면에서 BAPI와 유사하지만, SAP 비즈니스 객체에 연결되지 않는다.
- **ALE/IDoc**: 이벤트 중심의 비동기식 데이터 연계를 용이하게 한다.

데모에서는 RFC 방식을 사용한다. SAP 서버와 연계하기 위해서, RFC와 OData 프로토콜을 사용해서 SAP 클라이언트를 개발한다. OData 클라이언트를 사용해서 넷위버 애플리케이션 서버를 호출하거나, SAP RFC 클라이언트 라이브러리를 사용해서 SAP 서버의 RFC 메서드를 직접 호출할 수 있다. RFC 클라이언트는 JCO 자바로 개발되고, OData는 자바 API를 제공하므로 오픈텔레메트리 에이전트를 사용해서 추적을 생성할 수 있다.

CICS, 턱시도와 마찬가지로 SAP 서버를 직접 계측하는 것보다는 레거시를 연결하는 클라이언트를 계측하는 것이 유용하다. 데모에서 사용하는 클라이언트는 JCO와 팁코 SAP 어댑터다. 팁코 EAI 서버는 SAP 어댑터를 제공한다. EAI 서버와 SAP 어댑터를 직접 계측함으로써 스팬을 생성할 수 있다.

JCO는 자바 라이브러리이므로 클래스 패스 설정이 필요하다. SAP 연결 정보를 입력하고, 정상적으로 연결이 되는지 먼저 확인한다. 그림 4.5는 SAP 어댑터를 사용해서 데모 SAP 서버에 연결을 구성하는 과정을 보여준다.

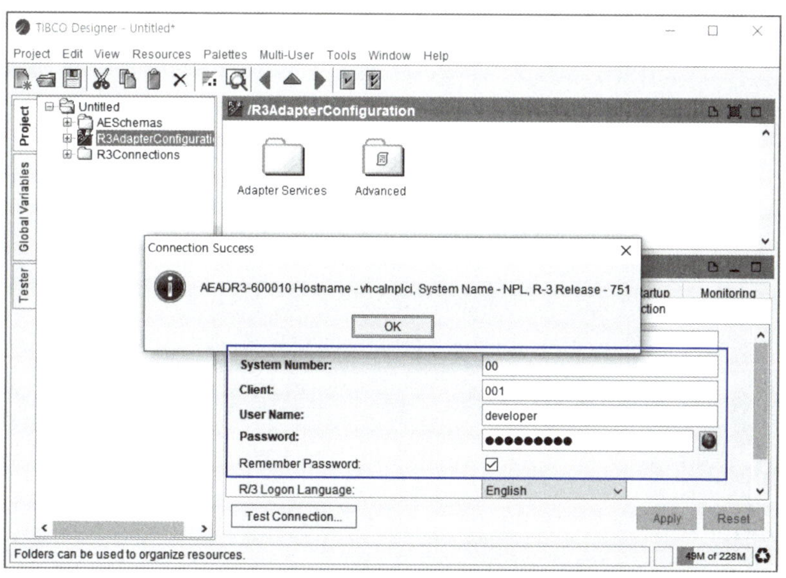

그림 4.5 SAP 어댑터의 연결 정보

SAP의 내부 기능은 RFC로 개발되었다. EAI 서버는 SAP와 연계하기 위해서, RFC를 호출한다. EAI 서버와 SAP 어댑터는 SAP 서버 입장에서는 클라이언트다. 관측 가능성은 SAP 어댑터를 계측함으로써, SAP 서버로 전달되는 요청을 측정할 수 있다.

그림 4.6처럼 SAP 어댑터에서 RFC를 선택하면, 자동으로 입출력에 필요한 스키마를 생성한다.

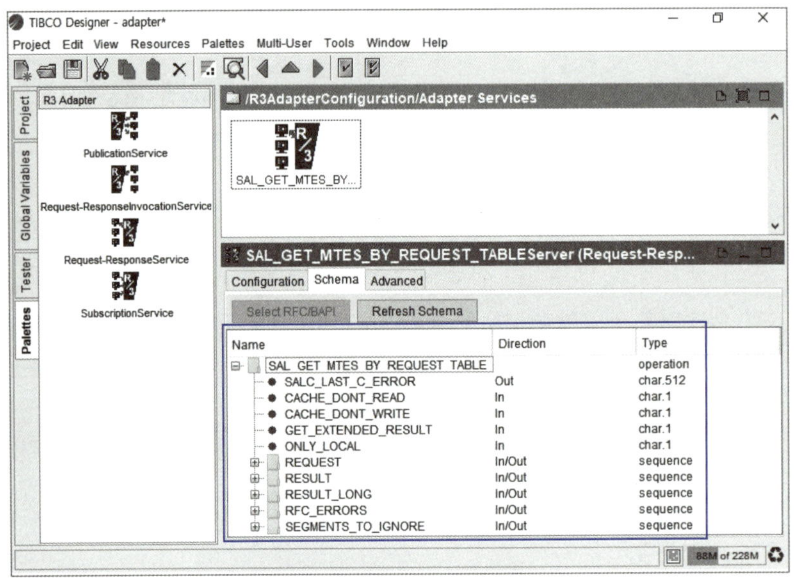

그림 4.6 **SAP 어댑터의 스키마**

특정 RFC를 선택하면, 입력과 출력에 필요한 스키마를 자동으로 생성한다. 작동 방식이 턱시도의 FML32와 유사한 것을 확인할 수 있다. 요청과 응답에 필요한 스키마를 자동으로 생성하고, 클라이언트는 스키마 형식에 맞춰 요청과 응답을 SAP 서버에 요청한다. 추적은 요청과 응답의 처리 시간을 측정하는 것이다.

SAP, 시벨 및 피플소프트 비즈니스 애플리케이션은 내부적으로 컴포넌트를 사용하여 비즈니스 프로세스를 구성한다. 이러한 애플리케이션은 외부에 컴포넌트를 제공한다. EAI 서버는 컴포넌트와 인터페이스할 수 있다. 반면 CICS와 턱시도는 내부에 컴포넌트를 포함하지 않고 스키마를 개발할 수 있는 SDK를 제공한다.

❹ 고객 마스터

은행은 고객 마스터(Customer Master)를 관리한다. 그림 4.7처럼 고객 MDM(Master Data Management) 서버는 EAI 서버 개발 툴에서 MDM 서버를 호출할 수 있도록 인터페이스를 제공한다.

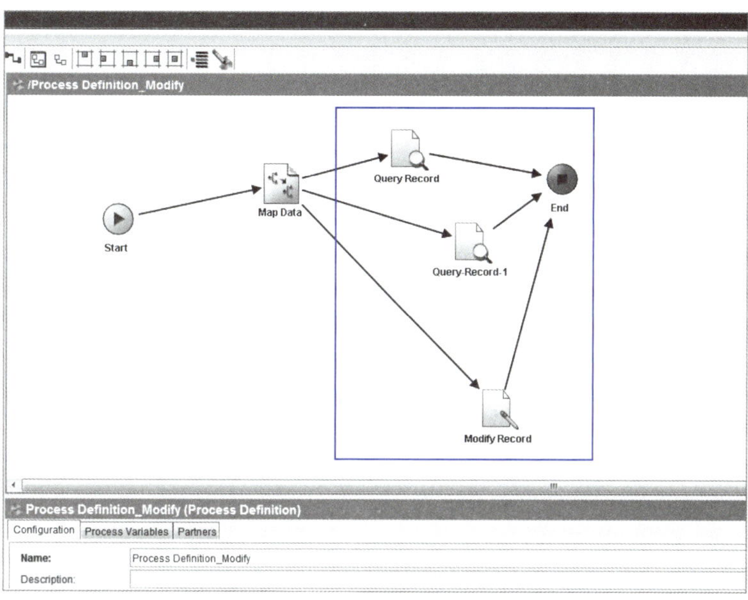

그림 4.7 고객 마스터 관리 데이터의 프로세스

고객 데이터는 상품 데이터와는 다른 특성을 가지고 있다. 은행처럼 오랜 기간 동안 레거시를 운영하고 있는 기업은 고객 마스터를 사용한다. 유사한 데이터가 다양한 시스템에서 중복되어 관리되므로 데이터 정합성에 문제가 있을 가능성이 높은데, 마스터 데이터 시스템에서 체계적으로 관리함으로써 고객 데이터의 성능과 정합성을 향상시킬 수 있다. 고객 마스터는 실시간 처리가 필요하므로 관측 가능성과 추적이 중요하다.

고객 관리, 계정계 등 마스터 데이터를 필요로 하거나 동기화가 되어야 하는 애플리케이션이 다수 있다. 타 시스템에서 고객의 정보가 변경되는 경우에는 마스터 데이터에 변경이 반영되어야 한다. 이러한 연계를 효율적으로 관리하고 구성해야 하는데, EAI 서버를 통해서 마스터 데이터와 연계를 하는 것이 유용하다.

팁코 MDM 서버는 마스터 데이터 관리 애플리케이션으로 조직, 기업 시스템, 파트너 전반에 걸쳐 마스터 데이터의 일관성, 완전성, 정확성을 보장할 수 있다. 조직 내에서 마스터 데이터를 관리하고, 동기화하기 위한 방식을 제공한다.

팁코 MDM은 REST API를 제공하며, 외부와 연계를 지원한다. 팁코 EAI 서버는 MDM 서버가 제공하는 외부 API를 사용하여, 쉽게 MDM 서버와 연계할 수 있다. EAI 서버를 계측함으로써, MDM 서버의 요청을 측정할 수 있다. 이 책에서는 계측된 EAI 서버를 MDM, MFT, BPM과 연계하고, EAI 서버를 통해서 다양한 서버를 계측한다.

레거시 미들웨어에는 고객 MDM, 제품 MDM, BPM, EAI, API 관리, 배치, MFT, ETL이 포함되며, EAI가 중심이 되어 모든 레거시 미들웨어를 인터페이싱한다. 각 레거시 미들웨어에서는 일반적으로 수백에서 수천 개의 프로세스가 실행되고 있다.

5 오라클 ERP

SAP가 제조업의 주문, 생산에 강점이 있다면, 오라클 ERP는 회계, 은행 분야에 많은 사례가 있다. 오라클은 1980년대 후반에 재무 소프트웨어 애플리케이션 제품군을 처음 출시했다. 2009년에는 공급망 관리, 인적 자원 관리, 창고 관리, 고객 관계 관리, 콜센터 서비스, 제품 수명 주기 관리 및 기타 여러 분야로 확장했다.

오라클은 가장 성공한 데이터베이스 외에도 다양한 애플리케이션과 미들웨어를 제공한다. 그림 4.8은 오라클 ERP 화면이며, 별도로 CS 기반 폼 화면도 제공한다.

ERP는 중요한 프로세스와 데이터를 관리하므로 기업 내 타 애플리케이션과 연계가 필요하다. 오라클 ERP는 오라클 데이터베이스에 데이터를 저장하며, EAI 서버는 팁코 데이터베이스 어댑터를 사용해서 오라클 ERP와 연계한다.

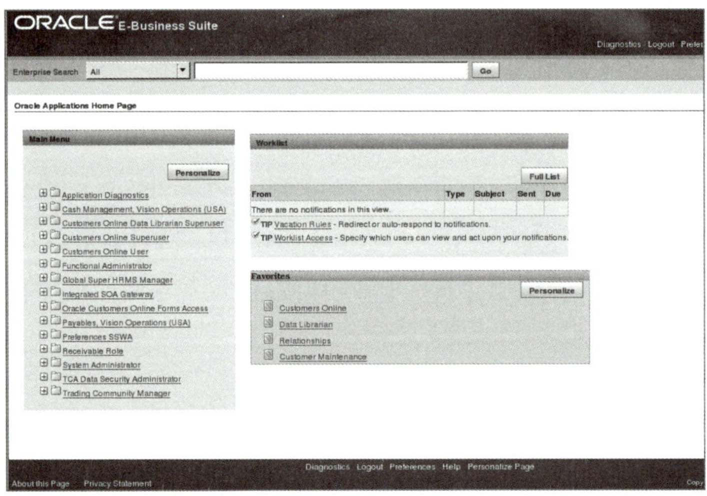

그림 4.8 오라클 ERP의 사용자 화면

오라클 ERP는 외부 인터페이스를 위한 인터페이스 테이블을 제공한다. 오라클 데이터베이스의 트리거를 사용해서 이벤트를 처리한다. 데이터베이스 어댑터는 인터페이스 테이블과 ODBC로 연계한다. 그림 4.9는 오라클 ERP 연계를 위한 ODBC 드라이버를 설정하는 것을 보여준다.

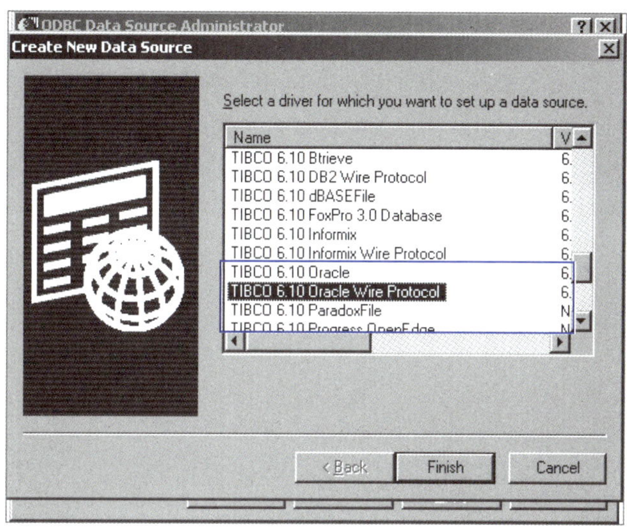

그림 4.9 오라클 ERP 어댑터 구성 화면

6 파일 전송 관리

은행에서는 수천 개 이상의 배치와 파일 전송이 이뤄진다. 파일 전송의 개수가 너무 많아서 문제가 발생해도 인지하지 못하거나 관리하기 어려운 것이 사실이다. 그러므로 파일 전송을 관리하기 위한 서버가 별도로 존재하는데, 이것이 MFT(Managed File Transfer)이다. MFT 서버는 안정적인 파일 전송과 보안 및 스케줄링을 지원한다. 그림 4.10처럼 EAI 서버에서 MFT 서버를 호출하는 파일 전송 프로세스를 개발할 수 있다.

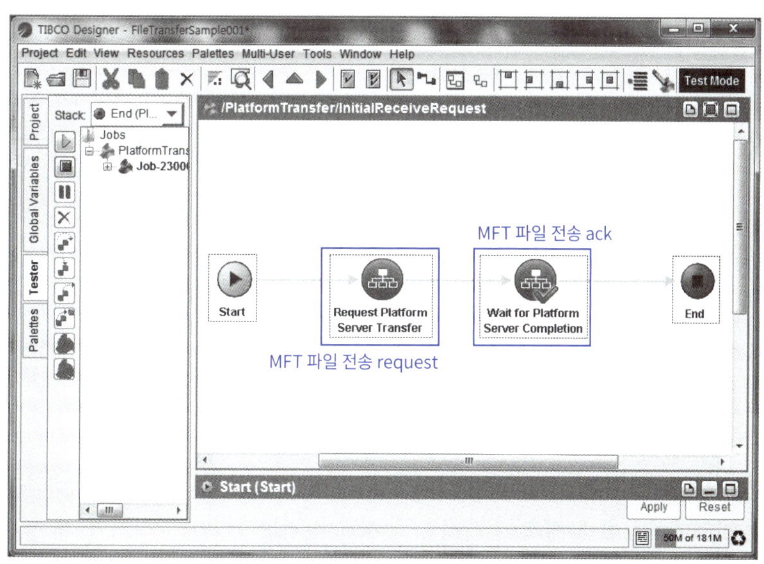

그림 4.10 MFT 프로세스

MFT 서버는 파일 전송에 대한 로그와 히스토리 정보를 제공하고, 전송 실패 시 재전송에 대한 정책을 정할 수 있다. 파일 전송을 처리하기 위해서 각 호스트에 MFT 에이전트를 설치하고, 에이전트 간에 파일 전송을 수행한다. 기본적인 파일 전송은 MFT 에이전트를 사용하지만, MFT 서버가 다른 애플리케이션과 복잡한 파일 전송이 필요하면, EAI 서버를 통해서 처리할 수 있다. MFT 서버는 파일의 전송을 관리하는 API를 제공하고, 외부에서는 MFT 서버의 REST API를 사용해서 파일 전송 프로세스를 시작하고, 상태를 관리할 수 있다.

7 스위프트

스위프트(SWIFT)는 전 세계 은행 간에 빠르고 안전하게 은행 메시지를 주고받을 수 있는 자동화된 수단을 제공하는 단체이다. 국내외 은행 간에 거래를 하는 경우에는 스위프트를 사용한다. 은행은 스위프트 네트워크와 연계하고, MT 메시지 형식을 준수해서 데이터를 주고받는다.

스위프트 사용자는 브로커, 딜러 또는 투자 관리자와 같은 은행 기관이 포함되고 결제, 증권, 외환, 머니 마켓, 재무 및 무역 업무를 처리한다. 모든 스위프트 사용자는 스위프트 네트워크에서 은행 식별 코드인 BIC(Bank Identifier Code)라는 고유 주소로 식별된다. 스위프트 네트워크를 통해 메시지를 교환하려면, 모든 사용자는 하나 이상의 고유 BIC를 가지고 있어야 한다.

그림 4.11에서 CASmf 서버는 SAA에 구성되며, 스위프트 네트워크에 연계하기 위한 레거시 미들웨어다. 스위프트의 공통 애플리케이션 서버인 CASmf는 스위프트 얼라이언스 서버에서 연결하고, 스위프트 메시지를 전송하는 미들웨어다.

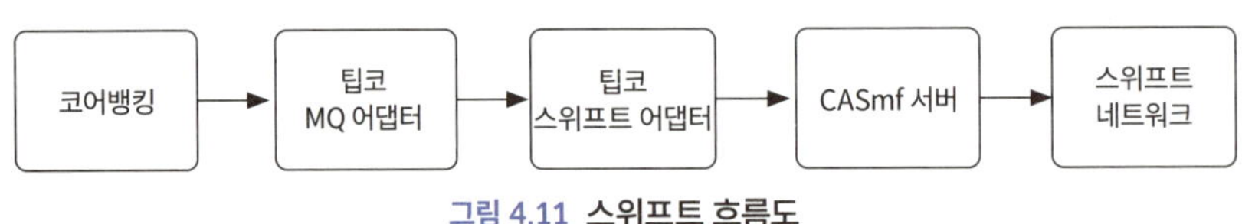

그림 4.11 스위프트 흐름도

이번 데모에서는 CASmf 인터페이스를 사용하여, 스위프트 얼라이언스 서버인 SAA(SWIFT Alliance Access)와 통신한다. CASmf는 메시지 애플리케이션의 각 인스턴스에 부여된 이름인 MAPID를 사용하여, 사용자 애플리케이션과 SAA 간의 통신을 설정한다. MAPID는 사용자 호스트와 스위프트 인터페이스에서 정의된다.

CASmf는 사용자 애플리케이션 개발자에게 API를 제공한다. API를 사용하면 사용자 호스트 환경이 스위프트 인터페이스와 통신하여 실시간 세션을 설정할 수 있다. 실시간 세션이 설정되면 메시지를 교환할 수 있다. API는 세션을 열거나 닫거나 중단하고, 데이터를 보내거나 받을 수 있다. CASmf 서버는 C API를 제공하며, 스위프트 어댑터는 CASmf C API를 사용하는 CASmf 클라이언트다. 스위프트 어댑터는 CASmf 서버를 통해서, 스위프트와 연계하게 된다.

스위프트에서 처리하는 트랜잭션은 큰 금액이므로 모든 트랜잭션은 관측 가능성이 적용되어야 하고, 실패 시 롤백 처리가 되어야 한다. 일반적으로 지급과 외환을 관리하는 코어뱅킹은 은행 내부에 있으며, EAI 서버는 MT 형식의 메시지를 CASmf를 통해서 스위프트 네트워크로 전송한다.

CASmf의 구성은 그림 4.12와 같으며, 시작 후에 다음과 같이 MAPID가 구성되는 것을 확인할 수 있다. loopback과 CBTemulator는 각각 송신과 수신에 사용되는 MAPID다.

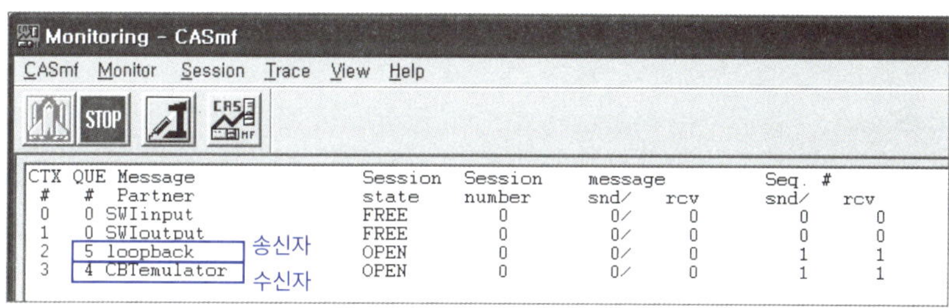

그림 4.12 **CASmf 관리 화면**

스위프트 CASmf 어댑터가 시작한 것을 확인할 수 있다. 스위프트 어댑터는 CASmf와의 연계를 구성한다. 팁코 EAI 서버 내 연계 프로세스는 요청, 응답, 다양한 입출력을 변환하는 등 다수의 단계로 구성된다. 개별 단계는 스팬으로 표현되고, 오픈텔레메트리로 계측된다. 데모를 통해서 스팬의 결과를 확인할 수 있다.

EAI 서버는 드래그앤드드롭으로 손쉽게 연계 프로세스를 개발할 수 있는 기능을 제공한다. 연계 프로세스가 수천 개 이상인 조직이 많기 때문에, 코드를 개발하는 것보다 개발 툴을 사용하는 것이 생산성을 향상시키고 운영과 관리에 유리하다. 그림 4.13처럼 스위프트 어댑터를 사용해서 CASmf와의 송신과 수신을 위한 인터페이스를 개발할 수 있다.

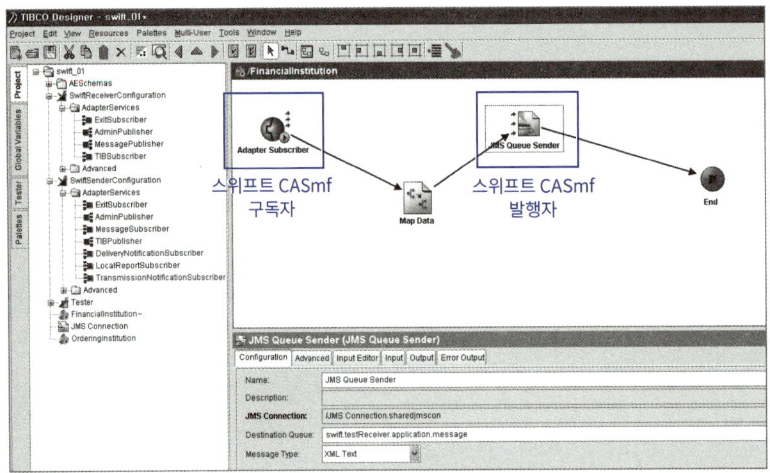

그림 4.13 스위스트 연계 프로세스

8 로터스 노츠

로터스 노츠(Lotus Notes)는 마이크로소프트 아웃룩 이전에 많이 사용되던 IBM의 그룹웨어이다. 이메일, 일정, 문서 등 기업의 협업에 필요한 소프트웨어를 제공한다. 로터스 노츠는 자체적인 데이터베이스를 관리하며, 그 데이터베이스는 문서(Document), 양식(Form), 보기(View)로 구성된다. 노츠 데이터베이스에 팁코 로터스 노츠 어댑터를 위한 템플릿(보기, 양식)이 있어야만, 팁코 EAI 서버와 연계할 수 있다. 템플릿은 노츠 어댑터 설치 시 제공되는 .nsf 파일이다.

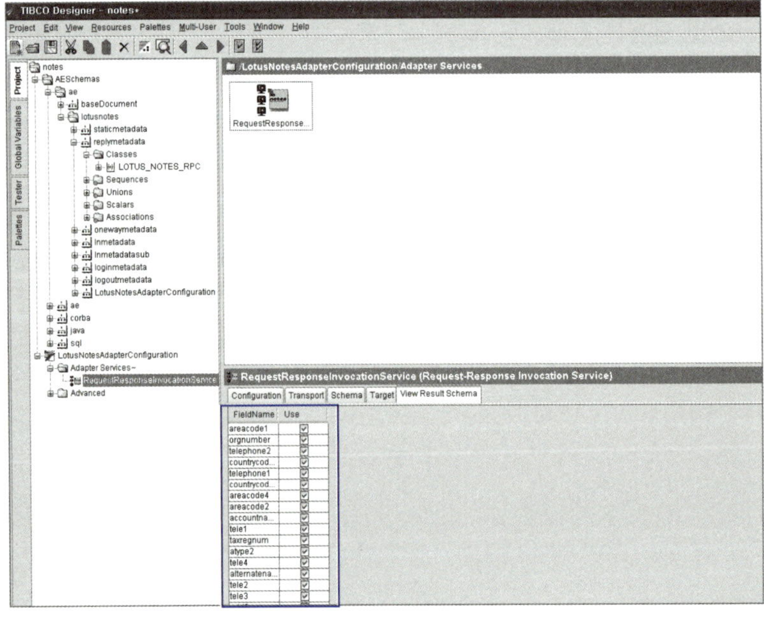

그림 4.14 노츠 어댑터 구성 화면

로터스 노츠 에이전트는 발송 서비스 및 요청과 응답 호출 서비스에만 사용된다. 모든 에이전트는 에이전트를 정의할 때 가져오는 자바 클래스를 실행한다. 에이전트 클래스 파일은 ADLN_HOME/lib/agents 디렉터리에서 관리된다. 에이전트를 사용하려면, 로터스 노츠 디자이너를 사용하여 해당 에이전트를 데이터베이스로 가져와야 한다.

HTTP 에이전트는 로터스 노츠 이벤트 설정 문서에 지정된 호스트 이름과 포트 번호를 사용하여, 이벤트가 발송될 것임을 알린다. 이때 포트 번호는 로터스 노츠 어댑터 인스턴스 구성의 어댑터 서비스 탭에 있는 로터스 노츠 이벤트를 수신할 HTTP 포트 필드와 일치해야 한다.

폴링 에이전트는 어댑터에 알리지 않고 문서를 받은 편지함으로 보낸다. 발송자는 발송되지 않은 이벤트가 있는지 지속적으로 보낼 편지함을 폴링한다.

9 IBM MQ

IBM MQ는 애플리케이션 간 통신에 사용할 수 있는 메시지 서버다. IBM MQ를 사용하면, 서로 다른 환경의 애플리케이션이 대기열을 사용하여, 비동기적으로 데이터를 교환할 수 있다.

EAI 서버는 MQ 어댑터를 통해서 메시지 발행과 구독을 처리한다. MQ는 고유의 MQ API와 JMS API를 지원한다. 데모에서는 MQ API를 사용하고, MQ 어댑터를 사용해서 MQ 서버와 연계한다.

대기열 관리자는 다수의 대기열을 관리한다. 발행자는 대기열에 메시지를 발송하고, 구독자는 대기열에서 메시지를 구독한다.

MQ의 구성은 다음 그림과 같다. MQ 어댑터는 대기열에서 메시지를 구독하거나, 대기열로 메시지를 발송하는 역할을 수행한다.

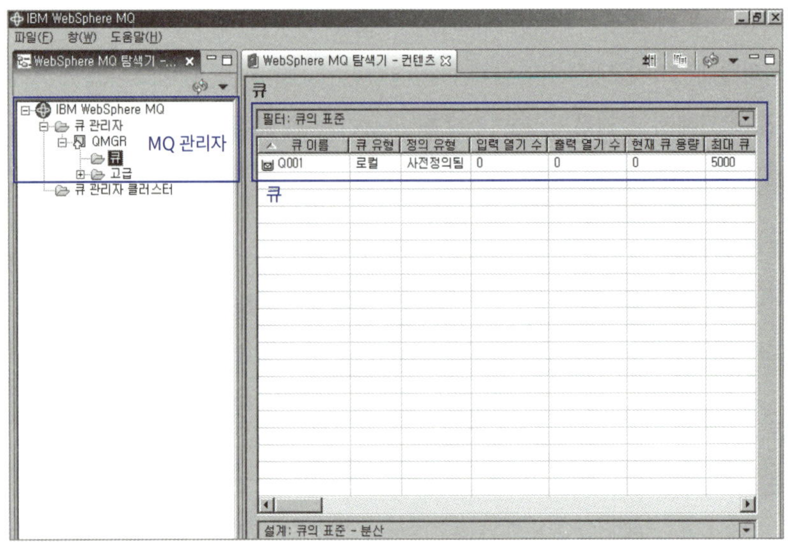

그림 4.15 MQ관리 화면

10 데이터스테이지 ETL

데이터 파이프라인을 개발하기 위해서는 ETL이 필요하다. 규모가 큰 기업에서는 EAI 서버에 구성된 프로세스가 수천 개에 이른다. 마이크로서비스 관측 가능성뿐만 아니라, 데이터 파이프라인에 대한 관측 가능성도 필요하다.

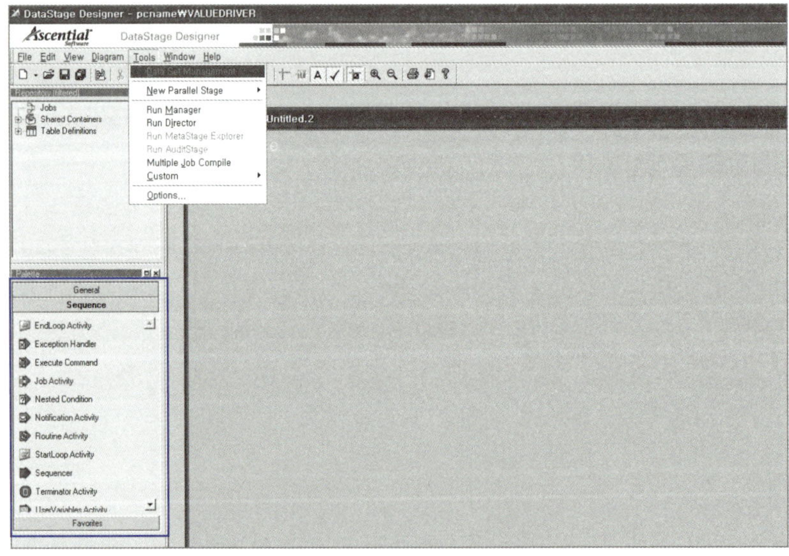

그림 4.16 데이터스테이지 개발 화면

데이터스테이지 같은 레거시 ETL은 오픈텔레메트리 같은 관측 가능성을 제공하지 않는다. 내부적으로 파이프라인을 등록하고 모니터링할 수는 있지만, 표준화된 모니터링 시스템이 아니므로 외부와의 연계가 어렵다.

데이터 파이프라인은 마이크로서비스와는 다른 방식으로 관측 가능성에 접근해야 한다.

- 데이터 파이프라인은 실행될 때마다 스레드를 생성하며, 스레드는 Job처럼 작동한다. Job은 다수의 스텝을 포함한다. 각 스텝은 JDBC, ODBC 등을 사용해서 데이터베이스와 연계한다. 데이터 파이프라인에 관측 가능성을 적용하려면 스레드 수준에서 스팬을 생성해야 한다.
- 데이터 파이프라인이 자바로 개발되었거나, 아파치 에어플로와 GCP 데이터플로처럼 추가 개발이 가능한 데이터 파이프라인은 스팬 애너테이션처럼 선언으로 스팬을 생성할 수 있다.
- 자바로 개발된 ETL의 경우에는 JDBC를 사용해서 소스, 타깃 데이터베이스와 연계한다. 오픈텔레메트리를 사용해서 스팬의 생성이 가능하다.
- 간단하고 쉬운 방법은, 복잡한 내부 계측 대신 로그에서 추적을 생성하는 것이다.

11 FileNet BPM

기업에는 다양한 데이터와 업무 프로세스가 있으며, 조직은 데이터와 프로세스를 활용해서, 다양한 활동을 처리한다. 프로세스의 대부분은 자동화되어 있지 않거나 부분적으로만 자동화되어 있다.

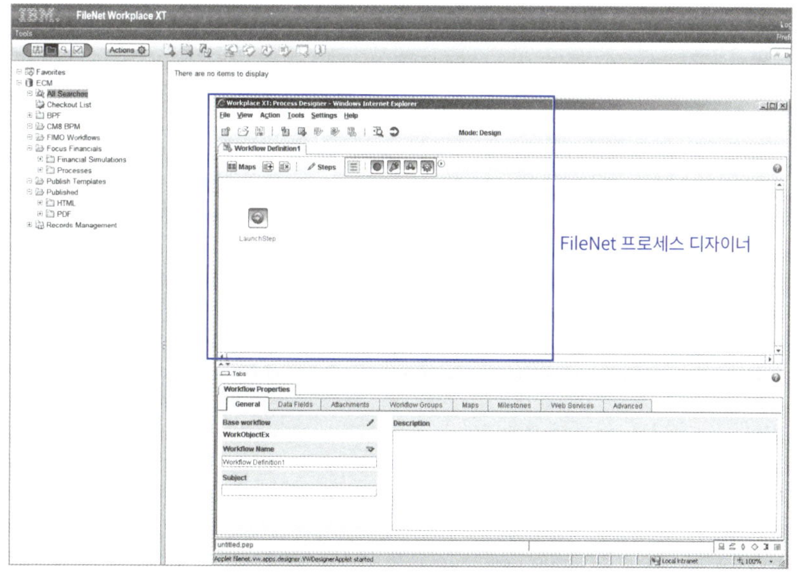

그림 4.17 FileNet 프로세스 개발 툴

BPM 서버는 외부에서 호출할 수 있는 REST API를 제공한다. EAI 서버는 BPM 서버를 연계해서, BPM 서버의 처리 시간을 스팬으로 출력할 수 있다. 가능하다면 BPM 서버에 관측 가능성과 추적이 적용되어야 하지만, 현실적으로는 쉽지 않다. BPM 서버는 미들웨어이지만, 실시간으로 트랜잭션을 처리하는 시스템이 아니다. 프로세스 내 스텝은 장시간 여러 단계로 처리되기 때문이다. 추적을 사용해서 지연과 에러 여부를 이해하는 것이 중요한데, BPM 서버의 장시간 처리 과정은 추적을 적용하기에 적합하지 않다. 모든 스텝에서 스팬을 생성할 필요는 없고, 중요한 스텝에서만 스팬을 생성해도 된다.

상용 관측 가능성은 바이트코드를 사용해서 메서드의 파라미터를 추적의 헤더에 추가할 수 있다. BPM 서버 내 워크플로는 케이스 아이디를 생성하고, 상태 정보를 메시지 서버에 업데이트한다. 상태 업데이트 시 케이스 아이디를 포함한 다양한 정보를 포함해야 한다.

BPM 서버에서 케이스 아이디가 생성된다고 가정하면, 요청을 분석해서 생성된 케이스 개수를 이해할 수 있다. 워크플로가 완료되고 상태 업데이트를 분석하면, 완료된 케이스 개수를 측정할 수 있다. 입력과 출력 개수를 비교하면, 현재 BPM 서버에서 처리 중인 케이스의 개수를 이해할 수 있다. 생성된 케이스 개수, 처리 중인 케이스 개수, 완료된 케이스 개수를 메트릭으로 측정해서, 대시보드에 출력하는 것도 좋은 방법이다. 추적이 적용 안 되는 블랙박스의 경우에는 메트릭과 로그를 활용해서, 블랙박스의 입력과 출력을 분석할 수 있다.

4.1.3 은행 데모

은행은 레거시와 블랙박스, 외부 연계가 많으므로 전 구간 추적의 구성이 어렵다. 고객이 애플리케이션에서 생성하는 단일 주문은 수백 개 이상의 요청 응답으로 구성되어 있다. 계좌를 신규로 생성하거나, 고객이 소유한 다수의 계좌를 호출하는 경우 내부적으로 복잡한 처리 과정을 수행한다.

데모에서는 EAI 서버를 사용해서, 이제까지 설명한 다수의 레거시를 연계한다. 그리고 EAI 서버에 분산 추적을 적용한다. 즉, EAI 서버에서 처리되는 모든 처리 과정을 스팬으로 생성해서, EAI 서버와 연계되는 수십 개 레거시를 추적한다. 오픈텔레메트리를 사용해서 전 구간을 계측하고, 세부적인 추적과 프로파일 과정을 살펴볼 것이다.

데모의 은행 아키텍처는 크게 마이크로서비스(프런트엔드, 백엔드), EAI 서버, 코어뱅킹, 백오피스 5개 영역으로 구분된다.

- 마이크로서비스 아키텍처는 2개 영역으로 구분된다. API 서버와 연계되어, 논블로킹과 리액터를 사용한 프런트엔드 마이크로서비스와 메시지 서버를 사용하는 백엔드 마이크로서비스다.
- EAI 서버와 연계되는 코어뱅킹 레거시 아키텍처다. EAI 서버는 백오피스와 대외 기관도 연계한다.
- 조정, 복식부기, 원장을 처리하는 백오피스가 있다. 대외 기관과 연계하는 대외계, 스위프트, 배치가 있다.

기업 애플리케이션은 다양하고 복잡한 구조로 이루어져 있지만, 데모를 위해 단순하게 구성했다. 은행 업무는 페이먼트, 카드, 론, 현금 서비스, 자산 관리 등이 중요하다. 은행의 마이크로서비스는 1만 개가 넘는데, 전체 애플리케이션 관점에서 마이크로서비스는 30% 정도 비중을 차지한다. 나머지 70%는 블랙박스, 레거시, 배치, 데이터 파이프라인 등으로 큰 비중을 차지한다.

레거시와의 모든 연계는 EAI 서버를 통해서 처리된다.

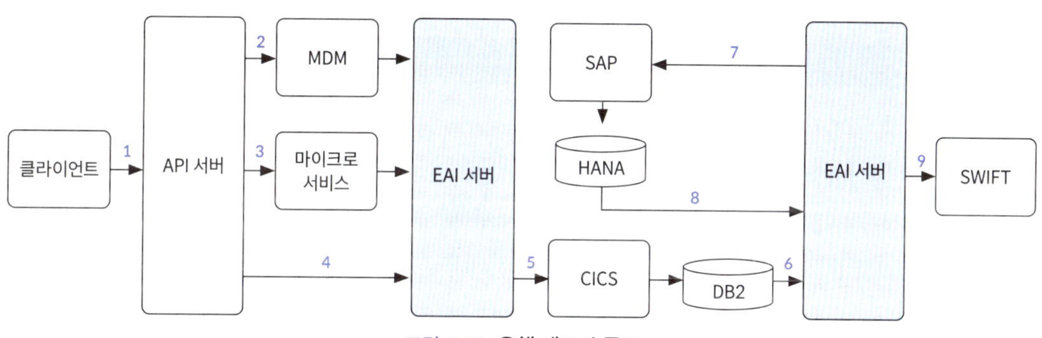

그림 4.18 은행 데모 흐름도

메시지 서버와 EAI 서버가 중간에서 오케스트레이션을 수행한다. 은행의 관측 가능성은 레거시 미들웨어를 연계하고, EAI 서버를 사용해서 전 구간 추적을 구성한다. 기술적으로는 논블로킹, 비동기, 이벤트 드리븐을 사용해서 구성될 뿐만 아니라 프로세스가 복잡해서 마이크로서비스 간에 발생하는 호출의 콘텍스트를 이해하는 것이 어렵다. 추적이 중단되지 않는다면, 중요한 구간이 아니라면 레거시는 무시해도 괜찮다.

3장에서 설명한 다양한 방법을 사용해서, 전 구간 관측 가능성을 구성해보자. 은행 데모의 목적은 다음과 같다.

- 레거시와 마이크로서비스를 추적으로 연계한다.
- 레거시에서 계측이 안 되는 블랙박스를 이해하고, 관측 가능성을 적용하는 방법을 이해한다.
- EAI 서버를 계측해서 레거시의 지연을 측정한다.

그림 4.18처럼 복잡하게 연계된 애플리케이션의 추적을 구성하는 데 API 서버와 EAI 서버의 역할이 중요하다. 이번 데모에서는 이를 다음과 같이 7단계로 세분화하고, 각 구간에 대해서는 곧이어 세부적으로 설명하겠다.

1. 실사용자 모니터링에서 API 서버로
2. API 서버에서 카프카로
3. API 서버에서 마이크로서비스로
4. API 서버에서 EAI 서버로
5. EAI 서버에서 레거시로
6. 예거와 컬렉터로 전송

다음 그림 4.19처럼 API 서버의 추적에는 2개의 스팬을 가지고 있다고 가정한다.

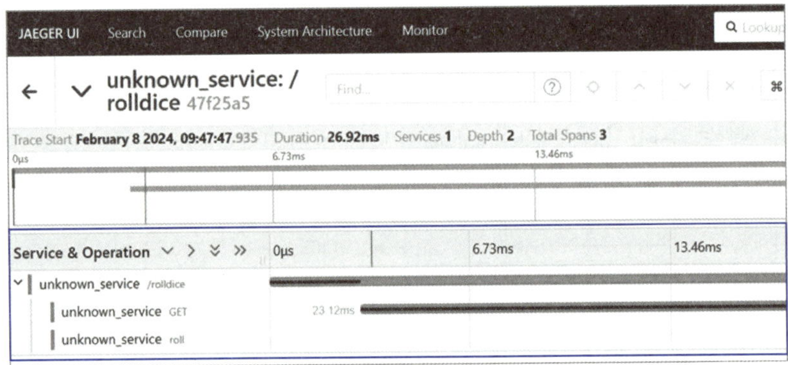

그림 4.19 API 서버의 스팬

그림 4.20에서 볼 수 있듯 EAI 서버 내 스텝 개수는 10개다. EAI 프로세스 내 모든 스텝은 스팬을 생성한다. 즉, EAI 서버의 프로세스는 10개의 스팬을 생성한다.

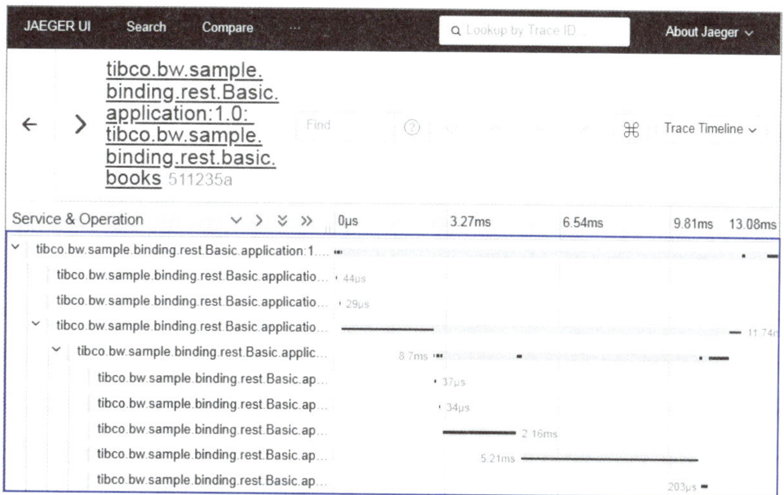

그림 4.20 EAI 서버의 스팬

두 개의 개별 프로세스가 병합되면, 그 결과는 그림 4.21과 같이 표시되는데, API 서버와 EAI 서버를 포함한 모든 요청과 응답이 단일 추적에서 여러 스팬으로 표시되기 때문이다.

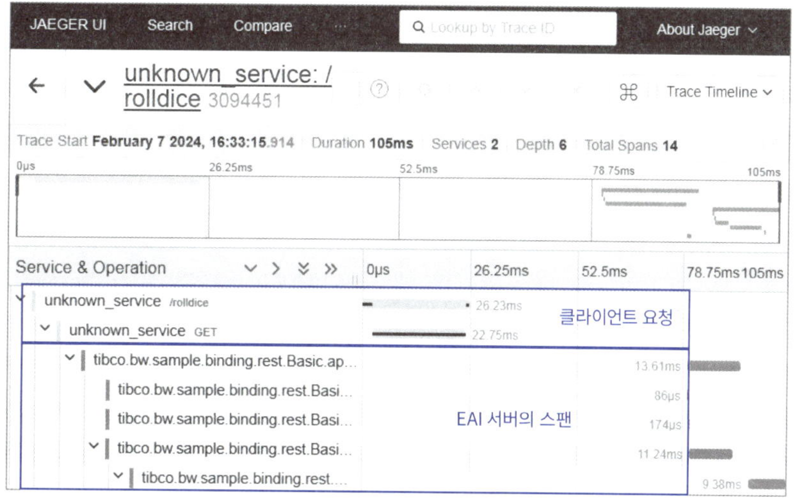

그림 4.21 API 서버와 EAI 서버가 통합된 스팬

즉, 2개의 API 서버와 10개의 EAI 서버의 스팬이 결합되어 전 구간 추적이 만들어진다. 추적의 스팬 수는 12개다. 전 구간 12개의 수는 의미가 없지만, API 서버와 EAI 서버가 문제없이 전파가 된다는 것을 확인할 수 있다. EAI 서버에서 연계하는 레거시 미들웨어, 레거시 패키지도 동일한 방식으로 스팬을 생성한다(은행뿐만 아니라, 통신사 데모에서도 동일한 방식으로 EAI 서버를 사용해서 전 구간 추적을 생성한다).

오픈텔레메트리 자바와 파이썬은 수동 계측을 위한 API를 제공한다. 데모에서는 파이썬을 사용하므로 계측 언어를 선택하기 전에 애플리케이션의 추적 지원 여부를 확인해야 한다. 오픈텔레메트리 파이썬 킷에서 추적을 지원하는 파이썬 라이브러리를 확인할 수 있다. 계측의 단위는 API와 라이브러리이다. 만약 커스텀 라이브러리에 계측이 필요하다면, 수동으로 계측을 개발하면 된다.

❶ 실사용자 모니터링에서 API 서버로

클라이언트는 gRPC 클라이언트이며, API 서버는 gRPC 서버의 역할을 수행한다. gRPC 클라이언트도 계측을 하면 스팬이 생성된다. gRPC로 구현된 API 서버 소스는 다음과 같다. requests, gRPC를 계측한다.

```
import logging
from concurrent import futures

import grpc
import requests

from opentelemetry.instrumentation.requests import RequestsInstrumentor

from opentelemetry import trace
from opentelemetry.instrumentation.grpc import GrpcInstrumentorServer
from opentelemetry.sdk.trace import TracerProvider
from opentelemetry.sdk.trace.export import (
    ConsoleSpanExporter,
    SimpleSpanProcessor,
)

import helloworld_pb2
import helloworld_pb2_grpc

trace.set_tracer_provider(TracerProvider())
trace.get_tracer_provider().add_span_processor(
    SimpleSpanProcessor(ConsoleSpanExporter())
)

grpc_server_instrumentor = GrpcInstrumentorServer()
grpc_server_instrumentor.instrument()

class Greeter(helloworld_pb2_grpc.GreeterServicer):
    def SayHello(self, request, context):
        url = "http://jsonplaceholder.typicode.com/posts/1"
        response = requests.get(url)
        response_json = response.json()
        print(response_json)
```

```
        return helloworld_pb2.HelloReply(message="Hello, %s!" % request.name)

def serve():
    server = grpc.server(futures.ThreadPoolExecutor())
    helloworld_pb2_grpc.add_GreeterServicer_to_server(Greeter(), server)
    server.add_insecure_port("[::]:50051")
    server.start()
    server.wait_for_termination()


if __name__ == "__main__":
    logging.basicConfig()
    serve()
```

클라이언트의 요청은 다음과 같다.

```
import requests
from opentelemetry.instrumentation.requests import RequestsInstrumentor
url = "http://jsonplaceholder.typicode.com/posts/1"
response = requests.get(url)
response_json = response.json()
print(response_json)
```

python3으로 실행하면 안 되고, 컬렉터를 실행하고 나서 opentelemetry-instrument python3으로 실행해야 추적을 출력한다.

```
opentelemetry-instrument python3
```

컬렉터를 시작한다.

```
docker run -p 4317:4317 \
    -v /tmp/otel-collector-config.yaml:/etc/otel-collector-config.yaml \
    otel/opentelemetry-collector:latest --config=/etc/otel-collector-config.yaml
```

파이썬 클라이언트를 개발해서 실사용자 모니터링처럼 사용했다.

2 API 서버에서 카프카로

API 서버는 클라이언트 요청을 받고, 백엔드로 라우팅하는 역할을 수행한다. API 서버는 다양한 애플리케이션과 연계되며, 우리 예제에서는 카프카 호출을 추적하는 것이 필요하다(오픈텔레메트리를 사용해 카프카뿐만 아니라 레디스, 몽고 등 다양한 애플리케이션을 계측할 수도 있다). 카프카 서버에 대한 계측이 아니라, 클라이언트에 해당하는 발행자와 구독자를 계측한다.

카프카 버전은 2.2.0을 사용했다.

```
pip install opentelemetry-api
pip install opentelemetry-sdk
pip install opentelemetry-instrumentation-kafka-python
pip install kafka-python
```

콘솔로 익스포트한다.

```
from opentelemetry import trace
from opentelemetry.sdk.trace import TracerProvider
from opentelemetry.sdk.trace.export import (
    SimpleSpanProcessor,
    ConsoleSpanExporter,
)
from opentelemetry.instrumentation.kafka import KafkaInstrumentor
def instrument(*args, **kwargs):
    provider = TracerProvider()
    simple_processor = SimpleSpanProcessor(ConsoleSpanExporter())
    provider.add_span_processor(simple_processor)
    trace.set_tracer_provider(provider)
    KafkaInstrumentor().instrument()
```

카프카 발행자 코드는 다음과 같다.

```
from tracing import instrument
instrument()
from kafka import KafkaProducer
producer = KafkaProducer(bootstrap_servers='localhost:9092')
for _ in range(1):
   producer.send('foobar', b'some_message_bytes')
   producer.flush()
```

카프카 구독자 코드는 다음과 같다.

```
from tracing import instrument
instrument()
```

```
from kafka import KafkaConsumer
consumer = KafkaConsumer('foobar', bootstrap_servers='localhost:9092')
for msg in consumer:
    print(msg)
```

❸ API 서버에서 마이크로서비스로

플라스크로 구성하며, 자동 계측을 사용한다. 먼저 다음과 같이 플라스크 서버를 구성한다.

```
pip install 'flask<3' 'werkzeug<3'
```

플라스크를 자동 계측하고, 컬렉터로 익스포트하는 소스는 다음과 같다. 자동 계측이므로 코드 내에 오픈텔레메트리 API를 포함하지 않는다.

```
from random import randint
from flask import Flask, request
import logging

app = Flask(__name__)
logging.basicConfig(level=logging.INFO)
logger = logging.getLogger(__name__)

@app.route("/rolldice")
def roll_dice():
    player = request.args.get('player', default = None, type = str)
    result = str(roll())
    if player:
        logger.warn("%s is rolling the dice: %s", player, result)
    else:
        logger.warn("Anonymous player is rolling the dice: %s", result)
    return result

def roll():
    return randint(1, 6)
```

파이썬 오픈텔레메트리 라이브러리를 설치한다.

```
pip install opentelemetry-distro
```

오픈텔레메트리 컬렉터는 0.93.0을 사용했다.

```yaml
# /tmp/otel-collector-config.yaml
receivers:
  otlp:
    protocols:
      grpc:
exporters:
  # NOTE: Prior to v0.86.0 use 'logging' instead of 'debug'.
  debug:
    verbosity: detailed
processors:
  batch:
service:
  pipelines:
    traces:
      receivers: [otlp]
      exporters: [debug]
      processors: [batch]
    metrics:
      receivers: [otlp]
      exporters: [debug]
      processors: [batch]
    logs:
      receivers: [otlp]
      exporters: [debug]
      processors: [batch]
```

다음 명령어는 SSL 핸드셰이크 에러를 발생시킨다. 컬렉터와 예거를 동시에 시작하면, 포트가 충돌된다. 따라서 컬렉터는 도커를 사용한다.

```
opentelemetry-instrument \
    --traces_exporter console,otlp \
    --metrics_exporter console \
    --service_name your-service-name \
    --exporter_otlp_endpoint 0.0.0.0:4317 \
    python myapp.py
```

다음과 같이 컬렉터를 시작한다.

```
docker run -p 4317:4317 \
    -v /tmp/otel-collector-config.yaml:/etc/otel-collector-config.yaml \
    otel/opentelemetry-collector:latest --config=/etc/otel-collector-config.yaml
```

opentelemetry-collector-contrib를 확인해야 한다. 포트는 4317, 6831, 14250을 사용한다.

```
pip install opentelemetry-exporter-otlp
```

플라스크에서 자동 계측을 하기 위해서는, 다음과 같은 명령어로 실행해야 한다. 별도의 익스포터 API를 사용하지 않고, 다음 명령어를 통해서 컬렉터와 연계하는 것이 가능하다.

```
export OTEL_PYTHON_LOGGING_AUTO_INSTRUMENTATION_ENABLED=true
opentelemetry-instrument --logs_exporter otlp flask run -p 8080
```

기본적으로 opentelemetry-instrument는 OTLP/gRPC를 통해 추적 및 메트릭을 전송하고, 컬렉터는 예거가 수신 중인 localhost:4317로 전송한다.

gRPC 자동 계측은 다음과 같이 계측 라이브러리를 사용해서 처리한다.

```
export OTEL_PYTHON_LOGGING_AUTO_INSTRUMENTATION_ENABLED=true
opentelemetry-instrument --logs_exporter otlp  python3 greeter_server.py
```

오픈텔레메트리 API를 사용해서, 플라스크 서버를 수동으로 계측할 수 있다. 플라스크 서버에 대한 추가적인 스팬이 생성된다.

```
from flask import Flask
from opentelemetry.instrumentation.flask import FlaskInstrumentor

app = Flask(__name__)

FlaskInstrumentor().instrument_app(app)

@app.route("/")
def hello():
    return "Hello!"

if __name__ == "__main__":
    app.run(debug=True)
```

❹ API 서버에서 EAI 서버로

계측된 플라스크 서버 REST 호출은 EAI로 전파된다. API 서버와 EAI 서버를 하나로 연계하는 스팬이므로 중요한 의미를 갖는다. 두 서버가 연계하는 방법은 REST를 사용한 HTTP 표준이다. 오픈텔레메트리가 지원하는 프로토콜의 경우에는 문제없이 전파가 가능하다. API 서버는 계측되어서, 헤더에 추적 콘텍스트를 포함한다.

EAI 서버는 오픈텔레메트리를 지원하도록 구성되어 있다. EAI 서버로 유입되는 요청이 추적 콘텍스트를 주입하는 경우에, EAI 서버는 추적 콘텍스트를 추출하고, EAI 서버 내부로 전파를 처리한다. 그래서 API 서버와 EAI 서버가 하나의 추적 아이디에 통합된다. 이를 위한 별도의 개발은 필요하지 않으며, EAI 서버의 간단한 구성만으로, API 서버와 EAI 서버에서 전 구간 추적이 가능해진다.

```
import requests

from opentelemetry.instrumentation.requests import RequestsInstrumentor

class Greeter(helloworld_pb2_grpc.GreeterServicer):
    def SayHello(self, request, context):
        url = "http://jsonplaceholder.typicode.com/posts/1"
        response = requests.get(url)
        response_json = response.json()
        print(response_json)
        return helloworld_pb2.HelloReply(message="Hello, %s!" % request.name)
```

데모에서는 HTTP를 사용했지만, 실무에서는 JMS를 사용해서 API 서버와 EAI 서버를 연계한다.

5 EAI 서버에서 레거시로

EAI 서버는 레거시와의 연계를 처리한다. SAP, CICS와 같은 다양한 레거시 시스템과 연결할 수 있는 어댑터를 제공한다. EAI 서버의 어댑터는 EAI 서버 내에서 구성하거나 레거시 서버에서 구성할 수 있다. 레거시 서버에서 구성하는 경우 어댑터는 JMS를 통해 EAI 서버와 통신이 되며 전파가 발생한다. 원격 호출에는 주입과 추출이 필요하지만, 동일한 프로세스 내의 스레드 간에 콘텍스트를 전파할 필요는 없다. 콘텍스트 객체는 전파 없이 전달된다.

EAI 서버가 오픈텔레메트리를 생성하지 않는다면, 프로파일을 사용해서 스텝에서 호출하는 메서드를 식별한 후, 계측해서 추적과 로그를 생성할 수 있다. 계측하는 코드에는 콘텍스트를 처리하는 로직이 포함되어야 한다.

EAI 서버는 코딩을 최소화하고, 연계 프로세스를 드래그앤드드롭할 수 있는 툴을 제공한다. 이를 통해 소스와 타깃 애플리케이션 연계를 위한 어댑터를 구성할 수 있고, 메시지의 변환, 룩업, 검증을 위한 기능을 추가할 수 있다.

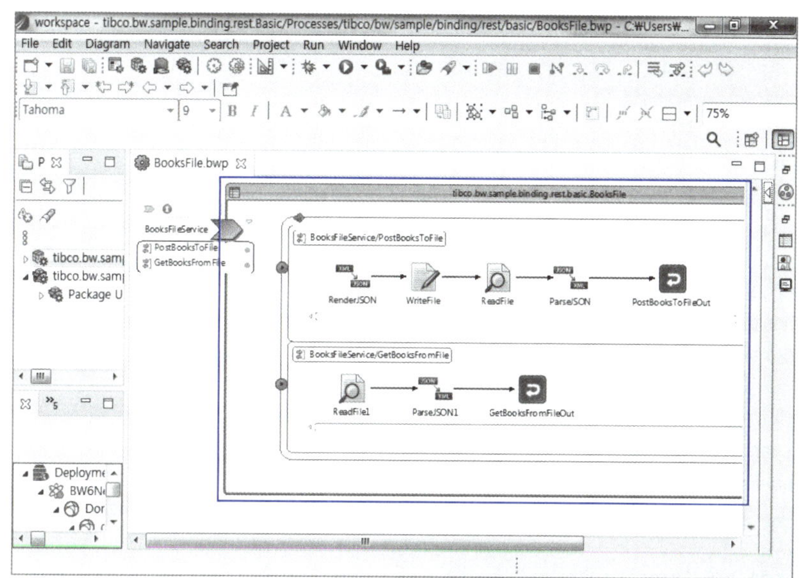

그림 4.22 팁코 EAI 서버 개발 툴

6 예거와 컬렉터로 전송

앞에서 전파와 전송에 대해서 설명했는데, 계측 후 생성된 추적을 관측 가능성 백엔드로 전송해줘야 한다. API 개발을 통해서 전송을 구현할 수 있다. 자동 계측을 하면 에이전트를 사용해서 환경 변수로 지정한 다음, 컬렉터로 전송할 수 있다.

JaegerExporter는 6831 포트를 사용하고, 컬렉터 예거 익스포터는 14250 포트를 사용한다. EAI 서버는 요청을 받으면 스레드를 생성한다. EAI 서버는 하나의 스레드에서 여러 메서드를 호출하고, EAI 서버에서 생성된 스레드는 여러 스텝에 대한 스팬을 생성한다. 내부 스레드를 통해 메서드 A에서 메서드 B로 콘텍스트를 전달하기 때문에 전파가 발생하지 않지만, 자동 계측이 어렵고 수동 계측을 통한 개발이 필요하다. 스레드 간 전달이지만, 새로운 스팬을 생성한다. 파이썬은 라이브러리 의존성을 관리하는 것이 복잡하고 오픈텔레메트리도 변경이 많은 스펙이라서, 데모대로 실행이 되지 않는 경우가 발생할 수 있다.

```
from opentelemetry import trace
from opentelemetry.exporter.jaeger.thrift import JaegerExporter
from opentelemetry.sdk.resources import SERVICE_NAME, Resource
```

```
from opentelemetry.sdk.trace import TracerProvider
from opentelemetry.sdk.trace.export import BatchSpanProcessor

#trace.set_tracer_provider(TracerProvider())

trace.set_tracer_provider(
TracerProvider(
        resource=Resource.create({SERVICE_NAME: "my-helloworld-service"})
    )
)

jaeger_exporter = JaegerExporter(
    agent_host_name="localhost",
    agent_port=6831,
)

trace.get_tracer_provider().add_span_processor(
    BatchSpanProcessor(jaeger_exporter)
)

tracer = trace.get_tracer(__name__)

with tracer.start_as_current_span("foo"):
    with tracer.start_as_current_span("bar"):
        with tracer.start_as_current_span("baz"):
            print("Hello world from OpenTelemetry Python!")
```

그라파나 템포를 사용하는 경우에 컬렉터 설정은 다음과 같다.

```
exporters:
  otlp:
    endpoint: tempo:4317
    tls:
      insecure: true
```

예거는 OTLP를 지원하면서 4317 포트를 지원한다.

```
exporters:
  prometheus:
    endpoint: "0.0.0.0:8889"
    const_labels:
      label1: value1

  debug:
```

```
  zipkin:
    endpoint: "http://zipkin-all-in-one:9411/api/v2/spans"
    format: proto

  otlp:
    endpoint: jaeger-all-in-one:4317
    tls:
      insecure: true
```

다음과 같이 예거로 익스포트할 수 있다. 예거는 1.53.0을 사용했다.

```
from opentelemetry import trace
from opentelemetry.exporter.jaeger.thrift import JaegerExporter
from opentelemetry.sdk.resources import SERVICE_NAME, Resource
from opentelemetry.sdk.trace import TracerProvider
from opentelemetry.sdk.trace.export import BatchSpanProcessor
trace.set_tracer_provider(
   TracerProvider(
       resource=Resource.create({SERVICE_NAME: "my-hello-service"})
   )
)
jaeger_exporter = JaegerExporter(
   agent_host_name="localhost",
   agent_port=6831,
)
trace.get_tracer_provider().add_span_processor(
   BatchSpanProcessor(jaeger_exporter)
)
tracer = trace.get_tracer(__name__)
with tracer.start_as_current_span("rootSpan"):
   with tracer.start_as_current_span("childSpan"):
           print("Hello world!")
```

이제 컬렉터에서 지원하는 OTLP로 익스포트한다.

```
from opentelemetry import trace
from opentelemetry.exporter.otlp.proto.grpc.trace_exporter import OTLPSpanExporter
from opentelemetry.sdk.resources import Resource
from opentelemetry.sdk.trace import TracerProvider
from opentelemetry.sdk.trace.export import BatchSpanProcessor

resource = Resource(attributes={
    "service.name": "service"
```

```
})

trace.set_tracer_provider(TracerProvider(resource=resource))
tracer = trace.get_tracer(__name__)

otlp_exporter = OTLPSpanExporter(endpoint="http://localhost:4317", insecure=True)

span_processor = BatchSpanProcessor(otlp_exporter)

trace.get_tracer_provider().add_span_processor(span_processor)

with tracer.start_as_current_span("foo"):
    print("Hello world!")
```

전송을 구현하기 위한 계측은 2가지 방식으로 가능하다.

- 수동 계측은 예거와 OTLP로 전송하도록, 애플리케이션을 개발한다. 오픈텔레메트리 컬렉터 내 OTLP 리시버를 구성하면, 엔드포인트로 추적을 전송하고, 컬렉터 내 익스포터는 예거와 OTLP로 전송할 수 있다. 예거는 OTLP를 지원하므로 컬렉터를 경유하지 않고, 예거로 직접 전송하는 것도 가능하다.
- 자동 계측은 오픈텔레메트리 에이전트를 사용하고, 전송에 대한 엔드포인트 정보는 환경 변수에 정의한다. 에이전트는 제공된 환경 변수 내 엔드포인트로 추적을 전송할 수 있다.

4.2 통신사의 관측 가능성

통신사의 업무는 크게 BSS(business support system)와 OSS(operation support system)로 구분된다. 통신사는 유선, 무선, 방송 등 다양한 서비스를 제공한다. 이러한 서비스를 제공하기 위해서는 네트워크 장비의 설치와 구성이 필요한 시설을 사용하는데, 이 영역은 OSS이다. 서비스를 사용한 만큼 지불해야 하므로 얼마만큼 사용했는지 측정하고 이에 대한 금액을 청구하는 것이 중요한데, 이 영역은 BSS이다.

통신사의 주문은 은행 업무보다 복잡하지만, 더 유연하고 혁신적인 개발 방법을 보여준다. 고객으로부터 받은 주문을 활성하는 것이 통신사 오케스트레이션 서버의 역할이다. 주문 풀필먼트(BSS)의 오케스트레션이 완료되고, 이어서 네트워크 프로비저닝(OSS)의 오케스트레이션이 처리된다. 오케스트레이션 후에 생성되는 결과물을 컴포넌트라고 칭한다. 즉, 오케스트레이션 서버는 컴포넌트들을 오케스트레이션하는 것이다. 오케스트레이션 서버는 컴포넌트를 레거시에 발송하고, 컴포넌트의 순서와 상태를 관리한다.

유무선 통신사의 상품은 1만 개가 넘고, 매달 신상품을 출시한다. 이러한 제품을 판매하는 시스템이 주문 시스템이다. 유선 및 무선 결합 제품, 가족 할인 등 복잡하고 다양한 제품이 출시된다. 분산된 고객 및 제품 데이터와 다양한 유선 및 무선 주문을 단일 방식으로 처리할 수 있도록 오케스트레이션 서버를 개발해야 한다.

4.2.1 통신사의 업무

통신사의 업무는 다음과 같은 특성이 있다.

- 통신사의 기반은 네트워크이다. 유무선 네트워크는 장비를 필요로 하며, 인벤토리 시스템에 의해서 관리된다. 통신사 시설은 물리적인 공간이 필요하며, 이를 설치하고 구성하기 위한 설계가 필요하다. 설계대로 현장에서 통신사 시설을 구성하는 공사가 필요하다.
- 고객은 유무선 서비스를 구독하고, 사용한 만큼 비용을 지불한다. 청구 금액은 자산과 사용량에 기반해, 빌링을 통해서 계산된다.
- 통신사의 상품은 유선, 무선, 방송 등이 결합된 상품이고, 다양한 계정, 예를 들어 가족 및 타인 등과 함께 청구되고 할인을 받을 수 있다.
- 통신사는 상품의 속성과 구조가 복잡하다. 다양한 할인, 결합 상품이 제공되며, 운영 팀은 신상품 출시 등을 지원해야 한다. 상시적으로 번들, 프로모션이 처리되므로 상품의 변경이 빈번하며, 상품 정보를 다른 시스템으로 정확하게 배포해야 한다.
- 다양한 장비와 디바이스를 필요로 한다. 예를 들어 모뎀은 고객 주소로 배송이 되고 장비가 설치되어야 한다. 장비에 따라서 복잡한 활성화를 해야만 통신사 서비스를 이용할 수 있다.
- 주문 처리 시 취소 혹은 리비전 변경 주문이 많다. 수작업은 시간이 오래 걸리고, 동시에 많은 처리가 불가능하며, 오류가 발생할 가능성이 높다. 업무를 자동화해서 생산성과 정확성을 향상해야 한다.
- 주문 처리가 실패하는 경우에, 이를 위한 폴아웃 관리(fallout management)가 필요하다. 고객의 불만 처리, 개통 처리 실패, 서비스 품질 등에 대한 지원이 필요하다.
- 상품과 고객 마스터 데이터뿐만 아니라, 네트워크의 서비스와 리소스에 대한 마스터 데이터를 관리해야 한다.

과거부터 통신사는 자체 개발보다는 상용 설루션을 사용해서 주문 시스템을 커스터마이징했다. 업무의 복잡성에서 볼 수 있듯 오픈소스로는 지원되지 않는 기술적인 한계와 어려운 난도를 가지고 있기 때문이다. 통신사의 업무는 API 서버의 라우팅보다 복잡하며, 컴포넌트를 생성하고 컴포넌트를 오케스트레이션해야 한다. 오케스트레이션 서버를 통해서 보상을 구현하고, 분산 트랜잭션을 구성한다.

- 주문 시스템은 주문을 생성하거나, 기존 주문을 변경할 수 있다. 생성된 주문을 오케스트레이션 서버로 제출한다. 제출한 후 오케스트레이션이 시작된다.
- 오케스트레이션 서버는 주문 풀필먼트(fulfillment)와 네트워크 프로비저닝을 처리한다. 오케스트레이션 서버는 상품 속성에 기반해서 컴포넌트를 생성하고, JMS 서버를 통해서 컴포넌트를 발송한다. EAI 서버는 JMS 서버에서 컴포넌트를 구독한다.
- EAI 서버는 빌링, 인벤토리 등 다양한 레거시와 연계하고, 로직을 처리한다.
- 레거시에서 처리가 완료되면, EAI 서버에게 응답을 전달하고, EAI 서버는 상태를 오케스트레이션 서버로 전달한다.
- EAI 서버를 통해서 처리되는 요청과 응답은 다수의 스팬을 생성한다. 오케스트레이션 서버에서 처리되는 내부 로직을 제외하면, JMS 서버로 발송되는 컴포넌트, 레거시와 연계되는 EAI 처리는 스팬이 생성되고 추적의 모니터링이 가능하다. 오케스트레이션 서버는 컴포넌트의 순차처리와 발행과 구독, 주문의 상태만 관리하며, EAI 서버는 레거시 인터페이스를 처리하고, 처리 로직은 레거시에서 커스텀하게 개발된다.

통신사의 주문은 다른 산업보다 구성이 더 복잡하다.

- 신규 주문보다 기존 주문을 처리하는 것이 복잡하고 어렵다. 고객이 기존에 이용하고 있는 상품을 자산 혹은 구독이라고 한다. 변경 주문은 기존 애셋을 변경하므로 취소 처리가 복잡하다. 자산 데이터의 정합성에 문제가 없어야 한다. 자산이 다양한 시스템에 분산되어 있으므로 분산 트랜잭션이 필요하다.
- 고객, 상품 등의 데이터 구조는 계층적이고 복잡한 관계를 가지고 있다. 통신사 결합 상품은 다양한 상품이 결합되고, 프로모션과 번들 형태로 판매된다. 상품은 다양한 속성을 포함하고 있다. 다양한 가격 및 할인 정책이 상품에 적용된다.
- 고객 데이터는 가족처럼 그룹으로 구성될 수 있다. 그룹에 속한 구성원은 동적으로 추가 혹은 제외될 수 있다. 추가와 제외 등의 변경이 발생될 때에는 추가적인 할인이 적용된다. 상품, 고객 데이터는 그룹으로 구성되고, 동적으로 추가 혹은 제외된다. 이를 위해 복잡한 규칙으로 개발된다.

- 유선 주문을 처리하는 과정에서 기술적인 장애로 인해서 주문이 실패하거나, 고객의 변심으로 인해서 주문을 취소하는 경우가 발생한다. 이 경우에는 리비전 주문이 제출되고, 오케스트레이션 서버는 롤백과 보상을 처리해야 한다.
- 자산이 없는 신규 주문을 처리하는 것보다, 이미 생성된 자산이 있는 상태에서 변경 주문을 생성하고, 변경 주문을 처리하는 도중에 다수의 취소와 리비전 주문이 요청되는 경우가 빈번하다.

특히 통신사의 유무선 결합 상품의 주문 처리는 아주 복잡하다. 단일 주문 내 트랜잭션의 개수는 주문 상태 업데이트를 포함해서 수백 개에 이른다. 신규 개통과 번호 이동보다 복잡한 리비전 주문 내 스팬 개수는 더 많다. 주문에서 연계되는 시스템 개수는 네트워크 장비를 포함해서 50개가 넘는 경우도 빈번하다. 다양한 부가 서비스를 필요로 하므로 많은 네트워크 장비를 활성화해야 한다. 예를 들어 유무선 결합 상품 신규 주문이 생성하는 시스템의 요청 개수가 500개라면 주문 업무는 500개의 요청으로 구성되는데, 300번째 요청 처리 중이라고 가정해보자.

- 고객은 이미 주문을 제출했다. 하지만 개인적인 사정으로 인해서, 기존 주문을 취소 혹은 변경하는 리비전 주문이 생성되었다.
- 취소 주문인 경우, 오케스트레이션 서버는 300개 요청 중에서 Undo가 필요한 요청만 실행한다. 이미 처리된 300개의 요청을 롤백해야 한다.
- 300개의 요청을 처리하는 도중에, 사용자로부터 리비전 주문이 제출되었다. 이 경우에는 이제까지 처리한 300개의 요청을 취소하고, 기존 상태로 복원해야 한다. 먼저 300개 요청을 Undo한다. 복원된 기존 상태에서, 변경분을 포함하는 300개 요청을 재처리한다. 이는 300개의 요청을 Redo하는 것과 동일하다. Redo가 완료되면 나머지 200개는 Do하고 500개 요청을 완료한다.
- 모든 요청이 완료되면, 주문의 상태를 완료 표시한다.
- 처리 과정을 계산하면 Do 300(처리) + Undo 300(취소) + Redo 300(재처리) + Do 200(처리)이므로 총처리량은 1100개 요청이다. 이를 모두 처리해야 주문이 완료된다. 시스템 추적을 포함한 총스팬의 개수는 1100 × 100을 계산하면 11,000개가 된다.

이커머스는 이러한 과정으로 취소 처리를 하지 않으며, 통신사와 비교하면 다른 도메인은 취소와 리비전 처리가 간단하다. 왜 통신사의 주문 처리가 복잡한가?

- 고객은 기존 자산을 가지고 있다. 기존 자산과 충돌 없이 새로운 주문이 처리되어야 하고, 정합성에 문제가 발생하면 안 된다.

- 통신사의 업무는 다양한 네트워크 장비, 엔지니어의 방문과 공사 등을 필요로 한다. 통신사 프로세스가 복잡하므로 이를 취소하고 변경하기 위한 주문도 복잡하다.

4.2.2 통신사 오케스트레이션 서버

통신사의 업무에서 이벤트 기반의 오케스트레이션 개념은 많이 사용된다. 메시지 서버로 구성되고 많은 마이크로서비스가 있다. 통신사 오케스트레이션의 특징은 다음과 같다.

- 보상으로 분산 트랜잭션 처리
- 상품 마스터 기반으로 오케스트레이션 플랜을 생성
- 고객의 기존 자산을 유지하면서 복잡한 리비전과 취소 주문 처리
- 결합 상품처럼 복잡한 상품과 고객 구조의 지원
- 느슨하게 결합되지 않고, 마이그레이션이 어려움

이들은 단순하게 마이크로서비스로 개발한 오케스트레이션에서는 처리하기 어려운 기능이다. 통신사의 오케스트레이션은 다른 산업과 수준이 다르다. 은행이나 트레이딩에서도 존재하지 않는, 통신사만의 어려운 요구 사항이다.

업무적으로 오케스트레이션 서버는 주문 풀필먼트와 네트워크 프로비저닝을 처리한다.

- 제출된 주문에 포함된 상품의 속성을 기반으로, 오케스트레이션에서 필요로 하는 다수의 컴포넌트를 생성한다. 컴포넌트의 예는 고객을 생성, 빌링 사이클 시작, 장비 활성화로 수십 개에 이른다.
- 주문에 포함된 상품과 서비스를 고객 계정에 추가한다. 빌링 시스템에서 고객의 상품(자산)을 생성한다.
- 주문 풀필먼트와 네트워크 프로비저닝은 업무적으로는 차이점이 있지만, 기술적으로는 동일한 오케스트레이션 서버에 의해 처리된다.
- 통신사 장비를 배송하거나, 설치하기 위한 작업을 엔지니어에게 할당하고 관리한다.
- 설치된 유무선 네트워크의 구성 정보(서비스와 리소스)를 인벤토리에 생성한다.
- 주문에 포함된 상품과 서비스를 다양한 네트워크 장비에서 활성화한다.

은행 데모는 전 구간 추적과 EAI 서버를 통해서 다양한 레거시에 관측 가능성을 적용하는 것이 주요 주제였다. 통신사 데모를 통해서는 분산 트랜잭션 처리와 복잡한 주문 오케스트레이션에 대

해서 설명하면서, 어떻게 관측 가능성을 구현할 것인지 살펴볼 것이다.

데모에서 분산 트랜잭션을 이벤트 소싱과 Saga 패턴으로 구현하려고 했지만 분산 트랜잭션을 지원하는 오픈소스는 없다. 벤더들은 분산 트랜잭션을 처리하는 오케스트레이션 서버를 오래전부터 판매하고 있다. 정확하게 이벤트 소싱과 Saga 패턴을 구현하지는 않았지만, 유사한 보상 처리를 주문 프로세스에 구현했다. 오픈소스가 아니라 상용 관측 가능성을 사용하므로 독자들이 실습하기 어려울 수 있다. 유튜브 등 다른 방법으로 데모와 시스템을 제공할 예정이다.

오케스트레이션 서버는 보상을 처리하는 엔진이다. 그림 4.23은 오케스트레이션 서버가 추적을 지원하는 방법을 설명한다.

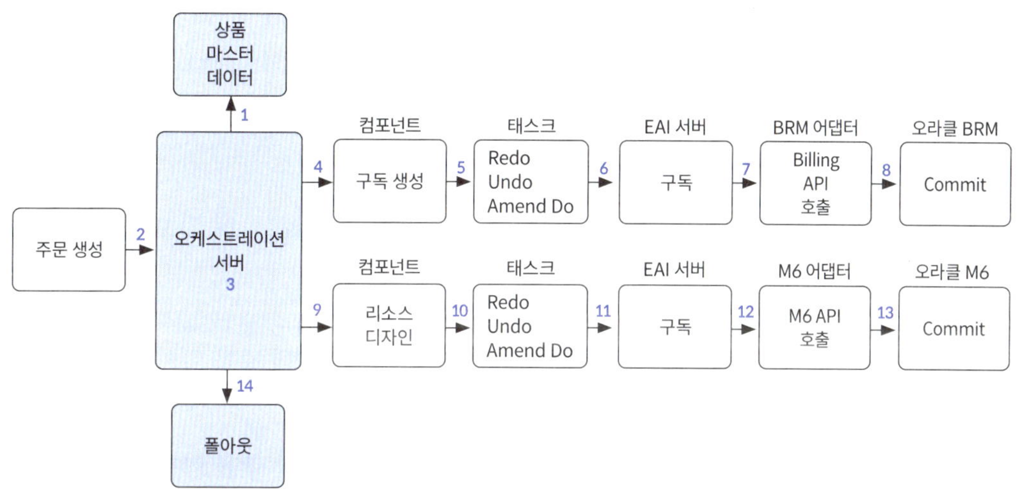

그림 4.23 **오케스트레이션 서버의 연계 아키텍처**

이 그림을 분석하자면 2, 4, 6, 7, 8, 9, 11, 12 ,13, 14에서 추적의 전파가 발생한다. 3, 5, 10은 전파가 발생하지 않지만, 스레드 간에 발생하는 내부 연산이므로 중요한 구간은 아니다. 프로세스가 길고 복잡하므로 끊어지지 않는 것이 중요하고, 일부는 생략이 가능하다. 기본적으로 주문 시스템, JMS 서버, EAI 서버, 폴아웃 관리는 추적을 지원한다. 중간에 오케스트레이션 서버, 컴포넌트, 태스크에서 메시지 헤더를 제한하지 않는다면, 추적의 전파가 성공적으로 처리된다. 2번을 제외한 1, 3, 4, 5, 6, 7에서 전파가 발생한다.

현재 대부분의 오케스트레이션 서버와 EAI 서버의 통합 모니터링이 어렵다는 단점이 있다. 추적을 사용하면 오케스트레이션 서버와 EAI 서버를 통합한 전 구간 관측 가능성이 가능하다. 주문이 처리되는 전 구간에서 추적을 지원하므로, 이를 기반으로 분산 트랜잭션을 구성한다.

오케스트레이션 서버는 팁코 통신사 주문 설루션을 사용했다.

4.2.3 통신사 아키텍처

주문을 처리하는 통신사의 전 구간 관측 가능성 데모의 아키텍처는 다음 그림과 같다. 통신 신규 주문은 단일 트랜잭션인 반면, 내부적으로 생성된 수백 개의 스팬이 포함된 복잡한 프로세스다.

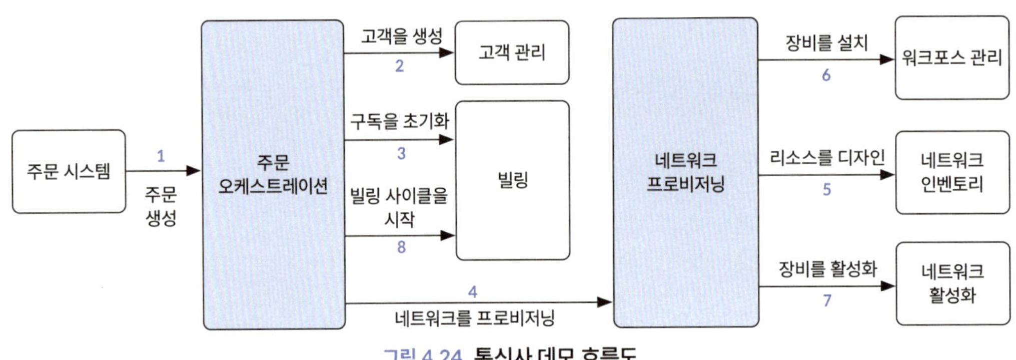

그림 4.24 **통신사 데모 흐름도**

벤더의 오케스트레이션 서버에 따라 추적이 지원이 안 되는 경우 다음과 같은 방법을 사용할 수 있다.

1. 오케스트레이션 서버의 스크립트를 사용한다. JMS 내 메시지 보디의 주문 아이디를 헤더에 추가해서, 전 구간 추적을 구현한다.
2. 주문 아이디 내 추적이 다수 생성되므로 이벤트를 사용해서 동일한 주문 아이디를 가지는 다수 추적을 결합한다. 이벤트로 다수의 컴포넌트를 캡처하면, 다수의 추적 아이디, 주문 아이디를 캡처할 수 있다. 추적 아이디는 기술적인 문제를 해결하는 데 도움이 되고, 주문 아이디를 사용하면 전 구간에 걸친 주문의 상태와 진행 과정을 모니터링할 수 있다. 사용자는 주문 아이디를 사용해서, 전 구간 관측 가능성을 구성할 수 있다.

데모에서는 Saga 패턴과 유사한 방법으로 롤백과 리비전을 구현한다. 예전부터 통신사는 Saga와 유사한 패턴으로 신규 유무선 결합 상품처럼 복잡한 주문 업무에서 취소와 리비전 주문 처리를 구현했다.

1 분산 트랜잭션

분산 시스템에서 한 트랜잭션에 여러 노드의 프로세스가 관여할 수 있다. 분산 트랜잭션은 이들 프로세스를 원자적으로 하나의 트랜잭션으로 묶는 방안이다. 앞에서도 언급했지만 분산 트랜잭션의 구현법으로는 2PC와 Saga 패턴 2가지가 있다.

2PC는 데이터베이스 자체에 의존하는 2단계 커밋이다. 가장 큰 문제점은 다른 노드의 메시지를 기다리는 동안 록이 오랫동안 잠긴 상태로 남을 수 있어서 성능이 좋지 않다는 것이다.

Saga는 유명한 분산 트랜잭션 설루션 가운데 하나로 마이크로서비스 아키텍처에서는 사실상 표준이다. 모든 연산은 순서대로 정렬된다. 각 연산은 자기 데이터베이스에 독립 트랜잭션으로 실행된다.

은행 데모에서는 EAI 서버를 사용했지만, 대부분의 사이트에서는 완벽한 분산 조율은 아니고, 부분적으로 분산 조율과 중앙집중형 조율을 혼합해서 구현하는 경우가 많다. 분산 조율이더라도 오케스트레이션을 해주는 핵심 마이크로서비스가 다운스트림 마이크로서비스를 조율하도록 설계한다.

어떤 방식으로 조율할지는 사업상의 필요와 목표에 따라 정한다. 분산 조율 방식은 서비스가 서로 비동기식으로 통신하기 때문에, 모든 서비스는 다른 서비스가 발생시킨 이벤트의 결과로 어떤 작업을 수행할지 정하기 위해 내부적으로 상태 기계를 유지해야 한다. 서비스가 많으면 관리가 어려워질 수 있는 부분이다.

지연 시간 요구 사항이 없거나 서비스 수가 적다면, 마이크로서비스 아키텍처에서는 Saga를 선택하면 된다. 통신사는 Saga와 2PC를 함께 사용한다. 고객 관리 시스템과 빌링은 2PC로 연계되고, 이를 포함한 전체 주문 프로세스는 Saga로 구성된다.

2 통신사 주문 사례

2PC에 대해서 설명하면 TP(Transaction Processing)는 TM(Transaction Manager)이고, RM(Resource Manager)은 XA(eXtended Architecture)로 제어한다. 오픈소스는 이러한 기술 스펙을 만족하지 않으며, 2PC는 특정 상용 소프트웨어에 의존성을 가지고 있다. 예를 들어 트랜잭션 처리 모니터는 턱시도, 데이터베이스는 오라클만 2PC를 지원한다. 대부분의 데이터베이스는 XA 기능을 제공하지 않는다.

금전적인 거래를 처리하는 주문의 경우에는 일관성이 중요하다. 빌링, 고객 관리 시스템은 금전적인 거래를 처리하는데, 취소 주문을 처리하는 과정에서 데이터 정합성을 보장해야 한다. 빌링과 고객 관리 시스템 사이에 분산 트랜잭션 요구 사항이 있으므로, 2PC 혹은 보상으로 구현해야 한다.

데모에서 사용하는 오케스트레이션 서버는 Saga와 이벤트 소싱을 결합한 아키텍처와 유사하다. Saga의 보상으로 롤백하며, 롤백 시 발생하는 이벤트와 상태를 저장한다.

통신사 주문 시스템에서 고객은 주문을 생성하고, 오케스트레이션 서버에 제출한다 오케스트레이션 서버는 주문 처리 시 에러가 발생하면 재시도를 하고, 취소 주문이 제출되면 안정적으로 롤백과 변경을 처리한다. 주문이 완료되지 않고, 처리하는 도중에 고객은 주문의 변경을 요청할 수 있다. 이러한 주문을 리비전 주문 혹은 인플라이트 주문이라고 한다. 오케스트레이션 서버는 인플라이트, 리비전, 취소, 변경 등에 대한 주문 유형을 지원해야 한다.

EAI 서버와 오케스트레이션 서버라는 용어가 혼동될 수 있으므로 여기서 둘의 차이를 짚고 넘어가겠다.

- EAI 서버 프로세스는 다수의 스텝으로 구성된다.
- 태스크(작업)는 오케스트레이션 서버에서만 사용된다.
- 오케스트레이션 서버는 상품 속성과 주문을 분석해서, 다수의 컴포넌트를 생성한다. 컴포넌트는 다른 세분성(granularity)을 가진다.
- 태스크는 컴포넌트의 로직을 처리한다.
- 은행과 통신사 모두 EAI 서버를 사용한다. 통신사는 추가적으로 오케스트레이션 서버도 사용한다.

리비전 주문 처리 절차

보상은 리비전 주문 처리 시 발생하며, 리비전 주문과 기존 주문의 변경분을 처리한다.

- 리비전 주문을 주문 키를 통해서 인식하며, 수명 정책 및 PoNR을 통해 검증한다.
- 주요 항목(significant element)을 통한 리비전 주문과 기존 주문과의 변경을 인식하고, 변경 부분이 있으면 보상을 수행한다.
- 리비전 주문의 오케스트레이션 플랜을 생성 및 비교하고, 해당 정보를 통한 기존 주문을 변경한다.
- 리비전 주문을 통해, 변경된 기존 주문의 수정(Amend) 절차를 수행한다.
- 리비전 시점 이후의 처리하지 않은 컴포넌트와 리비전으로 들어온 신규 컴포넌트를 수행한다.

보상 유형

보상 유형을 계산하는 방법은 다음과 같다. 생각만큼 어렵지 않고, 기존 주문과 리비전 주문의 컴포넌트를 비교해서 보상 유형을 결정한다.

기존 주문	리비전 주문	보상 유형
Exists	Does not exist	Undo
Does not exist	Exists	Amend Do
Exists	Exist, no change found	No compensation required
Exists	Exist, change found	Redo

보상은 Undo, Redo, Amend Do, None 등 다양한 유형이 정의되어야 한다. Saga 패턴에서 제공하는 기본적인 Undo만으로는 복잡한 보상 요구 사항을 충족할 수 없다. 보상 유형은 컴포넌트가 어떤 유형으로 보상을 할지 결정한다. 실제 보상은 컴포넌트 내 로직에 따라서 태스크에 의해서 수행된다.

- **Undo**: 기존 주문에는 존재했으나(기존 주문에서는 이미 수행 후 완료) 리비전 주문에는 해당 컴포넌트가 존재하지 않을 때 발생한다.
- **Amend Do**: 기존 주문에는 존재하지 않았으나, 리비전 주문에는 해당 컴포넌트가 존재할 때 발생한다.
- **Do**: 기존 주문에는 존재하지 않았으나, 리비전 주문에는 해당 컴포넌트가 존재할 때 발생하며, Amend Do와 유사하나, 보상 완료 후 수행된다.
- **Redo**: 기존 및 리비전 주문과 동일하게 존재하는 컴포넌트이지만, Significant element의 변경이 있는 경우 발생한다. Update와 유사하다. Undo 처리 후 Do를 할 수도 있지만, 다양한 예외 사항이 고려되어야 한다.
- **No compensation required**: 기존 및 리비전 주문에 동일하게 존재하는 컴포넌트이며, Significant element의 변경이 없는 경우다.

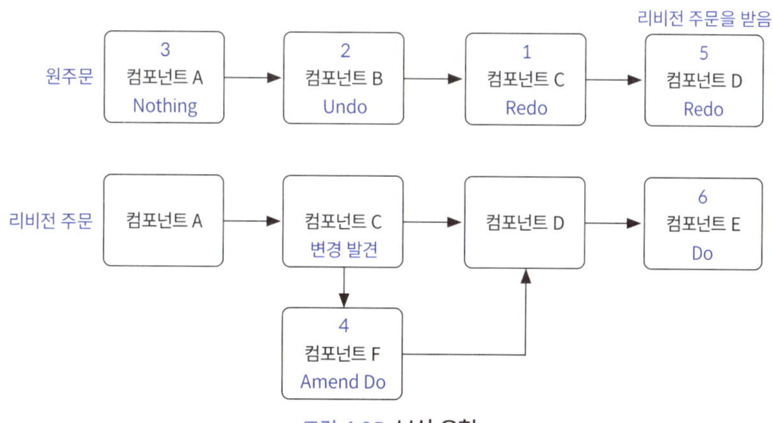

그림 4.25 보상 유형

3, 2, 1, 4, 5, 6 순서대로 처리된다. 기존 주문을 롤백하고, 리비전 주문을 처리한다. D를 Redo 후에 나머지 E를 Do한다.

기존 주문과 리비전 주문은 다음과 같이 비교한다.

- 보상 유형은 컴포넌트의 비교를 통해, 오케스트레이션 레벨에서 결정된다.
- 보상 유형이 결정되면, 컴포넌트와 매핑되는 보상 규칙에 의해 보상이 결정된다.
- 보상 유형 결정은 기존 주문과 리비전 주문의 오케스트레이션 플랜의 비교를 통해 결정된다.

Orchestration plans은 주문 내 상품의 속성을 읽고, 몇 개의 컴포넌트를 생성할 것인지, 컴포넌트 간 의존성을 결정한다. 이상의 주문 처리를 분석하면, 다음과 같이 보상 유형을 구성할 수 있다.

	기존 주문	리비전 주문	보상 유형	업무
컴포넌트 A	Exists	Exist, no change found	보상이 필요 없음	고객 생성
컴포넌트 B	Exists	Does not exist	Undo	유선 빌링 구독 생성
컴포넌트 C	Exists	Exist, changes found	Redo	무선 빌링 구독 생성
컴포넌트 D	Exists	Exists, 리비전 주문을 받음	Redo	네트워크 활성화
컴포넌트 E	Exists	Exists	Do 보상 완료 후 실행	빌링 사이클 시작
컴포넌트 F	Does not exist	Exists	Amend Do	인벤토리 생성

원래 주문과 리비전 주문의 컴포넌트 비교를 통해서 보상 유형이 결정되면, 태스크에서는 결정된 보상 유형을 구현한다. 보상을 디자인하고 개발하는 것은 복잡하지 않다. Saga 패턴만으로 부족한 부분을 설루션에서 보강해주기 때문이다. 오케스트레이션에 필요한 일부 로직이 보상이고, 그 외에도 많은 구성이 필요하다.

태스크는 컴포넌트를 읽고, 필요한 보상을 실행한다. 태스크에서 처리하는 보상은 다음과 같다. 보상을 수행하는 실제 주체는 태스크이다.

- **Do**: 일반적인 태스크의 처리 방식이고, Undo then redo와 Amend Do를 위한 리비전 처리 시에도 사용된다.
- **Redo**: 이미 수행된 태스크에서 리비전 주문과 비교하여 변경이 있을 때, 재수행을 원하는 태스크에 대해서 발생한다.

- **Undo**: 이미 수행된 태스크에서 취소 혹은 리비전 주문 등의 변경 오더와 비교했을 때, 취소할 태스크에 Undo compensation을 설정해준다. Reverse로 처리된다.
- **Amend Do**: 변경 오더에서 새로운 태스크가 있을 때, Amend Do가 발생된다.

차이점을 분석하고, 보상을 만들고, 보상을 처리한다. 보상에 대한 세부 논리는 태스크에 구현된다. 새로운 컴포넌트는 새로운 추적 아이디를 생성한다.

각 시스템은 서로 다른 방식으로 보상하며, 그 방법을 설명한다. 오케스트레이션에서 컴포넌트를 구성하는데, 컴포넌트별로 다른 세분성을 갖는다. 세분성은 라인 아이템, 주문 헤더, 주문 보디, 메시지 헤더와 보디를 포함한 주문 전체이다.

메시지는 헤더와 버디로 나뉘며, 보디는 다시 주문 헤더와 주문의 보디로 나뉜다. 주문의 헤더에는 고객의 이름, 연락처, 주소, 계정이 포함된다. 그리고 이 정보는 계정을 만드는 데 사용된다. 거래를 롤백할 수 있는지 여부에 영향을 미치는 세분성을 결정해야 한다.

- 청구 시 고객 계정에 구독을 추가할 때는 헤더가 아닌 라인 아이템이 필요하다. 전체 주문에 대한 세분성보다는 라인 아이템 수준에서 세분성을 정의한다. 청구는 민감한 금전적 정보를 다루기 때문에, 변경이 있는 경우 변경된 라인 아이템을 처리하고, 변경에서 삭제가 발견되면 해당되는 라인 아이템을 취소한다.
- 고객 관리 시스템은 계정을 생성한다. 고객 계정을 생성하는 경우, 큰 세분성이 필요하고, 전체 주문이다. 빌링 사이클이 시작되는 경우 라인 아이템이 필요하다. 즉, 컴포넌트마다 다른 세분성이 필요하고, 컴포넌트를 이해하고 세분성을 선택해야 한다.
- 네트워크 장비의 설치는 아이템별로 처리해서는 안 되며, 한 번의 방문으로 완료되어야 한다. 즉, 세분성은 라인 아이템이 아니라 전체 주문이다. 엔지니어 방문은 PoNR이고, 리비전 처리를 막는다.

보상 유형에는 Undo, Redo, No compensation required 등을 선택하고, 업무에 대한 이해를 바탕으로 컴포넌트의 세분성을 결정한다. 태스크에서 추가적인 메시지의 파싱이 발생하지 않도록, 컴포넌트의 세분성을 정확하게 구성하는 것이 필요하다.

보상은 기존 주문의 변경이 필요한 경우에 발생하지만, 주문이 실패하는 경우에도 필요하다(이러한 과정을 폴아웃 관리라고 한다).

❸ 주문 시스템

통신 업계의 주문은 다른 업계의 주문과 달리 그 과정이 역동적이다. 예를 들어 신규 활성화, 번호 이동, 추가 서비스에 대한 주문은 전자상거래 주문보다 더 복잡하다. 기업 주문은 개인 주문보다 더 복잡하다. 네트워크 장비의 설계와 구축이 필요하기 때문이다.

Saga 패턴을 사용해서 분산 트랜잭션을 처리하는 과정을 구현해보자. 팁코 주문 풀필먼트 기반의 오케스트레이션 서버를 사용해 유무선 통신사 개통 프로세스를 구현한다. 오케스트레이션 서버는 풀필먼트 규칙 및 프로세스를 정의하고, 주문 제출부터 네트워크 내 서비스 활성화에 이르는 전 과정을 자동화한다.

- **팁코 주문 풀필먼트**: 제품 카탈로그에 지정된 메타데이터를 기반으로 주문을 오케스트레이션할 수 있다.
- **팁코 네트워크 프로비저닝**: 기본 네트워크 서비스의 할당을 자동화하는 서비스와 리소스의 프로비저닝 프로세스 및 기능을 구현한다. 데모에서는 사용하지 않는다.
- **팁코 제품 카탈로그**: 상품과 서비스의 수명 주기를 정의하고, 관리하는 카탈로그 기능을 제공한다. 팁코 주문 풀필먼트와 연계해서 사용한다.

그림 4.26처럼 주문을 생성하고 제출할 수 있는 데모를 만들 것이다.

1. 구입하고자 하는 통신사의 요금제, 부가 서비스 등을 신청하고, 주문을 완료한다.
2. 주문이 오케스트레이션 서버로 제출된다.
3. 주문을 신규로 생성하거나, 변경, 취소할 수 있는 기능을 제공한다.

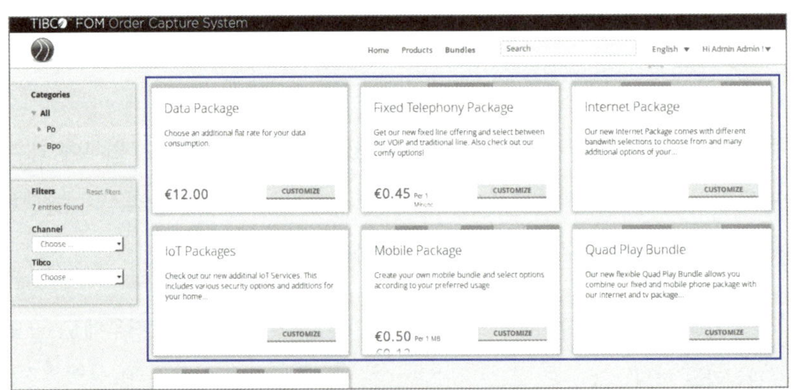

그림 4.26 **주문 처리 화면**

무선 상품을 주문하면, 주문이 곧바로 처리를 완료한다. 하지만 유선 상품을 주문하면, 엔지니어의 방문 후에 모뎀 구성이 필요하다. 그러므로 주문이 즉시 완료되지 않고, 엔지니어의 방문 단계에서 대기된다. 유선 상품 주문 시에는 취소와 리비전 주문도 테스트할 수 있다. EAI 서버를 사용해서 빌링, 인벤토리 등과 연계하는 로직을 개발한다.

- 주문 생성 화면에서 유선 상품을 선택한다.
- 유선 상품 중에 인터넷 패키지를 선택하고, 설치 속성을 Yes로 변경한다.
- 무선 통신은 수작업이 필요 없으므로 주문을 제출 후 1분 뒤에 주문을 완료한다.

④ 상품 데이터

은행 사례에서 고객 마스터에 대해서 설명한 바 있다. 통신사 데모에서는 상품 마스터에 집중한다. 통신사 BSS의 핵심은 빌링과 고객 관리 시스템이다. 두 시스템의 중요 데이터는 상품과 고객이고, 이 둘을 마스터 데이터로 관리한다.

현대적인 분산 아키텍처에서는 빌링과 고객 관리가 분리되어서 구성된다. 즉, 상품과 고객 마스터 데이터가 각각 분산되어서 관리된다. 동일한 데이터가 다른 애플리케이션에서 관리되므로 데이터를 동기화할 필요성이 있다. 이를 위해 마스터 데이터를 사용해서 중복을 제거하고, 데이터 품질을 관리한다.

통신사는 상품의 구조와 속성이 복잡하고 상품이 주기적으로 다양한 시스템으로 배포되므로 이를 관리하기 위한 시스템이 필요하다. 주문 풀필먼트와 네트워크 프로비저닝의 오케스트레이션은 상품 마스터 데이터를 기준으로 생성된다. 오케스트레이션 규칙은 상품의 속성에 기반해서 생성된다. 속성의 변경은 오케스트레이션의 흐름을 변경할 수 있으므로 이에 대한 변경도 마스터 데이터에 의해서 관리된다. 즉, 별도로 상품 마스터 시스템을 구축하지 않으며, 오케스트레이션 서버 내에 상품 마스터 관리를 포함하고 있다.

⑤ 폴아웃 관리

주문을 처리하는 과정에서 다양한 예외 상황과 에러가 발생한다. 무선 상품 주문은 수 분 내에 주문 완료가 가능하지만, 유선 상품 주문은 수일이 걸리기도 한다. 고객이 변심해서 다른 상품으로 변경하거나, 주문 자체를 취소하는 등 다양한 이유로 주문의 변경이 발생할 수 있다. 주문 도중에 빌링 시스템이 서비스를 이용할 수 없는 상태가 되거나, 고객 관리 시스템이 다운되는 등 다양한 예외 사항이 존재한다.

일반적으로 보상이 필요한 경우는 3가지 경우다.

1. 완료되지 않고 실행 중인 주문을 변경하고 싶을 경우
2. 완료되지 않고, 실행 중인 주문을 취소하고 싶을 경우
3. 실행 중인 주문이 실패해서 재처리하고 싶은 경우

세 번째 경우에 주문이 실패하면 원인을 분석하고 주문을 재처리해야 하는데, 이를 지원하는 시스템을 폴아웃 관리라고 한다. 주문이 중간에 실패하는 경우 곧바로 롤백하거나 취소하지 않는다. 폴아웃 관리를 사용해서 기술적인 에러 여부를 판단하고 재시도를 하거나, 업무적인 에러 여부를 판단해서 프로덕트 오너와 함께 문제 해결에 대해서 논의해야 한다. 고객 관리 시스템 내 트러블 티켓에 폴아웃을 기록하고, 사용자에게 장애 여부와 주문 개통 상황을 공유한다.

폴아웃 유형에 따라서 처리 방식이 다르다. 예를 들어 기술적인 폴아웃은 재시도로 해결한다. 업무적인 폴아웃은 보상에 의해 리비전 주문을 생성하거나 또는 취소 주문으로 롤백한다.

폴아웃의 처리 방식은 내부적으로 워크플로와 메시지 서버로 구성된다. 폴아웃은 오케스트레이션 서버에 포함되어 있는 경우도 있지만, 팁코처럼 BPM으로 별도로 구현하기도 한다.

4.2.4 주문 오케스트레이션

주문 오케스트레이션 서버는 컴포넌트를 생성 및 관리하고, EAI 서버와 워크플로 서버에 연계하는 역할을 한다. 기본적으로 오케스트레이션 서버는 스팬이 생성되지 않으며, 메시지 서버와 EAI 서버만 스팬을 생성한다. 추적 아이디로 전 구간 추적은 지원되지 않지만, 주문 아이디를 스팬 애너테이션, 스팬 속성, 배기지에 추가하면, 오케스트레이션 서버와 EAI 서버를 포함한 전 구간 추적을 구현할 수 있다.

일반적인 주문 애플리케이션은 여러 개의 아이디를 사용한다.

- **세션 아이디**: 웹과 앱에 접속 시, 세션 아이디를 생성한다.
- **추적 아이디**: 사용자가 웹과 앱에서 버튼을 선택 시, 추적 아이디를 생성한다.
- **주문 아이디**: 주문 프로세스에만 사용된다.
- **요청 아이디**: 주문을 제외한 일반적인 트랜잭션 처리 시, 예를 들어 상품 조회, 주문 내역 조회 등에 사용된다.

개별 주문은 다수 추적 아이디를 포함한다. 주문을 제출하면 주문 아이디가 생성되고, 주문 오케스트레이션 서버에서 생성되는 컴포넌트는 JMS 서버와 EAI 서버에서 주문 아이디와 추적 아이디를 전파한다.

통신사 데모에서는 주문 아이디로 주문을 식별할 것이다. 주문 아이디는 헤더가 아니라, 보디에서 관리하지만, 헤더에 추가할 수 있다. 여러 가지 방법으로 전 구간 추적을 구성할 수 있는데, 예를 들어 주문 아이디로 주문 프로세스를 식별하고, 주문 내 개별 구간은 추적 아이디로 분석할 수 있다.

카탈로그에서 상품을 조회하는 경우에는 요청 아이디를 사용한다. 요청 아이디처럼 메시지 보디에 위치하면, 처리 도중에 마이크로서비스의 프로토콜이 변경되어도 중단되거나 끊어지지 않는다. 만약 헤더에 위치하게 되면, 전 구간에 걸쳐 전파가 되도록 아이디를 관리해야 한다.

그림 4.27은 오케스트레이션 서버의 화면이다. 간트 차트 혹은 시퀀스 다이어그램과 유사하다. 관리 화면에서는 개별 컴포넌트에 대한 상세 정보를 출력한다. 분산 추적 화면과 유사하며, 개별 컴포넌트의 상태와 처리 시간, 폴아웃 등을 모니터링할 수 있다. 개별 주문마다 세부적인 컴포넌트 정보를 출력하는데, 예를 들어 빌링 시스템의 컴포넌트에서는 빌링 시스템의 지연과 에러를 이해하는 데 도움이 된다. 주문에서 문제가 발생한 구간을 식별하고, 해당 구간의 분석은 추적 아이디를 사용해서 EAI 서버와 레거시에서 자세한 트러블슈팅을 진행해야 한다.

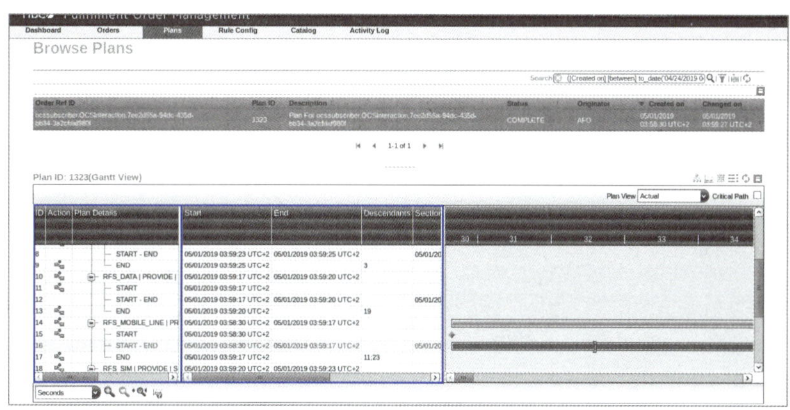

그림 4.27 오케스트레이션 서버 관리 화면

❶ 빌링

통신사 빌링에서 처리하는 개통, 과금, 청구 업무는 다음과 같다.

- **개통**: 빌링 고객은 사용하고 있는 요금제, 부가 서비스, 단말기 등 다양한 자산을 보유하고 있다. 신규, 변경 등 주문 형식에 적합하게, 고객 계정에 자산을 추가하고 변경하는 작업이 필요하다. 주문 오케스트레이션 과정에서 빌링과 연계 작업이 진행되고, 주문이 종료되기 전에 빌링 사이클을 시작해야 한다.
- **과금**: 빌링은 CDR(Charging Data Record)을 직접적으로 처리하지 않는다. 통신사 CDR 장비와 연계된 전처리 시스템에 의해 처리된다. 빌링에 CDR이 유입되기 이전에 전처리를 통해서, 빌링이 인식할 수 있는 파일 형식을 생성한다. 선불은 AAA(authentication, authorization, accounting) 실시간 처리 모듈을 사용하고, 후불은 CDR 전처리를 통해서 오라클 BRM(Billing and Revenue Management)과 연계된다.
- **청구**: 빌링은 고객이 사용한 만큼 과금을 계산하는데, 주, 월별 다양한 주기로 빌링 정보를 생성한다. 생성된 빌링 정보를 바탕으로, 고객에게 요금을 청구하는 과정이 필요하다. 과금을 계산하는 과정은 기본적인 과금 외에도 환불, 정산 등 다양한 백엔드와 연계해서 처리된다.

오라클 BRM은 통신사 서비스 제공 업체를 위한 개통, 과금, 청구 시스템이다. 이 책의 데모는 BRM과 EAI 서버를 연계한다. 다음과 같이 BRM 관리 화면에서 BRM 프로세스를 시작할 수 있다.

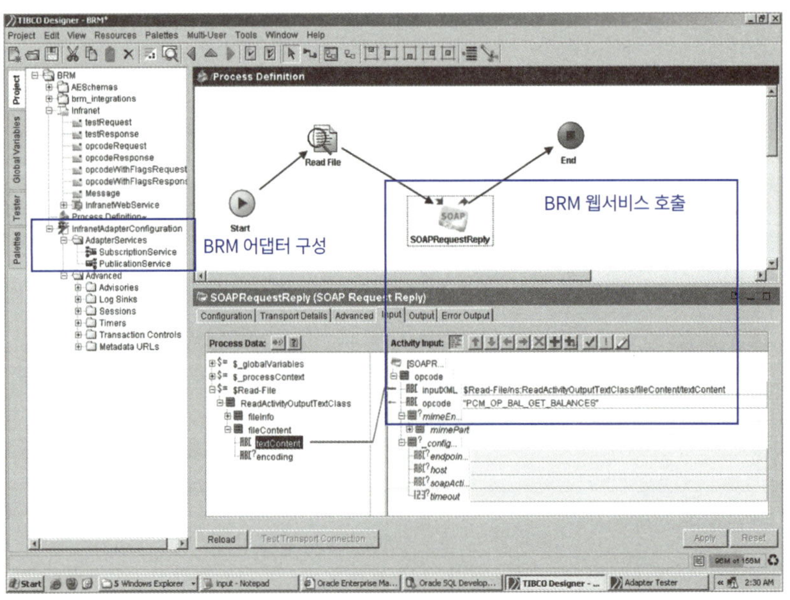

그림 4.28 BRM 빌링 관리 화면

EAI 서버는 팁코 BRM 어댑터, BRM JCA 어댑터, SOAP 웹서비스 등 다양한 방법으로 BRM과 연계할 수 있는데, 데모에서는 팁코 BRM 어댑터를 사용한다. 팁코 BRM 어댑터에는 다음과 같은 컴포넌트가 있다.

- **BRM 인프라넷 EAI 플러그인**: BRM 인프라넷 이벤트 데이터에 대한 액세스를 제공하기 위해 BRM 인프라넷 EAI 매니저로 제작된 커넥터 애플리케이션
- **BRM 인프라넷 데이터 관리자**: BRM 인프라넷 클라이언트 애플리케이션이 엔터프라이즈 애플리케이션에서 RPC 작업을 호출할 수 있도록 도와주는, 사용자 정의 BRM 인프라넷 데이터 관리자

BRM 인프라넷 EAI 플러그인 서비스는 클라이언트가 요청과 응답 작업을 호출하는 데 사용된다. 외부 애플리케이션은 BRM 인프라넷에 요청하여, Opcode를 실행할 수 있다.

1. 어댑터가 요청을 수신한다.
2. 외부 데이터를 인프라넷 FLIST로 변환한다.
3. 해당 Opcode를 호출하여 필요한 비즈니스 기능을 실행한다.
4. BRM에서 어댑터로 응답이 반환된다.
5. 그 결과는 요청 애플리케이션으로 다시 송신된다.

팁코 개발 툴을 사용하면, BRM 인프라넷 Opcode를 호출하기 위한 요청과 응답 작업을 구성할 수 있다. BRM 클라이언트의 화면은 다음과 같다.

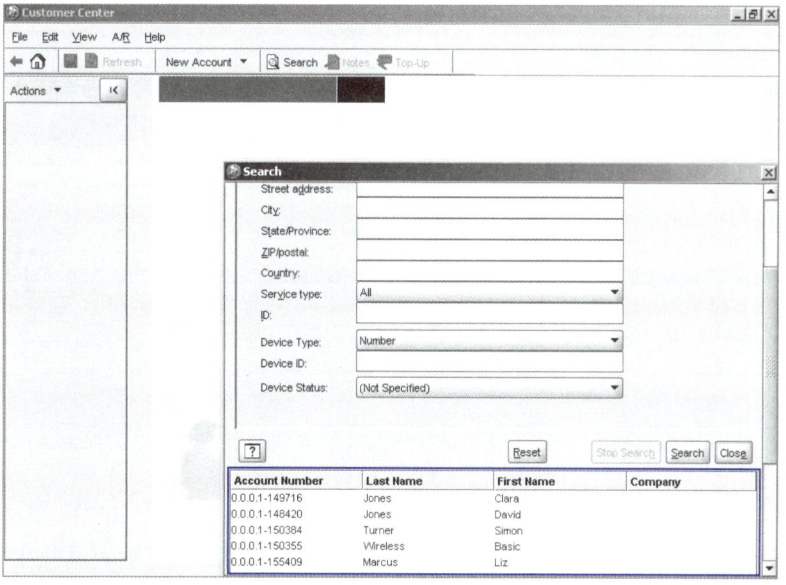

그림 4.29 BRM 빌링 클라이언트

2 고객 관리

현재는 세일즈포스와 같은 SaaS 기반의 CRM이 선호되지만, 통신사는 시벨 CRM을 많이 사용해 왔다. 시벨은 고객 관리를 위한 라이프 사이클을 지원한다. 기본적으로는 상품, 고객, 주문 등 다양한 유형의 프로세스와 데이터를 관리한다. 데모에서는 발행과 구독처럼 복잡한 이벤트는 다루지 않는다.

시벨 CRM은 시벨 툴이라는 애플리케이션 개발 도구를 제공하여, 개체 정의(object definition)를 생성하고 시벨 애플리케이션을 개발할 수 있다. 다음은 비즈니스 계층의 주요 개체 유형이다.

- **비즈니스 컴포넌트(business component)**: 비즈니스 엔터티를 나타내며, 이를 특징짓는 여러 필드로 구성된다. 예를 들어 연락처, 회사 주소 또는 활동 등이다.
- **비즈니스 개체(business object)**: 하나 이상의 비즈니스 컴포넌트로 구성된 기능 영역을 나타낸다. 예를 들어 기회 비즈니스 개체는 기회 및 관련 연락처, 활동, 제품 및 이슈로 구성된다.
- **통합 개체(integration object)**: 메타데이터를 시벨 비즈니스 개체에서 EAI 인프라가 이해할 수 있는 공통 구조로 표현할 수 있다. 이는 단일 엔터티에서 여러 비즈니스 개체를 나타내는 논리적 개체이다.

다음과 같은 화면이 시벨 사용자 화면이다(최신 버전에서는 오픈 UI로 변경되었다).

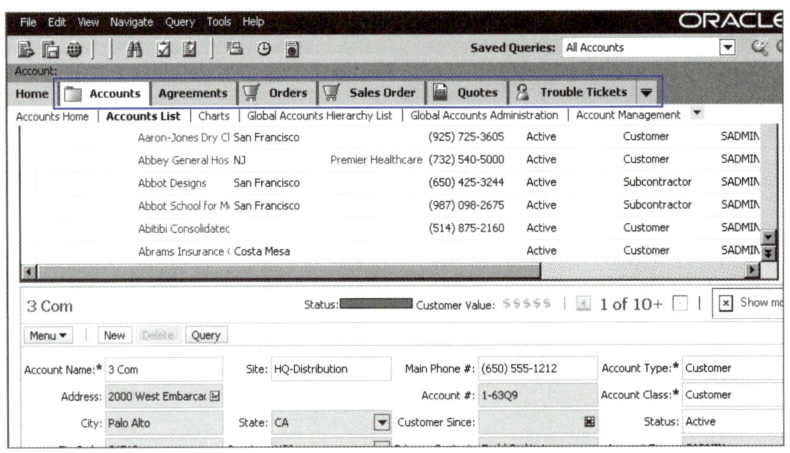

그림 4.30 **시벨 CRM 사용자 화면**

시벨 어댑터는 내부적으로 데이터 빈(Data Bean)이라는 자바 라이브러리를 사용한다. 시벨 어댑터의 연결 정보는 다음 화면과 같다. SAP가 RFC로 구성이 된 것처럼, 시벨은 비즈니스 컴포넌트와 비즈니스 개체로 구성되어 있다. 호출하고자 하는 비즈니스 컴포넌트와 비즈니스 개체를 선택하면, 자동으로 입출력 스키마를 생성한다.

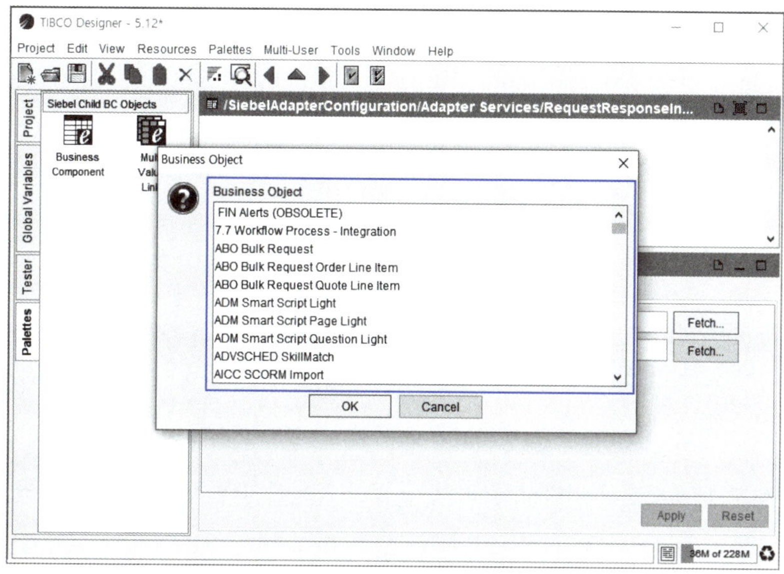

그림 4.31 시벨 어댑터 구성

4.2.5 네트워크 프로비저닝

네트워크 프로비저닝은 통신사 네트워크 구성에 필요한 인벤토리를 구성하고, 서비스에 대응되는 네트워크 장치를 활성화하는 프로세스다. 주문 풀필먼트와 동일하게 팁코 FOS(Fulfillment Orchestration Suite)를 사용해서 네트워크 프로비저닝에 필요한 프로세스를 구성한다. OSS에서는 다음 레거시와 연계한다.

- **M6**: 네트워크 인벤토리
- **피플소프트**: 전사적 자원 관리 애플리케이션이고, 특히 인사 관리에 유명하다.

❶ 네트워크 인벤토리

통신사의 핵심 자산 중의 하나는 지역 내 설치된 물리적인 자산이다. 예를 들어 건물 옥상에 설치된 무선 중계기, 해저에 설치된 통신 케이블, 지하와 지상 도로에 설치된 유선 통신 케이블 등이 있다. 이러한 물리적인 리소스는 네트워크 장비이고, 논리적인 서비스는 IP 주소다. 물리적인 리소스와 논리적인 서비스를 구성하고 관리하기 위한 시스템이 필요한데, 통신사에서는 이를 인벤토리라고 칭한다.

통신사는 다양한 물리적인 공간에 시설을 설치하고 공사하는 작업을 필요로 하며, 이를 유지 보수하기 위해서 인벤토리 시스템을 구축한다. 네트워크 프로비저닝 프로세스에 의해서 인벤토리에 리소스와 서비스를 생성하고, 활성화한다. 그리고 주문에 따른 개통 처리를 위해서 물리적인 네트워크 장비와 서비스를 활성화한다. 개통하는 과정에서 이러한 인벤토리에 정의된 리소스, 서비스와 다양한 상호작용이 필요하다. 예를 들어 통신 회선의 대역폭이 가능한 범위 내에서, 고객의 자산을 인벤토리에 있는 리소스와 서비스를 연결한다.

메타솔브 M6는 인벤토리 설루션이며, 이를 통해 주문, 서비스 활성화 및 서비스 문제 관리 프로세스를 자동화하고 관리할 수 있다. 메타솔브는 여러 개의 하위 시스템으로 구성되어 있다.

- **네트워크 프로비저닝**: 간단한 회선 할당(circuit assignment)부터 복잡한 회선 설계 및 구성에 이르기까지 다양한 서비스 제공을 용이하게 한다. 서비스 제공 업체는 고객이 주문한 사항과 네트워크가 지원할 수 있는 사항을 정확하게 파악할 수 있다.
- **네트워크 설계**: 네트워크의 지리적, 물리적, 논리적 차원을 통합하고, 장비를 관리한다. 다양한 네트워크 토폴로지와 장비를 인벤토리에 디자인할 수 있다.
- **문제 관리**: 통신사 제품 및 서비스 제공과 관련된 문제의 보고, 추적 및 해결을 지원한다. 보고된 문제를 초기 식별부터 해결까지 전 과정을 지원한다.
- **인터페이스 관리**: 메타솔브 설루션과 서비스 제공 업체의 다른 시스템 간의 정보 교환을 지원한다.
- **작업 관리**: 네트워크 프로비저닝 프로세스 작업 및 정보의 흐름을 관리하는 데 필요한 프로비저닝 계획을 관리할 수 있는 기능을 제공한다.

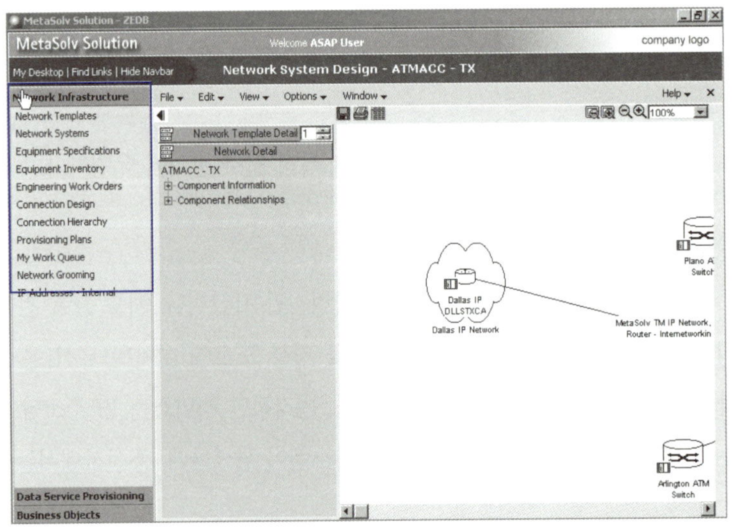

그림 4.32 메타솔브 리소스 디자인

메타솔브 인터페이스 아키텍처는 메타솔브 설루션 데이터베이스의 특정 정보에 액세스할 수 있는 API를 제공한다. 메타솔브 API는 메타솔브 설루션과 다른 애플리케이션 간에 통신에 사용하는 IDL 파일이고 CORBA를 지원하는 모든 플랫폼 및 운영체제에서 사용할 수 있다.

메타솔브에서는 애플리케이션 이벤트와 게이트웨이 이벤트 두 가지 이벤트 메커니즘을 사용한다. 이벤트란 작업 관리 또는 애플리케이션의 워크플로 내에서 발생하는 중요한 '일'을 가리킨다.

- **애플리케이션 이벤트**: 메타솔브 설루션 내에서 사전 정의된 이벤트로, 워크플로의 고정된 지점에서 발생한다. 이벤트와 관련된 아웃바운드 신호를 통해 외부 애플리케이션으로 발송된다.
- **게이트웨이 이벤트**: 작업 관리에 훅을 삽입할 수 있는 메커니즘을 제공한다. 게이트웨이 이벤트는 애플리케이션에서 정의하고, 작업 관리 시스템에서 제공하는 사용자 인터페이스를 사용하여 메타솔브 설루션 데이터베이스에 설정한다. 메타솔브 설루션 내에서만 발생할 수 있는 애플리케이션 이벤트와 달리, 메타솔브 설루션 또는 애플리케이션 내에서 모두 발생할 수 있다. 따라서 메타솔브 설루션 데이터베이스에서 아웃바운드 또는 인바운드 이벤트로 정의해야 한다.

애플리케이션 이벤트와 게이트웨이 이벤트를 사용해서 연계하고 추적을 구성하는 것을 권장한다. 메타솔브가 웹로직 기반하에서 처리되므로 메타솔브와 외부 애플리케에션 간의 연계에 JMS를 사용할 수 있다.

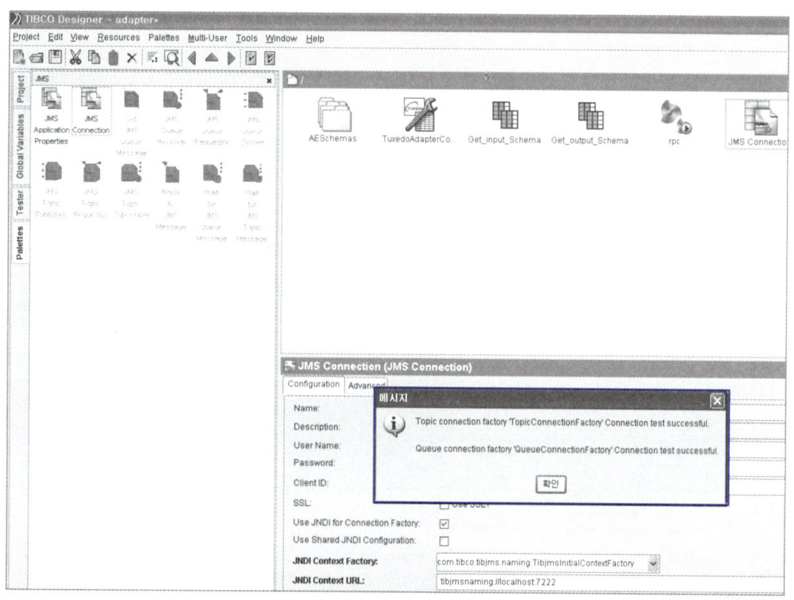

그림 4.33 웹로직 JMS를 사용한 연계

❷ 워크포스 관리

워크포스 관리(workforce management, WFM)에서 네트워크 엔지니어에게 작업을 할당한다. 예를 들어 모뎀 설치 업무는 장소에 방문해서 모뎀을 설치하게 된다. 워크포스 관리를 전문으로 하는 설루션을 사용하거나, ERP 내에 있는 워크포스 관리 기능을 활용한다. 워크포스 관리에서 적합한 엔지니어를 선정하고 업무를 할당한다. 혹은 장비에서 문제가 발생하거나 추가적인 서비스가 필요한 경우 엔지니어의 방문을 요청할 수 있다.

데모에서는 피플소프트(PeopleSoft)를 사용해서 워크포스 관리를 처리한다. 피플소프트는 외부 애플리케이션과 피플소프트의 기업 내 통합을 위한 기능을 지원한다.

- **컴포넌트 인터페이스(Component Interface)**: 컴포넌트 인터페이스를 사용하면 외부 애플리케이션이 피플소프트 비즈니스 로직을 호출할 수 있다. 데이터를 실시간으로 송신하고 연결된 통합이 필요한 피플소프트에서 사용하기에 이상적이다.
- **통합 브로커(Integration Broker)**: 애플리케이션 메시지 기술을 사용하여, 타사 애플리케이션과 통합한다.

피플소프트는 내부적으로 턱시도, 졸트, 웹 애플리케이션 서버로 구성된다. 팁코 피플소프트 어댑터는 턱시도에 직접 연계하지 않고, 졸트를 통해서 피플소프트와 연계한다. 피플 개발 툴에서는 등록된 서비스를 확인할 수 있다.

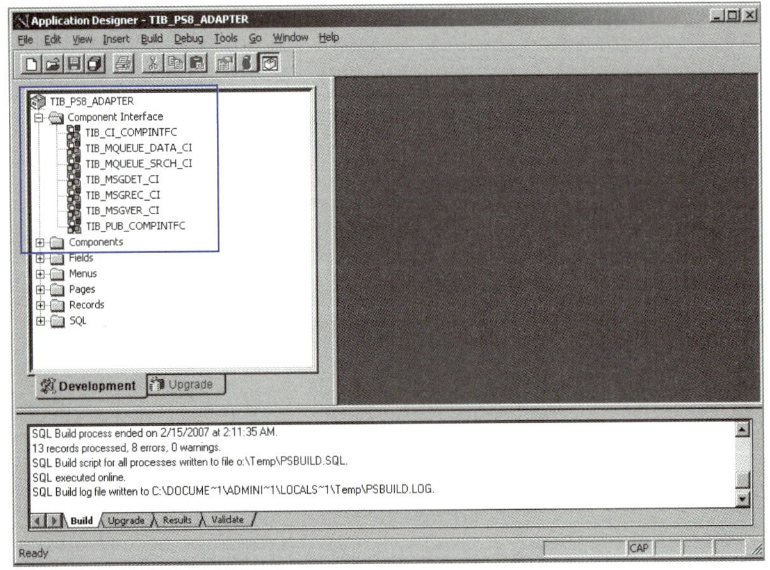

그림 4.34 **피플소프트 개발 툴 내 컴포넌트**

피플소프트 컴포넌트 인터페이스는 SAP RFC나 시벨 비즈니스 컴포넌트와 유사하다. 피플소프트는 외부에서 컴포넌트를 호출할 수 있도록 컴포넌트 인터페이스를 제공한다. 입출력 스키마를 자동으로 생성해준다.

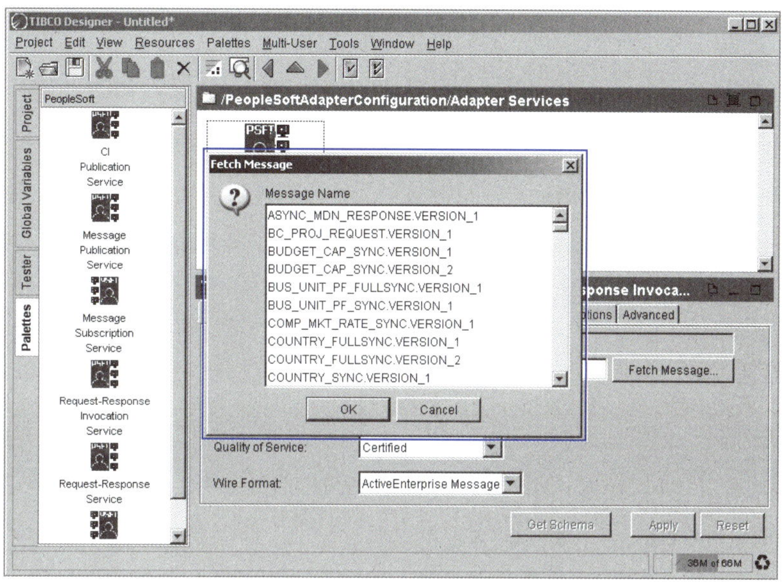

그림 4.35 피플소프트 어댑터 구성 화면

이 책은 컴포넌트 기반의 보상 규칙 생성에 대해서만 설명한다. 이유는 보상 규칙이 가장 중요하며, Saga 패턴의 보상 규칙은 기능이 부족해서 실무에서 활용하기 어렵기 때문이다. 데모에서는 팁코를 사용했지만, 다른 경쟁사의 오케스트레이션 서버인 오라클 주문 서비스 관리도 동일한 방식으로 오케스트레이션과 보상을 처리한다.

4.3 온라인 게임의 관측 가능성

온라인 게임 아키텍처에 관측 가능성을 적용하는 데모를 소개한다. 은행, 통신사와는 다르게 온라인 게임은 레거시가 존재하지 않으며, 대용량 글로벌 서비스를 제공해야 한다. 온라인 게임은 기존 전통적인 산업군과 다른 방식으로 관측 가능성을 진행한다. 멀티 테넌트, 쿠버네티스 오퍼레이터, 쿠버네티스 클러스터 오토스케일링 등 다른 산업과는 다른 요구 사항이 있다.

게임 개발과 운영은 다른 산업과 많은 차이점이 있다. 레거시가 없다는 장점이 있지만, 성능을 향상시키고 비용을 절감하기 위해서는 초저지연 서버 개발과 많은 튜닝이 필요하다.

온라인 게임에 대한 데모는 오픈소스를 사용하며, 주로 게임의 운영 관점에서 설명한다.

4.3.1 온라인 게임 운영

쿠버네티스는 게임 운영에 최적화되지 않았다. 쿠버네티스의 많은 기능이 초저지연 서버에 적합하지 않다. 몇 가지만 예를 들자면, 우선 마이크로서비스처럼 분산 시스템으로 분리해놓으면 네트워크와 메모리 할당 기능을 사용하는 것이 어렵다. 가상화된 환경은 더 많은 IO 처리를 필요로 한다. 너무 많은 파드를 한 번에 생성하면 쿠버네티스 오퍼레이터의 조정 루프가 API 서버에 과도한 부하를 주게 되어 API가 다운될 수도 있다. 쿠버네티스에서 데이터 클러스터와 스테이트풀셋을 운영하면 초기에 많은 장애를 경험할 것이다. 게임사는 기본적인 쿠버네티스 기능을 활용하지 않고, 자체적으로 스케줄러와 오퍼레이터를 개발한다.

1 멀티 테넌트

관측 가능성은 교차 관심사이므로 멀티 테넌트를 구축하기에 유리하다. 마이크로서비스를 사용하면 서비스 경계를 구분하기 어려우므로 현실적으로 멀티 테넌트 구성이 어려운 경우가 많다. 게임 스튜디오별로 다른 게임을 출시하기 때문에, 게임마다 별도의 관측 가능성을 구축하는 것보다, SRE가 중앙집중적인 관측 가능성을 구축하면 비용을 절감할 수 있다. 스튜디오마다 SRE가 별도로 있는 경우가 대부분이고, 표준 없이 개발자가 선호하는 대로 관측 가능성을 구축하는 경우가 많다. 그러므로 동일한 작업을 반복하고, 비용 관리도 안 되는 경우가 부지기수다. 스튜디오는 각기 다른 게임을 개발하므로 게임 간에는 관계가 없으며, 비용 절감을 위해서 중앙에서 관리할 수 있는 멀티 테넌트를 구성하기 좋은 환경이다. 쿠버네티스는 멀티 테넌트 구성에 적합한 인프라를 제공한다.

온라인 게임은 클라우드를 사용하지만, 주로 가상머신에서 게임을 배포하고 운영하는 편이다. 점진적으로 쿠버네티스에서 게임을 운영하는 사례가 늘고 있다. 그라파나, 드루이드는 멀티 테넌트를 지원하고, 오픈서치는 테넌트별 구분자를 칼럼으로 정의하면 멀터 테넌트를 사용할 수 있다.

2 쿠버네티스 오퍼레이터

다수의 유저가 함께 플레이하는 온라인 게임의 경우에는 유저의 세션을 관리하는 것이 필요하다. 이를 쿠버네티스 오퍼레이터를 사용해서 자동화할 수 있다. 게임의 라이프 사이클을 지원하는 오퍼레이터를 개발하고, 쿠버네티스 리소스를 관리하면 된다.

다수의 사용자들이 UDP 프로토콜로 게임에 접속하면 게임 플레이를 위한 리소스를 할당해야 한다. 게임 서버는 한 시간 동안 게임 플레이를 위한 파드를 생성하고, 다수의 플레이어(클라이언트)가 파드에 접속해서 게임을 진행한다. 플레이어의 게임 종료 후에는 파드를 삭제한다. 이러한 파드 라이프 사이클은 다른 산업과는 차이점이 있다. 레거시와 블랙박스는 없는 대신에, 온라인 게임만의 아키텍처를 구성하기 위해서 많은 커스터마이징을 필요로 한다.

❸ 멀티 쿠버네티스 클러스터

FPS 게임은 네트워크 지연이 중요하다. 글로벌 서비스를 하는 경우 네트워크 지연이 중요한 메트릭 중 하나다. 네트워크 지연을 줄이는 것이 중요하므로 중앙집중적인 쿠버네티스 클러스터의 운영이 어렵고, 서비스 지역과 리전별로 분산된 다수의 쿠버네티스 클러스터를 생성하며, 다수의 클러스터를 운영해야 하므로 멀티 쿠버네티스 클러스터를 관리해야 한다. 사용자의 네트워크 지연을 측정하고, 이에 따라 특정 클러스터로 라우팅해야 한다.

다수 쿠버네티스 클러스터 내에 수만 개 파드에서 게임 서버를 운영하기도 한다. 아그네스 게임 서버는 멀티 쿠버네티스 클러스터를 지원하며, 쿠버네티스 클러스터를 오토스케일링할 수 있는 기능을 제공한다. 오토스케일링은 노드, 파드 수준에서 처리되는 것이 일반적인데, 온라인 게임은 쿠버네티스 클러스터를 오토스케일링해서 동적으로 관리한다.

❹ 리소스 프로비저닝

게임 산업은 새로운 신기술을 적용하기에 유리하다. 레거시가 없으므로 기술 부채가 적으며 신기술을 적용하는 데 부담이 없다. 만약 게임이 흥행에 성공한다면, 글로벌 서비스와 대규모 트래픽을 위해 시스템을 적극적으로 튜닝해야 한다. 흥행에 실패한다면 데브옵스는 테라폼으로 시스템을 빌드하고 다시 리소스를 축소하고 삭제하는 경험을 하게 될 수도 있다. 즉, 온라인 게임은 글로벌 서비스 제공 여부나 흥행 결과에 따라서 시스템의 구성을 탄력적으로 운영한다. 이러한 동적인 리소스 프로비저닝을 구성하기에는 쿠버네티스와 클라우드가 적합하며, 테라폼, 앤서블(Ansible)로 리소스 프로비저닝을 자동화해야 한다.

❺ 모놀리식 아키텍처

게임은 모놀리식 아키텍처를 가지고 있다. 일반적으로 클라이언트 앱과 다양한 유형의 서버로 구성된다. NPC 서버, 프록시 서버, 로그 서버 등 다수 서버가 있지만 마이크로서비스 패턴으로 개발되지 않는다. 게임 서버는 게임을 실행하고 게임의 세션을 관리하며, 주로 C++로 개발한다. 게임을 운영하기 위한 아키텍처로는 쿠버네티스와 클라우드를 적극 활용한다.

6 CQRS

CQRS 패턴은 대용량 읽기, 쓰기를 지원하기 위한 일반적인 모델로, 읽기와 쓰기를 분리한다. 쓰기는 하나의 정규화된 항목에 영향을 미치지만, 쿼리는 정규화되지 않은 데이터를 조회할 수 있다. 예를 들어 트랜잭션 저장을 위해 포스트그레시퀄을 사용할 수 있지만, 색인 조회 쿼리를 위해 일래스틱서치를 사용할 수 있다.

마이크로서비스 기반으로 개발된 많은 오픈소스 아키텍처도 내부적으로 CQRS를 구현했다. 대용량 데이터를 처리 시 클러스터를 구성하는데, 그라파나 LGTM, 아파치 드루이드 등이 기본적으로 읽기와 쓰기를 분리하는 구조로 아키텍처가 구성되므로 대부분의 회사는 CQRS를 이미 적용하고 있다.

데이터가 쓰기 경로의 데이터베이스에 입력되고, 커밋이 되었다고 가정해보자. 관계형 데이터베이스의 특성상 추가되는 테이블에 추적 콘텍스트를 주입하는 것이 어렵다. CQRS에서는 쓰기 경로에 추가된 데이터를 PULL 혹은 이벤트 처리 방식으로 읽는다. 읽기 경로를 갱신하고, 읽기와 쓰기를 동기화시켜야 한다. 쓰기 경로의 관계형 데이터베이스에는 별도 헤더가 없으므로 읽기 경로에서는 쓰기 경로의 추적 콘텍스트를 전파받지 못한다.

읽기와 쓰기 경로 간에 추척 콘텍스트를 어떻게 전파할지 고민해야 한다. 간단한 방법이라면 이벤트를 사용할 수 있다. 관계형 데이터베이스에 커밋된 다음, 메시지 서버를 통과하고 이벤트가 카산드라 등 다른 애플리케이션으로 전달된다.

4.3.2 온라인 게임 데모

데모의 아키텍처는 게임 데이터를 수집하고 외부 파트너와 연계하는 데 활용될 수 있다. 예를 들어 게임 방송의 스트리밍을 지원하는 애플리케이션의 경우, 게임 방송은 특별한 이벤트고 정기적으로 발생한다. 게임 방송이 종료되면 서비스는 중지 상태에 들어가고, 인프라도 필요로 하지 않는다. 이러한 이벤트를 처리하기에 쿠버네티스와 클라우드는 이상적이다. 오토스케일링이 가능하고, 클라우드가 제공하는 다양한 리전의 글로벌 서비스가 가능하다는 장점도 있다.

아키텍처에서 핵심이 되는 요소는 API 서버, 인제스터, 레디스, 카프카 4개다.

은행, 통신사, 온라인 게임의 처리 패턴과 아키텍처가 조금씩 다르지만, 신뢰성이라는 목표는 동일하다. 대용량 트래픽을 처리해야 하므로 카프카를 선정했다. 관측 가능성 구축 시 카프카와 레디스를 자주 사용한다. 읽기에 레디스 캐시를 활용할 수 있고, 카프카는 대용량 로그 처리와 장애 재처리에 유용하다. 관계형 데이터베이스를 사용한다면 레디스와 비교해서 많은 운영 비용을 지불해야 한다.

게임 서버는 게임 중에 다양한 이벤트가 발생한다. 로그 서버는 게임 서버에서 다수의 이벤트를 수집해 대용량 실시간 이벤트를 카프카로 발송한다. API 서버는 다수 파트너와 양방향 통신을 수행하며 외부 파트너에게 이벤트 세부 정보와 집계를 제공해주는 역할을 한다. 이러한 아키텍처는 온라인 게임뿐만 아니라, 다양한 산업군에서 자주 사용하는 패턴이다. 이 데모의 이벤트 처리 과정은 다음과 같다.

1. 로그 서버는 카프카로 이벤트를 발송한다.
2. 인제스터는 이벤트를 구독한다.
3. 인제스터는 이벤트를 집계 후 저장한다.
4. API 서버는 외부 파트너에게 이벤트를 전송한다.
5. 외부 파트너는 API 서버에게 집계를 요청한다.
6. API 서버는 집계를 처리하고, 외부 파트너에게 제공한다.

데모의 특징과 아키텍처를 설명하면 다음과 같다.

- 쓰기와 읽기가 구분된 CQRS 아키텍처를 구현했다.
- 카프카의 장점인 대규모 클러스터 기반의 분산 병렬처리를 구성해서, 대량의 이벤트를 처리할 수 있다. 카프카는 순차처리에는 적합하지 않다. 토픽을 1개만 운영하고, 컨슈머를 싱글 스레드로 운영하면 순차처리가 가능하지만 효율적이지 못하다.
- 레디스뿐만 아니라 다양한 키밸류 형식의 데이터베이스를 지원한다. 클라우드 관리형 서비스인 다이나모 데이터베이스 등도 가능하다.
- API 서버는 서버와 클라이언트 역할을 동시에 수행한다. 외부 파트너에게 메시지를 보내는 경우에는 클라이언트처럼 작동해서 POST를 요청한다. 외부 파트너와 연계 시에도 카프카를 사용할 수 있지만, 표준을 준수하는 REST 기반의 클라이언트가 더 효과적이다.
- API 서버는 외부 파트너로부터 다양한 집계 요청을 받고, 레디스에서 집계를 처리한 후에 결과를 외부 파트너에게 응답한다.

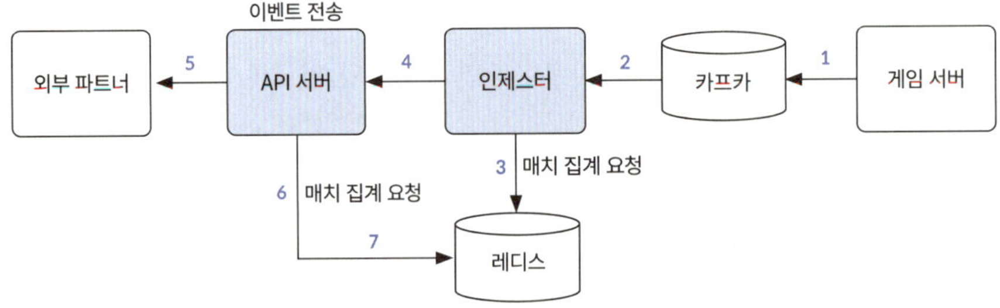

그림 4.36 온라인 게임 방송 데모 흐름도

그림 4.36을 보면 모든 구간에 대해 2가지 유형의 추적을 만든다는 것을 알 수 있다.

- 첫 번째 추적은 1, 2, 3, 4, 5의 순서로 처리된다.
- 두 번째 추적은 6, 7의 순서로 처리된다.

온라인 게임 데모는 다음과 같이 전 구간 추적을 지원한다.

- 데모의 마이크로서비스는 Go로 개발되었으므로 Go의 계측을 지원해야 한다. 카프카와 레디스는 성공한 오픈소스 프로젝트이며, 이들의 계측을 지원해야 스팬을 생성할 수 있다. 카프카 계측에는 Otelsarama, 레디스 계측에는 redisotel을 제공한다.
- 온라인 게임은 자동 계측보다는 수동 계측이 선호된다. 튜닝이 중요하고, 마이크로서비스의 개수가 많지 않으므로 수동 계측을 통해서 최적화를 하는 것이 중요하기 때문이다.
- 인제스터는 카프카에서 이벤트를 읽을 때 스팬을 생성한다.
- 인제스터는 매치 데이터를 레디스에 저장하는데, 스팬을 생성한다.
- API 클라이언트에게 이벤트를 전달하는 역할을 수행한다. 인제스터와 API 서버는 스팬을 생성한다. API 클라이언트는 외부 파트너에게 이벤트를 전달한다. API 서버는 클라이언트 역할을 수행하는데, 외부 파트너로 전송되는 요청은 스팬을 생성한다.
- API 서버는 외부 파트너로부터 집계 요청을 받는다. 요청과 응답에 대한 스팬을 생성하고, 레디스에 쿼리를 요청 시에 스팬을 생성한다.

온라인 게임의 관측 가능성 아키텍처에서 발견되는 특징을 다른 산업과 비교하며 구체적으로 알아보자.

4.3.3 로그

온라인 게임에서 로그는 다른 신호보다 특별하고, 다양한 방법으로 활용된다. 온라인 게임은 다양한 유형의 로그를 수집한다.

- 게임 서버는 클라이언트 앱으로부터 요청을 받고 처리하는 백엔드 프로세스다. 로그를 수집하기 위한 로그 서버가 별도로 위치하며, 로그 서버는 게임 서버에서 로그를 수집한다. 게임 서버와 로그 서버를 분리하여 더욱 안정적인 게임 운영이 가능하고, 문제 발생 시에 로그를 분석함으로써 해결이 가능하다.
- 온라인 게임의 관측 가능성은 주로 로그를 활용한다. 게임의 운영에는 게임 백엔드 외에도 다양한 서버가 존재하는데, 게임 백엔드 프로세스를 프로비저닝하는 서버, 사용자를 모으고 관리하는 세션 서버, UDP를 처리하기 위한 프록시 서버, 아이템 판매 등을 관리하는 데이터베이스 등이 있다. 세션 서버 등 일부 서버는 추적을 적용하는 것이 가능하지만, 대부분의 서버는 로그만을 활용한다.
- 게임은 3개 유형의 로그 데이터를 관리한다. 인프라 로그, 게임에서 발생한 이벤트 로그, 클라이언트 앱의 로그가 있다. 인프라 로그를 사용해서 게임 서버의 성능과 네트워크 지연 등을 분석할 수 있으며, 인프라 증설 여부 등을 결정할 수 있다. 클라이언트 로그에서는 크래시 혹은 서비스 장애가 발생하거나, 게임 도중 연결이 끊어지는 등의 장애를 확인할 수 있다. 모바일 디바이스의 문제일 수도 있으므로 플레이어의 서비스를 향상하는 데 활용한다. 이벤트 로그는 게임 중에 발생한 이벤트를 수집하고, 플레이어가 아이템을 매매하는 로그를 관리한다. 이는 마케팅과 기획 데이터, 아이템 추천 머신러닝 등에 활용될 수 있다.
- 게임 서버는 세션을 관리하는 것이 중요하다. 예를 들어 온라인 FPS에서 사용자가 게임에 접속 후, 사용자들은 잠시 대기한다. 게임 서버는 사용자가 일정 수에 도달하면, 사용자를 게임 세션에 할당하고, 사용자 간에 게임을 일정 시간 진행한다. 추적은 사용자를 게임 세션에 할당하는 과정까지만 관리하고, 게임이 진행하는 과정은 로그를 사용한다. FPS 게임이므로 아이템으로 체력을 회복하거나, 사용자 간에 총알이 발사되는 이벤트까지 추적을 적용하지 않는다. 게임 내 이벤트 처리와 모바일 앱에서 크래시가 발생하는 장애 등은 로그로 처리된다. 추적과 로그를 사용하는 것이 분리되어 있다.

4.3.4 메트릭

기본적으로 지연과 리소스 사용률, 자원의 적절한 분배와 할당을 측정하는 것이 중요하다. 게임이 운영되는 라이프 사이클이 다른 산업과 다르므로 다른 관측 가능성과 메트릭을 필요로 하는 경우도 발생한다.

- 데모의 중요한 메트릭은 인제스터와 API 서버의 처리량, 처리 시간 등이다.

- 로그 서버는 카프카 발행자이고, 인제스터는 카프카 구독자다. 또한 카프카 지연과 레디스 TPS, 지연 시간도 관리해야 한다. 이론적으로 레디스는 초당 10만 TPS를 처리한다.
- 게임 서버에서 많은 이벤트를 전송하면, 카프카에 성능 문제가 발생한다. 카프카 브로커, 토픽의 파티션에 대한 지표도 모니터링해야 한다. 토픽에 적재되는 메시지의 개수, 오프셋, 지연을 측정한다. 균등하게 분배가 되지 않거나 복제본 개수로 인해서 특정 파티션의 성능이 저하될 수도 있으므로 상위 수준의 브로커뿐만 아니라 개별 파티션의 성능을 측정하고, 느려지거나 문제가 발생한 파티션에 대한 성능 개선이 필요하다.
- 인제스터는 카프카 구독자다. 랙, 리밸런싱 등을 모니터링한다.
- 게임이 서비스되는 파드마다 캐시를 구성하는 경우가 발생할 수도 있다. 한 시간만 게임을 진행하면, 장애가 발생해도 유실되는 데이터가 적기 때문에 문제가 되지 않는다. 하지만 수일 동안 게임을 진행하는 경우에 게임 백엔드가 다운되고 데이터의 유실이 발생하면 안 된다. 게임 백엔드가 다운되더라도 캐시를 통해 데이터를 복구할 수 있어야 한다. 하루에 수백 개 파드를 생성하고 삭제하는 과정을 되풀이하면 레디스 클러스터에 리밸런싱 등 부정적인 영향을 주게 된다. 레디스 클러스터 구성 없이 단독으로 레디스 서버를 신속하게 프로비저닝할 수 있어야 한다.
- 네트워크의 지연을 최소화하는 것이 중요하다. 클라우드 리전에 배포 시에 지연을 측정하고, 일정 수준의 네트워크 품질을 제공하는 리전에서 서비스를 제공해야 한다.
- 게임의 메트릭은 파드의 개수가 중요하다. 예를 들어 사용자 100명이 1개의 파드에서 한 시간 동안 함께 게임을 플레이하기 때문에, 피크 타임의 파드의 개수를 보면 동시 사용자와 시스템의 리소스 사용량을 이해할 수 있다.
- 게임 서버에서 사용하는 데이터베이스는 샤딩 구성을 한다. 성능을 향상시키고, 장애에 대한 높은 가용성을 제공한다. 메트릭을 통해서 샤딩과 백업 처리를 모니터링해야 한다.
- 게임 내 모든 서버와 데이터베이스는 클러스터로 구성된다. 수십 대의 노드로 구성된 클러스터는 장애를 극복하고 데이터를 백업 및 복구한다. 클러스터를 모니터링하기 위해서 메트릭을 사용한다.

4.3.5 추적

온라인 게임 데모와 유사한 데모를 사용해서 관측 가능성을 구성해보겠다.

- CQRS를 구성했으며, 카프카를 통해서 마이크로서비스를 연계하고 이벤트를 처리한다.
- 온라인 게임은 레거시가 없으므로 계측이 안 되거나 추적이 중단되는 경우는 드물다. 대부분의 경우에 전 구간 추적을 구성할 수 있다.

다음과 같은 아키텍처로 구성된 데모는 오픈텔레메트리와 상용 관측 가능성에서 동일한 추적 결과를 출력한다. 그림의 처리 순서를 보면 내부 처리 과정을 이해할 수 있다.

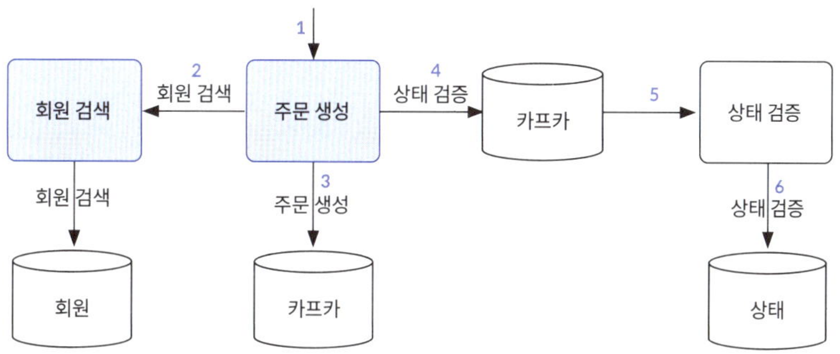

그림 4.37 데모 마이크로서비스의 처리 과정

그림의 스팬에 대해 더 자세히 설명하면 다음과 같다.

- SQL은 추가 2번, 조회 1번이 처리된다.
- 카프카는 발송 1번, 구독이 1번씩 처리된다.
- 웹 요청은 Post 1번, Get 1번 실행된다.

데모는 카프카, 관계형 데이터베이스, 스프링 부트에서 실행된다. 오픈텔레메트리는 사용된 애플리케이션의 추적을 지원한다. 레거시가 없으며, 근래의 기술을 사용하는 간단한 아키텍처다.

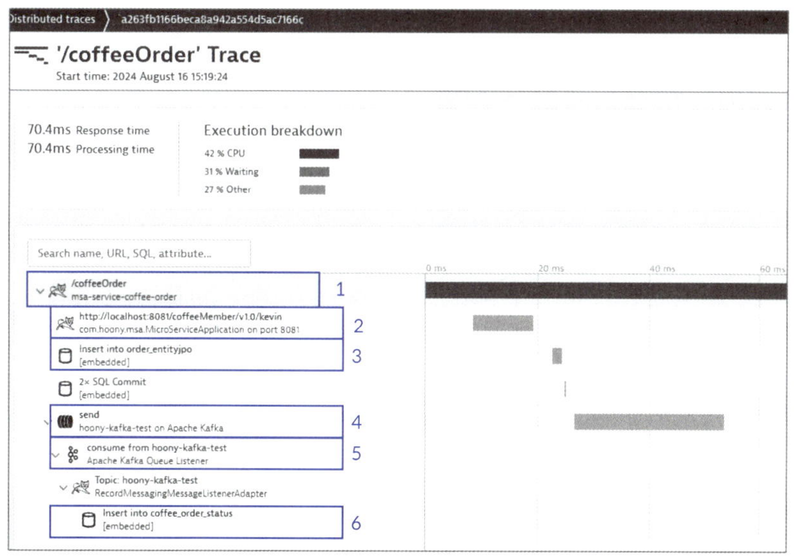

그림 4.38 성공적인 스팬의 전파

4.4 증권사의 관측 가능성

증권사는 주문을 생성하고 거래소로 전송한다. 거래소는 주문을 받아서 매매를 체결한다. 증권사와 거래소는 초저지연 서버의 좋은 사례다. 구조는 다음 그림과 같다.

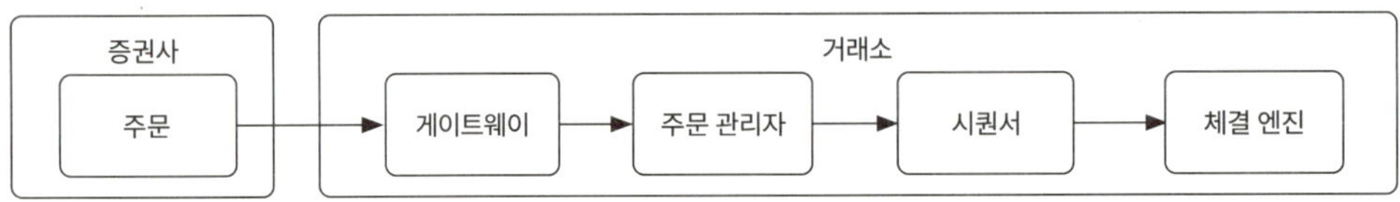

그림 4.39 증권사의 주문 처리 과정

증권사와 거래소 애플리케이션은 초저지연 애플리케이션이다. 세션 기반의 게임, 카드사 승인, 증권사 주문, 거래소 매매, 자율 주행 등이 초저지연으로 구현된다. 스프링 부트 프레임워크, 엔진엑스가 일반적인 서버라면, 초저지연은 일반적인 서버와 다른 특징이 여러 가지 있다. 나노초 수준으로 지연을 측정하는 것은 이 책의 주요 주제 중 하나다. 주요 특징과 함께 초저지연 애플리케이션에 대해서 살펴볼 것이다.

우선 초저지연은 디스크 액세스와 같은 IO를 생성하지 않으며, 대부분의 시간 동안 프로세스 간 통신(interprocess communication, IPC)을 사용한다. 은행 데모에서는 레거시를 통한 전 구간 추적을 구성했고, 통신사 데모에서는 Saga 패턴을 사용해 분산 트랜잭션을 구성했다. 증권사 데모에서는 이벤트 소싱에 대해서 자세히 설명하며, 증권사 주문과 거래소 매매 체결 애플리케이션에 대해서 설명한다.

4.4.1 초저지연 애플리케이션 개발

초저지연의 요구 사항에 대해서 설명한다.

1 동적 메모리 할당

동적 메모리 할당은 복잡한 대규모 애플리케이션에서 매우 일반적이므로 이 개념을 잘 이해하는 것이 중요하다. 동적 메모리 할당 작업이 호출될 때마다 여러 단계가 관련되어 있으며, 이로 인해 애플리케이션에 성능 저하가 발생할 수 있다는 사실을 잘 이해해야 한다.

OS는 현재 할당되지 않은 힙 메모리 블록의 해제된 목록과 할당된 힙 메모리 블록의 할당된 목록이라는 두 개의 연결된 목록을 사용하여 사용 가능한 힙 메모리 블록을 유지 관리한다. 새 메모리 블록에 대한 요청이 들어오면, 요청을 처리하기에 충분한 크기의 메모리 블록을 찾을 때까지 해제된 목록을 탐색한 다음 메모리 블록의 일부 또는 전부를 해제된 목록에서 할당된 목록으로 이동하고, 현재 할당된 메모리 주소를 호출자에게 다시 반환한다.

프로그램이 처리하는 동안 임의의 순서로 임의의 양을 할당하고, 할당 해제하는 작업이 수없이 발생할 수 있다. 이러한 작업으로 인해 이전에 할당된 메모리가 아직 할당된 메모리 블록 사이에서 해제 목록으로 반환될 때 해제 목록에 구멍이 생길 수 있다. 이렇게 해제된 힙 블록 목록에 구멍이 생기는 개념을 메모리 단편화(fragmentation)라고 한다. 단편화가 많이 발생하면 메모리가 낭비되고 각 구멍이 개별적으로 너무 작아 동적 메모리 할당 요청을 만족시키는 데 구멍을 사용할 수 없는 경우가 있다. 힙 단편화를 방지하기 위해 할당자는 주기적으로 이러한 청크를 수집하고 통합한다.

메모리 누수는 동적 메모리 할당의 또 다른 문제로, 메모리 블록이 할당되었지만 사용되지 않고 애플리케이션에서 해제되지 않아 여유 풀로 반환되지 않는 것이다. 메모리 사용량이 급증하고 막대한 메모리 사용 공간으로 인해 성능이 저하된다. 이러한 성능 문제에 대한 대안은 두 가지가 있다.

스택 메모리 제한

힙에서 동적 메모리 할당을 제한하는 것이다. 스택에 할당할 수 있는 것이 있다면 이를 우선적으로 사용해야 한다는 뜻이다. 요소 수에 상한선을 설정하고 스택에 해당 요소 수까지 처리할 수 있는 로컬 변수를 두는 등의 간단한 기술을 사용하면 알 수 없는 수의 요소가 필요할 때마다 동적 메모리 할당이 일어나는 단점을 없앨 수 있다.

메모리 풀

객체 유형이 알려진 경우 메모리 풀을 생성하고 큰 메모리 블록을 할당하고 소프트웨어에서 직접 메모리를 관리하는 것이 훨씬 더 효율적일 때가 많다. 객체의 유형과 크기를 알고 있기 때문에 템플릿을 사용하면 실제 메모리 풀 구현은 일반적이지만 매우 효율적으로 만들 수 있다. 또한 각 요소의 크기가 정해져 있기 때문에 구멍, 메모리 단편화에 대해 걱정할 필요가 없다. 또한 링크된 목록 대신 LIFO 스택 스타일의 할당 해제, 할당 방식을 사용할 수 있으므로 캐시 성능도 훨씬 향상될 가능성이 높다.

2 캐시

메모리 액세스 및 할당 지연 시간을 개선하는 관점에서 캐시에 대해 설명한다.

애플리케이션이 데이터를 처음 요청할 때는 레지스터나 캐시에서 사용할 수 없을 수도 있고 메인 메모리에서 L1~L4 캐시까지 로드된다. 데이터는 한 번에 몇 바이트씩 로드되는 것이 아니라 한

번에 한 페이지 또는 몇 킬로바이트씩 로드되므로 동일한 데이터에 대한 후속 참조는 캐시 히트로 이어지고 액세스 지연 시간이 현저히 낮아진다. 캐시 히트가 많은 메모리 액세스 패턴을 가진 애플리케이션이 캐시 히트가 적은 액세스 패턴을 가진 애플리케이션보다 메모리 액세스 측면에서 훨씬 더 나은 성능을 보인다.

캐시 성능을 최대한 활용하려면 초저지연 애플리케이션 개발자는 캐시 친화적인 코드를 작성하는 데 집중해야 하며, 그중 가장 중요한 측면은 기본적으로 메모리에서 서로 가까운 곳에 관련 데이터를 배치하면 더 효율적인 캐싱이 가능하다는 지역성(locality) 원칙이다. 각 캐시의 크기, 캐시 라인에 들어가는 데이터의 양, 특정 아키텍처에 대한 캐시 액세스 시간을 알고 있어야 한다.

- **시간적 지역성**: 특정 메모리 위치에 액세스한 경우 곧 같은 위치를 다시 액세스할 가능성이 높다는 원칙을 말한다. 따라서 이 원칙에 따르면 최근에 액세스한 데이터는 다시 액세스될 가능성이 높고 그 시점에도 여전히 캐시되어 있을 가능성이 높으므로 캐싱하는 것이 합리적이다.
- **공간적 지역성**: 관련 데이터를 서로 가깝게 배치하는 원칙을 말한다. 일반적으로 RAM에 로드된 메모리는 애플리케이션이 요청한 것보다 큰 덩어리로 가져오며, 하드디스크 드라이브와 CPU 캐시도 이와 유사하게 가져온다. 애플리케이션 코드는 메모리 주소를 무작위로 이동하는 대신 연속적으로 실행되는 경우가 많기 때문에 이전 인스턴스에서 가져온 큰 청크의 데이터가 필요할 가능성이 높다.

데이터 구조와 알고리즘을 설계할 때에도 캐시 및 캐시 성능을 인식하고 특히 초저지연 애플리케이션의 경우 캐시 사용과 성능을 극대화하는 방식으로 설계를 조정하는 것이 중요하다.

- **데이터의 암시적 구조 활용**: 캐시 뱅크에 캐시되는 데이터는 주 메모리에서 블록 단위로 가져온다. 따라서 행렬의 특정 요소에 액세스하면 메모리 위치에서 해당 요소에 가까운 요소도 함께 가져와 캐시된다. 이 순서를 활용하면 후속 요소에 액세스해야 하는 계산을 캐시 라인에서 찾기 때문에 더 적은 메모리 액세스로 연산을 수행할 수 있다.
- **가상 함수 피하기**: C++의 가상 함수는 일반적으로 초저지연 애플리케이션을 작성할 때 피하는 것이 좋다. 컴파일 시 컴파일러가 어떤 메서드 구현이 호출될지 결정할 수 없기 때문에 메서드를 인라이닝할 수 없고 프로세서가 데이터를 미리 가져올 수 없기 때문에 많은 컴파일러 최적화를 불가능하게 만들기 때문이다.

3 콘텍스트 전환

콘텍스트 전환은 사용자 입력, 디스크 입출력, CPU 집약적 처리가 잘 혼합되어 있는 대부분의 애플리케이션에 유용한 기능이다. 콘텍스트 전환이 없었다면 최신 운영체제에서 멀티태스킹을 지원하는 것은 불가능했을 것이다. 콘텍스트 전환과 관련된 중요한 개념으로는 멀티태스킹, 운영체제의 인터럽트 처리, 사용자 모드와 커널 모드 간 전환이 있지만, 여기에서는 자세한 설명은 생략하겠다.

현재 실행 중인 스레드 또는 프로세스의 상태를 저장하고 작업 스케줄러가 결정한 대로 실행할 다음 스레드 또는 프로세스의 상태를 복원하는 과정을 살펴보자.

1. 현재 프로세스의 상태를 저장하려면 흔히 프로세스 제어 블록(process control block, PCB)이라는 곳에 상태를 저장해야 한다. 여기에는 SP(stack pointer), PC(program counter) 등 레지스터 및 메모리 맵이 포함된다. 현재 스레드 또는 프로세스에 대한 다양한 표와 목록도 있다.
2. 캐시를 플러시 또는 무효화하고 가상 메모리 주소를 실제 메모리 주소로 변환하는 변환 색인 버퍼(translation lookaside buffer, TLB)를 플러시하는 몇 가지 단계가 있을 수 있다.
3. 다음 스레드 또는 프로세스를 실행하기 위해 상태를 복원하는 것은 상태를 저장하는 것과 반대되는 과정으로, 복원할 스레드 또는 프로세스를 위해 PCB에 포함된 레지스터와 데이터를 복원한다.

콘텍스트 전환이 초저지연 애플리케이션에 나쁜 이유는 두 가지다. 먼저 멀티코어 서버의 기본 CPU 작업 스케줄링 알고리즘은 초저지연에 가장 적합한 스케줄링 메커니즘이 아닌 경우가 많다. 다양한 작업 예약 메커니즘은 실행 가능한 모든 스레드와 프로세스에 할당된 CPU 리소스의 공정성 유지, 에너지 소비 효율 개선, 가장 짧은 작업을 먼저 실행하거나 가장 긴 작업을 먼저 실행하여 CPU 처리량, 효율 극대화 등 여러 가지 요소를 고려한다. 이러한 작업은 종종 초저지연 애플리케이션에 중요한 작업과 상충되는 경우가 많다.

두 번째로 콘텍스트 전환 작업은 매우 고비용이다. 콘텍스트 전환의 일부 단계는 매우 계산 집약적이다. 작업 스케줄링은 오버헤드 중 하나이고, 콘텍스트 전환 중 필요한 경우 TLB와 캐시를 플러시하는 작업도 비용이 많이 드는 작업이다. 캐시 무효화도 또 다른 고비용 작업이다. 캐시 무효화로 인해 다음 스레드 또는 프로세스는 초기 캐시 미스가 상당히 많이 발생하여 콘텍스트 전환 후 CPU 리소스를 할당받은 프로세스의 재개가 느려진다.

콘텍스트 전환을 피하거나 최소화하는 기법으로는 다음과 같은 것들이 있다.

1. CPU 격리를 명시적으로 구현하고 중요하거나 CPU 집약적인 스레드를 특정 코어에 고정하면 핫 스레드에서 콘텍스트 전환이 거의 또는 전혀 발생하지 않도록 할 수 있다.
2. 디스크 또는 네트워크 IO를 차단하는 시스템 콜로 인해 호출 스레드가 차단되고 데이터 요청이 완료되면 콘텍스트 전환에 이어 커널 인터럽트가 발생한다. 이러한 콘텍스트 전환을 최소화하기 위한 한 가지 해결책은 차단 시스템 콜의 사용을 최대한 줄이는 것이다.
3. 다른 해결책으로는 커널 바이패스도 있다. 시스템 콜 오버헤드와 CPU 사용률을 맞바꾸어 콘텍스트 전환을 피함으로써 네트워크 IO 작업에 관한 한 시스템 콜을 완전히 피할 수 있다.

4 록

소프트웨어 개발 관점에서 볼 때 록을 이용한 프로그래밍은 결코 간단하지 않다. 하나의 데이터 구조에서 무언가를 삭제하고 다른 데이터 구조에 삽입하는 간단한 작업도 다중 스레드 애플리케이션에서 케이스를 재현하기 어렵기 때문이다. 따라서 동기화 메커니즘을 사용하는 애플리케이션을 디버깅하는 것은 상당히 어려운 작업이다. 록 오버헤드와 록 경합 간의 최적의 균형을 맞추는 것이 중요하며, 이는 문제 도메인, 설계, 설루션 구현 및 저수준 아키텍처 설계에 따라 달라진다. 관련된 주요 개념을 살펴보겠다.

오버헤드

록을 사용하려면 록을 위한 메모리 공간과 록을 초기화, 파괴, 획득 및 해제하기 위한 CPU 리소스와 같은 추가 리소스가 필요하다. 사소한 작업이라도 제대로 수행하려면 여러 개의 록과 여러 번의 록 획득 및 해제 작업이 필요할 수 있으므로 애플리케이션의 복잡성이 증가함에 따라 록과 관련된 오버헤드도 증가한다. 경합이 발생할 가능성은 드물지만 공유 리소스에 대한 액세스를 보호하기 위해 록을 사용하는 모든 곳에서는 추가적인 오버헤드가 발생한다.

록 경합

프로세스나 스레드가 다른 스레드나 프로세스가 이미 보유하고 있는 록을 획득하려고 하면 록 경합이 발생한다. 세분화된 록이 많을수록 경합은 줄어들지만 록 오버헤드는 높아진다. 록 경합에는 여러 가지 고려해야 할 사항이 있다. 록을 획득하기 위해 대기 중인 스레드나 프로세스는 록이 해제될 때까지 기다려야 하므로 대기열 지연이 발생한다. 더 중요한 것은 해당 목록의 스레드 또는 프로세스 중 하나가 죽거나, 멈추거나, 차단되거나, 무한 루프에 들어가면 이제 해당 록을 기다리는 스레드도 영원히 대기하게 되어 전체 시스템이 데드록에 빠진다는 점이다.

데드록

록을 잡고 있는 스레드가 완료되지 않으면 해당 록을 획득하기 위해 대기 중인 다른 모든 스레드가 영원히 기다리게 되는 데드록 시나리오의 가능성이 있다. 간단한 예로 프로세스-1이 록-A를 보유하고 록-B를 획득하려고 시도하는 동시에 프로세스-2가 록-B를 보유하고 록-A를 획득하려고 시도하는 경우를 들 수 있다. 외부 동작이 없으면 두 작업은 영원히 멈춰 있게 된다.

우선순위 반전

우선순위 반전은 우선순위가 낮은 스레드 또는 프로세스가 우선순위가 높은 스레드 또는 프로세스와 공유하는 록을 보유하는 시나리오다. 우선순위가 낮은 스레드가 록을 보유하면 우선순위가 높은 스레드나 프로세스의 진행 속도가 느려지거나 방해받을 수 있다. 록을 보유한 낮은 우선순위 프로세스는 우선순위가 낮기 때문에 스케줄러가 실행하도록 선택되지 않을 수 있지만, 높은 우선순위 프로세스가 실행되도록 선택될 때마다 록을 획득하는 것을 차단하여 진행이 되지 않는 경우가 있기 때문이다.

우선순위 상속은 앞에서 설명한 공유 록으로 인해 우선순위가 높은 프로세스가 우선순위가 낮은 프로세스를 대기 중인 경우, 스케줄러가 우선순위가 낮은 프로세스에 동일한 우선순위 또는 가장 높은 우선순위를 할당하여 우선순위 역전 문제를 처리한다.

록 없는 데이터 구조

동기화 메커니즘을 사용하는 애플리케이션을 구축하는 것은 복잡하고, 각 록 인스턴스와 록 작업마다 오버헤드가 추가되며, 데드록의 위험이 있고 시스템 속도가 느려질 수 있는 특수한 시나리오가 있다. 즉, 록은 비효율적이고 비용이 많이 드는 경우가 많으며, 콘텍스트 전환의 특성을 고려할 때 초저지연 애플리케이션에 선호되는 메커니즘이 아닌 경우가 많다.

동기화 프리미티브를 사용할 때 발생하는 문제와 비효율성을 피하기 위해, 록 없는 데이터 구조를 설계하기도 한다. 일반화된 록 없는 알고리즘을 설계하는 것은 어렵기 때문에 록 없는 데이터 구조(록 없는 리스트, 스택, 맵, 대기열 등)를 설계하는 것이 일반적인 접근 방식이다. 그다음 초저지연 애플리케이션에서 서로 다른 스레드 간의 상호작용이나 데이터 공유가 필요한 지점에서 이러한 록 없는 데이터 구조를 사용하면 된다. 록 없는 생산자-소비자 데이터 구조는 기본적으로 생산자가 데이터를 쓰고 소비자가 데이터를 읽을 수 있는 대기열로, 초저지연 컴포넌트 간에 데이터를 전달할 때 흔히 사용되는 작업이다.

5 커널 바이패스

커널 바이패스는 커널 모드와 사용자 모드 사이의 값비싼 콘텍스트 전환과 모드 전환, NIC에서 유저공간으로의 데이터 중복 복사를 제거하여 지연 시간을 상당히 줄여준다. 비커널 바이패스 설계의 시스템 콜/인터럽트, 읽기 호출 시 UDP 또는 TCP 소켓 블록에서 들어오는 데이터를 읽으려는 스레드 또는 프로세스에 의해 주도되는 네트워크 처리이다.

스레드의 콘텍스트 전환과 커널 모드에서 유저공간으로의 전환이 패킷을 읽을 때마다 지연 시간을 추가하기 때문에 비효율적이라는 점을 설명했다. 애플리케이션의 경우 이러한 패킷 읽기가 하루 종일 수백만 번 발생하므로 지연이 누적되어 성능이 크게 저하될 수 있다. 또한 데이터는 커널 공간의 NIC 버퍼에서 유저공간의 애플리케이션 버퍼로 복사되므로 추가 복사도 지연의 또 다른 원인이 된다.

지연 시간을 제거하여 초저지연에 적합하게 만드는 대안은 유저공간의 CPU 코어에서 회전하는 것과 수신과 발신 데이터의 제로 카피라는 2가지 방식이 있다. 이 2가지 기능을 지원하려면 특수 NIC와 함께 이러한 기능을 지원하는 API가 필요하다.

먼저 유저공간 회전은 호출 스레드 또는 프로세스가 유저공간에서 회전하면서 커널 바이패스를 위해 활성화된 UDP 및 TCP 소켓을 지속적으로 폴링하는 것이다. 여기에는 CPU 코어의 100%를 지속적으로 폴링하고 활용해야 하는 대가가 따른다. 폴링이 엄격하게 유저공간에서 이뤄지고, 시스템 콜이나 커널 시간이 없고 CPU 코어가 풍부한 초저지연 애플리케이션에서는 좋은 절충안이다. 유저공간에 미러링된 NIC 버퍼가 새로운 패킷을 지속적으로 폴링한다.

다음으로, 유저공간 회전 후에는 NIC 커널공간 버퍼에서 프로세스를 유저공간 버퍼로 복사할 필요가 없다. 패킷이 도착되는 즉시 NIC 버퍼가 유저공간으로 바로 전달되므로 별도의 복사 단계가 필요하지 않다. 커널 바이패스 용어에서는 이러한 복사의 부재를 제로 카피라고 한다.

6 메모리 매핑 파일

메모리 매핑 파일은 디스크에 있는 파일의 일부(또는 전체)를 가상 메모리에 미러링한 것이다. 물리적 파일과 이와 관련된 메모리 공간 간의 매핑으로 인해 여러 스레드/프로세스로 구성된 애플리케이션이 파일이 매핑된 메모리를 직접 읽고 수정하여 파일을 읽을 수 있다. 배후에서 운영체제는 메모리에 대한 변경 사항을 디스크의 파일에 커밋하는 작업을 처리한다. 다른 작업 중에도 디스크의 파일이 변경되면 메모리 매핑을 업데이트한다. 애플리케이션 자체는 이러한 작업을 관리할 필요가 없다. C에서 메모리 주소를 읽고 쓰는 방식으로 디스크의 파일을 읽고 쓸 수 있는 mmap() 시스템 콜을 사용하여 만들어진다. 메모리 매핑 파일에는 2가지 유형이 있다.

1. **영구 메모리 매핑 파일**: 파일이 디스크에 존재하거나 존재할 메모리 맵으로 생각해야 한다. 애플리케이션이 파일의 메모리 맵 작업을 완료하면 디스크의 실제 파일에 변경 사항이 커밋된다. 이는 대용량 파일로 작업하거나 일부 데이터를 파일에 저장해야 하는 애플리케이션에 편리하고 효율적인 방법이다.
2. **비지속 메모리 매핑 파일**: 메모리에만 존재하고 디스크의 실제 파일과 연결되지 않는 임시 파일과 비슷하다. 따라서 파일이 아니라 메모리 매핑된 파일처럼 보이는 메모리 블록일 뿐이며, 주로 임시 데이터 저장과 프로세스 간 공유 메모리를 사용한 데이터 공유, IPC에 사용된다.

메모리 매핑 파일의 몇 가지 장점은 다음과 같다. 애플리케이션에 매우 중요한 성능 및 액세스 지연 시간과 관련이 있다.

1. **IO 성능 향상**: 가장 큰 장점은 IO 성능 향상이다. 메모리 매핑 파일에 액세스하는 것은 디스크에서 무언가를 읽고 수정하는 시스템 콜보다 훨씬 빠르게 처리할 수 있다.
2. **랜덤 액세스**: 디스크에 있는 대용량 파일의 특정 위치에 액세스하려면 올바른 위치를 찾는 작업이 필요하기 때문에 속도가 느리다. 하지만 메모리 매핑 파일을 사용하면 애플리케이션이 메모리에 있는 파일의 데이터에 직접 읽기/쓰기 액세스 권한을 갖기 때문에 훨씬 빠르다. 업데이트도 제자리에서 이루어지므로 추가 임시 복사본이 필요하지 않다. 페이지 경계를 넘으면 다음 페이지 전체를 메모리로 가져오기 때문에 메모리에서 위치를 찾는 것이 느리지만, 그다음 페이지에 대한 인메모리 작업은 매우 효율적이다.
3. **대용량 파일 지원**: 적은 양의 RAM으로 대용량 파일을 지원할 수 있다. 이는 데이터가 액세스/수정될 때 작은 페이지를 메모리에 로드함으로써 이루어진다. 이렇게 하면 캐시 누락 및 페이지 오류와 같은 다른 성능 문제를 일으킬 수 있는 대용량 파일을 메모리에 로드하는 것을 방지할 수 있다.
4. **운영체제에 의해 관리되는 페이지 파일**: 최신 운영체제는 중요한 가상 메모리 관리 작업인 가상 메모리 관리자를 처리하는 시스템이기 때문에 메모리 매핑 및 페이징 프로세스가 매우 효율적이다. 이러한 이유로 운영체제는 메모리 매핑 프로세스를 매우 효율적으로 관리하고 최적의 페이지 크기 등을 선택할 수 있다.
5. **병렬 액세스**: 메모리 매핑 영역을 사용하면 여러 스레드 또는 프로세스에서 파일에 동시에 읽기/쓰기 액세스가 가능하다. 따라서 이 경우 병렬 액세스가 가능하다.

물론 메모리 매핑 파일에도 단점이 있는데, 페이지 오류가 가장 큰 문제다. 메모리 매핑 파일이 순차적으로 액세스되지 않는 경우에 주로 발생한다. 페이지 오류가 발생하면 IO 작업이 완료될 때까지 스레드가 대기하므로 속도가 느려진다. 주소 공간 가용성이 문제인 경우, 메모리 매핑 파일이 너무 많거나 크면 운영체제의 주소 공간이 부족해져 페이지 오류 상황이 악화될 수 있다.

7 시스템 콜

시스템 콜은 커널공간에서만 수행할 수 있으며, 이러한 설계는 잘못된 사용자 애플리케이션이 원하는 명령을 실행하여 전체 시스템을 손상시키지 않도록 의도적으로 고안된 것이다. 애플리케이션의 관점에서 비효율적인 점은 시스템 콜을 해야 하는 경우 커널 모드로 전환해야 한다는 것이다. 게다가 이때 콘텍스트 전환을 해야 하므로 중요한 코드 경로에서 시스템 콜이 자주 발생하는 경우 속도가 느려진다. 따라서 사용자 애플리케이션의 경우 시스템 콜 사용을 최소화하고 가능하면 시스템 콜을 아예 없애는 것이 좋다.

유저공간에서 실행 중인 프로세스가 디스크 IO, 네트워크 IO 및 같은 시스템 콜을 실행해야 하는 경우 시스템 콜을 통해 이를 수행한다. 이러한 설계에서 시스템 콜은 커널이 유저공간 프로세스에 노출하는 커널 인터페이스의 일부다. 유저공간 프로세스에서 시스템 콜이 호출되면 먼저 시스템 콜을 위한 인터럽트가 커널로 전송된다. 커널은 시스템 콜에 대한 올바른 인터럽트 핸들러를 찾아 핸들러를 실행하여 요청을 처리한다. 인터럽트 핸들러가 완료되면 다음 작업 집합으로 처리가 계속된다.

예를 들어 내부적으로 시스템 콜을 호출하는 clcok_gettime()이 있다. 초저지연 애플리케이션은 시간을 매우 자주 업데이트하기 때문에 시스템 콜이 많이 늘어날 수 있다.

초저지연 애플리케이션 개발 과정에서는 유저공간 애플리케이션에서 호출되는 시스템 콜을 제거하거나 최소화할 수 있는 기회가 많이 있을 수 있다. 어떤 메서드가 호출되고 있는지, 시스템 콜을 호출하는지 생각해보자. 적어도 중요한 핫 경로의 코드에 관한 한 시스템 콜을 호출하지 않고 동일한 기능을 수행할 수 있는 더 나은 방법이 있는지 생각해봐야 한다.

파일을 메모리에 로드하고 프로세스가 메모리를 직접 변경하고 변경 사항이 디스크에 커밋되는 빈도를 지연, 조절할 수 있도록 하는 게 시스템 콜을 최소화하는 설계다. 네트워크 읽기, 쓰기 작업에서 시스템 콜을 완전히 제거하는 또 다른 예는 커널 바이패스다.

8 로그

로깅 및 통계 계산의 근본적인 문제는 초저지연 애플리케이션의 관점에서는 매우 느린 작업이라는 점이다. 로깅에는 어느 정도 수준의 디스크 IO가 포함되며, 이는 가장 느린 작업이다. 통계 계산은 계산 자체의 특성으로 인해 복잡하고 비용이 많이 들 수 있다. 또한 통계에 과거 관측값의 롤링 윈도가 포함되는 경우가 많아 느려지기도 한다. 이러한 특성으로 인해 두 작업 모두 핫, 크리티컬 스레드에서 수행하기에는 너무 비효율적이다.

초저지연 애플리케이션을 구성하는 프로세스에 적합한 효율적인 로깅 및 통계 인프라의 아키텍처, 설계에 대해 논의해보자.

먼저 로깅 및 통계 계산 스레드를 중요한 트레이딩 스레드 밖으로 옮기는 것이 가장 좋다. 로깅 및 통계 계산을 얼마나 실시간으로 할 것인지 결정해서, 해당 초저지연 애플리케이션의 특성과 활용도에 따라 로깅 및 통계 계산 스레드의 활성화 빈도를 제어할 수 있다.

록 없는 데이터 구조와 비영구 메모리 매핑 파일을 사용하여 중요 스레드에서 로깅 스레드로 데이터를 전송함으로써 록을 방지하고, 로깅 및 통계 계산 스레드 또는 프로세스를 자체 격리된 CPU 코어 집합에 고정하여 핫 경로에서 콘텍스트 전환을 방지하며, 영구 메모리 매핑 파일을 사용하여 디스크 IO에 소요되는 시간을 줄이고 디스크에 쓰기가 발생하는 시기를 제어하는 것이 가장 이상적이다.

한편, 초저지연 애플리케이션은 매우 낮은 평균 지연 시간 성능과 구성 요소의 낮은 지연 시간 편차에 크게 의존하기 때문에 각 구성 요소의 성능을 정기적으로 측정하는 것이 특히 중요한 작업이다. 초저지연 애플리케이션의 다양한 구성 요소가 변경되고 개선됨에 따라 예기치 않은 지연 시간이 발생할 가능성이 항상 존재하므로 강력하고 상세한 성능 관리 시스템을 갖추지 않으면 이러한 변화를 놓칠 수 있다.

초저지연 애플리케이션의 구성 요소 자체가 나노초 및 마이크로초 공간에서 작동한다. 이는 성능 측정 시스템 자체에 추가적인 지연 시간이 극히 적어야 한다는 것을 의미한다. 이러한 이유로 인해 초저지연 애플리케이션을 위한 성능 측정 도구와 인프라는 다음과 같은 특징을 가지고 있다.

- 측정값이 매우 정확하다.
- 오버헤드 자체가 매우 낮다.
- 이들은 종종 대상 아키텍처를 매우 효율적으로 만들기 위해 특별한 CPU 명령어를 호출한다.

- 네트워크 트래픽을 미러링하여 캡처하고, 아웃바운드 트래픽에 필드를 삽입하여 인바운드 트래픽과 연결하고, NIC 및 스위치에서 하드웨어 타임스탬핑을 사용하는 등 성능을 측정하기 위해 사소하지 않은 방법을 사용하기도 한다.

초저지연 애플리케이션 성능 최적화에 접근할 때 중요한 원칙 중 하나는 프로그램 실행 시간의 90%를 10%의 코드가 소비한다는 90/10 규칙이다. 특정 코드 블록은 매우 드물게 실행되므로 최적화 대상이 되어서는 안 되며, 특정 코드 블록은 매우 자주 실행되므로(핫 경로) 대부분의 최적화 노력의 대상이 되어야 한다는 것을 의미한다. 이러한 중요 코드를 찾기 위한 핵심은 정확하고 효율적이며 정기적으로 성능을 측정하는 것이다.

9 네트워크

네트워크와 관련된 주요 개념은 대역폭, 처리량, 패킷 속도/크기, 스위치 대기열 등이 있다.

먼저 대역폭은 두 호스트 간에 교환되는 패킷의 이론적 수다. 통신이 의도한 목적지에 도달하는 속도를 처리량이라고 한다. 이 둘의 주요 차이점은 처리량은 이론적인 패킷 전송이 아닌 실제 패킷 전송을 측정한다는 것이다. 평균 데이터 처리량을 보면 얼마나 많은 패킷이 목적지에 도착하는지 확인할 수 있다. 고성능 서비스를 제공하려면 패킷이 목적지에 효과적으로 도달해야 한다. 패킷을 손실하지 않는 것이 매우 중요하다.

네트워크의 성능을 평가하고 측정할 때 패킷 크기와 패킷 속도는 고려해야 할 2가지 중요한 기준이다. 네트워크 성능은 이러한 매개변수의 설정에 따라 달라진다. 처리량값은 패킷 크기에 비례하여 증가하다가 포화값에 도달할 때까지 감소한다. 패킷 크기를 늘리면 전송되는 데이터의 양이 증가하여 처리량이 증가한다.

패킷 속도가 증가하면 데이터의 양이 증가하여 네트워크 처리량이 향상된다. 인터페이스의 최대 처리량에 도달하면, 여러 개의 수신 인터페이스가 동일한 송신 인터페이스로 아웃바운드 패킷을 전송하려 하는 경우 버퍼링이 발생할 수 있다.

스위치의 주요 기능은 패킷을 적절한 수신자에게 라우팅하는 것이다. 들어오는 데이터가 너무 많으면 스위치에 데이터가 도착하는 시간보다 데이터를 처리하는 시간이 더 오래 걸릴 수 있다. 데이터를 잃지 않으려면 버퍼를 확보하는 것이 필수적이다. 이 버퍼는 처리 대기 중인 데이터를 저장한다. 스위치의 주요 역할은 입력 포트에서 패킷을 수신하는 것이다. 그리고 출력 포트를 얻기 위해 대상을 조회한 다음 패킷을 출력 포트 대기열에 넣는다. 출력 포트로 향하는 대량의 데이터 스트림은 출력 포트 대기열을 포화시킬 수 있다. 대기열에 너무 많은 데이터가 있으면 대기 시간이 크게 늘어난다. 버퍼가 가득 차면 데이터가 손실될 수 있다.

중요한 문제 중 하나는 HOL(head-of-line) 차단이다. 이 문제는 대기열을 떠나려는 패킷이 대기열에서 많은 패킷을 대기시킬 때 발생하며, 이로 인해 대기 시간이 늘어나거나 패킷의 순서가 변경될 수 있다. 실제로 한 대기열에서 많은 패킷이 차단되면 스위치는 다른 출력으로 향하는 다른 패킷을 계속 처리하므로 패킷이 순서대로 수신되지 않는다.

⑩ 컴파일러

초저지연 시스템에서 컴파일러는 코드에서 가장 많은 시간을 소비하는 부분인 루프를 최적화하는 데 도움을 줄 수 있다. 초저지연 시스템에서 중요한 부분은 메모리 사용량과 캐시 활용도를 높이는 동시에 실행 시간을 줄이는 것이라는 점을 명심해야 한다.

컴파일러와 링커는 상위 레벨 프로그램을 대상 운영체제에 적합한 실행 파일 형식으로 변환한다. 운영체제는 실행 파일을 파싱하여 프로그램을 로드하고 실행하는 방법을 파악한다. 각 운영체제에는 로더가 있다. 로더는 디스크에 있는 프로그램의 어떤 청크를 메모리에 로드할지 결정한다. 로더는 실행 파일이 사용할 가상 주소 범위를 할당한다. 그런 다음 진입점에서 실행한 후 프로그래머가 정의한 메인 함수를 호출한다. 운영체제는 가상 메모리를 사용하여 프로세스를 서로 보호한다. 모든 실행 파일은 자체 가상 주소 공간에서 격리되어 실행된다.

많은 실행 프로그램은 외부 코드 라이브러리에 의존하며, 이러한 외부 디펜던시를 처리하기 위해 프로그램에서 코드를 통합하는 방법에는 2가지가 있다. 첫 번째는 모든 코드를 정적으로 연결하여 독립형 바이너리를 구축하는 것이다. 두 번째는 외부 코드를 동적으로 링크하여 운영체제가 실행 파일을 검사하여 프로그램을 실행하는 데 필요한 라이브러리를 파악하고 별도로 로드하는 방법이다.

링커는 정적 링크를 통해 애플리케이션 코드와 디펜던시를 하나의 바이너리 객체로 정렬한다. 이 바이너리 객체에는 모든 디펜던시가 포함되어 있다. 예를 들어 리눅스에서는 많은 프로그램이 glibc 라이브러리를 사용한다. 이러한 프로그램이 정적으로 링크되어 있다면 동일한 종속 라이브러리를 반복적으로 저장하는 데 많은 메모리를 낭비하게 된다. 정적 링크는 컴파일러와 링커가 함께 작동하여 외부 라이브러리에서 가져온 객체를 포함한 모든 함수 호출을 최적화할 수 있다는 중요한 이점이 있다.

한편, 동적 링크를 사용하면 링커가 종속 라이브러리의 위치가 스텁으로 대체된 더 작은 바이너리 파일을 만들 수 있다. 동적 링커는 애플리케이션 시작 시 디스크에서 적절한 공유 객체를 로드하여 해당 라이브러리를 로드한다. 디펜던시가 필요한 경우에만 해당 라이브러리가 메모리에 로드된다. 이러한 간접 참조는 특히 라이브러리 내의 짧은 함수가 자주 호출되는 경우 오버헤드를 증가시킬 수 있다. 이러한 오버헤드를 피하기 위해 가능한 경우 정적 링크를 사용한다.

언어에 따라 초저지연성을 개발하는 데 필요한 지침이 다르다. 초저지연성 애플리케이션을 개발할 때는 주로 C++를 사용한다. 자바를 사용하는 자바 가상머신의 경우 튜닝이 필요하다.

4.4.2 초저지연 서버 사례

지연 시간은 거래소에서 아주 중요한 문제다. 평균 지연 시간은 낮아야 하고, 전반적인 지연 시간 분포는 안정적이어야 한다. 지연 시간을 줄이는 방법에는 2가지가 있다.

- 중요 경로에서 실행할 작업 수를 줄인다.
- 각 작업의 소요 시간을 줄인다. 예를 들어 네트워크 및 디스크 사용량과 각 작업의 실행 시간을 경감한다.

중요 경로에는 꼭 필요한 구성 요소만 둔다. 심지어 로깅도 지연 시간을 줄이기 위해 중요 경로에서는 뺀다.

1 애플리케이션 튜닝

매매와 체결 경로에는 게이트웨이, 주문 관리자, 시퀀서, 체결 엔진 네 가지 컴포넌트가 포함된다. 체결 엔진은 제외하고 설명하겠다.

1. **게이트웨이**: 게이트웨이는 지연 시간에 민감하므로 가벼워야 한다. 가능한 한 빨리 올바른 목적지로 주문을 전달해야 한다. 고객 유형별로 클라이언트 게이트웨이는 다양하다. 주요 고려 사항은 지연 시간, 거래량, 보안이다.
2. **주문 관리자**: 이벤트 루프는 흥미로운 개념이다. 주된 작업은 while 순환문을 통해 실행할 작업을 계속 폴링하는 것이다. 엄격한 지연 시간 요건을 만족하려면 목적 달성에 가장 중요한 작업만 이 순환문 안에서 처리해야 한다. 목표는 각 구성 요소의 실행 시간을 줄여 전체적인 실행 시간이 예측 가능하도록 보장하는 것이다.
3. **시퀀서**: 체결 엔진에 주문을 전달하기 전에 순서 아이디를 붙여 보낸다. 또한 체결 엔진이 처리

를 끝낸 순서 아이디도 붙인다. 다시 말해 시퀀서에는 입력 시퀀서와 출력 시퀀서 2가지가 있으며, 각각 고유한 순서를 유지한다. 시퀀서가 만드는 순서 아이디는 누락된 항목을 쉽게 발견할 수 있는 일련번호여야 한다.

이벤트 소싱 아키텍처를 따르게 되면 모든 메시지는 동일한 이벤트 저장소를 사용한다. 이벤트 저장소에 보관되는 항목에는 시퀀스 필드가 있다. 이 필드의 값은 이벤트 저장소에 있는 시퀀서가 넣는다.

각 이벤트 저장소에는 하나의 시퀀서만 있다. 시퀀서가 여러 개 있으면 이벤트 저장소에 쓰는 권한을 두고 경쟁하게 되므로 좋지 않다. 록 경합에 낭비할 시간이 없다. 따라서 시퀀서는 이벤트 저장소에 보내기 전에 이벤트를 순서대로 정렬하는 유일한 쓰기 연산 주체다. 시퀀서는 메시지 저장소 역할도 했지만, 한 가지 간단한 작업만 수행하며 아주 빠르다.

거래소 매매 체결에서는 시간 순서대로 주문이 순차처리되도록 구성하거나, 프로세스를 하나만 실행해서 록이 발생하는 것을 방지할 수 있다. 증권사 종목이 1000개라면, 종목별로 프로세스를 1000개 실행해서 해당 종목별로 순차처리되도록 구성할 수도 있다. 예를 들어 한국거래소(KRX)는 메시지 서버를 사용한다.

❷ 네트워크 튜닝

중요 경로의 구성 요소가 네트워크를 통해 연결된 개별 서버에서 실행된다고 가정했다. 왕복 네트워크 지연 시간은 약 500마이크로초다. 중요 경로에 네트워크를 통해 통신하는 컴포넌트가 많으면 총네트워크 지연 시간은 한 자릿수 밀리초까지 늘어난다. 또한 시퀀서는 이벤트를 디스크에 저장하는 이벤트 저장소다. 순차적 쓰기의 성능 이점을 활용하여 효율적으로 설계한다 해도 디스크 액세스 지연 시간은 여전히 수십 밀리초 단위다. 네트워크 및 디스크 액세스 지연 시간을 모두 고려하면 총지연은 수십 밀리초에 달한다.

거래소는 주로 네트워크 및 디스크 액세스 지연 시간을 줄이거나 없애는 방안을 통해 중요 경로의 총지연 시간을 수십 마이크로초로 줄였다. 모든 것을 동일한 서버에 배치하여 네트워크를 통하는 구간을 없애는 것이다. 같은 서버 내 컴포넌트 간 통신은 이벤트 저장소인 mmap을 통한다.

❸ CPU 튜닝

CPU 효율성을 극대화하기 위해 애플리케이션 루프는 단일 스레드로 구현하며, 특정 CPU 코어에 고정시킨다. 애플리케이션 루프를 CPU에 고정하면 상당한 이점이 있다. 먼저 콘텍스트 전환이 없다. CPU는 주문 관리자의 애플리케이션 루프 처리에 온전히 할당된다. 또한 상태를 업데이트하는 스레드는 하나뿐이라서 록을 사용할 필요가 없고 록 경합도 없다.

CPU를 고정하는 방안의 단점은 코드가 더 복잡해진다는 것이다. 엔지니어는 각 작업이 애플리케이션 루프 스레드를 너무 오래 점유하지 않도록 각 작업에 걸리는 시간을 신중하게 분석해야 한다. 그렇지 않으면 후속 작업을 제때 실행하지 못할 수 있다.

4 메모리 튜닝

mmap은 파일을 프로세스의 메모리에 매핑하는 mmap이라는 이름의 POSIX 호환 UNIX 시스템 콜을 일컫는다. mmap은 프로세스 간 고성능 메모리 공유 메커니즘을 제공한다. 메모리에 매핑할 파일이 /dev/shm에 있을 때 성능 이점은 더욱 커진다. /dev/shm은 메모리 기반 파일시스템이다. dev/shm에 위치한 파일에 mmap을 수행하면 공유 메모리에 접근해도 디스크 IO는 발생하지 않는다.

이를 활용하여 중요 경로에서 가능한 한 디스크 접근이 일어나지 않도록 할 수 있다. 서버에서 mmap을 사용하여 중요 경로에 놓인 구성 요소가 서로 통신할 때 이용할 메시지 버스를 구현하는 것이다. 이 통신 경로를 사용하면 네트워크나 디스크에 접근할 일은 없으며, 메시지 전송에 마이크로초 미만이 걸린다.

중요 경로는 주문 기록을 데이터베이스에 저장하지 않는다. 성능을 높이기 위해 메모리에서 거래를 체결하고 하드디스크나 공유 메모리를 활용하여 주문 기록을 저장하고 공유한다. 특히 주문은 빠른 복구를 위해 시퀀서에 저장하며, 데이터 보관은 장 마감 후에 실행한다.

4.5 요약

개발보다 운영이 더 복잡하고, 관측 가능성은 운영 중에서도 고도로 전문화된 영역이다. 지속적인 개선과 튜닝을 통해서 비용을 절감하고 성능을 개선해서 고객 만족도를 향상시켜야 기업의 성공에 기여할 수 있다.

은행 데모에서는 전 구간 추적을 다양한 레거시 미들웨어에 적용하는 방법을 설명했다. SAP, 턱시도, 시벨 등의 레거시 애플리케이션과 EAI, BPM, MDM, MFT 등 레거시 미들웨어를 연계하고 모니터링했다. 필자의 경험과 성공 사례를 바탕으로, 복잡한 레거시에서도 관측 가능성과 추적이 성공적으로 적용될 수 있다는 점을 보여주기도 했다.

통신사 주문 프로젝트에서 가장 어려운 문제는 분산 트랜잭션 처리이다. 주문 내 수십 개의 레거시 시스템이 연계되고, 2PC와 복잡한 보상이 결합된다. 구현도 복잡할뿐더러 문제가 발생하기 쉬우며 이를 모니터링하는 것은 더욱 어렵다. 이에 Saga 패턴을 사용해서 분산 트랜잭션이 어떻게 처리되는지 구체적인 예제를 설명했다. 여러 가지 제약과 이에 대한 해결 방안도 함께 제시했다.

게임 및 초저지연 애플리케이션 개발은 여러모로 새롭고 흥미로운 내용이다. 개발과 운영 방식이 마이크로서비스 개발 방식과 전혀 다르기 때문이다. 게임사는 쿠버네티스에서 제공하는 기본 기능을 대부분 커스터마이징해서 게임을 운영하며, 거래소에서는 마이크로서비스 개발 방식과 반대 방식으로 아키텍처를 설계하고 개발 및 운영한다. 초저지연 방식이 보편적일 수는 없지만, 향후 산업과 우리의 생활 방식이 자율주행처럼 고도로 자동화된다면 초저지연에 대한 필요성도 증가할 것이다. 엔지니어와 SRE로서 관심을 가져볼 필요가 있다.

CHAPTER 5

오픈텔레메트리 데모

관측 가능성이 주는 장점이 분명하지만, 다양한 분야에서 전문지식이 필요하며 러닝 커브가 높고 기술적으로 복잡하고 어렵다. 자동 계측을 사용하면 소스 수정을 최소화하고, 신호를 자동적으로 생성함으로써 생산성을 향상시키며 도입 비용을 낮출 수 있지만, 다양한 언어와 기술을 지원하기 위해서는 자동 계측만으로는 어렵다. 이번 장에서는 오픈텔레메트리를 중심으로 전 구간 추적의 문제점을 해결하고 관측 가능성의 결과를 향상시킬 수 있는 방안에 대해서 설명할 것이다.

관리해야 하는 데이터는 기하급수적으로 증가하며 시스템은 갈수록 복잡해지고 사용자 기대치는 계속 높아진다. 이는 운영자가 현재 일어나는 일을 이해하는 것이 점점 더 어려워진다는 것을 의미한다. 따라서 통제력을 되찾고 노출되는 복잡성을 억제하기 위한 설루션이 필요하다. 이러한 설루션의 요구 사항은 다음과 같다.

- 표준에 기반하고 오픈소스를 사용해서 비용을 절감할 수 있다.
- 복잡성을 낮추고 적은 러닝 커브를 필요로 한다.
- 사용자 편의성을 높이고 사용하기 쉬운 관리 도구를 제공한다.
- 코드를 사용해 자동화하고 재사용성을 높인다.
- 운영과 개발 비용을 절감해야 한다. 즉, 장애로 인한 금전적인 손실을 최소화한다.

관측 가능성 설루션을 사용하면 개발자와 운영자는 메트릭, 로그, 트레이스, 프로파일 간에 단절 없이 이동하면서 기업이 수행하는 다양한 작업을 종합적으로 측정할 수 있으며, 평균 복구 시간을 단축하고 사용자 만족도를 높일 수 있다.

5.1 데모 개요

이번 절에서는 오픈텔레메트리 공식 데모를 살펴본다. 쿠버네티스에서 작동되며, 레퍼런스 애플리케이션으로 소개되고 있다. 이를 토대로 공식 문서에 언급되지 않은 유용한 기능을 살펴보고 다양한 관측 가능성 기능을 추가하고 보강해보자. 구체적으로는 다음과 같다.

1. 오픈텔레메트리 자동 계측을 위한 에이전트와 계측 라이브러리를 설명한다. 다양한 언어로 개발된 마이크로서비스, 카프카, 레디스, 엔보이를 사용한다.
2. 오픈텔레메트리 컬렉터는 관측 가능성 파이프라인이다. 이그젬플러, 스팬 메트릭, 서비스 그래프 등 오픈텔레메트리 컬렉터에서 제공하는 다양한 상관관계 기능을 설명한다.
3. 자바, Go, 파이썬으로 작성된 마이크로서비스에 프로파일을 적용한다.
4. 피처 플래그를 사용해서 에러를 생성한다. 에러 전후에 어떤 차이점이 있는지 메트릭을 분석한다. SLO를 설계하고 구성하는 방법을 설명한다.
5. 프롬스케일을 구성하고 SQL을 사용해서 근본 원인 분석을 자동화한다. 대시보드와 SQL을 사용해서 근본 원인을 분석하는 것이 목적이다.
6. 그라파나, 오픈서치로 관측 가능성을 구성한다.
7. 로그, 스팬 속성, 이상 탐지, 레거시와 연계 등 오픈텔레메트리에 필요한 기술적인 방향성을 이해한다.

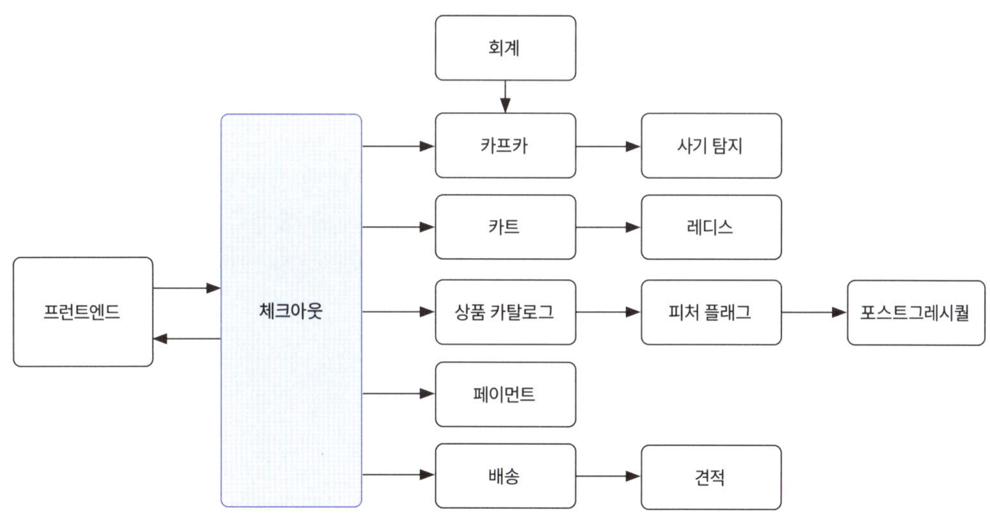

그림 5.1 **마이크로서비스 흐름도**

그림 5.1처럼 다양한 마이크로서비스들이 복잡하게 연계된다. 로드 생성기, 피처 플래그, 자동 계측 등이 적용되어 있다. 오픈텔레메트리에는 새로운 기능이 지속적으로 추가되고 있으며, 이를 데모에 반영하려 했다. 앞에서 설명한 4장의 은행 데모의 아키텍처와 유사하면서도 레거시가 없으므로 더 간단하다.

오픈텔레메트리 공식 데모는 다음과 같은 특징을 가지고 있다.

- 오픈텔레메트리의 아키텍처와 구성을 보여준다. 대규모 마이크로서비스 환경에서 어떻게 다양한 방법으로 관측 가능성을 적용하는지 알 수 있다. 오픈텔레메트리 내 마이크로서비스 개수는 15개인데, 12개 개발 언어로 작성되었으며, 추적과 메트릭을 생성한다.
- 생성된 신호는 오픈텔레메트리 컬렉터로 전송된다. 관측 가능성 백엔드는 프로메테우스와 예거다.
- 자동화된 부하 테스트에 로커스트를 사용하면 부하를 생성할 수 있다.
- 카프카, 엔보이에 대한 추적을 생성한다. 최근 오픈텔레메트리에 추가된 기능이다. 카프카는 오픈텔레메트리 자바 에이전트를 사용해서 자동 계측을 지원한다. 체크아웃 서비스는 발행자이고, 회계, 사기 탐지는 구독자다. 카트 서비스는 레디스를 사용한다.
- 피처 플래그를 사용해서 SLO를 검증할 수 있고, 부하 테스트 등 다양한 테스팅이 가능하다.
- 오픈텔레메트리를 제외한 마이크로서비스만으로도 충분한 가치가 있다. 상용 관측 가능성 에이전트를 구성해서 다양한 관측 가능성 백엔드와 연계가 가능하다.
- SDK와 컬렉터 등 복잡하고 다양한 구성을 참고할 수 있다.
- 실사용자 모니터링과 추적이 연계되었다. 다수의 마이크로서비스는 에이전트를 사용해서 자동 계측되거나 API를 사용해서 수동으로 계측되고 있다.

오픈텔레메트리 데모 애플리케이션은 오픈텔레메트리 API, SDK를 증명하기 위해서 만들어졌다. 이 애플리케이션의 목표는 오픈텔레메트리 컴포넌트의 데모를 제공할 뿐만 아니라 최종 사용자, 공급 업체를 위한 프레임워크 역할을 하는 것이다.

다음은 데모 애플리케이션의 주요 컴포넌트에 대한 설명이다.

5.1.1 애플리케이션

데모 애플리케이션의 대부분은 전자상거래 사이트와 같은 마이크로서비스 기반 애플리케이션이다. 이 애플리케이션은 gRPC 및 HTTP를 통해 서로 통신하고 쿠버네티스에서 실행되는 여러 서비스로 구성된다. 각 서비스는 추적, 메트릭을 수집하기 위해 오픈텔레메트리로 계측된다. 또한 동일한 gRPC 엔드포인트를 구현하지만 다른 언어로 작성된 서비스와 통신이 가능하다. 각 서비스는 에러를 활성화/비활성화하기 위해 피처 플래그 서비스와 통신한다. 이를 통해 텔레메트리가 분산 애플리케이션의 문제를 해결하는 데 어떻게 도움이 되는지 설명할 수 있다.

5.1.2 파이프라인

특정 관측 가능성 백엔드에 의존적이지 않도록, 컬렉터에 많은 기능을 제공하고 있다. 예를 들어 이그젬플러를 제공한다. 예전에는 그라파나 템포에서만 이그젬플러가 제공되었지만, 컬렉터를 사용하면 특정 관측 가능성 백엔드에 독립적으로 이그젬플러를 구현할 수 있다. 관측 가능성과 연계되는 기본 파이프라인의 기능을 확장해서, 프롬스케일과 연계되는 AIOps 파이프라인을 추가할 것이다.

그라파나 LGTM뿐만 아니라 예거, 오픈서치 등과 간단하게 연계할 수 있다. 메트릭과 추적에 대한 파이프라인을 리시버, 프로세서, 익스포터로 구성한다.

- 리시버는 마이크로서비스로부터 gRPC로 데이터를 받는다.
- 프로세서는 스팬 메트릭, 배치 프로세서를 구성한다. 프로세서에는 파이프라인의 성능 향상과 대용량 데이터 처리를 위한 다양한 기능들이 제공된다. 운영 환경에서는 필수적으로 중요한 파라미터를 적용해야 한다.
- 익스포터는 프로메테우스와 예거로 전송한다.

5.1.3 피처 플래그

피처 플래그(또는 피처 토글이라고도 불린다)는 새로운 코드를 배포하지 않고도 런타임에 특정 기능을 활성화할 수 있는 기술을 말한다. 소스 변경 없이 런타임에 기능을 변경할 수 있으며, 좀 더 정교한 실험을 가능하게 한다.

애플리케이션에 대한 피처 플래그 구성 유틸리티를 제공하는 다수 서비스로 구성된다. 브라우저 기반 클라이언트 인터페이스와 백엔드 서비스로 나눌 수 있다. 클라이언트의 역할은 운영자가 사용 가능한 기능 플래그를 시각화하고 해당 상태를 전환할 수 있도록 하는 것이다. 서버는 주요 애플리케이션 서비스가 현재 상태 및 타깃팅 규칙을 등록할 수 있는 피처 플래그 카탈로그를 제공한다.

데모에서는 추천 캐시, 상품 카탈로그 실패, 카트 서비스 실패, 광고 서비스 실패 등 4가지 피처 플래그를 설정할 수 있다. 피처 플래그 컴포넌트는 얼랭(Erlang)+엘릭서(Elixir)/피닉스(Phoenix) 서비스로 구현되었다. 피처 플래그 카탈로그는 데이터베이스에 저장된다. 쿠버네티스에서는 포트포워딩을 구성해서 피처 플래그에 접근한다.

5.1.4 배포

모든 서비스는 쿠버네티스에서 실행된다. 오픈텔레메트리 컬렉터는 오픈텔레메트리 오퍼레이터를 통해 배포되며 사이드카와 게이트웨이 모드에서 실행된다. 각 파드의 신호는 에이전트에서 게이트웨이로 라우팅되며, 게이트웨이는 기본적으로 오픈소스 추적과 메트릭 시각화 도구로 전송한다.

쿠버네티스 외의 배포는 도커파일을 통해 배포되며, 애플리케이션의 추적과 메트릭뿐만 아니라 도커 스태츠 리시버(stats receiver)를 통해 도커 컨테이너도 모니터링한다.

5.1.5 부하 테스트

로커스트는 경량 프로세스, 코루틴인 그린렛(greenlet)을 사용하는데, 이를 통해 콜백이나 다른 메커니즘을 사용하는 대신 파이썬 코드처럼 테스트를 작성할 수 있다.

로커스트를 사용하면 여러 컴퓨터에 분산된 부하 테스트를 쉽게 실행할 수 있다. 이는 이벤트 기반(gevent)이므로 단일 프로세스가 수천 명의 동시 사용자를 처리할 수 있다. 특정 하드웨어에서 초당 더 많은 요청을 수행할 수 있는 다른 도구가 있을 수 있지만, 로커스트의 오버헤드가 낮아 동시 작업 부하를 테스트하는 데 적합하다.

5.2 SLO

관측 가능성 데모를 살펴보기에 앞서 먼저 SLO부터 살펴보겠다. SLO는 프런트엔드, 마이크로서비스, 백엔드 레거시 등 다양한 관점에서 측정될 수 있다. 어느 한 가지 영역만 측정하는 것은 좋지 않은 방법이다. 각 계층별로 메트릭이 다르고, 백엔드 레거시의 에러를 프런트엔드에서는 무시할 가능성도 있기 때문이다.

SLO 구성의 어려움은 기술적인 문제가 아니라 업무적인 문제가 더 크다. API의 엔드포인트는 높은 수준으로 추상화가 되어 있다. 상품별로 집계를 구하려고 해도, 단일 API가 모든 상품을 처리하는 경우에는 상품별로 SLO 구성이 어렵다. 초기 API 설계부터 SLO를 구성하기에 부적합한 경우도 많기 때문에, SLO가 이론적으로는 구성이 가능하더라도, 실제 업무를 분석하고 이를 기반으로 일관성 있게 SLO를 구성해야 한다.

여기에서는 가용성과 지연을 기준으로 SLO를 정하지 않고 다음과 같은 접근법을 따랐다.

1. 상품을 이해한다. 상품은 기업의 전략과 방향성을 포함한다.
2. 프로세스를 이해한다. 중요 경로를 식별하고, 우선순위에 기반한 프로세스를 식별한다.
3. 데이터를 이해한다. 데이터가 올바르게 수집되고 적재되는지 확인한다. 조인과 룩업이 가능한지, 데이터 품질을 측정한다.
4. IT 아키텍처를 설계하고, 대시보드와 SLO를 설계한다.
5. SLO 개발 이전에 사전 작업이 성공적으로 진행되어야 한다.

5.2.1 대시보드

대시보드와 SLO는 도메인과 세부 프로세스에 대한 이해를 기반으로 한다. 근본 원인 분석 대시보드에 모든 것을 표현하는 것보다는 복잡도를 낮추고 업무를 설명할 수 있는 게 낫다. 업무를 반영해서 전체적인 대시보드 흐름과 스토리를 기획해야 한다. 이에 따라 2개 유형의 대시보드를 구성한다.

1. 근본 원인 분석 대시보드와 핵심 SLO는 전 구간 관측 가능성에 집중하고 SRE가 개발한다.
2. 업무별 대시보드는 개발자가 담당하는 특정 구간에 집중하며, 개발자가 개발한다. 근본 원인 분석 대시보드와 개발자의 업무 대시보드는 연결되어야 한다. URL 링크를 통해 대시보드 간에 이동할 수 있어야 한다.

SRE는 근본 원인 분석을 위한 가이드라인을 명확히 제시해야 한다. 기준이 명확해야만 개발자들이 데이터 모델과 조인해서 업무별로 필요한 세부적인 대시보드를 개발할 수 있다. 기준이 불분명하면 개발자들이 혼란스러워하고 표준화하기 어려워 혼란이 증가할 것이다. 다음과 같은 점을 참고할 수 있다.

- 근본 원인 분석 대시보드와 업무별 대시보드로 구분해야 한다. 먼저 근본 원인 분석 대시보드로 전체적인 콘텍스트를 이해하고, 업무별 상세 대시보드로 이동해서 문제점을 다른 관점에서 이해하는 것이 필요하다.
- 근본 원인 분석 대시보드는 MTTD와 MTTR을 식별하고 계산하기에 적합하다. 대시보드를 많이 개발하는 것은 좋은 방향이 아니다. 개수를 줄이고, 근본 원인 분석 대시보드를 고도화하기 위해서 노력해야 한다. 업무별 상세 대시보드는 근본 원인 분석 대시보드를 보완하는 역할이 되어야 한다.

- 근본 원인 분석 대시보드에는 SLO를 출력하지 않는다. 에러 여부, 배포 여부 등을 선택할 수 있게 하고, 필터와 조건으로 검색할 수 있도록 한다. 프런트엔드, 마이크로서비스, 오케스트레이션, 백엔드, 데이터베이스, 배치를 포함한 백오피스로 구분되어 있다면, 사용자가 이해하는 데 도움이 될 것이다. 다수 계층이 1개의 대시보드 화면 내에서 업무적인 흐름을 표현해야 한다.
- 업무별 대시보드에는 SLO를 출력한다. 다수의 계층이 하나의 프로세스를 구성한다고 가정하면, 각 계층별로 필요로 하는 SLO가 다르다. 예를 들어 프런트엔드는 사용자 세션, 액션, 사용자 만족도가 필요하지만, 마이크로서비스는 API 서버와 마이크로서비스의 가용성, 에러율, 지연이 필요하다. 오케스트레이션은 대기한 메시지 개수와 구독자 랙이 더 중요하고, 백엔드는 데이터베이스의 에러율, 느린 쿼리, 데이터 정합성이 중요하다. 즉, 계층별로 다른 SLO를 대시보드 내에서 명확하게 구성해서 문제가 발생한 영역을 정확하게 지정할 수 있어야 한다.

각 계층별로 필요로 하는 SLO가 다르므로 다수의 업무를 하나의 동일한 템플릿과 SLO 패턴으로 구성하기는 어려우며, 다수의 패턴과 대시보드 템플릿을 필요로 한다. 대시보드 작업은 다음과 같이 고도화될 수 있다.

- 기본적인 인프라 대시보드에서 포화율을 추가하고, eBPF와 실리움으로 개선할 수 있다.
- 애플리케이션 SLO에서 에러 예산과 소각 비율을 추가하고, 서비스 관점으로 고도화할 수 있다.
- 배포, 깃옵스, 이슈 관리 대시보드는 웹훅으로 운영 데이터를 수집하고 모니터링하는 수준으로 대시보드를 운영한다.
- 대시보드, 알람, SLO, 에러 예산 등은 테라폼 혹은 API를 통해서 자동화하고 빌드와 배포를 해야 한다.

근본 원인 분석 대시보드가 완성된다면 SLO를 쉽게 구성할 수 있다.

대시보드에서 사용되는 신호는 기본적으로 메트릭이다. 처음부터 추적 대시보드를 구성하는 것보다, 일단 메트릭부터 시작하는 것을 권장한다.

로그 대시보드를 최적화하지 못하면, 많은 비용을 지불할 가능성이 있다. 비용을 절감할 수 있는 다양한 방안을 고려하고, 과도한 비용이 지출되지 않도록 주의해야 한다.

- 로그에서 에러가 발견되는 경우에, 알람을 보내는 것은 가장 기본적인 알람이다.
- 로그에서 메트릭을 생성할 수 있다. 대시보드에서는 로그보다 메트릭을 사용한다.
- 시간 윈도를 고려해서, 레코딩 규칙을 사용한다. 예를 들어 에러 예산 적용 시, 사전 집계는 비

용을 절감할 수 있다.

근본 원인 분석 대시보드 외에도, SRE는 SLO, MTTR, 에러 예산 등을 시각화하는 대시보드가 필요하다. 그리고 USE, RED 대시보드도 필요하다. 이러한 대시보드를 통해서 신호를 명확하게 시각화하고 이해할 수 있다. RED는 애플리케이션 서비스, USE는 인프라, 구글 SRE는 서비스와 인프라 모두에 적용 가능하다.

- **RED**: 비율, 에러, 처리 시간
- **USE**: 사용률, 포화율, 에러
- **구글 SRE**: 지연, 트래픽, 에러, 포화율

전체적인 내용을 먼저 보여주고., 필터를 선택하면 하단에 상세한 차트를 출력하는 방식이 좋은 대시보드 구성 방안이다. 상단에 필터를 정해서, 필터의 범위와 선택에 따라 해당 대시보드 내 모든 차트가 동적으로 변경되도록 구성해야 한다. 필터의 구현은 복잡하지 않다. 다양한 신호를 조인하고 필터링하면 문제와 장애를 정확히 이해할 수 있다. 필터의 특징은 다음과 같다.

- 필터를 다른 필터의 검색 조건으로 추가한다.
- 필터를 출력하고자 하는 값에 검색 조건으로 추가한다.
- 모든 신호는 필터에 값으로 채워지고, 사용자는 값을 선택할 수 있다.
- 즉, 다양한 신호를 필터에 채우고, 필터에서 선택된 값은 변수가 된다. 변수는 검색 조건으로 쿼리에 추가해서 대시보드를 구성한다.

기존에는 단일 신호만 사용해서 사용자와 상호작용 없이 단순한 SLO를 출력하는 방식이 많았다. 이에 비하면 이 책에서 소개하는 대시보드 개발은 혁신적이고 효율적이다.

- 대시보드에서 다양한 신호를 조인해서 출력할 수 있다. 예를 들어 이벤트는 비즈니스를 출력하고, 로그는 블랙박스의 내부 정보를 출력한다. 각 신호를 조인해서, 개별 신호의 제약을 극복하고 기술뿐만 아니라 다양한 데이터를 출력할 수 있다.
- 다수의 필터에 의해서 출력되는 신호를 제한할 수 있으므로 정확히 문제의 범위를 제한하고, 좁히는 것이 가능하다. 원하는 문제에 신속하게 접근하는 것이 가능하다.

이벤트를 필터링해서 비즈니스를 선택하고, 애플리케이션, 시스템 리소스를 포함한 모든 IT 운영 대상을 출력할 수 있다. 마이크로서비스의 서비스, 시스템 리소스의 리소스 아이디, 추가적인 태그

를 사용해서 비즈니스 아이디를 정의하고, 필터 내 데이터로 추가할 수 있다. 예를 들어 서비스 아이디는 리소스 아이디와 관계를 가지므로 서비스와 리소스를 조인하는 것도 좋은 아이디어다.

5.2.2 가용성과 에러율

SLO의 컴포넌트는 가용성, 처리 시간, 처리량, 에러율 등이 있다. 애플리케이션 유형에 따라 측정되는 메트릭이 다르다는 것을 이해해야 한다. 웹 프레임워크는 가용성, 처리 시간, 처리량, 에러율 SLO가 적합하지만, 발행과 구독의 경우에는 펜딩된 메시지의 개수가 유용하고, 배치에서는 에러율과 처리량이 유용하다. 읽기와 쓰기가 분리된 구조라면, 읽기에서는 캐시 히트 레이트와 느린 쿼리를 관리하는 것이 중요하고, 쓰기에서는 인덱싱 속도와 파이프라인 처리량이 중요하다.

예를 들어 가용성과 에러율에 대해서만 살펴보겠다. 백엔드의 SLO에는 대표적으로 가용성, 에러율, 처리량, 지연 등이 포함된다. 가용성은 다양한 의미를 내포하고 있어 여러 가용성 계산식이 존재한다. 프로브 같은 간단한 가용성부터 복잡한 MTTR까지 여러 단계로 구성할 수 있다.

쿠버네티스 프로브는 가장 간단한 가용성의 예이다. 단순히 헬스체크, 라이브니스, 리드니스를 측정한다. 오픈소스인 클라우드프로브를 사용해서 쿠버네티스뿐만 아니라 다양한 인프라와 프로토콜의 가용성을 측정할 수 있다. 구글 SRE 북에서는 다양한 프로메테우스 가용성 공식을 설명하므로 이를 참고해서 가용성을 개선하는 것을 권장한다. 가장 복잡하고 우수한 가용성은 MTTR, MTTD 등과 연계하는 것이다.

다음으로 에러율은 사용자의 관점에서 측정해야 한다. 에러율을 사용해서 에러 예산을 구할 수 있다. 에러율과 관련된 지표인 Apdex(Application Performance Indx)는 웹 애플리케이션과 서비스의 응답 시간에 대한 사용자 만족도를 측정하는 프런트엔드 지표이다. 프런트엔드 실사용자 모니터링에서 측정하며, 평균 응답 시간과 같은 전통적인 지표 대신 점수와 불만족률 같은 지표를 통해 사용자가 애플리케이션에 얼마나 만족하는지 확인할 수 있는 간소화된 SLO이다.

에러는 가급적 사용자 관점의 에러와 근본 원인 분석에 대한 에러로 구분하는 것이 필요하다.

- API 서버의 상태 코드는 백엔드와 연계한다. 이는 고객 서비스에 대한 SLO로 보는 것이 적합하다. 예를 들어 고객 서비스의 가용성을 의미할 수 있다. API 서버가 추적을 지원하지 않고, 메트릭, 로그를 지원한다면 이를 통해 SLO를 생성한다.
- 추적의 에러 코드는 정확한 에러가 발생한 원인을 이해할 수 있다. 이를 통해서 근본 원인 분석에 활용하고, 세부 서비스별 SLO를 계산할 수 있다.

로그와 추적 간의 에러 메시지가 다르고, 에러 개수가 다르더라도 문제는 없다. 의미와 관점이 다르기 때문이다. 이러한 차이점은 고객 서비스를 향상하고 근본 원인을 분석하는 데 도움이 된다. 어떠한 신호를 기준으로 에러를 이해하고 에러 예산을 정해야 하는지 고민해야 한다. 즉, 에러에 대한 기준을 정확히 설정하고, 노이즈를 제거하고, 예외를 정해서 신호들 간의 에러를 가급적 일치시키는 것이 중요하다. 예외, 에러, 알람 등의 정합성을 고려해서 일치하도록 구성해야 한다.

5.2.3 데모의 에러 구현

에러 코드는 프런트엔드에서 측정하는 것과 백엔드에서 측정하는 결과가 다를 수 있다. 근본 원인 분석을 위해서는 백엔드 에러 코드를 우선시해야 한다.

- 고객 서비스 관점에서는 실사용자 모니터링과 API 서버의 에러율과 가용성을 관리하는 것이 유용하다.
- SRE 입장에서는 추적을 사용해서 백엔드의 에러율을 측정하는 것이 유용하다.

관측 가능성 대시보드는 메트릭, 로그보다 추적을 사용해서 구성하는 것을 권장한다. 프롬스케일을 사용해서 추적으로 대시보드를 구성하는 방법을 설명할 것이다.

데모에서 kubectl port-forward svc/my-otel-demo-frontendproxy 8080:8080을 사용하면, 피처 플래그가 쿠버네티스에서 정상으로 출력되는 것을 확인할 수 있다. 피처 플래그를 사용해서 에러를 활성화할 수 있다. 피처 플래그를 구성한 후에 시간이 지나면서 그라파나에서는 추천 서비스의 에러 개수가 증가할 것이다.

SLO, 에러 예산, 소각 비율 정의 등에 대한 흐름을 그림으로 나타내면 다음과 같다.

그림 5.2 **MSLO 구성 과정**

다음과 같은 유스케이스를 가정해보자.

- **SLI 에러**: 요청 상태 코드 >= 300
- **기간**: 30일
- **SLO**: 99.9%

- **에러 예산**: (100 - 99.9) = 0.1
- **30일 동안의 총요청 개수**: 1만 개
- **허용되는 에러 요청 개수**: 10개

SLO가 99.9이므로 총요청 개수가 1만 개일 경우 10개 이하의 에러만 허용된다. 즉, 에러 예산은 10개다.

에러 개수를 구하는 방법은 기간과 개수 2가지가 있다. 상대적으로 개수가 간단한 반면에 기간은 복잡하다. 처리 시간으로 에러 개수를 구하는 것도 가능하다. 특정 분위수의 개수를 구하려면 히스토그램은 누적값이므로 분위수만 사용해서는 에러 개수를 구할 수 없다. 100분위수 – 99분위수 방식으로 특정 분위수의 개수를 구할 수는 있다. 이를 다음과 같이 구현할 수도 있지만, 좋은 방식이 아니다.

```
sum(increase(demo_request_latency_seconds_bucket{le="0.4096"}[20m])) - sum(increase(
demo_request_latency_seconds_bucket{le="0.1024"}[20m]))
```

히스토그램으로 계산하는 것보다는 처리 시간, 처리량 등 카운터 메트릭을 사용해서, 몇 초 이상을 초과하는 트랜잭션의 개수를 구하는 것이 유용하다. 즉, 지연 1초를 초과하는 트랜잭션의 개수를 카운터에서 구하는 것이다.

에러 예산의 목적은 배포를 결정하거나, 비즈니스와 우선순위를 결정하는 데 유용하다. 만약 현재의 상태가 에러 예산 이하라면, 개발 팀은 새로운 피처를 개발하는 것보다는 현재 시스템을 안정화해야 한다는 가이드라인을 제시할 수 있다. 운영 환경에서 계속 장애가 발생하고 불안정한 상태라면 에러 예산을 통해 안정화가 우선이라는 것을 설명할 수 있기 때문이다.

에러 예산과 함께 소각 비율을 함께 사용해야 한다. 소각 비율을 통해서 알람을 구성할 수 있다. 다양한 윈도와 알람을 구현해야 한다. 구글 SRE 북에서 멀티 윈도와 멀티 알람을 잘 설명한다. 구현되는 소각 비율은 레코딩 규칙에 하드코딩되는데, 요구 사항에 적합하게 소각 비율을 수정하면 된다. 오픈소스 중에서는 슬로스(https://sloth.dev/)를 참고하는 것을 권장한다.

윈도의 유형이 여러 가지로 정의되는 이유는, 비용을 절감하고 시스템을 효율적으로 운영하기 위해서다. 주, 월, 연의 윈도의 집계를 쿼리하기 위해서는 비용을 많이 지불해야 하고, 쿼리 속도가 느려진다. 윈도별로 기집계된 결과를 미리 저장하면 사용자의 쿼리에 신속하게 응답할 수 있다. 리텐션에도 한계가 있으므로 데이터 티어링을 관리하기도 쉬워진다. 이러한 윈도에 따른 처리는 프로메테우스 레코딩 규칙을 통해서 구현된다.

5.2.4 차트

차트는 대시보드 제작에서 매우 중요하다. 특히 스테이트 타임라인과 애너테이션은 SRE에게 중요한 차트임에도 불구하고 실무에서 잘 활용되지 못하고 있다.

다양한 차트를 개발하기 위해서는 차트에 매핑되는 데이터 소스에 대한 이해가 필요하다. 예를 들어 히트맵과 서비스 맵은 출력하기 위해서 특정 계산식이 필요하지 않다. 데이터 소스와 차트를 그대로 매핑시키면, 차트가 출력되기 때문이다. 다음과 같은 점들을 알아두면 좋다.

- 시계열 차트, 히트맵, 히스토그램은 메트릭 생성기에서 생성한 스팬 메트릭을 사용한다.
- 노드 익스포터 등은 폴리스탯에서 사용된다.
- 알람이 활성화되어야만 메트릭(ALERTS, ALERTS_FOR_STATE)을 선택할 수 있다. 프로메테우스 서버 또는 그라파나 서버를 스크레이핑한 후에 알람이 활성화 상태가 되면 알람을 계산하기 위해 필요한 ALERTS, ALERTS_FOR_STATE 메트릭이 출력된다.
- 서비스 맵은 오픈텔레메트리 컬렉터와 메트릭 생성기를 활용한다. 메트릭 생성기에서 스팬 메트릭과 서비스 맵을 생성할 수 있다. 서비스 맵의 버킷을 데이터 소스로 하면, 자동적으로 추적 차트를 출력할 수 있다.
- 예전에는 메트릭과 로그를 많이 사용했지만, 관측 가능성 대시보드에 사용되는 데이터 소스는 추적과 이벤트를 권장한다.

신호의 내부 데이터 구조를 정확히 이해하면, 전처리 없이 신속하게 차트를 시각화할 수 있다. 예를 들어 인프라에서는 CPU, 메모리, 디스크, 네트워크에 대한 사용률과 포화율을 이해하는 것이 중요하다.

SLO 대시보드에는 에러율, 가용성, 처리량, 지연, 그리고 도메인과 서비스 유형에 따라 에러 예산과 소각 비율이 포함되어야 한다. 인프라와 애플리케이션을 함께 모니터링할 수 있는 프로파일은 항상 유용하므로 추적과 프로파일을 연계하는 것을 권장한다.

대시보드는 단순한 시각화로 그치지 않고, 알람으로 구성되어 문제가 발생 시 지속적으로 개선되어야 한다. 이러한 대시보드를 구성하기 위해서는 프로메테우스 메트릭만으로는 충분하지 않다. 지라, 클라우드, 아르고시디, 젠킨스, 깃 등 다양한 데이터 소스와 연계해야 한다. 그리고 시계열 차트를 기본으로 다양한 유형의 차트를 사용해야 한다.

5.3 관측 가능성 데모

오픈텔레메트리가 제공할 수 있는 텔레메트리는 분산 시스템의 문제를 진단하는 데 매우 유용하다. 이 시나리오에서는 메모리 누수의 원인을 확인하기 위해, 상위 수준 메트릭 및 추적에서 이동하는 방법을 보여주는 시나리오를 살펴본다.

이 시나리오를 실행하려면 데모 애플리케이션을 배포하고, 추천 캐시 피처 플래그를 활성화해야 한다. 데이터가 채워질 수 있도록 피처 플래그를 활성화한 후, 약 10분 정도 애플리케이션을 실행한다.

문제 진단의 첫 번째 단계는 문제가 있는지 확인하는 것이다. 그라파나와 같은 도구에서 제공하는 메트릭 대시보드를 확인한다.

데모는 두 개의 대시보드를 제공한다. 하나는 오픈텔레메트리 컬렉터를 모니터링하는 것이고, 다른 하나는 각 서비스의 지연과 요청 속도를 분석하기 위한 여러 쿼리와 차트를 포함한다. 대시보드에는 여러 차트가 포함되어 있지만, 특히 몇 가지가 흥미로울 것이다.

- 추천 서비스(CPU 및 메모리)
- 서비스 지연(스팬 메트릭 제공)
- 에러율

추천 서비스는 프로메테우스로 내보낸 오픈텔레메트리 메트릭에서 생성되는 반면, 서비스 지연 및 에러율 차트는 오픈텔레메트리 컬렉터의 스팬 메트릭 프로세서를 통해 생성된다. 추천 서비스에 비정상적인 동작(CPU 사용률이 급증하고 95분위수, 99분위수 히스토그램의 롱테일 지연)이 있는 것으로 나타날 것이다. 이 서비스의 메모리 사용률이 급증하는 것을 확인할 수 있다.

메모리 누수 문제는 점유하는 메모리가 증가하고 가비지 컬렉션이 발생하는 단순한 시나리오이지만, CPU 스파이크도 함께 발생한다. 메모리 누수가 계속되면, 결국에는 메모리가 한계치에 도달하게 된다. 이로 인해 풀 가비지 컬렉션을 연속적으로 처리하게 되고, 이때 CPU 스파이크를 볼 수 있다.

CPU와 메모리 문제를 추가 분석하기 위해서 프로파일을 사용하는 것은 유용하다. 근본 원인이 가비지 컬렉션과 관련이 있다면, 프로파일에서 정상일 경우와 비정상일 경우를 비교해보면 누수가 발생한 메서드를 찾을 수 있다.

예거를 사용하면 추적을 검색하고 구간별 관측 가능성과 함께 구간별 지연을 표시할 수 있다. 프런트엔드 요청에서 지연이 증가한 것을 발견했을 것이다. 예거를 사용하면 추천 서비스에 대한 요청을 포함하는 추적만 포함하도록 검색하고 필터링할 수 있다.

지연별로 정렬하면, 시간이 오래 걸린 특정 추적을 빠르게 찾을 수 있다. 추천 서비스가 작업을 완료하는 데 오랜 시간이 걸리는 것을 확인할 수 있으며, 세부 정보를 보면 무슨 일이 일어나고 있는지 이해할 수 있다. 구체적으로는 폭포 보기에서 app.cache_hit 속성이 false로 설정되어 있고 app.products.count값이 매우 높은 것을 볼 수 있다.

검색 UI로 돌아가서 서비스 드롭다운에서 추천 서비스로 필터링하고 태그 상자에서 app.cache_hit=true를 검색한다. 캐시에 사용하면 요청이 더 빨라지는 경향이 있다. 이제 app.cache_hit=false를 검색하여 지연을 비교한다.

이 책에서는 3가지 방법으로 근본 원인 분석 방법을 제안한다.

1. 이미 많은 상용 관측 가능성에서 제공하는 방법과 유사하게 대시보드를 사용한다. 서비스 그래프와 폴리스탯을 사용하면 전반적인 IT 운영에 대한 이해를 할 수 있으며, 히스토그램과 히트맵을 분석하고 신호 간 상관관계를 파악하면 원인을 빠르게 탐색할 수 있다.
2. 프롬스케일에 저장된 데이터는 구조화되었으므로 이를 분석하기 위해서 SQL을 사용한다. SQL을 사용하면 화면에서 발견하지 못한 숨겨진 인사이트를 찾아내고, 노하우를 자동화할 수도 있다는 장점이 있다. 메트릭과 추적, 로그 신호에 활용할 수 있는 다수의 SQL 기술을 설명한다.
3. 머신러닝을 사용해서 자동화하는 방법도 있다. 프롬스케일에 수집한 데이터는 품질이 좋고 머신러닝으로 자동화하기에 적합하다. 수집되는 데이터가 많고 규모가 커질수록 머신러닝을 사용한 자동화를 통해서 정확도를 향상할 수 있다.

작은 규모의 관측 가능성이라면 화면을 사용한 근본 원인 분석이 적합하지만, 향후 복잡하고 큰 규모의 관측 가능성을 계획한다면 SQL 데이터 분석이 가능한 아키텍처를 추천한다.

5.3.1 프로파일 지원

프로파일은 파이로스코프를 사용해서 구현한다. 파이썬은 추천 서비스, Go는 상품 카탈로그 서비스에 프로파일을 적용하도록 한다.

파이로스코프는 추적과 상관관계를 구현하기 위해서 오픈텔레메트리 익스텐션으로 구성되었으며, 자동 계측을 통해서 프로파일 아이디를 획득하고, 추적 내 스팬 속성에 프로파일 아이디를 추가한다. 푸시와 풀 2가지 방식으로 프로파일을 수집한다(상품 카탈로그와 추천은 풀 방식으로 구현되었다).

그림은 그라파나 블로그에서 볼 수 있다.

- https://grafana.com/blog/grafana-pyroscope-1-0-release-continuous-profiling/

풀 방식은 간단하게 구현 가능하다. 푸시 방식은 다음과 같은 소스를 추가해주면 된다. 로직에 특별한 점은 없고, 파이로스코프의 엔드포인트를 기존 소스에 추가함으로써 프로파일을 수집하고, 전송하는 역할을 수행한다.

```
pyroscope.Start(pyroscope.Config{
  ApplicationName:   "example.golang.app",
  ServerAddress:     "<URL>",

  BasicAuthUser:     "<User>",
  BasicAuthPassword: "<Password>",

  ProfileTypes: []pyroscope.ProfileType{
    pyroscope.ProfileCPU,
    pyroscope.ProfileInuseObjects,
    pyroscope.ProfileAllocObjects,
    pyroscope.ProfileInuseSpace,
    pyroscope.ProfileAllocSpace,
  },
})
```

풀 방식은 자동 계측에 해당하며, 푸시 방식은 API를 사용하는 수동 계측에 해당한다. 예를 들어 Go에서 사용하는 풀 방식은 /debug/pprof/* 엔드포인트에서 주기적으로 프로파일을 수집한다. 그라파나 에이전트도 파이로스코프의 엔드포인트에서 풀 방식으로 프로파일을 수집한다.

여기서 다양한 상관관계 프로세스를 정의할 수 있다.

- 추적에서 프로파일로 이동할 수 있다.
- 로그에서 프로파일로 이동할 수 있다.

아키텍처에 적합한 방법을 선택해서, 상관관계를 구현할 수 있다. 로그가 디버깅 정보를 제공하므로 로그에서 프로파일로 이동하는 것도 가능하다. 근본 원인 분석 프로세스 관점에서 보면, 추적에서 프로파일로 이동하는 것이 더 적합하다.

그라파나 대시보드는 플레임 그래프 차트를 플러그인으로 제공한다. 그라파나 대시보드에서 이그젬플러를 구성하면 로그, 추적, 프로파일 간의 상관관계를 구현할 수 있다. 그라파나 대시보드에 통합하거나 독립적으로 플레임 그래프 차트를 출력할 수 있다. 자바, 파이썬, Go 등 다양한 언어를 지원하며, 소스 수정 없이도 프로파일을 수집하고 분석할 수 있다.

프로파일을 사용함으로써 애플리케이션과 인프라 리소스의 관계를 명확히 이해할 수 있다. 콘텍스트는 추적을 통해서 이해하고, 상세한 문제를 분석하는 것은 프로파일을 통해서 진행해야 한다. 문제가 발생한 프로파일과 정상인 경우의 프로파일을 비교하면, 차이점을 쉽게 이해할 수 있다.

1 추천 서비스

파이썬 애플리케이션을 실행하고, CPU를 프로파일링하는 코드를 살펴보자. 피처 플래그와 프로파일을 사용해서 리소스의 변화를 쉽게 이해할 수 있다.

이 서비스는 사용자가 탐색 중인 기존 상품 아이디를 기반으로, 사용자에게 추천 상품 목록을 가져오는 역할을 한다. 파이썬으로 개발되었다. 추천 서비스 수정 후에는 빌드를 하고, 배포한다.

```
docker compose up -build
```

pyroscope-io==0.7.1을 추가한다.

```
import pyroscope

pyroscope.configure(
    application_name = "simple.python.app",
    server_address = "http://pyroscope:4040",
)
from metrics import (
    init_metrics
)

cached_ids = []
first_run = True

class RecommendationService(demo_pb2_grpc.RecommendationServiceServicer):
    def ListRecommendations(self, request, context):
        prod_list = get_product_list(request.product_ids)
        span = trace.get_current_span()
        span.set_attribute("app.products_recommended.count", len(prod_list))
        logger.info(f"Receive ListRecommendations for product ids:{prod_list}")
```

docker-compose 파일에도 pyroscope-io==0.7.1을 추가한다.

```
pyroscope:
    image: 'pyroscope/pyroscope:latest'
    ports:
      - '4040:4040'
    command:
      - 'server'
    depends_on:
      - recommendationservice
    logging: *logging
```

파이로스코프 등 프로파일에는 아직 제약 사항이 있다. 예를 들어 파이썬의 경우에는 메모리 프로파일은 제공하지 않고, CPU 프로파일만 제공한다. 아직 언어별로 프로파일 기능에 제약 사항이 존재한다.

❷ 상품 카탈로그 서비스

이 서비스는 상품에 대한 정보를 반환한다. 이 서비스를 사용하여 모든 상품을 가져오거나, 특정 상품을 검색하거나, 단일 상품에 대한 세부 정보를 반환할 수 있다. 상품 카탈로그 서비스는 Go로 개발되었다.

먼저 파이로스코프 라이브러리를 설치해야 한다.

```
go get github.com/pyroscope-io/pyroscope/pkg/agent/profiler
```

다음과 같이 소스에 프로파일을 추가한다.

```
func main() {
    pyroscope.Start(pyroscope.Config{
      ApplicationName: "ProductCatalogService",
      ServerAddress:   "http://pyroscope:4040",
    })
```

ProductCatalog의 import 안에 다음과 같이 한 줄을 추가한다.

```
import (
    "context"
    "fmt"
    "io/ioutil"
    "net"
```

```
    "os"
    "strings"
    "sync"
    "time"

    pyroscope "github.com/pyroscope-io/pyroscope/pkg/agent/profiler"
```

오픈텔레메트리 데모에 프로파일을 구성하는 것은 복잡하지 않다. 빌드, 배포를 자동화함으로써 프로파일을 쉽게 사용할 수 있다.

❸ 파이로스코프와 템포 연계

파이로스코프는 템포와의 연계를 지원한다. 파이로스코프가 그라파나 랩에 인수된 이후로, 파이로스코프는 템포와 그라파나 대시보드에 통합되었다. 즉, 그라파나 대시보드에서는 파이로스코프를 데이터 소스로 정의하는 것이 가능하고, 그라파나 대시보드 내에서 추적과 프로파일 간의 연계가 가능해졌다.

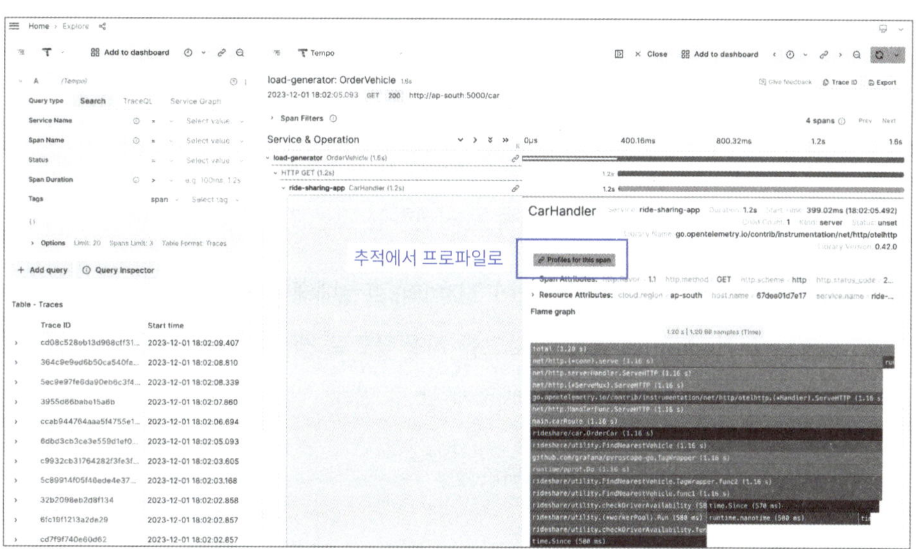

그림 5.3 **파이로스코프와 템포의 상관관계**

그라파나 대시보드에서 왼쪽은 추적의 목록을 출력하고, 오른쪽은 특정 추적의 상세 화면이다. 스팬을 선택하면, 스팬의 속성으로 플레임 그래프가 표시된다. 파이로스코프로 이동해서 상세한 프로파일을 분석하는 것이 가능하지만, 스팬에서 프로파일을 출력하고 비교하면 신속한 근본 원인 분석이 가능하다. 디버깅이 부족하고 시스템 분석이 어렵다는 추적의 단점을 보완할 수 있다.

그라파나에서는 파이로스코프의 데이터 소스를 구성할 수 있다. 추적 데이터 소스의 설정에서는 프로파일과 상관관계를 구성할 수 있는 설정을 제공한다.

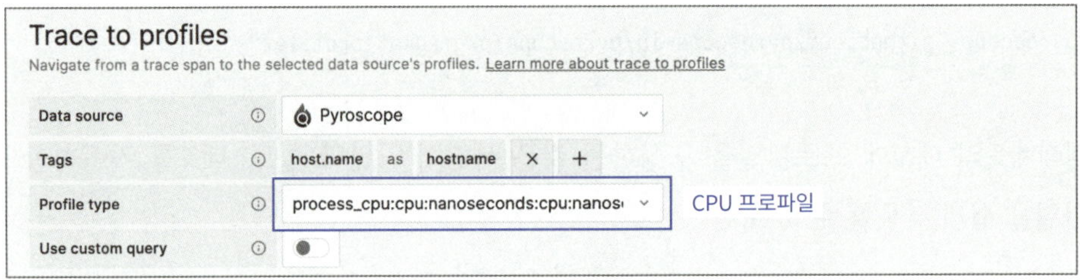

그림 5.4 **상관관계 구성**

5.3.2 오픈텔레메트리 에이전트

오픈텔레메트리 데모에서 에이전트가 사용된 사례는 다음과 같다.

- 프로파일 데모에 사용된 파이로스코프는 오픈텔레메트리 익스텐션으로 구현되어 있다. 파이로스코프는 바이트 계측을 사용해서, 추적 내 스팬 속성의 확장을 통해 프로파일 아이디를 추가함으로써 추적과 프로파일 상관관계를 구현하고 있다.
- 오픈텔레메트리 자바 에이전트는 카프카와 카프카 스트림을 공식적으로 지원한다. 오픈텔레메트리는 엔보이를 공식적으로 지원한다. 엔보이는 부하 생성기로부터 요청을 받고 프런트엔드로 라우팅한다. 카프카, 레디스, 엔보이의 계측을 지원하는 것은 자바 에이전트다.

오픈텔레메트리 에이전트는 기존의 자바 마이크로미터, 프로메테우스 익스포터의 대안이 될 것이다. 에이전트를 사용해서 추적, 프로파일, 로그를 자동적으로 생성할 수 있다. 자동 계측을 하면, 개발 없이도 관측 가능성의 구현을 손쉽고 빠르게 할 수 있다.

다음과 같이 자바 에이전트를 구성할 수 있다.

```
-javaagent:/root/Downloads/opentelemetry-javaagent.jar
-Dotel.traces.exporter=jaeger
-Dotel.resource.attributes=service.name=router
```

5.3.3 오픈텔레메트리 컬렉터

관측 가능성 운영 시에는 파이프라인의 고가용성, 디자인 패턴 등이 필요하다. 컬렉터는 신뢰성을 위한 다양한 디자인 패턴을 지원하고 있다. 예를 들어 스로틀, 버퍼, 재시도, 배치처리, 레이트 리미트를 지원한다.

오픈텔레메트리 컬렉터 외에도, 플루언트디, 플루언트비트, 프롬테일, 데이터독 벡터, 카프카 커넥터 등 다양한 파이프라인이 존재한다. 하지만 컬렉터가 기능과 호환성 측면에서 우수하다. 데모를 통해서 이그젬플러와 서비스 그래프를 확인할 수 있다. 컬렉터는 이그젬플러, 멀티 테넌트, 서비스 그래프를 지원한다. 오픈텔레메트리 데모 애플리케이션에서 활용하는 오픈텔레메트리 컬렉터 컴포넌트의 개요는 공식 문서에서 볼 수 있다.

- https://opentelemetry.io/docs/demo/collector-data-flow-dashboard/

컬렉터를 통한 데이터 흐름 모니터링은 여러 가지 이유로 중요하다. 컬렉터의 내부 동작을 이해하려면 샘플 수 및 카디널리티와 같은 수신 데이터에 대한 이해가 필수적이다. 컬렉터 데이터 흐름 대시보드는 오픈텔레메트리 데모 애플리케이션의 기능을 보여주고 사용자가 구축할 수 있는 기반을 제공하는 것을 목표로 한다.

그라파나 UI로 이동하고 화면 왼쪽의 찾아보기 아이콘 아래에서 오픈텔레메트리 컬렉터 데이터 흐름 대시보드를 선택하여 대시보드에 액세스할 수 있다. 스팬 메트릭을 사용한 애플리케이션별 성능 대시보드가 유용하다.

다음은 프롬스케일과 연계하는 오픈텔레메트리 컬렉터 구성 파일이다. 스팬 메트릭이 정의된 것을 확인할 수 있다.

```
exporters:
  otlp:
    endpoint: '{{ include "otel-demo.name" . }}-jaeger-collector:4317'
    tls:
      insecure: true
  prometheus:
    endpoint: '0.0.0.0:9464'
    resource_to_telemetry_conversion:
      enabled: true
    enable_open_metrics: true
  otlp/promscale:
    endpoint: "tobs-promscale:9202"
    compression: none
    tls:
      insecure: true
```

```
processors:
  spanmetrics:
    metrics_exporter: prometheus
```

메트릭은 송신 및 수신 데이터 흐름을 모두 모니터링하는 데 사용된다. 이러한 메트릭은 오픈텔레메트리 컬렉터 프로세스에 의해 생성되고 포트 8888로 내보낸 후 프로메테우스에 의해 스크랩된다. 이러한 메트릭과 연결된 네임스페이스는 "otelcol"이고 작업 이름은 otel로 레이블이 지정된다. 레이블은 특정 메트릭을 식별하는 유용한 도구 역할을 하여, 전체 네임스페이스 내에서 메트릭을 차별화할 수 있다. 컬렉터 내 프로세서를 활용하므로 성능을 향상시킬 수 있다.

5.3.4 실사용자 모니터링

실사용자 모니터링의 표준은 아직 확정되지 않았다. 다양한 유형의 클라이언트를 측정해야 한다. 클라이언트 유형별로 API와 백엔드 스토리지를 제공해야 하므로 아키텍처가 복잡하다. 데모는 Next.js를 기반으로 React 웹 기반 UI 및 API 경로를 제공한다.

1 브라우저 계측

프런트엔드가 제공하는 웹 기반 UI는 웹브라우저용으로도 계측된다. 오픈텔레메트리 계측은 pages/_app.tsx에 Next.js의 컴포넌트의 일부로 포함되어 있다.

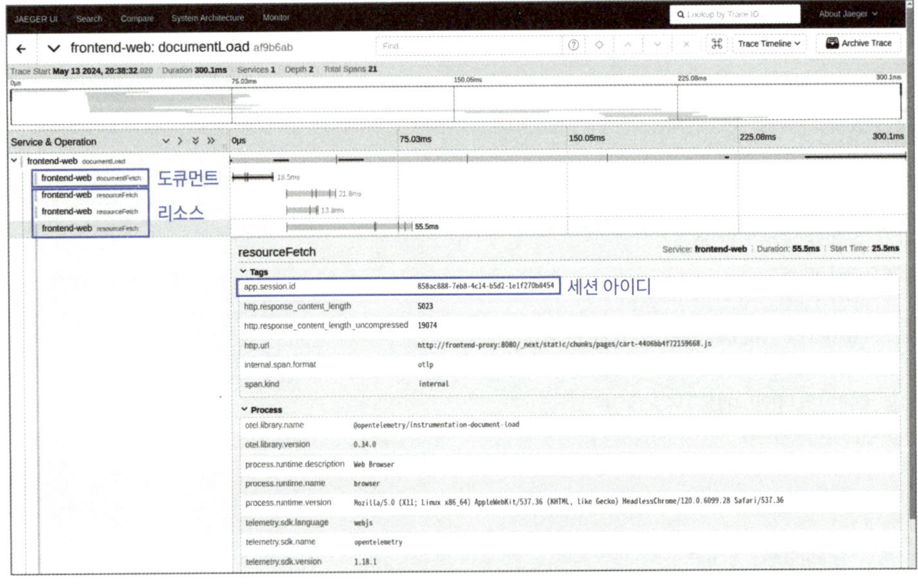

그림 5.5 실사용자 모니터링에서 생성된 추적

오픈텔레메트리에서는 실사용자 모니터링이 분산 추적과 동일하다. 사용자의 XHR, 도큐먼트와 리소스 가져오기 등은 스팬으로 생성한다. 로그에서 세션 아이디를 사용할 수도 있지만, 데모에서는 실사용자 모니터링은 리소스와 도큐먼트 가져오기에서 스팬으로 생성한다.

- 세션 아이디를 생성하고, 액션(예를 들어 주문 완료 버튼을 선택)을 수행한 다음, 백엔드 추적을 호출한다.
- loadgenerator는 트랜잭션을 시작하지만, 전 구간 추적을 구현하지는 않는다. frontend를 호출한다.
- frontend-web은 프런트엔드의 마이크로서비스이고, 리소스와 도큐먼트 가져오기를 구현한다. frontend를 호출한다.
- frontend는 백엔드의 마이크로서비스고, frontend는 다른 백엔드 마이크로서비스와 연계한다. API 서버와 같은 역할을 수행한다.

다음과 같은 소스에서 계측을 가져오고 초기화한다.

```
import FrontendTracer from '../utils/telemetry/FrontendTracer';

if (typeof window !== 'undefined') FrontendTracer();
```

utils/telemetry/FrontendTracer.ts 파일에서 하는 일은 다음과 같다.

- 제공자를 초기화한다.
- OTLP 내보내기를 설정한다.
- 추적 콘텍스트 전파자를 등록한다.
- 프런트엔드 자동 계측 라이브러리를 등록한다.
- 브라우저는 별도의 도메인에 있을 가능성이 있는 오픈텔레메트리 컬렉터로 데이터를 전송하므로 CORS 헤더도 설정된다.

실사용자 모니터링을 사용해서 프런트엔드에서 추적 콘텍스트를 생성하고, 이를 백엔드 분산 추적까지 연계하는 것을 확인할 수 있다.

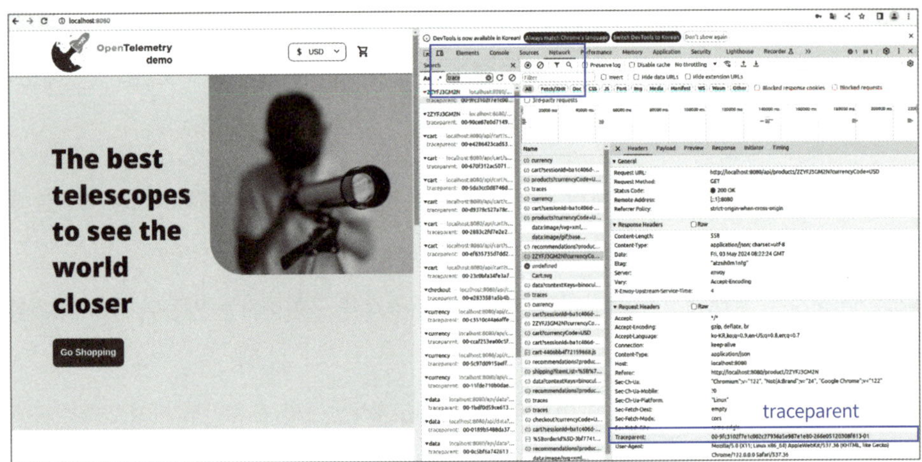

그림 5.6 추적 아이디를 확인

백엔드 서비스에 대한 Synthetic_request 속성 플래그를 전달하기 위해서, 브라우저 측 스팬에 포함되는 방식으로 applyCustomAttributesOnSpan 메서드가 instrumentation-fetch 라이브러리 스팬 속성에 추가된다.

❷ 브라우저 텔레메트리 구성하기

브라우저의 스팬이 수집되려면 오픈텔레메트리 컬렉터의 엔드포인트 위치도 지정해야 한다. 프런트엔드 프록시는 경로 접두사가 /otlp-http인 오픈텔레메트리 컬렉터의 경로를 정의한다. 프런트엔드 컴포넌트에서 다음 환경 변수를 설정하여 오픈텔레메트리 컬렉터의 엔드포인트를 구성할 수 있다.

```
components:
  frontend:
    envOverrides:
      - name: PUBLIC_OTEL_EXPORTER_OTLP_TRACES_ENDPOINT
        value: http://otel-demo.my-domain.com/otlp-http/v1/traces
```

5.3.5 자동 계측

오픈텔레메트리 데모는 자동과 수동 계측을 지원한다. 자바, Go, 파이썬 등은 자동 계측을 잘 지원하지만, 언어별로 자동 계측의 제약이 있다.

SDK는 init tracerProvider 메서드를 사용하여 초기화된다. 배기지를 전파하는 소스다.

```
func initTracerProvider() *sdktrace.TracerProvider {
    ctx := context.Background()

    exporter, err := otlptracegrpc.New(ctx)
    if err != nil {
        log.Fatal(err)
    }
    tp := sdktrace.NewTracerProvider(
        sdktrace.WithBatcher(exporter),
        sdktrace.WithResource(initResource()),
    )
    otel.SetTracerProvider(tp)
    otel.SetTextMapPropagator(propagation.NewCompositeTextMapPropagator(propagation.
TraceContext{}, propagation.Baggage{}))
    return tp
}
```

srv 서비스는 gRPC 서버의 일부로 계측되는 gRPC 요청을 수신한다.

```
var srv = grpc.NewServer(
    grpc.StatsHandler(otelgrpc.NewServerHandler()),
)
```

이 서비스는 여러 개의 송신 gRPC를 호출하며, 이 호출은 모두 계측으로 gRPC 클라이언트를 래핑하여 계측된다.

```
func createClient(ctx context.Context, svcAddr string) (*grpc.ClientConn, error) {
    return grpc.DialContext(ctx, svcAddr,
        grpc.WithTransportCredentials(insecure.NewCredentials()),
        grpc.WithStatsHandler(otelgrpc.NewClientHandler()),
    )
}
```

sarama를 사용해서, 처리된 결과를 카프카 토픽에 기록한 다음, 다른 마이크로서비스에서 차례로 처리한다.

```
saramaConfig := sarama.NewConfig()
producer, err := sarama.NewAsyncProducer(brokers, saramaConfig)
if err != nil {
    return nil, err
```

```
}
producer = otelsarama.WrapAsyncProducer(saramaConfig, producer)
```

5.3.6 상용 관측 가능성 데모

다이나트레이스는 자체 에이전트를 사용하고 오픈텔레메트리 에이전트와 호환성을 제공한다. 간단히 다이나트레이스를 사용하는 데모를 살펴보자.

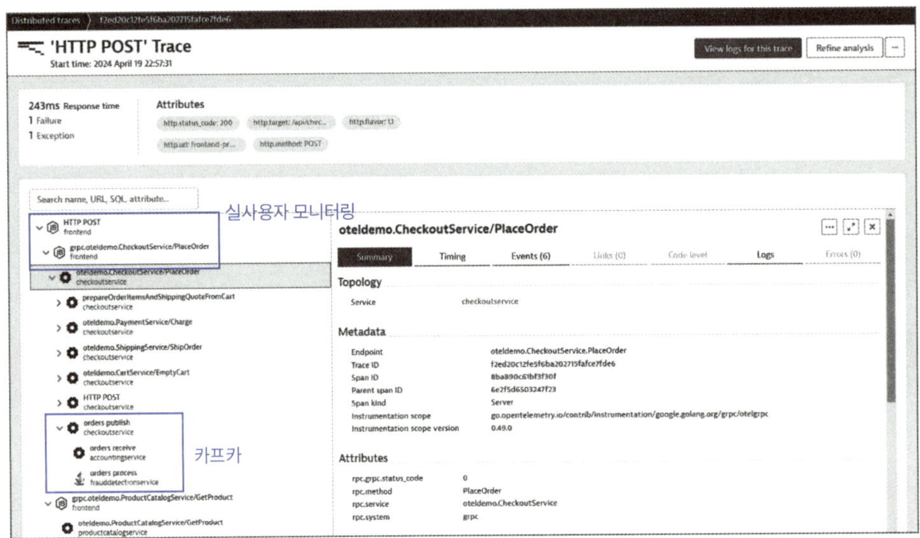

그림 5.7 상용 관측 가능성의 전 구간 추적

src/otelcollector/otelcol-config-extras.yml로 이동한다. 이 파일에는 컬렉터의 구성과 병합될 구성이 포함되어 있다. 다음 내용을 파일에 복사한다.

```
exporters:
  # otlp/http exporter to Dynatrace.
  otlphttp/dynatrace:
    endpoint: "${DT_OTLP_ENDPOINT}"
    headers:
      Authorization: "Api-Token ${DT_API_TOKEN}"

processors:
  cumulativetodelta:
  filter/histograms:
    error_mode: ignore
    metrics:
      metric:
```

```
        - 'type == METRIC_DATA_TYPE_HISTOGRAM'

service:
  pipelines:
    traces/dynatrace:
      receivers: [otlp]
      processors: [batch]
      exporters: [otlphttp/dynatrace]
    metrics/dynatrace:
      receivers: [otlp, spanmetrics]
      processors: [filter/histograms, batch, cumulativetodelta]
      exporters: [otlphttp/dynatrace]
    logs/dynatrace:
      receivers: [otlp]
      processors: [batch]
      exporters: [otlphttp/dynatrace]
```

이 구성은 추적, 메트릭, 로그를 OTLP를 사용하여 다이나트레이스로 내보낸다. 또한 이 구성에는 스팬 데이터에서 요청, 오류, 기간(RED) 지표를 생성하는 스팬 메트릭 프로세서도 포함되어 있다. 필요한 모든 컴포넌트는 데모 애플리케이션에 포함된 오픈텔레메트리 컬렉터에서 바로 사용할 수 있다.

이제 왼쪽 탐색 메뉴에서 '메트릭 보기'를 열어 수신된 메트릭을 살펴본다. 다양한 메트릭이 표시될 것이다. calls.count로 필터링하여 스팬 메트릭 커넥터에서 생성된 메트릭을 확인한다.

데모 애플리케이션에 최근 추가된 기능 중 하나는 로그다. Dyna 추적에서 로그에 액세스하려면, 먼저 로그 뷰어 페이지로 이동한다. 로그 라인 중 하나를 선택하면 사용 가능한 속성이 있는 사이드바가 나타난다. '추적 보기'를 선택하여 로그 행을 추적과 연결하고 어떤 요청(분산 추적)이 이 로그 행으로 이어졌는지 자세히 확인할 수 있다. 추적과 로그 상관관계는 오픈텔레메트리 라이브러리가 사용 가능한 경우 각 로그 메시지에 첨부하는 추적 아이디 및 스팬 아이디 속성이다.

5.3.7 라이브 디버깅

오픈텔레메트리에서 표준으로 정의하고 있지는 않지만, 상용 관측 가능성에서는 라이브 디버깅을 제공한다. 개발 툴 디버깅이 가장 기본적인 디버깅 방법으로, 개발 툴에서 Go 소스를 디버깅하는 것을 살펴보겠다.

제트브레인 고랜드의 원격 디버깅은 dlv를 사용해서 IDE에서 Go 애플리케이션에 접근해서 디버깅한다.

```
FROM golang:1.13.8 AS build-env

RUN go get github.com/go-delve/delve/cmd/dlv

ADD . /dockerdev
WORKDIR /dockerdev

RUN go build -gcflags="all=-N -l" -o /server

# Final stage
FROM debian:buster

EXPOSE 8000 40000

WORKDIR /
COPY --from=build-env /go/bin/dlv /
COPY --from=build-env /server /

CMD ["/dlv", "--listen=:40000", "--headless=true", "--api-version=2", "--accept-multiclient", "exec", "/server"]
```

쿠버네티스 파드를 실행하고, dlv로 파드 내 애플리케이션을 디버깅한다.

```
$ kubectl --kubeconfig=/root/.cache/JetBrains/GoLand2021.3/kubernetes/dockerdev-kubernetes-debug/api-provider/config logs web-585b464d65-znxwp --container=dockerdev-web --namespace=default --follow=true
```

API 서버의 특정 모듈을 원격에서 실행하고, 개발 툴에서는 dlv로 디버깅하는 화면이다.

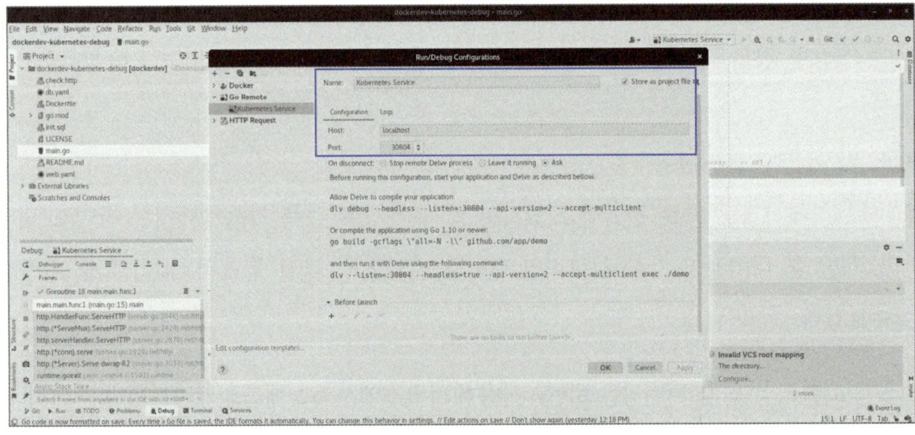

그림 5.8 고랜드 원격 디버깅 설정

5.3.8 배기지 콘텍스트

프런트엔드에서 오픈텔레메트리 배기지를 활용하여 요청이 (로드 생성기로부터 온) Synthetic 요청인지 확인한다. Synthetic 요청은 새 추적을 생성한다. 새 추적의 루트 스팬에는 HTTP 요청 계측 스팬과 동일한 속성이 다수 포함된다. 그림에서 app.synthetic_request가 true로 설정된 것을 확인할 수 있다.

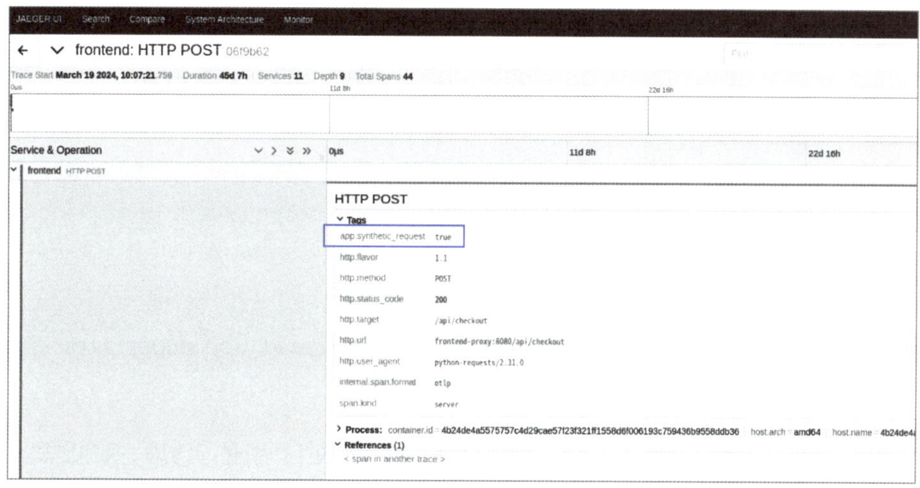

그림 5.9 배기지를 확인

배기지 항목이 설정되어 있는지 확인하려면 전파 API를 활용하여 배기지 헤더를 구문 분석하고 배기지 API를 활용하여 엔터티를 가져오거나 설정할 수 있다.

```
ctx = baggage.set_baggage("synthetic_request", "true")
context.attach(ctx)
```

스팬 속성을 사용하면 추적에 추가 정보를 포함할 수 있는 반면, 배기지는 동일한 추적 흐름 내에서 여러 스팬에 걸쳐 추가 정보를 전파할 수 있다. 추적에 추가 정보가 필요하면 스팬 속성을 사용하고, 추적에 표시하지 않고 스팬 간에 데이터를 공유해야 하는 경우에는 배기지를 사용한다. 스팬 속성은 전송에만 사용하고, 배기지는 헤더로 전파되는 경우에 사용된다.

5.3.9 스팬 속성

아이디, 속성 등 데이터 체계에 대한 설계 방식에 대해서 설명하겠다. 자동 계측된 신호만으로는 충분하지 않으며 아이디와 속성을 추가하여 관측 가능성과 AIOps를 고도화하는 데 사용해야 한다. 상관관계, 아이디, 속성 체계는 관측 가능성 데이터 분석을 향상하기 위한 좋은 방법이다.

데모는 복잡하지 않은 간단한 주문 업무이지만, 기술 이전에 업무에 대한 이해가 가장 중요하다. 다음과 같은 특징이 있다.

- Ad, Cart, Fraud Detection, Quote, Recommendation은 로그를 지원한다.
- Frontend, Payment는 배기지를 지원한다.
- Frontend, Fraud Detection은 스팬 링크를 지원한다.
- Checkout은 가장 중요한 마이크로서비스고, 다양한 마이크로서비스와 연계된다.
- Ad는 이그젬플러를 지원한다.

다음과 같은 피처 플래그를 구성할 수 있다. 이상 탐지, 카오스 엔지니어링과 연계해서 다양한 시나리오를 검증할 수 있다.

- Checkout 서비스는 app.payment.transaction.id, app.order.id, app.shipping.tracking.id를 생성한다.
- Frontend와 Checkout 서비스는 다양한 트랜잭션을 생성한다. 주문 아이디, 페이먼트 아이디 등 다양한 아이디를 정의한다.
- Checkout 서비스는 오케스트레이션하는 마이크로서비스이며, 다수의 스팬을 생성한다. 메서드별로 스팬을 생성한다.
- Frontend 서비스는 app.request.id, app.session.id를 생성한다.

정리하면 다음과 같은 스팬 속성, 피처 플래그가 존재한다.

마이크로서비스	설명	스팬 속성	로그 여부
Ad	GetAds에 대한 오류를 생성	app.ads.category app.ads.contextKeys app.ads.contextKeys.count app.ads.count app.ads.ad_request_type app.ads.ad_response_type	로그
Ad	Ad 서비스에서 풀 가비지 컬렉션 트리거하기		

마이크로서비스	설명	스팬 속성	로그 여부
Ad	Ad 서비스에서 높은 CPU 부하를 생성. CPU 스로틀링을 시연하려면 CPU 리소스 제한을 설정		
Cart	빈 카트에 대한 오류 생성	app.cart.items.count app.product.id app.product.quantity app.user.id	로그
Product Catalog	상품 아이디가 포함된 GetProduct 요청에 대한 오류를 생성	app.product.id app.product.name app.products.count app.products_search.count	
Recommendation	기하급수적으로 증가하는 캐시로 인해 메모리 누수가 발생	app.filtered_products.count app.products.count app.products_recommended.count app.cache_hit	로그
Payment	charge 메서드를 호출할 때 오류를 생성	app.payment.amount app.payment.card_type app.payment.card_valid app.payment.charged	
Checkout	PaymentService 서비스를 호출할 때 잘못된 주소를 사용하면 PaymentService 서비스를 사용할 수 없는 것처럼 보임	app.cart.items.count app.order.amount app.order.id app.order.items.count app.payment.transaction.id app.shipping.amount app.shipping.tracking.id app.user.currency app.user.id	
Loadgenerator	상태 플래그가 지정된 JSON을 변경하여 대량의 요청을 생성		
카프카	카프카 대기열에 과부하가 걸리면서 동시에 구독자 측 지연이 발생		
imageSlowLoad	엔보이 오류 주입을 사용하여 프런트엔드에서 상품 이미지 로딩이 지연됨		

다양한 스팬 속성이 정의되어 있으며, 이러한 속성을 기반으로 이상 탐지 규칙을 정의할 수 있다.

스팬에 추가되는 속성은 이상 탐지의 집계와 메트릭, 알람, 복잡한 계산에 사용될 수 있다.

서비스명	스팬 속성
Frontend	app.cart.size app.cart.items.count app.cart.shipping.cost app.cart.total.price app.currency app.currency.new app.order.total app.product.id app.product.quantity app.products.count app.request.id app.session.id app.user.id
Quote	app.quote.items.count app.quote.cost.total
Shipping	app.shipping.cost.total app.shipping.items.count app.shipping.tracking.id app.shipping.zip_code

이상 탐지, 카오스 엔지니어링, 피처 플래그는 다른 관점에서 유사한 기능을 제공한다. 피처 플래그는 애플리케이션에 특화되었고, 카오스 엔지니어링은 인프라에 특화되었으며, 이상 탐지는 인프라와 서비스 모두에 적용이 가능하다. 서비스는 복잡하기 때문에 추가적인 속성이 필요하므로 스팬 속성이 적합하다.

코드 실행 중에 콘텍스트에서 현재 스팬을 가져올 수도 있다.

```
Span span = Span.current();
```

스팬에 속성을 추가하는 작업은 스팬에서 setAttribute를 사용하여 수행한다. getAds 메서드에서는 여러 속성이 스팬에 추가된다.

```
span.setAttribute("app.ads.contextKeys", req.getContextKeysList().toString());
span.setAttribute("app.ads.contextKeys.count", req.getContextKeysCount());
```

추적을 사용해서 근본 원인 분석 등 기술적인 관점에서 가치를 향상하는 데 그치지 않고, 비즈니스적인 효과에 대해서도 고민해봐야 한다. 주요 아이디, 금전 거래에 금액, 매출, 장애에 대한 손실 비용 등 다양한 방법으로 배기지와 스팬 속성의 응용이 가능하다.

구글 스패너처럼 계측은 되지만 속성을 인식하지 못하는 경우가 있다. 예를 들어 스팬 내 쿼리 정보가 없으면 해당 스팬이 무슨 처리를 하는지 이해할 수 없다. 이 경우에는 스팬의 속성을 추가해주는 것이 필요하다. 속성을 추가해주면, 해당 스팬의 처리 과정을 이해할 수 있고, 쿼리해서 추후에 다양한 목적으로 활용이 가능하다.

참고로 상용 관측 가능성은 배기지와 스팬 속성보다는 request attributes 같은 유사한 기술을 제공한다.

5.3.10 스팬 애너테이션

앞서 설명한 스팬 링크와 함께 스팬 속성, 배기지는 추적을 구성하는 데 중요한 기술적인 개념이다. 이제 비즈니스적인 관점에서 배기지, 스팬 애너테이션을 고려해보자.

전 구간 추적을 구현해도 비즈니스적인 의미를 이해하지 못하는 경우가 많다. 예를 들어 주문이 몇 개 실패하고, 장애 발생 시 몇 명의 사용자에게 얼마만큼의 피해와 영향을 주는지 추적만으로는 설명이 어렵다. 기술적인 콘텍스트만으로는 설명하기 어렵고, 비즈니스 콘텍스트가 추가되어야 한다. 실제 업무와 커스터머 유저 저니 프로세스는 다수의 전 구간 추적으로 구성된다. 즉, 업무는 다수의 전 구간 추적을 포함하고 비즈니스 내에서 표현되어야만 의미를 부여할 수 있다.

스팬 간의 관계가 명확하려면 스팬 링크로 해결하고 비즈니스적인 의미를 정의하려면 스팬 속성으로 해결하는 것이 좋다. 스팬 속성 대신에 배기지를 사용하는 것이 오픈텔레메트리의 방향성이지만, 개발 공수가 많고 헤더에 추가되는 배기지의 네트워크 트래픽과 유지 보수를 고려하면 배기지보다 스팬 속성이 대부분의 경우에 적합하다.

사용자는 버튼을 선택하는 등의 액션을 통해서 백엔드 API를 호출하고, 그러면 여러 웹페이지가 하나의 업무를 구성하게 된다. 예를 들어 사용자는 주문을 생성하고 결제하고 배송을 처리하게 된다. 주문 프로세스가 주문, 결제, 배송 순으로 처리되고 3개로 구성되었다면, 최소 3개의 추적 아이디를 생성하게 된다. 주문 프로세스는 여러 개의 추적 아이디를 생성하므로 결제 처리 시 문제가 발생하더라도 어떠한 주문인지 이해할 수 없다. 주문, 결제, 배송에는 추적 아이디와 함께 주문 아이디가 있어야만, 전체적인 주문 업무에 대한 이해가 가능하다.

주문 추적 내 스팬 개수가 100개, 결제 추적 내 스팬 개수가 50개, 배송 추적 내 스팬 개수가 50개라고 가정해보자. 주문 업무는 3개의 추적 아이디를 포함하고, 총 200개의 스팬으로 구성된다. 3개의 다른 추적 아이디를 의미적으로 결합해줄 수 있는 아이디가 필요하므로, 주문 아이디가 배기지 또는 스팬 속성에 정의되어야 한다.

배기지와 스팬 속성. 스팬 애너테이션은 전 구간 추적을 넘어서, 전체 프로세스 내 추적을 적용할 수 있도록 도와준다.

사용자가 코드를 크게 변경하지 않고도 자신만의 코드에 대한 스팬을 만들고자 하는 경우가 있다. 메서드 중 하나에 해당하는 스팬을 만들려면 메서드에 @WithSpan으로 애너테이션을 추가하면 된다.

```
import io.opentelemetry.instrumentation.annotations.WithSpan;

public class MyClass {
  @WithSpan
  public void myMethod() {
      <...>
  }
}
```

애플리케이션이 애너테이션이 달린 메서드를 호출할 때마다 해당 기간을 나타내는 스팬을 생성하고 모든 예외를 제공한다. 기본적으로 스팬 이름은 애너테이션에 대한 인수로 이름이 제공되지 않는 한 <클래스 이름>.<메서드 이름>이 된다.

메서드에 대한 스팬이 생성되면 @SpanAttribute 애너테이션으로 메서드 매개변수에 애너테이션을 달아 스팬에 자동으로 속성을 추가할 수 있다.

```
import io.opentelemetry.instrumentation.annotations.SpanAttribute;
import io.opentelemetry.instrumentation.annotations.WithSpan;

public class MyClass {
```

```
    @WithSpan
    public void myMethod(@SpanAttribute("parameter1") String parameter1,
        @SpanAttribute("parameter2") long parameter2) {
        <...>
    }
}
```

애너테이션에 대한 인수로 지정하지 않는 한 javac 컴파일러에 -parameters 옵션을 전달하여 .class 파일로 컴파일되는 경우 속성 이름은 매개변수 이름에서 파생된다.

```
@WithSpan("getAdsByCategory")
  private Collection<Ad> getAdsByCategory(@SpanAttribute("app.ads.category") String
category) {
    Collection<Ad> ads = adsMap.get(category);
    Span.current().setAttribute("app.ads.count", ads.size());
    return ads;
  }
```

필자는 배기지보다는 스팬 애너테이션을 권장한다. @WithSpan, @SpanAttribute를 사용하면 소스 변경을 최소화할 수 있다. 배기지는 수동 계측이 필요하지만, 스팬 애너테이션은 자동 계측과 함께 적용이 가능하다. 스팬을 생성하고 스팬 속성을 추가하는 것도 가능하다.

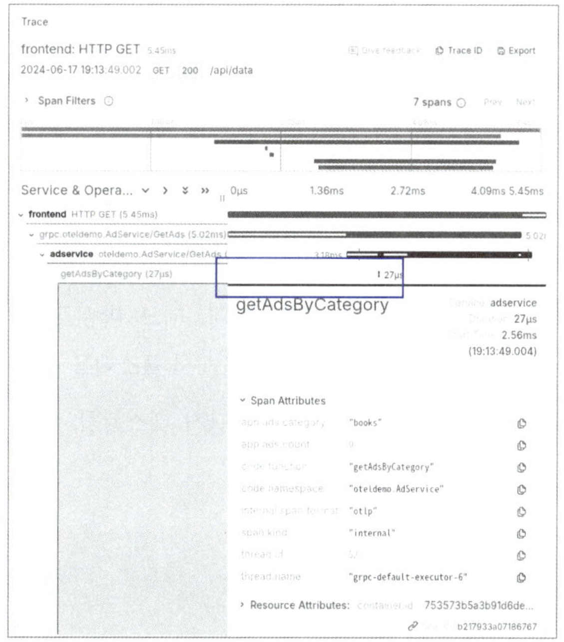

그림 5.10 WithSpan으로 생성된 스팬 애너테이션

자동 계측도 스팬 속성을 추가하는 것이 가능하다. 컬렉터에서 attributesprocessor를 사용할 수 있다. attributesprocessor는 로그의 보디를 읽고 스팬을 생성하는 것이 가능하다. 추적을 지원하지 않는 관리형 서비스를 사용하는 경우에는 로그에서 스팬을 생성하는 것도 좋은 방법이다.

마이크로미터 추적과 오픈텔레메트리 에이전트는 애너테이션을 사용해서 스팬을 생성할 수 있다. 이러한 방식은 자동 계측이 아니고, 수동 계측이다. 일부 스레드는 자동 계측만으로는 스팬을 생성할 수 없다. 애너테이션을 사용해 수동으로 스레드의 스팬을 생성할 수 있다.

5.3.11 프롬스케일 쿠버네티스

오픈텔레메트리 컬렉터는 2개의 파이프라인으로 구성된다. 그라파나 관측 가능성과의 연계를 위한 것이 첫 번째 파이프라인을 구성한다. 두 번째 파이프라인은 AIOps 파이프라인이고, 데이터 분석과 자동화를 위한 프롬스케일과 예거가 구성된다. 마이크로서비스로부터 신호를 받고, 2개의 파이프라인으로 함께 전송하도록 구성했다. 그라파나 LGTM은 관측 가능성에 필요한 상관관계를 지원하지만, 데이터를 객체 스토리지에 해석이 불가능한 자체 형식(프로메테우스 호환 파일 형식)으로 저장하므로 후속 처리를 위해서 별도의 데이터 파이프라인을 구성할 필요가 없다. 그라파나는 객체 스토리지에 저장된 블록을 처리하는 데이터 파이프라인을 허용하지 않는다.

그래서 프롬스케일과 예거를 구성한다. 이 책에서는 2가지(TOBS, 도커) 프롬스케일 버전의 쿠버네티스 배포를 제공한다. 다양한 방법으로 배포하고, 환경을 구성할 수 있다. 운영 환경에서는 TOBS로 프롬스케일을 구성하는 것을 권장한다.

TOBS는 관측 가능성 스택을 쿠버네티스 클러스터에 쉽게 설치하는 것을 목표로 하는 도구다. 현재 스택에는 프로메테우스, 예거, 오픈텔레메트리 컬렉터, 프롬스케일, 타임스케일 데이터베이스 등이 포함된다. 이 책은 2가지 버전의 프롬스케일을 제공한다.

- TOBS는 구성이 복잡하며 운영 환경에 적합하다. 데모 마이크로서비스, kubernetes-prometheus-stack, 오픈텔레메트리 컬렉터를 포함해서 풀스택을 구성한다.
- kubernetes-prometheus-stack을 제외하고, 간단히 테스트할 수 있도록 간단하게 구성된 TOBS도 제공한다.

프롬스케일 구성 시 주의 사항이 몇 가지 있다.

- 오픈텔레메트리 데모는 0.26 버전에서 작동한다.

- 오픈텔레메트리 컬렉터는 인증서 매니저(cert-manager)가 먼저 설치되어야 한다.
- 프롬스케일은 재시작하면 문제가 발생하므로 PV 구성이 필요하다.

설치 과정은 다음과 같다. 먼저 쿠버네티스를 시작한다.

```
minikube start --vm-driver=none --kubernetes-version v1.23.0 --memory=19000 --cpus=4
```

cert-manager를 설치한다.

```
kubectl apply -f https://github.com/cert-manager/cert-manager/releases/download/v1.9.0/cert-
manager.yaml
```

헬름 리포지터리를 추가한다.

```
helm repo add timescale https://charts.timescale.com/
```

그라파나 비밀번호를 설정한다.

```
    adminUser: admin
    # To configure password externally refer to https://github.com/grafana/helm-charts/blob/
6578497320d3c4672baB3a3c7fd38dffba1c9aba/charts/grafana/values.yaml#L340-L345
    adminPassword:
```

집필 시점에서 프롬스케일은 기본적으로 불필요하게 복제본(replica)이 설정되어 있어서 오픈텔레메트리 컬렉터에서 장애가 발생하므로, 다음과 같이 헬름 차트의 metrics.high-availability의 설정을 false로 바꿀 필요가 있다.

```
- "--metrics.high-availability=true"
```

복제본 수도 2로 변경한다.

```
replicas: 2
```

TOBS를 구성한다.

```
helm install tobs --wait --timeout 30m timescale/tobs -f values.yaml
```

오픈텔레메트리 리포지터리를 추가한다.

```
helm repo add open-telemetry https://open-telemetry.github.io/opentelemetry-helm-charts
```

앞에서 수정한 설정을 반영하고 원격 쓰기를 추가해 오픈텔레메트리 컬렉터를 수정한다.

```
  otlp/promscale:
    endpoint: "tobs-promscale:9202"
    compression: none
    tls:
      insecure: true

  prometheusremotewrite:
    endpoint: "http://tobs-promscale:9201/write"

  service:
    pipelines:
      traces:
        processors: [memory_limiter, spanmetrics, batch]
        exporters: [otlp, logging, spanmetrics, otlp/promscale]
      metrics:
        exporters: [prometheus, prometheusremotewrite, logging]
```

이제 오픈텔레메트리 데모를 설치한다.

```
helm install my-otel-demo open-telemetry/opentelemetry-demo -f values.yaml
```

프로메테우스와 프롬스케일은 물리적으로 분리되어 있다. 프로메테우스 원격 쓰기를 통해서 프롬스케일에 추적 데이터를 적재했다. 프로메테우스 원격 쓰기는 오픈텔레메트리 컬렉터에 구현되어 있으며, 별도의 프로메테우스 서버의 구성을 필요로 하지는 않는다.

TOBS는 복잡하므로 독자들이 테스트하기 쉽도록 보다 간단하게 구성된 프롬스케일 헬름 차트를 제공한다. TOBS 차트는 많은 파드를 포함하므로 필요한 파드만 쉽게 배포할 수 있도록 구성해야 한다.

```
# kubectl get pod
NAME                                                   READY  STATUS     RESTARTS        AGE
alertmanager-tobs-kube-prometheus-stack-alertmanager-0 2/2    Running    1 (3h11m ago)   4h
alertmanager-tobs-kube-prometheus-stack-alertmanager-1 2/2    Running    1 (3h11m ago)   4h
alertmanager-tobs-kube-prometheus-stack-alertmanager-2 2/2    Running    0               4h
jaeger-d464f6f5c-m7s5h                                 1/1    Running    0               2h
my-otel-demo-accountingservice-6cbbdf77df-9sk7h        1/1    Running    0               3h
my-otel-demo-adservice-76cc5ddc9c-25hfv                1/1    Running    0               3h
my-otel-demo-cartservice-7ccc74fd46-88cqw              1/1    Running    0               3h
my-otel-demo-checkoutservice-d7c8f74d9-8dzn5           1/1    Running    0               3h
tobs-connection-secret-1-qdlh6                         0/1    Completed  0               4h
tobs-kube-prometheus-stack-operator-5474f557d6-9ggg8   1/1    Running    0               4h
tobs-kube-state-metrics-fb47c77b4-15bvn                1/1    Running    0               4h
tobs-opentelemetry-collector-8d7898dd5-vtnqc           1/1    Running    0               3h
tobs-prometheus-node-exporter-vzj86                    1/1    Running    0               4h
tobs-promscale-b698bf467-lhcft                         1/1    Running    7 (3h13m ago)   4h
```

필요시 자바를 설치한다.

```
apt install default-jre
curl -fsSL https://dbeaver.io/debs/dbeaver.gpg.key | sudo gpg --dearmor -o /etc/apt/trusted.
gpg.d/dbeaver.gpg
echo "deb https://dbeaver.io/debs/dbeaver-ce /" | sudo tee /etc/apt/sources.list.d/dbeaver.
list
sudo apt update && sudo apt install dbeaver-ce
```

필요시 dbeaver도 설치한다.

```
wget https://dbeaver.io/files/dbeaver-ce-latest-stable.x86_64.rpm
sudo rpm -Uvh ./dbeaver-ce-latest-stable.x86_64.rpm
```

프롬스케일은 포스트그레시퀄 테이블이다. 그라파나 데이터 소스는 포스트그레시퀄을 정의하고, 데이터는 쿼리를 통해서 확인할 수 있다.

다만 집필 시점에서 TOBS의 포스트그레시퀄은 설치 직후에는 접속이 되지 않아서 다음과 같은 설정이 필요하다. 먼저 임의의 계정으로 프롬스케일에 접속한다.

```
$ kubectl get secret --namespace default tobs-tsdb-credentials -o jsonpath="{.data.PATRONI_S
UPERUSER_PASSWORD}" | base64 -decode gwAeYR9hsIGCYhCc
```

임의의 접속 계정을 만들었다.

```
postgres/gwAeYR9hsIGCYhCc
```

psql에 로그인한다.

```
RELEASE=tobs
kubectl exec -ti $(kubectl get pod -o name -l role=master,release=$RELEASE) psql
```

쿼리를 실행해서, 프롬스케일 테이블을 확인한다.

```
postgres=# show search_path
postgres=# select schema_name from information_schema.schemata;
       schema_name
--------------------------
 pg_toast
 pg_catalog
 public
 information_schema
 _timescaledb_cache
 _timescaledb_catalog
 _timescaledb_internal
 _ps_trace
 ps_tag
 ps_trace
 pg_temp_29
 pg_toast_temp_29
(36 rows)

postgres=# set search_path to ps_trace

postgres-# \d
         List of relations
  Schema  | Name  | Type |  Owner
----------+-------+------+----------
 ps_trace | event | view | postgres
 ps_trace | link  | view | postgres
 ps_trace | span  | view | postgres
(3 rows)
postgres-# select * from span
```

예거 쿼리는 다음과 같이 구성한다.

```
---
# Jaeger Promscale deployment
apiVersion: apps/v1
kind: Deployment
metadata:
  name: jaeger
  namespace: default
  labels:
    app: jaeger
    spec:
      containers:
        - image: jaegertracing/jaeger-query:1.30
          imagePullPolicy: IfNotPresent
          name: jaeger
          args:
          - --grpc-storage.server=tobs-promscale:9202
          - --grpc-storage.tls.enabled=false
          - --grpc-storage.connection-timeout=1h
          ports:
            - containerPort: 16686
              name: jaeger-query
          env:
            - name: SPAN_STORAGE_TYPE
              value: grpc-plugin
---
# Jaeger Promscale service
apiVersion: v1
kind: Service
spec:
  selector:
    app: jaeger
  type: ClusterIP
  ports:
  - name: jaeger
    port: 16686
    targetPort: 16686
    protocol: TCP
```

5.3.12 프롬스케일 SQL

SQL 중심의 데이터 분석을 위해서 프롬스케일을 연계했다. 상용 관측 가능성은 SQL을 사용하지 않고, 별도의 QL 쿼리 언어를 제공한다. SQL 언어가 제공하는 메서드는 조인과 룩업이다. 관측 가능성의 데이터 파이프라인은 룩업으로 칼럼을 추가하고, 조인을 하는 순서대로 처리한다. 일반적인 ETL 파이프라인과 유사하다.

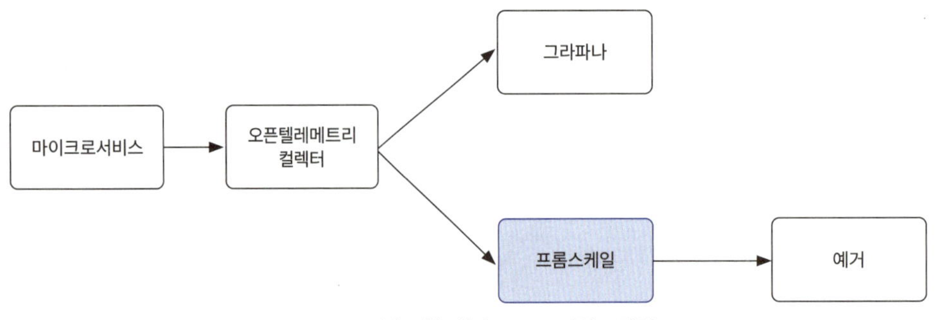

그림 5.11 관측 가능성과 AIOps 파이프라인

프롬스케일은 오픈소스고, 프롬스케일과 연계해서 데이터 검색, 분석, 집계, 머신러닝, AIOps를 구성할 수 있다. 다음 장에서 자세히 설명할 것이다.

몇 가지 추적 SQL 예시는 다음과 같다.

- 요청 비율을 집계하는 SQL
- 에러율을 집계하는 SQL
- 지연을 집계하는 SQL
- 서비스 의존성을 집계하는 SQL
- 업스트림 스팬을 집계하는 SQL
- 업스트림과 다운스트림 의존성을 집계하는 SQL

여기에서는 예시로 업스트림 스팬을 집계하는 SQL만 살펴보겠다. 나머지 코드는 모두 책의 깃허브 저장소에서 확인할 수 있다.

업스트림 의존성은 전체 서비스에서 업스트림 서비스가 포함된 실시간 서비스 그래프다. 이를 통해 특정 서비스에서 장애 발생 시에 영향도를 빠르게 식별하고, 업스트림 서비스가 다운스트림 서비스에서 문제를 일으키는지(예를 들어서 성능에 영향을 미치는 요청의 갑작스러운 증가)를 확인할 수 있다

```
-- nodes
WITH RECURSIVE x AS
```

```
(
    SELECT
        trace_id,
        span_id,
        parent_span_id,
        service_name,
        span_name
    FROM ps_trace.span
    WHERE $__timeFilter(start_time)
    AND service_name = '${service}'
    AND span_name = '${operation}'
    UNION ALL
    SELECT
        s.trace_id,
        s.span_id,
        s.parent_span_id,
        s.service_name,
        s.span_name
    FROM x
    INNER JOIN ps_trace.span s
    ON (x.trace_id = s.trace_id
    AND x.parent_span_id = s.span_id)
)
SELECT
    md5(service_name || '-' || span_name) as id,
    span_name as title,
    service_name as "subTitle",
    count(distinct span_id) as "mainStat"
FROM x
GROUP BY service_name, span_name
```

SQL을 사용해서 관측 가능성 데이터 분석 시에 고려할 사항은 다음과 같다.

- 메트릭은 인프라와 애플리케이션의 데이터를 포함하고 있다.
- 메트릭별로 테이블을 생성한다. 100개 메트릭은 100개 테이블을 필요로 한다. 다양한 메트릭 간의 상관관계와 장애 전파를 찾는 것이 쉽지 않지만, SQL만으로 구현이 가능하다.
- 추적 SQL은 애플리케이션의 지연, 에러율, 처리 시간 등 다양한 성능과 지연, 에러 데이터를 포함하고 있다. 추적은 범위가 제한적이다. 애플리케이션만을 포함하므로 인프라의 전파는 분석하기가 어렵다.
- 복잡한 데이터 분석을 위해서 추적 SQL을 사용한다. 메트릭 SQL보다 좋은 결과와 정확도를 획득할 수 있다.

- 프롬스케일은 로그를 지원하지 않는다.

근본 원인 분석에서는 주로 추적과 메트릭을 사용하고, 필요시에 프로파일을 참조한다. 로그는 디버깅과 상세한 콘텍스트를 포함한다. 하지만 로그는 복잡한 파이프라인이 필요하고, 자동화하기에 적합하지 않다는 점을 이해해야 한다. 관측 가능성에서는 데이터와 관련된 작업을 수행하기 위해서 로그를 사용하는 것보다 메트릭과 추적을 사용하는 것이 좋다. 메트릭과 추적은 이미 구조화되어서 자동화가 수월하다.

다양한 신호를 수집해서 데이터 레이크를 구성하면, 신호 간의 조인이 가능하다. 다양한 신호를 메트릭 유형으로 변환하고 관리하는 것이 가능하다. 다양한 신호를 조인해서 새로운 의미를 발견하고, 관측 가능성 데이터의 신뢰성과 정확도를 향상할 수 있다.

모든 신호를 동일한 백엔드 스토리지에 구조화된 형태로 저장하는 것이 중요하다. 최대한 전처리를 줄이고, 데이터 전문가와 협업이 가능한 아키텍처를 설계해야 한다.

5.4 요약

이번 장에서는 오픈텔레메트리에서 제공하는 새로운 기술에 대해서 설명했다. 오픈텔레메트리가 제공하는 장점이 많지만, 제약도 많다는 점을 이해해야 한다. 로그와 추적만으로 복잡한 IT 운영을 고도화하는 것이 어려우며, CMDB를 개선하고 복잡한 데이터 활용과 AI로 자동화까지 고려해야 하는 상황이라면 오픈텔레메트리만으로는 할 수 있는 것이 많지 않다. 편견 없이 가능한 모든 설루션으로 최대한 신속하게 IT 운영을 고도화하고 근본 원인 분석을 개선하는 것이 더 좋은 방법이다.

CHAPTER 6

인프라 근본 원인 분석

지금까지는 인프라보다는 애플리케이션 관측 가능성에 더 집중했는데, 인프라의 중요성을 간과해서가 아니라 톱다운 방식으로 애플리케이션부터 설명하는 것이 올바른 접근법이라고 판단했기 때문이다. 이번 장은 인프라 근본 원인 분석을 실질적으로 완성하는 내용이라고 할 수 있다.

그림 6.1처럼 서비스는 여러 개의 계층으로 구성되고, 각 계층의 기능은 직간접적으로 다른 계층에 영향을 미치고 전파된다. 그리고 각 계층에서 서로 다른 에러가 발생하지만 각 계층만의 고립된 에러라고 단정하기에는 애매하고, 복잡한 구조를 지니고 있다. 이번 장에서는 클러스터 수준의 밸런싱과 샤딩에 대해서는 설명하지 않고, 커널과 인프라 리소스에 대해서만 설명하겠다.

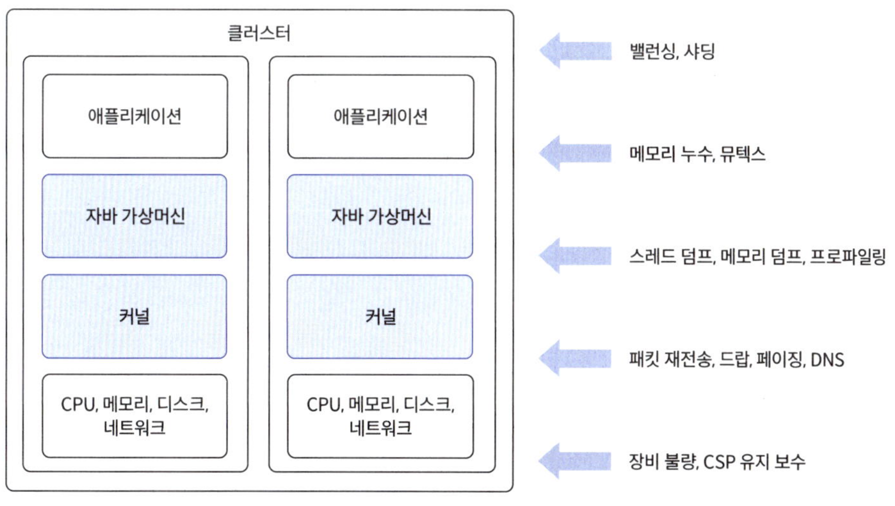

그림 6.1 **계층별 장애 유형**

장애는 중첩되고 전파된다. 인프라부터 시작해서 애플리케이션으로 향하는 바텀업 근본 원인 분석은 많은 시간이 걸리는 작업이다. 문제가 애플리케이션과 인프라 중에 어느 영역에서 발생하는지 이해를 못 하는 상황에서는 문제 해결 접근에 신중할 필요가 있다. 일단 애플리케이션 관측 가능성을 사용해서 근본 원인 분석을 식별하려고 노력해야 한다. 애플리케이션의 서비스와 인프라의 리소스는 개념적으로 구분되지만, 상관관계가 있다. 분산 추적의 서비스와 시스템 추적의 리소스 모두를 이해함으로써 신속한 근본 원인 분석이 가능하다.

크게 4가지 측면에서 인프라 관측 가능성을 설명하겠다.

- **애플리케이션 관측 가능성과의 연계**: 기존 분산 추적의 결과는 애플리케이션 수준의 정보만을 출력하므로 하위 수준의 리소스에 대한 정보는 부족하다. 애플리케이션 수준의 추적과 메트릭으로 근본 원인을 이해할 수 없다면, 인프라 관측 가능성으로 전환해서 시스템 추적을 사용해야 한다. 시스템 추적이 출력하지 않는 세부 정보는 eBPF 프로파일을 사용한다. 시스템 수준에서 어려운 버그 혹은 장애를 수집해야 한다면, 시스템 추적을 사용해서 CPU, 메모리, 저장장치, 네트워크, 커널, 가상머신, 프레임워크, 데이터베이스, 애플리케이션 순서대로 점검하면서 분석할 필요가 있다.
- **리눅스 커널**: 리눅스 커널을 이해하고 다양한 커널 파라미터와 시스템 콜을 분석할 수 있어야 한다. 시스템 리소스에서 문제가 발생하면 KUtrace, ftrace, strace 등 시스템 추적을 사용해서 지연이 발생하는 구간과 커널 내 메서드를 식별한다. eBPF는 리눅스 커널에서 직접 신호를 수집하므로 기존 신호보다 상세한 하위 수준의 관측 가능성을 구현할 수 있다.
- **eBPF**: 시스템 유틸리티는 관측 가능성에서 제공하지 못하는 상세한 인프라 정보를 제공하지만, 클라우드, 하이퍼바이저, 쿠버네티스 등 새로운 인프라와 더욱 복잡해진 네트워크, 다양한 개발 언어를 지원하는 데에는 한계가 있다. 기존 성능 유틸리티를 보완하고, 손쉽게 성능과 지연을 이해하기 위한 대안으로 eBPF를 사용하는 것을 고려할 수 있다. 시스템 추적과 eBPF는 기존 유틸리티에 비해 시각적으로 결과를 이해하기 쉽고 더 세부적인 정보도 출력할 수 있다.
- **네트워크**: 마이크로서비스로 대표되는 클라우드와 쿠버네티스 네이티브 환경에서 네트워크는 SPOF이고 장애 발생 시 치명적이다. eBPF는 네트워크와 보안에 특히 강점이 있다. 네트워크에서 장애가 발생하면 이를 해결하는 과정은 복잡하고 어렵다. eBPF를 사용하면 네트워크의 장애를 신속하게 이해하고 해결하는 데 도움이 된다. 특정 네트워크 구간에서 지연 발생 시 실리움은 네트워크를 기반으로 서비스 맵을 생성해 다양한 서비스들 간의 지연과 문제점을 이해할 수 있도록 도와준다. tcpdump와 와이어샤크는 패킷을 분석하고, 네트워크에서 발생하는 재전송과 지연 문제를 이해할 수 있도록 도와준다.

6.1 시스템 추적

애플리케이션 관측 가능성에서 '분산 추적'이라고 칭했던 것과 유사하게, 필자는 인프라 관측 가능성에서 '시스템 추적'이라는 용어를 사용하겠다. 다양한 시스템 유틸리티 중에서 KUtrace, strace, ftrace 등 시스템 추적을 권장한다. 그림 6.2처럼 인프라 관측 가능성은 애플리케이션 관측 가능성을 보강하고, 근본 원인을 식별하고 해결책을 제시할 수 있다.

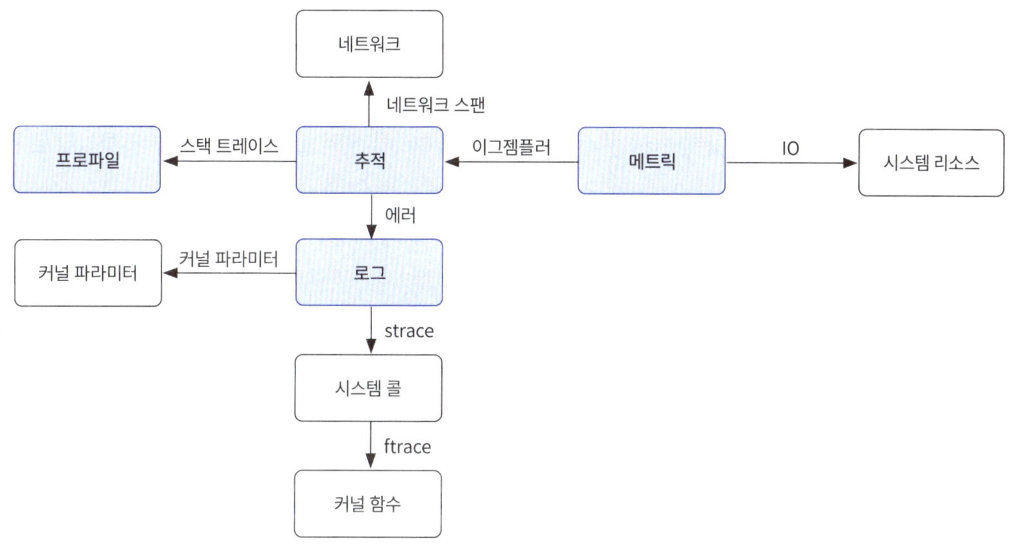

그림 6.2 인프라 관측 가능성과 애플리케이션 관측 가능성의 관계

그림에서 진한 색은 애플리케이션 관측 가능성이고, 하얀색은 인프라 관측 가능성이다. 전 구간 추적이 구성된 애플리케이션 관측 가능성의 범위에 인프라 관측 가능성의 범위를 추가했다.

인프라 관측 가능성에서는 먼저 메트릭을 분석한다. 메트릭만으로 근본 원인 분석이 어려우므로 의심이 되는 문제점이 식별되면 KUtrace를 사용해서 시스템 추적을 분석한다. 시스템 유틸리티를 사용해서 CPU 부하를 우선적으로 이해해야 한다. 각 과정을 요약하면 다음과 같다.

1. ftrace, eBPF를 사용하기 이전에, KUtrace로 구간별 처리 과정, 지연, 이벤트를 이해한다.
2. 부하를 발생시키는 작업의 유형을 이해한다. CPU 처리와 IO 처리 비율을 분석한다. CPU 비율이 높다면 CPU 사용량으로 분석한다. IO 비율이 높다면, 현상을 보면서 관련이 있는 리소스와 IO를 조사해야 한다. User와 System 비율이 높은 경우 CPU를 분석한다.
3. 다음으로 네트워크를 분석한다. 네트워크 구간별로 지연을 확인한다. 커널 네트워크에 해당하는 재전송, keepalive, time wait 등의 커널 파라미터, 마이크로서비스의 재시도, 타임아웃, 구

간별 지연, 패킷 분석, 네트워크 메트릭 등을 분석한다.

4. 메모리를 분석한다. 풀 가비지 컬렉션과 페이징 발생 여부(필요시 메모리 덤프), 가상메모리, 캐시, 메모리 설정, 스왑, NUMA 등을 분석한다.
5. 디스크를 분석한다. 병합, 정렬, 컴팩션, 버퍼링, 플러시 등 디스크 IO에 관련된 작업, 그리고 파일시스템과 디스크 IO를 분석한다.
6. 다양한 리소스에서 문제점을 확인하지 못하면, 커널을 분석한다. strace, ftrace, eBPF BCC funclatency, funccount 등을 사용해서 지연을 발생시키는 메서드를 식별한다. bpftrace tracepoint를 사용해서 메서드와 이벤트의 성능을 측정하고 지연을 확인한다.

또한, 기존의 인프라 관측 가능성에서는 컨테이너, 하이퍼바이저 등을 기존 시스템 유틸리티로 분석하기가 어려운데, 이를 보완하기 위해 eBPF에서 제공하는 쿠버네티스 도구를 활용하는 법도 알아볼 것이다.

이제까지 구축한 전 구간 추적에 기반한 애플리케이션 관측 가능성은 성공적인 관측 가능성을 위한 첫걸음이고, 기술적으로 중요하다고 강조하고 싶다. 전 구간 분산 추적이 실패하면, 인프라 관측 가능성의 근본 원인 분석이 어려워진다. 인프라 관측 가능성 없이는 애플리케이션 관측 가능성도 한계가 있다. 전 구간 분산 추적이 성공하더라도, 인프라 관측 가능성을 제외하고는 정확한 근본 원인 분석을 하는 것이 어렵다.

애플리케이션 관측 가능성의 전 구간 분산 추적, 인프라 관측 가능성의 시스템 추적과 eBPF 프로파일, 네트워크 관측 가능성을 함께 사용하면 애플리케이션과 인프라의 모든 시스템을 포괄하는 관측 가능성 구축이 가능하다. 그림 6.3에 표시된 영역은 현재 관측 가능성이 지원하는 영역이다. 분산 추적과 로그만으로는 회색으로 표시된 영역 외의 다른 영역은 관측 가능성을 적용하기 어렵다. 그림과 같이 1개 마이크로서비스가 있으면 대략 2개 정도의 스팬을 생성하는 것이 정상이다. 하지만 1개 스팬을 생성하고, 1개 추적 콘텍스트만을 로그에 출력하고 있다. 로그는 1개 스레드만 식별되고 있고, 하위 수준의 커널에서 시스템 콜을 통해 스케줄링, 인터럽트, IO가 발생하고 있지만, 대부분의 정보는 확인할 수 없다. 현재의 관측 가능성은 대략 10% 수준의 데이터만 수집하고, 모니터링이 가능하다.

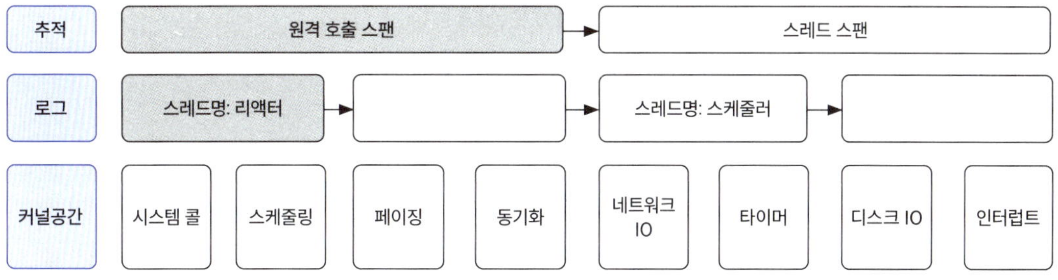

그림 6.3 애플리케이션과 인프라의 세부 처리 순서

모든 데이터를 100% 수집하는 것 자체가 목표는 아니다. 전체적인 범위와 가능성을 이해하고, 근본 원인 분석에 필요하다고 판단되면 신호를 수집할 수 있어야 한다. 비용을 절감해야 하므로, 항상 시스템 추적을 활성화하고 스팬을 수집할 필요도 없다. 문제가 발생하는 경우에만 잠시 활성화할 수 있으며, 전 구간이 아니라 범위를 정해서 제한적으로 시스템 추적을 적용할 수 있다.

6.1.1 KUtrace

KUtrace는 시스템 추적을 지원하는 오픈소스다. KUtrace는 인프라의 추적을 지원하며, 인프라 수준의 스팬을 생성한다. 모든 시스템 콜, 인터럽트, 트랩, 콘텍스트 전환 등 유저공간과 커널공간 간의 모든 전환을 포착하고, 타임스탬프와 함께 보여준다. CPU 코어마다 초당 20만 개의 이벤트를 수행한다고 할 때, CPU 오버헤드는 0.5% 미만으로 ftrace 같은 도구보다 약 10배나 빠르다. 또한 기록된 정보는 메가바이트 커널 추적 버퍼에 기록된다. CPU, 메모리, 디스크, 네트워크 등 다양한 시스템 리소스의 지연을 확인할 수 있다.

이벤트마다 타임스탬프 20비트와 이벤트 번호 12비트로 총 4바이트만 기록한다. 추적을 의미 있는 정보로 전환할 수 있도록 후처리를 하는데, 후처리에서 나노초 단위로 코어가 어떤 작업을 수행하는지 볼 수 있다. 또한 마커를 이용해, 커널공간이나 유저공간의 코드에 수동으로 애너테이션을 추가할 수도 있다.

KUtrace는 CPU별, 프로세스 아이디별로 구분해서 발생하는 모든 이벤트를 캡처해서, 스팬을 생성하므로 근본 원인 분석에 도움이 된다. 마커를 통해서 파일 지시자 등에 대한 콘텍스트를 추가할 수 있다.

이제 실습을 할 텐데, 커널 컴파일과 패치, 리눅스 모듈 개발에 익숙하지 않은 엔지니어라면 KUtrace를 설치하고 구성하는 것이 어려울 수 있다. 다음과 같이 설치와 구성을 진행한다. 가상화 환경에서는 에러가 발생하므로 호스트 환경에서 테스트하는 것을 권장한다.

- CentOS 9에서 커널 6.1.12로 커널을 업그레이드한다.
- 6.1.12에서 KUtrace 커널 패치를 적용한다.
- 커널 패치 적용 후에 모듈을 설치한다.
- Kutrace_control, postproc, 예제를 빌드한다.

필요한 라이브러리를 구성한다.

```
$ yum install ncurses-devel redhat-rpm-config rpm-build openssl openssl-devel bison flex
make gcc bc elfutils-libelf-devel bison flex dwarves
```

구성 파일을 복사한다.

```
$ cp -v /boot/config-$(uname -r) .config
```

커널 구성을 저장한다.

```
$ sudo make menuconfig
```

추가 설정을 한다.

```
$ scripts/config --disable SYSTEM_TRUSTED_KEYS
$ scripts/config --disable SYSTEM_REVOCATION_KEYS
$ scripts/config --set-str CONFIG_SYSTEM_TRUSTED_KEYS ""
$ scripts/config --set-str CONFIG_SYSTEM_REVOCATION_KEYS ""
```

커널 코드를 빌드하고, 모듈을 설치하고, 커널을 설치한다.

```
$ make -j4
...
$ sudo make modules_install
...
$ sudo make install
```

여기까지 하고 재시작을 한다. 그다음 6.1.12 커널을 확인한다.

```
$ uname -a
```

linux-6.1.12-patches.txt를 복사하고, 커널 패치를 적용한 다음 결과를 확인한다.

```
$ patch -p1 < linux-6.1.12-patches.txt
patching file arch/x86/Kconfig
patching file arch/x86/entry/common.c
patching file net/ipv4/tcp_output.c
Hunk #2 succeeded at 1400 (offset 3 lines).
patching file net/ipv4/udp.c
Hunk #2 succeeded at 970 (offset -7 lines).
Hunk #3 succeeded at 2455 (offset -7 lines).
```

make menuconfig에서 KUtrace가 체크되었는지 확인한다. 체크되어 있지 않다면 KUtrace를 선택한다. 여기부터 루트 권한으로 진행한다.

```
# make menuconfig
```

이제 다시 코드를 컴파일하고 모듈을 설치한 다음, 패치한 커널을 설치한다.

```
# make -j4
...
# make modules_install
...
# make install
```

재시작한 다음, KUtrace모듈을 빌드한다.

```
# make -C /lib/modules/6.1.12/build M=/root/software-dynamics/KUtrace-master/linux/module
modules
...
# insmod kutrace_mod.ko tracemb=20 check=0
```

설치된 모듈을 확인한다.

```
# lsmod | grep kutrace_mod
kutrace_mod           20480  0
```

control과 postprocessing을 빌드하고 결과를 확인한다(chmod -R 777로 권한을 설정해야 한다).

```
# cc -O2 kutrace_control.cc kutrace_lib.cc -o kutrace_control
...
# ll
-rw-r--r-- 1 root root  1211 Nov 13 01:02 basetypes.h
-rw-r--r-- 1 root root   111 Nov 13 01:02 build_control.sh
-rwxr-xr-x 1 root root 53840 Nov 13 01:47 kutrace_control*
-rw-r--r-- 1 root root   908 Nov 13 01:02 scrape_syscall_linux.sh
...
# ./build_postproc.sh
...
# ll
-rw-r--r--  1 root root   3714 Nov 11 05:25 base40.cc
-rw-r--r--  1 root root   1211 Nov 11 05:25 basetypes.h
-rwxr-xr-x  1 root root    613 Nov 11 05:25 build_postproc.sh*
-rw-r--r--  1 root root    693 Nov 11 05:25 build.sh
-rwxr-xr-x  1 root root  35560 Nov 13 02:01 checktrace*
-rw-r--r--  1 root root  39801 Nov 11 05:25 checktrace.cc
-rw-r--r--  1 root root 216467 Nov 11 05:25 d3.v4.min.js
```

추적을 시작하려면 kutrace_control을 실행한다.

```
# ./kutrace_control
```

프롬프트에 goipc<cr>를 입력하고, 다음 프롬프트에 stop<cr>을 입력한다. 의미는 다음과 같다.

- go는 추적을 시작한다.
- goipc는 각 시간 스팬에 대한 사이클별 명령(instruction)도 포함하는 추적을 시작한다.
- gollc는 각 시간 스팬에 대한 마지막 레벨 캐시 누락도 포함하는 추적을 시작한다.
- goipcllc는 2가지를 모두 수행한다.
- stop은 추적을 중지하고 원시 추적 바이너리를 디스크 파일에 쓴다.

운영자가 시스템 리소스의 처리 과정과 지연을 이해할 수 있도록 시스템 추적을 시각화하는 방법에 대해서 설명하겠다.

추적이 처리된 후 결과 ku_20240709_152922_dclab-2_11686.trace 추적 파일이 생성되었다고 하자. postproc3를 사용해서 이 파일을 토대로 json과 html을 생성한다.

```
$ ./postproc3.sh ku_20240709_152922_dclab-2_11686.trace "description"
```

컴파일 전에 추가적인 라이브러리를 설치해야 한다.

```
$ sudo apt-get install libpcap-dev
```

사용자 데모 애플리케이션을 빌드하고, 데모 애플리케이션이 정확하게 생성된 것을 확인한다.

```
# ./compile_all_user.sh
...
# ll
-rw-r--r-- 1 root root    3728 Oct 28  2021 base40.cc
-rw-r--r-- 1 root root    1221 Oct 28  2021 basetypes.h
-rw-r--r-- 1 root root    3729 Oct 28  2021 disk_readhog.cc
-rwxr-xr-x 1 root root   28088 Nov 17 04:49 dumplogfile4*
-rw-r--r-- 1 root root    6689 Oct 28  2021 dumplogfile4.cc
-rwxr-xr-x 1 root root  102912 Nov 17 04:49 eventtospan3*
```

시스템 리소스와 커널에서 발생할 수 있는 문제 유형은 너무나 다양하므로 KUtrace로 대응하는 모든 내용을 설명할 수 없다. KUtrace는 리처드 사이트의 《소프트웨어 성능의 이해》(에이콘출판사, 2024)에서도 소개되는데, KUtrace를 자세히 이해하려면 해당 책을 읽어보는 것을 추천한다. 혹은 리처드 사이트가 발표한 논문과 다양한 강의도 유용하다. 이 책에서는 간략하게나마 KUtrace가 CPU, 메모리, 네트워크, 디스크에서 발생하는 이슈를 어떻게 시각화하고 출력하는지에 대해서만 알아보자.

6.1.2 비정상적 근본 원인의 유형

잘못된 개발, 버그, 부정확한 시스템 구성의 이유로 경합, 대기, 간섭이 발생할 수 있다. 개발의 경우에는 예외, 에러만 식별이 가능하고, 경합, 대기, 간섭은 개발 시에 디버깅만으로는 확인이 어렵다. 트랜잭션을 처리하는 과정에서 시스템 리소스에서 발생하기 때문이다. 버그와 결함은 심각한 근본 원인 유형이다. 대기, 경합 등이 발생하는 것은 문제가 아니고, 정상적인 과정일 수도 있다. 다만 경합, 대기, 간섭이 빈번하거나 오래 처리되는 경우에는 비정상적이라고 판단하고, 이를 식별하고 원인을 이해하고 해결해야 한다.

관측 가능성의 8가지 신호와 별개로, 시스템 리소스에서 발생할 수 있는 비정상적인 근본 원인의 예외, 에러, 경합, 대기, 간섭, 포화, 혼잡, 버그, 결함 등이 있다. 이들은 나노초 단위의 처리 시간을 갖고, 일부는 유사해 보이므로 정확하게 구분하는 것이 어렵고 혼동되지만 정확히 구분하려고 노력해야 한다.

시스템 리소스에서는 포화가 흔히 일어난다. NIC 대역폭을 초과하는 과도한 부하는 혼잡, 캐시 미스는 대기, 디스크와 이더넷 인터럽트는 간섭에 해당하지만, 경우에 따라서는 경합, 대기와 중첩될 수 있다. 근본 원인을 명확하게 구분을 하는 것이 중요한 게 아니고, 다양한 경우의 수를 고려해서 종합적인 해결책을 제안하는 것이 더 중요하다.

경합, 대기, 간섭은 실패가 아니라, 지연이 되는 경우가 대부분이지만, 이러한 근본 원인들로 인해서 애플리케이션에서 재시도, 타임아웃이 발생할 수 있다. 몇 가지 유형에 대해서 더 자세히 살펴보겠다.

❶ 대기

대기는 지연의 한 종류이고, CPU뿐만 아니라 디스크, 네트워크, 메모리에서도 발생한다. 대기는 WAITING 상태이며, 대기는 스케줄러, IO, 록 등 다양한 이유로 발생한다.

- 하이퍼스레딩 CPU에서는 명령어 패치, 명령어 실행 유닛, 코어와 공유되는 캐시와 메모리에서만 병목현상이 발생한다. 하나의 스레드를 사용하면 코어와 공유되는 캐시와 메모리에서만 병목현상이 발생한다.
- 자식 스레드가 CPU 타임을 공정하게 할당받지 못하거나, 프로그램 시작 시 스레드가 실제로 시작되지 못한다면 프로그램은 지연된다.
- CPU 내 모든 코어가 사용 중이거나, 코어가 유휴 상태에서 깨어나는 것이 지연되거나, 완벽하게 공정하지 못한 스케줄러의 특성상 미세한 지연을 포함할 가능성이 높다.

KUtrace를 이용하면 커널이나 사용자 코드에서 나노초 단위로 각 CPU 코어의 동작을 측정할 수 있다. 트랜잭션을 처리하는 데 소요되는 모든 처리 시간을 포착할 뿐 아니라, 실행하지 않고 대기하는 이유도 설명할 수 있다. 추적은 페이지 폴트, 커널 스레드, 관련 없는 인터럽트와 장비 상태 확인 등 개발자가 고려하지 못했던 긴 지연을 발생시키는 일까지도 포함한다. KUtrace는 트랜잭션이 느린 이유를 포착하는 데 효과적인 도구다.

한 가지 예제를 통해 스레드 간의 동적인 상호작용을 살펴보겠다. 다수의 자식 스레드를 가진 그룹을 실행한다. 4개의 코어에서 작동하는 스케줄러는 최소 5개의 스레드가 생길 때까지 아무런 동작도 하지 않는다. 따라서 스레드가 5개로 구성된 그룹을 식별할 수 있다.

부모 스레드 bash.3562가 자식 스레드 shedtest.3573, 3574, 3575, 3576, 3577을 실행한 후, 그림 6.4처럼 오른쪽 끝의 스레드 6개로 구성된 그룹이 실행되기 전까지 모든 스레드가 완료되기를 기다린다. CFS는 활성화된 스레드와 CPU 코어 수에 따라서 그림 6.4의 정사각형으로 나타난 점처럼 스레드를 선정한다. 하지만 예상과 달리 라운드 로빈으로 시간을 할당하지 않는다.

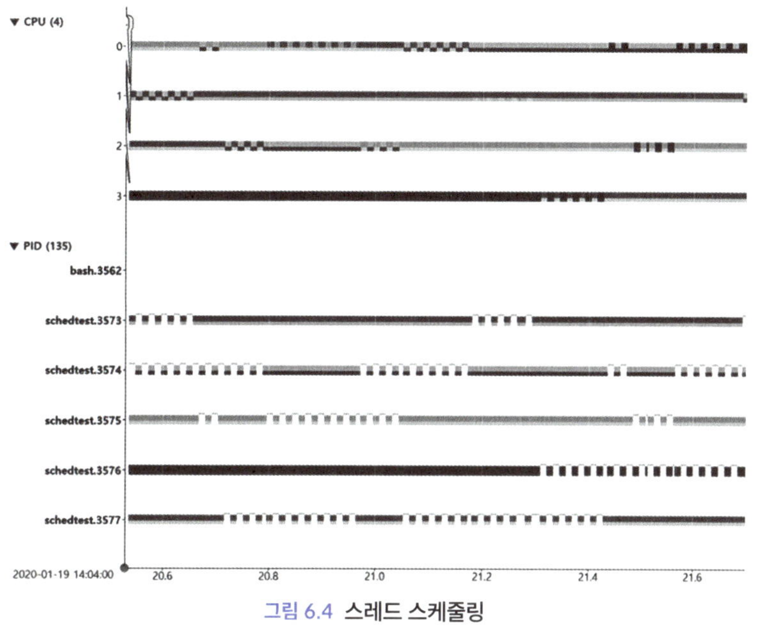

그림 6.4 스레드 스케줄링

스레드 중 일부는 시간을 할당받은 후 다음 시간까지 대기하는 반면에, 다른 스레드는 대기하기 전 반복해서 시간을 연속적으로 할당받을 수 있다. 이 패턴은 일정하지 않으며, 프로그램이 실행될 때마다 달라진다.

처음에는 자식 스레드 5개가 거의 동시에 끝날 것처럼 보인다. 하지만 3573 스레드가 가장 빨리 완료되었고, 3577 스레드는 가장 늦게 완료되었다. 4개의 CPU에서 5개의 프로세스 스케줄링이 완전히 공평하지 않으며, 미세하게 차이가 있음을 확인할 수 있다. bash.3562 프로그램은 5개의 자식 프로세스를 생성하기 위해서 clone을 5번 호출하지만 시간의 차이를 두고 호출된다. 그림 6.5에서 4개의 CPU에서 프로세스 5개가 스케줄링될 때, 130 usec 동안 3번을 연속해서 30 usec만큼 지연되는 프로세스 3573을 확인할 수 있다.

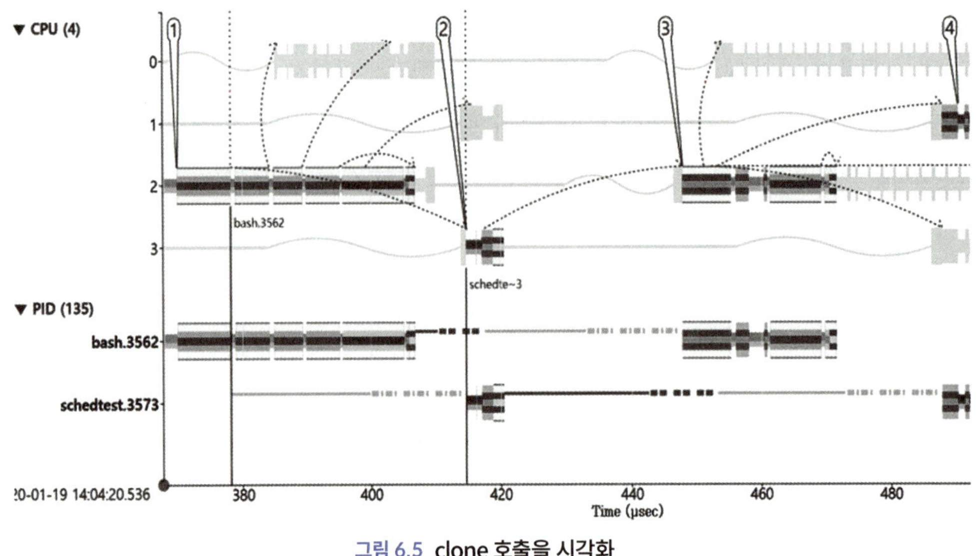

그림 6.5 clone 호출을 시각화

자식 스레드 5개는 모두 한 번에 시작하지 않고, CPU 유후 시간 제약을 초과한다. 초과한 시간은 CPU 코어가 유휴 상태를 종료하는 데 오래 걸리기 때문에 발생하는데, 이 시간도 실행되지 않는 문제 혹은 느리게 실행되는 문제라고 볼 수 있다. 처음 4번은 CPU 2에서 순서대로 수행되지만, 네 번째 실행된 프로세스에 의해서 부모 프로세스가 선점된다. 부모 프로세스는 다섯 번째 clone 호출을 CPU 1에서 호출한다.

2 혼잡

혼잡(congestion)은 네트워크에서 주로 사용하는 용어다. 혼잡한 네트워크 하드웨어로 인해 대기가 발생한다. 트래픽이 클라이언트 장비의 이더넷 링크 1개의 대역폭을 초과해도 혼잡이 생긴다.

송신과 수신 시 양쪽에서 지연이 발생할 수 있다. 회선 대역폭을 능가하는 아웃바운드 트래픽에 따른 네트워크 혼잡으로 인한 속도 저하는 자주 볼 수 있다. 송신과 수신을 포함한 전송이 지연되는 이유는 무엇일까?

- 이더넷 인터럽트가 발생하기 전까지 약 200 usec 지연된다. 이유는 BH:tx 소프트 인터럽트 핸들러가 더 많은 패킷을 링 버퍼에 넣고자 하기 때문이다.
- 클라이언트에서 네트워크 트래픽이 경합하지 않는다면, 요청 패킷을 보내기 전에 오랫동안 지연되지 않을 것이다. 하지만 패킷이 서버에 도착하고, NIC가 CPU에 인터럽트를 발생시키기 전에 지연이 될 수 있다.

- 그 후에는 tcpdump를 통해 패킷을 관찰할 수 있게 된다. 인터럽트가 지연되는 이유는 처리할 수 있는 속도보다 더 빠르게 발생한 연속된 인터럽트로 인해 CPU가 과부하되는 것을 막기 위해서다. 따라서 인터럽트를 지연시키는 대신 병합시키고 패킷을 누적해 CPU가 효율적으로 처리하도록 해야 한다.

운영 환경에서는 혼잡으로 인한 지연을 줄이고자 프로그램마다 대역폭을 할당하고 전송 우선순위를 정하기도 한다. 혼잡이 발생하면 패킷의 순서가 바뀌거나, 재전송이 발생하거나, 패킷이 누락될 수 있다.

인터럽트 지연은 ethtool의 rx-usecs 인수를 변경하고 nanosleep의 오작동을 방지해 RPC 간 시간 간격을 줄이는 방식으로 개선할 수 있다.

네트워크 송신과 수신은 다양한 리소스를 사용하며, 내부적으로 복잡하게 처리된다. KUtrace의 사용법을 설명하기에 네트워크가 적합하다. 예를 들어 KUtrace가 적용된 네트워크 송신과 수신은 그림 6.6과 같다.

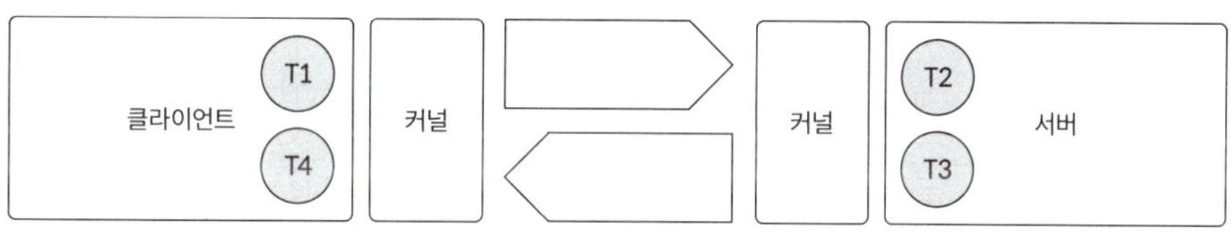

그림 6.6 **네트워크 처리 과정**

지연은 사용자 코드, 커널 코드, 장비, 송신하는 네트워크 하드웨어 혹은 수신하는 네트워크 하드웨어 중 어느 곳에서든 발생할 수 있다. 네트워크 성능 영향을 세분하여 조사할 수 있도록 타이밍을 나타내는 T1, T2, T3, T4 타임라인을 사용한다. 지연은 유저공간 클라이언트 프로그램에서 요청을 보내는 시간인 T1부터 응답을 받는 시간인 T4까지를 모두 포함한다.

네트워크에서는 다음과 같이 2가지 경우에 지연이 발생할 가능성이 있다.

- 클라이언트 장비에서 아웃바운드 패킷은 NIC 버퍼가 가득 차면, 소프트웨어 전송 대기열에서 잠시 대기하거나 NIC의 하드웨어 링 버퍼에서 대기해야 할 수도 있다.
- 서버 장비에서는 패킷이 도착했다는 것을 CPU에 알리기 전, 수십 usec 동안 인터럽트가 발생해서 지연될 수도 있다. 일단 패킷 도착이 감지되면, 패킷은 데이터를 병합과 순서 보장, 다른 이유에 의해 커널의 소프트웨어 대기열에 보관한다. 클라이언트에서 네트워크 트래픽이 경합하

지 않는다면, 패킷을 보내기 전에 지연되지 않는다. 패킷이 서버에 도착하고, NIC가 CPU에 인터럽트를 발생시키기 전에 지연될 수 있다.

KUtrace는 위에서 설명한 것처럼 세부적인 처리 절차를 출력하며, 하위 시스템 수준의 네트워크 지연을 식별할 수 있도록 도와주므로 시스템 콜과 시스템 추적을 이해하기에 유용하다. 시스템 콜의 결과를 시각화할 수도 있다.

네트워크를 경유해 시스템 간에 발생하는 원격 호출의 모든 이벤트에 대해서, KUtrace는 수십 개의 스팬을 생성한다. 분산 추적의 경우에는 스팬이 1개만 생성되어서 근본 원인 분석이 어려운데, 시스템 추적은 분산 추적의 1개 스팬에 속하는 수십 개의 내부적인 스팬을 생성한다. 외부 호출에 대해서 RPCID를 생성하므로, 이를 프로세스 아이디와 연계하면 근본 원인 분석이 가능하다.

tcpdump 시간을 각 장비의 KUtrace 시간에 맞춘 후, 프로그램을 실행하고 결과를 생성해보자. 그림 6.7의 결과는 일반적인 4 KB의 sink RPC 작업을 나타낸다.

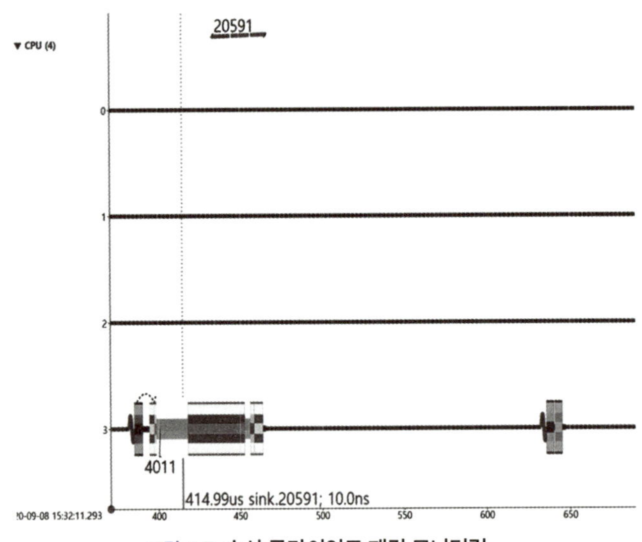

그림 6.7 송신 클라이언트 패킷 모니터링

서버의 결과는 클라이언트 시간과 가까이 정렬되도록 7.17 msec만큼 이동했다. 네트워크 트래픽은 CPU 0에서 나타나며, 아웃바운드 메시지(tx)는 CPU 0에서 약간 우상향 점선으로 대략적인 패킷의 간격을 나타낸다. 인바운드 메시지(rx)는 CPU 0에서 약간 우하향한다. 메시지는 여러 패킷일 수 있으며(4 KB 요청은 3개, 1 MB 요청은 690개) 메시지 헤더가 포함된 첫 번째 패킷에만 타임스탬프가 포함된다. 클라이언트는 첫 번째 수직선에서 RPC 20591의 KUtrace 요청 타임스탬프를 기록했고, tcpdump는 첫 번째 송신 패킷의 타임스탬프를 기록했다. 오른쪽에서 tcpdump는 두 번째 수직선에 수신 패킷의 타임스탬프를 기록했고 KUtrace가 두 번째 sink 수직선에 응답 타임스탬프를 나타냈다. 중간의 CPU 3에서 이더넷 인터럽트가 나타나는데, 이 인터럽트는 그림에 표시되지 않은 클라이언트가 보낸 TCP ACK 패킷을 처리한다. 이 그림과 같은 시간 단위로는 클라이언트의 패킷 사이 간격을 구별하기 쉽지 않다.

세 개의 요청 패킷이 서버로 도착하고, 인터럽트 핸들러는 서버 프로그램을 깨운다. 그 후 다시 네 개의 수직선이 나타난다. 수직선은 각각 tcpdump의 수신 패킷의 타임스탬프, KUtrace의 요청과 응답에 대한 타임스탬프, 그리고 tcpdump의 송신 패킷의 타임스탬프를 의미한다. 그림 6.8에서 서버 맨 오른쪽에는 표시되지 않은 TCP ACK 패킷이 있다. 이 패킷은 응답 패킷이며, CPU 3에서 600 usec에 인터럽트로 처리된다.

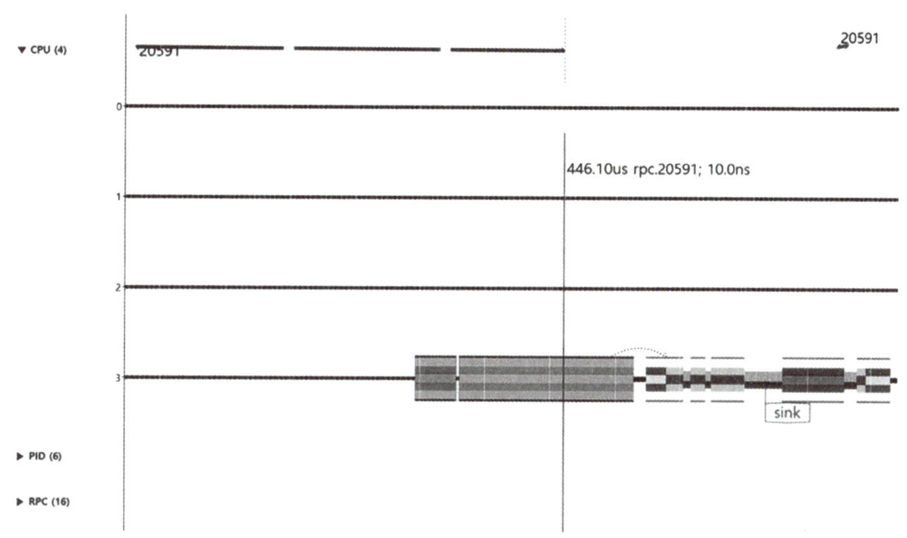

그림 6.8 **수신 서버 패킷 모니터링**

KUtrace는 네트워크 패킷, 디스크 블록, 스레드, 인터럽트 등 다양한 이벤트를 수집하고, 시각화한다. 시스템 추적의 이러한 기능은 분산 추적의 단점을 보완하고, 애플리케이션과 인프라를 모두 추적할 수 있도록 도와준다.

❸ 포화도

포화도는 대기를 의미하고 지연이 될 수도 있다. 인프라 관측 가능성을 시작하는 시점에서는, 시스템 유틸리티보다는 프로메테우스를 사용하는 것이 더 합리적이라는 생각이 들 것이다. 예를 들어 프로메테우스 노드 익스포터는 리눅스 호스트, cAdvisor는 컨테이너, kube-state-metrics(KSM)은 쿠버네티스 모니터링에 유용하다. 익스포터는 전작에서 자세히 설명했으며, 포화도를 측정할 수 있는 하위 수준 시스템 유틸리티로는 vmstat, iostat, niostat 등이 있다.

4 페이지 폴트

페이지 폴트는 인터럽트의 유형이며, 폴트 전후로 콘텍스트 전환, 타이머 인터럽트, 디스크 인터럽트가 발생한다. 페이지 폴트 시 CPU가 차단되거나 인터럽트가 발생하므로 대기가 발생한다. 이는 곧 지연이다.

그림 6.9를 보면 예제 프로그램은 177개 청크가 완전히 178번 청크로 디스크 스와핑되기 전까지 20 msec 동안 페이징이 발생하고 paging_hog 상태가 된다. 8 GB 메모리 시스템에서 200개 청크(8000 MB/40 MB = 200)는 40 MB 메모리 할당 이전에 발생한다. 추적을 보면 177개의 청크(7.08 GB)를 할당한 직후 시작된다. 왼쪽에 보이는 paging_~1(paging_hog)는 CPU 2에서 실행되고, 10,240번의 페이지 폴트가 발생해 제로 페이지 상태로 만든다. 그 후 중간에 kswapd0(kswapd0~0)이라는 스와핑 데몬이 CPU 0에서 시작된다. 이 데몬은 그림의 나머지 거의 대부분에서 CPU가 할당된 채 작동한다.

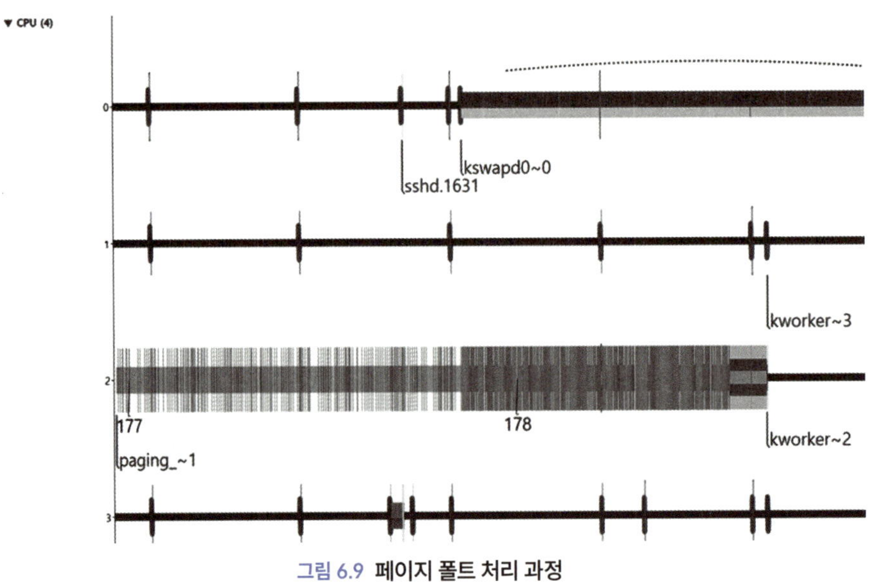

그림 6.9 **페이지 폴트 처리 과정**

메인 메모리는 kswapd0이 시작할 때 완전히 고갈되지는 않았지만, 여유 공간이 충분하지 않아 스와퍼가 시작되며, 메모리가 사용되는 시점보다 앞서 할당하려고 시도한다. 이후 178번 청크의 할당이 성공하고, 10,240번의 페이지 폴트가 발생하기 때문이다. 그다음 51 msec에서 1 msec 정도 페이지 폴트가 발생하고, paging_~1(paging_hog)는 55 msec부터 3.5 msec 동안 실행되지 않는다.

5 간섭

디스크, 이더넷, 타이머 등 다양한 인터럽트가 있다. 인터럽트는 간섭(interference)으로 분류된다. 프로그램에 따라서 사용하는 자원이 다르고, 이에 따른 간섭도 다르다. 눈에 띄게 느려지는 프로그램은 공유 자원의 일부분을 절반 이상 사용하고 있을 것이다. 두 프로그램이 동일한 자원을 이용해서 병목현상이 발생한다면 서로 간섭이 생길 수 있다.

CPI(명령어당 사이클)는 CPU 활용도 및 CPU가 클럭 사이클을 어떻게 활용하고 있는지를 보여주는 중요한 지표다(이 지표의 역인 사이클당 명령을 사용하기도 한다). 높은 CPI는 CPU가 메모리 접근 등으로 인해 종종 지연된다는 의미다. 낮은 CPI는 CPU가 지연되지 않고 높은 명령 스루풋을 보인다는 뜻이다. 이런 지표는 성능 튜닝을 위한 노력을 어디에 기울여야 가장 좋을지 보여준다.

실행 가능한 상태의 프로세스는 아직 디스크에 전달되지 않았거나 파일시스템에 의해 메모리에 더 이상 버퍼링될 수 없는 데이터를 쓰려고 할 때, 디스크 접근을 기다리며 대기하게 된다. 그림 6.10은 전체적인 sync 작업을 나타내는데, 이를 통해 사용자 코드와 운영체제의 상호작용을 살펴보고 디스크에 대해서도 이해할 수 있다. 예제 프로그램은 sync 시스템 콜을 호출한다. 이 시스템 콜은 900 msec이 지날 때까지 반환되지 않는다. 이 지연이 계속되는 동안 디스크 인터럽트나 블록 디바이스 바텀 하프 인터럽트 핸들러인 BH:block이 60번 발생한다. 이 발생 간격은 매우 균등하게 나타난다. 디스크 회전당 한 번의 인터럽트가 발생하는 것처럼 보이므로 쓰기가 수행된 트랙당 1번씩 발생했을 것이다. 이 중 12번만 예제 프로그램의 sync 코드를 실행할 수 있었다.

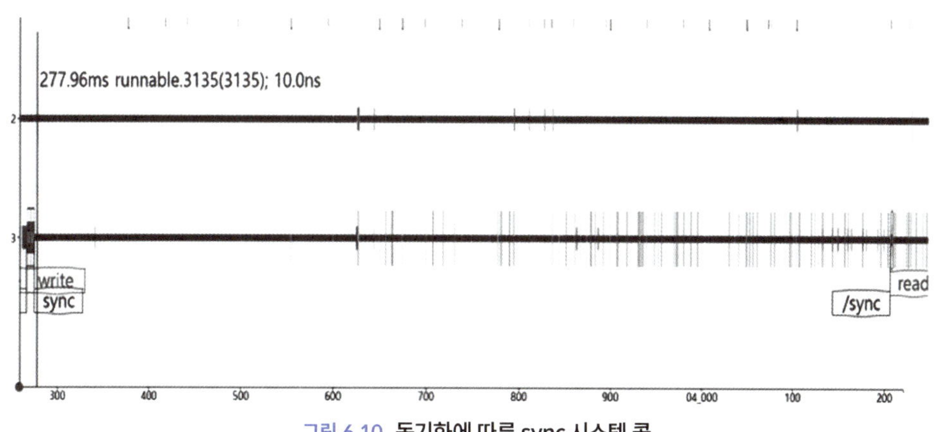

그림 6.10 동기화에 따른 sync 시스템 콜

이 12번은 12개 수직선에서 볼 수 있듯이 균등하지 않다. 첫 번째 수직선은 sync 시스템 콜의 시작이고, 마지막 수직선은 sync 시스템 콜의 완료를 의미한다. 다른 10번은 sync를 계속하지만 예측할 수 없는 동적 상호작용이 일어나며, 70번 이상의 웨이크업 버스트가 발생한다.

커널 파일시스템 메인 메모리에 모두 데이터를 버퍼링하기 때문에, write 시스템 콜이 호출하고 나서 짧은 msec 후 반환돼야 사용자의 버퍼를 수정할 수 있다. 다음으로 sync 작업은 디스크로 실제 데이터를 전송한다. sync 시스템 콜 1개에 다수의 디스크 인터럽트를 포함한다. 남은 시간은 IO 요청을 디스크 하드웨어에 보내고 트랙 버퍼의 올바른 위치를 찾아 전송을 하고 인터럽트를 보내는 데 소요된다.

디스크에서는 시스템 콜보다 다수의 인터럽트가 발생하는 게 문제다. 디스크 블록은 사용자 버퍼에서 마지막에 한꺼번에 나타나는 것이 아니라, read 시스템 콜을 통해서 나타나는 것을 확인할 수 있었다. 각각의 블록을 디스크에서 찾는 데 소요되는 시간이 필요하기 때문이다. 블록 읽기는 읽기 전에 디스크를 탐색해야 하기 때문에 탐색 시간이 걸린다.

디스크처럼 간섭이 많이 발생하는 경우에는, 다음과 같이 개선할 수 있다.

- 여러 CPU 코어로 인터럽트를 분산하는 방식으로, 하나의 CPU가 모든 인터럽트를 처리하면서 병목이 생기는 것보다 더 높은 전송 속도를 낼 수 있다.
- 전송을 하는 데 소요되는 CPU 시간을 보면 하나의 코어에서 전체 CPU 시간의 약 1%를 소모한다. IO 처리에 필요한 CPU는 아주 적다.
- 두 프로그램을 병렬로 실행하면 순차적으로 실행하는 것보다 더 많은 시간이 소요된다. 두 개를 병렬로 실행하려면 포화된 자원을 반으로 나눠 사용해야 할 뿐만 아니라 추가 작업을 더 수행해야 하기 때문이다. 이 경우에는 탐색을 더 많이 하게 되고, 다른 경우에는 캐시 라인이나 TLB를 리필하는 작업이 추가로 수행되기도 한다.
- 작은 크기의 전송이 성능에 치명적이다.
- 자원을 공유하면 가파르게 속도가 감소한다. 작은 크기의 전송과 자원 공유를 피해야 한다.

6 경합

경합된 록의 상호작용에 대해 살펴보자. 다음 그림에서 스레드 6736은 분홍색 화살표로 가리키는 공유 데이터의 록을 보유하며, 525.15 usec에 록을 해제하고 대기 중인 스레드를 깨울 때까지 유지한다. 점선은 웨이크업 동작을 나타낸다. 왼쪽 하단 스레드 6737은 Balance 트랜잭션을 시작한다. 이 트랜잭션은 록 획득을 시도했으나 스레드 6736이 록을 획득했기 때문에 실패한 후 5 usec 후 다시 시도하고 futex(wait)에 의해 차단된다.

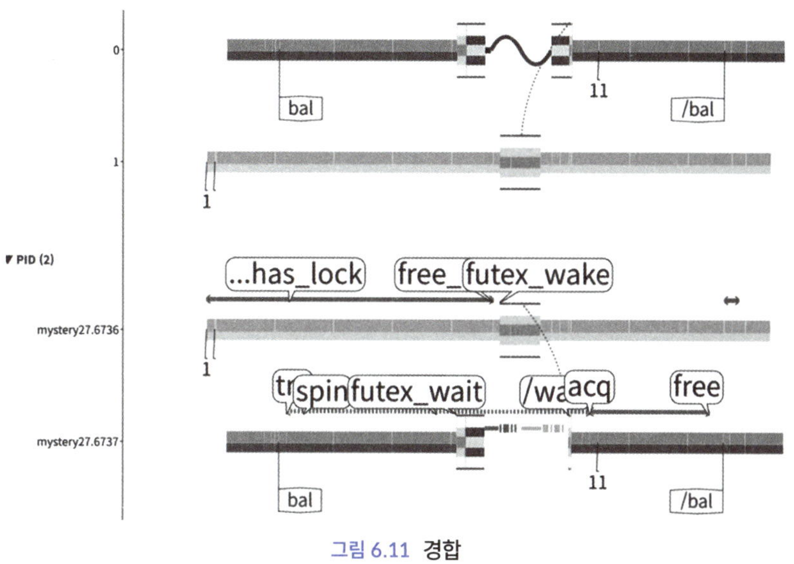

그림 6.11 **경합**

록 경합은 거의 대부분 경합이 생겨 효과적으로 병렬 실행을 할 수 없도록 하는 록을 의미한다. 얼마나 록을 보유하는지보다 록을 보유하지 않던 스레드가 록을 얼마 만에 획득할 수 있는지에 초점을 맞춰야 한다. 트랜잭션 지연의 관점에서 록을 획득하는 데 걸리는 시간은 중요한 문제다. 다음 용어를 알아둬야 한다.

- **록 경합**: 거의 대부분 경합이 생기는 것을 의미하며, 다중 스레드에서도 성능이 향상되지 않는다.
- **록 캡처**: 다른 스레드가 록을 획득하기 전에 록을 반복적으로 획득, 해제하는 것을 의미한다.
- **스타베이션**: 다른 스레드가 록을 오랫동안 유지하고 있지 않더라도 오랫동안 록을 획득할 수 없는 상태를 의미한다.

설계할 때 이 세 가지를 대비하지 않으면 경합이 자주 발생할 것이다. 인터럽트, 차단이 함께 발생하거나 경합, 지연, 대기가 함께 발생하는 복잡한 상황에 처하게 된다. 시간이 지날수록 경합이 많지 않은 록 시스템도 경합이 점점 자주 발생하는 경향이 있다.

시스템 추적은 트랜잭션에서 지연이 발생하는 위치를 이해하는 데 유용하지만, 코드 내 메서드를 분석하거나 99분위수를 분석하는 데에는 한계점을 가지고 있다. 시스템 추적으로 지연이 발생하는 구간을 식별하고, eBPF로 세부적인 프로파일을 해야 한다. KUtrace를 구성하기 어려운 환경이라면 ftrace를 고려한다. ftrace를 사용하지 못한다면 strace를 사용한다. 모든 게 어렵다면 eBPF를 고려해야겠지만, 시스템 리소스에 대한 추적을 경험해본 적이 없는 조직이라면 eBPF만으로는 근본 원인 분석이 어렵다.

6.1.3 ftrace

KUtrace를 사용할 수 있다면 추천하지만, 조건이 맞지 않는다면 ftrace를 대신 사용해야 한다. ftrace도 강력한 추적 기능을 제공한다. KUtrace는 모든 운영체제를 지원하는 것은 아니며, 리눅스 버전과의 호환성 문제가 있을 수 있다. CPU 외에 GPU를 사용하는 경우에도 ftrace를 사용하는 것이 좋다.

시스템 콜을 추적하기 위한 strace, 커널 메서드를 추적하기 위한 ftrace의 출력 정보를 이해하고, 코드에서 식별할 수 있어야 한다. ftrace와 strace를 활용하면, 다음과 같은 상황에서 유용한 디버깅 정보를 얻을 수 있다.

- 유저공간에서 시스템 콜이 제대로 발생했는지 확인하고 싶을 때
- 유저공간에서 시스템 콜이 발생했는데 커널공간에서 시스템 콜 핸들러가 실행됐는지를 확인하고 싶을 때
- 시스템 콜 핸들러로 전달된 인수와 시스템 콜 핸들러 실행 시, 오류 메시지를 확인하고 싶을 때

ftrace 이벤트 이름으로, 커널 내부의 어떤 코드에서 이벤트를 출력하는지 알 수 있다. sched 이벤트는 프로세스가 스케줄링되는 동작과 스케줄링 프로파일을 트레이싱하는 이벤트를 볼 수 있다.

- **sched_switch**: 콘텍스트 전환 동작
- **sched_wakeup**: 프로세스를 깨우는 동작

각 이벤트별 ftrace를 출력하는 메서드의 이름은 다음과 같은 형식을 가지고 있다.

```
"trace_" + "ftrace 이벤트명"
```

예를 들어 sched_switch 이벤트는 trace_sched_switch 메서드가 실행될 때, 프로세스가 스케줄링되는 정보를 출력한다. sched_switch 이벤트를 출력하는 코드를 검색하는 방법을 설명한다. trace_sched_switch 키워드로 커널 코드에서 검색한다. core.c에서 trace_sched_switch 메서드를 확인할 수 있다.

```
static void __sched notrace __schedule(bool preempt)
{
        struct task_struct *prev, *next;
        unsigned long *switch_count;
        unsigned long prev_state;
        prev_state = prev->state;

        next = pick_next_task(rq, prev, &rf);
        clear_tsk_need_resched(prev);
        clear_preempt_need_resched();
        trace_android_rvh_schedule(prev, next, rq);
        if (likely(prev != next)) {
                ++*switch_count;
                psi_sched_switch(prev, next, !task_on_rq_queued(prev));
                trace_sched_switch(preempt, prev, next);
                /* Also unlocks the rq: */
                rq = context_switch(rq, prev, next, &rf);
        } else {
                rq->clock_update_flags &= ~(RQCF_ACT_SKIP|RQCF_REQ_SKIP);
                rq_unlock_irq(rq, &rf);
        }
        balance_callback(rq);
}
```

__schedule() 메서드는 프로세스가 스케줄링하는 동작을 출력한다. 이를 통해 콘텍스트 전환은 __schedule() 메서드에서 context_switch 메서드를 실행할 때 처리되는 것을 알 수 있다.

ftrace를 사용하기 위해서는, 별도의 구성이 필요하다. menuconfig를 통해 Kernel hacking > Tracers의 값을 수정한 후, 다시 빌드해야 한다. 앞에서 KUtrace를 설치하는 과정에서 커널을 컴파일하고 새로운 커널을 설치했으므로 이 경우에는 추가적인 구성 없이 ftrace를 사용할 수 있다.

커널 코드 내 이벤트, 메서드 등은 네이밍 규칙에 따라서 구조화가 되어 있다. 이러한 규칙을 이해하면 코드를 쉽게 이해할 수 있고, 신속하게 문제 해결이 가능하다. ftrace에서는 시스템 콜의 동작을 추적하는 sys_enter 및 sys_exit 이벤트를 제공한다. 다음과 같이 명령어를 통해서 sys_enter와 sys_exit 이벤트를 활성화해야 한다.

```
echo > /sys/kernel/debug/tracing/set_event
sleep 1
echo "set_event"

echo 0 > /sys/kernel/debug/tracing/tracing_on
```

```
sleep 1
echo "tracing_off"

echo nop > /sys/kernel/debug/tracing/current_tracer
sleep 1
echo "current_tracer nop"

echo 1 > /sys/kernel/debug/tracing/events/raw_syscalls/sys_enter/enable
echo 1 > /sys/kernel/debug/tracing/events/raw_syscalls/sys_exit/enable
echo "syscalls event enabled"

echo 1 > /sys/kernel/debug/tracing/tracing_on
echo "tracing_on"
```

다음과 같은 명령어를 실행해서, ftrace 로그를 생성한다.

```
echo 0 > /sys/kernel/debug/tracing/tracing_on
echo "ftrace off"

sleep 3

cp /sys/kernel/debug/tracing/trace .
mv trace ftrace_log.c
```

이제 ftrace 로그에서 시스템 콜을 확인할 수 있다. sys_enter 메시지로 유저공간에서 시스템 콜이 시작되면, 커널공간으로 실행 흐름이 바뀐 후, 시스템 콜 핸들러에서 커널 메서드를 호출한다. 시스템 콜 종류에 따라 커널 내부 메서드를 호출한다. 이 처리를 마친 후 ret_fast_syscall을 실행해, 유저공간으로 다시 복귀한다. sys_exit 메시지는 이 시점에서 ftrace 로그를 출력한다.

다음으로 시스템 콜 번호를 확인하는 방법을 설명한다. NR 120 메시지에서 번호는 이진수로서 시스템 콜 번호를 의미한다. 예를 들어 NR 3 메시지는 3번 시스템 콜이 실행되었음을 의미한다.

```
#define __NR_read (__NR_SYSCALL_BASE + 3)
#define __NR_clone (__NR_SYSCALL_BASE + 120)
```

120번과 3번에 대응하는 시스템 콜 핸들러 메서드의 이름은 unistd-common.h 헤더 파일에서 확인할 수 있다.

```
SYSCALL_DEFINE5(clone, unsigned long, clone_flags, unsigned long, newsp,
                int __user *, parent_tidptr,
                unsigned long, tls,
                int __user *, child_tidptr)
```

120번 시스템 콜 핸들러는 sys_clone() 메서드임을 알 수 있다. 다음 ftrace 메시지와 메서드 선언부에서 보이는 인수를 확인한다.

```
sys_enter: NR 120 (1200011, 0, 0, 0, 76F81046, 0)
```

시스템 콜 번호 3번에 대한 시스템 콜 핸들러는 sys_read() 메서드다.

```
SYSCALL_DEFINE3(read, unsigned int, fd, char __user *, buf, size_t, count)
```

다음과 같이 ftrace 메시지와 메서드 선언부에서 보이는 인수를 확인할 수 있다.

```
sys_enter: NR 3 (1200011, 0, 0, 0, 76F85214, 0)
```

대부분의 시스템 콜 핸들러 메서드는 sys_라는 규칙으로 생성된다. 즉, 유저공간에서 호출한 read() 메서드의 시스템 콜 핸들러는 sys_read() 메서드임을 알 수 있다.

6.1.4 ftrace의 시각화

ftrace가 생성하는 정보가 많아서 바로 이해하고 분석하는 데 어려움이 있다. ftrace를 모니터링하고 시각화하는 오픈소스를 활용하면 복잡한 ftrace 시스템 콜에 대한 이해를 높일 수 있다. 추천하는 툴은 커널 샤크와 traceshark이다. Perfetto도 유용한 추적 시각화 도구다. 그림 6.12는 traceshark의 사용자 인터페이스이다.

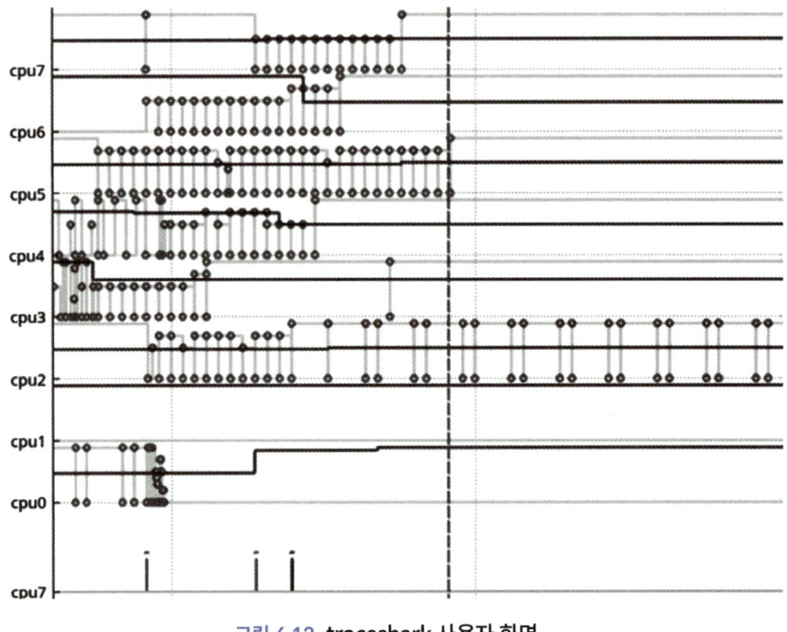

그림 6.12 **traceshark 사용자 화면**

커널에서 캡처할 수 있는 ftrace 및 perf 이벤트를 시각적으로 보여준다. 눈여겨볼 중요한 이벤트는 cpu_frequency, sched_process_fork, sched_switch, sched_wakeup 등이다.

한편, 그림 6.13은 Kubeshark에서 제공하는 서비스 맵이다. 쿠버네티스의 네트워크 구간별로 세부적인 지연을 측정하기 위해서는 Kubeshark가 유용하다.

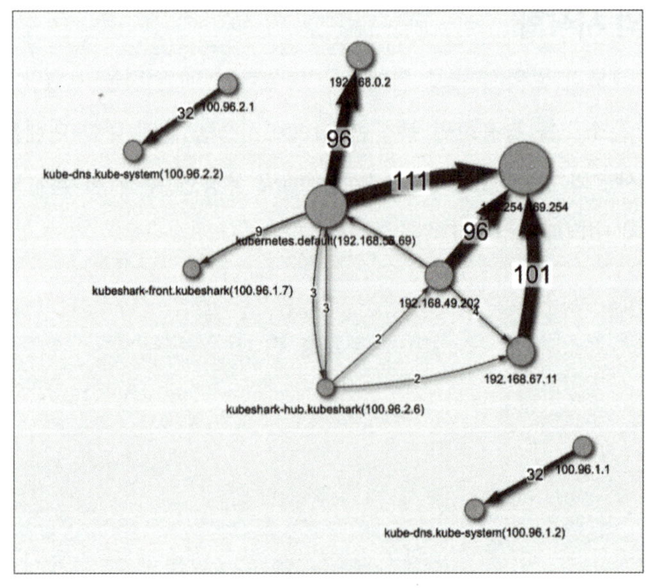

그림 6.13 **Kubeshark 사용자 화면**

Kubeshark, traceshark 등을 개별적으로 사용하는 것보다는, 근본 원인 분석의 과정에서 사용하는 방법을 이해하고, 관측 가능성이라는 큰 그림 내에서 필요한 일부분으로 활용해야 된다.

6.1.5 시스템 유틸리티

중요한 시스템 유틸리티를 간단히 언급만 하면, 먼저 스택 트레이스 수집에는 jstack(pstack)을 사용할 수 있다. CPU와 관련해서는 vmstat, lsof, perf, mpstat, top 등이 있고, 네트워크에서는 netstat, nslookup, tcpdump 등이 있다. 자바 관련 유틸리티로는 jstat, jmap이 있고, 끝으로 시스템 추적에는 strace, ftrace, KUtrace가 있다.

strace, ftrace, 스택 트레이스 등 프로파일 기술은 잘못 사용하면 오버헤드가 크므로 운영 환경에서 사용 시에는 주의가 필요하고, 트러블슈팅을 위해서만 제한적으로 사용해야 한다. 이러한 이유에서 eBPF가 대안이 될 수 있다. 개발 환경에서 strace, ftrace를 통해서 메서드를 식별하고, 운영 환경에서 eBPF를 사용해서 메서드의 지연을 추적하고 성능을 측정하는 것이 유용하다.

성능에 대한 개괄적인 이해를 위해서 perf, sar, vmstat 등 다양한 시스템 유틸리티를 활용할 수 있다. 우선 CPU 사용량을 이해하고, 다른 리소스를 차례대로 분석한다. 이어지는 다음 절에서 다시 설명할 것이다.

6.2 커널 작동 방식과 개발

리눅스 커널에서는 대부분의 시스템 유틸리티를 제공해주며, 이를 사용해서 시스템을 디버깅할 수 있다. 애플리케이션이 작동할 때의 메서드 호출 흐름과 자료구조를 알고 있어야 한다.

- 어떤 프로세스와 스레드가 메서드를 실행하는지에 대한 정보
- 메서드의 지연, 분포도, 처리량, 실행 시각

분산 추적에서 스팬 1개로 출력되지만, 하위 수준의 커널에서는 다수의 호출이 발생할 수 있다. 시스템 추적의 결과를 이해하고, 인프라의 근본 원인을 이해하기 위해서는, 리눅스 커널에 대한 이해가 필요하다. 오류나 장애가 발생했을 때, 무엇이 근본 원인인지 식별할 수 있어야 한다. 즉, 시스템 추적과 프로파일에 출력되는 대상을 식별할 수 있어야 한다.

스레드 상태, 콘텍스트, 스케줄링 등은 커널, 가상머신, 리액터 프레임워크에서 모두 사용되는 중요한 개념이다. 커널은 복잡하지만, 가상머신과 서버 프레임워크의 기초가 된다. 커널을 이해하면 추

후에 설명할 자바 가상머신 내용도 쉽게 이해할 수 있을 것이다. 자바 리액터처럼 응용 기술에 대한 이해도 중요하지만, 커널과 가상머신처럼 기반이 되는 기술을 이해하는 것이 중요하다고 강조하고 싶다.

6.2.1 커널의 주요 개념과 작동 방식

1 CPU와 IO

디스크가 IO를 처리할 때는 CPU 개입이 필요하지 않다. 디스크가 IO 요청을 처리하는 동안 운영체제는 CPU가 다른 작업을 수행하도록 스케줄링된다. 즉, IO와 CPU가 실행하는 작업은 서로 의존하지 않는 독립적인 두 작업이므로 병렬처리가 가능하다.

근본 원인 분석 시에는 부하를 이해하는 것이 선행되어야 한다. 다양한 시스템 유틸리티를 사용해서, 부하를 이해할 수 있다. 예를 들어 vmstat을 사용해 CPU 사용량을 모니터링하면 system, IO wait, user, idle 등으로 구분해서 측정할 수 있다. 세분화된 각 영역의 사용률에 따라 접근법이 달라진다.

2 스택 트레이스

스택 트레이스는 실행 중인 프로세스에 대한 세부 정보를 제공한다. 스택 트레이스에서 프로세스별 메서드의 리소스 사용량과 처리 시간을 집계한다. 가장 리소스를 많이 사용하는 프로세스와 메서드부터 분석해야 한다. 리소스를 적게 소비하고, 호출 횟수가 적은 프로세스와 메서드는 심각한 문제가 아닐 가능성이 높다. 가장 많이 리소스를 사용하는 프로세스가 문제를 일으킬 가능성이 높고, 문제를 해결하면 효과도 크다.

스택 트레이스에는 스레드 아이디(LWP_ID) 정보가 있고, 시스템 콜에도 스레드 아이디 정보가 있어 애플리케이션과 시스템 콜을 연계해서 분석할 수 있다. 예를 들어 CPU를 과도하게 사용하는 스레드가 발견됐을 때, 시스템 콜 모니터링에서는 해당 스레드가 무슨 일을 하는지 확인할 수 있고, 스택에서는 스레드의 역할은 무엇이고 어떤 코드를 수행 중인지 확인할 수 있다.

런큐(run queue)는 CPU에서 실행 중인 프로세스를 관리하는 스케줄링의 자료구조이다. 프로세스가 CPU에서 실행되려면 먼저 런큐에 삽입돼야 한다. 스케줄러는 런큐에 삽입된 프로세스 중에서 우선순위를 계산해서, 다음 프로세스를 선택하기 때문이다(스케줄러는 런큐 자료구조에 자주 접근해서 실행 대기 상태의 프로세스 목록을 확인하고, 스케줄링 관련 프로세스 정보를 확인한다). 스택 트레이스와 시스템 유틸리티를 사용하면 CPU를 점유하고 있는 프로세스는 무엇인지, 현재 런큐에서 대기 중인 프로세스의 개수를 알 수 있다.

스택 트레이스에서 유용한 정보는 스레드의 상태 정보이다. 해당 시점에 스레드가 무엇을 처리하는지 이해할 수 있다. 예를 들어 그림 6.14처럼 자바에서 스레드는 다양한 상태를 가지고 있다.

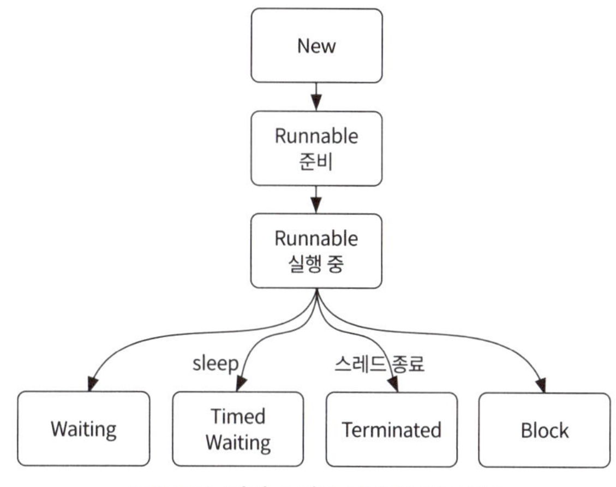

그림 6.14 **자바 스레드 상태의 전환 흐름**

자바의 경우, 런큐에 삽입된 후 실행을 기다리는 실행 대기 상태의 프로세스와 CPU를 점유하면서 실행 중인 프로세스가 모두 TASK_RUNNING 상태이다. 실행 대기와 실행 중 상태는 서로 다른 상태이지만, 자바에서는 TASK_RUNNING로만 출력하고, 스레드 상태를 상세하게 출력하지 않는다. 프로세스가 생성된 다음에는 TASK_RUNNING 상태로 바뀌면서, 자신을 런큐에 삽입한다. 스케줄러는 실행 대기 프로세스 중에서 우선순위가 가장 높은 프로세스를 선택한 다음, CPU에서 실행시킨다.

❸ 시스템 콜, 파일 지시자, 스케줄링

리눅스 디버깅의 기본은 시스템 콜이 유저공간에서 커널공간까지 어떤 흐름으로 작동하는지를 이해하는 것이다. 시스템 콜은 유저공간에서 작동 중인 애플리케이션에서 커널에게 어떤 서비스를 요청할 때, 실행을 시작한다. 시스템 콜의 세부 작동을 strace, ftrace로 디버깅하면, 시스템 콜을 실행할 때의 세부적인 인수와 반환값을 알 수 있다.

다음으로, 유닉스와 리눅스는 소켓이나 파일을 사용할 때 파일 지시자라는 것을 사용한다. 프로세스의 파일 지시자 사용 상태를 조회해보면, 시스템이 어떤 서버와 네트워크로 연동돼 있고, 어떤 파일을 이용해 작업을 하는지 출력하므로 프로세스에 대한 이해도를 높일 수 있다. 리눅스에서는 각 프로세스의 상태 정보가 관리되는 /proc/pid/fd, /proc/pid/fdinfo 디렉터리에서 파일 지시자 정보를 확인할 수 있다. 프로세스의 파일 지시자 상태 정보는 lsof 명령을 통해 조회할 수 있다.

스택 트레이스 정보와 통신 및 파일 상태 정보는 시점 정보이기 때문에, 파일을 계속 열고 있지 않고 순간적으로 열고 닫는 경우에는 상태 정보가 정확히 잡히지 않을 수도 있고, 읽고 쓰는 횟수와 양도 알 수 없다. 이러한 정보를 얻기 위해서는 통신과 파일 간에 발생하는 시스템 콜을 모니터링해야 한다. 시간 정보와 스레드 아이디 정보가 있어야만 스레드별 시스템 콜로 분류해, 어떤 서버나 파일 작업을 수행할 때 시간이 오래 걸렸는지 파악할 수 있다.

시스템 콜을 모니터링하기 전에 연 파일은 모니터링 결과에서 파일 지시자의 값만 보이기 때문에, 어떤 파일인지 알 수 없다. 이때 pfiles 같은 명령으로 프로세스의 통신과 파일 상태를 조회하면, 해당 파일 지시자값의 파일명과 호스트명과 포트 번호를 포함한 추가 정보를 확인할 수 있다.

마지막으로 CFS(Completely Fair Scheduler)는 실행 대기 상태인 프로세스들을 우선순위에 따라 최대한 공정하게 실행하는 스케줄러다. CFS는 프로세스마다 실행할 수 있는 단위 시간을 부여하는데, 이를 타임 슬라이스라고 부른다. 운영체제에서 쓰는 용어로서, 스케줄러가 프로세스에게 부여한 처리 시간을 의미한다. 프로세스는 주어진 타임 슬라이스를 모두 소진하면 콘텍스트 전환의 대상이 된다. 스케줄러 입장에서 타임 슬라이스는 프로세스의 처리 시간을 관리하기 위한 단위라고 볼 수 있다. 프로세스가 타임 슬라이스를 모두 소진하면, 스케줄러는 해당 프로세스가 선점 스케줄링이 될 대상이라고 마킹한다. 선점 스케줄링 대상으로 마킹된 프로세스는 콘텍스트 전환의 대상이 된다.

선점 스케줄링은 CPU에서 실행 중인 프로세스를 중단시키고, 우선순위가 높은 프로세스를 CPU에서 실행하는 방식이다. 선점 스케줄링으로 프로세스 실행을 관리하면, 우선순위가 높은 프로세스가 기다리는 빈도가 줄어들어, 시스템의 전반적인 응답 속도를 높일 수 있다.

커널이 선점 스케줄링을 시작하는 경우는 다음과 같다.

- **인터럽트 핸들링 후**: 인터럽트 핸들러를 실행한 후 실행을 멈춘 프로세스로 복귀하기 전
- **시스템 콜 핸들링 후**: 시스템 콜 메서드를 처리한 후 유저공간으로 복귀하기 직전

4 임계영역, 인터럽트, 타이머

임계영역이란 2개 이상의 프로세스가 동시에 실행하면, 동시 접근 문제를 일으킬 수 있는 코드 블록을 말한다. 즉, 1개의 프로세스만이 실행해야 하는 특정 코드 블록의 시작과 끝부분을 뜻한다. 임계영역에 2개 이상의 프로세스가 동시에 어떤 코드 연산을 수행하는 상황을 경합이라고 말한다. 1개의 프로세스만 임계영역을 실행하도록, 임계영역 구간에 록을 걸어 경합을 방지해야 한다. 커널은

이를 위한 다양한 기능을 지원하는데, 리늑스 커널에서 가장 많이 쓰는 방법은 스핀록과 뮤텍스이다.

리눅스 커널의 동작을 이해하려면 인터럽트의 세부 동작도 알 필요가 있다. 인터럽트는 주변 장치와 커널이 통신하는 방식 중 하나로, 주변 장치나 CPU가 자신에게 발생한 사건을 리눅스 커널에게 알리는 메커니즘이다. 외부에서 네트워크를 통해 패킷이 도착했음을 알리기 위해, 키보드가 눌렸음을 알리기 위해서 등 다양한 이유로 인터럽트가 발생된다.

인터럽트가 발생한 후, 조금 후에 인터럽트를 처리하는 코드를 실행하는 기법을 인터럽트 후반부 처리라고 말한다. 네트워크 패킷 통신이나 멀티미디어를 처리 시에 인터럽트 후반부 기법을 많이 적용한다. 리눅스 커널에서 제공하는 IRQ 스레드, soft IRQ, 태스크릿 등을 사용한다.

리눅스 커널은 패킷을 NIC에서 받은 단계에서 CPU에 대해 즉시 패킷을 처리하라고 명령한다. NIC 등의 하드웨어 장치에 대해 주기적인 확인을 하지 않고 인터럽트가 도착한 시점에만 프로세스 처리 순서에 끼어들어 처리함으로써 효율적으로 패킷 처리를 할 수 있다.

인터럽트 후반부 기법이 도입된 이유는, 인터럽트 핸들러는 짧고 간결하게 코드가 실행돼야 하기 때문이다. 인터럽트 핸들러에서 처리 시간이 오래 걸리면, 대부분의 시스템은 오작동하게 된다.

커널이 제공하는 타이머 메서드를 이용해 백그라운드 작업으로 다음과 같은 동작들이 수행된다.

- 스케줄링 메서드들은 커널이 제공하는 타이머 메서드를 사용해서 프로세스를 제어한다.
- 시스템 시간은 타이머 인터럽트를 받아 주기적으로 갱신된다.
- soft IRQ 타이머 서비스를 주기적으로 실행해 동적 타이머를 관리한다.

5 메모리와 디스크

자바의 OOM 문제가 발생하면, 대부분은 애플리케이션의 잘못된 개발과 구성, 버그 때문이다. 결국에는 풀 가비지 컬렉션이 발생하고, CPU 사용률이 급격하게 올라가게 된다. 자주 발생하는 장애이다. 메모리 덤프를 분석해서 누수가 발생하는 메서드를 찾을 수 있다. 다수 메모리 덤프를 실행하면 정상적인 서비스를 제공하기 어렵다. 지속적인 프로파일을 사용해야 한다. 플레임 그래프에서 정상인 경우와 비정상인 경우를 비교하면 문제가 되는 메서드를 식별할 수 있다.

스레드를 과도하게 생성하게 되면, 콘텍스트 전환이 자주 발생해서 지연이 증가한다. 새로운 스레드를 생성하기 위해서 리소스를 사용하다 결국 메모리가 부족하게 되고 쿠버네티스 파드가 다운되어 자동으로 재시작한다. 이 과정을 반복하게 된다. 근본 원인을 해결해야 하며, 스레드풀의 개수를 늘리거나 파드의 메모리를 늘리는 것은 해결책이 아니다. 플레임 그래프를 사용해서 코드 변경 전후를 처리 시간과 메모리 사용량을 비교하는 것은 문제 해결에 도움이 된다.

디스크 문제는 이론적인 설명보다는 운영 환경에서 발생한 장애 사례를 설명하면서 문제를 분석해보자. 장애 현상 예시는 다음과 같다.

- 카산드라 컴팩션이 실패했다.
- 카산드라 특정 노드의 CPU 사용률이 갑작스럽게 증가한다.
- 카산드라와 연계된 API 서버가 더 이상 사용자 요청을 처리하지 못한다.

해당 API 서버와 카산드라 클러스터에 관측 가능성이 구성되지 않아서, 원인 분석에 실패했다고 하자. 장애에 어떻게 접근하고, 근본 원인 분석을 시작해야 할까?

우선 컴팩션이 왜 실패했는지 원인을 분석한다. 메트릭에는 컴팩션이 실패했다고 출력되지만, 상태 이상과 무한 루프로 인해서, 컴팩션의 메트릭이 정상적으로 측정되지 않을 가능성도 있다. 카산드라 샤드가 다운되어서, 리밸런싱이 발생하고, 이로 인한 지연이 발생했다고 추측했다. 하지만 카산드라 샤드의 밸런싱 비율에는 문제가 없었다.

컴팩션이 어떠한 부하를 발생시키는지 이해할 필요가 있다. CPU보다는 IO와 연관이 있을 거라 추측이 되지만, CPU 사용률이 증가했다. 따라서 갑자기 증가하는 CPU 사용률을 분석해야 한다. 스택 트레이스 내 프로세스와 스레드를 분석하면, 스레드 이름을 확인할 수 있다. 즉, 프로파일을 통해서 자주 호출되고, 처리 시간이 오래 걸리는 메서드를 식별할 수 있다. 메서드의 호출 빈도와 지연이 증가하는 원인을 분석해야 한다. 카산드라의 버그, 혹은 가상머신과 커널의 버그일 수도 있으며, 패치가 필요할 수도 있다.

컴팩션의 요청 순서는 다음과 같다.

- 애플리케이션은 메서드를 호출한다.
- 시스템 콜을 호출한다.
- 파일시스템 내 가상 파일시스템이 처리된다.
- 디스크 IO 내 블록 처리 시스템이 처리된다.

어떠한 구간에서 컴팩션이 다운되는지 확인이 필요하다. 블록을 처리하는 과정은 off-CPU이고, wakeup 이벤트에 의해서 on-CPU로 상태가 변경되고, CPU를 사용한다. IO가 적고 CPU 사용률이 갑자기 증가하는 구간은 on-CPU 상태일 가능성이 높다. CPU로 인한 문제가 아니라면, IO를 분석해야 한다. 컴팩션은 파일시스템과 디스크 IO를 거쳐 물리적인 디스크로 전달된다. 파일시스템과 디스크 IO는 다수 처리 과정으로 구성되고, eBPF를 통해서 각 과정의 지연을 측정한다.

카산드라의 지연이 API 서버로 전파되어서 API 서버도 더 이상 새로운 요청을 처리하지 못했다. 따라서 API 서버의 스택 트레이스를 분석해야 한다. API 서버의 개별 스레드가 카산드라와 어떻게 통신하고 있는지, 스레드 상태와 스레드의 처리 시간 등을 분석한다.

6 네트워크

네트워크 애플리케이션은 유저공간의 코드에서 시작돼서, 커널공간의 코드와 네트워크 하드웨어를 거쳐 전달된다. 서버에서는 커널공간 코드로 수신되고, 최종적으로 유저공간의 코드로 전달된다. 지연은 유저공간의 코드에서 생성되지만, 클라이언트 커널 코드나 서버 커널 코드, 사용자 코드와 커널 코드, 네트워크 하드웨어 사이 인터페이스에서 지연이 생기기도 한다.

먼저 리눅스 커널 코드에서 송신과 수신이 어떻게 처리되는지 살펴보자.

- **데이터 송신**: 소켓이 만들어지면, 사용자는 그 소켓에 sys_write()를 요청하여 데이터를 전달할 수 있다. sys_write()는 파일 연산 구조에 등록된 sock_writev(), sock_aio_write()를 호출한다. 이 메서드는 socket 자료구조에서 ops 변수의 sendmsg에 등록된 메서드를 호출한다. TCP/IP를 사용한다고 가정하면, 등록된 메서드는 inet_sendmsg()이다. INET 층으로 진입한 것이다. INET 층은 sock 자료구조에서 prot 변수의 sendmsg라는 변수에 등록된 메서드를 호출한다. 여기에는 tcp_transmit_skb()라는 메서드가 등록되어 있다. 이 메서드는 sk_buff를 만들고, 필요한 초기화를 수행한 후 tcp_sock 자료구조의 af_specific 필드의 queue_xmit에 등록된 메서드를 호출한다. 여기에는 ip_queue_xmit() 메서드가 등록되어 있다. ip_queue_xmit() 메서드는 sk_buff 구조에 IP 헤더를 만들고, 네트워크 디바이스 이름으로 해당 net_device 구조체를 찾고 hard_start_xmit라는 필드에 등록된 메서드를 호출한다. 이를 위해 리눅스 커널은 dev_base 변수에서 시작하는 리스트를 통해 net_device 구조를 관리한다.
- **데이터 수신**: 사용자는 데이터 수신을 위해 소켓에 대해 sys_read()를 요청할 수 있다. sys_read()는 파일 연산 구조에 등록된 sock_readv()나 sodk_aio_read()를 호출한다. 이 메서드는 socket 자료구조에서 ops 변수의 inet_recvmsg에 등록된 메서드를 호출하며, 결국 sock_common_recvmsg() 메서드가 호출된다. INET 층으로 진입한 것이다. 이 메서드는 tcp_recvmsg()라는 메서드를 호출하며, TCP 층으로 진입하게 된다. 만일 sock에 수신한 sk_buff가 있으면 상위 계층으로 리턴한다. 한편 네트워크 디바이스 데이터가 수신되면 인터럽트가 발

생한다. 그러면 el3_interrupt()가 호출된다. 이 메서드는 수신된 데이터를 sk_buff로 만들어 net_device 구조에 추가하고, netif_wake_queue()를 호출하며 ip_rcv()가 수행되도록 한다. ip_rev()가 호출되면, IP 헤더를 보고 이 패킷이 자신에게 온 것인지 아니면 재전송해야 하는 것인지 결정한다. 자신에게 온 것이면 ip_local_deliver()를 호출하고, 재전송해야 하는 것이면, ip_forward()를 호출한다.

파라미터는 네트워크의 성능과 장애에 많은 영향을 준다. 잘못된 파라미터와 관리되지 않은 파라미터로 인해서 장애가 발생할 수 있으므로 주의해야 한다. 이어서 관련된 주요 개념을 차례로 알아보자.

TIME_WAIT

active closer와 passive closer가 있는데, 먼저 연결을 끊는 쪽을 active closer라고 한다. 누가 먼저 연결을 끊느냐가 중요한 이유는 active closer 쪽에 TIME_WAIT 소켓이 생성되기 때문이다. TIME_WAIT 소켓이 많아지면, 어떤 문제가 발생할까? 먼저 로컬 포트 고갈에 따른 애플리케이션 타임아웃이 발생할 수 있다. 리눅스에는 net.ipv4.ip_local_port_range라는 커널 파라미터가 있는데, 이 파라미터는 외부와 통신하기 위해 필요한 로컬 포트의 범위를 지정하는 역할을 한다.

커널은 프로세스가 외부와 통신하기 위해 소켓의 생성을 요청할 때, 해당 소켓이 사용하게 될 로컬 포트에 net.ipv4.ip_local_port_range에 정의된 값들 중 하나를 넘겨준다. 이때 모든 로컬 포트가 TIME_WAIT 상태에 있다면 할당할 수 있는 로컬 포트가 없기 때문에, 외부와 통신을 하지 못하게 되고, 이로 인해서 애플리케이션에서는 타임아웃이 발생할 수 있다. 그리고 잦은 TCP 연결 맺기와 끊기로 인해 서비스의 응답 속도 저하도 일어날 수 있다.

사용된 소켓을 active close하게 되면, TIME_WAIT 상태로 남는다. 그렇기 때문에 정상적인 상황이라면 해당 소켓은 TIME_WAIT 상태가 풀려서, 커널로 다시 돌아갈 때까지 다시 사용할 수 없다. 이런 식으로 다량의 로컬 포트가 TIME_WAIT 상태로 더 이상 사용할 수 있는 포트가 없어지면, 로컬 포트가 고갈되며 서버와 통신할 수 없게 된다.

로컬 포트 고갈에 대응할 수 있는 방법은 커널 파라미터를 이용하는 방법이다.

- **net.ipv4.tw_reuse**: 나갈 때 사용하는 로컬 포트에서 TIME_WAIT 소켓을 재사용할 수 있게 해주는 파라미터이다.
- **net.ipv4.tw_recycle**: 서버 입장에서 TIME_WAIT 소켓을 빠르게 회수하고, 재활용할 수 있게 해주는 파라미터이다.

keepalive

TIME_WAIT 소켓을 없앨 수는 없지만, 줄일 수 있는 방법은 keepalive이다. keepalive는 한번 맺은 세션을 요청이 끝나더라도 유지해주는 기능이다. 예를 들어 2초 간격으로 계속해서 GET 요청이 들어온다면, 2초마다 한 번씩 세션을 맺기보다는 하나의 세션을 연결해놓고, 그 연결을 유지하면서, 지속적으로 요청을 처리하는 것이 서버 리소스 활용 면에서도 경제적이다.

TCP keepalive를 유지하는 데 필요한 커널 파라미터는 다음과 같다.

- net.ipv4.tcp_keepalive_time
- net.ipv4.tcp_keepalive_probes
- net.ipv4.tcp_keepalive_intvl

커널 레벨에서 두 종단 간의 연결을 유지하는 기능이며, 이를 통해서 불필요한 TCP 핸드셰이크를 줄일 수 있다. 잘못된 커넥션 유지, 좀비 커넥션이라고 부르는 소켓을 방지하는 기능이다.

재전송

재전송과 관련된 커널 파라미터는 다수가 있다. 부적합하게 설정되어 있다면 장애가 발생할 수 있다. 재전송을 고려하여 다음과 같은 애플리케이션 타임아웃을 설정해야 한다.

- **커넥션 타임아웃**: TCP 핸드셰이크 과정에서 재전송이 일어날 경우 발생
- **읽기 타임아웃**: 맺어져 있는 세션을 통해서 데이터를 요청하는 과정에서 발생

최소한 한 번의 재전송은 견딜 수 있도록 애플리케이션에서의 타임아웃 중 커넥션 타임아웃은 3초, 읽기 타임아웃은 300 ms 이상으로 설정하는 것이 좋다.

네트워크 지연이라고 판단된다면 netstat, traceroute 등 시스템 유틸리티를 사용해서 원인 분석을 한다. 만약 해결하지 못하면 tcpdump와 와이어샤크를 사용해서 패킷을 분석하고, 서버 클라이언트 네트워크의 지연을 측정해야 한다. 테스트 환경에서 부하 테스트를 시작하고, 95% 분위수에 해당하는 트랜잭션의 지연 원인을 분석하는 것이 필요하다. tcpdump는 IP와 포트를 지정해서 패킷을 수집한다. 와이어샤크는 다양한 프로토콜의 패킷을 분석할 수 있다. 문제가 발생한 패킷에서 추적 아이디를 검색하는 것도 가능하다.

ulimit

ulimit는 프로세스가 사용할 수 있는 자원의 제한을 설정한다. MySQL과 같은 데이터베이스 애플

리케이션뿐만 아니라 대부분의 미들웨어는 효율적으로 처리하기 위해 파일의 읽고 쓰기를 처리한다. 많은 패킷을 처리하는 환경에서는 많은 연결이 생성되어 동시에 열리는 파일 수도 많아진다. 이러한 상황에서는 데몬이 갑자기 종료되어 장애가 발생할 수 있으므로 미리 제한값을 높여야 한다.

웹서비스를 운영할 때 자주 접하게 되는 값은 최대 오픈된 파일 개수다. 이것은 open(2) 플래그를 가진 프로세스가 열 수 있는 최대 파일 수다. 프로세스가 open(2) 플래그를 가진 파일을 열면, 리눅스 커널은 프로세스가 파일을 처리할 수 있는 인터페이스로 파일 지시자라고 불리는 숫자를 파일에 할당한다. 프로세스는 이 숫자를 지정하여 운영체제에 파일을 읽고 쓸 수 있다.

리눅스 커널에는 파일 지시자와 함께 파일의 상태를 관리하는 테이블이 있다. open(2)이 실행되면 파일 테이블에 항목이 추가되고, close(2)가 실행되면 항목이 삭제된다. 이 인터페이스를 사용하면 실제 파일을 읽고 쓰는 것은 물론, 시스템 콜 socket(2)을 통해 소켓을 사용할 수도 있다.

net.core.somaxconn

리눅스에서는 패킷을 수신할 때 listen(2) 시스템 콜을 사용해 소켓 연결을 대기하고 연결이 성공하면 accept(2)로 통신을 시작한다. 이때 accept(2)는 대기 중인 연결 요청 대기열에서 하나를 가져와 연결을 실시한다. TCP 소켓의 경우, listen(2)에서 다루는 소켓은 SYN 패킷을 수신하고 연결을 생성할 수 있는지 대기하는 역할을 한다.

이때 대기 중인 '연결 요청의 큐'를 백로그(backlog)라고 부르며, net.core.somaxconn은 이 대기열의 크기를 설정하는 커널 매개변수다. 백로그의 크기를 넘어서면 리눅스 커널은 새로운 연결을 할 수 없다고 간주해 패킷을 삭제한다. 그러므로 많은 HTTP 요청을 동시에 처리하는 환경에서는 자원이 충분해도 동시 접속을 처리하지 못할 수 있다.

net.ipv4.ip_local_port_range

클라이언트 측에서는 패킷 통신을 위해 포트가 필요하며, 이를 동적으로 할당하는 포트들을 임시 포트(ephemeral port)라고 한다. 리눅스 5.4에서는 기본으로 32768~60999번이 임시 포트의 영역으로 사용된다. 클라이언트 측에서는 임시 포트 중에서 사용할 수 있는 포트를 동적으로 할당해 사용한다.

서버가 MySQL과 같은 데이터베이스나 다른 시스템에 연결할 때 클라이언트 측에서도 이전에 사용한 포트를 재사용할 수 있다. 클라이언트 측에서 가능한 한 많은 처리를 수행하기 위해 최대한 많은 연결을 생성하려고 할 때 임시 포트를 고갈시킬 수 있다.

MTU

MTU(maximum transmission unit, 최대 전송 단위)는 해당 네트워크 인터페이스에서 전송할 수 있는 최대 크기다. MTU에 설정한 값보다 큰 패킷을 전송할 때는 MTU의 크기에서 분할해 전송한다.

MTU 최대 크기는 1500바이트였다. 하지만 통신 속도가 빨라지고 주고받는 파일 크기도 커지면서 1500바이트까지 분할해 전송하는 것은 분할 비용이 커졌다. 일반적으로 MTU를 9000바이트까지 확장할 수 있다.

마이크로서비스 운영 시에는 MTU 설정은 큰 효과가 없다. MTU는 패킷을 교환하는 클라이언트와 서버, 그 경로에 있는 네트워크 장비까지 모든 기기에 설정돼야 하므로 서버의 MTU를 9000바이트로 설정했다고 해도 네트워크 장비가 1500바이트인 경우 경로상의 네트워크 장비에 의해 1500바이트까지 패킷 분할이 실시된다.

6.2.2 커널 개발

문제 발생 시 개발로 해결하려고 하면 많은 시간과 비용이 소요된다. 그럼에도 하위 수준의 개발이 주는 장점은 강력하다. 하드웨어에서 애플리케이션까지의 처리 과정 과정은 그림과 같이 네 단계로 이루어진다.

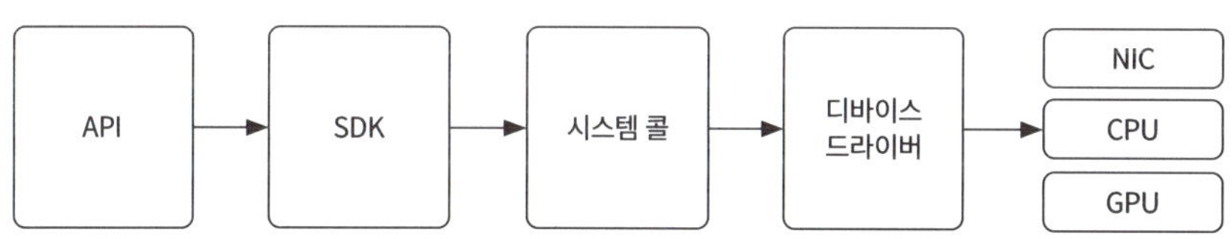

그림 6.15 **하드웨어에서 애플리케이션까지의 처리 과정**

KUtrace의 코드를 자세히 살펴보면, 이 네 단계와 유사한 구조로 되어 있고, 모듈로 개발되어 있다. KUtrace는 디바이스 드라이버, 시스템 콜, SDK, KUtraceAPI로 개발된 예제로 구성되어 있으며, 각 단계에서 이벤트를 수집하여 스팬을 생성한다.

모듈을 사용하면 커널을 적게 만드는 것이 가능하며, 커널에 새로운 기능을 추가할 때 커널 소스를 직접 컴파일할 필요가 없다. 커널공간에 반드시 필요한 기능들만을 구현해서, 커널을 가볍게 만들 수 있다. 일반적으로 콘텍스트 전환, 주소 변환, 시스템 콜, 디바이스 드라이버 등 주로 하드웨어와 밀접하게 관련된 기능들을 커널공간에 구현한다.

커널은 대부분이 하드웨어에 독립적이지만 디바이스 드라이버처럼 하드웨어에 의존하는 부분도 있다. 드라이버는 특정 하드웨어에 특화되어 있다.

❶ 모듈 개발

리눅스는 동적 커널 모듈이라고 불리는 메커니즘을 제공한다. 커널 대부분의 기능은 모듈로 구현될 수 있다. 예를 들어 파일시스템, 디바이스 드라이버, 통신 프로토콜, 새로운 시스템 콜 등이 모듈로 구현될 수 있다. 모듈은 필요할 때 동적으로 메모리에 적재되어 사용된다. 따라서 특정 커널 기능을 필요할 때만 커널공간에 적재하므로 메모리를 효율적으로 사용할 수 있다.

모듈은 커널공간에서 작동하며 커널 내부에 정의된 변수나 함수들을 사용한다. 따라서 모듈 프로그램을 작성할 때 커널이 사용하는 kernel.h와 module.h 헤더 파일을 삽입한다. 모듈은 커널에 적재될 때 자동으로 호출될 함수를 작성해줘야 한다.

```
int register_chrdev(unsigned int major, const char *name, struct file_operations *fops);
```

module_init(), module_exit() 매크로는 이러한 함수의 이름을 임의로 지정할 수 있도록 해준다. 결국 모듈이 시작될 때 hello_module_init()이 수행되고, 종료될 때 hello_module_exit() 함수가 수행된다. 두 함수는 printk()라는 커널 내부 함수를 이용해 문자열을 출력한다.

```
#include <linux/module.h>
#include <linux/kernel.h>
#include <linux/init.h>


static int __init my_init(void){
        printk("hello, kernel!\n");
        return 0;
}

static void __exit my_exit(void){
        printk("goodbye, kernel!\n");
}

module_init(my_init);
module_exit(my_exit);
```

이와 같이 세 개의 헤더 파일(linux/module.h, linux/kernel.h, linux/init.h)이 포함되어야 한다.

모듈을 처음 설치할 때 초기화되는 module_init과 모듈을 제거할 때 호출되는 module_exit가 module.h에 정의되어 있다. 이 매크로 함수의 매개변수를 정의한 함수에 전달할 수 있다. 다음과 같이 그 기능을 확인할 수 있다.

```
#define module_init(x)  __initcall(x);
...
#define module_exit(exitfn)                                     \
        static inline exitcall_t __maybe_unused __exittest(void)                \
        { return exitfn; }                                      \
        void cleanup_module(void) __copy(exitfn) __attribute__((alias(#exitfn)));
```

객체의 초기화는 생성자에서 이루어지고, 리소스 해제와 같은 마무리 작업은 소멸자에서 이루어진다.

printk는 커널 모듈로부터 메시지 내용을 출력하는 데 사용된다. 커널 메시지는 dmesg 명령을 통해 볼 수 있다.

코드를 작성했다면, makefile을 사용하여 컴파일해보자.

```
KERNDIR=/lib/modules/$(shell uname -r)/build
obj-m+=mymodule.o
objs+=mymodule.o
PWD=$(shell pwd)

default:
        make -C $(KERNDIR) M=$(PWD) modules

clean:
        make -C $(KERNDIR) M=$(PWD) clean
        rm -rf *.ko
        rm -rf *.o
```

2 디바이스 드라이버 개발

간단한 몇 가지 작업만으로 새로운 디바이스 드라이버를 추가하거나 기존의 디바이스 드라이버 내용을 변경할 수 있다. 특히 모듈 프로그래밍을 이용하면 기존 커널 코드의 수정이나 컴파일 없이 새로운 드라이버를 추가할 수도 있다.

모듈 개념이 존재하지 않았던 시절에 디바이스 드라이버를 만들었다면 커널이 변경되었기 때문에 커널을 다시 컴파일해야 했다. 커널 컴파일 과정은 시간이 많이 걸리는 작업이다. 모듈 개념이 도입된 이후에는 이러한 과정 없이 모듈을 설치하고 제거할 수 있게 되었다. 이 모듈은 장치를 등록하거나 등록을 취소할 수 있다.

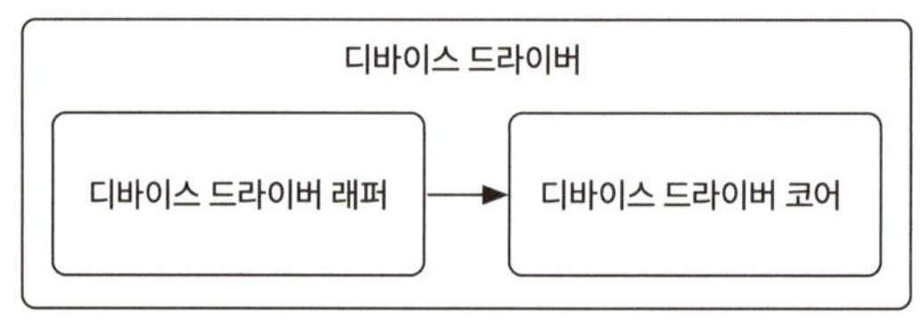

그림 6.16 **디바이스 드라이버의 구성**

디바이스 드라이버의 의미는 하드웨어로 존재하는 디바이스를 구동시키기 위한 소프트웨어를 부르는 말이다. 디바이스라는 하드웨어는 어떤 운영체제이건, 심지어 운영체제가 없는 환경에서도 사용될 수 있다.

운영체제마다 디바이스 드라이버를 관리하는 방식이 다르기 때문에, 운영체제에 상관없이 모두 작동하는 디바이스 드라이버를 만든다는 것은 어려운 일이다. 따라서 디바이스 드라이버를 작성할 때는 디바이스를 구동하기 위해 필요한 '하드웨어와 밀접한 코드'와 '운영체제와 관련된 코드'를 분리하는 것이 바람직하다. 리눅스의 디바이스 드라이버는 특정 하드웨어를 위한 디바이스 드라이버 코어, 그리고 그 코어를 리눅스에서 사용 가능한 형태로 만들어주기 위한 일종의 래퍼로 나뉜다.

- **디바이스 드라이버 코어**: 하드웨어 메뉴얼을 참조해여 해당 하드웨어의 특성에 맞도록 작성하게 된다.
- **디바이스 드라이버 래퍼**: 작성된 코어를 리눅스 커널이 알 수 있도록 커널에 등록시키고, 사용자 태스크가 장치 파일을 통해 접근할 수 있게 해주려면 사용자 태스크가 호출할 함수들과 코어의 함수를 연결시켜줘야 한다. 리눅스 커널은 드라이버 래퍼가 제공해야 할 함수들을 미리 정의해놓았다. 즉, 디바이스 드라이버 개발자는 어떤 함수를 사용자 태스크에게 제공해야 할지 고민할 필요 없이, 파일 오퍼레이션 자료구조에 이미 정의되어 있는 함수들에 대해서만 제공하면 된다.

3 GPU 처리 방식

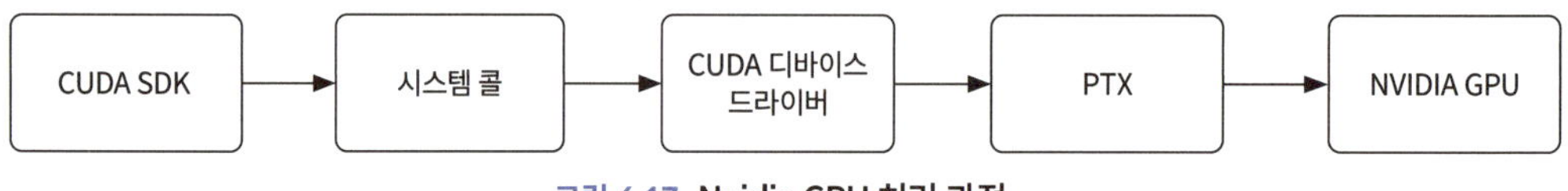

그림 6.17 **Nvidia GPU 처리 과정**

CPU와 유사하게, GPU 간의 성능을 비교하거나 문제점을 분석하는 경우 프로파일과 벤치마크 프로그램을 사용한다. GPU도 동일하게 CPU처럼 부동소수점 연산과 메모리 대역폭, 에너지 효율을 측정할 수 있다. 하지만 GPU의 특성상 CPU와 다른 방법으로 작동한다. GPU는 병렬처리에 강점이 있고, 수백 개의 코어에서 수천 개의 스레드를 동시에 처리한다.

KUtrace를 사용하면 하드웨어를 제외한 모든 처리 과정을 모니터링할 수 있다. 하드웨어에 문제가 있다고 생각되면 벤더가 제공하는 벤치마크와 프로파일을 사용하거나 특수 디버깅 도구를 사용하여 장비 결함과 오작동을 확인할 수 있다. 하드웨어에 문제가 있으면 결국 유저공간에 있는 애플리케이션으로 전파되지만, 최종 사용자 관점에서 하드웨어 문제를 식별하는 것은 좋은 방법이 아니다. 소프트웨어 결함이 의심되는 경우, KUtrace는 디바이스 드라이버, 시스템 콜 및 SDK의 시스템 추적을 분석함으로써 문제 해결에 큰 도움이 된다. 소프트웨어 결함이 아닌 경우, 하드웨어 프로파일이 유용하다.

무비용 콘텍스트 전환

CPU 기반 병렬처리 알고리즘의 경우 CPU 물리 코어 수보다 많은 수의 스레드를 사용하면 물리 코어 수만큼의 스레드를 사용하는 것 대비 더 낮은 성능을 보이는 경우가 많다.

하지만 GPU 알고리즘의 경우 코어 수보다 적게는 3~4배에서 많게는 10배 이상의 스레드를 사용하기를 권장한다. 그 이유 중 하나는 GPU는 콘텍스트 전환 비용이 0에 가깝기 때문이다. 블록 내 스레드는 SM의 레지스터 파일을 나누어서 사용하기 때문이다. 즉, 각 스레드는 자신만의 전용 작업 책상을 가졌다고 할 수 있다. 스레드가 잠시 일을 멈추더라도 스레드의 콘텍스트는 유지되며 다시 CUDA 코어를 할당받으면 다른 작업 없이 바로 연산을 시작할 수 있다. 그런 의미에서 콘텍스트 전환 부하가 없다고 말한다.

이러한 무비용 콘텍스트 전환은 스레드가 메모리로부터 데이터를 읽어오는 과정에서 발생하는 연산 지연을 숨기기 위해 많은 수의 스레드를 사용하는 전략에서 활용된다. 일반적으로 데이터 처리는 데이터를 읽거나 쓰기 위한 메모리 접근과 데이터로 계산을 수행하는 연산을 반복하는 구조다. 처리할 데이터를 읽어오거나 결과를 쓰기 위해 메모리에 접근하는 시간 동안 CUDA 코어와 같은 연산 장치는 아무 작업도 하지 못하고 쉬게 된다. 이처럼 메모리 접근 작업이 끝날 때까지 연산 코어가 대기하는 시간을 메모리 접근 대기 시간 또는 메모리 접근 지연 시간이라고 한다.

GPU의 경우 적게는 수백에서 많게는 수만 개의 코어를 갖는다. 이렇게 많은 수의 코어에 데이터를 동시에 공급하기는 어려운 일이며, 메모리 접근 대기 시간에 의해 많은 코어가 대기 상태에 놓

이게 된다. 효율 측면에서 이는 연산 자원이 낭비되는 것과 같다. 따라서 GPU의 병렬처리 능력을 최대한 활용하려면 메모리 접근 대기 시간을 최소화할 필요가 있다.

GPU는 CPU 대비 최신 메모리, 높은 대역폭의 메모리를 사용하고 있으며 이는 많은 수의 연산 코어에 데이터를 빠르게 공급하기 위한 전략 중 하나라고 말할 수 있다. 하지만 그 대가로 CPU 대비 메모리 크기가 작다.

메모리 접근 대기 시간

메모리 접근 대기 시간에 의한 연산 자원 낭비를 방지하기 위해 고대역폭 메모리를 사용하는 하드웨어 측면의 전략과 함께, CUDA에서 사용하는 소프트웨어 전략은 CUDA 코어 수보다 많은 수의 스레드를 사용하는 것이다. 실제로 CUDA 프로그램은 CUDA 코어 수 대비 적게는 수 배에서 많게는 수십 배 많은 스레드를 사용하는 것이 일반적이다. 이러한 전략의 기본 원리는 한 스레드가 메모리에 대기하는 동안 다른 스레드가 CUDA 코어를 사용하게끔 해서, CUDA 코어가 쉬지 않고 일할 수 있게 하는 것이다. 많은 수의 스레드를 사용하는 메모리 접근 대기 시간 숨기기 전략이다.

GPU에서 위와 같은 메모리 접근 대기 시간 숨기기 전략을 사용할 수 있는 이유는 GPU의 무비용 콘텍스트 전환 특성 때문이다. 하나의 CUDA 코어를 사용하는 스레드 사이의 잦은 전환이 필요하다. 만약 스레드 전환 사이에 콘텍스트 전환 비용이 크다면 그로 인해 메모리 접근 시간을 숨기는 장점이 상쇄되거나, 오히려 콘텍스트 전환 비용이 더 커질 수 있다.

6.3 eBPF

eBPF는 리눅스 관측 가능성에서 아주 유용한 기술이다. eBPF를 사용해서 커널을 계측하고, 커널의 문제점을 식별할 수 있다. PCP로 eBPF 기반 관측 가능성을 구성할 수 있다.

시스템 추적은 전체적인 처리 흐름을 이해하고, 문제를 식별하기에 유용하지만, 커널 코드 내 특정 메서드와 이벤트에서 발생하는 지연의 이유를 이해하는 것은 어렵다. 시스템 추적으로 문제의 범위를 좁히고 나면, 근본 원인에 더 가까이 접근할 수 있다. 다음 차례는 적은 오버헤드로 신속하게 메서드의 95분위수 지연, 호출 횟수, 콜 트리, 스택 트레이스 등으로 근본 원인을 정확히 이해하는 단계이다. 이를 위한 도구는 프로파일이며, eBPF 프로파일을 사용해서 하위 수준의 리눅스 커널 코드에서 이벤트와 메서드의 성능을 측정하고, 95분위수 지연을 식별할 것이다.

리눅스 커널이 자바 가상머신과 유사하다면, eBPF는 자바 에이전트와 비슷하다. 커널 안에 놓인

eBPF는 격리된 환경에서 코드 명령문을 실행한다. 그런 이유에서 eBPF는 고수준 프로그래밍 언어로부터 컴파일된 기계 코드를 실행하는 자바 에이전트와 비슷하다. 자바 에이전트에서 설명한 바이트코드 계측과 프로파일링하는 방법이 eBPF와 유사하기 때문이다.

자바 가상머신이 제공하는 엔트리 포인트, JIT 컴파일러, 클래스 로딩 등도 eBPF와 유사하다. 컴파일된 코드('eBPF 프로그램')는 eBPF 검증기를 거친다. 검증기는 코드가 커널에서 실행해도 안전한지 확인한다. 코드가 안전하다면, eBPF 프로그램이 커널에 적재된다. 리눅스 커널은 eBPF 명령문들을 위한 JIT 컴파일러도 갖추고 있다.

BPF 추적은 관측 가능성을 제공하기 위해 여러 이벤트 소스를 지원한다. 동적 계측을 사용하면 계측 지점을 애플리케이션에 주입할 수 있다. 동적 계측은 코드를 수정하지 않고 작동하기 때문에 계측을 사용하지 않을 때는 오버헤드가 발생하지 않는다. 일반적으로 메서드의 시작과 끝을 계측하는 데 사용된다.

주어진 eBPF 프로그램을 실행하려면, 커널은 먼저 그 프로그램을 붙일 실행 지점(엔트리 포인트)을 알아야 한다. 커널에 eBPF 프로그램을 붙일 수 있는 지점은 여러 개이며, 커널이 갱신되면서 계속 늘어나고 있다. 부착 가능한 실행 지점은 eBPF 프로그램의 유형에 따라 결정된다. 실행 지점이 결정되면, 커널은 그 프로그램이 커널로부터 자료를 받는 데 사용할 특별한 보조 메서드들을 활성화한다.

끝으로 eBPF 맵은 커널과 유저공간이 자료를 공유하는 데 사용되는 양방향 자료구조이다. 즉, 커널과 유저공간 모두 이 맵을 읽고 쓸 수 있다. eBPF에는 여러 자료구조가 쓰이는데, 단순한 배열로부터 해시 맵, 그리고 eBPF 프로그램 전체를 저장할 수 있는 특화된 맵 등 다양하다.

6.3.1 BCC와 bpftrace

eBPF 명령어를 직접 코딩하는 것은 어려운 일이기 때문에, 고급 언어를 이용해 eBPF 명령어를 코딩할 수 있게 해주는 도구가 개발되었다. BCC를 통해 eBPF 프로그램을 C로 작성할 수 있고, bpftrace는 자체적인 고급 언어를 제공한다. 2가지 도구 모두 eBPF로 컴파일하기 위해, 내부적으로는 LLVM IR과 LLVM 라이브러리를 이용한다. eBPF 명령어로 직접 프로그래밍하거나, LLVM IR을 이용해서 직접 프로그래밍하는 것은, BCC와 bpftrace 내부를 작업하는 개발자의 영역이다

BCC(BPF Compiler Collection)는 eBPF 사용을 위해 최초로 개발된 프레임워크다. 커널 eBPF 코드를 작성하는 데에는 C 언어 프로그래밍 환경을, 사용자 레벨 인터페이스를 작성하는 데에는 파이썬, C++ 프로그래밍 환경을 제공한다. BCC는 libbcc와 libbpf 라이브러리의 기원으로, eBPF 프로

그램으로 여러 이벤트를 계측할 수 있는 기능을 제공한다. bpftrace는 eBPF 도구를 개발하기 위한 고급 언어를 제공하는 새로운 개발 방법이다. bpftrace 코드는 아주 간결하고 신속하게 커널 성능 측정이 가능하다.

KUtrace는 커널 모듈을 사용해서 개발되었다. ftrace보다 KUtrace는 10배 정도 오버헤드가 적지만, 모듈로 개발되었으므로 태생적으로 한계가 있다.

eBPF를 성능 분석 도구에 접목시켜 사용하면, eBPF의 프로그래밍 능력을 활용해 사용자가 원하는 대로 성능을 분석할 수 있다. eBPF 프로그램을 사용해 사용자가 원하는 지연을 계산할 수 있고 원하는 방식으로 통계 요약을 수행할 수 있다. 예를 들어 히스토그램 생성이 커널 콘텍스트에서 이루어질 수 있기 때문에, 유저공간에 복사되는 데이터의 양을 크게 줄일 수 있다. 이로 인해 효율성이 향상되므로 운영 환경에서도 eBPF를 사용할 수 있다.

앞에서는 시스템 추적 위주로 인프라 관측 가능성을 설명했지만, 여기에서는 시스템 추적을 제외하고 기존 시스템 유틸리티와 eBPF만을 사용해서 인프라 관측 가능성을 설명하겠다.

- 리눅스 커널이 실행되는 대략적인 순서를 이해해야 한다. 큰 범위의 지연을 확인하고, 세부 구간을 식별하고, 구간별로 지연을 측정한다. 이미 설명한 ftrace, strace를 함께 사용한다.
- 애플리케이션을 통해 유저공간부터 추적하는 경우에는 strace를 사용해서 시스템 콜을 식별하고, 네트워크 패킷 수신처럼 커널공간을 추적하는 경우에는 ftrace를 사용해서 커널 메서드를 식별한다. ftrace를 사용하면 처리되는 메서드 호출 흐름, 커널의 세부 실행 정보를 식별할 수 있다. 인터럽트, 스케줄링, 커널 타이머 등의 상세 동작을 추적할 수 있다.
- 우선 BCC 사용을 권장한다. 유용한 BCC 도구로는 funclatency, funccount, stackcount 등이 있다. funccount와 funclatency를 사용해서 커널 코드에서 문제가 발생하는 메서드를 식별한다.
- 마지막으로 tracepoint로 계측한다. 처리 순서를 이해하고, 대상의 이벤트를 식별해야 한다. 이벤트를 정적 혹은 동적 계측하고 측정한다. 스레드 아이디와 심벌을 사용해서 추가적인 로직을 개발하고 tracepoint 로그를 확인한다. stackcount로 개선된 커널 메서드를 확인한다.

이제부터 eBPF의 BCC와 tracepoint를 사용해 메서드의 지연을 측정하는 방법에 대해서 자세히 설명한다.

1 tracepoint 분석

kprobe는 리눅스 커널 내에 존재하는 디버깅 시스템이다. kprobe를 사용하면, 커널 메서드의 시작점과 끝점에 원하는 프로그램을 동적으로 추가할 수 있고 이를 통해 커널의 코드 대부분에 접근할 수 있다. tracepoint는 1000개 이상의 이벤트를 계측할 수 있고, kprobe는 5000개 이상의 메서드를 계측할 수 있다. kprobe가 메서드 단위로 존재하는 동적인 포인트라면, tracepoint는 좀 더 정적으로 정의된 이벤트다. kprobe는 임의의 커널 내 영역에 붙일 수 있는 반면, tracepoint는 미리 약속된 포인트에 삽입되어 있다.

tracepoint는 커널의 계측 방법이고, tracepoint 커널 추적에는 추적할 수 있는 다양한 이벤트 클래스가 있다. 즉, tracepoint를 사용하면 커널 메서드의 계측을 쉽게 할 수 있다. 계측하고자 하는 메서드를 이해하고 있고 더 자세한 계측을 원하면, 이벤트보다는 메서드를 계측하는 것이 유용하다. 일단 이벤트를 검색해보고, 이벤트를 제공하는 경우에는 이벤트를 계측하고, 이벤트가 제공되지 않으면 메서드를 검색해서 계측하는 것이 올바른 계측 방법이다.

/sys/kernel/debug/tracing/events 디렉터리는 사용 가능한 추적 하위 시스템을 나타낸다. 개별 하위 시스템은 여러 이벤트를 정의할 수 있다. 예를 들어 net 하위 시스템은 다음과 같다.

```
$ sudo ls /sys/kernel/debug/tracing/events/net
enable                  netif_receive_skb
filter                  netif_receive_skb_entry
napi_gro_frags_entry    netif_receive_skb_exit
napi_gro_frags_exit     netif_receive_skb_list_entry
napi_gro_receive_entry  netif_receive_skb_list_exit
napi_gro_receive_exit   netif_rx
net_dev_queue           netif_rx_entry
net_dev_start_xmit      netif_rx_exit
net_dev_xmit            netif_rx_ni_entry
net_dev_xmit_timeout    netif_rx_ni_exit
```

enable 및 filter는 rw로 표시되어 있는 것을 알 수 있다. 짐작할 수 있듯이 enable 파일은 probe 또는 probe 세트를 활성화하기 위해서 사용된다. 적절한 enable 파일로 이벤트를 활성화할 수 있다. filter 표현식을 사용하여 이벤트를 필터링할 수도 있다.

```
$ sudo ls -al /sys/kernel/debug/tracing/events/net/netif_rx
total 0
drwxr-xr-x.  2 root root 0 Oct 18 10:20 .
drwxr-xr-x. 20 root root 0 Oct 18 10:20 ..
-rw-r--r--.  1 root root 0 Oct 18 10:20 enable
-rw-r--r--.  1 root root 0 Oct 18 10:20 filter
```

```
-r--r--r--.  1 root root 0 Oct 18 10:20 format
-r--r--r--.  1 root root 0 Oct 18 10:20 id
-rw-r--r--.  1 root root 0 Oct 18 10:20 trigger
```

몇 가지 추가 파일이 보이는데, 이 중 아이디(id)는 특정 tracepoint에 첨부하는 데 사용할 수 있는 고유 식별자이다.

```
$ sudo cat /sys/kernel/debug/tracing/events/net/netif_rx/id
1320
```

이 형식은 tracepoint에서 사용하는 필드를 설명한다. 각 tracepoint는 추적 도구에서 표시할 수 있는 메시지를 출력하며, 이를 위해 추적 인수로 채워지는 필드 집합을 정의한다.

```
$ sudo cat /sys/kernel/debug/tracing/events/net/netif_rx/format
name: netif_rx
ID: 1320
format:
    field:unsigned short common_type;   offset:0;   size:2; signed:0;
    field:unsigned char common_flags;   offset:2;   size:1; signed:0;
    field:unsigned char common_preempt_count;   offset:3;   size:1;signed:0;
    field:int common_pid;   offset:4;   size:4; signed:1;
    field:void * skbaddr;   offset:8;   size:8; signed:0;
    field:unsigned int len; offset:16;  size:4; signed:0;
    field:__data_loc char[] name;   offset:20;  size:4; signed:1;

print fmt: "dev=%s skbaddr=%p len=%u", __get_str(name), REC->skbaddr, REC->len
```

여기서 형식이 지정된 메시지에 장치 이름, skb 주소 등이 어떻게 표시되는지 확인할 수 있다.

tracepoint probe 유형은 커널의 정적 계측 포인트를 계측한다. 형식은 다음과 같다.

```
tracepoint:tracepoint_name
```

tracepoint_name 자리에는 tracepoint의 이름이 들어가며, 이것은 클래스와 이벤트 이름으로 구성된다. 예를 들어 net:netif_rx는 tracepoint_name에 해당하며, bpftrace에서 계측할 때는 tracepoint:netif_rx로 사용된다.

커널 코드에서 tracepoint를 찾는 방법을 살펴보자. 예를 들어 netif_rx tracepoint가 어디에 위치하는지 찾아보겠다. tracepoint는 trace_<tracepoint_name>을 통해 호출되는 것이 일반적이므로 trace_netif_rx()를 찾아야 한다. net/core/dev.c를 살펴보면 다음과 같다.

```
static int netif_rx_internal(struct sk_buff *skb)
{
        int ret;

        net_timestamp_check(netdev_tstamp_prequeue, skb);

        trace_netif_rx(skb);
```

tracepoint가 구조체 sk_buff *를 인수로 사용하여, 호출되는 것을 볼 수 있다. 이 sk_buff *에서 형식(format)에 설명된 필드가 채워지고, 형식이 지정된 추적 이벤트 출력에서 해당 필드값을 사용할 수 있다.

netif_rx tracepoint는 include/trace/events/net.h에 정의되어 있다. 각 tracepoint 정의는 다음과 같이 구성된다.

- **TP_PROTO**: tracepoint를 호출하는 데 사용되는 메서드 프로토타입. netif_rx()의 경우에 구조체는 sk_buff *skb이다.
- **TP_ARGS**: 인수 이름이다.
- **TP_STRUCT__entry 필드 정의**: tracepoint가 트리거될 때, 할당되는 필드에 해당한다.
- **TP_fast_assign**: 인수를 tracepoint(skb)로 가져와, 필드값(skb len, skb 포인터 등)을 설정한다.
- **TP_printk**: 해당 필드값을 사용하여 추적 메시지를 표시한다.

TRACE_EVENT를 통해 정의된 tracepoint는 위의 모든 것을 지정하지만, 필드, 할당 및 메시지를 공유하는 이벤트 클래스를 정의할 수도 있다. 실제로 netif_rx는 이벤트 클래스 net_dev_template에 속하므로 필드 할당과 메시지는 해당 이벤트 클래스에서 가져온다.

2 bpftrace 사용법

제공되는 도구가 다양하고, 이를 사용해서 여러 가지 조합이 가능하다. SRE에 따라서 문제를 식별하고 해결하는 절차가 다를 수 있다. 이 책에서 설명하는 것은 필자의 의견과 경험일 뿐 정답은 없다. 예시로 read 시스템 콜의 처리 시간을 측정해보겠다.

- **sys_enter_read**: read 시스템 콜의 시작 부분에 정의되며, read 시스템 콜의 인수를 캡처하여, 해시 맵에 저장하는 데 사용된다.
- **sys_exit_read**: read 시스템 콜의 종료 시 정의되며, read 데이터가 HTTP 트래픽인지 확인하고 이벤트를 전송하는 등 read 시스템 콜의 결과를 처리하는 데 사용된다.

이미 오픈텔레메트리 익스텐션을 개발하면서, 메서드의 전후로 코드를 주입하고 처리 시간을 측정하는 법을 설명했다. 자바의 클래스 로딩을 통해, 계측하고자 하는 엔트리 포인트와 메서드를 선택해서 바이트코드를 계측했다. tracepoint를 사용하는 eBPF도 오픈텔레메트리 익스텐션과 유사한 방법으로 계측할 수 있다.

```
tracepoint:syscalls:sys_enter_read
{
  @start[tid] = nsecs;
}

tracepoint:syscalls:sys_exit_read / @start[tid] /
{
  @times = hist(nsecs - @start[tid]);
  delete(@start[tid]);
}
```

다음과 같이 히스토그램 형식의 결과를 확인할 수 있다.

```
Attaching 2 probes...
 ^C

 @times:
 [256, 512)          326 |@                                                   |
 [512, 1k)          7715 |@@@@@@@@@@@@@@@@@@@@@@@@@@                          |
 [1k, 2k)          15306 |@@@@@@@@@@@@@@@@@@@@@@@@@@@@@@@@@@@@@@@@@@@@@@@@@@@@|
 [2k, 4k)            609 |@@                                                  |
 [4k, 8k)            611 |@@                                                  |
 [8k, 16k)           438 |@                                                   |
 [16k, 32k)           59 |                                                    |
 [32k, 64k)           36 |                                                    |
 [64k, 128k)           5 |                                                    |
```

❸ 커널 코드 분석

자바 바이트코드 계측에 익숙하다면, tracepoint는 계측을 위한 다른 접근법을 경험할 수 있게 해준다. tracepoint를 커널 정적 계측에 사용하는 것이다. 이것은 개발자가 커널 코드의 논리적 위치에 삽입한 호출을 추적하는 것인데, 이 호출은 이후에 커널 바이너리로 컴파일된다.

사용 사례로 sched:sched_process_exec를 살펴보겠다. 리눅스 유틸리티 프로그램을 실행할 때, 프로세스는 fork()와 exevc() 시스템 콜 메서드를 호출한다.

- **sched_process_fork**: 프로세스 생성
- **sched_process_exec**: 프로세스 실행
- **sched_process_exit**: 프로세스 종료
- **sched_process_free**: 프로세스 자원 해제

메서드의 이름은 sys_execve()이다. sys_execve() 메서드는 execve 시스템 콜의 핸들러 메서드이므로 유저공간에서 execve() 시스템 콜을 발생했다는 것을 알 수 있다. 이 정보를 토대로 fork() 시스템 콜 이후에 execve() 시스템 콜을 유저공간에서 실행했다는 사실을 알 수 있다. /kernel/syscalls/sys_execve.c에서 코드를 확인할 수 있다.

```
int sys_execve(const char *path, char *const argv[], char *const envp[]) {
  int fd = sys_open(path);
  if(fd < 0) return fd;
  process p;
  int ret = load_binary(fd, &p);
  if(ret < 0) return ret;
  sys_close(fd);
  if(create_elf_info(&p, argv, envp)) return -EFAULT;

  asm volatile(
    "mov [rip + kernel_stack], rsp;"

    "xor rbp, rbp;"
    ".byte 0x48;"
    "sysretq"
    :: [entry]"r"(p.entry + p.load_addr), [rsp]"r"(p.rsp)
    : "r11", "rcx"
  );

  return -EPERM;
```

include/trace/events에는 tracepoint를 위한 헤더 파일들이 있다. 다음은 sched.h에 포함되어 있다.

```
#define TRACE_SYSTEM sched
...
TRACE_EVENT(sched_process_exec,
  TP_PROTO(struct task_struct *p, pid_t old_pid,
    struct linux_binprm *bprm),
  TP_ARGS(p, old_pid, bprm),
  TP_STRUCT__entry(
    __string( filename, bprm->filename)
    __field( pid_t, pid )
    __field( pid_t, old_pid )
  ),
  TP_fast_assign(
    __assign_str(filename, bprm->filename);
    __entry->pid = p->pid;
    __entry->old_pid = old_pid;
  ),
  TP_printk("filename=%s pid=%d old_pid=%d", __get_str(filename),
    __entry->pid, __entry->old_pid)
);
```

이 코드는 TRACE_SYSTEM을 sched로 지정했고, tracepoint 이름을 sched_process_exec로 지정했다. 그다음 줄은 메타데이터를 지정하는데, 이 중에는 TP_printk()의 형식 문자열도 있다. /sys에 위치한 ftrace 프레임워크의 각 tracepoint에 대한 형식 파일들을 통해 런타임에서도 확인할 수 있다. 예를 들면 다음과 같다.

```
# cat /sys/kernel/debug/tracing/events/sched/sched_process_exec/format
name: sched_process_exec
ID: 298
format:
    field:unsigned short common_type; offset:0; size:2; signed:0;
    field:unsigned char common_flags; offset:2; size:1; signed:0;
    field:unsigned char common_preempt_count; offset:3; size:1; signed:0;
    field:int common_pid; offset:4; size:4; signed:1;
    field:__data_loc char[] filename; offset:8; size:4; signed:1;
    field:pid_t pid; offset:12; size:4; signed:1;
    field:pid_t old_pid; offset:16; size:4; signed:1;

print fmt: "filename=%s pid=%d old_pid=%d", __get_str(filename), REC->pid, REC->old_pid
```

추적 도구는 tracepoint와 연관된 메타데이터를 이해하기 위해, 이 형식 파일을 사용한다.

tracepoint는 fs/exec.c의 커널 코드에 있는 trace_sched_process_exec()를 통해 호출된다. 시

스템 콜 핸들러인 sys_execve() 메서드가 호출된 후, exec_binprm() 메서드가 실행된다. trace_sched_process_exec() 메서드는 tracepoint의 위치를 표시한다. /fs/exec.c에서 코드를 확인할 수 있다.

```
static int exec_binprm(struct linux_binprm *bprm)
{
  pid_t old_pid, old_vpid;
  int ret;

  old_pid = current->pid;
  rcu_read_lock();
  old_vpid = task_pid_nr_ns(current, task_active_pid_ns(current->parent));
  rcu_read_unlock();
  ret = search_binary_handler(bprm);
  if (ret >= 0) {
    audit_bprm(bprm);
    trace_sched_process_exec(current, old_pid, bprm);
    ptrace_event(PTRACE_EVENT_EXEC, old_vpid);
    proc_exec_connector(current);
}
```

프로세스가 실행을 시작하는 동작을 ftrace의 sched_process_exec 이벤트로 출력한다.

4 BCC 도구

BCC는 도구의 개수가 많고, 사용법에 대한 이해도 필요하다. 몇 가지 BCC 도구만 예를 들어 살펴보겠다. 깃허브 저장소(https://github.com/iovisor/bcc/blob/master/tools)에서 전체 도구 목록을 볼 수 있다. 모든 도구를 자세히 이해하는 것은 어렵겠지만, 대략적인 목록과 기능은 이해하고 있어야 나중에 신속하게 활용이 가능할 것이다.

runqlat

runqlat는 CPU 스케줄러 지연을 측정하는 BCC와 bpftrace 도구다(CPU 스케줄러 지연은 흔히 실행 대기열 지연이라고 한다). 이 도구는 서비스할 수 있는 것보다 더 많은 CPU 리소스를 요구하는 경우 CPU 포화 이슈를 찾아내서 정량화하는 데 유용하다. runqlat이 측정하는 메트릭은 각 스레드가 CPU에서 자신의 순서를 기다리면서 소모하는 시간이다.

runqlat는 프로세스가 깨어나서 실행 상태가 되기까지의 시간을 알아내기 위해, 스케줄러 wakeup과 콘텍스트 전환 이벤트를 계측함으로써 작동한다. 이들 이벤트는 운영 환경에서는 초당 100만 이벤트를 초과할 정도로 아주 빈번하게 발생할 수 있다.

runqlen

CPU 실행 대기열의 길이를 샘플링하는 BCC와 bpftrace 도구로, 얼마나 많은 작업이 순서를 기다리고 있는지 집계하고, 이것을 히스토그램으로 보여준다. 이 도구는 실행 대기열 지연 문제의 특징을 식별하거나, 간단하게 계산해보는 데 사용할 수 있다.

실행 대기열 길이를 이차적인 성능 메트릭, 그리고 실행 대기열 지연을 주요 성능 메트릭으로 칭한다. 대기열의 길이와는 달리, 지연은 직접적으로 성능에 영향을 준다. runqlen은 runqlat에서 발견한 이슈의 특성을 더 심도 있게 밝히고, 지연이 어떻게 해서 늘어나는지 설명할 수 있다. runqlen은 99 Hz 주기로 정주기 샘플링을 사용하는 반면, runqlat는 스케줄러 이벤트를 추적한다. 이 샘플링은 runqlat의 스케줄러 추적에 비하면 무시할 수 있는 수준의 오버헤드가 발생한다. 일반적인 운영 환경에서는 이슈를 확인하기 위해 runqlen을 먼저 사용하고, 그다음으로 지연을 수치화하기 위해 runqlat 애드혹 분석을 사용하는 것이 좋다.

funclatency

메서드 지연은 커널 및 유저공간 애플리케이션 모두의 성능 분석에서 중요한 지표이다. 특정 메서드가 실행되는 데 걸리는 시간에 대한 인사이트를 제공한다. funclatency는 메서드의 entry point와 exit point에 연결하여 메서드의 지연을 측정하도록 설계된 eBPF 프로그램이다. 이 프로그램은 커널 메서드의 경우 kprobes 및 kretprobes를, 유저공간 메서드의 경우 uprobes 및 uretprobes를 사용하여 메서드 실행의 시작 및 종료 시간을 측정한다.

- **entry 메서드**: 메서드가 입력될 때 현재 타임스탬프를 측정하여, 프로세스 아이디로 키가 지정된 시작 맵에 저장한다.
- **exit 메서드**: 현재 시간에서 저장된 시작 시간을 빼서 지연을 계산한다. 그런 다음 결과는 히스토그램으로 분류되어, 해당 지연 범위의 발생을 기록하기 위해 증분된다.

funclatency는 유저공간과 커널공간 모두에서 측정이 가능하다. 유저공간 또는 커널공간에서 지정된 메서드의 실행을 추적하고, 관찰된 지연의 히스토그램을 출력하여 메서드 처리 시간의 분포를 보여준다. 예를 들어 libc 라이브러리의 read 메서드 같은 유저공간 메서드의 지연을 추적하려면, 다음 명령을 실행하면 된다.

```
# ./funclatency /usr/lib/x86_64-linux-gnu/libc.so.6:read
```

vfs_read와 같은 커널공간 메서드의 지연을 추적하려면, 다음 명령을 실행한다.

```
# ./funclatency -u vfs_read
```

6.3.2 PCP

BCC 도구와 시스템 콜의 결과를 히스토그램과 히트맵, 플레임 그래프로 시각화할 수 있는 설루션은 많지 않다. PCP(Performance Co-Pilot)는 그라파나와 통합되어 있으며, 이를 활용하면 다양한 차트로 eBPF 대시보드 구성이 가능하다. 예를 들어 그라파나 대시보드에서 애플리케이션 프로파일 차트와 함께 변수를 적용하는 등 다양한 상관관계의 구성이 가능하다.

PCP는 기본적으로 메트릭을 제공하며, 자체 플러그인이나 에이전트를 사용하여 확장이 가능하다. 또한 PCP의 스테이트리스 모델은 가볍고 강력하다. 클라이언트가 상태 관리, 샘플링 레이트와 계산을 모두 처리하기 때문에, 호스트에서의 오버헤드는 무시할 수 있는 수준이다. 메트릭은 호스트 간에 합산되거나 사용자의 브라우저 세션 바깥에서 지속되지 않기 때문에, 프레임워크가 가볍게 유지된다.

1 PCP 구성 요소

PCP를 데이터 소스로 사용하면, 그라파나를 통해 PCP에서 제공하는 BCC, bpftrace 대부분의 메트릭을 시각화할 수 있다. 과거 데이터를 보여주는 것도 가능하며, 실시간 메트릭 데이터를 보여주는 것도 가능하다.

PCP에는 데이터 소스, 서버 프로세스, 대시보드 3개 구성 요소가 있다. 데이터 소스는 실시간, 히스토리 데이터를 제공한다. 서버 프로세스는 데이터 소스에서 데이터를 수집하고, 대시보드로 데이터를 전송한다. 대시보드는 플레임 그래프, 히스토그램 등 차트를 출력한다.

PCP 데이터 소스의 유형은 다음과 같다.

- **PCP 레디스 데이터 소스**: 빠르고, 확장 가능한 시계열 기능을 제공한다. 여러 호스트에 걸쳐 히스토리컬 데이터를 쿼리하기 위한 것이며, 레이블을 기반으로 한 필터링을 지원한다. 쿼리를 프록시로 보내고, 프록시는 레디스 데이터베이스에서 메트릭을 쿼리한다.
- **PCP 벡터 데이터 소스**: 실시간 호스트 메트릭을 보여준다. 이는 개별 호스트, 컨테이너 지원을 포함한다. PCP 벡터 데이터 소스는 프록시에 연결되어, 데몬에서 직접 라이브 메트릭을 요청한다. 이 경우 메트릭은 브라우저에 임시로 저장되며, 브라우저 탭을 새로 고치면 메트릭값이 손실된다.

- **PCP bpftrace 데이터 소스**: bpftrace 스크립트를 사용한 시스템 검사를 지원한다. bpftrace 에이전트에 연결하고, 호스트에서 bpftrace 스크립트를 실행한다.

bpftrace 데이터 소스를 사용하는 프로세스를 그림으로 나타내면 다음과 같다.

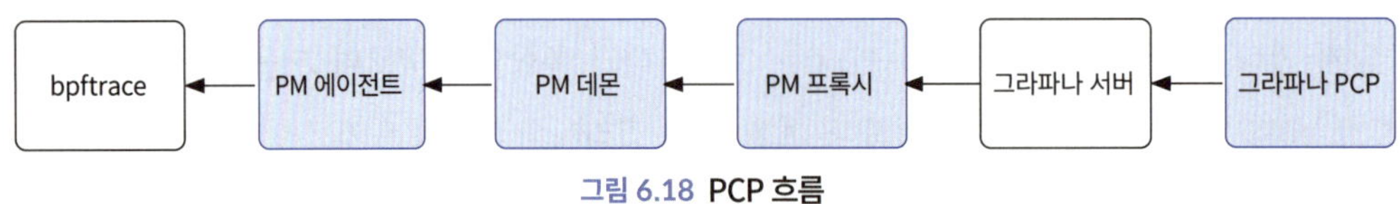

그림 6.18 **PCP 흐름**

서버 프로세스는 에이전트, 데몬, 프록시, 로거 등 다양한 데몬으로 구성되어 있다.

- 모니터링되는 호스트는 에이전트와 통신하는 데몬을 실행한다.
- 데몬은 PCP의 핵심 구성 요소다. 일반적으로 대상 호스트에서 실행되며, 수많은 에이전트의 메트릭 수집을 관리한다.
- 로거 데몬은 데몬의 메트릭을 기록하고. 이를 스토리지에 저장한다.
- 프록시는 로거에 의해 생성된 새로운 데이터를 검색하고, 이를 레디스에 저장한다.
- 프록시는 프로메테우스 익스포터다. PCP는 프로메테우스 기반의 메트릭을 제공한다. /metrics에서 메트릭을 스크레이핑할 수 있다. 일반적인 프로메테우스 스크레이핑과 동일하다.

노드 익스포터의 경우에는 기본적으로 제공되는 기능도 복잡하며, 필요한 기능을 추가하는 것도 어렵다. PCP를 사용하면 원하는 기능을 쉽게 추가하고 그라파나로 시각화가 가능하다. 관측 가능성 비용을 절감하고, 상세한 커널 자료를 원한다면 노드 익스포터보다 PCP를 추천한다. 예를 들어 노드 익스포터가 제공하는 메트릭 개수가 많고, 때로는 특정 메트릭은 필요하지 않을 수도 있다. 노드 익스포터에서도 필요하지 않은 메트릭을 제외할 수 있다. PCP는 커널 수준에서 새로운 기능을 추가하고, 변경하는 것이 간단한다.

프록시는 프로메테우스 익스포터이다. 그림 6.19처럼 /metrics에서 메트릭을 스크레이핑할 수 있다. PCP는 오픈메트릭 등 다양한 방법으로 메트릭을 외부에 제공해준다.

PCP 대시보드의 경우 그라파나 PCP 플러그인을 사용하여 그라파나 대시보드로 메트릭을 분석할 수 있다. 히스토리컬과 실시간 메트릭을 사용할 수 있다. 벡터 데이터 소스를 사용하면 실시간 호스트 메트릭을 출력하고, 레디스 데이터 소스를 사용하면 여러 호스트에 대한 히스토리컬 메트릭을 출력한다.

PCP의 장점은 bpftrace 원라이너를 작성하고 결과를 대시보드에 출력할 수 있다는 점이다. 익스포터의 제약을 넘어서 특정 애플리케이션에 최적화된 성능 측정이 가능하다.

```
# TYPE kvm_efer_reload counter
kvm_efer_reload{hostname="localhost.localdomain",machineid="e95c31c264ab40ea9d659932ca428e78",domainname="localdomain"} 0
# PCP5 kvm.exits 95.0.1 u64 PM_INDOM_NULL counter count
# HELP kvm_exits Number of guest exits from I/O port accesses.
# TYPE kvm_exits counter
kvm_exits{hostname="localhost.localdomain",machineid="e95c31c264ab40ea9d659932ca428e78",domainname="localdomain"} 0
# PCP5 kvm.fpu_reload 95.0.2 u64 PM_INDOM_NULL counter count
# HELP kvm_fpu_reload Number of reload fpu(Float Point Unit).
# TYPE kvm_fpu_reload counter
kvm_fpu_reload{hostname="localhost.localdomain",machineid="e95c31c264ab40ea9d659932ca428e78",domainname="localdomain"} 0
# PCP5 kvm.halt_attempted_poll 95.0.3 u64 PM_INDOM_NULL counter count
# HELP kvm_halt_attempted_poll Number of times the vcpu attempts to polls.
# TYPE kvm_halt_attempted_poll counter
kvm_halt_attempted_poll{hostname="localhost.localdomain",machineid="e95c31c264ab40ea9d659932ca428e78",domainname="localdomain"} 0
# PCP5 kvm.halt_exits 95.0.4 u64 PM_INDOM_NULL counter count
# HELP kvm_halt_exits Number of guest exits due to halt calls.
# TYPE kvm_halt_exits counter
kvm_halt_exits{hostname="localhost.localdomain",machineid="e95c31c264ab40ea9d659932ca428e78",domainname="localdomain"} 0
# PCP5 kvm.halt_successful_poll 95.0.5 u64 PM_INDOM_NULL counter count
# HELP kvm_halt_successful_poll The number of times the vcpu attempts to polls successfully.
# TYPE kvm_halt_successful_poll counter
kvm_halt_successful_poll{hostname="localhost.localdomain",machineid="e95c31c264ab40ea9d659932ca428e78",domainname="localdomain"} 0
# PCP5 kvm.halt_wakeup 95.0.6 u64 PM_INDOM_NULL counter count
# HELP kvm_halt_wakeup Number of wakeups from a halt.
# TYPE kvm_halt_wakeup counter
kvm_halt_wakeup{hostname="localhost.localdomain",machineid="e95c31c264ab40ea9d659932ca428e78",domainname="localdomain"} 0
# PCP5 kvm.host_state_reload 95.0.7 u64 PM_INDOM_NULL counter count
# HELP kvm_host_state_reload Number of full reloads of the host state
# TYPE kvm_host_state_reload counter
kvm_host_state_reload{hostname="localhost.localdomain",machineid="e95c31c264ab40ea9d659932ca428e78",domainname="localdomain"} 0
# PCP5 kvm.hypercalls 95.0.8 u64 PM_INDOM_NULL counter count
# HELP kvm_hypercalls Number of guest hypervisor service calls.
# TYPE kvm_hypercalls counter
kvm_hypercalls{hostname="localhost.localdomain",machineid="e95c31c264ab40ea9d659932ca428e78",domainname="localdomain"} 0
# PCP5 kvm.insn_emulation 95.0.9 u64 PM_INDOM_NULL counter count
# HELP kvm_insn_emulation Number of insn_emulation attempts.
# TYPE kvm_insn_emulation counter
kvm_insn_emulation{hostname="localhost.localdomain",machineid="e95c31c264ab40ea9d659932ca428e78",domainname="localdomain"} 0
# PCP5 kvm.insn_emulation_fail 95.0.10 u64 PM_INDOM_NULL counter count
# HELP kvm_insn_emulation_fail Number of failed insn_emulation attempts.
# TYPE kvm_insn_emulation_fail counter
kvm_insn_emulation_fail{hostname="localhost.localdomain",machineid="e95c31c264ab40ea9d659932ca428e78",domainname="localdomain"} 0
# PCP5 kvm.invlpg 95.0.11 u64 PM_INDOM_NULL counter count
# HELP kvm_invlpg Number of invlpg attepts.
# TYPE kvm_invlpg counter
kvm_invlpg{hostname="localhost.localdomain",machineid="e95c31c264ab40ea9d659932ca428e78",domainname="localdomain"} 0
```

그림 6.19 **PCP의 메트릭**

이어서 bpftrace를 함께 사용하여 하위 수준의 커널 메트릭을 그래프로 표시하는 방법을 살펴보겠다. 커널의 값을 bpftrace 스크립트의 eBPF 맵으로 가져올 수 있는 경우, PCP를 사용하여 이를 그래프로 표시할 수 있다.

❷ PCP 데모

데모는 레드햇 리눅스에서 다음과 같은 순서대로 진행한다.

```
$ setenforce 0
```

BCC를 설치한다.

```
$ ./Install
[Sun Sep 10 08:18:15] pmdabcc(79912) Info: Initializing, currently in 'notready' state.
[Sun Sep 10 08:18:15] pmdabcc(79912) Info: Enabled modules:
[Sun Sep 10 08:18:15] pmdabcc(79912) Info: ['netproc', 'runqlat', 'biolatency', 'tcptop',
'tcplife']
```

```
[Sun Sep 10 08:18:15] pmdabcc(79912) Info: Configuring modules:
[Sun Sep 10 08:18:15] pmdabcc(79912) Info: netproc
[Sun Sep 10 08:18:15] pmdabcc(79912) Info: runqlat
[Sun Sep 10 08:18:15] pmdabcc(79916) Info: biolatency
[Sun Sep 10 08:18:15] pmdabcc(79916) Info: tcptop
[Sun Sep 10 08:18:15] pmdabcc(79916) Info: tcplife
[Sun Sep 10 08:18:15] pmdabcc(79916) Info: Helpers registered.
Updating the Performance Metrics Name Space (PMNS) ...
Terminate PMDA if already installed ...
Updating the PMCD control file, and notifying PMCD ...
Check bcc metrics have appeared ... 1 warnings, 1 metrics and 0 values
```

설치된 BCC 모듈을 확인한다.

```
$ pminfo bcc
bcc.disk.all.latency
bcc.runq.latency
bcc.proc.io.net.tcp.duration
bcc.proc.io.net.tcp.rx
bcc.proc.io.net.tcp.tx
bcc.proc.io.net.tcp.dport
bcc.proc.io.net.tcp.daddr
bcc.proc.io.net.tcp.lport
bcc.proc.net.udp.recv.calls
bcc.proc.net.udp.send.bytes
bcc.proc.net.udp.send.calls
bcc.proc.net.tcp.recv.bytes
bcc.proc.net.tcp.recv.calls
bcc.proc.net.tcp.send.bytes
bcc.proc.net.tcp.send.calls
```

bpftrace를 설치한다.

```
$ cd /var/lib/pcp/pmdas/bpftrace && sudo ./Install
Updating the Performance Metrics Name Space (PMNS) ...
Terminate PMDA if already installed ...
Updating the PMCD control file, and notifying PMCD ...
Check bpftrace metrics have appeared ... 23 metrics and 22 values
```

bpftrace 에이전트가 제대로 설치되었는지, 테스트하려면 다음을 시도해본다.

```
pmrep bpftrace.scripts.runqlat.data_bytes -s 5
```

마이크로초 단위로 측정된 run queue latency(실행 대기열 지연) 샘플 5개가 표시된다.

```
b.s.r.data_bytes
          byte/s
             N/A
         586.165
         590.276
         588.141
         589.113
```

다음 순서에 따라 그라파나와 통합하는 작업을 진행한다.

1. 그라파나에서 PCP bpftrace를 활성화하려면, 유효한 bpftrace 스크립트를 실행할 수 있는 사용자를 생성해야 한다.
2. Configuration을 선택한 다음, Data Sources를 선택한다. Add Data Source를 선택하고, PCP bpftrace가 있는 페이지 하단으로 스크롤한 다음, Select를 선택한다.
3. URL 필드에 http://localhost:44322를 입력하고, Auth에서 Basic auth를 선택한다.
4. Basic Auth Details가 나타나면 사용자 이름과 비밀번호를 입력한다.
5. 대시보드 아이콘을 선택하고, Manage를 선택한다. 이 목록에 PCP bpftrace System Analysis 이라는 대시보드가 표시된다.
6. 다양한 메트릭이 표시된다. CPU usage 옆의 드롭다운을 선택하고, Edit를 선택한다.
7. 실행 결과를 보면 쿼리가 실제 bpftrace 스크립트라는 것을 알 수 있으며, CPU 사용량을 나타내는 CPU 데이터 히스토그램으로 채워지는 @cpu가 eBPF 맵에 데이터를 추가한다. 그라파나는 이 eBPF 맵을 가져와서 그래프로 표시한다.

초당 PID 수와 같은 커널 데이터를 그래프로 표시하는 bpftrace 스크립트를 살펴보자.

```
BEGIN
{
        printf("Tracing new processes... Hit Ctrl-C to end.\n");
}

tracepoint:sched:sched_process_fork
{
        @ = count();
}
```

```
interval:s:1
{
        time("%H:%M:%S PIDs/sec: ");
        print(@);
        clear(@);
}

END
{
        clear(@);
}
```

필요한 스크립트의 핵심 부분은 위와 같다. 기본적으로 sched_process_fork가 호출된 횟수를 계산하고, 그래프로 표시할 수 있는 eBPF 맵에 저장한다.

그래프로 표시할 패널을 만드는 작업을 시작해보자.

1. PCP bpftrace System Analysis 대시보드 페이지로 돌아가면, Add Panel 버튼이 있다.
2. 두 개의 버튼이 있는 새 패널이 표시된다. Add Query 버튼을 선택한다.
3. 드롭다운을 선택하고, PCP bpftrace를 선택한다. 쿼리 A의 텍스트 상자에 bpftrace 스크립트를 입력한다.
4. 대시보드 페이지로 돌아가면 메트릭이 그래프로 표시되는 것을 확인할 수 있다.

사용자에게 bpftrace 스크립트를 제공할 방법도 필요하다. bpftrace 에이전트 패키지는 이 기능을 제공한다. /var/lib/pcp/pmdas/bpftrace/autostart에 저장된 bpftrace 스크립트는 bpftrace 에이전트가 로드될 때 실행된다. /var/lib/pcp/pmdas/bpftrace/autostart/pidpersec.bt를 편집한다.

```
tracepoint:sched:sched_process_fork
{
    @ = count();
}
```

eBPF 맵의 이름을 지정하지 않았기 때문에, 맵의 이름을 root로 지정한다.

```
pmrep bpftrace.scripts.pidpersec.data.root -s 5
```

다음과 같은 결과가 출력될 것이다.

```
b.s.p.d.root
          /s
         N/A
       3.984
      31.049
       0.000
       0.000
```

표준 PCP 메트릭이므로 그라파나 사용자에게 특별한 권한을 부여하지 않고도, 이 메트릭을 그라파나로 가져와 그래프로 표시할 수 있다.

1. 대시보드 아이콘을 선택하고 Manage를 선택한다.
2. PCP Vector Host Overview를 선택한다.
3. Add Panel 버튼을 선택한 다음, 새 패널에서 Add Query를 선택한다.
4. Query 옆에 드롭다운 메뉴가 있다. 이 메뉴에서 PCP Vector를 선택하고. A 쿼리에 bpftrace.scripts.pidpersec.data.root를 입력하면 된다.
5. General 아이콘을 선택하고 'Processes per Second' 등으로 제목을 설정한다.
6. PCP Vector Host Overview 대시보드로 돌아가면, 특별한 권한 없이 일반 사용자도 bpftrace 스크립트의 eBPF 맵을 볼 수 있다.

다만 이러한 방식으로 bpftrace 스크립트를 사용한다는 것은, 해당 스크립트가 지속적으로 실행된다는 것을 의미하므로 운영 환경에서는 주의가 필요하다.

6.4 네트워크 장애 카오스 엔지니어링 데모

애플리케이션과 다르게, 인프라 문제는 큰 장애가 될 수 있다. 카오스 엔지니어링으로 사전에 인프라 장애를 식별하고 인프라의 신뢰성을 향상할 수 있다. 카오스 엔지니어링과 이상 탐지는 애플리케이션보다 인프라 관측 가능성에 더 적합하다.

네트워크, 로드 밸런서, API 서버, 데이터베이스, 캐시 서버 등 인프라에 문제가 발생하면, 전체 서비스가 중단되는 상황을 경험할 수 있다. 여기에서는 네트워크 장애에 초점을 맞춰 살펴보겠다.

일반적인 마이크로서비스는 L7에서 통신을 한다. 데모에서는 카오스 메시를 통해서 L3에서 장애를 생성할 것이다. L3에서 장애가 발생되지만, L7에 영향을 주게 되고, 결국 마이크로서비스에서 지연이 증가한다. 이러한 L3 장애와 관련해서, 카오스 메시와 실리움이 어떤 기능을 제공하는지 설명할 것이다. 복잡한 구성이 필요하지만, 운영 환경에 가까운 런타임 환경에서 데모를 진행함으로써, 정확하게 문제를 재연하고 측정하는 방법을 살펴보겠다.

L3에서 발생한 지연이 L7과 애플리케이션으로 전파되므로 L3의 문제를 정확하게 인식하고 구분할 수 있어야 한다. 근본 원인은 L3이기 때문이다. 분산 추적만으로 L3 지연을 식별하는 것은 어렵다. 카오스 메시를 사용한 결함 주입은 강력하고, 유용하다.

6.4.1 카오스 메시 구성

도커 이미지 구성 시에는 TC 등의 유틸리티를 다운로드한다. 이러한 구성이 복잡하다면 TC를 포함한 공식 도커 이미지를 활용하는 것을 권장한다.

먼저 리눅스에서 카오스 엔지니어링에 필요한 도구를 구성한다. CentOS에서 실습을 진행한다.

```
$ modinfo sch_netem
filename:       /lib/modules/3.10.0-1127.el7.x86_64/kernel/net/sched/sch_netem.ko.xz
license:        GPL
retpoline:      Y
rhelversion:    7.8
srcversion:     577020F076652D84055CCE4
depends:
intree:         Y
vermagic:       3.10.0-1127.el7.x86_64 SMP mod_unload modversions
sig_key:        69:0E:8A:48:2F:E7:6B:FB:F2:31:D8:60:F0:C6:62:D8:F1:17:3D:57
sig_hashalgo:   sha256
```

특정 장애를 생성하고, 에러가 적합하게 로그에 기록되고, 메트릭과 추적이 출력되는지 등의 확인 작업이 필요하다.

특정 조건에 적합하게 환경을 구성하고, SLO를 계산하는 과정은 어렵고 복잡한 작업이다, 카오스 엔지니어링을 사용하면, 이러한 작업을 쉽게 할 수 있다. 이용 가능한 네트워크 인터페이스를 확인한다.

```
$ sudo lshw -C network | grep 'logical name'
       logical name: ens33
       logical name: br-a52f0434f2a3
       logical name: docker0
       logical name: br-97c2fa53daa2
```

카오스 메시를 쿠버네티스에 설치한다. 그림 6.20과 같이 카오스 메시를 사용하면 호스트와 쿠버네티스에서 네트워크 패킷 유실 등을 쉽게 생성할 수 있다.

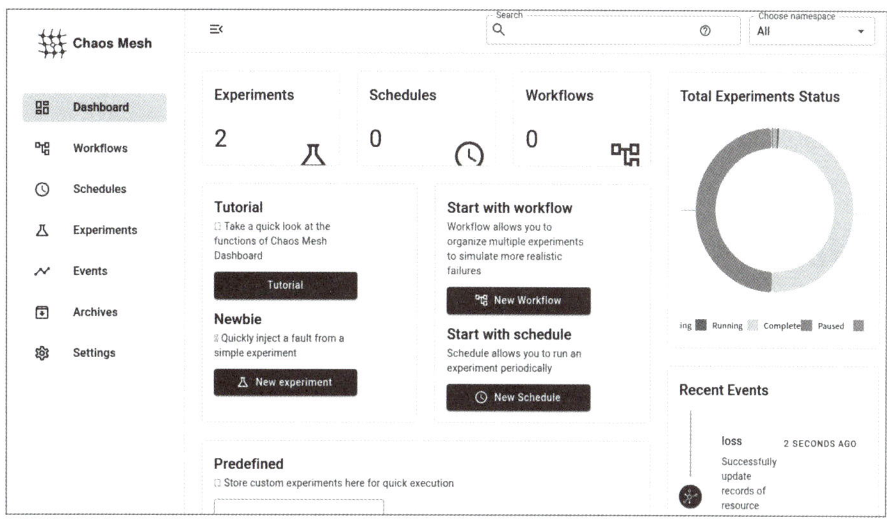

그림 6.20 **카오스 메시의 카오스 유형**

그림 6.21처럼 다양한 실험을 생성할 수 있고, 실험의 상태를 모니터링할 수 있다.

UUID	Namespace	name	Kind	Started ↓	Message
ed96290e-0630-42fb-9844-370...	argocd	loss	NetworkChaos	2023-08-28 13:34:37 PM	Successfully update records of resource
ed96290e-0630-42fb-9844-370...	argocd	loss	NetworkChaos	2023-08-28 13:34:37 PM	Successfully recover chaos for argocd/argocd-applicationset-controller-b85d7fb6b-tg2hz
ed96290e-0630-42fb-9844-370...	argocd	loss	NetworkChaos	2023-08-28 13:34:36 PM	Successfully update records of resource
ed96290e-0630-42fb-9844-370...	argocd	loss	NetworkChaos	2023-08-28 13:34:36 PM	Successfully recover chaos for argocd/argocd-server-5fc5f84cf5-jqk5t
ed96290e-0630-42fb-9844-370...	argocd	loss	NetworkChaos	2023-08-28 13:34:36 PM	Successfully update records of resource

그림 6.21 **카오스 메시의 실험**

카오스 메시는 호스트와 쿠버네티스에서도 문제없이 잘 처리된다. 쿠버네티스 패킷 유실을 쉽게 재현할 수 있으며, 정확하게 특정 파드에만 제한적으로 장애를 재현하는 것이 가능하다.

쿠버네티스에서 지연이 발생하는 이유는 도커 이미지 내에 TC가 구성되었기 때문이다. 호스트 네트워크를 테스트하는 것이 아니므로 호스트 TC를 구성할 필요는 없다. 다음과 같이 TC를 사용해서 1%의 네트워크 유실을 생성한다.

```
sudo tc qdisc add dev ens33 root netem loss 90%
```

그리고 다음과 같이 재전송 상태를 확인할 수 있다.

```
netstat -s | grep -i retransmitted
netstat -napo | grep -i time_wait
sysctl -a | grep -i retries
```

6.4.2 쿠버네티스 구성

카오스 메시를 사용해서 쿠버네티스 파드 내 유실을 발생시키자 평소보다 전송되는 바이트 수가 줄어들었을 것이다. 즉, 애플리케이션의 지연이 증가했다. 허블 UI와 실리움 메트릭에서 지연을 확인할 수 있다. 예를 들어 리눅스의 네트워크 연결을 단절하면, 허블 UI에서는 드롭이 발생하는 것을 확인할 수 있다(지연은 드롭이 아니고, 전송에 실패하는 경우에 드롭이라는 표현을 사용한다).

기존에 제공하는 리눅스 네트워크 유틸리티도 함께 사용해야 한다. eBPF와 그라파나 대시보드가 사용자 편의성을 제공하지만, 네트워크 유틸리티를 통해서 부족한 부분을 보완할 수 있다.

네트워크 인터페이스에 대한 지연을 늘리면, 처리되는 총요청 수 감소, 그리고 지연 증가 두 가지 결과를 확인할 수 있다. 지연을 테스트하려면, 다음 명령을 사용한다. 이는 컨테이너 내부의 TC 유틸리티를 사용하여, 인터페이스 eth0을 통해 송신과 수신되는 모든 트래픽에 1초 지연을 추가한다.

```
$ kubectl exec grocery-store tc qdisc add dev eth0 root netem delay 1s
```

그라파나의 애플리케이션 메트릭 대시보드에서 요청 수 시계열이 감소하고, 지연 분위수가 증가한 것을 확인할 수 있다. 시간이 지나면서 지연 분포 히스토그램이 변경되어, 그림 6.22와 같이 기간이 더 긴 버킷에 속하는 요청 수가 증가한다.

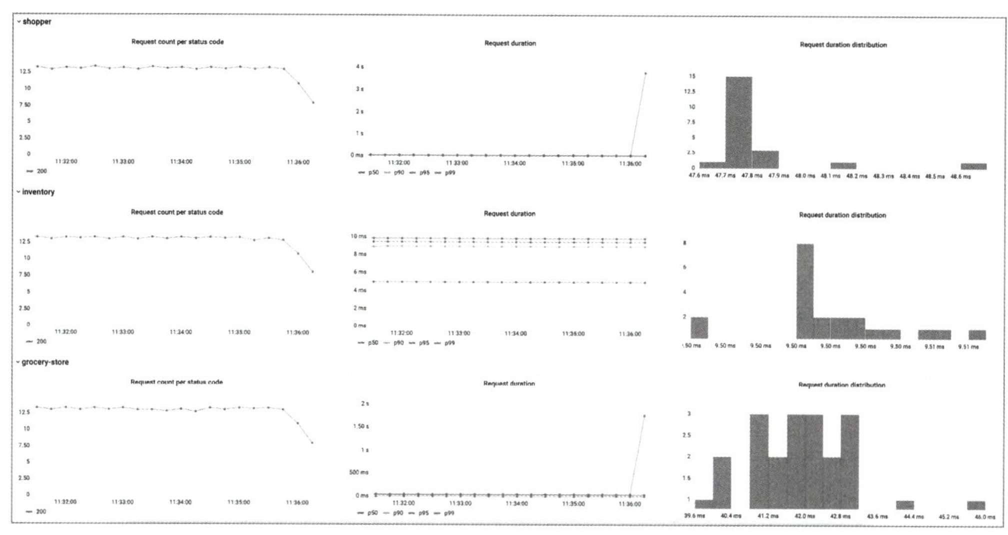

그림 6.22 **지연을 출력하는 대시보드**

메트릭을 통해 문제의 범위를 이해하고, 해당 서비스에 대한 추적을 검색해보면 무슨 일이 일어났음을 알 수 있다. 메트릭과 이그젬플러가 제공하는 추적 간의 상관관계는 메트릭에서 조사할 특정 추적을 제공함으로써, 빠르게 문제를 식별하는 데 도움을 준다.

6.4.3 재전송 분석

지연이 발생하는 경우에는 통신 구간을 모니터링하는 것이 유용하다. 서버, 클라이언트, 네트워크 구간별로 분리해서 분석을 시작한다. 분산 추적에서 스팬은 유형별로 구간을 분리해서 출력하므로 지연을 식별하는 데 도움이 된다.

서버 구간에서 문제라고 의심되면, 지연이 발생하는 범위(애플리케이션 혹은 인프라)와 부하 유형(CPU 혹은 IO)을 이해하는 것부터 시작한다. 네트워크 구간에서 문제가 발생했다면, tcpdump와 와이어샤크를 사용해서 구간별로 측정해야 한다.

한편, L3에서 문제가 발생했다면 L3에 대한 메트릭 혹은 시스템 유틸리티가 필요하다. 메트릭을 통해서 재전송이 발생한 것을 이해했다면, 왜 재전송이 발생했는지 근본 원인을 분석할 필요가 있다.

재전송의 발생 이유는 다양하다. 네트워크 자체의 문제일 수도 있지만, 방화벽, 스위치, 로드 밸런서 등의 구성이 잘못되면, 재전송이 발생할 수 있다. 새로운 장비가 추가되거나 구성이 변경되면 패킷을 분석하고, 재전송이 발생하는지 여부도 점검해야 한다.

패킷을 이해하는 것은 복잡하므로 필터링과 검색이 필요하다. 와이어샤크가 유용하다. 재전송된 패킷이 원래 패킷 흐름상 있어야 하는 위치를 알면, 재전송으로 인한 처리 지연을 계산할 수 있을 것이다. TCP 이론에서 재전송 알고리즘은 TCP의 SEQ 번호와 ACK 번호를 가지고 제어된다. 원패킷과 재전송된 패킷은 TCP의 SEQ 번호와 전송하는 데이터 크기가 일치한다. 정상적으로 3방향 핸드셰이크가 처리되는 경우의 SEQ, ACK는 다음 테이블과 같다.

번호	SEQ	ACK	플래그
1	0		SYN
2	0	1	SYN-ACK
3	1	1	ACK

그림 6.23처럼 TCP는 데이터를 전송하면, 수신 측에서는 해당 데이터를 받았다고 ACK를 보낸다.

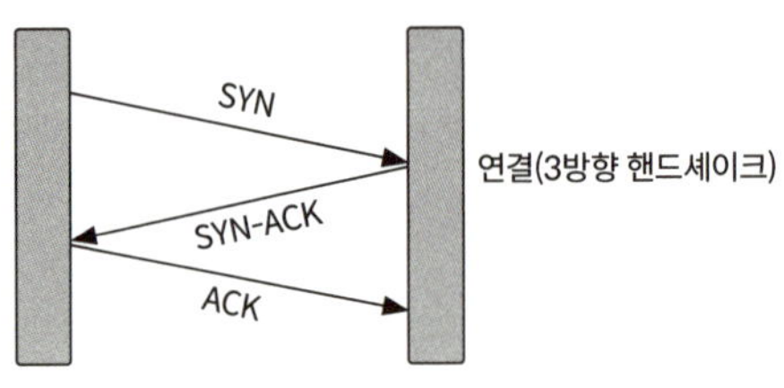

그림 6.23 **3방향 핸드셰이크**

그림 6.24처럼 연결을 생성하는 단계에서도 3방향 핸드셰이크를 사용한다.

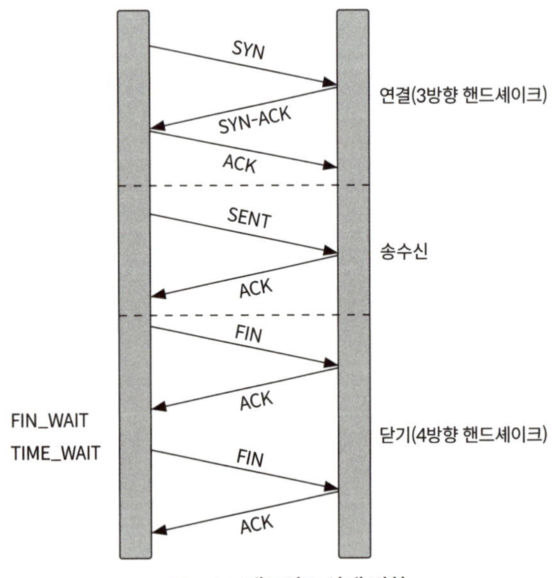

그림 6.24 **네트워크 상태 변화**

❶ 사례 1

다음과 같은 테이블로 3방향 핸드셰이크 시 재전송 과정을 설명할 수 있다.

번호	SEQ	ACK	데이터 크기	플래그	재전송 여부
1				ACK	
2	900	1500	200		
3					
4	900	1500	200		재전송
5	1500			ACK	

테이블을 분석하면 다음과 같다.

- 2, 4번은 SEQ와 데이터 크기가 동일하다. 동일한 패킷이고, 4번은 2번의 재전송이다.
- 2번 패킷을 송신했으나, 수신 측에서 받았다는 ACK가 없이 4번에서 다시 동일한 패킷을 재전송한 것이다. 5번에서 모든 패킷을 받았다는 ACK 패킷이 응답으로 왔다.
- 2번부터 4번까지의 시간 차이가 지연이 되는 것이다.

연결을 종료하는 단계에서는 4방향 핸드셰이크를 사용한다.

- A가 작업이 완료되어 B에 FIN 플래그 세그먼트를 보내고, 상태는 FIN_WAIT1이 된다. B는 FIN 플래그 세그먼트를 받으면, close() 명령이 호출되기를 기다리는 CLOSE_WAIT 상태가 되고, FIN에 대한 응답 ACK를 내보낸다.
- A는 FIN에 대한 ACK를 받으면, 상태는 FIN_WAIT2로 바뀐다. 일정 시간 동안 B의 FIN 플래그 세그먼트를 받지 못하면, 상태는 TIME_WAIT로 바뀐다. B에서 close()가 호출되면, FIN 플래그 세그먼트가 A로 전달되고, 상태는 LAST_ACK가 된다.
- A는 최종 FIN 플래그 세그먼트를 받았으므로 네트워크 연결을 닫고, FIN에 대한 응답으로 최종 ACK 플래그 세그먼트를 B로 보낸다. B는 ACK 수신 후. 네트워크 연결을 닫는다.

❷ 사례 2

다음과 같은 테이블로 4방향 핸드셰이크 처리 과정을 설명할 수 있다.

번호	SEQ	ACK	데이터 크기	플래그	IPID	
1	1	1	499		1	
2						
3	4000	500		FIN	4	
4	1	500	1499		5	재전송
5	500	1500		ACK	2	

테이블을 분석하면 다음과 같다.

- 4번은 재전송이다. SYN부터 수집되었다고 가정하면 SEQ와 데이터 크기가 동일한 패킷이 존재하지 않는다. 먼저 보낸 패킷은 전송 과정에서 분실되었다.
- 3번은 4번보다 SEQ 번호가 크다. 이는 보내는 순서상 뒤에 위치한다는 의미다.
- 와이어샤크에서 사용하는 IPID는 유일한 IP 패킷 식별자로, 전송하는 순서에 따라 증가하는 값을 가진다. 따라서 값이 크다는 것은 시간상 뒤에 보낸 패킷이 된다.
- 3번은 SEQ에 따라 재전송 패킷보다 뒤에 전송해야 하지만, IPID로 보면 먼저 송신된 패킷이 된다. 즉, ACK가 오지 않자 3번 패킷을 전송한 후 패킷을 다시 전송했다는 것을 의미한다.

6.5 eBPF와 실리움

eBPF는 커널에 샌드박스 형태로 설치되어 패킷을 필터링, 패킷에 대한 제어를 할 수 있다. eBPF가 사용되는 대표적인 예는 tcpdump에서 사용하는 필터링이다. eBPF는 리눅스 커널에 내장되어, 시스템의 변경 없이 단순히 시스템 콜을 통해 요청을 처리한다.

기존의 패킷 처리는 그림 6.25처럼 커널과 유저공간의 아이피테이블을 거치게 되는 불필요한 오버헤드가 발생하지만, eBPF는 커널에 내장되어 있어 커널 레벨에서 패킷에 대한 필터링을 처리할 수 있다.

쿠버네티스에서 eBPF를 사용하는 이유로는 아이피테이블의 의존도를 낮추는 것 외에도 파드와 컨테이너 레벨의 패킷 추적과 네트워크 통계가 가능하다는 점 등을 들 수 있다.

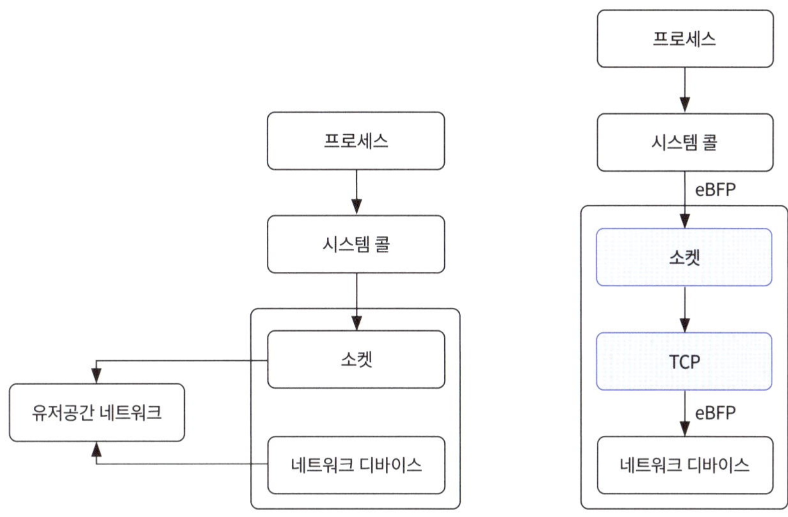

그림 6.25 기존 방식과 eBPF 방식 간 비교

eBPF는 네트워크와 보안에 강점을 보이고 있다. 현시점에서는 애플리케이션 언어의 세부 영역을 지원하며, 리눅스처럼 표준화된 인프라의 관측 가능성에 주로 사용된다. 분산 시스템이 발전하면서 네트워크 계층의 추상화도 함께 발전했다.

이 영역에서 가장 기대되는 2가지 기술은 리눅스와 접하는 모든 부분에서 커널 수준 통찰력을 제공하는 eBPF와 실리움이다. 이 2가지 기술은 허블과 서비스 디스커버리를 통해서 네트워크 관측 가능성을 제공하며, 커널 수준에서 이벤트를 관찰하기 위한 세분화된 신호 데이터를 생성한다.

6.5.1 메트릭

쿠버네티스 네트워크에서 장애와 구성을 이해하는 것은 어려운 일이다. 실리움을 사용하면 복잡도를 낮추고, 디버깅이 쉽도록 구성할 수 있다. 실리움은 쿠버네티스 환경에서 네트워크 트래픽을 보호하고, 로드 밸런싱하기 위한 CNI(Container Network Interface)이다. CNI 제공 업체인 실리움은 애플리케이션을 구축하고 트래픽을 모니터링하는 방법을 더 효과적으로 제어할 수 있도록 하고, 기존 네트워크 기능을 확장한다.

실리움은 아이디 및 애플리케이션 인식 네트워크 정책을 구축할 수 있도록 하여, 예를 들어 DNS, HTTP, TCP, UDP 등의 일반적인 프로토콜 외에도 정책에서 컨테이너, 파드 또는 서비스 메타데이터를 활용할 수 있다. 이러한 조치는 기존 방화벽을 대체하고, 클러스터 간 통신을 지원하므로 다중 지역 데이터베이스 아키텍처와 같은 고급 설계 패턴을 구축할 수 있다.

eBPF를 활용하여 코드를 변경하지 않고 리눅스 방화벽에 보안 및 네트워킹 기능을 제공할 수 있다. eBPF를 통해 실리움은 향상된 관리 기능을 제공하며 클러스터의 워크로드에 따라 유연하게 관리가 가능하다. 실리움은 네트워크 복잡도를 낮추고, 관리자가 쉽게 문제를 이해할 수 있도록 다양한 메트릭을 제공한다. 이 다양한 메트릭을 통해 개선된 효과를 쉽게 확인할 수 있다. 주요 메트릭을 살펴보겠다.

❶ 총요청 개수

- **주요 메트릭**: http_requests_total, dns_queries_total

네트워크의 HTTP 및 DNS 트래픽을 높은 수준에서 관찰할 수 있다. 해당 값은 업무 시간 중 처리량 급증과 같은 애플리케이션 사용량에 따라 변동될 수 있지만, 두 메트릭 중 하나가 갑자기 감소하는 것은 연결 문제를 나타낸다. 문제의 원인을 정확히 찾아내기 위해 허블을 활용하여, TCP 연결 및 DNS 쿼리와 같은 요청의 각 계층 문제를 해결할 수 있다.

❷ 드롭된 총개수

- **주요 메트릭**: drop_count_total, http_responses_total, dns_responses_total

drop_count_total 및 http_responses_total에 대한 경고를 통해 다양한 네트워크 계층에서 연결 문제의 초기 징후를 감지할 수 있다. 예를 들어 삭제된 총패킷 수(drop_count_total)가 갑자기 급증하면, L3 정책에 문제가 있음을 알아챌 수 있다. L3은 엔드포인트 간 통신을 위한 기본 네트워킹 규칙을 설정한다. 반면에 5xx(http_responses_total) 또는 SERVFAIL(dns_responses_total) 응답 코드 수가 증가하는 것은 L7 정책이 트래픽을 허용하도록 구성되지 않았다는 신호일 수 있다.

❸ 초당 처리 시간

- **주요 메트릭**: http_request_duration_seconds

엔드포인트에 API 호출이 갑자기 유입되면 이 메트릭에서 경고가 발생할 수 있다. 이 활동으로 인해 실리움 에이전트가 요청을 제한하고, 초기 요청자에게 응답 코드를 반환할 때까지 지연이 꾸준히 증가한다. 이 값을 실리움_api_limiter_processing_duration_seconds 메트릭과 비교하여, 실리움이 특정 엔드포인트에 대한 API 호출 속도를 제어하려고 시도하고 있는지 확인할 수 있다. 대부분의 경우, 리소스가 부족하거나 서비스 중단이 발생하지 않도록 보호하는 레이트 리미터는 트래픽을 완화한다. 그러나 특정 리소스의 요청이 자주 제한되는 경우, 추가 조치를 취해야 할 수도 있다. 예를 들어 API 호출 빈도를 줄이기 위해 특정 서비스를 최적화하면, 실리움이 구성한 속도 제한에 도달하지 않도록 하는 데 도움이 될 수 있다.

6.5.2 허블

서비스 지연과 같은 성능 저하 문제를 효율적으로 해결하려면, 파드 간 통신과 클라이언트 간 통신을 잘 이해해야 한다. 허블(Hubble)은 사용자 환경의 모든 파드에서 네트워크 데이터를 수집하고 집계하여, 요청 처리량, 상태, 오류 등에 대한 데이터를 제공한다. 또한 허블은 오픈텔레메트리와 통합되어 실리움 관리 네트워크에서 타사 모니터링 플랫폼으로 로그 및 추적 데이터를 내보낼 수 있다.

실리움은 OSI 모델의 L3, L4, L7에서 트래픽을 제어할 수 있기 때문에, 허블을 사용하면 클러스터 또는 클러스터 메시 전반에서 TCP 연결, DNS 쿼리, HTTP 요청과 같은 여러 수준의 네트워크 트래픽을 모니터링할 수 있다. 이를 달성하기 위해 허블은 서버와 허블 릴레이라는 2가지 주요 컴포넌트를 활용한다.

허블 서버는 각 클러스터 노드에서 실리움 에이전트와 함께 실행된다. 각 서버는 파드 트래픽을 모니터링하는 관측 서비스와 다른 노드의 허블 인스턴스를 추적하는 피어 서비스를 제공한다. 한편 허블 릴레이는 각 서버 인스턴스에서 네트워크 흐름 데이터를 수집하고 API 세트를 통해 허블 UI 및 CLI에서 사용할 수 있도록 하는 컴포넌트다. 그림 6.26이 허블 컴포넌트를 보여준다.

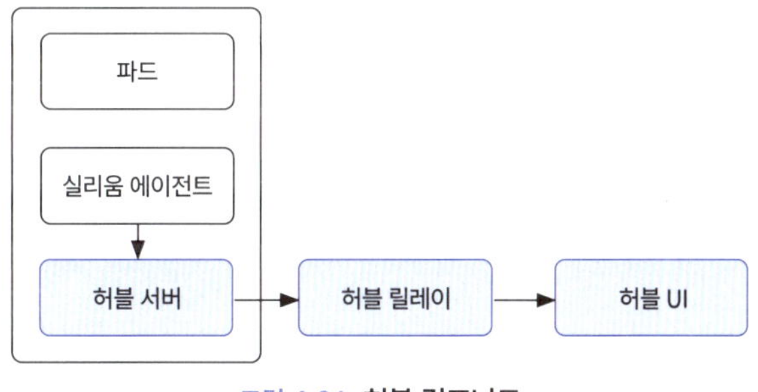

그림 6.26 **허블 컴포넌트**

허블 플랫폼은 실리움과 함께 자동으로 배포되지만, 기본적으로 활성화되어 있지 않다. 호스트에서 다음 명령을 실행하여 활성화할 수 있다.

```
Cilium hubble enable
```

이제 허블 CLI를 사용할 수 있다. 실리움의 status 명령을 실행하면 허블과 실리움의 상태를 확인할 수 있다. 다음과 유사한 출력이 나타날 것이다.

```
$ Cilium status
    /¯¯\
 /¯¯\__/¯¯\     Cilium:             OK
 \__/¯¯\__/     Operator:           OK
 /¯¯\__/¯¯\     Envoy DaemonSet:    disabled (using embedded mode)
 \__/¯¯\__/     Hubble Relay:       disabled
    \__/        ClusterMesh:        disabled

DaemonSet              Cilium             Desired: 1, Ready: 1/1, Available: 1/1
Deployment             Cilium-operator    Desired: 1, Ready: 1/1, Available: 1/1
Containers:            Cilium-operator    Running: 1
                       Cilium             Running: 1
Cluster Pods:          16/16 managed by Cilium
Helm chart version:    1.13.0-rc2
Image versions         Cilium             quay.io/Cilium/Cilium:v1.13.0-rc2: 1
                       Cilium-operator    quay.io/Cilium/operator-generic:v1.13.0-rc2: 1
```

❶ 허블 CLI

허블 CLI는 kubectl get pods와 같은 표준 kubectl 명령이 제공하는 관측 가능성을 확장하여, 요청에 대한 더 많은 네트워크 수준 세부 정보를 제공한다. 허블 관찰(observe) 명령을 통해 이 정보를 보고, 정책이 예상대로 작동하는지 확인하기 위해, 파드에서 들어오고 나가는 트래픽을 모니터링할 수 있다. 예를 들어 다음 명령을 사용하여, 서비스 간에 드롭된 모든 요청을 볼 수 있다.

```
$ hubble observe --verdict DROPPED

May 12 13:35:35.923: default/service-a:58578 (ID:1469) -> default/service-c:80 (ID:851)
http-request DROPPED (HTTP/1.1 PUT http://service-c.default.svc.cluster.local/v1/endpoint-1)
```

이 결과에서는 L3/L4 정책으로 인해 요청이 삭제되었음을 확인할 수 있다. 이 경우 실리움이 트래픽을 적절하게 관리하고 있음을 나타낸다. 두 파드 간의 통신을 활성화해야 하는 경우, 정책을 수정할 수 있다.

❷ 허블 UI

허블 UI는 L3 네트워크를 서비스로 추상화해서, 서비스 맵에 출력한다. 실리움은 자체적으로 서비스 맵 화면을 제공한다. 프로토콜에 상관없이 모든 네트워크 트래픽을 캡처해서, 네트워크 토폴로지를 시각화해주는 허블 UI를 제공한다.

CLI는 개별 파드의 네트워킹 문제에 대한 통찰력을 제공하지만, 문제가 전체 클러스터에 어떤 영향을 미치는지에 대한 관측 가능성은 여전히 필요하다. 허블 UI는 네트워크 활동 및 정책 동작을 모니터링하기 위한 높은 수준의 서비스 맵을 제공하므로 각 파드가 서로 상호작용하는 방식을 더 잘 이해할 수 있다. 서비스 맵은 쿠버네티스 서비스 간의 상호 의존성을 자동으로 캡처할 수 있으므로 대규모 환경을 모니터링하는 데 특히 유용하다. 이러한 관측 가능성 수준을 통해, 네트워크가 트래픽을 적절한 엔드포인트로 라우팅하고 있는지 확인할 수 있다.

허블 UI는 L3, L4, L7에서 서비스 의존성 그래프를 자동으로 검색할 수 있는 웹 인터페이스로, 사용자 친화적인 시각화와 데이터 흐름을 서비스 맵으로 필터링할 수 있다. 공식 깃허브 저장소에서 서비스 맵 그림을 확인해보길 권한다.

- https://github.com/cilium/hubble

서비스 맵은 네트워크 토폴로지와 유사한 형태이며, 각 서비스 간의 상호작용을 네트워크 트래픽 관점에서 출력한다. HTTP 프로토콜뿐만 아니라, 오픈서치와 카프카를 포함해서 처리 흐름까지 출력된다는 장점이 있다. 드롭이 발생하는 경우에는 실시간으로 드롭이 발생한 요청과 서비스, 구간 등이 출력된다.

네트워크 장애가 발생하거나 네트워크에서 지연이 발생하면 허블의 서비스 맵에 문제점이 표시되므로 네트워크와 추적 에러를 쉽게 이해할 수 있도록 도와준다. 허블의 서비스 맵은 네트워크 처리 경로에 기반하며, 외부 서비스도 서비스 맵에 포함한다. 네트워크 구간별로 지연과 에러를 볼 수 있다.

간단한 필터링 기능도 제공한다. tcpdump와 샤이어샤크 수준의 패킷 분석은 어렵지만, 문제가 발생할 경우에 이를 식별할 수는 있다. 서비스 맵은 신속하게 문제를 식별하는 게 목적이고, 자세한 분석이 필요한 경우에는 tcpdump와 샤이어샤크, 그리고 커널 파라미터와 시스템 유틸리티를 사용해서 네트워크의 문제를 분석해야 한다.

6.5.3 그라파나 플러그인

실리움은 기본적인 서비스 맵과 함께 그라파나 플러그인을 제공한다. 다음 글에 그림과 함께 잘 설명되어 있다.

- https://isovalent.com/blog/post/cilium-hubble-with-grafana/

그라파나 대시보드를 사용하면 실리움의 모니터링 기능이 향상되고, 다른 신호와 상관관계를 구성할 수 있다. 메트릭은 네트워크와 실리움 모두에서 이상치를 드러낼 수 있으므로 문제가 더 심각해지기 전에 해결할 수 있다.

실리움은 에이전트, eBPF, 정책 등에 대한 다양한 프로메테우스 메트릭을 제공하며, 허블 데이터 소스를 위한 그라파나 대시보드도 제공한다. 허블 UI는 독립적으로 운영되지만, 그라파나 대시보드는 다른 신호와 함께 분석할 수 있으므로 상관관계 구성 시에 유용하다. 실리움 그라파나 대시보드는 L3, L7, 그리고 실리움의 다양한 컴포넌트에 대한 대시보드를 제공한다.

허블의 서비스 맵이 서비스 간 통신 경로 및 HTTP 프로토콜 메트릭을 표시한다면, 대시보드에는 워크로드와 실리움 인그레스 간의 통신 경로를 보여주는 서비스 맵이 있다. 이 대시보드에서 각 워크로드의 상태와 워크로드 간 요청 비율을 쉽게 확인할 수 있다. 각 워크로드를 선택하면, 요청 비율, 95분위수 지연, 평균 지연 및 실패한 요청 비율에 대한 메트릭을 자세히 볼 수 있다. 대시보드에서는 네임스페이스별 허블 HTTP를 연결하므로 시각적 통신 경로 서비스 맵을 제공할 뿐만 아니라, 요청 비율, 오류 비율, 지연과 같은 HTTP 메트릭도 차트로 표시한다.

6.6 실리움과 L7 네트워크

실리움은 분산 추적을 보완하고, 블랙박스와 레거시에 대한 관측 가능성을 제공한다. 클라우드 네이티브 애플리케이션 간의 연결 상태와 성능을 관찰하는 데 중점을 두고, 실리움에 대해 조금 더 논의해보자.

마이크로서비스 아키텍처는 많은 이점이 있지만, 사용자의 '클릭' 한 번으로 내부에서 수십 또는 수백 건의 API 호출이 발생할 수 있는 세상이 되어버렸다. 이에 따라 연결의 결함, 용량 초과 또는 지연은 애플리케이션에 부정적인 영향을 미친다.

문제를 혼란스럽게 만드는 것은 쿠버네티스와 같은 최신 인프라 플랫폼이 대규모 멀티 테넌트 클러스터에서 서비스의 서로 다른 복제본을 동적으로 스케줄링한다는 것이다. 이 아키텍처에서는 연결 문제가 발생한 워크로드가 실행될 수 있는 위치를 정확히 찾아내기가 매우 어렵다. 노드가 식별되더라도 컨테이너의 멀티 테넌트 특성은 애플리케이션 개발자가 더 이상 하위 수준 네트워크 도구(netstat, tcpdump)에 직접 액세스할 수 없음을 의미한다.

쿠버네티스 같은 최신 인프라 플랫폼을 사용하면, 컨테이너화된 워크로드가 지속적으로 생성되고 파괴되므로 결과적으로 이러한 플랫폼은 IP 주소를 애플리케이션에 연결되지 않은 임시 식별자로 취급한다. 즉, 애플리케이션의 연결 관측 가능성에서, IP는 연결에 대한 의미 있는 식별자가 아니다. 달리 말하면 문제와 잡음 간의 구분이 어렵고, 근본 원인의 식별이 어렵다.

모든 관측 가능성은 의미 있는 '서비스 아이디'의 콘텍스트에서 수행되어야 한다. 쿠버네티스에서 실행되는 워크로드의 경우, 이 서비스 아이디는 각 애플리케이션과 연결된 메타데이터 레이블(namespace=tenant-jobs, service=coreapi)에서 파생될 수 있다. 쿠버네티스 외부 서비스의 경우 레이블 메타데이터가 없지만, 외부 서비스(api.twilio.com 또는 mybucket.s3.aws.amazon.com)에 액세스하기 위해 확인된 DNS 이름이 적합한 형식인 경우가 많고, 서비스 아이디를 사용할 수 있다. API 메타데이터와 같은 다른 형태의 상위 수준 아이디와 함께, 서비스 아이디는 특정 오류나 동작을 파악하는 데 유용한 콘텍스트이다.

eBPF는 애플리케이션이 네트워크 액세스, 파일 액세스, 프로그램 실행을 위해 표준 리눅스 운영 체제 기능을 호출할 때마다 중단 없이 실행되는 'eBPF 프로그램'으로 커널 수준 로직을 주입하는 안전하고 효율적인 방법을 제공한다. 실리움은 아이피테이블과 같은 레거시 커널 네트워크 기능을 활용하는 대신, eBPF 기본 접근 방식을 사용하여 구축되었다. 워크로드의 아이디를 기반으로, 커널 내 eBPF 프로그램을 생성한다. 이러한 eBPF 프로그램은 관측 가능성 데이터를 그라파나 LGTM 스택으로 내보낸다.

실리움은 eBPF를 활용하여, 연결 관측 가능성 데이터가 IP 주소뿐만 아니라 네트워크 연결 양쪽에 있는 애플리케이션의 상위 수준 서비스 아이디와 연결되도록 한다. eBPF는 리눅스 커널 계층에서 작동하기 때문에, 이 추가된 관측 가능성에는 애플리케이션 자체를 변경하거나 무겁고 복잡한 사이드카 프록시를 사용할 필요가 없다. 실리움은 eBPF를 활용하여 연결 관측 가능성이 IP 주소뿐만 아니라 애플리케이션의 상위 수준 서비스 아이디와 연결되도록 한다.

실리움은 서비스 아이디를 인식해서 연결 메트릭(connectivity metric) 및 이벤트를 생성한다. 이를 통해 그라파나 LGTM 스택 같은 백엔드 관측 가능성과 실리움의 강력한 연결 관측 가능성을 연계한다. 쿠버네티스 플랫폼 팀이 연결 상태를 모니터링하거나, 일반적인 문제를 해결하는 데 이 강력한 조합이 어떻게 도움이 될 수 있는지에 대해 살펴보자.

6.6.1 골든 시그널

HTTP(API 계층) 연결 상태를 이해하기 위한 3가지 주요 메트릭은 'HTTP 골든 신호'라고도 한다.

- HTTP 요청 레이트
- HTTP 요청 지연
- HTTP 응답 코드/에러

실리움은 애플리케이션을 변경하지 않고도 이 데이터를 추출할 수 있으며, IP가 아니라 장기적이고 의미 있는 서비스 아이디를 기반으로 해당 메트릭을 집계한다.

애플리케이션 팀이 애플리케이션 연결에 결함을 겪고 있는 경우, 이러한 HTTP 골든 신호는 근본 원인이 API 계층에 있는지(애플리케이션 팀이 처리해야 하는 문제) 혹은 네트워크 스택의 하위 계층(인프라 팀을 관리하는 계층)에 있는지를 명확하게 강조할 수 있다.

또한 의미 있는 서비스 아이디로 태그가 지정되므로, 신호 대 잡음 차원에서 플랫폼이나 애플리케이션 팀은 서비스에 대한 컨테이너가 어디에 있거나 실행 중인지 알 필요 없이 팀 이름으로 태그된 서비스 또는 특정 서비스에만 빠르게 집중할 수 있다.

6.6.2 문제 감지

네트워크 스택의 모든 계층에는 오류가 존재할 수 있다. 네트워킹 스택의 비API 계층 컴포넌트(DNS 오류, 방화벽 삭제, 네트워크 지연/혼잡 등)에서 연결 문제가 발생하는 경우, 일반적으로 애플리케이션 팀은 기본 네트워크 문제가 발생했는지 명확하게 식별할 수 있는 능력이 제한적이다.

사용자가 몇 시간 전에 짧은 기간 동안 성능 저하 및 애플리케이션 계층 시간 초과를 보고한 애플리케이션을 생각해보자. 애플리케이션 로그에는 문제가 표시되지 않으며, 애플리케이션의 CPU 로드가 비정상적으로 높지 않았다. 네트워크 문제가 원인일까?

실리움은 커널 수준 관측 가능성을 사용하여, 의미 있는 서비스 아이디를 기반으로 해당 메트릭을 집계한다.

- TCP 계층에서 주고받은 바이트
- 네트워크 계층의 유실과 혼잡을 측정하기 위한 TCP 계층의 재전송
- 네트워크 계층 지연 시간을 나타내는 TCP RTT

6.6.3 추적 연계

네트워크 및 API 계층 관측 가능성 데이터는 HTTP 헤더를 통해 표준 추적 식별자를 전파하는 애플리케이션과 함께 다중 홉 네트워크 추적을 활성화하는 데 사용될 수도 있다.

애플리케이션 팀이 애플리케이션 연결에 결함을 겪고 있는 경우, 이러한 HTTP 골든 신호는 근본 원인이 API 계층에 있는지(애플리케이션 팀이 처리해야 하는 문제) 혹은 네트워크 스택의 하위 계층(인프라 팀을 참여시켜야 하는 계층)에 있는지를 명확하게 강조할 수 있다.

6.7 실리움 L7 네트워크 장애 데모

이번 절에서는 쿠버네티스 클러스터인 실리움, 그라파나, 프로메테우스 및 그라파나 템포를 실행하는 데모를 진행한다. 실리움 네트워크 정책을 사용해서 에러를 유발할 것이다. 정책을 통해 드롭을 발생하는 것이 가능하다. 네트워크 정책은 L3, L7 HTTP 프로토콜을 사용하며, 특정 파드에만 적용되도록 구성하는 것이 가능하다. 애플리케이션 추적에서는 에러를 확인할 수 있다. 타임아웃 에러가 발생하지는 않지만, 지연이 발생할 것이다. 현재의 정책은 드롭을 발생하지는 않고, 단순하게 특정 애플리케이션으로 유입되는 네트워크 트래픽의 에러율과 증가시킨다.

실리움을 사용하면 쉽게 SLO를 테스트할 수 있다. 임의의 파드로 유입되는 트래픽을 조절할 수 있고, 실리움은 더욱 쉽게 장애를 유발할 수 있다. 정책에 기반한 네트워크 운영은 여러모로 장점이 많다. 정책을 구성함으로써 임의적으로 HTTP 통신에 지연이나 에러를 발생시킬 수 있다. 실리움은 L7에서 문제가 발생한 트랜잭션과 애플리케이션 추적을 연계하므로, 네트워크 문제가 애플리케이션에 어떠한 영향을 주고 어떠한 에러가 발생하는지 확인할 수 있다.

쿠버네티스 같은 환경에서 애플리케이션을 실행할 때 가장 중요한 것은, 우수한 관측 가능성과 통찰력을 갖는 것이다. 실리움 내 허블 L7 관측 가능성 기능을 사용하면 코드 수정 없이 애플리케이션에 대한 관측 가능성 메트릭을 얻을 수 있다.

이 데모에서는 실리움에서 애플리케이션에 대한 관측 가능성 메트릭을 어떻게 제공하는지 살펴보고, 실리움에서 제공하는 그라파나 대시보드를 사용하여 애플리케이션 작동 방식에 대한 통찰력을 얻을 수 있는 방법도 알아본다. 쿠버네티스에 그라파나 및 프로메테우스와 함께 실리움을 배포할 것이다.

L7 장애를 생성하면서 애플리케이션 추적 간의 상관관계를 살펴볼 것이다. 이를 위해서 실리움 L7 네트워크 정책을 사용한다. 정책을 포함한 헬름을 업데이트하면 에러율이 증가하고 지연이 발생할

것이다. 애플리케이션의 재시도가 빈번하게 발생하는데, 이는 네트워크 정책의 에러율이 변경되었기 때문이다. 실리움 L7은 출발지와 목적지의 HTTP 연결을 관리하고 애플리케이션 관점에서 전체 추적을 보여주는데, 이때 L7 네트워크 내 구간별 지연도 출력해준다.

6.7.1 구성

먼저 허블 그라파나 플러그인을 설치한다.

```
plugins:
    - isovalent-hubble-datasource
```

git, helm, kind, yq, Jq, kubectl, Cilium-cli 등의 유틸리티가 설치되어야 한다.

```
git clone https://github.com/aiops/Cilium-grafana-observability-demo
cd Cilium-grafana-observability-demo
```

KIND를 사용하여, 쿠버네티스 클러스터를 설정한다. 그러면 기본 CNI 없이 KIND 클러스터가 생성되므로 실리움을 사용할 수 있다.

```
kind create cluster --config kind-config.yaml
```

다음으로 몇 가지 헬름 저장소를 추가한다.

```
helm repo add Cilium https://helm.Cilium.io
helm repo add ingress-nginx https://kubernetes.github.io/ingress-nginx
helm repo add prometheus-community https:// prometheus -community.github.io/helm-charts
helm repo add open-telemetry https://open-telemetry.github.io/opentelemetry-helm-charts
helm repo add minio https://operator.min.io
helm repo add grafana https://grafana.github.io/helm-charts
helm repo add strimzi https://strimzi.io/charts
helm repo add elastic https://helm.elastic.co
```

실리움 서비스 모니터 설치 문제를 피하기 위해 실리움보다 먼저 프로메테우스 오퍼레이터 CRD를 설치한다.

```
helm template kube-prometheus prometheus-community/kube-prometheus -stack --include-crds \
```

```
  | yq 'select(.kind == "CustomResourceDefinition") * {"metadata": {"a-NNotations": {"meta.
helm.sh/release-name": "kube-prometheus ", "meta.helm.sh/release-namespace":
"monitoring"}}}' \
  | kubectl create -f -
```

실리움이 허블 그라파나 대시보드를 설치할 모니터링 네임스페이스를 생성한다.

```
kubectl create ns monitoring
```

6.7.2 실리움 배포

이제 KIND를 사용해서 실리움을 설치한다. 그리고 실리움, ingress-nginx, 프로메테우스, 템포 및 그라파나를 배포한다. 그다음 허블 HTTP 메트릭을 시연하기 위해 jobs-app을 설치한다.

```
MASTER_IP="$(docker inspect Cilium-grafana-observability-demo-control-plane | jq '.[0].
NetworkSettings.Networks.kind.IPAddress' -r)"
helm upgrade Cilium Cilium/Cilium \
  --version 1.13.0-rc2 \
  --install \
  --wait \
  --namespace kube-system \
  --values helm/Cilium-values.yaml \
  --set kubeProxyReplacement=strict \
  --set k8sServiceHost="${MASTER_IP}" \
  --set k8sServicePort=6443
```

파드를 확인하고 모든 것이 실행되면 실리움 상태를 확인한다.

```
kubectl get pods -n kube-system
Cilium status --wait
```

ingress-nginx를 사용하여 그라파나에 액세스한다. 다음으로 파드를 확인한다.

```
helm upgrade ingress-nginx ingress-nginx/ingress-nginx \
  --install \
  --wait \
  --namespace ingress-nginx --create-namespace \
  --version 4.1.3 \
  --values helm/ingress-nginx-values.yaml
```

오픈텔레메트리 오퍼레이터와 컬렉터를 변경한다.

```
helm upgrade opentelemetry-operator open-telemetry/ opentelemetry-operator \
  --install \
  --wait \
  --namespace opentelemetry-operator --create-namespace \
  --version 0.15.0 \
  -f helm/ opentelemetry-operator-values.yaml
kubectl apply -n opentelemetry-operator -f manifests/otel-collector.yaml
```

컬렉터를 통해 템포에 추적을 전송한다.

```
helm upgrade tempo 그라파나/tempo \
  --install \
  --wait \
  --namespace tempo --create-namespace \
  --create-namespace \
  --version 0.16.2 \
  -f helm/tempo-values.yaml
```

프로메테우스는 허블에서 생성된 메트릭을 수집하고 저장하는 데 사용되고, 그라파나는 메트릭을 시각화하는 데 사용된다.

```
helm upgrade kube-prometheus prometheus-community/kube-prometheus-stack \
   --install \
   --wait \
   --namespace monitoring --create-namespace \
   --version 40.3.1 \
   --values helm/prometheus-values.yaml
```

사용자 이름 admin, 비밀번호 password로 브라우저(http://grafana.127-0-0-1.sslip.io)에서 그라파나에 접속할 수 있다.

끝으로 L7 실리움 네트워크 정책이 포함된 jobs-app을 배포한다. 허블이 HTTP 흐름을 기반으로 메트릭을 생성하고 추적을 생성할 것이다.

```
helm upgrade kube-prometheus prometheus-community/kube-prometheus-stack \
   --install \
   --wait \
```

```
    --namespace monitoring --create-namespace \
    --version 40.3.1 \
    --values helm/prometheus-values.yaml
```

헬름 차트를 구성한다.

```
helm dep build ./helm/jobs-app
helm upgrade jobs-app ./helm/jobs-app \
  --install \
  --wait \
  --create-namespace \
  --namespace tenant-jobs \
  -f helm/jobs-app-values.yaml
```

실리움 네트워크 정책을 보려면, 다음을 실행한다.

```
kubectl get Ciliumnetworkpolicy -n tenant-jobs -o yaml
```

허블이 작동 중인지 확인한다. 작동 중이라면 데모 애플리케이션 내부에서 트래픽을 자동으로 생성할 것이다. 데모는 4개의 마이크로서비스로 구성되어 있다. 일래스틱서치와 카프카도 사용된다.

1. **coreapi**: resume(이력서), jobposting(채용 공고)에서 사용되는 API이다. 일래스틱서치에서 이력서와 채용 공고를 생성, 검색 및 나열하는 작업을 관리한다.
2. **crawler**: 주기적으로 임의의 이력서를 생성하여, gRPC를 통해 loader로 보낸다.
3. **loader**: resume 서비스에서 처리할 이력서를 카프카의 이력서 토픽에 제출하는 gRPC 서비스다.
4. **resume**: 이력서 카프카 토픽을 구독하고, 이력서를 coreapi에 제출한다. jobposting은 coreapi를 사용하여 웹 UI에 채용 공고를 나열하고, 지원자가 이력서를 제출할 수 있도록 한다. 채용 담당자는 coreapi를 사용하여 지원자를 나열하고, 이력서를 볼 수 있다.

6.7.3 coreapi 배포

대시보드의 모든 항목은 애플리케이션에서 계측이 필요하지 않고, 허블 HTTP 메트릭을 사용한다. 대시보드의 페이지 상단에서 대상 워크로드 변수를 찾고 로더를 선택한다. 더 많은 이력서를 생성하도록 크롤러를 구성하고, 크롤러 복제본을 1개 이상 실행하여 요청 트래픽을 늘려본다.

```
helm upgrade jobs-app ./helm/jobs-app --namespace tenant-jobs --reuse-values -f helm/jobs-app-increased-request-rate.yaml
```

그라파나 대시보드에서 크롤러의 이력서 생성 비율이 증가함에 따라, 요청 비율도 증가한다. 페이지 상단의 대상 워크로드 변수로 돌아가서, coreapi를 선택한다. coreapi에 대한 요청률도 증가했을 것이다.

6.7.4 외부 서비스의 연계 에러

이 데모에서는 외부 네트워크와의 통신이 주기적으로 필요하다. 네트워크를 임의로 차단하면 드롭이 발생하는 것을 곧바로 확인할 수 있다(드롭 에러는 허블 UI에서 확인이 가능하다). 네트워크 정책 구성만으로 드롭을 생성할 수 있다.

예를 들어 tenant-jobs 네임스페이스의 알람 서비스에서 TCP 재전송(네트워크 계층 패킷 손실)이 증가했지만, api.twilio.com과 외부에서 통신하는 동안에만 발생했다. 오류 기간이 보고된 애플리케이션 문제의 시간과 일치하는 경우, 개발 팀은 트윌리오(Twilio) 서비스 상태 페이지를 통해 해당 기간에 알려진 서비스 중단이 있었음을 확인하고, 문제가 외부에 있었다고 결론 내릴 수 있다.

6.7.5 coreapi 에러율 증가

새로운 구성을 배포하고 메트릭을 사용하여 에러율의 변화를 살펴보자. coreapi 구성 변경으로 에러율이 증가한다.

```
helm upgrade jobs-app ./helm/jobs-app --namespace tenant-jobs --reuse-values -f helm/jobs-app-increased-error-rate.yaml
```

새로운 구성을 배포하고 메트릭을 사용하여 지연의 변화를 살펴보자.

```
helm upgrade jobs-app ./helm/jobs-app --namespace tenant-jobs --reuse-values -f helm/jobs-app-increased-request-duration.yaml
```

coreapi 구성 변경으로 인해 지연이 증가하는 것을 확인할 수 있다.

여러 가지 장애를 주입한 후 비교하는 것만으로는 원인을 분석하기에 충분하지 않다. 추적을 연계하면 보다 쉽게 근본 원인을 분석할 수 있다. 예를 들어 대시보드에는 tenant-jobs 네임스페이스의 coreapi 애플리케이션 서비스에 대한 모든 인바운드 연결 오류 코드가 표시된다. 다른 서비스인 resume에 의해서만 액세스되고 있으며, 처음에는 연결이 양호했지만 서비스 연결에서 HTTP 500이 증가하므로 API에 문제가 발생하기 시작했다는 것을 쉽게 알 수 있다. 이는 coreapi 및 resume 서비스를 운영하는 애플리케이션 팀이 해결해야 하는 API 문제임을 나타내는 메트릭이다.

6.7.6 추적 전파

애플리케이션이 추적 헤더를 내보내는 경우 허블은 HTTP 헤더에서 추적 아이디를 추출한다. 이를 허블 HTTP 메트릭과 함께 이그젬플러로 내보내고, 메트릭에서 그라파나의 추적으로 연결할 수 있도록 구성할 수 있다.

jobs-app은 오픈텔레메트리를 사용하여 추적 생성을 지원한다. 추적이 활성화된 jobs-app을 배포해보자. 다음과 같이 추적을 추가한다.

```
helm upgrade jobs-app ./helm/jobs-app --namespace tenant-jobs --reuse-values -f helm/jobs-
app-enable-tracing.yaml
```

출발지 및 목적지별 HTTP 지연 패널에서 선 그래프 시각화와 함께, 점으로 표시되는 이그젬플러를 확인한다. 개별 이그젬플러는 단일 요청의 기간을 나타내며 추적 아이디에 연결된다.

서비스 맵의 흥미로운 점은 L7을 사용하는 마이크로서비스뿐만 아니라 카프카, 일래스틱서치, 주키퍼를 한 화면에 출력한다는 점이다. 만약 외부의 SaaS를 호출하거나 gRPC를 사용하는 경우 서비스 맵에 출력하는 것이 쉽지 않은데, 허블 UI는 이를 지원한다.

클라이언트 스팬은 네트워크 스팬을 포함할 수 있으며, 클라이언트, 서버, 네트워크 스팬을 구분해서 출력해준다. 스팬의 다양한 유형을 표시해주므로 네트워크에서 발생하는 지연을 정확하게 이해할 수 있다.

예를 들어 coreapi 서비스가 요청 지연의 급증을 보여준다고 가정해보자. resume 서비스와 coreapi 간의 개별 HTTP 요청에 대한 그라파나 이그젬플러인 작은 녹색 box를 확인한다. 지연이 높은 개별 이그젬플러를 선택하면 추적을 쿼리하고 시각화하기 위한 LGTM 스택 컴포넌트인 'Query with Tempo'에 대한 옵션을 제공하는 창이 나타난다.

이 버튼을 선택하면, 템포의 전체 추적 세부 정보로 사용자가 이동한다. 이 경우 실패 및 재시도가 지연이 길어지는 원인일 가능성이 있음을 나타낸다. 그라파나에서 이그젬플러 위로 마우스를 가져가면, 메트릭에 대한 메타데이터가 표시된다. 이러한 필드 중 하나는 추적 아이디고, 선택하면 템포에서 추적을 볼 수 있는 링크가 나타난다.

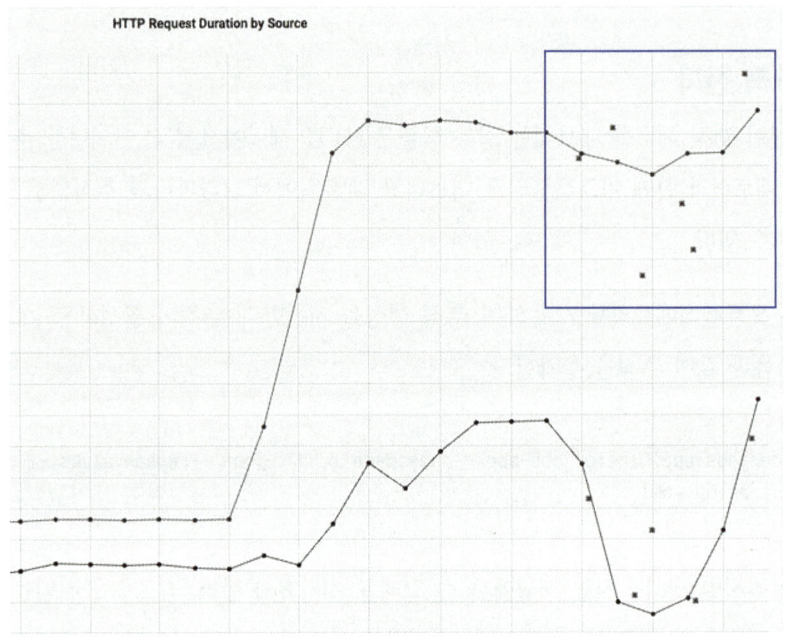

그림 6.27 **실리움과 분산 추적을 연계**

몇 가지 이그젬플러를 찾아 템포에서 열어본다. 일부 요청은 다른 요청보다 느리고 일부 요청은 실패하여, 클라이언트에서 재시도되는 것을 확인해야 한다. 요청이 실패하고 몇 번의 재시도 후에 성공한 추적도 확인해보자.

데모는 마이크로서비스 수준에서 전 구간 추적을 지원한다. 마이크로서비스의 개수가 소수이므로, 특별한 제약 없이 분산 추적 구성이 가능하다. 하지만 주키퍼와 쿠버네티스 DNS 서버가 다운이 되어서 서비스가 중지된다면 분산 추적만으로 근본 원인 분석이 가능할까? 분산 추적은 원인 분석이 어렵지만, 허블 UI에서 주키퍼와 DNS 서버가 다운된 것을 확인할 수 있다. 전 구간 추적을 구현하는 것이 중요하지만, 전 구간 추적의 제약을 이해하고 이를 보강할 수 있는 방안을 마련하는 것이 더 중요하다.

실사용자 모니터링과 추적이 아니더라도 어떠한 방식으로든, 문제가 발생한 구간을 이해할 수 있어야 한다. 추적의 범위가 아니거나 계측이 안 되더라도, 전체적인 블랙박스, 보안, 네트워크를 포함해서 관측 가능성을 적용해야 한다. 오픈텔레메트리의 기능이 점진적으로 향상되고 있지만, 블랙박스와 LDAP 등 보안 프로토콜은 추적이 여전히 쉽지 않다. 실제로 블랙박스와 레거시, 관측 가능성이 적용되지 않는 네트워크에서 장애가 빈번하게 발생하고, 이는 큰 규모의 장애로 전파될 수도 있다.

허블 서비스 맵은 네트워크를 기반으로 외부와 내부 통신을 분석해서 시각화한다. 이는 분산 추적의 범위를 확장하고, 단점을 보완하기 위한 좋은 수단이다. 실리움은 분산 추적을 기본적으로 지원한다. 허블 서비스 맵에서 대략적인 흐름과 문제점을 인식하고, 그라파나 추적을 통해서 구간별 지연을 이해하는 것이 일반적인 프로세스다.

6.8 실리움 추가 기능

실리움이 제공하는 기능은 다양하다. 기본적으로 L3, L7 네트워크에 대한 관측 가능성을 제공하지만, 서비스 메시, 멀티 쿠버네티스 네트워크, 인그레스 등 다양한 기능을 제공한다. 중요한 기능 몇 가지만 데모와 함께 살펴보겠다.

실리움과 비교되는 것이 이스티오이다. 이스티오도 네트워크 정책, 멀티 쿠버네티스 클러스터, 서비스 메시, 인그레스를 지원한다. 사이드카로 구성되는 이스티오를 CNI와 eBPF로 구현되는 실리움과 비교해보는 것은 흥미로운 주제다. 이러한 관점에서 둘의 장단점을 비교해보겠다.

6.8.1 네트워크 정책

이전 절에서는 L3와 L7에서 장애를 생성하고 이를 테스트하는 방법을 설명했다. 여기에서는 실리움 네트워크 정책을 사용해서 드롭을 생성하고, 이로 인한 문제점을 식별하고 근본 원인을 어떻게 분석하는지 살펴본다. 여기에서는 카오스 엔지니어링을 사용하지 않고, 정책만 사용해서 장애를 생성한다.

먼저 실리움을 설치한다.

```
minikube start --vm-driver=none --kubernetes-version v1.20.0 --memory=16000 --cpus=2
--network-plugin=cni --cni=false
Cilium install --version 1.13.0-rc2
```

Cilium status 명령으로 실리움의 상태를 확인한 다음, 허블을 설치한다.

```
Cilium install --version 1.13.0-rc2
Cilium hubble enable --ui
Cilium hubble ui
```

다음과 같이 허블 설정을 한다.

```
export HUBBLE_VERSION=$(curl -s https://raw.githubusercontent.com/Cilium/hubble/master/
stable.txt)
HUBBLE_ARCH=amd64
if [ "$(uname -m)" = "aarch64" ]; then HUBBLE_ARCH=arm64; fi
curl -L --fail --remote-name-all https://github.com/Cilium/hubble/releases/download/$HUBBLE_
VERSION/hubble-linux-${HUBBLE_ARCH}.tar.gz{,.sha256sum}
sha256sum --check hubble-linux-${HUBBLE_ARCH}.tar.gz.sha256sum
sudo tar xzvfC hubble-linux-${HUBBLE_ARCH}.tar.gz /usr/local/bin
rm hubble-linux-${HUBBLE_ARCH}.tar.gz{,.sha256sum}
```

라우팅과 보안 등 인그레스 기능도 제공하며, 이를 이용하면 엔보이 프록시 서버와 연계가 가능하다.

```
helm upgrade jobs-app ./helm/jobs-app --namespace tenant-jobs --reuse-values -f helm/jobs-
app-enable-tracing.yaml
```

이제 허블 UI에서 결과를 확인할 수 있으며, 그라파나와 연계해서 시각화가 가능하다. 정책을 사용해서 드롭을 생성할 것이다.

http://localhost:12000에 접속하면 <스타워즈>에서 영감을 받은 L3 및 L7 메트릭을 확인하기에 유용한 데모를 볼 수 있다. <스타워즈>에 등장하는 데스스타, 타이파이터, 엑스윙에서 이름을 딴 3가지 마이크로서비스 애플리케이션이 있다.

- **데스스타**: 포트 80에서 HTTP 웹서비스를 실행한다. 두 개의 파드 복제본에서 데스스타에 대한 요청의 부하를 분산하기 위해, 쿠버네티스 서비스로 노출된다. 데스스타 서비스는 제국(empire)의 우주선이 착륙을 요청할 수 있도록 착륙 서비스를 제공한다.
- **타이파이터**: 이 파드는 제국 함선의 착륙 요청 클라이언트 서비스를 나타낸다.
- **엑스윙**: 연합(alliance) 함선의 서비스를 나타낸다. 이는 데스스타 착륙 서비스에 액세스 제어 등 다양한 보안 정책을 제공한다.

데모에는 3가지 서비스에 대한 쿠버네티스 배포가 포함되어 있다. 각 배포는 쿠버네티스 레이블(org=empire, class=deathstar), (org=empire, class=tiefighter) 및 (org=alliance, class=xwing)을 사용하여 식별한다. 또한 레이블(org=empire, class=deathstar)이 있는 모든 파드에 대한 트래픽 로드 밸런싱을 수행하는 deathstar-service도 포함되어 있다.

쿠버네티스는 백그라운드에서 파드와 서비스를 배포한다. kubectl get pods,svc를 실행하면, 작업 진행 상황을 알려준다. 각 파드는 파드가 준비되는 실행 지점에 도달할 때까지 여러 상태를 거친다. 실리움에서 각 파드는 로컬 실리움 에이전트의 엔드포인트로 표시된다.

파드를 선택하는 네트워크 정책을 아직 가져오지 않았기 때문에, 송신과 수신 정책 시행은 모든 파드에서 비활성화되어 있다. 데스스타 서비스의 관점에서 볼 때 org=empire 레이블이 있는 선박만 착륙 요청이 허용되어야겠지만, 시행되는 규칙이 없으므로 엑스윙과 타이파이터 모두 착륙을 요청할 수 있다.

6.8.2 L3 정책

실리움을 사용하는 경우, 보안 정책을 정의할 때 엔드포인트 IP 주소는 관련이 없다. 대신 파드에 할당된 레이블을 사용하여 보안 정책을 정의할 수 있다. 정책은 클러스터 내에서 언제 어디서 실행되는지에 관계없이 레이블을 기반으로 파드에 적용된다.

데스스타 착륙 요청을 제국 선박으로만 제한하는 기본 정책부터 시작하겠다. 이렇게 하면 org=empire 레이블이 없는 함선은 데스스타 서비스에 연결하는 것도 허용되지 않는다. 이는 IP 프로토콜(네트워크 L3)과 TCP 프로토콜(네트워크 L4)만 필터링하는 간단한 정책이므로 L3/L4 네트워크 보안 정책이라고도 한다.

```
apiVersion: "Cilium.io/v2"
kind: CiliumNetworkPolicy
metadata:
  name: "rule1"
spec:
  description: "L3-L4 policy to restrict deathstar access to empire ships only"
  endpointSelector:
    matchLabels:
      org: empire
      class: deathstar
  ingress:
  - fromEndpoints:
```

```
- matchLabels:
    org: empire
toPorts:
- ports:
  - port: "80"
    protocol: TCP
```

실리움 네트워크 정책은 정책이 적용되는 출발지와 목적지를 식별하기 위해 endpointSelector를 사용하여, 파드 레이블을 일치시킨다. 위 정책은 TCP 포트 80에서 레이블(org=empire)이 있는 모든 파드에서 레이블(org=empire, class=deathstar)이 있는 데스스타 파드로 전송되는 트래픽을 화이트리스트에 추가한다.

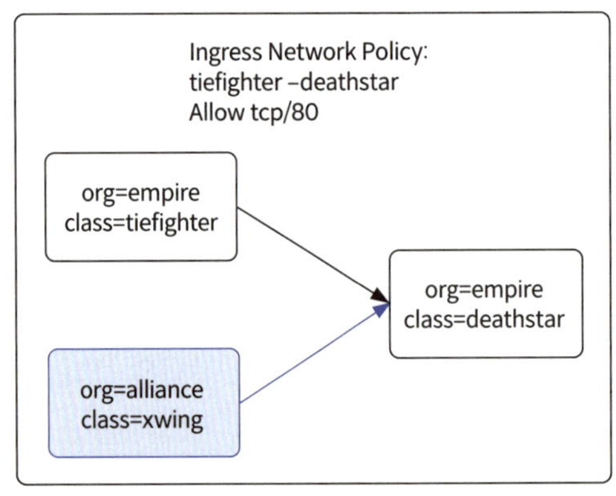

그림 6.28 인그레스 네트워크 정책

L3/L4 정책을 적용하려면 다음을 실행한다.

```
$ kubectl create -f https://raw.githubusercontent.com/Cilium/Cilium/1.14.5/examples/
minikube/sw_l3_l4_policy.yaml
Ciliumnetworkpolicy.Cilium.io/rule1 created
```

예상대로 작동한다. 이제 엑스윙 파드에서 실행되는 동일한 요청이 실패한다.

```
kubectl exec xwing -- curl -s -XPOST deathstar.default.svc.cluster.local/v1/request-landing
```

6.8.3 L7 정책

앞의 간단한 시나리오에서는 타이파이터, 엑스윙에 데스스타의 API에 대한 전체 액세스 권한을 부여하거나 혹은 부여하지 않는 것으로 충분했다. 그러나 마이크로서비스 간에 보안을 제공하려면, 데스스타의 API를 호출하는 각 서비스가 필요한 HTTP 요청만 생성하도록 제한해야 한다. 예를 들어 데스스타 서비스의 유지 관리 API가 임의의 제국 함선에서 호출이 가능해서는 안 될 것이다.

실리움은 HTTP 계층 정책을 시행하여, 타이파이터가 도달할 수 있는 URL을 제한할 수 있다. 다음은 타이파이터를 POST /v1/request-landing API 호출만 수행하도록 제한하고, 다른 모든 호출(PUT /v1/exhaust-port 포함)을 허용하지 않음으로써, 원래 정책을 확장하는 정책 파일이다.

```
apiVersion: "Cilium.io/v2"
kind: CiliumNetworkPolicy
metadata:
  name: "rule1"
spec:
  description: "L7 policy to restrict access to specific HTTP call"
  endpointSelector:
    matchLabels:
      org: empire
      class: deathstar
  ingress:
  - fromEndpoints:
    - matchLabels:
        org: empire
    toPorts:
    - ports:
      - port: "80"
        protocol: TCP
      rules:
        http:
        - method: "POST"
          path: "/v1/request-landing"
```

다음과 같이, 데스스타를 보호하는 L7 인식 정책을 적용하도록 기존 규칙을 업데이트한다.

```
$ kubectl apply -f https://raw.githubusercontent.com/Cilium/Cilium/1.14.5/examples/minikube/
sw_l3_l4_l7_policy.yaml
Ciliumnetworkpolicy.Cilium.io/rule1 configured
```

이 규칙은 아이디 인식 규칙을 기반으로 구축되므로 org=empire 레이블이 없는 파드의 트래픽이 계속 삭제되어 연결 시간이 초과된다.

```
kubectl exec xwing -- curl -s -XPOST deathstar.default.svc.cluster.local/v1/request-landing
```

허블 메트릭은 TCP에서 발생하는 드롭을 출력한다. 드롭이 발생하는 경우에 L7에서는 타임아웃이 발생하고, 에러 코드를 통해서 확인이 가능하다. 지연이 발생하는 SLO와 추적에서 확인할 수 있다. L7을 모니터링하기 위해서는 HTTP의 에러 코드와 출발지에서 목적지 간의 지연을 확인하고 전송되는 데이터양을 확인한다. L3의 경우에는 네트워크 속도와 지연을 나타내는 RTT, 패킷의 유실 횟수를 나타내는 재전송 메트릭을 모니터링한다. 이를 통해, 장애가 발생하면 어느 구간에서 장애가 발생하는지 이해할 수 있다. L7과 마이크로서비스는 추적으로 샘플링되고, 지연이 발생하는 구간을 빠르게 식별할 수 있다.

6.8.4 멀티 클러스터와 서비스 메시

다수의 클러스터를 운영하려면 라우팅과 로드 밸런서 기능이 필요하다. 기존에는 멀티 쿠버네티스와 서비스 메시를 위해서 이스티오를 사용했지만, 이제는 가볍고 커널 수준에서 운영이 가능한 실리움이 좋은 대안이다. 기존 이스티오 방식은 사이드카로 인해서 클러스터가 커질수록 비용이 급격히 증가하고 네트워크 구조는 복잡해지고 성능이 저하되는 문제가 있다.

KIND를 사용해서 2개 쿠버네티스 클러스터를 구성하고, 각 클러스터에 마이크로서비스를 배포해 보자. 클러스터 메시는 네트워킹 데이터 경로를 여러 클러스터로 확장한다. 이를 통해 연결된 모든 클러스터의 엔드포인트가 정책을 지원하면서 통신할 수 있다. 쿠버네티스 애너테이션을 통해 부하 분산이 가능하다.

```
$ ./kind-Cilium-mesh-up.sh
=> Creating the clusters...
Creating cluster "kind-Cilium-mesh-1" ...
...

$ kubectl run --restart Never --rm -it --image giantswarm/tiny-tools tiny-tools -- /bin/sh
-c 'for i in $(seq 1 10); do curl http://rebel-base/; done'
{"Galaxy": "Alderaan", "Cluster": "Cluster-2"}
{"Galaxy": "Alderaan", "Cluster": "Cluster-1"}
{"Galaxy": "Alderaan", "Cluster": "Cluster-2"}
{"Galaxy": "Alderaan", "Cluster": "Cluster-1"}
{"Galaxy": "Alderaan", "Cluster": "Cluster-2"}
pod "tiny-tools" deleted
```

분산 애플리케이션이 도입되면서, 추가적인 관측 가능성, 연결성 및 보안 요구 사항이 대두했다. 애플리케이션은 클라우드 및 온프레미스 경계에서 신뢰할 수 없는 네트워크를 통해 통신한다. 애플리케이션 프로토콜을 이해하려면 로드 밸런싱이 필요하며, 복원력이 중요해지고, 보안은 송신자와 수신자가 서로의 아이디를 인증할 수 있는 모델로 발전해야 한다.

기존에 많이 사용된 서비스 메시는 이스티오이지만, 사이드카 때문에 많은 비용이 필요하고, L7만 지원하며, 기존 컨테이너 네트워크가 복잡해지는 등 제약이 많다. 가볍게 서비스 메시를 구현하는 대안이 바로 실리움이다. 실리움에서는 L3, L7이 통합되고, 잘 정리된 메트릭을 제공하며, 다양한 기능은 잘 모듈화되어 있다. L7은 추적과 연계되어 있어 네트워크에서 문제가 발생하면 근본 원인을 쉽게 찾을 수 있고 신속하게 대응할 수 있다. 실리움은 사이드카가 아니라, 쿠버네티스 CNI 수준에서 운영되므로 별도 추가적인 비용을 지불할 필요가 없다.

6.8.5 인그레스

이스티오 인그레스는 풍부한 라우팅 기능과 모니터링이 가능하지만, 이스티오가 있어야만 이스티오 인그레스를 사용할 수 있다. CNI 수준에서 인그레스를 제공하면 이스티오보다 간단하게 네트워크 구성이 가능하다(엔진엑스는 유용하지만 기능이 부족하며, 상용 관측 가능성을 사용하려면 비용을 지불해야 한다).

쿠버네티스 인그레스와 이스티오 인그레스에 비교해서, 실리움 인그레스는 장점이 많다.

- eBPF 프로파일을 사용하므로 모니터링과 디버깅이 쉽다.
- CNI를 사용하므로 구성이 간단하고 성능이 우수하다.

6.9 요약

지금까지 애플리케이션과 인프라, 네트워크 관측 가능성에 대해서 설명했다. 이 책의 주요 장은 4장 산업별 근본 원인 분석 사례, 이번 장 인프라 근본 원인 분석, 그리고 10장 AIOps이다. 이번 장에서 다룬 인프라 관측 가능성은 애플리케이션 관측 가능성의 연장이고, AIOps 자동화에 중요한 데이터를 제공한다.

이번 장에서는 인프라 관측 가능성을 애플리케이션 관측과의 연계, 리눅스 커널 분석, eBPF의 활용, 네트워크 병목 분석 등 관점에서 설명했다. 특히 시스템 추적은 CPU, 메모리, 네트워크, 디스크, 스케줄러, 시스템 콜 등 다양한 리소스를 분석하는 데 핵심 역할을 한다. 이러한 분석을 시각화하는 데 매우 유용한 KUtrace, ftrace, strace 등에 대해서도 살펴봤다. 시스템 추적은 분산 추적보다 더 중요하며, 분산 추적과 eBPF 프로파일 간의 연결고리 역할을 한다. 시스템 추적을 통해서 경합, 혼잡, 지연, 대기, 간섭을 정확히 구분하는 것이 중요하다.

CHAPTER 7

인프라 이상 탐지

애플리케이션으로 인한 장애는 SLO를 통해서 모니터링이 되므로 애플리케이션 관측 가능성은 상대적으로 이해하기 쉽고 명확하다. 인프라 에러는 여러모로 대응이 어렵고 복잡하다. 코드에서 발생하는 에러가 아니고, 직접적으로 원인을 지정하는 것도 어렵다. APM에서 시작한 상용 관측 가능성은 애플리케이션 관측 가능성을 지원한다. 인프라는 신호 자체가 모호하고 특정 리소스의 에러라고 판단하기가 어렵다. 인프라 리소스에서 발생하는 작은 지연을 사전에 감지하고 이해하는 것이 필요하다. 작은 지연은 운영자가 식별하지 못하는 경우가 대부분이다.

이상 탐지는 인프라에 한정되어서 적용되지 않고, 다양한 분야에 적용 가능하다. 이 책에서 이상 탐지는 인프라 관측 가능성에 가장 효과적이고 인프라 관측 가능성의 연장선이라고 판단했다. 인프라의 리소스 개수는 수만 개 이상이 일반적이고, 이는 SRE가 직접 관리하기 어려운 수준의 개수다. 애플리케이션 장애에 비해서 인프라 장애는 범위가 크고 문제 해결도 어려우므로, 이상 탐지를 통해 인프라 수준에서 사전에 위험을 인식할 수 있다면 도움이 될 것이다.

이번 장에서 목표로 삼는 이상 탐지는 다음과 같다.

- 비즈니스적으로 복잡하고 고도화된 이상 탐지가 아니라, 인프라에 신속하게 적용 가능한 이상 탐지가 필요하다.
- 이상 탐지는 임곗값을 필요로 하지 않는다. 인프라에는 애플리케이션 수준의 SLO를 정의하는 것이 어렵다. 인프라 리소스의 개수도 많아서, 임곗값을 정의하려면 많은 공수를 필요로 한다. 인프라 이상 탐지를 통해서 임곗값 없이도 이상치를 자동으로 식별하고 알람과 대시보드를 구성할 수 있다.

머신러닝만으로 이상 탐지를 구현하는 것보다, SQL을 사용해서 검증함으로써 정확도가 높은 결과물을 전달할 수 있다. 이에 SQL을 사용해서 이상 탐지를 하는 방법에 대해서 설명하고, 이상 탐지의 구성 시에 필요한 설정 및 이상 탐지의 결과를 분석하는 방법을 살펴볼 것이다. 끝으로 이상 탐지 대시보드를 구성하고, 알람을 구성하는 방법을 설명한다.

이 책에서는 오픈서치의 이상 탐지와 벡터 데이터베이스에 대해서 자세히 설명한다. 하지만 오픈서치 이상 탐지만을 사용해서 추론 기반의 이상 탐지를 구성하는 것은 추천하지 않는다. SQL은 이상 탐지를 위한 좋은 기능을 제공하므로, SQL과 오픈서치 이상 탐지가 제공하는 추론을 함께 사용해서, 관측 가능성에 필요한 이상 탐지를 구현하는 것을 권장한다. 단계적으로 검증하고 점진적으로 정확도를 높이는 방식으로 이상 탐지를 구성해야 한다.

7.1 이상치

이상치(outlier)란 동일 그룹 내 다른 멤버와 다른 특징을 칭한다. 데이터 관점에서는 다른 데이터들과 달라서 의심을 품게 하는 레코드, 값 등을 의미하며, 아웃라이어, 노벨티, 노이즈, 편차 등으로 부르기도 한다. 이상 탐지는 말 그대로 이상치를 탐지하기 위한 목적으로도 수행되고, 대규모 분석 프로젝트의 중간 단계로도 수행된다.

이상치를 찾아내는 과정은 발생 원인과 상관없이 동일하지만, 해결을 위해서는 발생 원인을 정확히 이해해야 한다. 즉, 이상치가 발생한 근본 원인이 무엇인지 이해해야 정확하게 대응이 가능하다.

실제 이벤트를 수집한 데이터에 이상치가 존재하는 경우를 흔히 볼 수 있다. 이상치는 이상 거래, 네트워크 침입, 제품의 구조적 결함, 정책의 허술함, 개발자가 의도치 않은 방식으로의 시스템 사용 등에 대한 신호일 수 있다. 이상치는 악의를 가진 사용자가 시스템을 부당하게 이용해서 발생하기도 하지만, 한편으로는 고객이 의도치 않은 방식으로 제품을 사용해서 발생하기도 한다.

7.2 SQL 이상 탐지

SQL은 다양한 데이터 분석에 유용한 다재다능하고 강력한 언어이다. SQL로 이상 탐지를 작성하면 규칙이나 머신러닝을 쓸 때에 비해 특정 레코드가 이상치로 처리된 이유를 이해하기 쉬우며, 데이터베이스가 변경되더라도 SQL은 영향을 받지 않으므로 항상 동일한 동작을 수행한다는 강점이 있다.

SQL이 유용하지 않은 경우도 있다. SQL은 파이썬처럼 정교한 통계 분석을 제공하지 않는다. 몇 가지 표준 통계 메서드를 제공하긴 하지만, 일부 데이터베이스에서는 통계 계산이 조금만 복잡해도 시간이 오래 걸린다. 또한 데이터베이스에서 데이터 분석 수행 시 데이터를 로딩하는 데도 시간이 걸리므로 이상 거래 탐지나 침입 탐지와 같이 이상치 유무를 즉시 파악해야 하는 경우에는 SQL이 좋은 선택이 아닐 수 있다.

이런 경우 일반적인 이상 탐지 절차는 SQL로 초기 분석을 수행해 정상 범위의 최솟값, 최댓값, 평균을 결정한 후, 별도의 실시간 데이터 스트리밍을 활용해 실시간 모니터링을 수행하는 것이다. 모니터링 중에 이상치 패턴이 감지되면, 스트리밍 서비스에서 이를 바로 처리하도록 설정할 수도 있다.

이상 탐지에 SQL이 부적합한 경우가 또 하나 있다. SQL 코드는 정적인 규칙 기반으로 작동한다. 따라서 잘 알려진 분야의 데이터를 다루는 데는 적합한 반면에, 급변하는 이상 패턴의 유형에 맞춰 자동으로 분석 조건을 조정할 수는 없다. 이러한 경우에는 규칙과 머신러닝을 사용해야 한다.

데이터셋 자체만으로 이상치를 탐지하는 방법들이 있다. 먼저 ORDER BY 절로 데이터를 정렬해 이상치를 찾는 방법이 가능하다. 혹은 GROUP BY 절로 필드에 저장된 각 값의 빈도를 파악해 이상치를 찾을 수도 있다. 그다음으로, SQL의 통계 메서드를 사용해 일반적인 범위를 벗어나는 이상치를 찾아내는 방법도 가능하다.

7.2.1 이상 탐지 방법

데이터셋을 다룰 때 제일 먼저 하는 일은 탐색적 자료 분석(exploratory data analysis, EDA)다. 구체적인 분석 이전에 데이터에 대해 이해하는 과정이다. SQL에 익숙한 독자라고 하더라도, SQL을 사용한 시계열 분석, 이상 탐지, 코호트 분석에 익숙하지 않은 경우가 많다. 이에 메트릭과 추적 관점에서 SQL의 정렬, 백분위수, 표준편차 메서드 등을 설명한다.

1 빈도 확인

데이터셋에 포함된 특정 필드에 대해서 이해하기 위해서는 필드별로 각 값의 출현 빈도를 확인하는 방법이 가장 좋다. 빈도 확인은 특정한 값이 나올 수 있는지 또는 예상치 못한 값이 있는지, 있다면 어떻게 그런 값이 들어갈 수 있는지 등을 알아볼 때 유용하다. 문자열, 숫자, 날짜 등 어느 데이터 타입에든 사용할 수 있으며, 희소 데이터를 찾는 데도 유용하다.

프로파일링하려는 필드를 GROUP BY 절로 지정하고 count(*)를 사용해 필드 내에서 각 값의 개수를 알아낸다. 빈도를 차트로 그릴 때는 주로 대상 필드의 값을 x축으로, 각 값의 빈도수를 y축으로 표현한다.

2 정렬

SQL을 활용해 이상치를 찾는 기본적인 방법은 ORDER BY 절로 데이터를 정렬하는 것이다. ORDER BY 절은 기본적으로 오름차순으로 데이터를 정렬한다. ORDER BY 절을 사용하면 한 번에 하나 이상의 열을 기준으로 데이터를 정렬할 수 있으며, 각 열마다 정렬 순서를 오름차순 혹은 내림차순으로 따로 지정할 수 있다.

3 백분위수 확인

전체 및 그룹별 데이터 정렬 결과를 시각화하는 방법은 이상치를 찾는 데 유용하며, 특히 데이터에 극단값이 섞여 있을 때 이를 찾기가 쉽다. 데이터의 분포를 정량화해보면 데이터를 바라보는 새로운 시각을 갖게 된다.

백분위수는 데이터에서 특정한 값보다 작은 값이 차지하는 비율을 의미한다. 50번째 백분위수를 의미하는 중앙값은 해당 값보다 큰 값이 전체 데이터의 절반이고 그보다 작은 값도 절반인 값을 의미한다. 백분위수와 관련된 다양한 메서드들이 있는데 이어서 하나씩 살펴보겠다.

median과 ntile

데이터 분포를 확인할 때는 중앙값을 확인하는 경우가 많다. 이를 위해 많은 데이터베이스에서는 median 메서드를 지원한다. 중앙값을 확인하려는 필드를 인수로 받아 해당 필드값 중 중앙값에 해당하는 값을 반환한다.

median 메서드는 대부분의 데이터베이스에서 지원되지만, 만약 지원되지 않는다면 ntile 메서드를 사용하면 된다. median 메서드와 ntile 메서드는 윈도 메서드로서, 여러 행에 걸쳐 연산을 수행한 다음, 그 결과로 하나의 값을 반환한다. ntile 메서드는 나누고 싶은 구간의 개수를 인수로 받아 데이터를 나누며(데이터를 N개의 버킷으로 나누고, 각 행이 몇 번째 버킷에 속하는지 확인한다), 필요 시 PARTITION BY 절과 ORDER BY 절도 사용한다.

percent_rank

구간화(binning)는 연속값을 프로파일링할 때 유용한 방법이다. 값마다 레코드 수를 세는 대신, 값의 범위를 기준으로 먼저 그룹화한다. 이렇게 그룹으로 나눈 것을 구간 또는 버킷이라고 하며, 이제 해당 그룹별로 그 범위에 해당하는 레코드 개수를 세면 된다. 구간의 크기는 분석 목적에 따라,

모두 비슷하게 맞추거나 각 범위에 들어갈 레코드 수가 비슷해지도록 다르게 설정하는 등 유연하게 정하면 된다.

구간화에는 ntile 메서드가 더 적합하지만 percent_rank 메서드를 사용하면 데이터의 연속 분포를 확인하거나, 그 결과 자체로 보고서를 작성하거나 추후 다른 분석에 사용하기 용이하다. ntile과 percent_rank 메서드는 계산을 위해 모든 행을 정렬해야 하므로 큰 데이터셋에서 사용하기에는 연산 비용이 많이 든다. 따라서 테이블에서 필요한 데이터만 필터링해 사용하는 편이 좋다.

SQL이 제공하는 percent_rank 윈도 메서드는 해당 파티션에서 각 행 값의 백분위수를 반환한다. 인수 없이 사용하며 쿼리에서 지정된 모든 행에 연산을 수행한다. 윈도 메서드이므로 정렬 방향을 설정하는 데는 ORDER BY 절을 사용한다. percent_rank 메서드 역시 PARTITION BY 절과 ORDER BY 절도 같이 사용한다.

윈도 메서드를 사용할 때 PARTITION BY 절과 ORDER BY 절은 상황에 따라 사용하지 않아도 되지만, 특별한 이유가 없다면 ORDER BY 절로 정렬 순서를 지정하는 편이 좋다. 한편 OVER 절은 반드시 사용해야 한다. 먼저 서브쿼리에서 percent_rank 메서드를 사용해 백분위수를 계산한다. 그리고 외부 쿼리에서 수를 세어본다. 다른 집계를 하기 전에 percent_rank 메서드로 백분위수를 먼저 계산해야 정확한 결과를 얻는다.

percentile_cont와 percentile_disc

각 행의 백분위수 혹은 N분위수를 구하는 것이 아니라, 전체 데이터셋에서 특정 백분위수에 해당하는 값을 계산하려면 percentile_cont 메서드나 percentile_disc 메서드를 사용한다. 2가지 모두 윈도 메서드이지만 WITHIN GROUP 절 사용 여부 등 문법이 약간 다르다.

percentile_cont 메서드는 데이터셋에 지정된 백분위수에 해당하는 정확한 값이 없을 때 이 값을 보간해 반환하며, percentile_disc 메서드는 해당 값에 가장 가까운 값을 찾아 반환한다. 대용량 데이터셋이나 주로 연속적인 값으로 구성된 데이터셋에서는 두 메서드 간에 실질적인 차이가 없지만, 둘 중 어느 것이 원하는 분석 결과를 이끌어낼지 판단해 더 적절한 것을 선택하는 편이 좋다.

4 표준편차 확인

데이터셋에서 백분위수 또는 N분위수를 찾으면 이상치를 찾기 위한 정량적인 근거가 마련된다. 백분위수를 활용해 데이터셋에 존재하는 이상치를 처리하는 방법을 다룰 수 있다. 다만 백분위수를 확인하는 것은 0~100%에 해당하는 값을 구하는 것일 뿐, 특정한 값이 일반적인 수준에서 얼마나 차이가 나는지는 알 수 없다.

데이터셋에 존재하는 극단값을 확인하는 데는 표준편차를 사용한다. 표준편차는 데이터에서 값이 흩어진 정도를 의미한다. 표준편차가 작으면 데이터의 값이 퍼진 정도가 작다는 의미이고, 표준편차가 크면 데이터의 값이 넓게 퍼져 있다는 의미다.

대부분의 데이터베이스에서 제공하는 대표적인 표준편차 메서드는 두 가지가 있다.

- **stddev_pop**: 모집단의 표준편차를 계산한다. 전체 고객 데이터를 분석할 때처럼, 데이터셋이 전체 모집단을 대표하는 경우에 사용한다.
- **stddev_samp**: 표본의 표준편차를 계산한다. 모집단의 표준편차를 계산할 때와 달리, 수식에서 N 대신 N-1로 나눈다. 예를 들어 설문 조사에서 얻은 표본 데이터로 분석을 수행한다면 stddev_samp 메서드를 사용하면 된다.

실무에서 대용량 데이터셋을 분석할 때는 stddev_pop 메서드의 결과와 stddev_samp 메서드의 결과 간에 차이가 거의 없다.

이러한 메서드들을 사용해서 데이터셋의 각 값과 평균 간의 차이를 표준편차 단위로 표현한 값을 z 점수(z-score)라고 부르며, 데이터를 표준화하는 데 사용한다. 평균보다 높은 값은 z 점수가 양수이고 평균보다 낮은 값은 z 점수가 음수다.

7.2.2 이상치 형태

이상치의 형태를 값, 개수 또는 빈도, 존재 여부라는 3가지 카테고리로 구분해, 확인하는 방법을 알아본다. 프로파일링 결과로 이상치로 보이는 값을 찾았을 때 혹은 여러 이유로 이상치가 있다고 추정될 때, 이 3가지 측면에서 이상치의 존재를 확인해보자. 데이터 도메인에 따라 특정한 값이 이상치일 수도 있고 이상치가 아닐 수도 있다.

1 예외적인 값

이상치라고 하면 아마 극단적으로 높거나 낮은 이상치를 떠올린다. 하지만 오히려 전체 데이터 분포상 가운데에 위치한 값이 특이한 값인 경우도 있다. 예외적인 값을 찾는 일도 중요하지만, 분석을 잘하기 위해서는 그 값이 발생한 이유를 파악하고, 이상치와 관련된 다른 속성들을 이해해야 한다.

2 예외적인 개수와 빈도

이상치를 식별하기 위해서 개수와 빈도를 측정하는 것은 유용하다. 먼저 이상치는 단순히 개별적인 값이 아니라, 이상 패턴 혹은 이상 클러스터 형태를 보이는 경우도 있다. 또 특정 클러스터가 이상치라고 판단하는 데는 여러 조건이 있다. 조건은 콘텍스트에 따라 달라진다. 시간, 위치뿐 아니라 다양한 속성에서 이상 클러스터를 찾아낼 수 있다. 마지막으로 짧은 기간에 흔치 않은 빈도로 발생한 이벤트는 예외적인 이벤트로 간주된다.

이상치를 찾아내려면, 일반적인 상황과는 다른 차이가 발생했는지 여부를 확인해야 한다. 데이터의 일반적인 패턴을 확인한 뒤, 이를 기반으로 비정상적인 패턴을 찾아보자. 기본적으로 데이터를 프로파일링하고, 도메인 지식을 기반으로 데이터를 이해하고, 쿼리를 통해 확인한 결과에서 인사이트를 도출하는 단계를 반복적으로 수행하는 과정이다.

데이터에서 특정한 값의 예외적인 개수, 합계, 빈도를 확인하려면, 값 단위를 조금씩 바꿔가면서 쿼리를 수행하고, 데이터를 확인하는 반복적인 과정이 필요하다. 큰 단위로 시작해 점점 더 세밀한 단위로 좁혔다가, 다시 특정 범위의 데이터를 세밀하게 살펴보거나, 다른 속성으로 데이터를 살펴보기도 한다. 이는 데이터 분석에서 자주 발생하는 과정이며 SQL은 이러한 반복 작업을 수행하기에 적합한 도구다.

❸ 데이터 결측

비정상적으로 높은 이벤트 발생 수는 이상치가 될 수 있다. 반대로 이벤트 발생 기록이 없는 경우도 이상치일 수 있다는 사실을 놓쳐선 안 된다. 마지막 이벤트 발생부터 현재까지의 시간을 계산해서 결측을 확인해야 한다.

7.3 머신러닝 이상 탐지

이상 탐지에는 절차와 관리 시스템이 필요하다. 이는 기존의 SLO 방법과 차이가 있기 때문이며, AIOps를 구현하기 위한 프로세스이기도 하다. 다음과 같이 5단계로 이상 탐지를 구성할 수 있다.

1. 패턴을 분석하고 빈도를 측정한다.
2. 이상치 수준을 정의한다. 이상치는 다양한 수준에서 측정될 수 있다. 개별 레코드, 모집단, 특정 시간대의 버킷(세트), 카테고리 등 다양한 수준에서 이상치를 정의할 수 있다.
3. 이상 피처를 정의한다. 비즈니스와 기술을 고려해서 복합 기능을 정의한다.
4. 이상치를 판별하는 방법을 정의한다. 이때 임곗값이 아닌 등급과 신뢰도로 판단한다.
5. 이상치 결과를 분석한다.

알고리즘 기반의 이상 탐지는 정확하게 이상치를 지정하지 못하는 경우가 발생할 수 있다. 근래에는 머신러닝 기반의 이상 탐지를 많이 사용하며, 애플리케이션의 비용 이상 탐지, 네트워크 보안 이상 탐지, 시스템 증설, 지연 및 장애 예측 등 다양한 이상 탐지를 구성한다. 시계열이 아니더라도 이상 탐지에는 문제가 없지만, 관측 가능성 기반의 이상 탐지는 시계열 데이터를 기반으로 한다.

실시간과 배치, 2가지 유형의 이상 탐지가 있다. 실시간 이상 탐지는 정해진 윈도(일반적으로 5~10분 주기로 실행)마다 준실시간으로 이상치를 탐지하는 방식이다. 오픈서치는 실시간 이상 탐지를 위해서 RCF 알고리즘을 제공하며, 높은 정확도로 이상치를 식별할 수 있다. 실시간 데이터의 특징인 변동성이 높고 예상치 못한 이상치에 대비해서, 새로운 모델의 학습이 없이도 즉각적으로 대응이 가능하다.

이상 탐지의 데이터 소스는 로그다. 추적은 애플리케이션만 지원하므로 인프라 관측 가능성에 적합하지 않다. 메트릭은 집계이므로 이상치를 식별할 수 없다. 프로파일은 텍스트와 유사하고 비구조화되어서 이상 탐지에 적합하지 않다. 이상 탐지에 가장 적합한 신호는 구조화된 로그다.

프롬스케일에 메트릭과 추적이 구조화되어 저장되어 있다. 프롬스케일 내 메트릭은 다수의 테이블로 구성되고, 추적은 1개의 스팬 테이블로 구성되어 있다.

1. 메트릭별로 새로운 테이블을 생성한다. 예를 들어 스크레이핑 대상이 증가하면, 증가되는 메트릭 수만큼 메트릭 테이블이 증가한다.
2. 추적 테이블은 스팬 메트릭 테이블 하나만 사용하므로 테이블의 개수는 변하지 않는다.

메트릭과 추적이 이상 탐지에 적합하지 않은 이유는, 이상 탐지에서 필요로 하는 속성을 추가하는 것이 어렵기 때문이다. 자유도가 높은 로그가 이상 탐지에 더 적합하다.

이상 탐지는 다수의 비지도학습으로 구현되어야 한다. 개수로 설명하면, 다수의 의미는 수십에서 수백 개가 될 수도 있다는 것이다. 비지도학습은 지도학습보다 더 많은 장점을 가지고 있다. 이상 탐지에서 비지도학습을 사용하는 이유는 다음과 같다.

1. 인프라 이상 탐지에 수십 개 이상의 감지기가 구성될 수 있다. 지도학습 모델을 다수 개발하기 위해서는 많은 시간과 개발이 필요하다.
2. 관측 가능성 데이터는 데이터의 정합성은 높고, 중복 등 오류는 낮다. 데이터 품질이 좋다는 가정하에 비지도학습만으로도 정확도가 높은 이상 탐지 결과를 획득할 수 있다.

3. 수작업으로 다수 레이블을 추가하기 위해서는 많은 시간이 걸린다. 비지도학습은 레이블이 필요하지 않다. 시계열 데이터만으로 신속하게 감지기 구성이 가능하다.

현실적인 리소스 제약과 목표로 하는 결과를 고려하면 비지도학습으로 이상 탐지를 시작하는 것은 좋은 방법이다. 비지도학습의 결과가 안정되고, 더 높은 수준의 고도화를 원한다면 지도학습과 함께 병행하는 것을 권장한다.

7.3.1 오픈서치 데이터셋

오픈서치 이상 탐지는 학습과 테스트를 위한 3가지 데모 데이터셋을 제공한다.

1. 웹 로그
2. 이커머스 주문 데이터
3. 항공사 운영 데이터

이를 사용하면 단기간에 오픈서치 이상 탐지에 대해서 테스트하고 이해할 수 있다. 각 데이터에는 이상치가 포함되어 있어서, 이상 탐지 감지기를 생성하면 자동으로 이상치를 식별하고 테스트할 수 있다. 샘플 데이터의 문서를 임의로 업데이트해서 이상치를 생성하는 것도 가능하고, 다양한 방법으로 이상 탐지의 기능을 검증할 수 있다. 이번 절에서 다루는 예제는 모두 오픈서치 데이터셋을 사용한다.

7.3.2 이상 탐지 작업 절차

이상 탐지 흐름은 다음과 같다. 오픈서치의 웹 로그 샘플 데이터를 예제로 사용하겠다.

1. 시계열 데이터 인덱스를 분석하는 감지기를 만든다.
2. 감지기를 구성한 후 이상치를 보고하는 감지기 작업을 실행할 수 있다.
3. 결과 인덱스를 사용하여 경고를 트리거하거나 대시보드를 생성할 수 있다.

감지기를 생성할 때에는 상태 코드별로 분할된 요청 수의 이상을 감지하는 작업을 생성한다. 이렇게 하면 시스템에 트래픽이 많아지거나 서버 오류가 나는지를 알 수 있다. 다음으로 인덱스 이름을 dashboards_sample_data_logs로 선택하고, 타임스탬프 필드를 타임스탬프로 선택한다. 끝으로 감지기 간격은 감지기가 데이터를 수집하는 빈도로 설정한다. 간격이 짧을수록 실시간에 가까워지고 리소스가 더 많이 소비된다. 10분으로 유지한다.

피처 생성 단계에서는 response.keyword를 값으로 설정해 개수를 세는 피처를 생성하거나, 카테고리로 설정해 결과를 응답 코드별로 나눌 수 있다.

감지기 실행은 실시간으로 또는 기록을 통해 할 수 있다. 정적 샘플이므로 현재 데이터셋에 대한 결과를 확인하기 위해 과거를 선택하겠다. 실행 후 피처 분석(feature breakdown) 차트에서 예상 문서 수와 실제 문서 수를 확인할 수 있다. 여기서 이상 등급은 이상치의 심각도(0~1)이다. 이는 이상치의 영향을 기반으로 경고를 설정하는 데 유용하다.

동일한 데이터를 사용해서 다른 이상 탐지를 구성할 수도 있다. 예를 들어 특정 IP 혹은 운영체제에서 비정상적으로 네트워크 트래픽이 증가한다면, 이를 이상치로 식별할 수 있다. 피처는 bytes를 선택하고, 카테고리는 OS를 선택한다. 카테고리를 구성하면 상단에 카테고리별 이상치가 다른 색으로 출력된다.

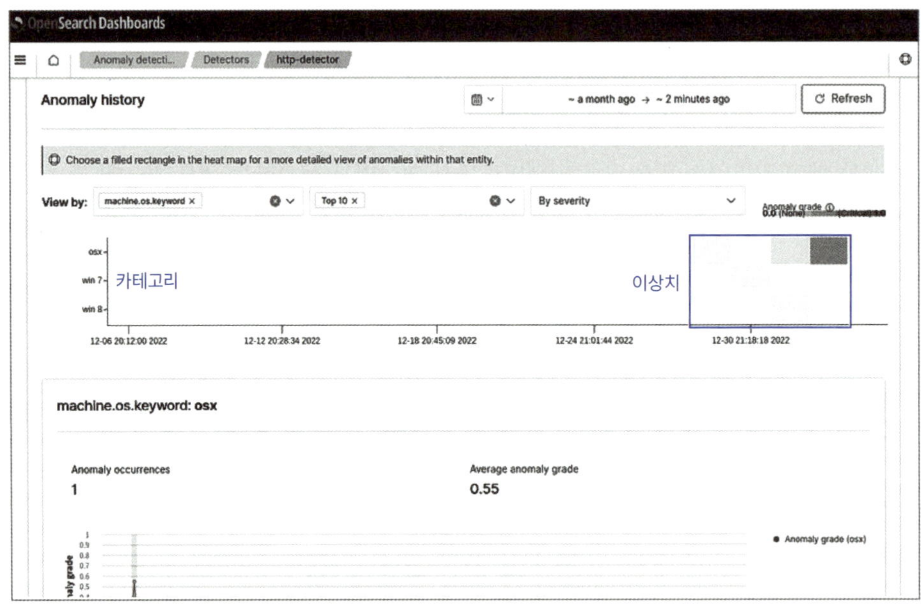

그림 7.1 **카테고리와 식별된 이상치**

특정 카테고리를 선택하면, 다음과 같은 화면처럼 평균, 합계, 최댓값이 차례로 출력된다.

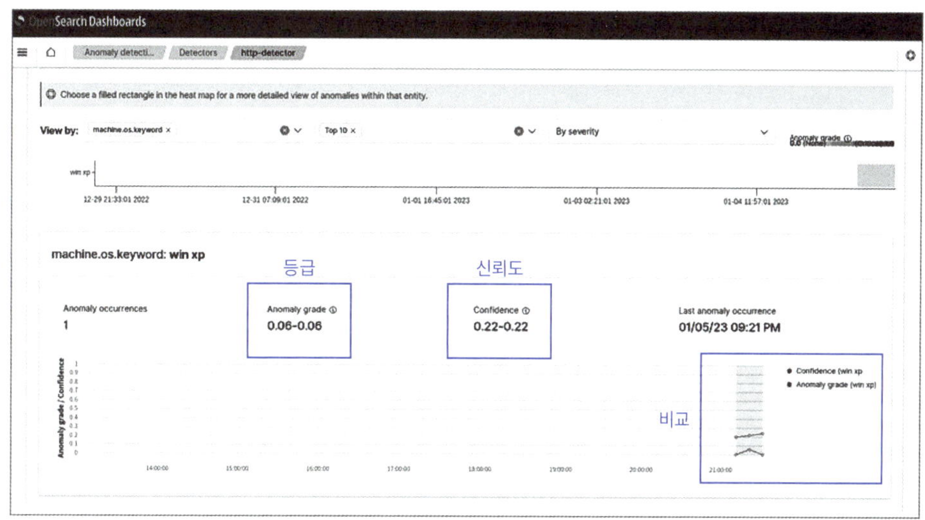

그림 7.2 **이상치 등급과 신뢰도 결과 분석**

신뢰도(confidence) 0.22와 이상치 등급(anomaly grade) 0.06 두 가지 수치를 평가해서 이상치 여부를 판단할 수 있다.

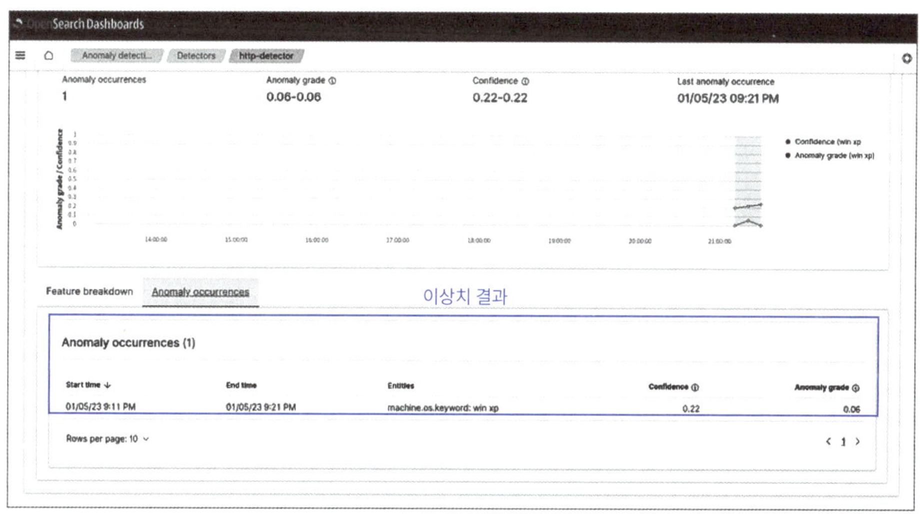

그림 7.3 **실시간 이상치 결과 분석**

이상 탐지 감지기는 대략적으로 비율 분석, 카테고리 분석, 모집단 분석, 패턴 분석, 버킷 분석 등으로 유형을 나눌 수 있다. 이어서 차례로 살펴보겠다.

7.3.3 비율 분석

시간 경과에 따른 이벤트 비율의 변화를 탐지할 수 있는 카운트 메서드를 살펴보는 방법이다. 이벤트 비율의 변화 탐지는 다음과 같이 중요한 사용 사례가 많이 있다.

- 로그 파일에서 갑자기 발생하는 수많은 오류 메시지 발견
- 온라인 시스템에서 급격한 주문 수 감소 탐지
- 특정 사용자 아이디에 대한 급격한 접근(로그인) 시도 횟수 증가를 식별

감지기에 사용자가 탐지하려는 이상치에 대한 요건을 정의해야 한다(감지기 내부에 탐지할 대상의 피처를 선택하는 메서드가 있다). 카운트 메서드의 경우 피처는 시간 경과에 따른 이벤트의 발생률이다. 카운트 메서드는 인덱스 쿼리 결과로부터 얻은 문서 개수를 카운트한다. 일반적으로 이상 탐지는 스파이크하는 경우를 생각하지만, 스파이크처럼 높은 수치뿐만 아니라 평소보다 낮은 수치도 문제가 있을 수 있다.

카운트 메트릭만으로도 빈도를 예측할 수 있다. 만약 데이터 포인트가 상태와 속성을 포함한다면, 카운트와 상태를 결합해서 정확한 이상 탐지 결과를 획득할 수 있다.

1 사례 1

비율과 변화 분석에서는 주로 카운트 메서드를 사용한다. 시간 경과에 따른 인덱스에서 이벤트의 전체 발생 비율과 관련된 명백한 이상치 집합을 쉽게 탐지할 수 있는 방법이다.

이상 탐지는 시계열 데이터에서 비정상적인 패턴을 포착한다. 이는 일반 쿼리 및 필터를 사용하여 수행할 수 있지만 문제는 '너무 많음' 및 '너무 적음'을 정의하는 데 사용하는 값이 상황, 이벤트 날짜 및 시간, 데이터양 등에 따라 변경될 수 있다는 것이다. 이상치가 어떤 경우에는 높은 숫자일 수도 있고, 다른 경우에는 낮은 숫자일 수도 있다. 정적 임곗값으로 콘텍스트를 캡처하면 쿼리가 복잡해질 수 있다. 게다가 데이터양이 늘어나거나 줄어들거나, 사용자의 행동이 바뀌는 등 상황이 변할 수 있어 임곗값과 패턴, 규칙을 유지하는 것은 매우 복잡해진다.

이러한 임곗값을 직접 설정하는 대신 '이상 탐지 모델'을 사용하면 정적 임곗값 대신 현재 데이터를 기반으로 비정상적인 이벤트를 추적할 수 있다. 즉, 추적하려는 'what'을 구성하기만 하면 모델이 'how'를 처리한다.

오픈서치는 머신러닝 알고리즘인 RCF(Random Cut Forest)를 사용하여 데이터를 실시간으로 분석

하고, 이상 등급 및 신뢰도 수준을 설정하여, 현재 데이터셋을 기반으로 이벤트가 얼마나 흔한지 정의한다.

❷ 사례 2

CPU 사용량 데이터에서 최댓값을 이용해 이상 탐지를 처리해보자.

1. 먼저 감지기를 생성한다.
2. 이상치를 식별하려는 CPU 사용량 로그 파일이 들어 있는 인덱스를 데이터 소스로 선택한다.
3. 감지기 interval(데이터를 수집하는 시간 간격)을 2분으로 설정한다.
4. Window delay에서 1-minute(1분) 지연을 추가한다. 이 지연은 기간 내의 모든 데이터가 있는지 확인하기 위해, 추가 처리 시간을 더한다.
5. Live 이상치 섹션에 데이터를 실시간으로 수집 시 발생하는 이상이 표시된다.

감지기를 생성했으므로, 감지기 설정에 지정된 조건을 충족하는 CPU 사용량을 탐지할 때 슬랙에 메시지를 전송하도록 알람을 호출하는 모니터를 생성하면 좋을 것이다.

- grade 임곗값에서 IS ABOVE(초과)를 설정한다.
- confidence 임곗값에서 IS ABOVE(초과)를 설정한다.

시간 경과에 따른 메트릭값의 변화를 탐지하는 것은 이상 탐지에 적합한 작업이다. 정적 임곗값을 통해 예외적인 숫자를 경고하는 것은 오랫동안 보편적으로 사용되었지만, 이상 탐지에서는 개별적인 임곗값을 지정하는 것이 목표가 아니다. 오히려 이상 탐지를 통해서 최적화된 임곗값을 식별할 수 있어야 한다.

이상 탐지에는 텍스트나 카테고리 등이 가능하지만, 정확도를 고려하면 숫자가 적합하다. 데이터에 있는 숫자 필드에서의 변화를 탐지하는 데 도움되는 메서드를 살펴보자.

메트릭 메서드는 숫자 필드에서 작동하고, 숫자를 반환하는 데 가장 이해하기 쉬운 탐지 기능이다.

- min, max, mean, median 등 메서드는 기대하는 것과 같이, 버킷 스팬에서 관심 있는 필드에서 관찰한 모든 숫자에 대한 최솟값, 최댓값, 평균, 중앙값을 반환한다.
- 버킷 스팬당 하나의 샘플만 있다면, 최솟값, 평균, 중앙값이 모두 동일한 값이 된다. 그러므로 이러한 메서드들이 의미가 있으려면, 가능한 한 버킷 스팬당 여러 개의 숫자 샘플을 갖는 것이 좋다.

- 메트릭 메서드가 데이터 부족을 널로 처리한다는 것도 주목해야 사실이다. 즉, 데이터가 희소하고 관찰하지 못한 버킷 스팬이 있다 하더라도, 데이터의 부족이 관심 필드의 통계를 떨어뜨리지는 않는다. 그러므로 이러한 메트릭 기반 메서드에는 논제로나 논널이 없다.
- sum 메서드는 관심 필드에 대해 버킷 스팬 안에 있는 모든 숫자의 합계를 반환한다. 희소 데이터가 있을 때 합계를 필연적으로 끌어내리는 데이터 부족을 0으로 처리하지 않기 위해 논널 버전을 사용하자.

❸ 사례 3

sample_data_logs 인덱스에서 sum(bytes)을 선택했다면, 동일한 이상치를 포착하면서 요청이 웹서버에서 전송 중에 더 많은 양의 바이트를 발생시켰다는 것도 알 수 있다. 이는 웹서버에 대한 요청 수의 증가가 전송되는 바이트 수의 증가와 관련이 있을 것이라 생각한다면 합리적이다.

추가적인 요구 사항에 따라서 사용자 지정 표현식을 개발할 수 있다. 예를 들어 모집단과 코호트 분석을 위해서 distinct count를 사용하고, 이상치를 식별할 수 있다.

7.3.4 카테고리 분석

카테고리는 대상을 분류한다. 예를 들어 연령별 혹은 성별로 카테고리를 나눠 정확한 결과를 얻는 식이다. 시스템 리소스라면 CPU, 메모리 사용량 등으로 리소스별 카테고리를 구성하고, 메트릭(합계, 최대 등 연산)을 적용해서 이상치를 식별한다. 분할 카테고리는 카테고리가 가능한 필드를 기준으로 분할한다.

이상치는 개별 엔터티가 되는 경우가 일반적이지만, 그룹 혹은 카테고리를 이상치로 식별할 수 있다. 다수의 카테고리 중에서 문제가 되는 이상치에 해당하는 특정 카테고리를 식별할 수 있다.

카테고리가 지정되지 않으면, 이상치를 찾는 것이 쉽지 않다. 카테고리를 정하는 이유는 실제 문제가 발생한 이상치를 쉽고 빠르게 찾기 위한 이유도 있다. 예를 들어 소매점의 주문이라고 가정하면, 필드는 금액, 카테고리는 소매점의 지역, 고객의 연령대 등이 될 수 있다. 카테고리가 있으므로 실제로 이상치가 발생한 주문을 쉽게 식별할 수 있다. 식별하기 위해서는 API(뒤에서 살펴본다)를 사용하는 것이 가장 좋은 방법이다.

❶ 사례 1

이커머스 인덱스를 분석하면, taxful_total_price 필드의 sum 메서드가 category.keyword 필드별

로 분할되는 것을 볼 수 있다. 전자상거래 상점의 모든 아이템의 카테고리 (예를 들어 남성 의류, 여성 액세서리 등의 카테고리)에 대해 분석이 수행된다.

시간이 지나면서 이상 탐지 감지기에는 상위 10개의 가장 비정상적인 카테고리만 표시된다. 오픈서치에서는 이상치가 발생하는 카테고리를 색으로 표시한다. 예를 들어 남성 의류 카테고리는 11월 9일에 발생한 $2,250의 수익이 가장 비정상적인 경우였다.

2 사례 2

항공사 웹사이트들의 접속 카운트와 응답 시간 데이터를 가지고 있는 인덱스를 살펴보자.

- event_rate 필드의 접속 건수에 대한 이상치를 분석하기 위해서 카운트 메트릭을 선택하고, response-time 필드의 지연에 대한 이상치를 분석하기 위해서, max 메서드로 응답 시간의 최댓값을 기준으로 지정한다.
- 항공사의 웹사이트별로 각각 나누어서 따로 학습하도록 하기 위해서 airline을 선택하여, 각 항공사별로 데이터를 집계한다.

이상치와 가장 연관이 있는 필드를 지정한다. 항공사 웹사이트와 접속 호스트 데이터를 분류 기준으로 지정하면 이상치 발생 시 어느 항공사와 어느 접속 호스트가 연관되는지 식별할 수 있다. 오픈서치에서는 카테고리를 구성하기 위해서, 카테고리 필드를 제공한다. 선택하는 필드는 피처로 구성할 수 있다.

7.3.5 모집단 분석

이상치를 판단하는 방법은 두 가지가 있다.

- 시간 흐름에 따라 행동이 얼마나 크게 변하는지 여부를 판단한다. 장기간의 트렌드에서 기존 추세와 다른 특이점을 식별할 수 있다.
- 모집단 내에서 다른 엔터티와 비교할 때, 무엇이 크게 다른지 여부를 판단한다. 정상적인 다수의 애플리케이션 중에서 비정상적인 애플리케이션을 식별할 수 있다.

예를 들어 모집단 분석에서는, 유사하게 구성된 타 시스템보다 더 많이 로깅하는 시스템을 찾고 싶을 수 있다. 다음과 같은 가능성이 있을 수 있다.

- 시스템 또는 애플리케이션 로그 파일에서 많은 오류가 발생하도록 하는 잘못된 구성이 있다.

- 악성 코드에 의해 손상 가능한 시스템은 로깅을 억제하도록 지시를 받아 로그 볼륨을 크게 감소시킬 수 있다.
- 시스템 연결이 끊어졌거나 실패해 로그 볼륨이 감소한다.
- 로깅 수준 설정에 대한 변경으로 로그가 더 많은 디스크 공간을 차지하게 된다.

모집단 분석은 사용자 행동 분석과 관련되어 자주 사용되는데, 사용자 간 행동을 비교하면 다음과 같은 사용자에 대한 정보를 이해할 수 있다.

- **자동화된 사용자**: 자동화된 스크립트는 이벤트 생성 속도, 지속 시간, 다양성 측면에서 일반적인 인간의 행동이나 사용 패턴과 상당히 다른 행동 패턴을 보일 수 있다. 온라인 카탈로그의 상품과 가격을 수집하려는 크롤러를 찾거나 소셜 미디어에 잘못된 정보를 퍼뜨리는 봇을 탐지하려는 경우 자동화된 사용자에 대한 자동 식별이 도움될 수 있다.
- **스누핑 사용자**: 실제 인간이든 정찰을 수행하는 악성 코드 조각이든 간에, 스누퍼는 진입로를 찾기 위해 광범위하고 다양한 일을 실행할 수 있다.
- **악성 사용자**: 정찰 단계 후 악성 사용자 또는 악성 코드는 적극적으로 혼란을 일으키고 서비스 거부, 무차별 대입, 가치 있는 정보의 도용과 같은 적극적인 조치를 취하려 할 것이다.

1 사례 1

예를 들어 일반 고객보다 훨씬 더 많이 지출하는 고객을 찾을 수 있다. 이는 잠재적인 사기를 사전에 예방하는 일이 될 수도 있고, 가장 부유한 고객에 대한 마케팅을 늘리는 일이 될 수도 있다. ecommerce 인덱스 내 customer_full_name.keyword 필드를 선택하면, 모집단 작업을 만들 수 있다. 선택된 필드가 이름이므로 카테고리로 분할할 수는 없다. 감지기에서는 개인이 주문한 개별 주문에 대한 전체 수익인 taxful_total_price 필드의 sum을 선택한다.

가장 비정상적인 사용자(이 경우 단위 시간당 지출액이 큰 사용자) 목록에서 $2,250 상당의 상품을 주문한 Wagdi Shaw라는 사용자를 식별할 수 있다. 카테고리 분석에서 카테고리를 식별한 것과 다르게, 모집단 분석은 개별 이상치를 식별한다. 이처럼 모집단 분석은 강력할 수 있으며, 개별 엔티티를 대상으로 하는 사용 사례에서 많이 사용된다.

2 사례 2

서버 1,000대의 시스템 부하 혹은 각 프로세스별로 시스템 부하를 평가해서 각각 이상치가 없는지를 실시간으로 식별할 수 있다.

- 웹서버에 접속하는 10,000명의 유저 가운데서 다르게 행동하는 유저들만 식별
- 2,000개의 ftp 프로세스 중에서 다르게 행동하는 프로세스들만 식별
- 10,000개의 웹서버 중에서 시스템 부하의 패턴이 다른 웹서버들과 다른 웹서버를 식별

보안 전문가들은 로그인한 사용자 중에서 다른 사용자들에 비해서 많은 데이터를 다운로드하는 사용자를 잠재적인 위협으로 간주할 수 있지만, 이 사용자들이 5분 만에 20 MB를 다운로드하는 것이 이상치인지, 100 MB를 다운로드하는 것이 이상치인지를 정하는 것은 사람이 해결할 수 있는 단계를 넘어서는 문제다(모든 사용자의 과거 행동 패턴을 학습해서 프로파일링해야 하고, 다른 사용자들과 비교해보는 과정을 거쳐야 하기 때문에).

기존의 규칙 기반이나 통계 모델링 기반의 접근에서도 사용자의 행동 패턴은 계속 변경이 필요하다. 이론적으로는 행동 패턴이 변할 때마다 모델을 계속 바꿔주어야 하기 때문에 항상 놓치는 부분이 생기게 된다.

3 사례 3

예제로 제공하는 서버 로그에서 client ip, total byte를 사용해서 아이피별 트래픽양을 계산하면, 평소보다 다운로드가 많은 사용자를 식별할 수 있다. HTTP 데이터 반출(data exfiltration)이라는 공격 방법은 표준 프로토콜인 HTTP를 통해 웹사이트에서 데이터를 반출하는 해킹 위협이다. 이런 위협 중에서도 탐지하기 어려운 경우를 가정해보자.

- 하루에 10만 명이 접속하는 온라인 사이트에서 공격자는 HTTP를 통해서 다른 사용자들과 동일한 채널로 들어와서 데이터를 반출한다. 다른 일반 사용자들이 정상적으로 데이터를 요청하는 경우와 구별하기가 쉽지 않다.
- 1분 안에 10 MB 이상을 10번 이상 요청하면 이상치라는 탐지 규칙을 설정한다고 하자. 온라인 프로모션 기간이 되어 정상적인 사용자들도 이런 요청을 한다고 하면 이상 탐지를 적용하는 것이 어렵다.
- 특정 URL만 집중적으로 접속했다면 정상이 아니라고 판단할 수도 있다. 하지만 해커는 접속 경로를 임의로 평범하게 지정하면서 데이터 반출을 시도할 것이다. 30만 명의 접속자들에 숨어서 시도하는 다양한 방법이 있기 때문에, 보안 전문가들도 트래픽이 많은 사이트일수록 이상치를 식별하는 것이 어렵다.

7.3.6 패턴 분석

오픈서치는 머신러닝 기반의 패턴 분석을 통해서 텍스트 로그 파일에서 이상을 탐지하는 기능을 지원한다. 인덱싱 후에는 저장된 로그에서 자동으로 카운트를 측정하는 패턴 분석 기능을 제공한다.

패턴 분석과 데이터 프로파일은 이상 탐지 전에 수행하는 것이 가장 좋다. 이상 탐지의 핵심은 감지기로서, 정확한 감지기를 정의하기 위해서는 다양한 분석과 설정이 필요하다. 로그 데이터에 대한 기본 지식이 없더라도 데이터가 저장되면 패턴이 자동으로 분석되므로 이를 참고하여 감지기를 구성하는 것이 좋다.

인프라에 문제가 생기면, 결국 문제가 생긴 시점을 전후로 로그를 검색하는 과정을 거쳐서, 정확하게 어떤 문제가 있는지 식별하게 된다. 예를 들어 에러의 상태 코드를 검색하는 과정 등이다. 하지만 문제가 발생한 이후에 에러 메시지나 상태 코드를 탐색하는 것으로는 사전에 혹은 문제가 발생한 초기에 문제가 될 만한 로그들의 발생을 사전 탐지하는 것이 쉽지가 않다.

해결책은 발생되는 모든 로그의 패턴을 학습해서, 정상적인 상황에서 발생하지 않은 로그들이 있으면 실시간으로 식별하는 방법일 것이다. 로그 데이터(시스템 부하, 접속 시간, 데이터 반출량 등)를 가지고, 과거에 비해서 혹은 같은 역할을 하는 다른 컴포넌트에 비해서 다른 행동을 한다고 판단하면 자동으로 그 이벤트가 일어날 확률값과 함께 식별하는 것이 가능하다.

7.3.7 버킷 분석

시간 버킷당 전체 이상 탐지 작업의 결과를 요약한다. 즉, 해당 시간 버킷이 얼마나 비정상적인지를 나타낸다.

- 다수의 메트릭을 측정하고 임곗값이 동적인 경우에는 버킷 결과를 분석하는 것이 유용하다. 하지만 세밀한 데이터 포인트 수준의 이상 탐지를 위해서는 적합하지 않다.
- 버킷 수준에서 이상치 점수는 '이 작업이 다른 시간 간격에 비해 얼마나 비정상적이었는가'라는 질문에 답하는 것과 유사하다.
- '가장 비정상적인 엔터티는 무엇이고, 언제 비정상적이었는가'라는 질문에 답할 수 있다.

요약하면, 단기적인 관점에서는 레코드 수준을, 장기적인 관점에서는 버킷 수준을 적절하게 사용하는 것이 중요하다. 서로 간의 단점을 보완해주는 역할을 하기 때문이다.

❶ 사례 1

예제로 제공하는 서버 로그에서 clientip와 response.keyword 필드를 주목할 필요가 있다. response.keyword값은 404이다. 사용자에게 30.156.16.164 주소가 이상 탐지 동안 수행한 작업에 대한 즉각적인 단서를 제공한다는 점에서 매우 관련성이 있다. 이 비정상적인 IP 주소를 조사하면, 요청의 100%가 404 응답 코드를 만들었음을 알 수 있다.

따라서 404 응답 코드는 높은 중요도를 갖는다. 404가 시간의 흐름에 따라 얼마나 비정상적인지를 분석해본다. 이 데모 데이터셋에서는 시간의 흐름에 따라 404가 수백 번 더 발생하지만, 대부분은 이상치와 연관되지 않았다. 따라서 이러한 특정 이상 탐지에 대해서 이해할 필요가 있다.

❷ 사례 2

이상 탐지 작업이 모니터링하는 인덱스에 가짜 문서를 추가한 다음, 알람이 실행될 때까지 기다린다. 이러한 문서는 404 응답을 생성하는 비정상적인 0.0.0.0 IP 주소로부터 요청이 급증하는 것을 보여준다. 이때 주의할 점은 다음과 같다.

- 현재 시간은 UTC로 확인해야 한다. 오픈서치 인덱스에 저장된 문서는 UTC로 저장되기 때문에 UTC 시간을 알아야 한다. 이를 확인하려면 오픈서치 개발 도구 콘솔을 사용한다.
- 새로운 문서를 현재 시간으로 sample_data_logs 인덱스에 추가해보자. 이 값에 따라 timestamp 필드값을 변경하고, 개발 도구 콘솔에서 적어도 20회 추가한다.
- 그런 다음 URL을 모두 고유하게 만들기 위해 _update_by_query API 호출에 필드값을 무작위로 만드는 스크립트를 사용해, 방금 입력한 문서를 동적으로 수정할 수 있다.
- 대시보드에서 적절한 시간을 확인해서, 위조 IP 주소에서 대량의 고유하고 무작위적인 요청을 올바르게 생성했는지 확인할 수 있다.

입력한 비정상적인 행위가 이상 탐지 작업과 알람에 의해 발견되기를 기다리고 있는 경우, 그 알람이 발생하기를 기대해야 하는 시점을 생각해볼 수 있다. 주어진 작업이 60분 버킷, 10분 빈도, 1~2 정도의 쿼리 지연이 있다면, 지역 시간으로 오후 1시 12분에서 오후 1시 20분 사이에 알람이 발생할 것으로 예상해야 한다.

개별 response.keyword(404 문서 급증이 기대치를 초과하는 것으로 나타난다)에 대한 이벤트 개수를 카운트하는 이상 탐지 작업으로서, 결과적으로 clientip=0.0.0.0을 올바르게 식별한다.

7.4 이상 탐지 결과 분석

식별된 이상치와 측정된 이상 탐지 결과를 사용해서, 알람과 대시보드를 개발할 수 있다. 수집한 이상치를 활용하면 지도학습 방식의 이상 탐지로 고도화할 수 있다.

이상 탐지 머신러닝은 신뢰도를 출력한다. 임곗값을 설정하는 것은 좋은 방법이 아니다. 만약 시스템을 처음 오픈하는 경우라면, 개발자와 SRE는 임곗값에 대해서 알 수가 없으므로 설정이 어렵다. 물론 비지도학습 이상 탐지로 적절한 임곗값을 찾고 알람을 적용하고, 수집한 이상치를 활용해서 지도학습으로 정확도를 향상하는 것은 좋은 방법이다.

패턴을 이해하면 데이터를 이해하는 데 도움이 된다.

- 감지기를 구성하기 전에 SQL을 사용하여 SQL 이상 탐지를 프로파일링하고 처리한다.
- 빈도, 집단, 카테고리, 시간 기반 버킷 등 다양한 이상 탐지를 구성할 수 있다.
- 수집한 데이터를 사용하여 지도학습을 통해 이상 탐지의 정확도를 높일 수 있다.

7.4.1 결과 분석 방법

이상치는 다양한 관점에서 생각해볼 수 있다.

- 개별 데이터 포인트와 레코드를 분석한다. 예를 들어 특정 시간대에 이상치의 개수가 증가하는지 분석할 수 있다.
- 동일 모집단 내 개별 이상치는 다른 이상치와 어떠한 차이점이 있는지 분석한다.
- 이상치를 식별하기 위해서 주목해야 할 카테고리는 무엇인지 분석한다.
- 버킷을 분석한다. 예를 들어 특정 시간대의 이상치는 다른 시간대의 이상치와 차이점이 있는지 분석한다. 특정 시간대의 데이터 포인트를 버킷에 저장하고, 버킷의 이상치를 분석한다.

단순히 개수, 빈도, 값만으로 이상치를 판단하기보다는 전후 시간대와 다른 이상치와 차이점을 비교하고 분석한 후에 이상치로 판단하는 과정이 필요하다.

오픈서치는 이상치의 정도와 이상치를 판단하기 위해서, 등급과 신뢰도를 사용한다.

- **등급**: 이상 등급은 데이터 포인트가 얼마나 비정상적인지를 나타내는 0에서 1 사이의 숫자이다. 이상 등급이 0이면 '이상 없음'을 나타내며, 0이 아닌 값은 이상치의 상대적 심각도를 나타낸다.

- **신뢰도**: 신뢰도는 보고된 이상 등급이 예상되는 이상 등급과 일치할 확률을 추정하는 값이다. 신뢰도는 모델이 더 많은 데이터를 관찰하고, 데이터 동작과 추세를 학습함에 따라 증가한다 (신뢰도는 모델 정확도와는 별개라는 점에 유의해야 한다).

이상 등급과 신뢰도를 사용하여 트리거를 정의한다. 다시 말하지만 등급과 신뢰도는 모두 0과 1 사이의 값으로서 등급은 이상치의 심각도를 나타낸다. 등급이 1에 가까울수록 심각도가 높다. 0 등급은 해당 예측이 이상치가 아님을 의미한다. 신뢰도는 엔터티의 모델이 고유한 실제 데이터 포인트를 충분히 포함할 만큼 충분한 데이터를 관찰했는지 여부를 측정한다. 한 모델의 신뢰도가 다른 모델의 신뢰도보다 크면, 첫 번째 모델의 이상치가 더 많은 데이터를 관찰한 것이다.

레코드 수준과 버킷 수준을 통해 각 수준에 대한 점수를 측정하고 그 점수에 따라 이상치의 유무를 판단할 수 있다. 머신러닝 알고리즘에 의해 계산된 신뢰도를 통해서 얼마나 정확도가 높은지를 이해할 수 있다.

시계열 데이터 관점에서 개별 이상치에 데이터 포인트라는 용어를 사용하지만, 이상 탐지 관점에서는 개별 이상치에 엔터티(개체)라는 용어를 사용한다.

7.4.2 결과 분석 API

감지기에 의해 식별된 이상치는 결과 인덱스에 저장된다.

- 커스텀 결과 인덱스를 생성하면, 네이밍 규칙에 따라 인덱스를 생성하고, 이상 탐지 결과를 저장한다.
- 카테고리가 없으면 더 많은 이상치가 검색되지만, 정확한 이상치를 추정하는 것이 어렵고 많은 노이즈가 생성된다.
- 카테고리 필드를 정의하면, 이상 탐지 화면 내 y축에 카테고리가 생성된다.
- API 사용 시 GET 메서드에도 보디가 존재하고, POST처럼 작동한다.
- 이상 탐지 샘플 인덱스는 커스텀 결과 인덱스가 없어서, 결과 분석이 어렵다. 오픈서치에서 제공하는 샘플 데모를 사용하면 이상 탐지를 테스트할 수 있다.

수집한 데이터의 개수와 기간에 따라 이상치 결과가 달라지고, 정확도에도 영향을 주게 된다. 충분한 데이터 개수를 확보하고 장시간 동안 이상 탐지를 처리해야 한다. 5분 윈도에서는 이상치로 보이지만, 24시간 윈도에서 보면 문제가 아닐 수도 있기 때문이다.

2가지 방식으로 이상 탐지 결과를 분석할 수 있다.

- 오픈서치에서 이상치를 쿼리하기 위해서는 인덱스 패턴을 생성해야 한다. 인덱스 패턴으로 인덱스가 생성된 후 _search API를 사용해 인덱스에서 이상치를 쿼리하거나, 인덱스에서 조회된 이상치 결과를 대시보드에 추가할 수 있다.
- 결과 인덱스에는 이상 탐지 결과가 JSON 형식으로 저장되어 있다. 파이썬으로 JSON을 전처리하고 요구 사항에 적합한 리포트를 개발할 수 있다.

화면으로 결과를 분석하는 것이 가장 효과적인 방법이지만, 결과를 커스터마징하거나 연계해야 하는 요구 사항이 발생하는 경우에는 API를 사용한다. 중요한 3가지 API가 있다.

- 감지기 태스크를 검색한다.
- 감지기 결과를 검색한다.
- 높은 이상치를 검색한다.

감지기는 태스크들을 포함한다. 실시간 감지는 이상 결과에 태스크 아이디를 유지하지 않으므로 태스크 아이디는 널이 된다. 오픈서치에서 기본으로 제공하는 sample 데이터는 지속적으로 데이터가 입력된다. 감지기를 구성한 후에는 자동적으로 이상치가 식별되는 것을 확인할 수 있다.

이상 탐지를 더 빈번하게 생성하기 위해서 데이터를 임의로 업데이트할 수도 있다.

```
POST /opensearch_dashboards_sample_data_logs/_doc/4zeUgYUB-CylDo66mtj2?pretty
```

bytes를 1,111,114,529로 변경했다. 비정상적인 바이트 크기임에 분명하다.

```
{
        "agent" : "Mozilla/5.0 (X11; Linux x86_64; rv:6.0a1) Gecko/20110421
Firefox/6.0a1",
        "bytes" : 1111114529,
        "clientip" : "54.190.60.72",
...
```

응답은 200이지만, bytes가 비정상적으로 증가하면 이상치로 식별된다.

1 감지기 태스크 검색

화면에서 결과를 구할 수도 있지만, API를 사용해서 조회하는 것도 가능하다. 2개의 API가 있다.

- GET _plugins/_anomaly_detection/detectors/tasks/_search
- POST _plugins/_anomaly_detection/detectors/tasks/_search

HISTORICAL_HC_ENTITY 대신에 HISTORICAL_SINGLE_ENTITY도 선택이 가능하다. term에는 task_type, is_latest 등의 검색 조건을 입력한다. 요청 예는 다음과 같다.

```
{
  "query": {
    "bool": {
      "filter": [
        {
          "term": {
            "detector_id": "-JQNMIUBXTb6s6wMdsxa"
          }
        },
        {
          "term": {
            "task_type": "HISTORICAL_HC_ENTITY"
          }
        }
      ]
    }
  }
}
```

❷ 감지기 결과 검색

search query 검색어에 대한 모든 결과를 반환한다.

- POST _plugins/_anomaly_detection/detectors/results/_search/로 기본 결과 인덱스만 검색하려면 검색 API를 사용하면 된다.
- POST _plugins/_anomaly_detection/detectors/results/_search/<custom_result_index>로 커스텀 결과 인덱스와 기본 결과 인덱스를 모두 검색할 수 있다. 검색 API에 커스텀 결과 인덱스를 추가하면 된다.

예를 들어 POST _plugins/_anomaly_detection/detectors/results/_search/opensearch-ad-plugin-result-flight-detector의 요청은 다음과 같다.

```
{
  "query": {
    "bool": {
      "filter": [
        {
          "term": {
            "detector_id": "-JQNMIUBXTb6s6wMdsxa"
          }
        },
        {
          "range": {
            "anomaly_grade": {
              "gt": 0
            }
          }
        }
      ]
    }
  }
}
```

다음과 같이 localhost로 호출해야만 결과를 반환한다.

```
import requests
import json

url = "http://localhost:9200/_plugins/_anomaly_detection/detectors/tasks/_search"

payload = json.dumps({
  "query": {
    "bool": {
      "filter": [
        {
          "term": {
            "detector_id": "g6soKoUB6uQCBPJHMrsW"
          }
        }
      ]
    }
  }
})
headers = {
  'Content-Type': 'application/json'
}

response = requests.request("POST", url, headers=headers, data=payload)
```

```
print(response.text)
```

3 높은 이상치 검색

- GET _plugins/_anomaly_detection/detectors/<detectorId>/results/_topAnomalies?historical=false
- GET _plugins/_anomaly_detection/detectors/-JQNMIUBXTb6s6wMdsxa/results/_topAnomalies?historical=true

특정 타임스탬프로 시작해서, 이상 탐지 점수가 높은 N개의 작업을 요청하는 호출이다. 요청 예는 다음과 같다.

```
{
  "size": 3,
  "category_field": [
    "FlightDelayType"
  ],
  "order": "severity",
  "task_id": "_pQNMIUBXTb6s6wMdszS",
  "start_time_ms": 1668956466818,
  "end_time_ms": 1671548466818
}
```

기본적인 이상 탐지 결과는 특정 엔터티에 대한 정보를 제공하지 않는다. 그래서 카테고리를 사용해서 범위를 좁히고, 정확한 이상치를 선정하는 전처리 작업이 필요하다.

카테고리 필드는 이상 탐지 구성 화면에서 설정할 수 있다.

- POST _plugins/_anomaly_detection/detectors/results/_search/opensearch-ad-plugin-result-log-detector

요청 예는 다음과 같다.

```
{
  "buckets" : [ ]
}
```

응답을 보면 엔터티에 카테고리가 출력되므로 정확한 이상치를 검색할 수 있다.

7.5 이상 탐지 구성

오픈서치의 이상 탐지는 RCF 알고리즘을 사용하여, 실시간으로 데이터의 이상을 자동으로 탐지한다. RCF는 수신 데이터 스트림을 모델링하는 비지도 알고리즘이다. 이 알고리즘은 데이터 포인트에 대한 이상 등급과 신뢰도 점수를 계산한다. 이러한 값은 비정상적인 변화와 정상적인 변화를 구별하는 데 사용된다.

시각화 및 대시보드 생성과 같은 기존 방법을 사용하여, 이상 탐지를 발견하는 것은 어려울 수 있다. 정적 임곗값을 기반으로 경고를 구성할 수 있지만, 이를 위해서는 사전 도메인 지식이 필요하며 사업적인 성장이나 계절적 변화를 나타내는 데이터에는 적용할 수 없다.

7.5.1 오픈서치 이상 탐지 구성 데모

오픈서치 대시보드에서 이상 탐지를 선택한다. 샘플 스트리밍 데이터로 테스트하려면, 샘플 데이터셋 중에서 사전 구성된 감지기 중 하나를 시험해볼 수 있다. 그림 7.5처럼 오픈서치 이상 탐지를 구성한다. 간략하게 과정을 요약하면 다음과 같다.

1. 신호를 수집하는 파이프라인을 개발하고, 인덱스에 저장한다.
2. 감지기를 생성하고, 실행한다.
3. 결과 인덱스를 분석한다.
4. 알람과 대시보드를 개발한다.

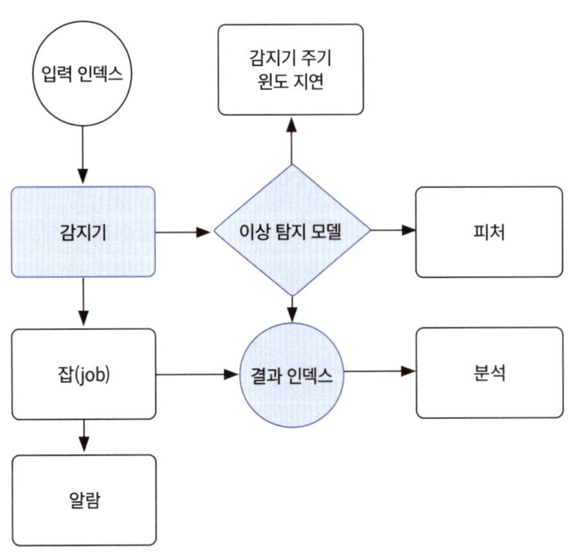

그림 7.4 오픈서치의 이상 탐지 절차

❶ 감지기 생성

감지기는 각각이 개별 이상 감지 작업이다. 여러 감지기를 정의할 수 있으며, 모든 감지기가 동시에 실행될 수 있으며, 각 감지기는 서로 다른 소스의 데이터를 분석한다. 다음과 같이 생성한다.

- 감지기 생성을 선택한다.
- 감지기 세부 정보를 추가한다. 이름과 간략한 설명을 입력한다.
- 데이터 소스를 지정한다. 데이터 소스에서 데이터 소스로 사용하려는 인덱스를 선택하면 된다.
- 타임스탬프를 지정한다. 인덱스에서 타임스탬프 필드를 선택한다.
- 작업 설정을 정의한다. 작업 설정에서 감지기가 데이터를 수집하는 시간 간격인 감지기 간격을 정의한다. 감지기는 이 간격으로 데이터를 집계한 다음, 집계된 결과를 이상 탐지 모델에 보낸다. 이 간격을 짧게 설정할수록 감지기가 집계하는 데이터 포인트 수가 줄어든다. 이상 탐지 모델은 연속적인 데이터 포인트를 사용하여, 모델에 대한 샘플을 생성하는 기술인 싱글링을 사용한다. 이 프로세스에는 연속된 간격에서 특정 수의 집계된 데이터 포인트가 필요하다.
- 데이터 수집에 처리 시간을 추가하려면, 윈도 지연값을 지정한다.
  - 이 값은 데이터가 실시간으로 오픈서치에 수집되지 않지만, 특정 지연이 발생한다는 것을 감지기에 알려준다. 이 지연을 고려하여 감지기 간격을 이동하기 위한 윈도 지연을 설정한다.
  - 예를 들어 감지기 간격이 10분이고 데이터가 1분의 일반적인 지연으로 클러스터에 수집한다고 가정해보자. 감지기가 2시에 작동한다고 가정하면 감지기는 1시 50분부터 2시까지 마지막 10분간의 데이터를 얻으려고 시도하지만, 1분 지연으로 인해 9분의 데이터만 얻고 1시 59분부터 2시까지의 데이터를 놓친다. 윈도 지연을 1분으로 설정하면 간격 윈도는 1:49~1:59로 이동하므로 감지기는 감지기 간격 시간의 10분을 모두 차지한다.
- 커스텀 결과 인덱스를 지정한다. 이상 탐지 결과를 자체 인덱스에 저장하려면, 결과를 저장할 사용자 인덱스를 지정해야 한다. 입력한 인덱스 이름에 opensearch-ad-plugin-result-접두사를 추가한다. 예를 들어 결과 인덱스 이름으로 abc를 사용한다면, 최종 인덱스 이름은 opensearch-ad-plugin-result-abc가 된다.

❷ 모델 구성

감지기에 피처를 추가한다. 피처는 이상치를 확인하려는 인덱스의 필드다. 감지기는 하나 이상의 피처에서 이상치를 발견할 수 있다. 각 피처에 대한 집계 방법인 average(), count(), sum(), min(), max()를 선택해야 한다. 예를 들어 min()을 선택하면, 감지기는 피처의 최솟값을 기반으로 이상치를 찾는 데 중점을 둔다. average()를 선택하면, 감지기가 피처의 평균을 기반으로 이상치를 찾는다.

다중 피처 모델은 모든 피처의 이상치를 연관시킨다. 차원이 증가함에 따라 모델의 성능이 안 좋아지는 현상을 주의해야 한다. 더 많은 피처를 추가하면, 모델의 정밀도와 재현율에 부정적인 영향을 미친다. 최적의 피처 세트를 선택하는 것은 일반적으로 반복적인 프로세스다. 기본적으로 감지기의 최대 피처 수는 5개다.

높은 카디널리티를 위한 카테고리 필드(category field)를 설정한다.

- 카테고리 필드는 IP 주소, 상품 아이디, 국가 코드 등과 같은 차원을 사용하여, 시계열을 분류하거나 분할한다. 이를 통해 카테고리 필드의 각 엔터티 내에서 이상치를 세부적으로 확인하여, 문제를 격리하고 디버깅하는 데 도움이 된다.
- 카테고리 필드를 설정하려면, 카테고리 필드 활성화를 선택하고 필드를 선택한다. 필드에서는 특정 수의 고유 엔터티를 지원한다. 다음 수식을 사용하여 클러스터에서 지원되는 권장 총엔터티 수를 계산한다.

  (데이터 노드 * 힙 크기 * 이상 탐지 최대 메모리 비율) / (감지기의 엔터티 모델 크기)

예를 들어 각각 자바 가상머신 힙 크기가 8 GB이고 최대 메모리 비율이 10%(기본값)이며, 감지기의 엔터티 모델 크기가 1 MB인 3개의 데이터 노드가 있는 클러스터의 경우 지원되는 고유 엔터티의 총개수는 다음과 같다.

(8.096 * 10^9 * 0.1 / 1 MB) * 3 = 2429

고유 엔터티의 실제 총개수가 계산한 숫자(이 경우 2429)보다 큰 경우, 감지기는 추가 엔터티를 모델링하려고 한다. 감지기는 더 자주 발생하고 최근에 발생하는 엔터티의 우선순위를 지정한다.

③ 싱글링 타일 크기 설정

감지기 윈도에서 고려할 데이터 스트림의 집계 간격 수를 설정한다. 어떤 값이 사용 사례에 가장 적합한 결과를 가져오는지 확인하려면, 실제 데이터를 기반으로 이 값을 선택하는 것이 가장 좋다.

이상 감지기는 싱글링 크기가 1~60 범위에 있을 것으로 예상한다. 기본 싱글링 크기는 8이다. 피처가 2개 이상인 경우가 아니면, 1을 선택하지 않는 것이 좋다. 값이 작을수록 재현율이 높아질 수 있지만, 거짓 긍정도 발생할 수 있다. 신호의 노이즈를 무시하는 데 더 큰 값이 유용할 수 있다.

④ 샘플 이상치 미리 보기

샘플 이상치 현상을 미리 보고 필요한 경우 피처 설정을 조정한다. 샘플 미리 보기의 경우 이상 탐지 플러그인은 소수의 데이터 샘플(30분마다 하나의 데이터 포인트)을 선택하고, 보간법을 사용하여 나머지 데이터 포인트를 추정한다.

- 샘플 데이터셋을 감지기에 로드한다.
- 감지기는 이 샘플 데이터셋을 사용하여, 이상 결과의 샘플 미리 보기를 생성한다.
- 샘플 미리 보기를 검토하고, 이를 사용하여 피처 구성(피처 활성화 또는 비활성화)을 세부 조정하여 보다 정확한 결과를 얻을 수 있다.
- 샘플 이상 미리 보기를 선택한다. 샘플 이상 결과가 표시되지 않으면 감지기 간격을 확인하고, 미리 보기 기간 동안 일부 엔터티에 대해 400개 이상의 데이터 포인트가 있는지 확인한다.

5 감지기 작업 설정

실시간 감지기를 시작하여 거의 실시간으로 데이터의 이상치를 찾으려면, 자동으로 실시간 감지기 시작을 선택한다. 기록 분석을 수행하고 긴 기록 데이터 윈도(주 또는 월)에서 패턴을 찾으려면, 기록 분석 검색 실행을 선택하고, 날짜 범위(최소 128개의 검색 간격)를 선택한다.

과거 데이터를 통해, 감지기의 성능을 평가하여 더욱 세부적으로 조정할 수도 있다. 실시간 감지기로 이동하기 전에 다양한 피처 세트를 사용하여 기록 분석을 실험하고, 정밀도를 확인하는 것이 좋다.

6 결과 분석

간격이 짧을수록 모델이 싱글링 프로세스를 더 빨리 통과하고, 이상 결과를 더 빨리 생성하기 시작한다는 의미다. 감지기가 하루 이상 'initialization' 상태로 보류 중인 경우, 기존 데이터를 집계하여 누락된 데이터 포인트가 있는지 확인한다. 집계된 데이터에서 누락된 데이터 포인트가 많이 발견되면, 감지기 간격을 늘리는 것이 좋다.

다음으로 시각화를 사용하여 이상치를 분석한다.

- 이상치 개요(실시간)와 이상치 기록은 해당 신뢰도 측정값을 사용하여, 이상 등급을 표시한다.
- 피처 분석은 집계 방법을 기반으로 피처를 표시한다. 감지기의 날짜, 시간 범위를 변경할 수 있다. 피처 선 차트에서 포인트를 선택하면, 피처 출력, 인덱스에 필드가 나타나는 횟수, 피처 출력에 대한 예측값이 표시된다.
- 이상치 항목 발생에는 감지된 각 이상치 항목에 대한 시작 시간, 종료 시간, 신뢰도 및 이상 등급이 표시된다.

이상치 라인 차트에서 한 지점을 선택하면, 이상치에 기여하는 피처의 비율인 피처 기여도가 표시된다.

카테고리 필드를 설정하면, 히트맵 차트가 표시된다. 히트맵은 이상치에 대한 결과를 연관시킨다. 이 차트는 이상치 엔터티를 선택할 때까지 비어 있다. 또한 이상 기간에 대한 이상치 및 피처 라인 차트도 볼 수 있다.

여러 카테고리 필드를 설정한 경우 필드의 하위 집합을 선택하여 필드를 필터링하고 정렬할 수 있다. 필드의 하위 집합을 선택하면, 다른 필드와 공통값을 공유하는 한 필드의 상위 값을 볼 수 있다.

예를 들어 카테고리 필드가 IP 및 엔드포인트인 감지기가 있는 경우, 보기 기준 드롭다운 메뉴에서 엔드포인트를 선택할 수 있다. 그런 다음 특정 셀을 선택하여 차트의 상위 20개 IP값을 오버레이한다.

7.5.2 감지기 고려 사항

감지기를 생성하기 전에 다음과 같은 구성을 고려해야 한다.

- **필터**: 필터는 일부 조건에 따라 분석하려는 데이터를 선택한다. 데모 필터는 HTTP 요청 로그에서 이후에 상태 코드 400이 있는 요청을 선택한다. HTTP 상태 코드의 4xx 및 5xx 클래스는 요청이 오류와 함께 반환되었음을 나타낸다. 그런 다음 오류 요청 수에 대한 이상 감지기를 생성할 수 있다. .
- **카테고리 필드**: 모든 엔터티에는 이를 설명하는 피처가 있다. 카테고리 필드는 해당 피처의 카테고리를 제공한다. 예를 들어 프로세스 및 호스트 필드를 지정하여 특정 호스트의 특정 프로세스를 모니터링한다.
- **감지기 간격**: 일정 간격 내에서 데이터를 집계하고, 집계된 데이터에 대해 모델을 실행한다. 앞서 언급했듯이 오픈서치 이상 탐지는 균일하게 샘플링할 수 있는 밀집된 시계열에 적합하다. 최소한 대부분의 간격에 데이터가 있는지 확인해야 한다. 간격이 길면 장기 및 단기 워크로드 변동이 완화되므로 노이즈 발생 가능성이 낮아져 감지 지연이 길어질 수 있다. 간격이 짧을수록 감지 속도가 빨라지지만, 이상치 대신 예상되는 워크로드 변동을 발견할 수 있다. 다양한 간격으로 시계열을 구성하고 노이즈를 줄이면서, 이상치를 유지하는 간격을 관찰할 수 있다. 기본 10분 간격을 사용한다.
- **피처**: 모니터링된 데이터에서 추출된 집계 수치다. 이상 정도를 측정하기 위해 모델에 전송된다. 예를 들어 평균 메서드를 통해 집계된 가비지 컬렉션 시간 필드에 관심이 있다.

- **윈도 지연**: 값이 올바르게 구성되지 않으면 늦은 데이터가 클러스터에 도착하기 전에 감지기가 데이터를 분석할 수 있다. 모든 데이터를 미리 수집했으므로 이 경우 윈도 지연은 0이다.

7.6 요약

인프라 관측 가능성은 기본적으로 메트릭을 수집한다. 인프라 이상 탐지에는 네트워크, 커널, 시스템 리소스가 포함된다. 커널의 경우, 커널에서 인터럽트나 콘텍스트 전환과 같은 이벤트를 수집하는 것이 쉽지 않다. 수집하는 이벤트의 범위를 좁혀야 한다. 불필요하게 많은 이벤트를 수집하면 비용이 많이 들고, 이상치를 정확하게 파악하기 어렵기 때문이다.

모든 호스트, 가상머신, 컨테이너에 이상 탐지 기능을 적용하는 대신, 서비스의 중요도와 우선순위에 따라 이상 탐지 기능을 구성해야 한다. 예를 들어 재발 가능성이 높은 리소스, 실패한 근본 원인 분석, 새로 구성된 리소스를 포함한다.

이상 탐지만으로는 근본 원인 분석이 어렵고, 아직 자동화가 끝나지 않았다. 이상 탐지는 ML 기반으로 구성되지만, 문제가 발생한 원인은 설명하지 않는다. 식별된 이상치에 대한 신뢰도를 측정하는 것이 이상 탐지의 핵심이다. 이상치가 발생한 원인의 분석을 자동화하기 위해서 필요한 기술은 LLM이다. LLM은 마지막 장에서 자세히 설명할 것이다.

CHAPTER 8

관측 가능성 데이터 분석

관측 가능성이라는 용어가 대중화되고 확산되며 애플리케이션과 인프라 수준의 관측 가능성이 아니라, 데이터에서도 관측 가능성을 도입하려는 움직임이 일고 있다. 관측 가능성은 기존에는 데이터 파이프라인과 MLOps 파이프라인에 집중되었지만, 이제는 LLM에 관측 가능성을 적용하는 경우도 많이 볼 수 있다.

이 책에서는 4장에서 분산 추적으로 서비스와 애플리케이션 데이터를 수집했고, 6장에서 시스템 추적을 사용해서 인프라 데이터를 수집했다. 추가적으로 이벤트, 이상 탐지, 프로파일 등 다양한 데이터를 수집했다. 이번 장에서는 이렇게 수집한 데이터를 분석하고 활용하는 것에 대해서 설명할 것이다.

이 책에서는 애플리케이션과 인프라에 집중하지만, 데이터는 간과할 수 없는 중요한 영역임에 틀림없다. 지연을 식별하고 성능을 향상하려면 데이터 영역에도 관측 가능성이 적용되어야 한다. 관측 가능성의 데이터를 활용하는 방법에 대해서 설명하며, 그 목표는 다음과 같이 3가지다.

- **검색**: 키워드 위주의 검색, 오픈서치 벡터 데이터베이스를 사용한 시맨틱 검색을 지원한다.
- **분석**: 프롬스케일을 사용해서 추적과 메트릭을 구조화하고, SQL로 분석할 수 있다.
- **집계**: 관측 가능성 데이터를 기반으로 데이터 레이크를 구성하고, 복잡한 데이터를 집계할 수 있다.

관측 가능성의 구축이 완료되고 애플리케이션과 인프라가 안정화된 시점부터는 관측 가능성 데이터를 어떻게 활용할 것인지 고민해야 한다. 이를 위해서는 다양한 리포트와 결과물을 생성해야 한다.

- 서비스 의존성이 포함되는 복잡한 SLO 가용성 리포트
- 에러 예산, 소각 비율, 장애에 대한 손실 등에 대한 비용

이 경우 간단한 검색만으로는 리포트를 생성할 수 없다. 관측 가능성은 시계열 데이터이고, 시계열 데이터의 특성상 복잡한 쿼리를 작성하는 데 한계가 있다. 대시보드와 화면만을 통해서는 간단한 시계열 데이터 검색만 할 수 있다. 즉, 복잡한 쿼리를 구성하지 못하면 데이터의 분석, 집계, 조인 등에 제약이 생긴다. 분석, 집계, 조인은 데이터 레이크처럼 장기간 보관이 가능한 저장소를 별도로 필요로 한다. 리텐션이 몇 달에 불과한 시계열 데이터베이스는 장기간 관측 가능성 데이터를 보관할 수 없다. 이번 장에서 관측 가능성으로 수집한 데이터를 분석, 집계, 조인하는 방법을 살펴볼 것이다.

관측 가능성 데이터 분석의 방향성은 다음과 같다.

- 추적을 사용해서 관측 가능성 데이터를 분석하고, 메트릭으로 보강한다.
- 전처리를 많이 필요로 하는 로그는 다른 신호에 비교해서, 낮은 우선순위를 갖는다. 대시보드에는 메트릭과 추적을 우선 적용하고, 기존 신호만으로 처리가 어려운 제약이 있는 경우에 로그를 사용한다. 로그는 AIOps RAG에서 활용한다.

관측 가능성의 목적이 근본 원인 분석이므로 검색 기능이 우선적으로 제공되어야 한다. 검색 외에 다른 목적이 있다면, 별도의 스토리지를 구성하고 데이터 분석과 집계 기능을 제공하는 것이 적합하다. 로그 분석 시 인덱스를 사용하는 방식에 익숙한 개발자들은 인덱스의 필요성을 언급하지만, 관측 가능성에서는 그라파나 로키처럼 인덱스 없는 레이블 중심의 검색에 더 집중한다.

이 책에서 지금까지 설명한 일련의 작업들은 결국 데이터 활용과 관련이 있다. 비구조화된 관측 가능성 데이터를 수집해서 어떻게 구조화된 데이터로 변환할 것인지, SQL을 사용해서 관측 가능성 데이터를 검색하고 분석, 집계하는 방법을 이해해야 한다. 데이터 파이프라인을 구현하고, 데이터를 어떻게 저장하고 쿼리할 것인지 고민해야 한다. 프롬스케일과 오픈서치는 비구조화된 로그, 메트릭, 추적을 구조화하고, SQL로 쿼리할 수 있는 형식으로 저장한다. 즉, SQL을 사용해서 데이터의 검색, 분석, 집계를 처리하고 결과를 시각화할 수 있다. 데이터 분석, 이상 탐지, 머신러닝, AIOps의 시작은 정형화된 데이터를 구성하는 것이다. SQL이 가능한 한 정형화된 데이터셋에 접근할 수 있게 구성하도록 노력해야 한다.

2장에서는 사용자 화면을 통해서 근본 원인을 분석했다. 여기에서는 근본 원인 분석을 자동화하기 위한 첫걸음으로, SQL과 머신러닝을 사용한 데이터 기반의 근본 원인 분석을 시작하겠다.

8.1 SQL 데이터 분석

최근 상용 관측 가능성은 관측 가능성 내 데이터 분석을 위한 기능을 추가하고 있다. 데이터 분석 기능 외에도 관측 가능성을 위한 데이터 레이크와 파이프라인을 내부적으로 개선하고 있다. 예를 들어 다이나트레이스 그레일은 다양한 신호를 수집해서 저장하고, 사용자에게 쿼리 기능을 제공한다.

향후 AIOps를 구현하고 높은 수준의 자동화를 달성하려면 다양한 데이터를 수집하고 저장하고 분석할 수 있는 시스템이 필요하다. 데이터를 수집하고 쿼리할 수 있는 데이터 레이크는 AIOps와 이상 탐지, 데이터 분석의 성공 여부를 결정한다. 데이터 수집과 구조화를 위한 전처리가 데이터 프로젝트의 80퍼센트 이상을 차지하기 때문이다. 알고리즘과 시각화도 물론 중요하지만, 필수 조건은 데이터를 구조화해서 사용자가 쉽게 쿼리할 수 있어야 한다는 것이다. 이러한 기능을 제공하는 오픈소스로 오픈서치와 프롬스케일이 있다.

- **오픈서치**: 일래스틱서치를 포크해서 AWS에서 개발했다. 로그를 관리하며, 이상 탐지와 벡터 데이터베이스를 제공한다.
- **프롬스케일**: 프롬스케일은 타임스케일이 개발한 오픈소스로, 추적과 메트릭을 저장하고 조회하기 위해서 포스트그레시퀄을 사용한다.

프로세스 관점에서 보면 추적이 핵심이지만, 데이터 관점에서는 메트릭이 핵심이다. 모든 신호가 메트릭으로 변환이 되도록 구성하면 시각화, SLO 계산, 알람 등의 구현이 쉬워진다. 추적, 실사용자 모니터링, 프로파일, 로그 등 모든 신호는 메트릭으로 변환할 수 있다. 변환된 메트릭은 다양한 용도로 사용된다. SLO, 알람, 이상 탐지, 시각화, 머신러닝 등에 소스로서 사용될 수 있다.

관측 가능성을 통해서 수집되는 데이터는 기본적으로 시계열 데이터이다. 따라서 시간 윈도, 누적값 계산, 계절성 분석과 같은 시계열 데이터 분석 기법에 대해서 이해할 필요가 있다. 이들 기법을 하나씩 살펴보겠다.

8.1.1 시간 윈도

시계열 데이터에는 흔히 노이즈가 있어, 의미 있는 패턴을 찾는 데 방해가 된다. 노이즈 제거 방법으로, 여러 구간을 설정해 트렌드를 분석하는 것을 시간 윈도 롤링이라고 한다. 시간 윈도 롤링은 이동 계산이라고도 한다. 이동 계산 중에서도 이동평균이 가장 흔히 쓰이지만, SQL을 활용하면 평균이 아니라 어떤 집계 메서드이든 적용할 수 있다. 시간 윈도 롤링은 주가 분석, 거시경제 트렌드, 시청률 조사 등 다양한 분석에 두루 사용된다.

시간 롤링 계산 시에는 몇 가지 중요한 고려 사항이 있다.

1. **윈도 사이즈**: 윈도 사이즈는 계산에 포함할 시간 구간의 개수를 의미하며, 사이즈가 크면 더 많은 시간을 포함하게 되므로 노이즈를 부드럽게 하는 효과가 있다. 다만 민감도가 낮아져 짧은 구간의 변동을 파악하는 일이 중요한 데이터에 사용하기엔 좋지 않다. 반대로 윈도 사이즈가 작으면 짧은 주기의 변화에 더 민감하게 대응할 수 있지만, 노이즈에 약하다는 단점이 있다.
2. **집계 메서드**: SQL을 활용하면 이동 합계, 이동 개수, 이동 최소, 이동 최대 등도 계산할 수 있다. 이동 개수는 활성 사용자 메트릭 등에 유용하며, 이동 최소와 이동 최대는 데이터의 극단값을 미리 확인해 분석 계획을 세우는 데 활용된다.
3. **데이터 분할 및 그룹화**: 끝으로 윈도 안에 포함된 데이터의 분할 또는 그룹화도 고려해야 한다. 경우에 따라 연 단위로 매번 윈도를 설정해야 하거나, 사용자 그룹 또는 데이터값에 따라 이동 계산을 사용한다. 분할은 윈도 메서드, PARTITION BY 절, 그룹화 등으로 수행한다.

시간 윈도 롤링을 계산하는 방법에는 셀프 조인과 윈도 메서드가 있다. 셀프 조인은 어떤 데이터베이스에서든 사용할 수 있지만, 윈도 메서드는 일부 데이터베이스에서는 지원되지 않는다.

FRAME 절이라는 윈도 메서드 옵션을 사용하면 각 윈도에서 어떤 레코드를 포함할지 세밀하게 지정할 수 있다. 기본적으로는 윈도에 해당하는 모든 레코드가 포함되는데, 대부분 그대로 사용해도 충분하지만, 이동 계산을 위해서는 더 세밀한 범위 조정이 필요하다. 이 외에도 윈도 메서드에는 PARTITION BY 절 등 계산 수행을 위한 여러 옵션이 있고, 이를 활용하면 복잡한 계산도 상대적으로 간단한 문법으로 수행할 수 있다

8.1.2 누적값 계산

이동평균 등의 윈도 롤링 계산 시에는 윈도 크기를 고정된 값으로 설정하는 것이 일반적이다. 이동 계산 외에도 연, 분기, 월간 등의 누적값을 활용해, 시계열을 분석하는 방법도 있다.

누적값은 크기가 고정된 윈도를 사용하되, 시작 포인트부터 점점 윈도 크기를 늘려가며 계산을 수행한다. 누적값 계산에는 윈도 메서드를 사용하면 간단한다. 예를 들어 SUM 집계 메서드를 사용

해 총매출(YTD)을 계산할 수 있다. PARTITION BY 절로 윈도를 설정하며, 월, 주 등을 기준으로 설정할 수도 있다.

시계열 분석에서는 주로 ORDER_BY 절을 사용해 날짜 필드를 기준으로 정렬한다. 분석하려는 테이블에 데이터가 날짜 순으로 저장돼 있지 않을 때 ORDER BY 절을 생략하면 잘못된 결과가 나올 수 있다. 따라서 데이터가 이미 정렬돼 있을 것 같더라도 ORDER BY 절을 사용해 정렬하는 편이 좋다.

8.1.3 계절성 분석

계절성이란 일정한 간격을 두고 규칙적으로 반복되는 패턴을 의미한다. 데이터에서 계절성은 다른 노이즈와 달리 예측이 가능하다. 계절이 반복되듯이, 데이터셋에서 나타나는 반복되는 패턴이 계절성이다. 새로운 애플리케이션 배포, 정기적으로 구성되는 보안 패치, 네트워크 장비의 업그레이드, 클라우드 벤더의 내부 유지 보수 등도 반복되는 패턴이다.

이러한 반복되는 작업은 지연을 발생시키거나 내부적으로 백업 및 복구 프로세스와 같은 시스템상의 변화를 발생시킨다. 배포에 따른 일시적인 스파이크, 클러스터의 리밸런싱과 순차적인 노드의 재시작 등을 시계열 데이터로 모니터링할 수 있다. 관리자가 인식하고 있는 유지 보수라고 해도 시스템 입장에서 재시작은 장애이다. 이미 인지하고 관리되고 있는 장애라는 차이점이 있을 뿐이다.

계절성은 꼭 계절뿐 아니라 연 단위 혹은 분 단위로 나타나기도 한다. 또한 시계열 데이터를 그래프로 시각화해 살펴보면 계절성 여부와 주기 등의 패턴을 이해하는 데 유용하다.

현재의 값을 이전 구간의 값과 비교하는 방법은 계절성 분석에서 노이즈를 제거하고 비교하는 데 유용한 방법이다. 다만 이전 구간의 값 하나만으로 비교하면 충분치 않은 경우도 종종 있다. 이전 구간의 값이 특정 이벤트에 영향을 받아 일반적이지 않은 값이 저장된 경우가 이에 해당한다. 예를 들어 월요일의 데이터를 지난주 월요일과 비교하려고 할 때 지난주 월요일이 공휴일이었다면 둘을 그대로 비교하기는 곤란한다. 마찬가지로 현재 월 데이터를 전년 동월 데이터와 비교할 때, 전년 동월에 경제 문제, 기상 악화, 정전 등 문제가 있었을 수도 있다. 이와 같은 특정 이벤트로 인한 노이즈의 영향을 줄이려면 현재의 값을 이전 구간의 값 2개 이상과 비교하면 좋다.

시계열 분석에서 계절성이 관련된 경우에는 트렌드를 정확히 분석하기 위해 노이즈 제거 과정이 필요할 때가 많다. 다중 구간 분석을 활용하면, 노이즈가 제거된 트렌드를 확인할 수 있어 특정 시간 구간에 어떤 특징이 있는지 이해하는 데 도움이 된다.

8.2 프롬스케일

대부분의 상용 관측 가능성은 자체적인 쿼리 언어를 제공해서 관측 가능성으로 수집한 신호를 쿼리할 수 있도록 기능을 제공한다. 예를 들어 에러가 발생하는 추적 아이디 내 스팬의 개수를 집계할 수 있다. 보통 스팬 카운트라는 용어를 사용하며, 스팬별로 다양한 분석과 집계를 할 수 있도록 쿼리 기능을 제공한다.

프롬스케일에서 처리하는 신호는 메트릭, 추적으로 크게 2가지다. 프로파일과 실사용자 모니터링은 메트릭으로 변환되기 때문에, 데이터 분석 관점에서는 메트릭으로 분류할 수 있다. 구조화된 데이터로 저장되어야만, SQL 쿼리를 사용해서 검색, 분석, 집계 등을 사용할 수 있다.

관측 가능성 데이터를 구조화하는 전처리는 생각보다 어려움이 있다. 다음과 같은 특징이 있기 때문이다.

- JSON처럼 구조적이거나, 텍스트처럼 비구조적이다.
- 스키마가 동적이고 가변적이다.
- 구조가 중첩되는 복잡한 구조이다.

어떻게든 비구조적인 관측 가능성 데이터를 구조화된 형태로 변환해 사용자가 SQL로 원하는 데이터를 조회할 수 있게 해야 한다. 프롬스케일은 유용한 방법 중의 하나로, 장점은 다음과 같다.

- 표준적인 기술인 ANSI SQL을 지원한다. SQL은 다양한 메서드를 제공하므로 자세하게 데이터 분석이 가능하다. 메트릭과 추적을 위한 메서드가 제공된다.
- 스냅숏 등을 사용해 백업과 복구가 용이하다.
- 포스트그레시퀄 관계형 데이터베이스가 제공하는 장점을 그대로 활용할 수 있다.

반면 프롬스케일의 단점은 다음과 같다.

- 샤딩 구성과 리텐션에 문제가 있으며, 대용량 데이터를 보관하기가 어렵다.
- 객체 스토리지를 지원하지 않는다.
- 집계 쿼리에서 성능이 좋지 않다. 장기간 메트릭과 추적 데이터에 집계 쿼리를 처리하면 비효율적이다. 포스트그레시퀄이 집계 전용이 아니므로 드루이드와 같은 집계에 특화된 설루션과 연계하는 것이 유용하다.
- 타임스케일에서 제공하는 프롬스케일 관리형 서비스의 로드맵이 불분명하다.

- 데이터베이스 전문가는 사용자 정의 메서드를 개발할 수 있다. 즉, 포스트그레시퀄의 기능을 보강하는 추가적인 사용자 정의 데이터 분석 메서드를 개발할 수 있다.

8.2.1 프롬스케일 저장 과정

프롬스케일은 포스트그레시퀄 기반의 검증된 성능, 다양한 사용자 정의 메서드 등 여러 가지 측면에서 다른 오픈소스와 비교해서 우수하다. 오픈텔레메트리 컬렉터에서 제공하는 프로메테우스 원격 쓰기를 사용해서, 프롬스케일 내 메트릭을 저장할 수 있다. 추적을 저장하기 위한 백엔드 스토리지로 프롬스케일을 구성할 수도 있다.

프롬스케일에 메트릭을 저장하는 과정은 다음과 같다.

1. 노드 익스포터가 노드의 리소스 정보를 수집한다.
2. 오픈텔레메트리 컬렉터는 노드 익스포터에서 메트릭을 스크레이핑한다.
3. 오픈텔레메트리 컬렉터를 사용해서 프롬스케일에 원격 쓰기를 한다.
4. 프로메테우스 메트릭을 타임스케일로 전송한다.
5. 타임스케일은 포스트그레시퀄에 저장한다.
6. 사용자는 포스트그레시퀄과 동일한 연결 정보와 SQL을 사용해서 저장된 데이터를 조회한다.

프롬스케일에 추적을 저장하는 과정은 다음과 같다.

1. 오픈텔레메트리 에이전트는 OTLP 프로토콜로 오픈텔레메트리 컬렉터에 추적을 전송한다.
2. 오픈텔레메트리 컬렉터는 예거로 추적을 전송한다.
3. 예거는 추적의 백엔드 스토리지로 프롬스케일을 사용한다. 예거는 추적을 프롬스케일에 저장한다.
4. 예거 추적을 타임스케일로 전송한다.
5. 타임스케일은 포스트그레시퀄에 저장한다.
6. 사용자는 예거 UI를 사용해서 추적을 조회하거나, 그라파나 포스트그레시퀄에서 추적을 쿼리할 수 있다.

8.2.2 프롬스케일 메서드

프로메테우스 메트릭과 추적 데이터의 특수성을 고려해서, 프롬스케일은 하이퍼메서드라는 사용자 정의 메서드를 제공한다. 자주 사용하는 프롬스케일 메서드로는 percentile_cont, approx_percentile, percentile_agg 등이 있다. 곧이어 하나씩 살펴보겠다.

단, 프로메테우스에 제공하는 기본 메서드만으로는 특정 분위수에 해당하는 값(예를 들어 응답 시간, 처리량)을 구할 수 없다. 예를 들어 95분위수에 해당하는 값을 리턴하기 위해서는 복잡한 계산이 필요하다.

percentile_cont

백분위수를 계산하려면 percentile_cont 메서드를 사용한다. 50번째 백분위수 또는 중앙값을 찾을 수도 있다. 예를 들어 중앙 온도(median temperature)를 찾으려면 다음을 수행한다.

```
SELECT percentile_cont(0.5)
  WITHIN GROUP (ORDER BY temperature)
  FROM conditions;
```

approx_percentile

uddsketch 알고리즘을 사용하여 대략적인 백분위수를 계산한다. uddsketch 집계에서 백분위수로 대략적인 값을 추정한다. 예를 들어 0에서 100까지의 숫자를 포함하는 표본이 주어지면, 첫 번째 백분위수 percentile값을 추정한다.

```
SELECT
  approx_percentile(0.01, uddsketch(data))
FROM generate_series(0, 100) data;
```

백분위수 분석은 유용하지만 한 가지 주요 단점이 있다. 전체 데이터셋을 메모리에 저장해야 한다는 것이다. 상대적으로 작은 데이터셋에만 가능하며 심지어 계산하는 데 더 오랜 시간이 걸릴 수 있음을 의미한다.

approximate-percentile-hyper 메서드는 이러한 문제를 개선했다. 저장 공간을 차지하며 자동으로 새로 고쳐지는 구체화된 뷰(materialized views)와 결합하면 거의 즉시 결과를 생성할 수 있다.

percentile_agg

원시 데이터에서 중간 집계를 생성하려면 percentile_agg를 사용한다. 이 중간 집계로 결과를 계산하는 데 사용할 수 있다. 중간 집계(intermediate aggregate) 여러 개를 rollup()을 사용하여 결합할 수 있다. percentile aggregate objects를 저장하는 연속 집계(continuous aggregate)를 만들어 보자.

```
CREATE MATERIALIZED VIEW foo_hourly
WITH (timescaledb.continuous)
AS SELECT
    time_bucket('1 h'::interval, ts) as bucket,
    percentile_agg(value) as pct_agg
FROM foo
GROUP BY 1;
```

다음은 백분위수 근사치를 사용하는 예다. 여기서는 95번째 백분위수를 초과하는 응답 시간에 대해 경고한다.

```
WITH "95th percentile" as (
    SELECT approx_percentile(0.95, percentile_agg(response_time)) as threshold
    FROM response_times
)
SELECT count(*)
FROM response_times
AND response_time > "95th percentile".threshold;
```

8.3 프롬스케일 데모

프롬스케일에서 메트릭은 스키마가 고정적이지 않고 가변적이다. 메트릭별로 포스트그레시퀄에 테이블이 생성된다. 만약 메트릭이 1만 개라면 1만 개의 테이블이 생성되어야 한다. 많은 개수의 메트릭 테이블을 관리하는 것은 데이터베이스에 상당한 부담을 준다.

메트릭을 저장하는 방법은 다음과 같은 2가지 방법이 있다.

- 메트릭별로 테이블을 생성한다. 만약 메트릭이 1000개라면 1000개의 테이블이 생성된다. 익스포트에서 메트릭 수집 시에, 메트릭의 필터링이 필요하다.
- 지연 테이블과 처리량 테이블 등의 공통 메트릭 테이블을 생성하고, 모든 마이크로서비스는 공통 테이블에 SLO를 저장한다. 메트릭별로 테이블을 생성할 필요가 없고, 테이블 개수를 줄일 수 있지만, 태그 및 레이블에 따라 SLO를 조회하는 것이 어렵다.

상용 관측 가능성은 두 번째 방법을 사용하지만, 제품 성숙도가 낮아서, 쿼리 시 문제가 많다. 상용 관측 가능성은 요청 개수, 에러 개수, 지연별로 테이블을 생성하고, 다수의 서비스를 공통 메트릭 테이블에 저장하는 구성을 사용하기도 한다. 이러한 구조는 메트릭 테이블의 개수를 줄일 수 있지만, 복잡한 메트릭 요구 사항을 지원하기 어려운 구조가 될 것이다.

메트릭은 일, 주, 월, 연 등의 윈도별로 집계를 해서 저장해야 한다. 프로메테우스에서는 사전 집계를 위해서 레코딩 룰을 사용해서, 윈도별로 집계 정보를 저장할 수 있다. 멀티 테넌트 구성과 함께 사전 집계가 구성되어야 한다.

메트릭 스키마는 고정적이지 않아서, 메트릭 쿼리는 메트릭 유형에 따라서 변경이 필요하다. 반면에 추적 스키마는 고정이다. 프롬스케일에서 추적은 단일 테이블에 모든 마이크로서비스의 스팬 정보를 저장한다. 메트릭과 추적의 저장 방식이 다르다. 처리량과 지연 등은 쿼리를 사용해서 측정할 수 있다. 스팬 속성과 배기지 등 부가적인 데이터를 사용해서 차원을 구성한 후, 검색이 되는지 확인해야 한다. 프롬스케일에 저장된 추적 데이터는 개별 트랜잭션에 해당하는 원시 데이터다. 이를 시계열로 출력하기 위해서는 스팬 메트릭을 사용해서, 메트릭으로 변환하여 시계열을 출력하는 것이 유용하다.

프롬스케일 메트릭과 추적 SQL을 사용해서 데이터를 조회하고 분석하는 방법을 살펴보자.

8.3.1 메트릭 SQL

메트릭 쿼리는 메트릭 상세 데이터를 조회하기 위한 쿼리이다. 추적이 애플리케이션의 성능에 집중하는 것과 비교해서, 메트릭은 인프라와 애플리케이션을 포함한 IT 운영 전반적인 데이터를 아우른다. 메트릭을 정확하게 쿼리하는 것은 근본 원인 분석과 운영 자동화에 중요한 작업이다.

프롬큐엘(PromQL)은 프로메테우스 메트릭을 쿼리하기 위한 기본적인 방법이다. 하지만 다음과 같은 문제점이 있다.

- SQL만큼 유연하지 않다. 데이터를 가공하는 작업이 어렵다.
- 프롬큐엘을 학습해야 하는 러닝 커브가 있다.
- 추적, 로그 등 타 신호와 조인이 어렵다.
- 파이프라인과 연계해서 대용량 데이터를 추출하는 것이 어렵다.

이에 반해 프롬스케일을 사용하면 다음과 같은 장점이 있다.

- 정의된 스키마에 데이터가 저장된다. 메트릭별로 구성된 테이블에서 데이터를 신속하게 추출할 수 있다.

- 데이터의 백업과 스냅숏 관리가 가능하다. 다운샘플링도 지원한다.
- SQL은 데이터 검색과 분석뿐만 아니라 시계열, 이상 탐지, 코호트, 실험 분석도 유용하다. 테넌트별로 코호트를 분석하거나, 인과관계를 분석하기 위해서 실험 분석(AB 테스트)을 할 수 있다.
- SQL로 처리하므로 결과를 직관적으로 확인할 수 있다. 다차원 드릴다운, 슬라이스, TOP N과 같은 복잡한 집계가 가능하다.
- 프롬큐엘에서 데이터 마트를 생성하거나 파이프라인과 연계하는 것도 어렵지 않다.

8.3.2 메트릭 SQL 데모

메트릭 SQL 데모를 구성하고 예제 쿼리들을 살펴보겠다.

1 구성

쿠버네티스 구성은 독자에게 부담이 되므로 도커에서 구성하겠다.

```
version: '3.0'

services:
  db:
    image: timescale/timescaledb-ha:pg14-latest
    environment:
      POSTGRES_PASSWORD: password
      POSTGRES_USER: postgres

  promscale:
    image: timescale/promscale:latest
    restart: on-failure
    depends_on:
      - db
    environment:
      PROMSCALE_DB_URI: postgres://postgres:password@db:5432/postgres?sslmode=allow
      PROMSCALE_TRACING_OTLP_SERVER_ADDRESS: ":9202"

  hotrod:
    depends_on:
      - jaeger-collector
    image: jaegertracing/example-hotrod:1.37.0
    environment:
      JAEGER_ENDPOINT: http://jaeger-collector:14268/api/traces
    ports:
      - "8080-8083:8080-8083"
```

```
  jaeger-collector:
    depends_on:
      - promscale
    restart: on-failure
    image: jaegertracing/jaeger-collector:1.37.0
    environment:
      SPAN_STORAGE_TYPE: grpc-plugin
      GRPC_STORAGE_SERVER: promscale:9202
```

HotROD에서 트래픽을 생성하고, 다음과 같이 프롬스케일 실행 상태를 확인할 수 있다.

```
$ kubectl get deployment
NAME                READY   UP-TO-DATE   AVAILABLE   AGE
db                  1/1     1            1           9d
hotrod              1/1     1            1           9d
jaeger              1/1     1            1           9d
my-release-grafana  1/1     1            1           6d17h
otel-collector      1/1     1            1           9d
prometheus          1/1     1            1           9d
promscale           1/1     1            1           7d1h

$ kubectl get pod
NAME                              READY   STATUS    RESTARTS       AGE
db-64599c9555-jkl7k               1/1     Running   9 (7d1h ago)   9d
jaeger-767895d884-hztwf           1/1     Running   16 (7d1h ago)  9d
otel-collector-685f4745c5-gwtp6   1/1     Running   0              7d1h
prometheus-66fffd9d69-ktk7v       1/1     Running   13 (7d1h ago)  9d
promscale-d9956d94c-g254z         1/1     Running   4 (7d1h ago)   7d1h
```

HotROD는 컬렉터 없이 예거로 곧바로 전송하고, 프롬스케일 데모는 컬렉터를 통해서 프롬스케일로 전송한다.

```
docker-compose up
```

마이크로심을 사용해서 HotROD에서 부하를 생성한다. 메트릭 SQL(예거 데모), 추적 SQL(프롬스케일 데모) 데모는 도커로 제공된다.

❷ SQL 쿼리 예제

충분히 데모를 학습한 다음, 다양하고 복잡한 쿼리를 응용해보는 것을 추천한다. 메트릭 조회를 위한 실습으로 다음과 같은 쿼리를 살펴볼 것이다.

- 테넌트 team의 cpu_hours_total값을 쿼리한다.
- HTTP 요청의 95분위수 지연을 테넌트별로 비교한다.
- cpu_usage 메트릭을 쿼리한다.
- 각 계열에 있는 데이터 포인트 수를 쿼리한다.
- 네임스페이스별로 지난 1년간 CPU 사용량을 집계한다.
- production 네임스페이스의 메트릭 또는 ab 문자로 시작하는 파드가 있는 메트릭만 쿼리한다.
- default 네임스페이스에서 컨테이너당 메모리 사용량의 99번째 백분위수를 쿼리한다.
- 99번째 백분위수를 통해서 메모리 사용률이 낮은 컨테이너를 조회한다.
- go_gc_duration_seconds 메트릭을 시각화한다.
- go_gc_duration_seconds에 대한 시간과 시계열 (pod_id)의 99번째 백분위수를 계산한다.

먼저 cpu_hours_total{__tenant__="team"}에 해당하는 값만 가져오려면 다음과 같이 쿼리한다 (다른 집계를 수행하기 전에 각 시계열 내의 데이터를 집계해야 한다).

```
SELECT
   *
FROM
   prom_metric.cpu_hours_total
WHERE
   labels ? ('__tenant__' == 'team');
```

HTTP 요청의 95분위수 지연을 테넌트별로 비교하고 싶다고 가정하자. 테넌트의 모든 요청을 다른 테넌트와 비교한다.

```
SELECT
   val(__tenant___id) as tenant_name,
   percentile_cont(0.95) WITHIN GROUP (ORDER BY value) as p95,
FROM
   prom_metric.http_requests_total
GROUP BY __tenant___id
```

cpu_usage 메트릭은 다음과 같이 쿼리할 수 있다.

```
SELECT
```

```
  time,
  value,
  jsonb(labels) as labels
FROM "cpu_usage";
```

각 계열에 있는 데이터 포인트 수를 보여주는 쿼리는 다음과 같다.

```
SELECT
  jsonb(labels(series_id_)) as labels,
  count(*)
FROM "cpu_usage"
GROUP BY series_id;
```

다음은 네임스페이스별로 2024년부터의 CPU 사용량의 중앙값을 집계하는 쿼리이다.

```
SELECT
  val(namespace_id) as namespace,
  percentile_cont(0.5) within group (order by value)
AS median
FROM "cpu_usage"
WHERE time > '2023-12-31'
GROUP BY namespace_id;
```

예를 들어 production 네임스페이스의 메트릭 또는 ab 문자로 시작하는 파드가 있는 메트릭만 원하는 경우에는 OR를 사용하면 된다.

```
SELECT avg(value)
FROM "cpu_usage"
WHERE labels ? ('namespace' == 'production') OR
      labels ? ('pod' ==~ 'ab*')
```

default 네임스페이스에서 컨테이너당 메모리 사용량의 99분위수를 얻으려면 다음과 같이 쿼리한다.

```
SELECT
  val(used.container_id) container,
  percentile_cont(0.99) within group(order by used.value) percent_used_p99
FROM container_memory_working_set_bytes used
WHERE labels ? ('namespace' == 'default')
GROUP BY container
```

```
ORDER BY percent_used_p99 ASC
LIMIT 100;
```

99번째 백분위수로 메모리 사용률이 낮은 컨테이너를 찾을 수도 있다(혹은 과도하게 프로비저닝된 쿠버네티스 컨테이너를 찾을 수도 있다).

```
WITH memory_allowed as (
  SELECT
    labels(series_id) as labels,
    value,
    min(time) start_time,
    max(time) as end_time
  FROM container_spec_memory_limit_bytes total
  WHERE value != 0 and value != 'NaN'
  GROUP BY series_id, value
)
SELECT
  val(memory_used.container_id) container,
  percentile_cont(0.99)
  within group(order by memory_used.value/memory_allowed.value)
AS percent_used_p99,
   max(memory_allowed.value) max_memory_allowed
FROM container_memory_working_set_bytes AS memory_used
INNER JOIN memory_allowed
      ON (memory_used.time >= memory_allowed.start_time AND
          memory_used.time <= memory_allowed.end_time AND
          eq(memory_used.labels,memory_allowed.labels))
WHERE memory_used.value != 'NaN'
GROUP BY container
ORDER BY percent_used_p99 ASC
LIMIT 100;
```

go_gc_duration_seconds를 시각화해보자.

```
SELECT
  jsonb(v.labels)::text as "metric",
  time AS "time",
  value as "value"
FROM "go_gc_duration_seconds" v
WHERE
  $__timeFilter("time")
ORDER BY 2, 1
```

go_gc_duration_seconds에 대한 시간과 시계열 (pod_id)의 99번째 백분위수를 계산한다.

```
SELECT
   val(pod_id) as pod,
   percentile_cont(0.99) within group(order by value) p99
FROM go_gc_duration_seconds
WHERE value != 'NaN' AND val(quantile_id) = '1' AND pod_id > 0
GROUP BY pod_id
ORDER BY p99 desc;
```

인프라, 알람, 일반적인 애플리케이션이라면 메트릭 SQL을 사용하고, 애플리케이션의 성능에 대한 것은 추적 SQL을 사용한다.

8.3.3 추적 SQL

그라파나 템포는 메트릭 생성기를 통해서 스팬 메트릭을 지원한다. 오픈텔레메트리 컬렉터의 스팬 메트릭 프로세스를 사용해 스팬 메트릭을 생성할 수 있다. 예거도 스팬 메트릭 기능을 제공한다.

스팬 메트릭은 추적의 집계 테이블과 유사하다. 추적 테이블은 개별 트랜잭션이고 스팬의 모음이다. 스팬을 SLO에 적합하게 집계해서 메트릭으로 제공한다. 추적 콘텍스트에 정의된 다양한 속성과 차원이 메트릭으로 변환되는 과정에서 그대로 보존되고, 검색이 가능하도록 구성되어야 한다.

프로메테우스 메트릭명에 대응되는 포스트그레시퀄 테이블을 생성해야 한다. 예거 추적을 위해서는 calls_total, latency_bucket 등의 스팬 테이블을 생성한다.

- **calls_total**: 고유한 차원 세트당 총스팬 수를 계산하는 카운터다. status_code 레이블로 오류 수를 식별할 수 있다. 이를 사용하면 STATUS_CODE_ERROR와 동일한 status_code 레이블이 포함된 메트릭을 총메트릭 수로 나누고 100을 곱하여 잘못된 호출의 비율을 계산할 수 있다.
- **latency**: 이 메트릭은 히스토그램을 나타내는 여러 기본 프로메테우스 메트릭으로 구성된다. 이러한 메트릭에 연결된 레이블로 인해 작업별 또는 서비스 지연에 대한 히스토그램을 생성할 수 있다.
- **latency_count**: 버킷의 총데이터 포인트양이 포함된다.
- **latency_sum**: 버킷에 있는 모든 데이터 포인트값의 합계가 포함된다.
- **latency_bucket**: 지연이 사전 정의된 시간보다 작거나 같은 데이터 포인트의 수가 포함된다. 오픈텔레메트리 컬렉터 구성에서 latency_histogram_buckets 배열을 변경하여 버킷양을 구성할 수 있다.

8.3.4 추적 SQL 데모

프롬스케일 오픈텔레메트리 데모를 살펴보자. 7개의 마이크로서비스로 구성되어 있다. 마이크로서비스는 파이썬으로 개발되었으며, 자동 계측과 수동 계측으로 구성된 2개 유형의 데모가 포함되어 있다.

추적은 로그보다 구조적이고 메트릭보다 상세한 데이터를 제공한다. 또한 알람, SLO, 대시보드, 상관관계, AIOps 등 다방면으로 활용이 가능하다. 기존에 메트릭과 로그로 구성된 결과를 추적으로 변경할 필요는 없지만, 점진적으로 추적 데이터를 활용하는 것이 좋다.

1 구성

프로메테우스 원격 쓰기를 사용해서 프롬스케일에 추적을 저장한다. 예거 쿼리와 100% 호환성이 있으므로 예거 UI에서 추적 그래프를 출력할 수 있다. 데이터가 처리되는 과정은 다음과 같다.

- 데모 마이크로서비스 애플리케이션은 스팬 메트릭 프로세서가 포함된 오픈텔레메트리 컬렉터로 신호를 전송한다.
- 오픈텔레메트리 컬렉터는 스팬을 예거로 보내고, 예거는 이를 프롬스케일에 저장한다.
- 스팬 메트릭 프로세서에서 생성된 메트릭을 프롬스케일로 보낸다.
- 프롬스케일에서 추적과 메트릭을 쿼리 및 시각화하고, 다른 컴포넌트를 배포하도록 예거를 구성했다.

다음과 같이, 설치된 예거는 올인원으로 구성되어 있다.

```
$ kubectl get deployment
NAME                READY   UP-TO-DATE   AVAILABLE   AGE
db                  1/1     1            1           9d
jaeger              1/1     1            1           9d
otel-collector      1/1     1            1           9d
prometheus          1/1     1            1           9d
promscale           1/1     1            1           7d1h

$ kubectl get pod
NAME                              READY   STATUS    RESTARTS        AGE
db-64599c9555-jkl7k               1/1     Running   9 (7d1h ago)    9d
jaeger-767895d884-hztwf           1/1     Running   16 (7d1h ago)   9d
otel-collector-685f4745c5-gwtp6   1/1     Running   0               7d1h
prometheus-66fffd9d69-ktk7v       1/1     Running   13 (7d1h ago)   9d
promscale-d9956d94c-g254z         1/1     Running   4 (7d1h ago)    7d1h
```

이번에도 도커를 사용해서 진행한다. 복잡한 구성 없이 간단히 시작할 수 있다.

```
docker-compose up
```

❷ SQL 쿼리 예제

메트릭별로 개별적인 테이블을 생성하므로 메트릭 개수에 따라 수십 개 이상의 테이블이 생성될 수 있다. 하지만 추적은 스팬 테이블만을 필요로 한다.

다음과 같이 유용한 SQL 쿼리들을 살펴보겠다. 특히 업스트림과 다운스트림을 구하는 쿼리는 유용하므로 보다 응용해서 개선하는 것을 권장한다.

- 필터링한 기간에 추적을 조회한다.
- 해당 기간의 각 10초 버킷에서 추적을 조회한다.
- 해당 기간에서 가장 느린 상위 10개 추적을 조회한다.
- 추적 기간에 대한 히스토그램을 생성한다.
- 시간이 지나면서 95분위수를 출력한다.
- 기간 내 각 10초 버킷의 작업에 소요된 총처리 시간을 계산한다.
- 지정된 기간의 모든 추적에서 업스트림에 있는 모든 스팬을 검색한다.
- 특정 스팬 범위에서 다운스트림에 있는 모든 스팬을 검색한다.
- 업스트림 콜 트리의 구조를 분석한다.
- 다운스트림 그래프를 생성한다.

먼저 시간별 필터링이다. 그라파나는 SQL 쿼리에 추가할 수 있는 템플릿을 사용하여, 쿼리에서 UI의 시간 필터를 활용한다.

```
SELECT * FROM ps_trace.span s WHERE $__timeFilter(s.start_time);
```

위의 템플릿은 다음으로 확장된다.

```
SELECT * FROM ps_trace.span s WHERE s.start_time BETWEEN <start> AND <end>;
```

즉, 필터링한 기간의 추적의 개수를 구할 수 있다. 단일 추적에는 여러 스팬이 있을 수 있으므로 루트 스팬만 계산하자.

```
SELECT count(*) as nbr_traces
FROM ps_trace.span s
WHERE $__timeFilter(s.start_time)
AND s.parent_span_id IS NULL -- only root spans
```

다음은 처리량이다. 해당 윈도의 각 10초 버킷에서 몇 개의 추적이 수집되는지 쿼리해보자. 모든 추적을 수집하는 한 추적 수는 처리량과 동일하다. time_bucket은 타임스케일 메서드이지만 date_trunc를 사용하여, 기본적으로 동일한 결과를 얻을 수 있다. time_bucket은 더 강력하고 유연하다.

```
SELECT
    time_bucket('10 seconds', s.start_time) as time,
    count(*) as nbr_traces
FROM ps_trace.span s
WHERE $__timeFilter(s.start_time)
AND s.parent_span_id IS NULL
GROUP BY time
ORDER BY time
```

해당 기간에서 가장 느린 상위 10개 추적을 구해보자. 각 루트 스팬의 기간은 모든 하위 항목을 포함하므로 루트 스팬의 기간은 추적 기간이다.

```
SELECT
    s.trace_id,
    s.duration_ms
FROM ps_trace.span s
WHERE $__timeFilter(s.start_time)
AND s.parent_span_id IS NULL
ORDER BY s.duration_ms DESC
LIMIT 10
```

루트 스팬의 기간은 요청 지연과 동일하다. 처리 시간에 대한 히스토그램을 만들어보자.

```
SELECT
    s.trace_id,
```

```
    s.duration_ms
FROM ps_trace.span s
WHERE $__timeFilter(s.start_time)
AND s.parent_span_id IS NULL
```

95분위수 지연은 다음과 같다.

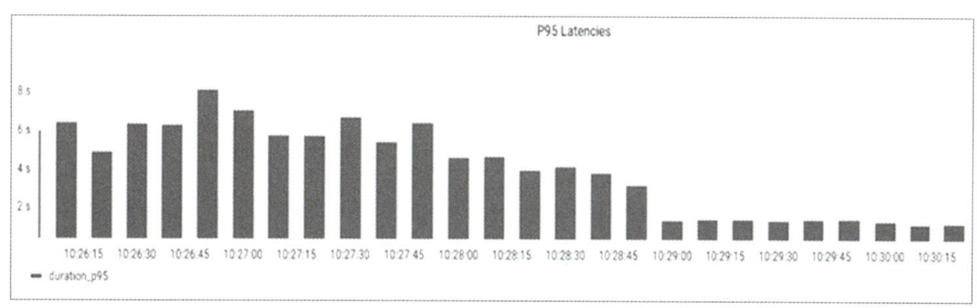

그림 8.1 히스토그램 지연

시간에 따라 지연이 변경되는데, 95분위수는 어떻게 보이는지 살펴보자.

```
SELECT
    time_bucket('10 seconds', s.start_time) as time,
    approx_percentile(0.95, percentile_agg(s.duration_ms)) as duration_p95
FROM ps_trace.span s
WHERE $__timeFilter(s.start_time)
AND s.parent_span_id IS NULL
GROUP BY time
ORDER BY time
```

시간 경과에 따른 지연 히트맵은 다음과 같다.

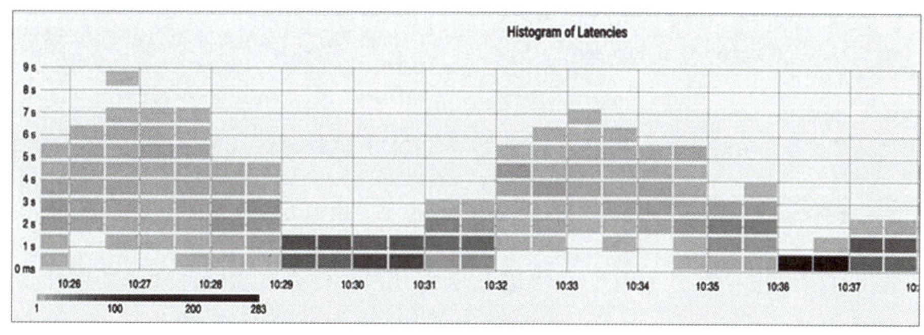

그림 8.2 지연 히트맵

시간이 지나면서 지연 히트맵이 어떻게 변하는지 확인하고자 한다. 10초 버킷마다 지연의 히트맵을 살펴보자. 이를 통해 시간 경과에 따른 변동성을 얻을 수 있다.

```
SELECT
    time_bucket('10 seconds', s.start_time) as time,
    s.duration_ms
FROM ps_trace.span s
WHERE $__timeFilter(s.start_time)
AND s.parent_span_id IS NULL
```

한편, 각 스팬의 기간에는 스팬 자체에서 걸리는 시간과 하위 스팬에서 걸리는 시간이 모두 포함된다. 하위 스팬을 제외하고 스팬의 처리 시간을 계산하려면 하위 스팬의 기간 합계를 빼면 된다. 시각화에 원형 차트를 사용하면 파이의 각 조각은 작업에 해당한다. 값은 필터링한 기간 동안 해당 작업에 소요된 총처리 시간이다. 이러한 처리 시간 원형 차트를 통해 전체 시스템에서 어떤 코드가 가장 많은 처리 시간을 소요하는지 알 수 있다.

```
SELECT
    s.service_name || ' ' || s.span_name as operation,
    sum(
        s.duration_ms
        coalesce(
          (
            SELECT sum(k.duration_ms)
            FROM ps_trace.span k -- kids
            WHERE k.trace_id = s.trace_id
            AND k.parent_span_id = s.span_id
            AND $__timeFilter(k.start_time)
          ), 0)
    ) as total_exec_ms
FROM ps_trace.span s
WHERE $__timeFilter(s.start_time)
GROUP BY s.service_name, s.span_name
```

각 작업(서비스 이름과 스팬 이름의 조합)에 대해 평균 기간과 95분위수 처리 시간을 계산할 수도 있다(이 쿼리는 깃허브에만 올려뒀다).

다음 그림과 같이 어떤 작업이 지연에 가장 큰 영향을 미치는지 알고 싶다면 어떻게 해야 할까?

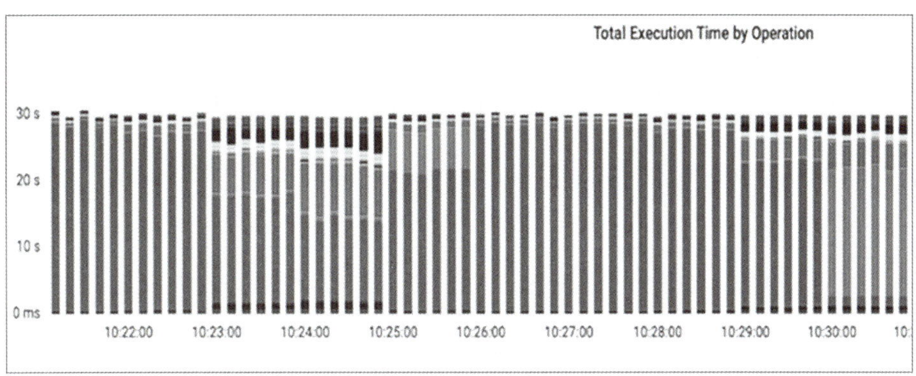

그림 8.3 처리 시간 비율

기간 내 각 10초 버킷의 각 작업에 소요된 총처리 시간을 계산해보자. 이러한 값을 쌓으면 시간이 지나면서 지연에 가장 큰 영향을 미치는 작업이 표시된다.

```
SELECT
    time_bucket('10 seconds', s.start_time) as time,
    s.service_name || ' ' || s.span_name as operation,
    sum(
        s.duration_ms
        coalesce(
          (
            SELECT sum(k.duration_ms)
            FROM ps_trace.span k
            WHERE k.trace_id = s.trace_id
            AND k.parent_span_id = s.span_id
            AND $__timeFilter(k.start_time)
          ), 0)
    ) as total_exec_ms
FROM ps_trace.span s
WHERE $__timeFilter(s.start_time)
GROUP BY time, s.service_name, s.span_name
ORDER BY time, total_exec_ms
```

서비스 이름과 스팬 이름이 주어지면, 재귀를 사용하여 지정된 기간의 추적에서 업스트림에 있는 모든 스팬을 찾을 수 있다. 해당 스팬에서 요청이 처음 시스템에 입력된 위치까지 실행 경로를 검색한다. 재귀 방향을 반대로 함으로써 특정 스팬에서 다운스트림 실행을 검색할 수도 있다. 주어진 스팬에 의해 직간접적으로 호출되는 모든 스팬을 파악한다(쿼리는 깃허브 참조).

애플리케이션이 복잡해지고 더 많은 컴포넌트와 마이크로서비스가 누적될수록, 전체 애플리케이션 서비스 맵이 너무 복잡해져서 개별 노드를 이해할 수 없게 되고, 시스템 상태에 대한 직관적인 개요를 파악하기 어려워진다. 인접한 노드 간의 에지로만 작성된 서비스 맵의 제약 사항을 다루기 위해 추적 데이터를 집계하고 다음과 같이 서비스 맵으로 시각화할 수 있다(쿼리는 깃허브 참조).

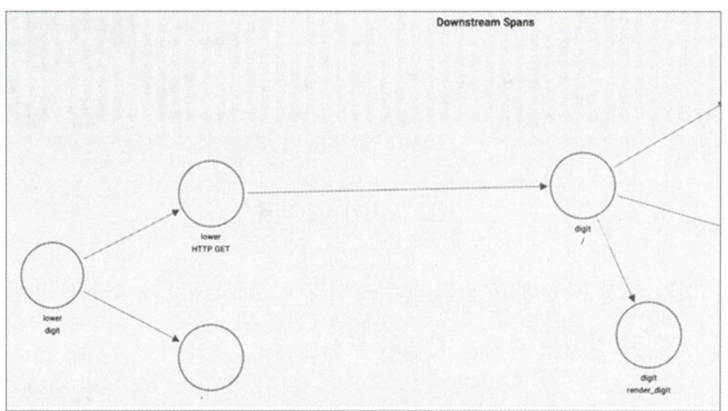

그림 8.4 **서비스 맵 의존성**

서비스의 업스트림 및 다운스트림 의존성을 이해하려고 하는 개발자가 툴을 사용할 경우, 서비스 선택이 자연스럽게 이뤄진다. 이렇게 하면 인접한 노드뿐만 아니라 서비스의 업스트림, 다운스트림 모두에 대한 실제 의존성을 더 명확하게 얻을 수 있다.

단, 업스트림 및 다운스트림 테이블은 호출 구조를 시각화하기가 어렵다. 그라파나의 서비스 맵 패널을 사용하여 업스트림 및 다운스트림 콜 트리의 구조를 그릴 수 있다. 서비스 맵 패널에는 두 개의 쿼리가 필요하다. 첫 번째 쿼리는 고유 노드를 식별한다. 두 번째 쿼리는 고유한 에지를 식별한다. 이 작업을 수행하려면 기존 쿼리를 약간만 변경하면 된다.

```
WITH RECURSIVE x AS
(
    SELECT
        s.trace_id,
        s.span_id,
        s.parent_span_id,
        s.service_name,
        s.span_name
    FROM ps_trace.span s
    WHERE $__timeFilter(s.start_time)
    AND s.service_name = '$service'
    AND s.span_name = '$span_name'
    UNION ALL
```

```
    SELECT
        p.trace_id,
        p.span_id,
        p.parent_span_id,
        p.service_name,
        p.span_name
    FROM ps_trace.span p
    INNER JOIN x
    ON (p.trace_id = x.trace_id
    AND p.span_id = x.parent_span_id)
    WHERE $__timeFilter(p.start_time)
)
SELECT DISTINCT
    concat(x.service_name, '|', x.span_name) as id,
    x.service_name as title,
    x.span_name as "subTitle"
FROM x
```

다운스트림 그래프를 생성하는 것은 기본적으로 업스트림 그래프에 사용되는 두 쿼리에 대한 한 라인의 변경이다. 업스트림 및 다운스트림 그래프가 모두 있으면 해당 범위의 관점에서 콜 트리 구조에서 해당 스팬의 위치를 시각화할 수 있다. 이는 시스템을 이해하는 데 매우 강력한 도구가 될 수 있다.

8.4 요약

메트릭으로 시계열 차트를 표현하는 것은 기본이지만, 관측 가능성에서 요구하는 다양하고 복잡한 요구 사항을 만족시킬 수 없다. 관측 가능성은 시계열뿐만 아니라, 다양한 신호를 조인하고 룩업할 수 있는 데이터 레이크를 제공한다. 신호가 한 저장소에 함께 저장됨으로써, 개별 신호가 가지는 단점을 보완할 수 있다. 단일 신호에 의존하는 대시보드가 아니라, 하나의 대시보드 내에 다수의 신호를 함께 사용하여 근본 원인 분석에 최적화된 구성이 가능하다.

이번 장에서는 수집된 로그, 메트릭, 추적을 SQL 기반으로 구조화하여 프롬스케일을 사용해 검색, 분석, 집계하는 방법을 다뤘다. 이는 데이터 활용의 출발점이며, AIOps 및 이상 탐지의 토대가 된다.

CHAPTER 9

관측 가능성 데이터 집계

관측 가능성 신호 데이터는 그 자체로 빅데이터다. 이를 분석하기 위해 SQL을 설명했는데, 분석 이후의 과정이 바로 집계다. 이번 장에서는 관측 가능성에서 수집한 신호 데이터를 집계하는 방법을 설명한다.

관측 가능성 데이터는 장기간 보관하고 다양한 목적으로 사용될 수 있다. 관측 가능성 데이터 레이크는 다음과 같은 방식으로 데이터를 관리한다.

- 메트릭 위주로 카운터와 히스토그램 등 메트릭 타입을 보관한다.
- 로그, 실사용자 모니터링, 추적, 프로파일은 메트릭으로 변환해서 보관한다.
- 시간 윈도에 따른 사전 집계도 보관한다.

프롬스케일은 포스트그레시퀄 데이터베이스이므로 리텐션에 제약이 있다. 트랜잭션 지원, 복제, 백업, 복구가 가능하다는 장점이 있지만, 대용량 집계에는 별도의 엔진이 필요하다. 프롬스케일은 기능 관점에서 집계보다는 분석에 더 가까우며, 파이프라인 관점에서는 CDC(change data capture) 역할에 해당한다고 볼 수 있다. 결국 데이터가 최종적으로 저장되고 집계되는 엔진이 별도로 필요하다.

향후 관측 가능성 데이터 분석에 대해 더 많은 기술적인 논의가 이루어질 것이다. 이번 장에서는 관측 가능성 데이터를 집계하기 위해 프레스토와 드루이드를 적용한 사례를 정리했다. 사례를 정확히 이해하면 시행착오를 피할 수 있다.

9.1 프레스토 사례

대부분의 회사는 다수의 데이터베이스에 데이터를 저장한다. ETL은 데이터 복제에 유용한 기술이지만, 회사 정책상 ETL을 사용한 데이터 복제를 허용하지 않기도 하며, 새로운 데이터를 매번 적재하고 변경분을 반영하는 것은 어려운 작업이다.

초기 프레스토는 1000명 이상의 페이스북 데이터 분석가가 300페타 규모의 데이터 웨어하우스를 분석하기 위해 개발한 쿼리 엔진이다. 프레스토는 특정 데이터를 저장하지 않고 외부에 존재하는 데이터베이스와 연계한다. HDFS나 S3의 파일을 질의할 수 있으며, 다양한 유형의 스토리지를 지원한다. 프레스토는 동일한 쿼리를 사용해서 다양한 데이터베이스에 조인하고 쿼리하는 기능을 가지고 있다. 데이터가 문서, 키-밸류, 스트림 등 어떠한 형태로 저장되어 있든 문제가 없다.

또한 프레스토의 장점은 조인에 있다. 조인이 필요하다면 프레스토가 유용하다. 관측 가능성 데이터 처리에도 조인이 필요하다. 데이터 프로젝트에서는 목적에 적합된 엔진을 선택하는 것이 중요하다. 프레스토 대신 빅쿼리를 사용하는 것도 고려했으나, 벤더 의존적이지 않은 오픈소스를 사용하는 것이 좋다는 고민과 함께 비용 절감을 위해서 프레스토를 선택했다.

프레스토의 특징은 다음과 같다.

- 과도한 메모리 사용은 프레스토의 단점이지만, 인덱스하는 과정이 없으므로 상대적으로 가볍다. 드루이드처럼 복잡한 읽기와 쓰기 구성이 없으며, 데이터 카탈로그 기반 애드 혹 쿼리에 유용하다.
- AWS S3와 데이터 카탈로그를 그대로 사용할 수 있다는 장점이 있다. 중첩된 쿼리와 평탄화 메서드를 지원하지만, 복잡한 집계 성능은 부족하고 객체 스토리지 사용 시 스캔 비용이 높다.
- 장시간 처리 시간이 필요한 배치에 적합하지 않다. 프레스토를 기반으로 하는 AWS 글루(Glue)는 15분 제한 시간 내에 잡을 처리하지 않으면 타임아웃으로 처리되고 실패한다.
- 캐시 기능이 없다. 서드파티를 통해 캐시 기능을 제공한다.
- 간단한 데이터 분석을 위한 머신러닝 기능을 제공한다.
- 커넥터의 기능이 풍부하다. 다양한 데이터 소스를 조인할 수 있는 커넥터가 제공된다.

오픈텔레메트리 데이터를 수집 및 적재하고, 프레스토를 사용해서 집계하는 과정을 살펴볼 것이다. 기술적으로는 신호를 수집하고 관리하기 위한 데이터 스토리지가 필요하다. 즉, 신호 데이터를 먼저 저장해야 한다. 그다음으로 SQL로 쿼리하고 결과를 시각화하는 것이 필요하다.

먼저 신호의 백엔드 스토리지로는 AWS S3를 사용한다. 물론 S3 외에 벤더 의존적이지 않고 독립적인 아키텍처로 구성할 수도 있다.

다음으로 신호의 메타데이터 관리가 필요하다. 신호 데이터는 객체 스토리지에 적재된다. AWS 글루의 데이터 카탈로그가 적합하다. 오픈텔레메트리는 표준화된 스키마를 제공한다. 저장된 텔레메트리 신호의 형식을 기반으로, 스키마를 생성한다. 테이블 형태로 구조화되어 관리된다.

다음은 신호 쿼리 엔진인데, 프레스토는 표준 SQL을 실행할 수 있는 쿼리 엔진을 포함하고 있다. 다양한 언어로 제공되는 API를 통해서, 쿼리 엔진을 호출할 수 있다.

즉, 이번 장에서 구축할 프레스토 기반의 데이터 아키텍처는 다음 그림과 같다.

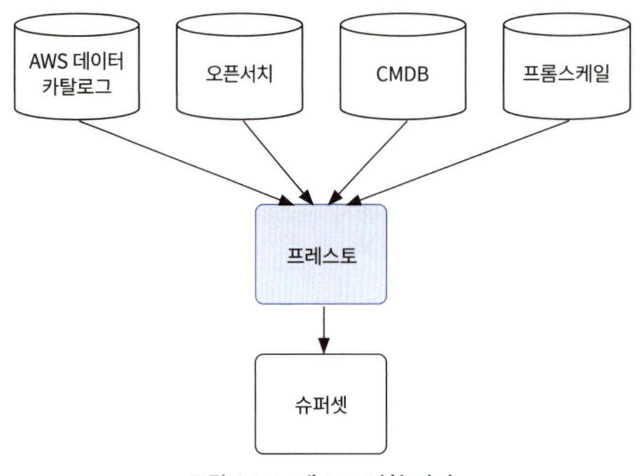

그림 9.1 **프레스토 연합 쿼리**

기업 내 데이터 소스의 개수와 양이 소규모인 경우에는 중앙집중적인 데이터 레이크를 구축해서, 다양한 소스로부터 데이터를 수집하여 한곳으로 통합하는 것이 유용하다. 하지만 회사가 성장하고 다양한 시스템을 구축하면 데이터 소스 개수가 너무 많아지거나, 데이터 소스가 다른 네트워크에 존재하는 경우도 있으며, 데이터 파이프라인의 개수도 기하급수적으로 많아지고, 잡 스케줄링도 복잡해진다. 또한 데이터 플랫폼의 운영 비용도 급격하게 증가하는 상황이 발생하곤 한다. 즉, 중앙집중적인 방식이 비효율적인 상황이 발생하게 된다. 프레스토는 좋은 대안을 제공한다.

- 프로메테우스는 대부분 인프라 및 애플리케이션 모니터링에 필요한 메트릭을 제공한다. REST API와 프레스토를 통해서, 데이터를 조회할 수 있다.
- 객체 스토리지에서 로그, 추적, 메트릭 등을 관리한다. 하이브를 사용해서, 객체 스토리지에 대한 외부 테이블을 생성하고, 관측 가능성 데이터를 집계할 수 있다.

- 아파치 슈퍼셋은 동적으로 다수 차트를 포함한 대시보드를 개발한다. 슈퍼셋은 우수한 API를 제공하고, 이를 활용해서 차트와 대시보드를 생성할 수 있다. 슈퍼셋은 프레스토를 통해 질의하고, 결과를 시각화한다.

프레스토 프로메테우스 플러그인을 사용해서, 메트릭을 집계할 수 있다. 일반적인 기업에서는 프로메테우스, 일래스틱, 그라파나가 다수 중복되어 운영되고 있다. 이를 통합해서 집계할 필요성이 있다. 연합 쿼리는 다양한 데이터 소스에 연결하고, 조인 쿼리를 지원한다.

9.1.1 하이브

하이브는 하둡상의 분산 애플리케이션은 원래부터 높은 확장성과 내결함성을 목표로 설계되어 있다. 수천 대나 되는 하드웨어를 이용하는 것이 전제이므로 그중 일부분에서 장애가 발생하는 것은 일상적이며, 그래도 전체적으로는 처리를 계속할 수 있도록 시스템이 구축된다.

하이브는 그 연장선상에서 개발된 쿼리 엔진으로 대규모 배치처리를 꾸준히 실행한다. 특히 텍스트 데이터를 가공하거나 열 지향 스토리지를 만드는 등의 무거운 처리는 아무래도 처리 시간이 길어지는 경향이 있어서, 하이브에서 실행하는 것이 적합하다.

한편, 프레스토는 쿼리의 실행에 특화되어 있기 때문에, 텍스트 처리가 중심이 되는 데이터 구조화에는 적합하지 않다. 열 지향 스토리지도 적합하지 않다. 데이터의 구조화에는 하이브와 스파크를 사용하는 편이 좋다.

프레스토의 쿼리는 단시간에 대량의 리소스를 소비하기 때문에, 너무 무리하게 사용을 하면 다른 쿼리를 실행할 수 없다. 시간이 걸리는 배치는 하이브에 맡기거나, 클러스터를 나누는 등 분산해서 프레스토가 쿼리를 위해 여유를 갖게 하는 것이 좋다.

9.1.2 테이블 준비

이번 절에서 수행할 작업은 다음과 같다.

- 수집한 관측 가능성과 로그를 객체 스토리지에 보관한다. 객체 스토리지를 하이브로 구조화하고 테이블을 생성한다. 하이브 SQL을 사용해서, 객체 스토리지에 보관된 내용을 쿼리한다.
- 프레스토를 사용해서 수집한 데이터를 조인한다. 즉, 관측 가능성과 네트워크, 리소스 등의 연관성에 따라서 조인한다. 슈퍼셋 대시보드를 사용해서 데이터를 탐색하고, 분석에 필요한 초기 작업을 수행한다.

각 애플리케이션에서 수집한 비정형 데이터, 또는 스키마리스 데이터는 분산 스토리지에 저장된다. 분산 스토리지에 수집한 데이터는 SQL로 집계할 수 없다. 따라서 필요한 것은 스키마를 명확하게 테이블 형식의 정형 데이터로 변환하는 것이다.

우선 분산 스토리지에 저장된 데이터를 구조화하고, 열 지향 스토리지 형식으로 저장한다. 다수의 텍스트 파일을 읽어 들여 가공하는 부하가 큰 처리이기 때문에 하이브를 이용한다. 열 지향 스토리지를 이용한 쿼리의 실행에는 프레스토를 사용함으로써, 처리 시간을 단축할 수 있다. 하이브에서 만든 각 테이블의 정보는 하이브 메타스토어라고 불리는 특별한 데이터베이스에 저장된다. 이를 위해 하이브를 시작하고 CREATE EXTERNAL TABLE로 외부 테이블을 정의한다. 하이브를 비롯한 대부분의 쿼리 엔진은 MPP 데이터베이스처럼 데이터를 내부로 가져오지 않아도 텍스트 파일을 집계할 수 있다. 예를 들어 외부 테이블로 지정한 경로에 포함된 모든 CSV 파일이 로드되고 집계된다. 그렇지만 CSV 파일을 그대로 집계하는 것은 비효율적이다. 쿼리를 실행시킬 때마다 매번 텍스트를 읽어 들이기 때문에 확실히 빠르지 않다. 따라서 테이블을 열 지향 스토리지 형식인 ORC 형식으로 변환한다. 하이브의 경우 테이블마다 스토리지 형식을 지정할 수 있다. 새로운 테이블을 만들고, 외부 테이블에서 읽은 데이터를 모두 저장한다.

ORC 형식으로 변환하는 데에는 다소 시간이 걸리지만, 변환 후의 테이블 집계는 단축될 것이다. 파일 크기도 원래의 CSV 파일과 비교하면, 10분의 1 이하로 줄어들 것이다. 이처럼 텍스트 데이터를 열 지향 스토리지로 변환함으로써, 데이터의 집계가 크게 향상된다.

9.1.3 프레스토 특징

하이브와 같은 배치형 쿼리 엔진은 대량 출력을 수반하는 대규모 데이터 처리에 적합하지만, 작은 쿼리를 여러 번 실행하는 대화형 데이터 처리에는 적합하지 않다. 프레스토는 쿼리 실행의 지연을 감소시키는 것을 목적으로 개발된 대화형 쿼리 엔진이다. 프레스토는 플러그인 가능한 스토리지, CPU 처리의 최적화, 인메모리 처리에 의한 고속화 같은 특징이 있는데, 여기에서 살펴보지는 않을 것이다. 주목할 특징은 분산 결합과 브로드캐스트 결합이다. 다음 그림은 프레스토의 조인과 집계 절차 예시다.

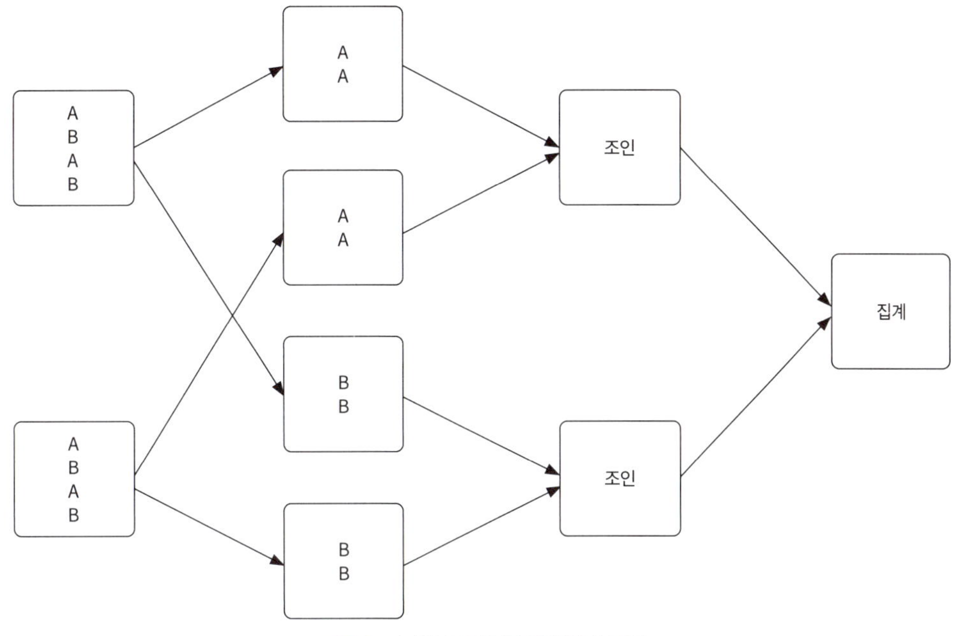

그림 9.2 **프레스토의 조인과 집계 절차**

테이블의 결합은 종종 대량의 메모리를 소비한다. 특히 2개의 팩트 테이블을 결합하는 경우에는, 매우 많은 조인 키를 메모리상에 계속 유지해야 한다. 프레스토는 기본적으로 분산 결합을 실시하며, 같은 키를 갖는 데이터는 동일한 노드에 모인다.

분산 결합에서는 노드 간의 데이터 전송을 위한 네트워크 통신이 발생하기 때문에, 종종 쿼리의 지연을 초래한다. 한쪽 테이블이 충분히 작은 경우에는 브로드캐스트 결합을 사용하여, 처리량을 크게 개선할 수도 있다. 이 경우, 결합하는 테이블의 모든 데이터가 각 노드에 복사된다.

스타 스키마처럼 하나의 팩트 테이블에 복수의 디멘션 테이블을 결합하는 경우에는, 디멘션 테이블은 메모리에 충분히 들어갈 정도로 작은 것이 대부분이다. 따라서 처음에 한 번만 복사하면, 팩트 테이블을 재배치할 필요가 없어서 테이블의 결합은 훨씬 빨라진다.

이와 같은 구조에 의해 프레스토에서는 열 지향 스토리지의 집계를 매우 빠르게 실행할 수 있다. 실제로 ORC 형식의 테이블을 로드해보면, 수백만 레코드 정도의 데이터는 1초 미만으로 집계할 수 있음을 확인할 수 있다.

9.1.4 프레스토 구성

먼저 프레스토를 설치한다.

```
wget https://repo1.maven.org/maven2/com/facebook/presto/presto-server/0.264/presto-server-0.264.tar.gz
wget https://repo1.maven.org/maven2/com/facebook/presto/presto-cli/0.264/presto-cli-0.264.jar
```

config.properties 파일을 작성한다.

```
node-scheduler.include-coordinator=true
http-server.http.port=8580
query.max-memory=5GB
query.max-memory-per-node=1GB
query.max-total-memory-per-node=2GB
discovery-server.enabled=true
discovery.uri=http://localhost:8580
```

jvm.config 파일도 작성한다.

```
-server
-Xmx16G
-XX:+UseG1GC
-XX:G1HeapRegionSize=32M
-XX:+UseGCOverheadLimit
-XX:+ExplicitGCInvokesConcurrent
-XX:+HeapDumpOnOutOfMemoryError
-XX:+ExitOnOutOfMemoryError
-Djdk.attach.allowAttachSelf=true
```

node.properties 파일을 작성한다.

```
node.environment=production
node.id=presto
node.data-dir=/root/binary/presto-server-0.264/
```

권한을 부여한다.

```
chmod +x presto-cli-0.264-executable.jar
```

쿼리를 실행한다.

```
/presto-server-0.264/etc/catalog
```

프레스토를 설정한다.

```
# ./presto-cli-0.264-executable.jar --server localhost:8580 --catalog glue
```

다음 구성 내용을 보면 하이브의 메타스토어가 AWS 글루인 것을 확인할 수 있다. 내부적으로 하이브 쿼리 엔진을 사용되는 것이 아니고, 메타데이터만 하이브를 사용한다. 이렇게 구성하면 S3를 사용하면서 글루 데이터 카탈로그를 메타데이터로 활용하고, 쿼리 엔진만 로컬 쿠버네티스에서 운영하는 것이 가능하다.

```
connector.name=hive-hadoop2
hive.metastore=glue
hive.non-managed-table-writes-enabled=true
hive.metastore.glue.region=ap-northeast-2
hive.metastore.glue.aws-access-key=
hive.metastore.glue.aws-secret-key=
```

이때 presto error: deserializer does not exist: org.openx.data.jsonserde.JsonSerDe가 발생한다면, 구조가 복잡한 JSON에서 오류가 난 것이므로 다음 파일을 다운로드한다.

```
wget http://www.congiu.net/hive-json-serde/1.3.6-SNAPSHOT/cdh5/json-serde-1.3.6-SNAPSHOT-
jar-with-dependencies.jar
```

json-serde-1.3.6-SNAPSHOT-jar-with-dependencies.jar 파일을 복사해서 plugin, lib 폴더에 붙여넣기한다. 그다음 다음과 같이 스키마 구조에 적합하게 테이블을 생성해서 AWS 데이터 카탈로그를 설정해야 한다.

```
CREATE EXTERNAL TABLE schema (
  description string,
  foo struct<bar:string, level1:struct<l2string:string, l2struct:struct<level3:string>>,
quux:string>,
  wibble string,
  wobble array<struct<entry:int, entrydetails:struct<details1:string, details2:int>>>)
ROW FORMAT SERDE 'org.openx.data.jsonserde.JsonSerDe'
LOCATION 's3://버킷명/폴더명/';
```

이때 org.openx.data.jsonserde.JsonSerDe 옵션을 추가해야만 성공적으로 카탈로그가 생성된다. blog.json은 's3://버킷명/폴더명/' 위치에 저장한다. 데이터베이스는 default에 생성, 테이블은 's3://버킷명/폴더명/'에 생성한다.

```
CREATE EXTERNAL TABLE sesblog (
  eventType string,
  mail struct<'timestamp':string,
              source:string,
              sourceArn:string,
              sendingAccountId:string,
              messageId:string,
              destination:string,
              headersTruncated:boolean,
              headers:array<struct<name:string,value:string>>,
              commonHeaders:struct<'from':array<string>,to:array<string>,messageId:string,
subject:string>
              >
  )
ROW FORMAT SERDE 'org.openx.data.jsonserde.JsonSerDe'
LOCATION 's3://버킷명/폴더명/'
```

복잡한 배열은 평면화 작업이 필요하다. UNNEST(배열을 푸는 것)는 배열을 행으로 반환하는 메서드로, 결과 배열을 풀면 배열의 각 항목에 해당하는 행을 가져올 수 있다. 배열, 구조체 형을 일반적인 레코드처럼 개별 행으로 출력하고 싶은 경우가 있는데, 이럴 때 UNNEST를 사용한다.

```
# ./presto-cli-0.264-executable.jar --server localhost:8580 --catalog glue
presto> show schemas;
       Schema
---------------------
 default
 demo
 information_schema
(3 rows)

Query 20230827_235710_00000_4xc8r, FINISHED, 1 node
Splits: 19 total, 19 done (100.00%)
0:05 [3 rows, 44B] [0 rows/s, 8B/s]

presto> select * from default.schema;
Query 20230827_235729_00001_4xc8r, FAILED, 1 node
Splits: 17 total, 0 done (0.00%)
0:10 [0 rows, 0B] [0 rows/s, 0B/s]
```

```
Query 20230827_235729_00001_4xc8r failed: deserializer does not exist: org.openx.data.
jsonserde.JsonSerDe

presto> select * from default.schema;
 description |                                 foo                                     |
wibble |                     >
-------------+---------------------------------------------------------------------+---
-----+---------------------->
 my doc      | {bar=baz, level1={l2string=l2val, l2struct={level3=l3val}}, quux=revlos} |
123    | [{entry=1, entrydeta>
 my doc      | {bar=baz, level1={l2string=l2val, l2struct={level3=l3val}}, quux=revlos} |
123    | [{entry=1, entrydeta>
```

AWS Athena에서 성공적으로 동일한 결과를 출력하는 것을 확인할 수 있다.

프레스토를 사용하지 않는, AWS Athena의 프로세스는 그림 9.3과 같다. 프레스토의 주목적은 글루와 같은 데이터 처리 과정을 거치면서, 쿼리 엔진을 오픈소스로 사용함으로써 비용을 절감하고, S3와 AWS 글루 데이터 카탈로그를 사용해 클라우드에서 제공하는 이점을 최대한 가져가는 것이다.

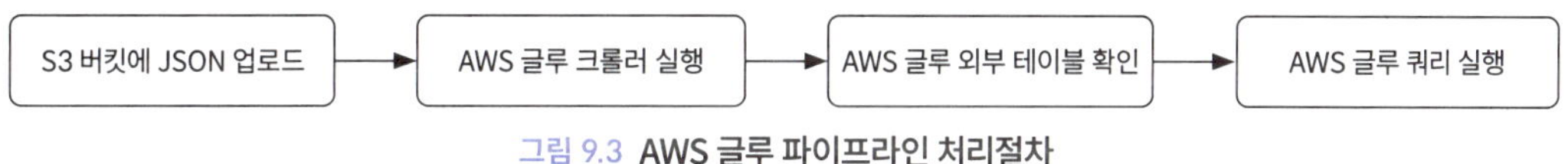

그림 9.3 **AWS 글루 파이프라인 처리절차**

AWS 데이터 카탈로그는 하이브 메타스토어와 호환성을 보장하며, 글루의 메타데이터에 대한 정보를 포함하고 있다. Athena는 데이터 카탈로그에서 테이블과 칼럼을 읽고, 실제 데이터를 저장한 S3에서 쿼리를 처리한다.

운영 중에 스키마가 동적으로 변하는 경우를 자주 맞닥뜨리게 된다. 오픈텔레메트리 스키마는 JSON이고 자주 변경될 수 있다. 오픈텔레메트리 메트릭의 경우에는 스키마리스에 가깝다. 관측 가능성을 사용해서, 쿼리를 개발하고 스키마 변경 프로세스를 구성하는 것은 복잡하고 어려운 작업이다.

프레스토는 데이터 집계에 부족하다기보다 목적이 부적합했다. 메모리가 많이 필요하고 애드 혹과 ELT에는 적합하지만, 관측 가능성 데이터 레이크로는 적합하지 않다. 시간이 걸리는 배치처리는 원칙적으로 하이브를 사용해야 한다. 비정규화 테이블이 수억 레코드가 되면, 분석 시스템으로 내보내는 것만으로도 상당한 시간을 잡아먹는다. 이 경우 쿼리 엔진 자체의 성능은 최종적인 처리 시간에 그다지 많은 영향을 끼치지 않으므로 배치형 시스템을 사용하는 편이 리소스의 이용 효율을 높일 수 있다.

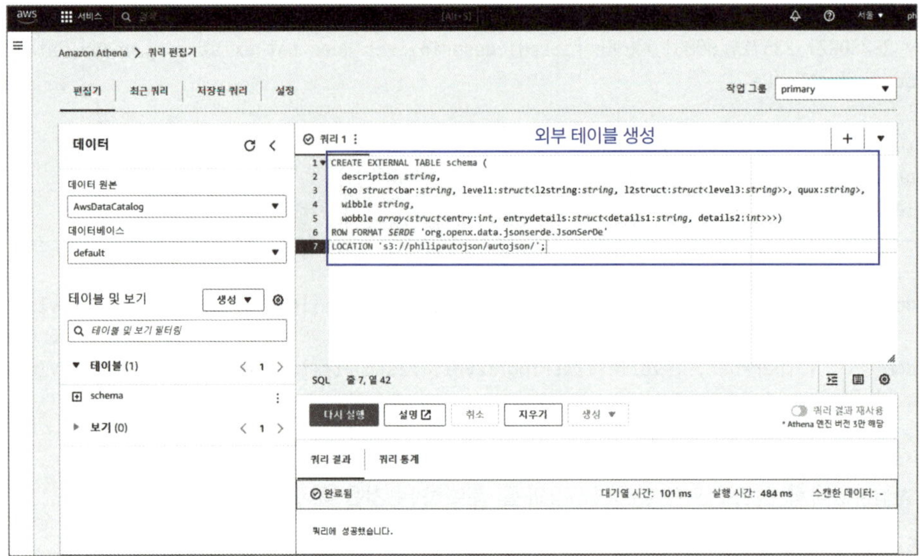

그림 9.4 **AWS 데이터 카탈로그**

NoSQL은 JSON 처리에 최적화되어 있지만, JSON 처리 시 프레스토를 사용하는 것은 장단점이 있다. 데이터 레이크를 구성할 때 복잡한 JSON을 정확하게 구조화하는 것은 중요하다.

KUtrace는 다음과 같이 JSON에서 D3로 시각화된 결과물을 생성한다. 특정 이벤트와 신호를 JSON 형태로 출력한다. KUtrace를 모든 호스트에서 수집하는 것보다 필요한 호스트에서만 JSON 파일을 수집한 다음, AWS 데이터 카탈로그에 적재하고, 프레스토로 분석하는 시스템을 구성할 수 있다.

```
[ 49.41895680, 0.00001508, 0, 8287, 0, 2049, 1, 9, 0, "write"],
[ 49.41896594, 0.00000001, 0, 8287, 0, 518, 7944, 0, 0, "runnable.7944"],
[ 49.41896594, 0.00002076, 0, 8287, 0, -3, 2, 7944, 0, "-wakeup-"],
[ 49.41896596, 0.00002074, -1, 7944, 0, 770, 0, 0, 0, "wait_cpu"],
[ 49.41897188, 0.00000460, 0, 8287, 0, 73823, 0, 9, 0, "kutrace_control.8287"],
[ 49.41897468, 0.00001202, 2, 0, 0, 2559, 0, 0, 0, "-sched-"],
[ 49.41897648, 0.00000443, 0, 8287, 0, 2048, 0, 0, 0, "read"],
[ 49.41898091, 0.00000829, 0, 8287, 0, 2559, 0, 0, 0, "-sched-"],
[ 49.41898670, 0.00001270, 2, 7944, 0, 73480, 0, 0, 0, "kworker/u8:0.7944"],
[ 49.41898920, 0.00000360, 0, 0, 0, 65536, 0, 0, 0, "-idle-"],
[ 49.41898921, 3.65460928, -1, 8287, 0, 783, 0, 0, 0, "wait_pipe"],
[ 49.41899280, 0.00000001, 0, 0, 0, 520, 64, 0, 0, "mwait"],
[ 49.41899281, 0.00310313, 0, 0, 0, 65536, 1, 0, 0, "-idlelp-"],
[ 49.41899302, 0.00000001, 2, 7944, 0, 518, 1562, 0, 0, "runnable.1562"],
[ 49.41899302, 0.00005543, 2, 7944, 0, -3, 1, 1562, 0, "-wakeup-"],
```

커널과 시스템 리소스에서 발생하는 신호를 수집하는 방법과 분석하는 방법이 쉽지 않으므로 프레스토는 대안이 될 수 있다. 이벤트와 분산 추적은 관측 가능성에 적재되고, 시스템 추적은 별도 저장소에 저장된다. 연합 쿼리와 조인을 사용해서, 비즈니스의 이벤트, 애플리케이션의 분산 추적, 시스템 리소스를 조인하고 대시보드를 구성할 수 있다. 이벤트와 분산 추적을 조인 시에는 주문과 페이먼트 아이디를 사용하고, 분산 추적과 시스템 추적을 조인 시에는 스레드 아이디를 사용할 수 있다.

요컨대 사전 집계와 고급 집계에는 드루이드가 효율적이고, 조인 시에는 프레스토가 효율적이다.

9.2 아파치 드루이드 사례

클러스터를 구성하는 오픈소스를 운영한다면, 여러모로 어려움을 경험할 것이다. 운영 도중 문제가 발생하거나 버그로 의심되는 상황이 발생하면 원인을 분석하고 해결하는 데 관측 가능성이 도움이 될 것이다. 여기에서는 왜 드루이드가 관측 가능성 데이터 집계에 적합한지 이해하고, 드루이드 내부 구조를 이해하기 위해 관측 가능성을 적용한다.

프레스토가 애드 혹 쿼리에 유용한 반면, 드루이드는 사전 집계를 처리하고 이미 정의된 디멘션에 따른 정적인 쿼리에 더 유용하다. 요구 사항이 다르고, 사용 목적이 다르다고 할 수 있다. 집계는 분석과는 다른 목적을 가지고 있다.

분석 SQL 쿼리는 집계 SQL 쿼리와 다르다. 단순한 GROUP BY, TOP N 메서드만을 고려하면 분석과 집계 쿼리가 유사하다고 판단할 수도 있지만, 집계 쿼리에서는 롤업, 슬라이스, 다이스, 드릴다운 등이 필요하고, 복잡한 OLAP 기능이 지원되어야 한다. 집계에서 요구되는 계산 구조가 다르기 때문에, 이를 처리하고 최적화하기 위한 별도의 설루션이 필요하다.

대용량 트랜잭션을 처리하기 위해서 서로 다른 엔진의 특성을 이해하는 것은 중요하다. 목적 자체가 다른 시스템끼리 서로 비교하는 것은 적합하지 않다. 비교보다는 설루션에 대한 용도와 장점을 정확히 이해하는 것이 중요하다.

예를 들어 텍스트를 인덱싱하고 검색하는 것이 목적인 일래스틱서치, 그리고 카테고리와 숫자 데이터를 집계하는 것이 목적인 드루이드는 서로 목적이 다른 분석 시스템이다. 또한 오픈서치는 수집 시 데이터 요약/롤업을 지원하지 않지만, 드루이드는 OLAP 작업 흐름에 중점을 둔다. 드루이드는 저렴한 비용으로 빠른 집계 및 수집에 최적화되어 있으며 광범위한 분석 작업을 지원한다.

드루이드를 잘 이해하면 대용량 클러스터의 내부 구조를 이해하고 성능 튜닝도 경험할 수 있다.

9.2.1 드루이드 컴포넌트

드루이드는 스토리지에서 컴퓨팅 레이어로 데이터를 미리 준비해둔다. 쿼리를 실행하기 전에 이미 데이터가 준비되어 있는 것이다. 그리고 자동으로 노드 밸런싱을 수행하며, 변경된 노드에 맞게 워크로드가 자동으로 재분배가 된다. 따라서 새로운 데이터가 들어오면, 스토리지에 데이터를 보내기 전에 컴퓨팅 레이어에서 먼저 분석할 수 있다. 드루이드가 스트리밍 데이터 분석 같은 실시간 데이터 분석에 유용한 이유다.

드루이드의 테이블은 세그먼트로 분할이 되고, 칼럼 형태의 압축된 형식으로 데이터 노드에 저장이 된다. 쿼리가 들어오면 쿼리 노드가 워크로드를 분산하고, 쿼리의 일부들을 각 관련 서버로 확장을 한 후 단일 결과를 반환한다. 이로 인해 대규모의 데이터, 수십억 개의 새로운 칼럼, 수천 명의 동시 사용자로부터 나오는 대화형 쿼리를 처리할 수 있다.

드루이드는 실시간 노드, 히스토리컬 노드, 브로커 노드, 코디네이터 노드 등의 다양한 컴포넌트로 구성된다.

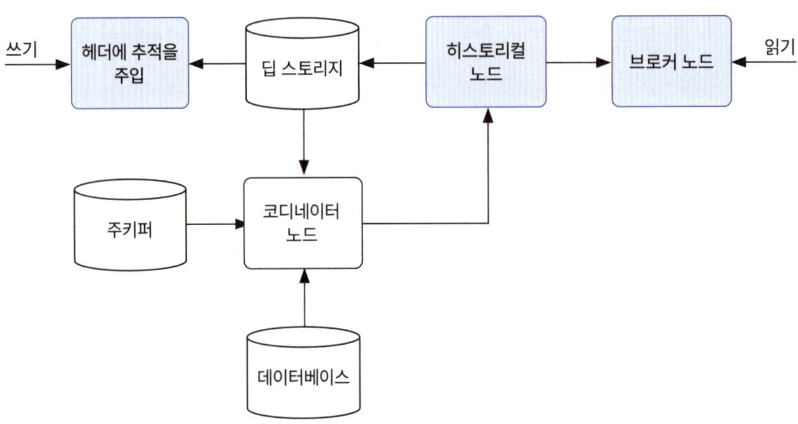

그림 9.5 드루이드의 다양한 컴포넌트

드루이드는 여타 다른 대용량 클러스터와 마찬가지로 읽기와 쓰기가 분리되어 있고, 다수의 마이크로서비스가 상호작용을 하면서 작동한다. 먼저 사용자 쿼리는 브로커 노드가 담당한다. 세그먼트 정보를 생성하지 않은 데이터는 실시간 노드에서, 그리고 배치로 인덱싱된 데이터는 히스토리컬 노드에서 가져오게 된다. 드루이드 내부 컴포넌트 간 통신은 주키퍼로 실행한다.

드루이드는 사전 집계와 디멘션 구성이 가능하다. 타임스탬프 기준에 따라 pre-aggregation과 post-aggregation이 가능하다. 디멘션은 FILTER와 GROUP BY가 가능한 필드다. 월별 집계 같은 큰 규모의 데이터를 매번 새롭게 집계하는 것은 좋지 못한 방법이다. 이미 집계된 내용을 보관하고, 사용자가 드릴다운할 수 있도록 기능을 제공해야 한다. 이처럼 드루이드의 사용자와 프레스토 사용자가 일하는 방식은 많은 차이점이 있다.

외부로 서비스를 제공하는 경우에는 디멘션 구성에 최적화된 SQL을 구성해서, 드루이드가 신속하게 처리하도록 사전에 구성해야 한다. 드루이드가 예상하지 못하는 쿼리를 처리해야 된다면, 성능에 부정적인 영향을 주게 된다. 예를 들면 풀스캔 요청이 빈번하거나, 데이터가 히스토리컬에 존재하지 않아서 딥 스토리지에서 특정 세그먼트를 히스토리컬로 로딩을 해야 하는 경우다. 드루이드는 쿼리 유형에 따라서 성능 차이가 많이 난다. 프레스토처럼 애드 혹 처리보다는 사전에 정의된 디멘션을 처리하는 쿼리를 구성하도록 사용자에게 가이드해야 한다. 드루이드에서 애드 혹 쿼리를 자주 사용하면, 전체 클러스터에 부정적인 영향을 끼친다.

세그먼트는 드루이드의 시간 기준으로 저장되는 인덱싱 파일 단위를 의미하며, 저장 단위는 사용자 쿼리에 따라 최적화가 가능하다. 저장하려고 하는 데이터의 수집 시 인덱싱 스펙에 정의된 세그먼트 세분성에 따라 저장 단위가 결정된다. 예를 들어 세그먼트 세분성이 hour라면 인덱싱은 시간별로 세그먼트 파일(샤드)이 생성된다. 드루이드에서 권장되는 세그먼트 크기는 300~700 MB이나. 이 범위보나 세그먼트 파일이 너 커시는 경우 샤딩이 필요하나.

이어서 컴포넌트를 하나씩 더 자세히 살펴보자.

❶ 실시간 노드

실시간 노드군은 이벤트 스트림을 입수하고 쿼리하는 기능을 한다. 이 노드들은 최근 발생한 짧은 시간 범위 내 이벤트들만을 처리하며, 주기적으로 이들을 딥 스토리지로 전달한다. 절차는 다음과 같다.

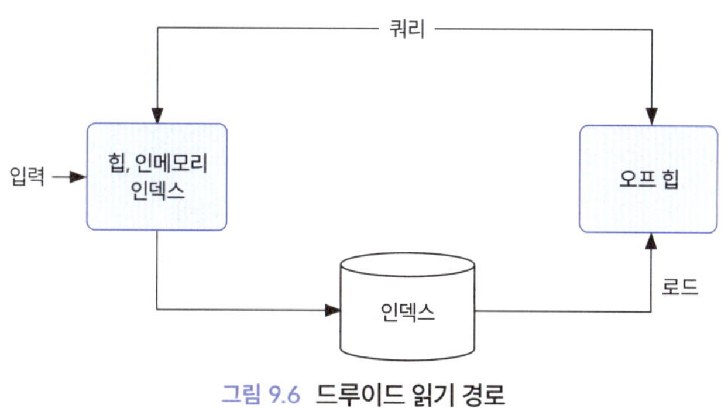

그림 9.6 드루이드 읽기 경로

유입되는 이벤트들은 메모리에 인덱싱되면서 즉시 쿼리에 사용될 수 있다. 메모리상의 데이터는 정기적으로 디스크에 저장되면서, 수정 불가능한(읽기 전용) 칼럼형 포맷으로 변환된다. 저장된 데이터는 오프 힙 메모리로 로드되기 때문에 쿼리 가능한 상태가 유지된다. 디스크에 저장된 인덱스들은 주기적으로 병합되어 데이터 세그먼트를 구성한 후 딥 스토리지로 이관된다.

이와 같이 실시간 노드로 입수된 모든 이벤트는 디스크 저장 전후에 온 힙 또는 오프 힙 메모리상에 존재하므로 쿼리가 가능한 상태를 유지한다(쿼리는 메모리상의 인덱스와 디스크에 저장된 인덱스 모두에 전달된다). 이러한 실시간 노드 기능을 통해 드루이드는 실시간 데이터 입수를 수행할 수 있다. 이벤트들이 발생하면 곧이어 쿼리 대상이 된다.

실시간 노드는 드루이드 클러스터 내 다른 노드들과의 유기적인 동작을 위해 자신의 온라인 상태와 처리 중인 데이터를 주키퍼에 보고한다.

2 히스토리컬 노드

히스토리컬 노드군은 실시간 노드가 생성한 읽기 전용 데이터 세그먼트(블록)를 로드하고 처리하는 기능을 한다. 이 노드들은 딥 스토리지에서 읽기 전용 세그먼트를 다운로드하고, 이에 대한 쿼리를 처리한다(데이터 집계/필터링). 이들 간에는 경합이 발생하지 않으며, 단순히 주키퍼의 지시에 따라 세그먼트를 로드, 드롭, 처리할 뿐이다.

히스토리컬 노드가 쿼리를 처리하는 프로세스는 다음과 같다.

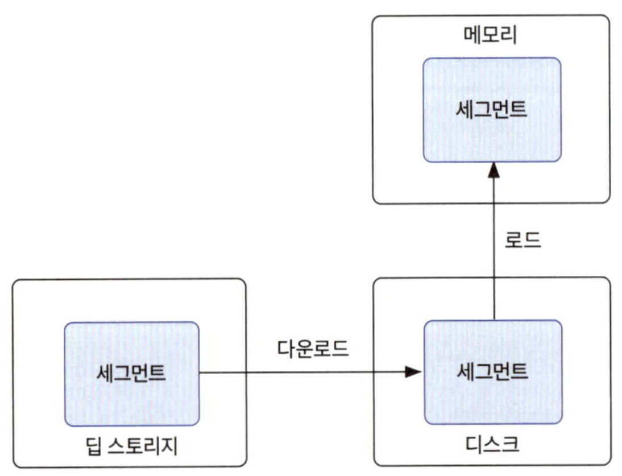

그림 9.7 **히스토리컬 노드의 처리 과정**

쿼리를 받으면 히스토리컬 노드는 우선 자신에게 이미 어떤 세그먼트가 존재하는지에 관한 정보를 보관하는 로컬 캐시를 확인한다. 어떤 세그먼트에 관한 정보가 캐시에 없으면, 노드는 딥 스토리지에서 해당 세그먼트를 다운로드한다. 그런 다음, 해당 세그먼트는 주키퍼에서 선언되어 쿼리가 가능한 대상이 되며, 노드는 이 세그먼트에 대해 요청된 쿼리를 수행한다.

히스토리컬 노드는 읽기 전용 데이터만을 다루므로 읽기 일관성을 보장할 수 있다. 읽기 전용 데이터 블록들은 또한 단순한 병렬 모델을 가능케 한다. 즉, 히스토리컬 노드들은 읽기 전용 데이터 블록들을 서로 간섭하지 않고 동시에 스캔, 집계할 수 있다.

실시간 노드와 마찬가지로 히스토리컬 노드들도 자신들의 온라인 상태와 처리 중인 데이터를 주키퍼에 보고한다.

❸ 브로커 노드

브로커 노드군은 주키퍼에 보고된 메타데이터를 통해, 어떤 세그먼트들이 쿼리 가능한지와 이 세그먼트들이 각각 어디에 저장되어 있는지를 파악한다. 브로커 노드들은 입력된 쿼리들의 경로를 지정함으로써, 각 쿼리가 올바른 히스토리컬 또는 실시간 노드에 도달되게끔 한다. 그런 다음 히스토리컬 및 실시간 노드 각각에서 산출된 결과들을 취합하여, 최종 쿼리 결과를 호출자에게 반환한다.

브로커와 히스토리컬은 캐시를 사용한다. 브로커 노드는 리소스 효율성을 높이기 위해 다음과 같이 캐시를 사용한다. 쿼리가 여러 세그먼트를 필요로 하는 경우 브로커 노드는 캐시에 이미 존재하는 세그먼트들을 우선 확인한다. 그리고 캐시에 없는 세그먼트들에 대해서는 그것이 보관된 히스토리컬 및 실시간 노드로 쿼리를 전달한다. 히스토리컬 노드들이 결과를 반환하면, 브로커 노드는 이 결과를 나중에 사용할 수 있도록 세그먼트별로 캐시에 저장한다. 실시간 노드의 데이터는 캐시에 저장되지 않고 항상 실시간 노드로 전달된다. 실시간 노드의 데이터는 가변적이기 때문에, 그 결과를 캐시에 저장하는 것은 안정적이지 않기 때문이다.

❹ 코디네이터 노드

코디네이터 노드군은 주로 히스토리컬 노드 데이터의 관리 및 분산을 담당한다. 코디네이터 노드는 어떤 히스토리컬 노드가 어떤 세그먼트에 대해 쿼리를 수행할지 결정하고, 이들에게 새 데이터를 로드하고, 기한이 지난 데이터를 드롭하고, 데이터를 복제하고, 데이터를 이동하여 부하 밸런스를 맞추도록 지시한다. 이렇게 함으로써 분산형 히스토리컬 노드 그룹에서 빠르고 효율적이며 안정으로 데이터를 처리할 수 있다.

다른 모든 드루이드 노드와 마찬가지로, 코디네이터 노드들도 주키퍼 연결을 유지함으로써 클러스터의 현황을 파악한다. 코디네이터 노드들은 MySQL 데이터베이스와의 연결도 유지하는데, 이 데이터베이스에서는 클러스터 내 세그먼트의 생성, 소멸, 복제 규칙과 같은 추가적인 연산 매개변수 및 구성 정보를 관리한다. 드루이드 클러스터의 안정성을 위해 코디네이터 노드는 이중화되며, 일반적으로 하나의 코디네이터 노드만 활성 상태를 유지한다.

9.2.2 성능 개선

성능 튜닝의 기본은 입출력을 모니터링하고, 트래픽을 관찰해서 파라미터를 변경하고, 불필요한 병목현상이 발생하지 않도록 충분한 자원을 할당하는 것이다.

지금까지는 샤드로 구성된 클러스터를 튜닝하고, 문제점을 진단하는 방법을 설명하지 않았다. 단일 리소스와 애플리케이션에서 발생하는 문제점과 원인을 이해하는 데 초점을 맞추었다. 클러스터 수준의 장애는 이제까지 설명한 장애와는 다른 유형이다. 예를 들어 추적, 프로파일을 사용해서 장애를 식별하고 발견하기 어렵다. 마이크로서비스처럼 애플리케이션 에러가 아니며, CPU 메모리 등 리소스의 입출력만으로 판단하기 어렵다. 자바 가상머신과 커널 등 하위 수준을 포함하면서도, 이들 범위를 넘어서는 다수의 애플리케이션과 시스템 간의 리소스 문제이며, 대규모 분산 시스템을 구성하는 과정에서 발생하는 것이 클러스터 수준의 장애이다.

오픈소스를 사용할 경우 어려운 점은 튜닝이다. 대용량 데이터 분석 플랫폼은 유사한 내부 동작을 가지고 있다. 여기에서는 드루이드의 성능 향상에 대해서 설명하겠다. 성능 튜닝이 필요한 부분은 다음과 같이 대부분 입출력과 관련이 있다.

1. 브로커와 히스토리컬의 캐시
2. 히스토리컬의 티어링
3. 미들 매니저의 태스크
4. 딥 스토리지 내 세그먼트의 인덱싱, 압축, 병합
5. 느린 쿼리 개선
6. 카프카 등 파이프라인 개선
7. 애플리케이션 프로파일

사이트별로 요구 사항과 시스템 아키텍처가 다르기 때문에 각 파라미터의 수치를 설명하는 것은 의미가 없다. 여기에서는 대용량 데이터를 처리하기 위해 일반적으로 어떤 읽기와 쓰기 방식을 사용하는지 설명한다.

먼저 읽기 경로는 다음과 같다

1. 사용자는 라우터에 쿼리를 요청한다. 대량의 요청 쿼리가 라우터에 전달되면, 라우터부터 지연이 발생한다. 라우터는 웹서버이며 사용자의 쿼리를 브로커에 전달한다.
2. 브로커는 요청 쿼리를 분석 후, 캐시를 검색한다. 브로커는 미들 매니저와 히스토리컬에 요청을 보내고, 결과를 취합하는 역할을 수행한다.
3. 브로커는 미들 매니저에 현재 데이터를 요청한다.
4. 브로커는 히스토리컬에 과거 데이터를 요청한다.
5. 히스토리컬은 캐시를 검색하고, 데이터가 없으면 딥 스토리지를 검색한다.
6. 브로커는 미들 매니저와 히스토리컬에서 응답을 받아서 결과를 병합하고, 라우터로 전달한다.

쓰기 경로는 다음과 같다.

1. 미들 매니저는 카프카 혹은 다른 데이터 소스에서 데이터를 입수한다.
2. 미들 매니저는 사전 집계를 한다.
3. 태스크는 인덱싱을 생성한다.
4. 태스크는 딥 스토리지에 세그먼트를 생성한다.

특정 파라미터를 이해하는 것보다 접근법에 대해서 이해하면, 향후 어떠한 시스템이든 튜닝하는 방법을 이해할 수 있다.

- 오픈서치, 그라파나 로키, 타노스, 예거 등의 클러스터는 드루이드와 다르지 않다. 대략 70% 이상 동일하게 구성된다.
- 읽기와 쓰기가 분리되어 있다. 쓰기는 상태를 관리하므로 노드의 개수가 변경되면 리밸런싱이 발생하기 때문에 빈번한 오토스케일링은 쓰기 안정성에 영향을 줄 수 있다. 쓰기는 구성 초기에 샤딩 개수 등 파라미터 설정에 주의한다. 하지만 읽기는 오토스케일링에 유연하게 대응할 수 있다. 쿠버네티스 운영 시 쓰기는 스테이트풀셋, 읽기는 디플로이먼트에 배포된다.
- 읽기에는 캐시를 최대한 사용하도록 구성하고, 느린 쿼리를 찾아서 원인을 분석하고 튜닝해야 한다. 검색, 분석, 집계 등 요구 사항에 따라 시스템에 최적화된 쿼리를 작성하는 방법이 다르기 때문이다.
- 쓰기에서는 대부분 인덱스를 내부적으로 생성한다. 예를 들어 로키는 인덱스를 최소화하고, 오픈서치는 상대적으로 큰 인덱스를 작성한다. 인덱스를 작성하면서 성능이 느려지는 경우가 발

생하므로 구간을 최대한 세분화해서 어느 구간에서 느려지는지 이해하고, 파라미터를 변경하거나 리소스를 늘리도록 구성해야 한다.

- 병렬처리 덕분이기도 하지만, 사전 집계를 통해 이미 차원별로 집계가 되어 있기 때문에 빠른 응답 시간이 가능하다.
- 불필요한 풀스캔이 발생하지 않도록 구성해야 한다. 테넌트별로 스토리지를 분리한다. 스토리지는 티어링이 적용된다. 즉, 데이터를 최대한 세분화하는 것이 좋다. 테넌트별로, 스토리지 티어별로 격리해서 스토리지를 관리하면 비용을 절감할 수 있다.
- 사전 집계, 캐시 처리, 시간 윈도 처리 등을 고려해야 한다. 쿼리 엔진이 원하는 형식으로 쿼리를 수정하는 것은 유용하다. 아무리 분산 병렬처리라는 강점이 있더라도 불필요한 IO가 발생하면, 성능이 느려진다.
- 쿠버네티스에서 운영하는 경우에는 각 파드에 정확한 리소스 할당이 되어야 한다. 특히 메모리 구성이 부정확하면 파드가 자주 다운된다.

드루이드 튜닝의 어려움은 다음과 같다.

1. 드루이드는 마이크로서비스 형태로 구성되어 있다. 각 마이크로서비스가 복잡하게 통신하면서 상호작용이 발생하므로 일부 마이크로서비스의 문제점만으로 전체적으로 성능이 저하된다. 이렇게 구성이 복잡해서 문제점을 해결하는 데 오랜 시간이 걸린다.
2. 캐시, 객체 스토리지, 관계형 데이터베이스, 주키퍼 분산 구성 관리, 메시지 등 다양한 데이터 저장소와 상호작용을 한다. 드루이드 마이크로서비스 외에도 다양한 데이터 스토리지의 메트릭과 로그를 모니터링해야만 한다. 압축, 병합, 다운샘플링, 멀티 테넌트, 데이터 티어링 등의 구성을 할 수 있다. 기능 확장을 위한 익스텐션도 지원된다.
3. 드루이드는 기본으로 메트릭을 제공해주지 않는다. 익스텐션을 설치한 후 이미터와 익스포터를 구성해야만 드루이드 메트릭을 외부로 제공할 수 있다.

❶ 쓰기 경로

드루이드와 같은 대용량 클러스터를 운영하기 위해서는 메모리가 중요하지만, 경우에 따라서는 CPU 계산도 필요하다. 히스토리컬, 미들 매니저, 브로커 등 각 컴포넌트는 처리 방식에 따라 필요로 하는 리소스 유형이 다르다. 브로커는 CPU 중심적인 처리 비중이 높고, 히스토리컬은 대용량 데이터를 메모리로 로딩하므로 메모리 중심적이다. 미들 매니저는 입수되는 데이터를 압축하고 병합과 플러시가 빈번하므로 상대적으로 IO가 높고 CPU 처리도 중요하다. 각 컴포넌트가 필요한 리소스의 특성이 다르므로 리소스를 할당하기 이전에 각 컴포넌트의 특성을 이해해야 한다.

예를 들어 쿠버네티스에서 드루이드를 운영하는 경우에는 메모리 사이징에 주의해야 한다. 만약 히스토리컬 노드의 메모리에 15 GB를 할당했다면, 파드는 17 GB 정도는 할당되어야 메모리 문제가 발생하는 것을 방지할 수 있다. 드루이드는 캐시를 오프 힙에 저장하므로, 가비지 컬렉션에 따른 메모리 회수가 발생하지 않는다. 오프 힙의 메모리 설정이 잘못되면, OOM이 발생해서 파드가 재시작하는 경우가 발생한다.

카프카를 통해 입수되는 데이터는 디스크에 쓰기 전에 잠시 메모리에 상주하게 된다. 만약 장애가 발생하면, 메모리에서 버퍼링된 데이터가 유실될 가능성이 있다. 데이터 유실 방지와 카프카로부터의 중복된 재처리를 방지하기 위해서 파티션과 오프셋 구성을 사용한다.

쓰기 경로에서 가장 중요한 것은 인제스트, 인덱싱(사전 집계), 세그먼트 생성 세 가지다.

인제스트

드루이드는 수집 시 데이터를 롤업하여, 디스크에 저장할 입수되는 데이터의 양을 줄일 수 있다. 롤업은 요약 또는 사전 집계의 한 형태이다. 데이터를 롤업하면 저장할 데이터의 크기를 크게 줄이고, 행 수를 몇 배나 줄일 수 있다. 롤업의 효율성에 대한 대가로 개별 이벤트를 쿼리할 수 있는 기능을 잃게 된다.

수집 시에는 granularitySpec의 롤업 설정으로 롤업을 제어한다. 롤업은 기본적으로 활성화되어 있다. 차원값과 타임스탬프값이 동일한 모든 행을 하나의 행으로 결합한다.

롤업을 비활성화하면 드루이드는 어떤 형태의 사전 집계도 수행하지 않고, 각 행을 있는 그대로 로드한다. 이 모드는 롤업 기능을 지원하지 않는 데이터베이스와 유사하다. 롤업 요약 없이 각 레코드를 있는 그대로 저장하려면 롤업을 false로 설정한다.

다음과 같은 경우에 롤업을 사용한다.

- 최적의 성능을 원하거나 스토리지 제약이 엄격한 경우
- 카디널리티가 높은 차원의 원시값이 필요하지 않은 경우

반대로, 다음 둘 중 하나에 해당하는 경우에는 롤업을 비활성화한다.

- 개별 행에 대한 결과가 필요한 경우
- 모든 열에 대해 GROUP BY 또는 WHERE 쿼리를 실행해야 하는 경우

사용 사례에 대해 상충되는 요구 사항이 있는 경우, 각 테이블에 서로 다른 롤업 구성을 사용하여 여러 테이블을 만들 수도 있다.

윈도 처리 기능도 고려해야 한다. 파이프라인에서 윈도 처리도 가능하지만, 드루이드 내부에서도 가능하므로 윈도 처리를 고려해야 한다.

드루이드 미들 매니저의 인제스트 속도가 낮아지면 카프카 리소스의 문제인지, 드루이드 내부 문제인지 이해하기가 쉽지 않다. 더욱이 드루이드 미들 매니저는 컨슈머 그룹을 생성하지 않으므로 카프카에 문제가 있는 경우에는 성능 분석을 하는 것이 쉽지 않다.

인덱싱

드루이드에서 인덱스를 생성하는 작업은 세그먼트와 관련이 있다. 세그먼트의 적절한 크기를 결정해야 하고, 압축, 병합 등도 중요하게 고려해야 한다.

드루이드 인덱싱 서비스는 인덱싱 관련 작업을 실행하는 고가용성 분산 서비스이다. 인덱싱 작업은 드루이드 세그먼트를 생성하고 종료하는 작업을 담당한다. 인덱싱 서비스는 단일 작업을 실행할 수 있는 피온(Peon), 피온을 관리하는 미들 매니저, 미들 매니저에 대한 작업 배포를 관리하는 오버로드 등의 컴포넌트로 구성된다.

- 객체 스토리지에 쓰는 경우에는 블록을 구성하는 것이 중요하다. 또한 압축 블록의 크기 등을 고려해야 한다.
- 드루이드는 인덱싱 처리 시점에 사전 집계를 통해 디멘션을 구성한다. 쓰기 경로에서 지연이 발생하는 경우는 트래픽이 인입되는 파이프라인, 인덱싱 생성, 객체 스토리지에 저장 등이다. 쓰기 경로를 세분화해서 인덱싱을 생성하는 과정에서 지연이 발생하는지, 디스크를 저장하는 방식에서 지연이 발생하는지, 지연이 발생하는 구간마다 검증하고 이를 식별하는 과정이 필요하다.
- 파이프라인에서 드루이드로 입수될 때부터 배치와 버퍼가 적용되어야 하며, 이러한 구성 없이 트래픽이 입수되면 심각한 쓰기 지연을 경험할 수 있다.
- 디스크를 저장하는 세그먼트를 저장해야 한다(세그먼트의 병합과 압축이 발생한다).

세그먼트 생성

드루이드는 객체 스토리지를 사용하므로 객체 스토리지의 메트릭을 분석하면서 튜닝을 진행해야 한다. S3에서 제공하는 메트릭이 부족하고, AWS S3 PUT, GET API의 호출 개수만으로는 원인을 분석하는 것이 어렵다. AWS S3를 운영 환경에서 사용하면 티어링이 자주 발생하거나, 저장 시점에서 블록과 압축이 빈번하거나, 검색 쿼리에 불필요한 풀스캔이 많을 수도 있다. 즉, 객체 스토리지에서 성능 문제가 발생할 가능성이 높다. 메트릭이 풍부한 MinIO를 테스트 환경에서 사용해서, 메트릭과 로그를 분석하는 방법이 필요하다.

개발 환경에서는 S3를 사용하는 것보다, MinIO를 사용해서 드루이드가 객체 스토리지와 어떠한 입출력을 생성하는지, 이벤트는 무엇인지 확인하고 튜닝을 할 필요가 있다. 디버깅을 통해서 드루이드의 스토리지 처리를 튜닝한 다음에, 운영 환경의 AWS S3에 배포하는 것을 권장한다.

객체 스토리지는 바로 이어서 설명할 티어링, 느린 쿼리와 직접적인 연관이 있다. 논리적으로는 읽기와 쓰기가 분리되었지만, 서로 상호작용이 많다는 점을 이해해야 한다.

2 읽기 경로

읽기 경로와 관련해 살펴볼 주요 주제는 티어링, 캐시, 쿼리, 멀티 테넌트 네 가지다.

티어링

데이터 보관 규칙을 사용하면 데이터 보관 정책을 준수하도록 드루이드를 구성할 수 있다. 데이터 보존 정책은 클러스터에서 보존할 데이터와 삭제할 데이터를 지정한다. 드루이드는 로드, 드롭, 브로드캐스트 규칙을 지원한다. 각 규칙은 JSON 개체이다.

모든 데이터 소스에 적용할 기본 규칙 세트를 구성하거나, 특정 데이터 소스에 대한 특정 규칙을 설정할 수 있다. 다음 두 가지 방법으로 유지하거나 삭제할 데이터를 지정할 수 있다.

- **기간**: 현재 시간으로부터의 오프셋으로 지정된 세그먼트 데이터
- **간격**: 고정된 시간 범위

보관 규칙은 영구적이므로 변경할 때까지 계속 적용된다. 드루이드는 메타데이터 저장소에 보관 규칙을 저장한다. 불필요한 로딩이 이루어지지 않도록 구성하는 것이 핵심이다. 사전 집계로 처리하고, 예상하지 못한 사용자 쿼리로 인해서 객체 스토리지에서 로딩이 이루어지면, 성능도 저하되고 비용도 지출하게 된다.

쓰기 경로를 통해서 유입되는 데이터는 변경과 삭제를 필요로 하지 않는다. 즉, 트랜잭션 정합성을 고려하지 않아도 된다. 하지만 장애와 견고하지 못한 파이프라인 구성으로 인해서 유입되는 데이터의 개수가 증가되거나 감소되거나 하는 문제점은 자주 발생한다. 카프카를 적용하고, 별도의 대사 처리를 구현해야 한다.

캐시

캐시는 객체 스토리지보다 수십 배 이상 빠르다. 성능을 비약적으로 향상하고, 비용을 낮추기 위해서는 캐시를 사용하는 것을 추천한다. 하지만 캐시는 운영이 어려우며, 여러 예외 사항에 대한 운영 경험이 필요하다. 드루이드 읽기 경로에서 캐시 기능을 제공한다. 드루이드는 읽기 경로에서 브로커와 히스토리컬은 캐시를 사용한다.

캐시는 읽기 성능 향상을 위해서 사용된다. 이는 캐시 히트 레이트로 측정될 수 있다. 시계열 데이터는 특성상 캐시 히트 레이트의 수치가 다른 도메인과 비교해서 상대적으로 낮다.

드루이드는 자바 오프 힙을 사용하거나 레디스 등을 사용해서 캐시를 관리한다. 기본적인 작동 원리는 동일한 쿼리를 받으면 새롭게 쿼리를 실행하지 않고, 기존에 캐시에 저장하고 있는 결과를 반환한다.

문제는 자바 오프 힙이다. 자바 오프 힙은 캐시 정보를 메트릭으로만 제공하는데, 히트 레이트를 대략적으로만 출력하므로 특정 쿼리가 캐시를 히트했는지 판단할 수가 없다. 그래서 레디스의 히트 레이트를 사용하면, 특정 쿼리가 캐시와 어떻게 상호작용을 하고, 캐시 히트 레이트가 낮은 이유를 쉽게 분석할 수 있다. 자바 오프 힙을 운영 환경에서 사용하는 것은 권장하지만, 적어도 개발 환경에서는 레디스를 사용해서 캐시의 문제점과 쿼리를 튜닝하는 데 사용해야 한다.

캐시 히트 레이트

내부적으로 모든 드루이드 SQL 쿼리는 데이터 노드에서 실행되기 전에 JSON 기반 드루이드 기본 쿼리 형식의 쿼리로 변환된다. 대부분의 목적으로 드루이드 SQL을 사용할 수 있지만, 기본 쿼리에 익숙하면 복잡한 쿼리를 작성하고 성능 문제를 해결하는 데 유용하다.

드루이드는 집계에 최적화된 SQL을 사용한다. 쿼리를 실행하면, 플랜에는 쿼리 유형이 출력된다. 일반적으로 쿼리 엔진은 사용 목적에 특화되어 있으며, 선호하는 쿼리가 있다. 드루이드에서 쿼리 유형은 성능에 많은 영향을 미친다. 드루이드는 사전 집계를 하고 추가적인 디멘션을 제공하므로 쿼리 작성 시에 이러한 특징이 반영되어야 한다. 불필요한 풀스캔은 성능을 저하시키고, 추가 비용을 초래한다.

멀티 테넌트

필터를 사용해서 멀티 테넌트를 구현할 수 있다. 이 경우에 테넌트별로 분리되어서 객체 스토리지에 저장이 된다. 멀티 테넌트는 시스템을 효과적으로 운영할 수 있는 방법이다.

예를 들어 부서별로 다른 보관 주기가 필요하다면, 리텐션을 구성해서 테넌트별로 주기를 다르게 설정할 수 있다. 다른 조직의 데이터까지 조회하면, 불필요한 데이터를 스캔하게 되므로 비용이 올라간다. 멀티 테넌트를 사용해서 특정 테넌트만 조회하면 비용을 절감할 수 있다.

전체 데이터가 10 TB이고, 본인의 테넌트가 1 TB라고 하자. 테넌트가 설정되면 1 TB만 쿼리해도 원하는 결과를 출력할 수 있고 적은 데이터를 쿼리하므로 속도를 향상할 수 있다.

또한 테넌트별로 다른 티어링과 보안 정책을 설정할 수 있다. 테넌트를 구분하지 않으면, 테넌트별로 다른 정책을 적용하는 것이 어렵다.

관측 가능성에서 멀티 테넌트 구성이 어려운 이유는, 애플리케이션이 복잡하게 호출하는 관계이므로 경계를 정의하고 분리하는 것이 어렵고 표준화가 되어 있지 않기 때문이다.

9.2.3 드루이드 관측 가능성

이제까지 살펴본 드루이드의 아키텍처는 마이크로서비스 패턴을 구현했다. 드루이드 컴포넌트의 특징을 요약해보자.

- 코디네이터 서비스는 클러스터의 데이터 가용성을 관리한다.
- 오버로드 서비스는 데이터 수집 워크로드 할당을 제어한다.
- 브로커는 클라이언트의 쿼리를 처리한다.
- 라우터 서비스는 선택 사항이다. 요청을 브로커, 코디네이터 및 오버로드에게 라우팅한다.
- 히스토리컬 서비스는 쿼리 가능한 데이터를 저장한다.
- 미들 매니저 서비스는 데이터를 수집한다.

CQRS, 게이트웨이, 캐시 등을 내부적으로 사용했다. 드루이드를 이해할 수 있는 방법은 관측 가능성을 적용하는 것이다. 이를 통해서 드루이드의 메트릭, 로그, 추적, 프로파일을 분석함으로써 드루이드의 내부 구조를 이해하고, 성능을 튜닝할 수 있다.

드루이드에 대해서 정확하게 이해하기 위해서, 가능한 많은 신호를 출력하도록 구성해야 한다. 메트릭, 추적, 로그를 자세히 출력함으로써 신호를 활성화해야 한다. 이를 위해서 프로메테우스 익스포터, 리퀘스트 로깅, 추적, 이미터, 로그, JMX, 프로파일을 활성화해야 한다

API의 작동 원리를 이해하려면 원격 디버깅도 좋은 방법 중의 하나다. 중단점을 직접 지정하고, 라

인마다 변수의 값을 볼 수 있다. 크롬 개발자 도구와 함께 사용하면 편리하게 프런트엔드의 문제점을 찾을 수 있다.

❶ 메트릭

메트릭 수집이 필요한 대상은 다음과 같다.

- 드루이드의 컴포넌트
- 레디스
- 카프카
- MinIO 객체 스토리지

S3 MinIO, 레디스 등과 연계하기 위해서는 드루이드 익스텐션을 설치해야 한다. 자바 명령어에 –D를 추가한다. 드루이드의 익스텐션을 설치하는 방법은 다음과 같다. 레디스 캐시를 구성하는 방법이다.

```
java -cp "lib/*" -Ddruid.extensions.directory="extensions" -Ddruid.extensions.
hadoopDependenciesDir="hadoop-dependencies" org.apache.druid.cli.Main tools pull-deps --no-
default-hadoop -c org.apache.druid.extensions.contrib:prometheus-emitter:25.0.0

java -classpath "lib/*" org.apache.druid.cli.Main tools pull-deps -c org.apache.druid.
extensions.contrib:druid-redis-cache:25.0.0

druid.cache.type=redis
druid.cache.host=localhost
druid.cache.port=6379
druid.broker.cache.useCache=true
druid.broker.cache.populateCache=true

yum install redis
systemctl start redis

npm install -g redis-commander
```

드루이드 메트릭은 기본적으로 이미터와 프로메테우스 익스포터를 사용한다. 익스포트 이전에 이미터를 통해서 애플리케이션에서 출력되는 메트릭을 제한할 수 있다.

```
wget https://dl.min.io/server/minio/release/linux-amd64/minio
chmod +x minio
```

```
wget https://dl.min.io/client/mc/release/linux-amd64/mc
chmod +x mc

# ./minio server /mnt/data --console-address ":9001"
S3-API: http://192.168.244.146:9000  http://192.168.122.1:9000  http://127.0.0.1:9000
RootUser: minioadmin
RootPass: minioadmin
```

드루이드에서 메트릭을 구성하는 방법은 다음과 같다.

```
druid.monitoring.monitors=["org.apache.druid.java.util.metrics.JvmMonitor", "org.apache.
druid.client.cache.CacheMonitor","org.apache.druid.java.util.metrics.JvmThreadsMonitor","
org.apache.druid.java.util.metrics.SysMonitor","org.apache.druid.java.util.metrics.
JvmCpuMonitor","org.apache.druid.server.metrics.EventReceiverFirehoseMonitor"]

druid.extensions.loadList=["druid-hdfs-storage", "druid-kafka-indexing-service", "druid-
datasketches", "prometheus-emitter", "druid-multi-stage-query"]
```

드루이드 익스포터를 시작해야 한다.

```
# ./druid-exporter
time="2023-05-03T04:42:03-04:00" level=info msg="Druid exporter started listening on: 1234"
time="2023-05-03T04:42:03-04:00" level=info msg="Metrics endpoint - http://0.0.0.0:1234/
metrics"
time="2023-05-03T04:42:03-04:00" level=info msg="Druid emitter endpoint -
http://0.0.0.0:1234/druid"
time="2023-05-03T04:42:03-04:00" level=info msg="Successfully collected data from druid
emitter, druid/historical"
time="2023-05-03T04:42:03-04:00" level=info msg="Successfully collected data from druid
emitter, druid/historical"
```

드루이드에서 익스포터를 구성하는 방법은 다음과 같다.

```
druid.emitter.http.recipientBaseUrl=http://localhost:1234/druid
druid.emitter=http

export DRUID_URL="http://localhost"
export PORT="1234"
```

드루이드 컴포넌트가 많으므로 익스포트를 통해서 제공되는 메트릭의 개수가 많다. 수집 간격을 늘리거나, 프로메테우스에 충분한 메모리를 할당해야 한다.

MinIO 메트릭의 구성은 다음과 같다.

```
wget https://dl.min.io/client/mc/release/linux-amd64/mc
chmod +x mc

# ./minio server /mnt/data --console-address ":9001"
S3-API: http://192.168.244.146:9000  http://192.168.122.1:9000  http://127.0.0.1:9000
RootUser: minioadmin
RootPass: minioadmin

# ./mc alias set myminio http://192.168.244.146:9000 minioadmin minioadmin
# ./mc admin prometheus generate myminio
  - job_name: minio-job
    bearer_token: eyJhbGciOiJIUzUxMiIsInR5cCI6IkpXVCJ9.eyJpc3MiOiJwcm9tZXRoZXVzIiwic3ViIjoib
WluaW9hZG1pbiIsImV4cCI6NDgzNjA5MTYzM30.e4suNpUqXZJXFgo991EP_hdjdSKKR99B-87h11WsQMcQUCUz9LU-
5vrK1vXJYVCEU3muXmXIXlY-87uYotRBOQ
    metrics_path: /minio/v2/metrics/cluster
    scheme: http
    static_configs:
      - targets: ['192.168.244.146:9000']

curl https://localhost:9000/minio/v2/metrics/cluster
```

드루이드 미들 매니저는 주기적으로 카프카를 인제스트한다. 내부적으로 태스크를 생성하고, 태스크의 지연 등을 측정한다.

태스크는 인덱싱을 수행한 후 분산된 노드 시스템에 세그먼트를 생성하고, 각 노드의 디스크에 쓰기를 수행한다.

```
export MINIO_PROMETHEUS_AUTH_TYPE="public"

./minio server /mnt/data --console-address ":9001"

./mc alias set myminio http://192.168.244.146:9000 minioadmin minioadmin

./mc admin prometheus generate myminio
```

드루이드에서 S3를 구성하는 방법은 다음과 같다.

```
druid.storage.type=s3
druid.storage.bucket=druidbucket
druid.storage.baseKey=druid/segments
druid.s3.accessKey=
druid.s3.secretKey=
druid.s3.protocol=http
druid.s3.enabePathStyleAccess=true
druid.s3.endpoint.signingRegion=us-east-1
druid.s3.endpoint.url=http://127.0.0.1:9000
```

자바 JMX를 사용해도 되지만 드루이드는 프로메테우스 익스포터를 사용해서 메트릭을 수집할 수 있다.

② 로그

드루이드 로그도 수집해야 한다. 드루이드는 시스템 로그와 사용자 로그로 구분된다. 다양한 마이크로서비스처럼 구성된 드루이드 컴포넌트에서 생성되는 시스템 로그를 수집하고, 로그 레벨을 조절해서 상세 디버깅과 문제 해결에 활용해야 한다. 그 외에도 읽기 경로는 추가적인 사용자 로그를 생성하는데, 플랜과 요청 로깅을 활성화하고 수집해야 한다.

- 플랜
- 요청 로깅

```
2023-04-28T12:36:04.888Z        127.0.0.1       {"queryType":"segmentMetadata","
dataSource":{"type":"table","name":"wikipedia"},"intervals":{"type":"segments","
segments":[{"itvl":"2016-06-27T00:00:00.000Z/2016-06-28T00:00:00.000Z","ver":"
2023-04-18T07:19:37.853Z","part":0}]},"toInclude":{"type":"all"},"merge":false,"context
":{"defaultTimeout":300000,"finalize":false,"maxQueuedBytes":5242880,"maxScatterGatherB
ytes":9223372036854775807,"queryFailTime":1682685664681,"queryId":"6e0ee9e7-421d-449e-
bd63-18a57f1eb1f1","timeout":299818},"analysisTypes":[],"usingDefaultInterval":false,"
lenientAggregatorMerge":false,"granularity":{"type":"all"}}     {"query/time":244,"query/
bytes":1237,"success":true,"identity":"allowAll"}
2023-04-28T12:36:04.631Z                        {"queryType":"segmentMetadata","
dataSource":{"type":"table","name":"wikipedia"},"intervals":{"type":"segments","
segments":[{"itvl":"2016-06-27T00:00:00.000Z/2016-06-28T00:00:00.000Z","ver":"
2023-04-18T07:19:37.853Z","part":0}]},"toInclude":{"type":"all"},"merge":false,"
context":{"queryId":"6e0ee9e7-421d-449e-bd63-18a57f1eb1f1"},"analysisTypes":[],"
usingDefaultInterval":false,"lenientAggregatorMerge":false,"granularity":{"type":"all"}}
{"query/time":558,"query/bytes":-1,"success":true,"identity":"allowAll"}
2023-04-28T12:36:13.403Z
```

드루이드 메타데이터에는 스키마의 정보가 포함되어 있고, 쿼리의 실행 정보는 포함되어 있지 않다. 메트릭에는 어떠한 쿼리가 실행되었는지 정보가 없으므로 성능이 느린 특정 쿼리를 찾을 수 없다.

대부분의 시스템에서 느린 쿼리 정보를 추출하기 위해서는 플랜을 제공한다. 메트릭으로 제공하기에는 부적합한 경우도 있고, 플랜이 더 유용하다. 플랜의 전처리를 통해서 느린 쿼리 통계를 출력한다.

드루이드는 플랜을 시스템 외부로 반출할 수 있다. 플랜은 파일로 생성되므로 파일의 내용을 전처리하는 것이 필요하다. TSV, CSV 파일을 오픈서치로 입수하면, 쉽고 신속하게 분석을 할 수 있다. 쿼리 처리 시간, 쿼리 내용, 쿼리 타입, 캐시 히트 여부 등이 중요하다. 쿼리를 처리하는 데 걸리는 시간을 측정하고, 시간이 가장 오래 걸린 쿼리를 출력한다.

로그를 분석하기 위해서는 로키보다 오픈서치를 추천한다. 자동적으로 인덱스를 생성해주므로 로그와 같은 텍스트를 신속하게 분석할 수 있다. 로키는 상대적으로 집계 기능이 부족한 편이다. 느린 쿼리와 쿼리별 지연은 로깅 기능을 사용해야 한다.

드루이드 서비스는 처리하는 쿼리 요청을 기록할 수도 있다. 요청 로그에는 처리 시간 및 메모리 사용량을 포함한 쿼리 측정 항목에 대한 정보가 포함된다. 요청 로그의 정보를 사용하여 쿼리 성능을 모니터링하고, 병목현상을 확인하고, 느린 쿼리를 분석 및 개선할 수 있다. 로깅은 기본적으로 비활성화되어 있다.

로깅은 다른 웹서버로 전송하거나, 로컬 파일에 쓰는 등 다양한 방법을 제공한다. 하지만 느린 쿼리를 추출하려면 다양한 전처리가 필요하다.

3 추적

추적은 내부 처리 과정을 이해하고 지연과 순서를 이해할 수 있도록 데이터를 제공한다. 드루이드 애플리케이션은 다수의 마이크로서비스처럼 작동하며, 여러 개의 컴포넌트로 구성되어 있다. 컴포넌트는 명확하게 프로세스로 분리되어 있다. 드루이드는 내부적으로 제티를 사용한다. 추적을 사용해서 제티 웹서버 수준에서 마이크로서비스 간에 지연을 분석할 수 있다. 오픈텔레메트리를 사용하면 계측은 되지만, 장애 해결에 큰 도움이 되지는 않는다.

드루이드는 다양한 메트릭과 로그를 제공하며, 부족한 부분은 프로파일을 통해서 보강할 수 있다. 드루이드는 추적보다는 프로파일을 사용해서 성능을 개선하는 것이 유용하다.

익숙하지 않고 문서화가 잘 이루어지지 않은 오픈소스로 시스템을 구축할 때 주로 성능을 개선하는 작업을 한다. 드루이드는 이미 개발된 오픈소스이며 패키지이기 때문에 소스 자체를 수정할 일은 많지 않다. 예를 들어 잘못된 메모리 누수가 발생하거나, 최적화되지 못한 연산으로 인해 성능이 느려지거나 하는 경우는 자주 발생하지 않는다. 파라미터의 수정만으로 성능을 향상하는 것이 가능하지만, 최적의 파라미터를 찾는 것이 어렵다.

내부 구조를 모르기 때문에 구성 파일 내 많은 파라미터의 의미에 대해서 이해하기 어렵고, 이로 인해 복잡한 클러스터 구성 시에 오작동하는 경우가 빈번하다. 프로파일은 애플리케이션을 분석할 수 있는 가장 강력한 방법이다. 이미 안정화된 오픈소스이므로 버그가 많이 발생하지는 않는다. 하지만 구성 파일을 변경하거나 성능 테스트를 하는 과정에서 발생하는 문제를 이해하고, 해결하기 위해서 추적과 프로파일은 유용하다.

잘못된 계측은 잘못된 프로파일을 초래할 수 있다.

- 계측이 잘못되었을 때, 방법 과정의 순서와 내부 구조를 이해하고, 신호에 문제가 발생했는지 확인해야 한다.
- 알 수 없는 방법이나 디펜던시에서 오류가 발생한다.
- 매개변수 변경 전후의 방법 수준에서 성능과 차이점을 비교한다.
- 플레임 그래프만으로는 문제를 해결할 수 없으므로 VisualVM과 같은 프로파일을 사용한다.

```
# vi jvm.config
total 12
-rw-r--r--. 1 501 games  231 Dec 22  2022 jvm.config
-rw-r--r--. 1 501 games   40 Dec 22  2022 main.config
-rw-r--r--. 1 501 games 1286 Dec 22  2022 runtime.properties

-server
-Xms4g
-Xmx4g
-XX:MaxDirectMemorySize=8g
-XX:+ExitOnOutOfMemoryError
-XX:+UseG1GC
-Duser.timezone=UTC
-Dfile.encoding=UTF-8
-Djava.io.tmpdir=var/tmp
-Djava.util.logging.manager=org.apache.logging.log4j.jul.LogManager
-javaagent:/root/Downloads/opentelemetry-javaagent.jar
-Dotel.traces.exporter=jaeger
-Dotel.resource.attributes=service.name=historical
```

드루이드는 오픈소스이고, 코드를 제공하므로 개발 툴과 연계해서 원격 디버깅을 구성하는 것은 내부를 이해할 수 있는 좋은 방법이다.

4 프로파일

플레임 그래프 프로파일은 간략히 설명한다. 지금 설명하는 프로파일은 많은 기능을 포함하고 있다. 콜 트리를 출력할 수도 있다.

자바의 경우에 프로파일의 결과는 스택 트레이스다. 스택 트레이스가 스레드 덤프이므로 운영 중인 서비스에 영향을 줄 수 있다. 오버헤드 없이 스택 트레이스를 획득해야 한다.

운영자들은 에이전트를 구성하는 것에 동의하지 않는다. 상용 관측 가능성 에이전트는 외부적인 오버헤드 자료를 공개하지 않으므로 운영자에게 내부적인 오버헤드에 대해서 설명할 수 있는 자료가 존재하지 않는다.

플레임 그래프를 출력하기 위해서 파이로스코프처럼 애플리케이션 자체를 구성할 수도 있지만, 인프라 팀과 애플리케이션 담당자가 플레임 그래프 수준의 프로파일을 허락하지 않거나 만약 상황이 허락하지 않는다면 다음과 같이 단기간에 사용할 수 있는 유틸리티를 사용하는 것을 권장한다.

```
sudo -u aws jcmd

sudo -u aws java -jar sjk.jar stcap -p 11745 -o druid-${pid}.std -t 30s -i 50ms

# java -jar sjk.jar stcap -p 7534 -o druid-${pid}.std -t 30s -i 50ms
Restarting java with unlocked package access
Writing to /root/druid-NNN.std
Collected 600
Collected 1080
Collected 1560
Collected 69000
Collected 69600
Trace dumped: 69600

sudo -u aws java -jar sjk.jar flame -f druid-NNN.std -o druid-flame-${pid}.html

# java -jar sjk.jar flame -f druid-NNN.std -o druid-flame-${pid}.html
Restarting java with unlocked package access
Input files
  ./druid-NNN.std

69600 samples processed
```

드루이드는 자바로 개발되었으므로 자바 미션 컨트롤, VisualVM을 활용하면 시스템 내부 구조를 보다 상세하게 이해할 수 있다.

쿠버네티스에서는 드루이드 오퍼레이터를 사용해서 운영해야 한다. 쿠버네티스에서 운영되는 마이크로서비스로 구성된 클러스터는 운영하기가 어렵다. 무중단 롤링 업데이트, 버전 업그레이드, 시스템 패치 등으로 인해서 클러스터의 재시작이 필요하고, 가급적 무중단으로 서비스를 제공해야 된다. 오퍼레이터가 없다면, 이러한 복잡한 운영 관리가 어렵고 장애가 발생하기 쉽다.

9.3 요약

프레스토 및 드루이드 사례를 통해 클러스터의 내부 작동 방식과 발생할 수 있는 지연에 대해서 설명했다. 대부분의 클러스터 HDFS, 카프카, 일래스틱, 드루이드, 프레스토 등은 자바로 개발되어 있다. 기업에서는 마이크로서비스뿐만 아니라 데이터를 처리하는 오픈소스 클러스터도 자바로 구성되는 경우가 많으며, 상용 설루션도 자바로 개발된 경우가 많다.

메트릭, 로그를 분석하는 것보다 자바 프로파일 및 지연과 성능 문제를 이해하고 시스템의 내부적인 작동 원리를 이해하는 것이 중요하다. 마이크로서비스의 근본 원인이 아니라, 관측 가능성 구성 시 내부에서 발생하는 근본 원인을 이해하는 데 프로파일이 많은 도움이 될 것이다.

CHAPTER 10

AIOps

10.1 개요

AI는 근본 원인 분석과 운영 자동화를 위한 핵심 기술이 될 수 있다. 이번 장에서는 머신러닝 알고리즘을 사용해서 근본 원인 분석을 자동화하는 방법을 설명한다. 머신러닝을 적용하기 위한 설루션으로는 오픈서치를 활용할 것이다. 다음 장에서는 생성형 AI와 RAG를 어떻게 AIOps에 적용하는지 살펴볼 것이다.

생성형 AI로 인해서 예전에는 개념에 머무르던 업무들을 쉽게 자동화하고 고도화할 수 있게 되었다. 앞에서는 이상 탐지를 위해서 RCF 알고리즘을 사용했다. 이번 장에서는 k-NN, 메트릭 상관관계, 텍스트 임베딩, LLM 알고리즘에 대해서 설명한다.

관측 가능성을 구현하기 위해서는 그라파나를 사용했지만, 이상 탐지와 AIOps는 오픈서치를 기반으로 구성했다. 오픈서치는 이상 탐지 기능을 기본적으로 제공해준다. 그리고 AIOps에 필요한 알고리즘과 벡터 데이터베이스를 제공하며, 랭체인과 연계가 쉽다. 또한 오픈서치는 로컬 스토리지뿐만 아니라 객체 스토리지도 지원하면서 다양한 티어링 기능을 지원한다.

추적의 한계와 이를 보완하는 방법에 대해서도 설명한다. AIOps는 다음과 같은 한계를 채우고 애플리케이션과 인프라 모두 자세하게 지원해야 한다.

- 이상 탐지는 인프라 관측 가능성을 지원한다.
- 분산 추적은 애플리케이션 관측 가능성만 지원한다.

- 이벤트는 비즈니스를 지원한다.
- 관측 가능성 데이터 분석과 집계는 인프라와 애플리케이션을 지원하지만, 제약이 많다.

이제 수집한 데이터를 활용해서 인프라와 애플리케이션 관측 가능성을 자동화할 것이다. 작은 규모의 시스템이라면 소수 SRE만으로도 근본 원인 분석을 할 수 있다. 하지만 규모가 커질수록, 레거시와 블랙박스가 많을수록 자동화가 필요하다. SRE를 계속 채용하고, 인원을 늘리는 것이 정답은 아니다.

그 전에 상용 관측 가능성과 오픈텔레메트리로 구축되는 관측 가능성과 AIOps의 한계에 대해서 알아보자.

10.2 AIOps의 한계

현재의 관측 가능성은 인프라 관측 가능성을 부분적으로 지원하고 애플리케이션 관측 가능성에 집중하는 실정이다. 애플리케이션 관측 가능성이 근본 원인 분석에서 차지하는 비중은 일부분이다.

AIOps가 성공하기 위해서는 다음 두 가지가 필요하다.

- 애플리케이션 위주의 관측 가능성만으로는 부족하며, 인프라 관측 가능성을 포함해야 한다.
- 성능과 장애 위주의 관측 가능성뿐만 아니라, 운영 전반에 수행되는 배포와 구성 정보 등도 필요하다.

AI는 원하는 데이터를 제공해주고, SRE가 정확히 분석하고 의사결정을 하도록 도와주는 역할을 한다. 현시점에서 AIOps가 근본 원인 분석을 하고 결과를 도출하는 것은 어렵다고 판단된다. SRE가 근본 원인 분석을 주도적으로 진행하고, AIOps는 중요한 데이터를 적시에 제공해주는 비서로 활용하는 것을 권장한다. AIOps가 데이터를 수집하고 분석하는 기술적인 역량이 부족하다고 보기 때문이다.

업무 프로세스가 간단하고, 블랙박스와 레거시가 적다면 AIOps는 유용하지만, 복잡한 업무 프로세스와 레거시가 많은 은행, 통신사 등은 AIOps의 효과가 적을 것이다. SRE가 처한 다양한 복잡도에 따라서 AIOps 효과가 제한될 것이다. 특히 레거시가 많은 은행과 통신사에서는 데이터가 중단되므로 조인해서 활용하는 것이 쉽지 않다. 데이터는 많지만 유용한 데이터가 부족하고, 기술적/업무적으로 의미를 부여하기 어렵다. 다음과 같은 사례를 살펴보자.

10.2.1 사례 1: 스레드풀

스레드풀에 WAITING 상태를 가지는 스레드가 없다. 모든 스레드가 RUNNABLE 상태이고 새로운 요청을 처리할 수 있는 스레드가 더 이상 없다. 사용자의 요청은 지연되고, 결국 타임아웃 에러가 발생한다.

- **원인**: 스레드풀에 이용 가능한 스레드가 존재하지 않는다. 스레드풀의 설정을 변경해야 한다.
- **결과**: 요청이 지연되고, 타임아웃 에러가 발생한다.
- **해결책**: 가용한 리소스를 점검하고, 스레드풀의 개수를 늘려야 한다.

AIOps는 원인에 대해서 설명하고 해결책을 제시해준다. 이 사례에서는 예를 들어 다음과 같이 AIOps 근본 원인 분석이 이루어질 수 있다. 다운스트림과 연계된 마이크로서비스의 스레드 상태는 장시간 동안 RUNNABLE이다. 스레드풀을 변경해서 스레드 개수를 늘리더라도 스레드가 계속 부족해지는 상황이 발생할 것이다. 해결하려면 RUNNABLE 상태가 장시간 동안 처리되지 않도록 하고 RUNNABLE 상태 완료 후 WAITING 상태로 변경이 되어야 한다. 스케줄러는 WAITING 상태의 스레드를 사용할 수 있어야 한다. 이에 다음과 같은 해결책을 제시할 수 있다.

- 업스트림의 타임아웃을 4초로 줄인다.
- 커널 네트워크 매개변수를 변경해야 한다.
- 다운스트림의 특정 메서드를 개선해야 한다. 장애를 최소화하기 위해서 1초 이내에 응답되도록 개선한다.
- 다운스트림 메서드 프로파일이 필요하다.
- 좋은 접근 방식은 지연 시간을 유발하는 메서드를 프로파일링하고 식별하거나 연결을 관리하는 것이다.

10.2.2 사례 2: 자바 가상머신

자바 가상머신 힙 구세대에서 메모리가 계속 증가하더니, 아침에 풀 가비지 컬렉션이 여러 번 발생했다. 사용자는 큰 지연을 경험했다. 즉, OOM이 발생해서 API 서버가 다운되었다.

원인은 무엇일까? 이틀 전에 API 서버에 GA360 패치가 이루어져 신규 배포가 발생했다. GA360의 내부적인 계측 버그로 인해서 구세대에서 메모리가 증가했다.

AIOps는 GA360 패치에 버그가 존재하는지는 알 수 없다. 하지만 이틀 전에 배포가 발생했으며, 이때부터 메모리가 조금씩 증가하고, 구세대에 문제가 발생하는 것을 식별해 알람을 전송했다. 단, AIOps가 보내는 알람은 가비지 컬렉션이 자주 발생한다는 내용이다(풀 가비지 컬렉션이라고 하지 않는다). 신세대와 구세대 중 어떠한 세대에서 문제가 어떻게 발생하는지도 설명하지 않는다.

이상적으로 AIOps는 특정 배포 이후로 메모리 관리와 가비지 컬렉션이 발생하기 시작했으며, 근본 원인은 이틀 전의 배포라는 것을 지정해줘야 한다. 신규 배포로 인해서 메모리 사용률이 증가하고, 가비지 컬렉션이 제대로 작동하지 못한 것이 근본 원인이다.

10.2.3 사례 3: 엔진엑스

엔진엑스는 많이 사용하는 애플리케이션 서버이다. 다음과 같은 파라미터가 중요하다.

- **worker_process**: CPU 코어 개수를 따른다.
- **worker_connections**: 기본값은 1024이며, 파일 지시자의 개수를 따른다.
- **epoll**: use epoll과 같이 사용한다. select나 poll보다 epoll을 권장한다.
- **worker_aio_threads**: 비동기 IO 스레드, 예를 들어 디스크 IO를 관리한다.
- **TCP Fast Open**: TCP 핸드셰이크 오버헤드를 처리한다.
- **tcp_nodelay 및 tcp_nopush**: TCP 패킷을 최적화한다.

이 외에도 keepalive 타임아웃, keepalive 요청, File Cache, SSL/TLS 개선도 중요하다. 파일 지시자, epoll, IO, TCP 핸드셰이크, keepalive, IO 스케줄러 등이 의미하는 바를 이해하기 위해서는, 커널 파라미터와 시스템 콜에 대한 이해가 필요하다. 기본값으로 설정해도 문제가 안 될 수도 있지만, 애플리케이션과 커널 파라미터를 수정했다면, 엔진엑스에도 적절하게 변경이 반영되어야 한다.

예를 들어 다운스크림에 장애가 발생되었다고 가정해보자. 장애가 엔진엑스로 전파되고, 엔진엑스에 심각한 지연이 발생한다. 재시작을 했지만 원인을 알 수 없고, 다양한 파라미터를 점검하는 중에 워커 커넥션이 부족해지거나, keepalive 타임아웃이 크게 설정되어 있는 것을 확인했다. AIOps는 원인을 정확히 이해하고, 이에 대한 해결책을 제시해야 한다.

- 다운스트림의 어떠한 메서드와 쿼리가 잘못되었는지 가이드한다.
- 엔진엑스에서 어떠한 파라미터가 잘못 설정되어서 문제가 발생하고 있다고 가이드한다.

단, 엔진엑스 메트릭 OSS는 무료이지만, 엔진엑스의 복잡한 장애와 전파를 해결하기에는 역부족이다. 운영을 위해서는 유료인 플러스가 필요하지만, 제공되는 메트릭을 보면 애플리케이션 수준에 불과하다. 엔진엑스를 모니터링하기 위한 익스텐션을 제공하는 상용 관측 가능성도 있지만, 엔진엑스 플러스에 비교해서 제공되는 메트릭이 부족한 편이다. 즉, AIOps로는 엔진엑스에서 발생하는 내부적인 지연과 장애에 대해서 분석하는 것이 어렵다.

10.3 AIOps의 두 가지 측면

이번 장에서는 두 가지 측면으로 AIOps 데모를 구현하도록 한다. 전체적인 범위는 프롬스케일 메트릭 상관관계이고, 세부적인 근본 원인은 RAG 오픈서치다. 상관관계 비교분석은 정형 데이터를 사용하고, 머신러닝과 이상 탐지 등에 적합하다. 근본 원인 분석 질의응답은 비정형 데이터를 사용하고, RAG로 구현된다(11장에서 다룬다).

10.3.1 상관관계 비교분석

책의 앞에서 설명한 근본 원인 분석 방법은 서비스 맵과 폴리스탯을 사용해서 대략적인 서비스의 이상 여부를 살펴보는 방식이었다. 자동화된 방법이 아니라 SRE가 직접 화면 혹은 SQL을 사용해서 근본 원인 분석을 진행했다. 이제 다수의 애플리케이션과 인프라 메트릭 중에 문제가 되는 메트릭을 식별하는 과정을 수동으로 하는 게 아니라 자동화해서 신속하고 정확하게 근본 원인을 식별하고자 한다.

추적을 사용해서 지연과 장애가 발생한 구간을 식별하고, 메트릭 상관관계로 장애의 범위를 줄이는 것이 도움이 될 것이다. 이러한 알고리즘을 적용하기 위해서는 다음과 같은 조건이 필요하다.

- 데이터는 구조화되고 쿼리할 수 있도록 구성되어야 한다.
- 텍스트가 아니라 숫자 혹은 카테고리 형태로 구성되어야 한다.
- 시계열이 필수는 아니지만 시간을 포함하는 칼럼은 유용하다.
- 다양한 데이터 소스에서 수집한 신호는 가급적 메트릭과 유사한 형태로 변환되어야 한다.

일반적으로 현시점에서 AI에게는 넓은 범위의 주제를 물어보는 것보다, 구체적이고 특정한 주제에 대해서 물어볼 때 좋은 결과를 얻을 수 있다. 문제가 발생한 구간과 애플리케이션, 인프라를 식별하는 것이 주목적이다. 문제를 곧바로 질의하는 것보다, 문제를 정확하게 식별하고 범위를 좁히는 것이 필요하다. 큰 범위에서는 상관관계 비교분석으로 범위를 좁히고, 작은 범위에서는 LLM으로 문제를 상세하게 이해해야 한다.

10.3.2 근본 원인 분석 질의응답

오픈서치를 사용해서 근본 원인 분석을 자동화하기 위해, 근본 원인을 이해하기 위한 질문을 준비한다. 그다음 LLM과 생성형 AI를 구현한 질의응답 시스템으로부터 근본 원인을 확인한다.

관측 가능성을 포함해서, 구성, 배포, 운영 전반의 장애 데이터는 LLM에서 관리해야 한다. 따라서 장애 해결책과 SRE의 노하우가 LLM에 축적되어야 한다.

전처리에 부담이 있지만, 로그 내용은 자유롭게 커스터마이징할 수 있다. 로그는 인프라, 애플리케이션, 업무 데이터를 모두 포함할 수 있다(메트릭과 추적을 지원하지 않는 레거시와 블랙박스는 로그가 유일한 방법이다). 오픈서치에 저장된 로그 데이터를 사용해서, 생성형 AI를 개발할 것이다.

근본 원인 분석 질의응답의 아키텍처는 랭체인과 오픈서치를 사용한 두 가지 방식으로 개발할 것이다.

10.4 AIOps 상관관계

성공적인 AI 서비스는 정확도가 최우선이다. 기술 아키텍처를 어떻게 구성할 것인지는 부수적인 문제이고, 일정 수준 이상의 정확도를 보장해야 한다. 예를 들어 85~92%와 같은 정확도를 보장해야만 사용자에게 서비스를 제공하고 만족도와 신뢰도를 보장할 수 있다.

메트릭 상관관계 알고리즘을 사용하면 수집되는 다양한 데이터 중에서 차이점이 두드러진 데이터를 식별할 수 있다. 차이점을 정확히 이해하는 것이 AIOps의 시작점이다.

상관관계는 이 책에서 설명한 주요 주제이지만, AIOps에서 설명하는 상관관계는 앞에서 설명한 것과는 다른 점이 있다.

- **신호 간 상관관계**: 서로 다른 신호 간에는 관계가 있으며, 관계는 아이디에 의해서 연결된다. 예를 들어 추적과 프로파일 간의 상관관계에서 스팬 속성은 프로파일 아이디를 포함하고 있다. 신호 간 상관관계 범위는 관측 가능성에 의해 제한된다.
- **메트릭 상관관계**: 다수 메트릭 중에서 다른 콘텍스트를 포함하는 메트릭을 선정해야 한다. 공통

점이 아니라 두드러지게 차이가 나는 메트릭을 선별할 수 있다. 관측 가능성뿐만 아니라, IT 운영 중에 생성되는 배포, 변경 등 다양한 데이터를 활용해야 한다.

SRE는 차이가 나는 메트릭을 발견하면, 왜 차이점이 발생하는지 원인을 분석한다. 시간 순서대로 기술적인 처리 과정을 분석하고, 근본 원인인지 판단할 수 있다. 일래스틱, 허니컴, 다이나트레이스 등 상용 관측 가능성은 근본 원인 분석을 위한 사용자 화면을 제공한다. 하지만 운영 환경에서는 문제에 관련된 리소스가 너무 많고 복잡하며, 리소스 간에 많은 의존이 존재한다. 서비스 맵과 폴리스탯만으로는 이해하고 관리할 수 있는 수준을 초과한다. 메트릭 상관관계를 자동화하면 의존성, 영향도 등을 더 수월하게 이해할 수 있다.

다양한 신호를 사용해서 AIOps 상관관계를 개발할 수 있다. 주로 추적, 로그, 메트릭은 근본 원인 분석을 위해서 고려해야 될 대상이다. 가급적 전처리를 최소화하고, 특정 인프라와 애플리케이션에 의존적이지 않은 신호를 선정해야 한다.

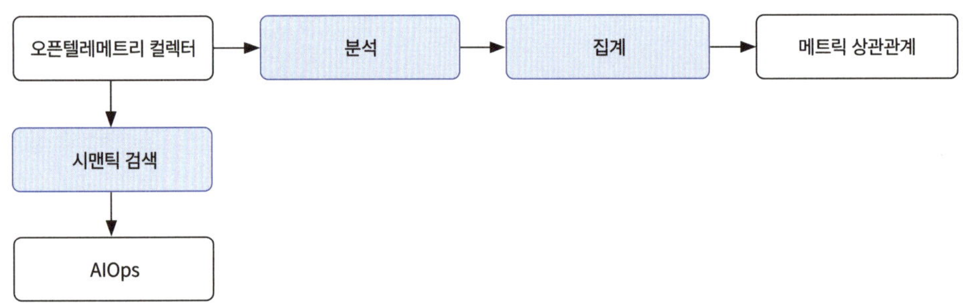

그림 10.1 **검색, 분석, 집계의 과정**

여기에서는 메트릭 상관관계에 대해서만 살펴본다. 메트릭 상관관계는 다양한 메트릭 간의 비교를 통해서 문제가 발생한 애플리케이션과 시스템을 식별한다. 기존 버킷과 개별 레코드 수준보다 큰 수준에서 이상치를 식별할 수 있다.

10.4.1 메트릭 상관관계 데모 구성

메트릭 상관관계 알고리즘을 활성화하려면, 먼저 다음과 같이 클러스터 설정을 업데이트한다.

```
PUT /_cluster/settings
{
  "persistent" : {
    "plugins.ml_commons.enable_inhouse_python_model": true
```

```
  }
}
```

메트릭 상관관계에서 입력은 메트릭 데이터의 M × T 배열이다. 여기서 M은 메트릭 수(number)이고, T는 메트릭값의 각 개별 시퀀스 길이다. 알고리즘에 메트릭을 입력할 때, 다음을 가정한다.

- 각 메트릭에 대해 입력 시퀀스의 길이는 T로 동일하다.
- 모든 입력 메트릭에는 동일한 해당 타임스탬프 집합이 있어야 한다.
- 총데이터 포인트 수는 M × T <= 10000이다.

다음은 메트릭 수(M)를 3으로, 시간 단계 수(T)를 128로 입력했을 때의 예시다.

```
POST /_plugins/_ml/_execute/METRICS_CORRELATION
{"metrics": [[-1.1635416, -1.5003631, 0.46138194, 0.5308311, -0.83149344, -3.7009873,
-3.5463789, 0.80134094]]}
```

API는 다음과 같은 정보를 반환한다.

- **event_window**: 이벤트 간격
- **event_pattern**: 기간 전체의 강도 점수와 이벤트의 전체 심각도
- **suspected_metrics**: 관련된 메트릭 집합

다음 데모 응답에서 각 항목은 메트릭 데이터에서 발견된 이벤트에 해당한다. 알고리즘은 길이가 1인 event_pattern의 출력에 표시된 대로, 요청의 입력 데이터에서 하나의 이벤트를 찾는다. event_window는 이벤트가 t = 52에서 t = 72 시점 사이에 발생했음을 보여준다. 마지막으로 suspected_metrics은 이벤트가 3가지 메트릭 모두와 관련되어 있음을 보여준다.

```
{
  "function_name": "METRICS_CORRELATION",
  "output": {
    "inference_results": [
      {
        "event_window": [
          52,
          72
        ],
        "event_pattern": [0, 0, 0, 0, 0, 0, 0, 0, 0, 0, 0, 0, 0, 0, 0, 0, 0, 0, 0, 0, 0,
```

```
0, 0, 0, 0, 0, 0, 0, 0, 0, 0, 0, 0, 0, 0, 0, 0, 0, 0, 0, 0, 3.99625e-05, 0.0001052875,
0.0002605894, 0.00064648513, 0.0014303402, 0.002980127, 0.005871893, 0.010885878,
0.01904726, 0.031481907, 0.04920215, 0.07283493, 0.10219432, 0.1361888, 0.17257516,
0.20853643, 0.24082609, 0.26901975, 0.28376183, 0.29364157, 0.29541212, 0.2832976,
0.29041746, 0.2574534, 0.2610143, 0.22938538, 0.19999361, 0.18074994, 0.15539801,
0.13064545, 0.10544432, 0.081248805, 0.05965102, 0.041305058, 0.027082501, 0.01676033,
0.009760197, 0.005362286, 0.0027713624, 0.0013381141, 0.0006126331, 0.0002634901,
0.000106459476, 4.0407333e-05, 0, 0, 0, 0, 0, 0, 0, 0, 0, 0, 0, 0, 0, 0, 0, 0, 0, 0, 0, 0,
0, 0, 0, 0, 0, 0, 0, 0, 0, 0, 0, 0, 0, 0, 0, 0, 0, 0, 0, 0, 0, 0],
           "suspected_metrics": [0,1,2]
         }
       ]
    }
 }
```

10.4.2 메트릭 상관관계 데모 실행

데모를 통해 메트릭 상관관계 알고리즘에 대해 살펴보겠다. 서버 머신 데이터셋의 데이터를 사용하고, 알고리즘 구성 및 출력에 대해 설명한다.

먼저 터미널에서 다음 패키지를 설치한다.

```
%load_ext autoreload
%autoreload 2
# !pip install pandas matplotlib numpy opensearch-py
```

클라이언트 설정 및 기능을 정의한다.

```
CLUSTER_URL = 'https://localhost:9200'

def get_os_client(cluster_url = CLUSTER_URL,
                  username='admin',
                  password='admin'):
    """
    Get OpenSearch client
    :param cluster_url: cluster URL like https://ml-te-netwo-1s12ba42br23v-ff1736fa7db98ff2.
elb.us-west-2.amazonaws.com:443
    :return: OpenSearch client
    """
    client = OpenSearch(
        hosts=[cluster_url],
        http_auth=(username, password),
```

```
            verify_certs=False,
            timeout = 30
        )
        return client
```

ml_common client와 연결한다.

```
from opensearch_py_ml.ml_commons import MLCommonClient
ml_client = MLCommonClient(client)
```

데이터를 준비한다.

```
df_pd = pd.read_csv("data/smd_data.csv", header=None)
df_pd
```

이 사례는 서버 머신 데이터셋의 예를 고려한다. 이름에서 알 수 있듯이 데이터는 산업용 서버에서 수집한 성능 메트릭이다. 서버는 때때로 메트릭 데이터에 나타나는 성능 저하를 겪는다. 여기에서는 최근 메트릭 데이터를 조사하는 운영 엔지니어의 역할을 맡아, 이러한 문제가 발생했는지 여부를 살펴보겠다.

개별 메트릭은 매우 다른 동작을 표시할 수 있지만, 서버 문제를 감지하고 진단하려면 메트릭 전체에서 문제의 상관관계를 파악하는 것이 필수적이다. 먼저 이 사례에서 작업할 데이터를 시각화해 보자. 데이터는 1000개의 타임스탬프에서 관찰된 9개의 메트릭으로 구성된다. 각 메트릭 시계열의 값은 0과 1 사이에 있도록 정규화되었다.

```
M, T = df_pd.shape

plt.figure(figsize=(12,4))
cm = plt.get_cmap('Dark2')
vals = np.arange(M)[::-1]

for i in range(M):
    plt.plot(df_pd.iloc[i], color = cm(vals[i]))

plt.title('Example metrics from the Server Machine Dataset')
plt.ylabel('Normalized metrics value')
plt.xlabel('Timestamp')
```

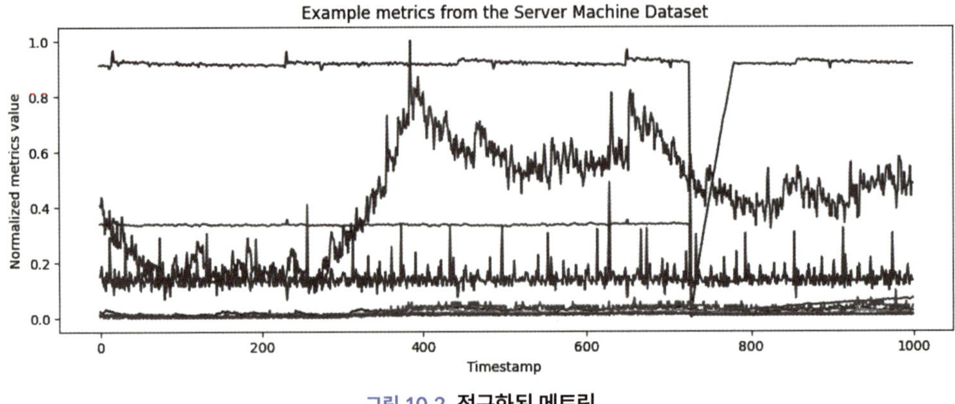

그림 10.2 정규화된 메트릭

메트릭 상관관계 알고리즘은 메트릭 데이터 집합에서 이벤트를 찾는다. 여기서 이벤트는 여러 메트릭이 동시에 비정상적인 동작을 표시하는 시간 윈도로 정의된다. 시간 범위와 총메트릭 세트가 주어지면, 메트릭 상관 알고리즘은 발생한 이벤트 수, 발생 시기, 각 이벤트와 관련된 메트릭을 자동으로 결정한다. 이 알고리즘은 사전 교육과 최소한의 구성이 필요하지 않다.

서버 머신 데이터셋 예시에서 어떻게 작동하는지 살펴보자. 읽은 데이터에 대해 execute API를 통해 이 메트릭 상관관계 알고리즘을 실행할 수 있다.

```
results = ml_client.execute(
    algorithm_name = "METRICS_CORRELATION",
    input_json = input_json
)
```

결과는 리스트로 제공되며, 리스트의 각 컴포넌트는 알고리즘이 데이터에서 발견한 이벤트다. 목록의 길이가 0이면 알고리즘은 지정된 입력 데이터에서 이벤트를 발견하지 못한 것이다. 이 경우 알고리즘은 2가지 이벤트를 검색한다.

```
len(results['output']['inference_results'])
```

모든 이벤트는 3가지 필드가 있는 사전(dictionary)으로 표시된다.

- **event_window**: 이벤트의 시작 및 종료 인덱스로 구성된 리스트이다. 이벤트가 발생한 시기를 설명한다.

- **event_pattern**: 각 값이 해당 타임스탬프에서 이벤트의 상대적 강도를 나타내는 길이 T의 배열이다. 대략적으로 알고리즘이 이벤트를 정의하기 위해 초점을 맞춘 시간을 나타낸다.
- **suspected_metrics**: 이벤트의 일부인 모든 메트릭의 인덱스가 포함된 리스트이다. 이는 이벤트가 발생한 동안 어떤 메트릭이 상호 연관되었는지 설명한다.

```
results['output']['inference_results'][0].keys()
dict_keys(['event_window', 'event_pattern', 'suspected_metrics'])
```

이제 각 필드를 사용하여 이벤트를 시각적으로 표시하는 플로팅(plotting) 기능을 구현하자. 이 메서드는 모든 입력 데이터를 표시하지만 이벤트와 관련된 메트릭을 강조 표시하고, 이벤트가 발생한 간격을 음영 처리하고, 이벤트 패턴을 표시한다. 이제 데이터에서 발견된 두 이벤트도 쉽게 시각화할 수 있다.

```
plot_event(results['output']['inference_results'][0], df_pd)
```

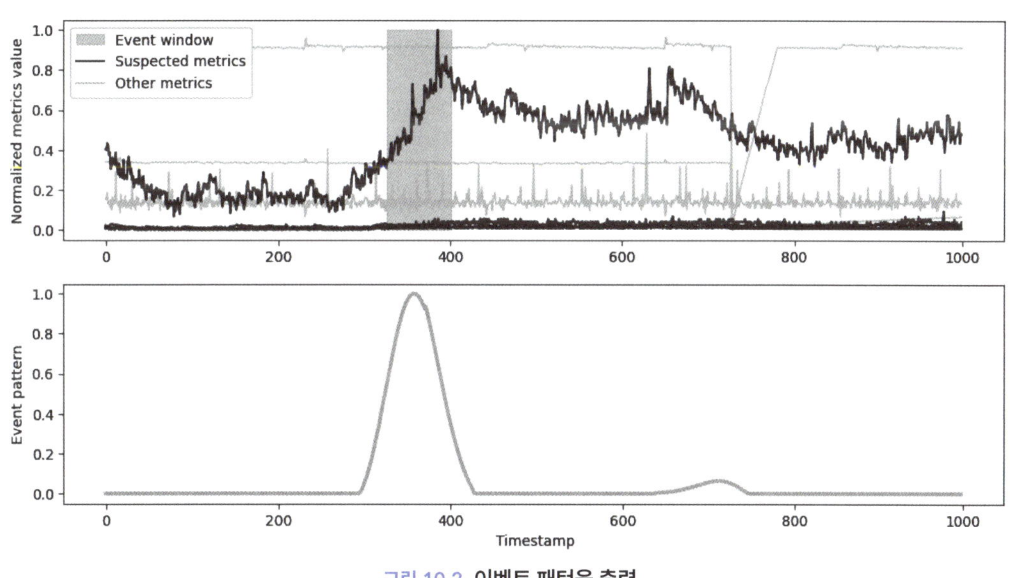

그림 10.3 **이벤트 패턴을 출력**

```
print("Event window for second event", results['output']['inference_results'][1]['event_
window'])

print("Suspected metrics", results['output']['inference_results'][1]['suspected_metrics'])
```

첫 번째 이벤트는 타임스탬프 325와 401 사이에서 발생하며 데이터의 첫 번째 플롯에서 명확하게 볼 수 있는 큰 상승이 특징이다. 그러나 알고리즘은 이 기간 동안 더 미묘한 변화를 표시하는 여러 다른 메트릭을 발견하고, 이와 연관시켰다. 플롯을 보면 단 하나의 메트릭만이 이벤트에 크게 기여하는 것으로 나타난다. 그러나 주요 메트릭 없이 자세히 살펴보면, 같은 기간 동안 다른 메트릭의 변화가 관찰된다. 이를 시각적으로 보여주기 위해 다른 메트릭을 표시해보자.

```
ixs = [x for x in results['output']['inference_results'][0]['suspected_metrics'] if x!=6]
event_start, event_end = results['output']['inference_results'][0]['event_window']
plt.figure(figsize=(12, 4))

for i in ixs:
    plt.plot(df_pd.iloc[i], alpha=0.8, color = cm(vals[i]))

plt.fill_between(results['output']['inference_results'][0]['event_window'], 0, 0.1, color='
skyblue', alpha=0.6)
plt.show()
```

여기서 suspected_metrics은 이벤트의 일부인 모든 메트릭의 인덱스가 포함된 리스트이다. 이는 이벤트가 발생한 동안 어떤 메트릭이 상호 연관되었는지 설명한다.

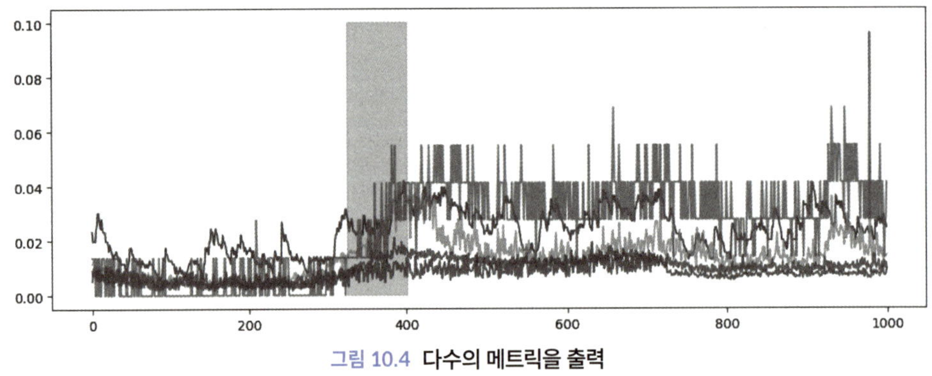

그림 10.4 **다수의 메트릭을 출력**

다음으로 두 번째 이벤트를 플로팅하자.

```
plot_event(results['output']['inference_results'][1], df_pd)
```

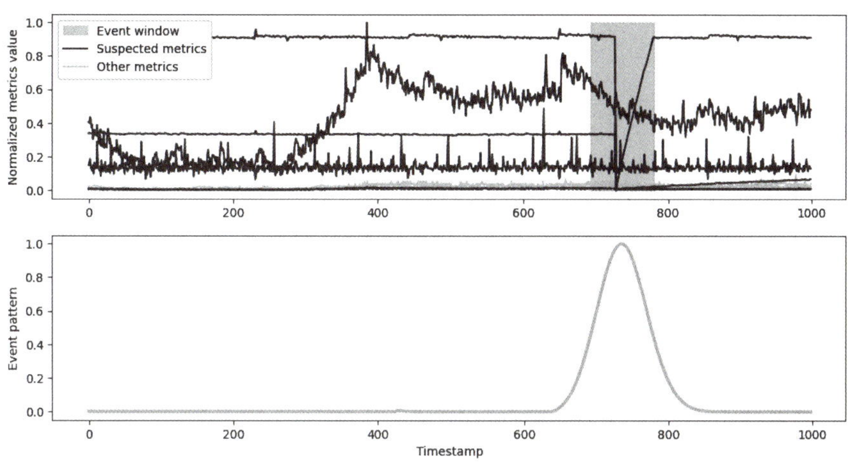

그림 10.5 **두 번째 이벤트를 출력**

```
print("Event window for second event", results['output']['inference_results'][1]['event_
window'])

print("Suspected metrics", results['output']['inference_results'][1]['suspected_metrics'])
```

두 번째 이벤트는 타임스탬프 692와 780 사이에서 발생하며, 초기 플롯에서 다시 명확하게 볼 수 있었던 급격한 하락을 포착한다. 여기에서 하락은 이 간격 동안 상승에서 느린 상승으로 동작이 변경되는 여러 메트릭과 함께 두 번째 작은 하락과 자동으로 상호 연관되어 있다.

10.5 IT 운영 데이터

AIOps는 CMDB 등 다양한 운영 데이터를 필요로 하지만 필요한 데이터를 수집하기 어려워 결과가 좋지 않은 게 현실이다. 지금까지 설명한 것처럼, 관측 가능성 데이터는 데이터 파이프라인을 통해서 수집하고, 검색, 분석, 집계가 가능하도록 구조화해서 데이터 레이크에 저장하는 것이 좋다.

AIOps에서 필요한 데이터에 대해 되돌아보면, 상용 관측 가능성 AIOps가 실패하는 원인은 데이터 부족과 폐쇄성 때문이다. 상용 관측 가능성 AIOps는 외부 학습 데이터를 추가하는 기능을 제공하지 않으며, 상용 관측 가능성에서 외부로 데이터를 반출하는 것도 기술적인 제약이 많다. 필요로 하는 데이터가 많으므로 그림 10.6처럼 다양한 시스템과 파이프라인이 구성되어야 한다.

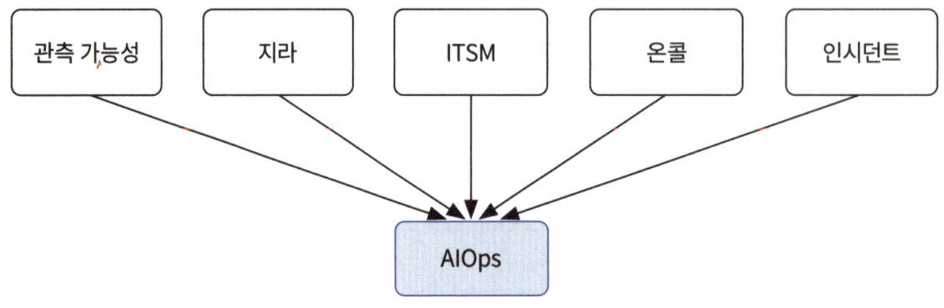

그림 10.6 **AIOps의 데이터 소스**

현재 AIOps에 필요한 데이터를 모두 제공하는 상용 관측 가능성 설루션은 없다. 따라서 SRE가 단기간에 노하우를 쌓기는 어렵지만, 장애 분석을 위해 AIOps를 적용하는 사례가 많아지고 있다. 예를 들어 '모바일 앱에 지연이 길어져 사용자 만족도가 낮아지고 있는데, 네트워크, 애플리케이션, 데이터베이스 중에서 문제가 발생하는 지점은 어느 영역인가?'라는 질문이 주어진다고 가정해보자.

상용 관측 가능성 AIOps에서는 시간 순서대로 시스템의 내부 호출 경로를 분석해서, 초기에 문제가 발생한 지점과 다른 영역에 미치는 영향도를 분석한다. 그래서 문제가 처음으로 발생한 영역과 전파가 발생한 영역을 구분하고, 근본 원인 분석을 예측한다. 근본 원인 분석 프로세스는 다양한 데이터를 포함한다. 만약 AIOps에서 관측 가능성 데이터만 사용한다면, 제한된 주제만 AIOps에서 이해하게 된다.

IT 운영은 더 많은 주제와 데이터를 필요로 한다. 애플리케이션과 인프라 관측 가능성 데이터 외에도 CMDB, 배포 등이 필요하다. IT 운영이라는 큰 범위에서 관측 가능성은 일부분에 해당한다. 현재의 관측 가능성은 애플리케이션에 집중하고, 부분적으로 인프라를 지원하고 있다. AIOps는 관측 가능성 외에도 다양한 주제의 데이터를 필요로 한다(빌드 배포, 유지 보수, 지라 티켓, 가용성, MTTR, 알람, 이상 탐지, 리소스, 비용 등).

CMDB 또는 관측 가능성이 AIOps 구성에 적합한지 고려해야 한다. 과거에는 IT 운영이 CMDB를 중심으로 이루어졌지만, APM의 성능 관리를 포함한 관측 가능성이 플랫폼으로 발전하고 있다. CMDB에서 관리해야 하는 데이터(운영에 필요한 배포, 변경, 프로브)가 관측 가능성에서 중복으로 관리되고 있다.

대략적으로 입수되는 데이터의 유형에 따라, 다양하게 자동화가 가능하다. 먼저 메트릭 상관관계의 데이터 소스는 메트릭과 추적처럼 정형 데이터다. 메트릭은 인프라와 애플리케이션 모두에 적용 가능하지만, 추적은 애플리케이션에만 적용할 수 있다는 제약이 있다. 다음으로 이상 탐지의 데이터 소스는 로그와 이벤트처럼 비정형 데이터다. 로그도 정형 데이터가 될 수 있기 때문에 명확한 구분은 어렵다. 이벤트는 인프라보다는 비즈니스와 애플리케이션에 더 가깝다고 할 수 있다.

메트릭 상관관계와 이상 탐지에 AI를 적용해서 자동화할 것이다. 앞에서 설명한 근본 원인 분석 데이터 모델에는 구조적인 형태로 이미 전 구간에 데이터를 포함하고 있다. 정확도 측면에서 근본 원인 분석 데이터 모델은 AI보다 정확하다. 가장 정확한 데이터 소스로 사용할 수 있다. 근본 원인 분석 데이터 모델은 다수의 테이블이 조인되어서 구성된다. 유사도만으로 측정하는 벡터 데이터베이스에 임베딩하면 정확도가 떨어질 수 있다.

10.5.1 대시보드

대시보드는 그림 10.7처럼 구성된다. 크게 머신러닝 기반의 이상 탐지를 사용하는 상단과 LLM 프롬프트를 구현한 하단으로 구성된다.

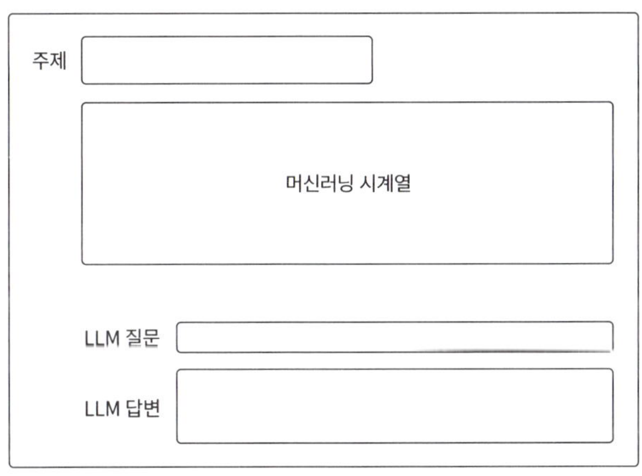

그림 10.7 **AIOps의 대시보드**

과정은 다음과 같다. 사용자는 결과를 보고, 근본 원인 분석 결과를 판단할 수 있는 경험과 지식이 필요하다.

1. 주제에 따라서 다양한 이상 탐지를 제공하며, 사용자는 주제를 선택할 수 있다. 메트릭 상관관계를 사용하는 것도 가능하다.
2. 시계열 그래프를 통해서 이상치를 식별할 수 있다.
3. 식별된 이상치에 대한 질문을 프롬프트에 입력한다.
4. LLM은 근본 원인 분석을 답변한다.

AIOps 대시보드는 기존 근본 원인 분석 대시보드에서 하단에 프롬프트를 추가한 것이다. 대시보드 개수가 많으면 좋지 않다. AIOps 대시보드는 근본 원인 분석 대시보드에 포함될 수 있다. 근본 원인 분석과 장애 목록 데이터 모델을 사용하고, 이를 조인하려고 시도하자. 유용한 소수의 대시보드만으로 운영을 개선하고 자동화하는 게 좋다.

AIOps 대시보드에 필요한 데이터는 벡터 데이터베이스 내 지식 베이스와 LLM에서 관리된다. 단, 상용 관측 가능성은 확장성이 부족하다(데이터를 추가하는 것이 어렵다). 오픈소스와 상용 관측 가능성은 모두 기업 내부의 데이터를 제한적으로만 수집한다. 따라서 전 구간 추적에 실패하거나, 관측 가능성 데이터 모델을 이해하지 못한다.

머신러닝은 장애 카테고리를 추론하기 이전에 콘텍스트를 이해하고 범위를 줄이기 위한 용도로 사용했다. 장애 카테고리 예측 및 자세한 질문 답변을 위해서는 LLM을 사용했다. 알고리즘 하나로 다양한 추론을 처리하는 것보다 개별 알고리즘은 잘할 수 있는 역할만 수행하는 게 좋다.

10.5.2 높은 품질의 데이터

AIOps는 높은 품질의 데이터를 필요로 하므로, 데이터를 수집하고 쿼리할 수 있도록 구조화하는 것이 중요하다. 관측 가능성은 CMDB를 포함한 다양한 데이터와 조인이 필요하다. 관측 가능성 내 근본 원인 분석 데이터 모델을 구성하고, 다른 시스템의 데이터와 조인하자.

AIOps와 이상 탐지처럼 시간이 오래 걸리는 복잡한 서비스로 처음부터 시작하는 것보다는, 초기에는 대시보드를 사용해서 전체적인 흐름과 데이터에 대해서 이해하는 과정을 거치는 게 좋다. 대시보드를 사용해서 데이터와 프로세스에 대한 이해를 높이고, 점진적으로 이를 자동화하는 과정에서 AIOps로 전환하는 것이 바람직하다. 프로세스, 데이터, 기존 문제점에 대한 분석 없이 곧바로 AIOps와 이상 탐지를 적용한다면, 이상치와 문제가 식별되더라도 SRE는 판단할 수 없을 것이다. SRE는 AIOps가 생성한 결론이 정확한지 여부를 판단할 수 있는 수준을 갖춰야 한다. AIOps가 잘못된 판단을 하는 경우도 많기 때문이다.

관측 가능성 데이터는 지연, 성능, 에러 등 데이터를 관리한다. AIOps는 관측 가능성을 포함한 다양한 데이터를 포함해야 한다. AIOps 유스케이스가 특별한 것이 아니고, 일반적인 IT 운영에서 손쉽게 접하고 자동화할 수 있는 경우가 대부분이다.

AIOps의 유스케이스를 생각해보자. 먼저 알람은 간단한 개념이지만, 알람의 노이즈를 줄이는 것은 어려운 작업이다. SLO, 이상 탐지 등에서 광범위하게 알람을 사용하므로 AIOps를 사용해서 알람을 고도화할 수 있다.

에러는 알람과 유사한 라이프 사이클을 갖는다. 하지만 동일한 근본 원인 분석에 대해서, 다수의 다른 에러를 포함할 수 있다. 근본 원인에 해당하는 에러는 소수이지만, 에러가 전파되고 중첩되기 때문에 다수의 에러가 발생할 수 있다. 애플리케이션 에러와 인프라 에러가 중첩되고, 네트워크 계층의 에러도 중첩될 수 있다. 에러는 서비스의 가용성에 영향을 주는 사용자 관점의 에러와 시간 순서대로 초기에 발생한 근본 원인 에러로 분리해서 접근하는 것이 유용하다. 이상 탐지, 알람, 에러는 관측 가능성에서 관리하는 것이 일반적이고, 인시던트와 이슈는 지라를 많이 사용한다.

배포, 변경, 온콜, 이슈 등에 기록되어야 하는 정보는 조직(시스템 운영자, 개발자, 팀과 개인, 역할 등)이다. 조직은 항상 변하므로 변경이 발생 시 동기화해야 한다. 조직은 엑셀로 관리하고, 변경이 발생할 때마다 업데이트하는 것이 지금도 일반적이다.

비용이나 자원도 고려할 수 있다. 클라우드의 경우 API로 호출하는 것보다 CSV로 다운받아서 비용을 관리하는 데이터베이스에 추가하는 것을 권장한다. 서비스와 리소스, 태그 등의 엔터티는 CMDB에서 관리하지만, 지금은 관측 가능성 에이전트에 의해서 수집될 수 있다.

이 외에도 성능, 구성 정보, 변경 정보, 서비스와 리소스 정보, 카탈로그 등이 필요하다.

참고로 에이전트에 의해서 구성되는 서비스, 리소스는 신호가 아니다. 그림 10.8은 신호의 메타데이터다. 태그는 신호가 아니라, 엔터티에 추가된다. 가급적 태그의 사용을 최소화하고, 상관관계를 확장하도록 구성해야 한다. 관측 가능성은 서비스, 리소스에 대한 소스의 원천이 될 수 있다. 이러한 아키텍처에서는 연계를 최소화하고, 운영과 유지 보수가 보다 단순하게 구성될 수 있다.

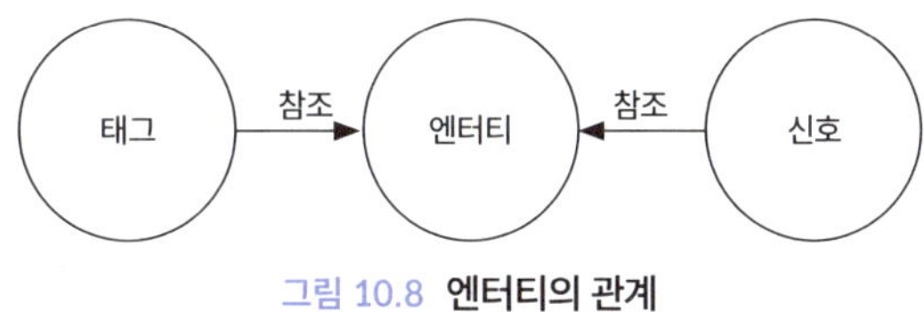

그림 10.8 **엔터티의 관계**

10.5.3 CMDB

IT 운영은 광범위하고, 다양한 운영 시스템이 존재한다. CMDB(configuration management database)는 운영에서 사용되는 대부분의 데이터를 수집해서, 중앙에서 저장하고 관리한다. 장애 대응과 운영 능력이 우수한 회사는 CMDB를 잘 구성한 회사들이 대부분이다. 관측 가능성만으로 장애 대응과 운영 능력이 향상되지는 않는다. 관측 가능성은 문제 식별과 해결에 집중할 수 있도록 도와주지만, 조직과 업무 프로세스, 커뮤니케이션을 향상하기는 어렵기 때문이다.

CMDB는 구성 관리 데이터베이스로, IT 조직에서 사용하는 하드웨어, 소프트웨어, 네트워크 간 관계를 명확히 하는 파일이다. CMDB는 하드웨어, 소프트웨어, 시스템, 시설, 심지어는 직원과 같은 항목 구성에 대한 정보를 저장한다. 이 구성 데이터에는 항목 간의 상호 의존성, 각 항목의 변경 기록, 클래스 및 특성(예: 유형, 소유자, 중요도)이 포함될 수 있다. 추적해야 하는 항목과 추적 방법을 정의하는 것은 IT 조직의 일이다.

CMDB에서는 이러한 추적 항목을 CI(configuration item)라고 한다. CI의 정의는 'IT 서비스를 제공하기 위해 관리해야 하는 모든 컴포넌트'다. CI의 예로는 라우터, 서버, 애플리케이션, 가상머신이 있다.

CMDB의 목표는 더 나은 비즈니스 의사결정을 내리고 효율적인 ITSM(IT service management) 프로세스를 실행하는 데 필요한 정보를 제공하는 것이다. 모든 구성 정보를 중앙집중식으로 유지하면 운영자는 중요한 CI와 그들의 관계를 더 잘 파악할 수 있다. CMDB는 영향 분석, 근본 원인 분석, 법적 컴플라이언스, 인시던트 관리 및 변경 관리에 중요하다.

CMDB가 해결하는 핵심 문제는 사일로화된 데이터와 오래된 정보이다. CMDB를 구현하기 전 대부분의 조직은 소유자가 다양한 데이터가 여러 시스템에 분산되어 있어서, 모든 CI와 해당하는 상호 의존성을 한눈에 확인할 수 없었으며, 어떤 것이 최근 정보인지 오래된 정보인지 파악하기가 어려웠다.

이러한 이유로 팀은 의사결정을 내릴 때, 중요한 콘텍스트를 이해하지 못하게 된다. 이는 위험 평가 및 보고에 영향을 미치고 의사결정을 저해하며 이슈 해결이 느려지고, 궁극적으로 재무 및 평판 측면에서 비즈니스에 손실을 줄 수 있다.

예를 들어 CI A의 데이터는 한 부서에 있고, CI B는 다른 부서에 있다고 가정해보자. CI B는 제대로 작동하기 위해 CI A에 의존한다. 그러나 CI A 부서에서는 유지 관리를 위해 오프라인으로 전환하기로 결정할 때, CI B에 미치는 영향을 알 방법이 없다. 팀 간에 혼란만 야기하고 최악의 경우 주요 인시던트로 발전할 수 있다. 이러한 시나리오를 피하기 위해 필요한 것은 효과적인 CMDB뿐이다.

CMDB는 변경 관리, 인시던트 관리, 문제 관리를 비롯한 여러 핵심 ITSM 관행을 개선한다. 복잡성을 줄이고 오류를 방지하며 보안을 강화하고, 변경 및 인시던트 관리와 같은 ITSM 관행이 원활하게 실행되도록 지원한다.

관측 가능성은 신호 외에 디스커버리를 통해서, 서비스와 리소스 등 엔터티를 구성한다. 엔터티 간에는 많은 관계와 속성을 포함하고 있다. 엔터티는 수집되는 신호의 메타데이터 역할을 한다. 문제는 CMDB에 정의된 서비스와 리소스 등 엔터티와 차이가 있거나 충돌이 발생할 수 있다는 점이다. 관측 가능성의 디스커버리를 통해서 다양한 운영 활동을 개선할 수 있다.

다시 말하지만 AIOps가 성공하기 위해서는 다양한 데이터가 필요하다. 관측 가능성만으로는 AIOps를 구현할 수 없다. 장애가 발생하는 이유는 다양한데, 과부하로 인해서 발생하는 장애보다 애플리케이션과 인프라의 변경으로 인한 장애가 더 빈번하다. IT가 아니라 외적인 부분에서도 장애가 발생할 수 있다. 근본 원인 분석을 위해서 관측 가능성만의 세부적인 문제에 집중하기 이전에, IT 운영 수준에서 변경이 발생했는지, 변경이 관측 가능성에 어떠한 영향을 주는지 이해하는 것이 더 중요하다. AIOps의 실패 원인은 데이터의 부재이고, 데이터 품질이 낮기 때문이다.

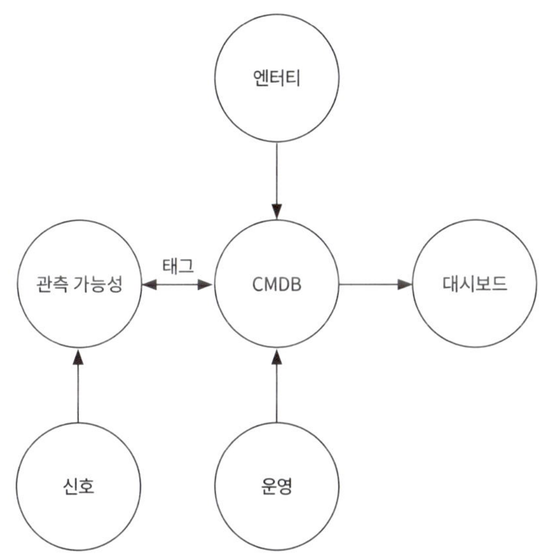

그림 10.9 **관측 가능성과 CMDB 간 관계**

CMDB를 구성하면 높은 수준의 자동화를 할 수 있다. 이를 관측 가능성과 연계하고 AIOps를 구성할 수 있다. CMDB는 API를 통해서 엔터티를 수집한다. 관측 가능성은 CMDB 구성에 더 나은 설루션을 제공한다. 관측 가능성은 에이전트를 사용하므로 CMDB보다 구체적이고 자동화할 수 있다. 리소스, 서비스 등의 정보를 수집하기 위해서는 API가 적합하지만, 깃허브에서 직접 파싱해서 수집하는 경우도 있다. 관측 가능성 데이터 레이크를 사용하면, SRE는 다른 팀의 도움 없이 인프라의 엔터티를 조회하고, 다양한 목적으로 활용할 수 있다. 이는 시간과 비용을 절감하는 좋은 방법이다.

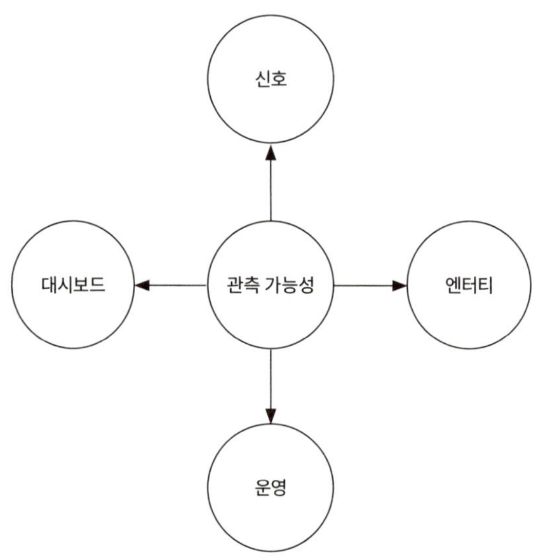

그림 10.10 **관측 가능성 중심의 AIOps**

그림 10.10을 보면 관측 가능성이 CMDB 대신 서비스와 리소스를 관리함에 따라 향후 운영 아키텍처의 변화가 예상된다. 런북은 고객별로 표준화된 에러를 기반으로 특정 에러를 상세화하는 과정이 필요하지만, 이 책은 런북을 AIOps의 소스로 활용하는 내용만 다룬다. 이제까지 설명한 장애들에 대해서 보다 상세한 런북이 작성되고 비즈니스 프로세스에 연계되어 AIOps에 제공되어야 한다. 그래야만 AIOps가 성공할 수 있다.

10.6 장애 목록 데이터 모델

AIOps의 핵심은 데이터다. LLM과 RAG 등 기술만으로는 AIOps가 성공할 수 없다. 장애 사례와 에러 기록은 AIOps 구현을 위한 중요한 데이터 소스로 활용될 수 있다. 생성형 AI가 정확하게 답변하기 위해서는 지식 베이스를 구성하고, 생성형 AI가 원인을 분석할 수 있도록 프롬프트를 보강하고, LLM에게 풍부하게 힌트를 제공해줘야 한다. 지식 베이스와 힌트가 바로 여기에서 설명하는 장애 목록 데이터 모델이 될 것이다.

AIOps와 이상 탐지가 실패하는 이유는 지식 베이스와 힌트가 제공되지 않거나, 부정확하기 때문이다. AIOps가 성공하기 위해서는 정확한 데이터가 필요하고 벡터 데이터베이스에 적재되어야 한다.

이 책에서는 크게 다음과 같이 장애를 분류하고자 한다. 자동화된 AIOps도 이와 유사한 장애를 식별할 수 있어야 한다. 각 상위 분류는 다양한 하위 분류를 포함하고 있다.

1. **마이크로서비스**: 멀티 클라우드를 사용하는 경우에는 다양한 클라우드 간에 통신이 필요하고, 보안 등이 복잡해질 수 있다.
2. **레거시 애플리케이션**: EAI 서버와 커널, 가상머신을 통해서 간접적으로 레거시를 계측해야 한다.
3. **시스템 리소스**: 커널, CPU, 메모리, 디스크, 네트워크에서 발생하는 장애이다.
4. **클러스터**: 일래스틱서치, 카프카, 레디스, 쿠버네티스는 다수의 노드로 이루어진 클러스터를 구성한다.
5. **서버 프레임워크**: API 서버, 메시지 서버, CDN, 로드 밸런서 등이 서버 프레임워크에 포함된다.
6. **레거시 미들웨어**: EAI, ETL, MDM, MFT, BPM, 배치는 레거시 미들웨어에 해당한다.
7. **데이터 파이프라인**
8. **데이터 정합성**
9. **관측 가능성**
10. **데이터베이스**
11. **클라이언트**

장애 목록 구성은 대분류 11개, 중분류 50개, 소분류 400개 정도로 이루어져 있다. 중분류는 레거시 미들웨어를 예로 들면 EAI, ETL, MDM, MFT, BPM, 배치가 될 수 있다. 소분류는 개별 장애 사례로 볼 수 있다. 대분류와 중분류는 이상 탐지와 메트릭 상관관계에서 처리되고, 소분류는 LLM에서 처리된다.

전 구간 추적도 중요하지만, 전 구간에서 발생하는 장애도 중요하다. 어느 구간에서든 장애가 발생할 수 있기 때문이다. 예를 들어 다음 그림처럼 EAI 서버를 중심으로 다양한 레거시 미들웨어를 연계하고, 관측 가능성을 구성한다. 처리 흐름을 이해하면, 중요 구간을 식별하고 장애를 해결하는 데 도움이 된다.

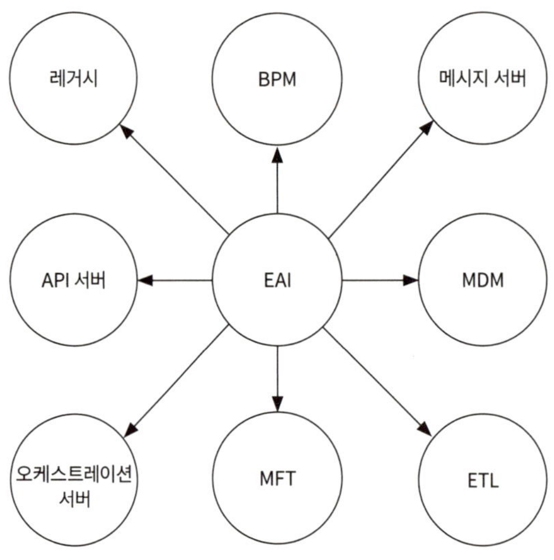

그림 10.11 **EAI 서버 중심의 AIOps**

지면상 400개 장애 목록을 열거하는 것은 생략하고, 여기에서는 몇 가지 대분류의 특성 위주로 간단히 살펴보고 넘어가겠다.

10.6.1 시스템 리소스 장애

시스템 리소스에서는 경합, 간섭으로 인해서 지연이 발생한다. 마이크로서비스 아키텍처에서 네트워크 장애는 SPOF가 될 수 있다. 시스템 리소스는 CPU, 메모리, 디스크, 커널을 포함하며, 다양한 지연과 에러가 발생할 수 있다. 장애의 범위가 크고, 다양한 서비스가 지연과 장애의 영향을 받는다. 시스템 추적을 통해서는 경합, 대기, 간섭, 포화, 혼잡, 버그, 결함과 같은 지연과 장애를 식별할 수 있다. 자바의 경우 스레드, 메모리, 잘못된 개발 방식 등으로 인해서 장애가 발생한다.

10.6.2 클러스터 장애

클러스터 장애는 WAL, 복제 개수, 버퍼링, 배치, 리밸런싱, 샤드, 파티션, 압축, 병합, 티어링, 스큐, 분배, 쿼럼 정족수 합의, 가십, 하트비트, 읽기 캐시, 플러시, 블록 크기, 쓰기와 읽기 경로의 스케일 아웃, 데이터 정합성, 클러스터 운영 등으로 구분될 수 있다. 클러스터는 장애를 극복할 수 있는 다양한 방법이 있다. 일부 노드가 다운되거나, 이용 불가능한 상태가 되더라도 작은 지연이 발생할 뿐, 서비스 제공에는 문제가 없어야 한다.

10.6.3 서버 프레임워크 장애

먼저 API 서버는 요청에 정책을 적용하고 백엔드로 트래픽을 라우팅한다. 그림 10.12에서 API 서버는 요청에 정책을 적용하고 트래픽을 백엔드로 라우팅한다.

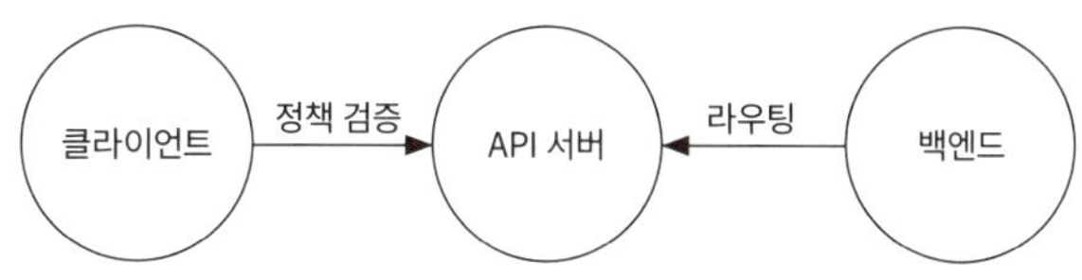

그림 10.12 **API 서버의 처리 과정**

API 서버는 구성 정보와 로그를 위해서 데이터베이스를 사용한다. 데이터베이스에 장애가 발생해서, API 서버로 장애가 전파된다. 캐시를 사용하는 레이트 리미트, 서킷 브레이커를 잘못 사용하면 장애가 발생할 수 있다.

일반적인 상태가 없는 웹서버와 다르게, API 서버는 상태를 관리하고 이로 인해서 장애가 발생한다. 커널 파라미터, 스위치, CDN, 네트워크 구성도 API 서버의 장애에 영향을 준다.

다음으로, 메시지 서버는 관측 가능성 구성 시 제약이 발생하는데, 메시지 서버의 프로토콜이 표준이 아니므로 수동 계측이 필요한 경우가 빈번하게 발생할 수 있다.

- JMS 큐에 처리되지 못하고 펜딩된 메시지의 개수가 증가한다.
- JMS 헤더에 재전송 플래그가 잘못 구성되고, 컨펌과 체크포인트로 인해서 메시지 전달이 보증되지 않는다.
- 카프카 오프셋이 잘못 구성되어, 장애 발생 시 메시지가 유실되거나 메시지가 중복으로 처리된다. 중복으로 처리되면 메시지의 개수가 증가된다.
- 비정상적인 종료가 발생하더라도, 메시지에 유실이 발생한다.
- 메시지가 만료되어서 유실이 발생한다.
- 예외와 에러에 대한 예외처리가 정확히 구성되어야 한다.

10.6.4 레거시 미들웨어 장애

레거시 미들웨어는 다양한 애플리케이션과 연계되고 공통 서비스인 경우가 많으므로 큰 장애가 될 수 있다. 여기에서는 EAI, BPM, ETL, MFT, 배치 미들웨어만 살펴본다.

❶ EAI 서버

그림 10.13에서 EAI 서버는 소스 애플리케이션에서 이벤트를 구독하고, 타깃 애플리케이션으로 이벤트를 발송한다. 이를 위해서 다양한 어댑터가 지원된다. 주로 애플리케이션 간 연계에 사용된다.

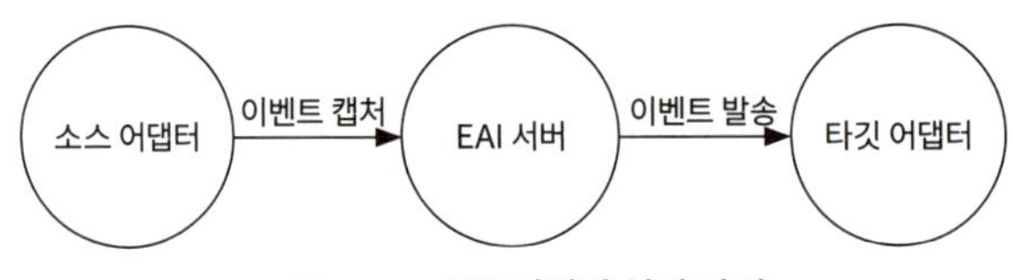

그림 10.13 **EAI 서버의 처리 과정**

EAI 서버의 장애와 관련해서 유의할 점은 다음과 같다.

- 재전송, 체크포인트, 컨펌이 정확히 구현되어야 하며, 데이터 정합성에 문제가 발생하면 안 된다.
- 소스와 타깃 애플리케이션에 장애가 발생하고, EAI 프로세스에 전파되어 에러가 발생한다. 데이터 유실이 발생하면 안 된다.
- 요청에 대한 새로운 스레드를 생성하지 못하는 경우가 발생할 수 있다. 스레드 개수를 늘리거나, 타깃 애플리케이션의 처리량을 늘린다.
- 정확하게 예외처리를 구성해야 한다. 예외와 에러를 식별해서, 재처리할 수 있어야 한다.
- 재시도 개수와 타임아웃을 설정한다.
- 인스턴스의 충분한 최소, 최대 메모리를 설정한다.
- 클러스터를 중지, 재시작하는 순서가 올바르지 않으면, 메시지가 유실될 수 있다.
- 변환이 잘못되거나, 메시지 검증이 잘못될 수 있다.

❷ BPM 서버

그림 10.14처럼 외부에서 BPM 서버를 호출하여 케이스를 생성하고, 사용자는 워크플로 내 스텝을 승인해서 케이스를 완료한다. BPM 서버의 폼이 외부 포털과 연계되거나, 상태 업데이트가 큐에 전송되는 등 다양하게 외부 시스템과 연계할 수 있다.

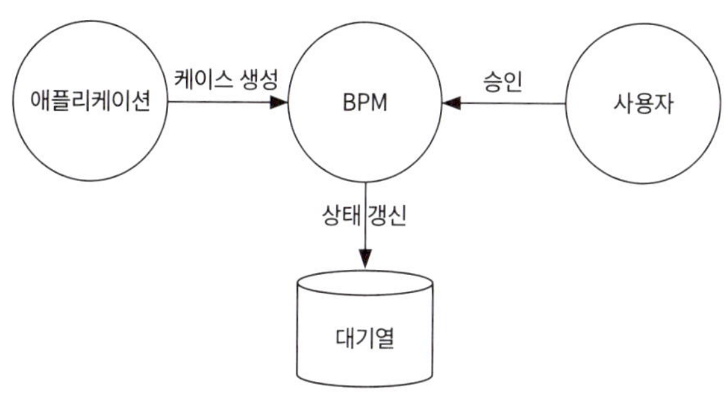

그림 10.14 **BPM 서버의 처리 과정**

BPM 서버에서는 메시지 서버와 외부 애플리케이션과 요청 응답 시 장애가 발생한다. 처리 실패 시 에러 대기열에서 에러를 분석 후에 재시도를 하도록 구성해야 한다.

외부 요청에 의해 케이스가 생성되고, 상태 업데이트는 메시지 서버의 대기열로 전송한다. 단순 연계보다 RPA 등 데이터 정합성에 문제가 생겨서 케이스가 실패하는 경우가 발생한다. 스텝의 상태 관리 등 개발이 많아 오류의 가능성이 높다. 케이스 생성보다 데이터 정합성에 문제가 발생해서 케이스가 실패할 수도 있다.

3 ETL 서버

그림 10.15와 같이 ETL 파이프라인은 소스 데이터에서 추출하고, 처리 과정 중에 조인과 룩업을 통해서 데이터는 보강될 수 있다. 타깃 데이터베이스로 로딩 후에 파이프라인을 완료한다. 데이터 웨어하우스, 데이터 마트, 데이터 레이크, 실시간 스트리밍 등 다양한 목적으로 활용된다.

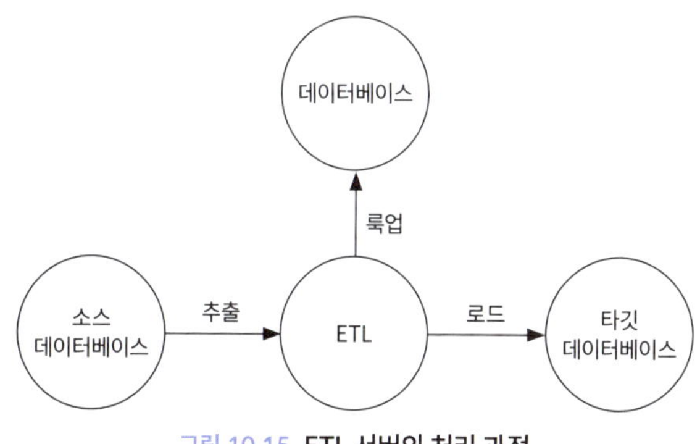

그림 10.15 **ETL 서버의 처리 과정**

ETL 서버의 장애 사례는 다음과 같다.

- 증감분을 정확하게 처리하는 것이 어렵다.

- 파이프라인의 버그로 인해서 데이터의 누락과 유실이 발생할 수 있다.
- 데이터 정합성에 문제가 발생해서 재처리가 필요한 경우가 발생한다.
- 스키마 변경으로 인해서 파이프라인 처리 과정에서 에러가 발생할 수 있다.
- 소소의 패치 개수, 타깃의 커밋 개수, 파이프라인은 데이터를 가져온 후 메모리에 데이터를 저장하므로 데이터양을 고려한 메모리 설정이 되어야 한다.
- 배치 서버에 문제가 발생해서, ETL 잡이 실행되지 않는다.
- 성능 저하로 정해진 시간 내 처리되지 못하고, 후속 처리에 영향을 준다.
- 타깃에 로딩하는 과정에서 장애가 발생한다. 일부는 성공적으로 로딩되었다. 이 경우에는 로딩에 실패한 데이터부터 재처리하거나, 처음으로 다시 재처리를 해야 한다. 다양한 재처리 방안이 필요하다.

4 MFT 서버

MFT 서버는 파일 전송을 관리한다. 예를 들어 파일 전송을 에이전트에게 지시하거나, 파일 전송에 필요한 구성을 관리한다. 그림 10.16처럼, 전송되는 파일의 개수가 많고 재전송 보장 및 보안이 필요한 경우에 MFT를 사용한다.

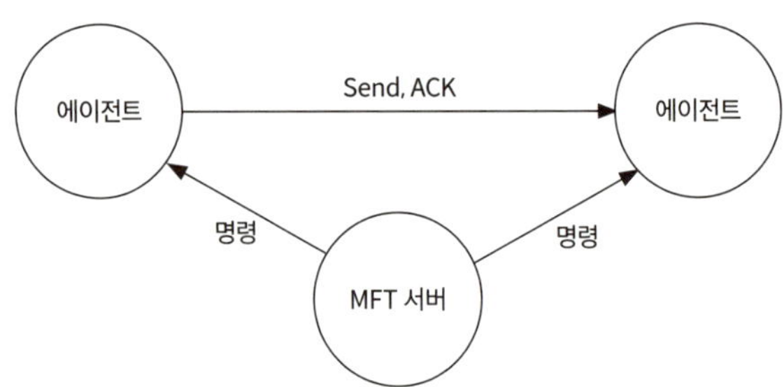

그림 10.16 **MFT 서버의 처리 과정**

MFT 서버의 장애 사례는 다음과 같다.

- 네트워크 스위치 교체로 인해서 초당 전송되는 양이 줄어든다.
- 에이전트가 ACK를 보내지 않아서 불필요하게 파일을 재전송한다.
- 에이전트가 재시작하고 다수의 파일 전송이 동시에 처리되면, 내부 네트워크 대역폭이 부족한 상황이 발생할 수 있다. 에이전트가 불안정하고, 장애가 자주 발생한다.

5 배치 서버

다양한 유형의 배치가 존재한다. 예를 몇 가지 들면 다음과 같다.

- Cron에 등록되어서 셸스크립트를 주기적으로 처리한다. 셸스크립트 내 오픈텔레메트리를 지원하는 오픈소스를 추가한다.
- 에어플로에 등록되어서 모든 처리 과정을 관리한다. 오픈텔레메트리는 에어플로를 지원한다.
- 스프링 스케줄러를 사용해서, 배치 잡을 스레드처럼 생성하는 경우도 있다.
- 레거시 배치는 Control-M에 등록되고, 배치 잡의 개수가 수만 개에 이르는 경우도 많다.

배치 서버의 장애 사례는 다음과 같다.

- 선행 배치에 장애가 발생해서, 후속 배치가 실행되지 못한다.
- 관측 가능성이 배치 서버와 분리되어 있거나, 배치 잡의 모니터링이 어렵다.
- 배치가 제시간 내 종료되지 않거나, 처리 중에 실패하거나, 배치 잡이 시작되지 않거나, 다른 배치 잡에 부정적인 영향을 주거나, 종료되지 않고 멈춰 있거나, 처리가 완료되지만 비정상 종료되는 등 에러가 발생한다.

10.6.5 데이터 파이프라인 장애

데이터 관측 가능성에서는 데이터 파이프라인에 추적을 적용한다. ETL처럼 배치도 유사하게 처리가 가능하다. 데이터 파이프라인은 매우 다양하고, 파이프라인에 관측 가능성을 적용하기 위해 개별 기술로 접근하는 것은 좋은 방법이 아니다. 에이전트를 사용해서 계측이 어렵다면, 로그를 사용한다. 그리고 로그에서 추적으로 변환하는 과정이 필요하다.

파이프라인은 기본으로 로그에 잡, 스텝 아이디를 출력한다. 스텝별로 시간이 출력된다. 오픈서치처럼 인덱스를 자동으로 인식하면, 시간별로 잡 아이디를 검색하고 스텝을 스팬으로 변환할 수 있다. 잡 아이디로 추적을 생성하고, 스텝을 스팬으로 생성한다. 로그 기반으로 전처리가 필요하다.

10.6.6 데이터 정합성 장애

복잡한 주문과 결제 프로세스를 처리하는 과정에는 다양한 서버가 함께 연계되고, 이로 인해 데이터 정합성의 오류가 발생할 가능성이 높다.

- 프로세스가 처리 도중에 실패하는 경우에는 재시도, 취소 등 다양한 방안이 필요하다.

- 애플리케이션의 버그와 오류로 인해서, 데이터의 정합성에 문제가 발생할 수 있다.
- 자동화된 방법보다 관리자가 수동으로 데이터의 정합성을 수정할 수 있다.
- 다양한 방법으로 데이터 정합성을 검증하는 방안이 구현되어야 한다.

먼저 오케스트레이션 서버 장애는 폴아웃 관리를 통해서 처리할 수 있다.

- PNR(point of no return) 이후에 발생한 장애는 수동으로 처리해야 한다. 수동으로 처리되면 데이터 정합성에 문제가 발생할 수 있다.
- 오케스트레이션이 다수의 애플리케이션과 연계한다. 폴아웃 관리가 가능하다. 개별 시스템이 아니라 오케스트레이션 과정에서 데이터 정합성에 문제가 발생하면, 해결이 복잡하고 시간이 오래 걸린다.
- 데이터 마이그레이션이 복잡하고, 데이터 정합성을 검증하기 위한 절차가 필요하다.

오케스트레이션 서버에서 발생하는 장애는 대부분 데이터의 일관성과 관련이 높다. 단순히 2개 데이터베이스 간의 분산 트랜잭션 처리가 아니고, 수십 개의 애플리케이션과 데이터베이스가 오케스트레이션되므로 이를 처리하는 과정에서 데이터가 망가지는 경우가 발생할 수 있다.

데이터를 동기화하거나 정합성을 검증하는 데 MDM 서버가 사용된다. 고객 MDM과 상품 MDM, 2개 유형의 MDM 서버가 있다. 먼저 고객 MDM은 고객 데이터의 중복을 검증하고, 데이터의 품질을 향상시킬 수 있다. 금융사에서는 레거시 부하를 줄이고, 데이터의 품질을 관리하기 위해서 고객 MDM을 사용한다.

다음으로 상품 MDM은 상품 데이터를 다양한 시스템으로 배포하고 기업의 애플리케이션에서 동일한 상품과 가격 데이터를 사용할 수 있게 한다(고객 관리와 빌링을 동기화). 상품은 많은 속성을 포함하고 있으며, 상품 구조는 계층적이다. 통신사의 상품은 1만 개 이상이며, 많은 속성과 복잡한 구조로 개발된다. 이에 복잡성을 줄이고 상품 데이터의 정합성과 배포의 편의성을 향상하고자 상품 MDM을 사용한다.

MDM 서버의 장애와 관련해 유의할 점은 다음과 같다.

- 신상품 출시를 위해서는 다양한 서버에 상품이 배포되어야 한다. 배포 시 실패하거나, 오류가 발생할 수 있다.
- 실시간으로 다양한 시스템과 연계하므로 MDM 서버에 장애와 지연이 발생하지 않도록 관리한다.
- 고객이 보유하고 있는 자산뿐만 아니라 고객이 다른 고객과 함께 공유되는 할인과 사용량을 할당받기도 한다. 예를 들어 가족이 결합되면 추가적인 할인이 제공된다. 결합 상품에는 많은

규칙이 필요하다. 다수의 상품과 할인을 가족끼리 공유하는 경우 가족 구성원이 추가되거나 제외되는 경우에는 제공되는 할인이 변경되어야 한다.

통신과 은행에서는 데이터 정합성에 대한 문제가 종종 발생하는데, 이는 심각한 오류다.

- 고객 계좌에 부정확한 이자가 지급되거나, 잘못된 계좌 이체가 진행된다.
- 빌링에 오류가 있어서 고객에게 잘못된 인보이스가 전송된다.

10.6.7 관측 가능성 장애

운영 중에 발생하는 지연과 장애를 정확하게 식별하기 위해서는 관측 가능성이 정확하게 구성되어야 한다. 관측 가능성 구축 시 유의할 점 및 발생하는 에러 사례는 다음과 같다.

- 로그 쓰기 경로만 카프카 등 메시지 서버를 사용해서 대용량 데이터를 처리할 수 있도록 파이프라인을 구성할 수 있다. 다른 신호는 장애 발생 시 메시지가 유실될 수 있다.
- 과도한 트래픽으로 인덱싱에 지연이 발생하거나, 파이프라인과 백엔드 서버에 OOM이 발생할 수 있다.
- 에이전트에서 OOM 에러가 자주 발생한다.
- 읽기 경로에 풀스캔이 자주 발생해서, 메모리 부족과 성능 저하를 자주 경험한다.
- 잘못된 구성으로 발생하는 오류가 빈번하다. 에이전트, 파이프라인, 읽기 경로, 쓰기 경로로 구분할 수 있다.
- 에이전트의 계측, 신호 데이터 정합성 에러가 자주 발생한다.

관측 가능성의 전체 데이터 모델은 다음과 같다.

- 주문 아이디와 페이먼트 아이디 등 비즈니스의 주요 아이디
- 서비스와 리소스 등의 엔터티
- 애플리케이션과 서비스에서 수집되는 8개 신호
- 커널과 하드웨에서 수집되는 시스템 리소스

이제까지 설명한 것처럼 관측 가능성은 많은 데이터를 이미 포함하고 있다. 이를 잘 활용하고 자동화함으로써 IT 운영을 자동화할 수 있다.

많은 개발자와 SRE가 데이터가 끊어지거나 필요한 데이터가 없다고 생각하는데, 관측 가능성은

비즈니스와 애플리케이션을 포함한 이미 모든 데이터를 포함하고 있는 것이 사실이다. 어떠한 비즈니스 리포트보다도 상세하게 출력이 가능하다. 별도로 CMDB를 구축할 필요가 없으며, 태그, 데이터 파이프라인, API 인터페이스가 필요 없다. 관측 가능성은 single source of truth이므로 이를 잘 활용해서 비용을 절감하고 생산성을 향상시켜야 한다.

10.6.8 근본 원인 분석 데이터 모델과 장애 목록 데이터 모델

이제까지 설명한 내용을 바탕으로 장애 목록 데이터 모델에 대해 다시 생각해보자. 예를 들어 다음 장애 유형을 보자.

대분류(장애 영역)	중분류(시스템)	장애 유형	소분류(장애 내용)
레거시 미들웨어	EAI 서버	데이터 정합성	메시지 재전송 시 컨펌. 체크포인트가 중요. 메시지 내 재전송 플래그를 구성
레거시 미들웨어	EAI 서버	잘못된 리소스 할당	EAI, ETL은 메모리의 최소, 최대
레거시 미들웨어	EAI 서버	데이터 정합성	메시지 변환 및 검증 실패
레거시 미들웨어	EAI 서버	잘못된 설정	잘못된 재시도, 타임아웃 설정
레거시 미들웨어	EAI 서버	데이터 정합성	비정상 종료 메시지 유실
레거시 미들웨어	EAI 서버	데이터 정합성	부정확한 예외처리로 메시지 유실
레거시 미들웨어	EAI 서버	데이터 정합성	EAI 예외처리 실패 시 잘못된 재전송

RAG를 사용해서 근본 원인 분석 데이터 모델과 장애 목록 데이터 모델을 조인해야 하는데, 근본 원인 분석 데이터 모델과 장애 목록 데이터 모델 간에는 조인하기 위한 키는 존재하지 않는다. 근본 원인 분석 데이터 모델에서 장애가 발생하는 애플리케이션과 데이터베이스를 확인할 수 있다. 구체적인 태그와 식별자가 없으므로 두 테이블 간의 관계가 보이지는 않으므로, SRE는 근본 원인 분석 데이터 모델에서 직접 에러를 확인하고 프롬프트에서 근본 원인 분석을 확인할 수 있다.

에러 메시지가 있고 애플리케이션명을 식별할 수 있다면, 이를 근거로 SRE가 프롬프트를 생성하는 데 도움이 될 것이다. EAI 서버 내 스텝에서 생성되는 스팬에는 레거시 이름이 정의되거나, ETL 서버 내 스텝에서 생성되는 스팬에서 데이터베이스 이름을 확인할 수 있다. 엔터티 간에는 관계가 있으므로 이를 통해 엔터티 간의 의존성을 확인할 수 있다. 엔터티와 신호 간의 관계에서도 필요한 데이터를 검색할 수 있다.

근본 원인 분석 데이터 모델은 시스템 추적도 포함하므로 시스템 리소스에서 발생하는 장애들도 이해할 수 있다.

10.7 요약

이 장에서는 AIOps를 활용해 근본 원인 분석과 운영 자동화를 구현하는 방법을 살펴봤다. 스레드 풀, 자바 가상머신, 엔진엑스 등의 장애 사례 및 메트릭 상관관계 알고리즘을 이용해 이상 이벤트를 자동 식별하는 데모도 살펴봤다. 운영 자동화를 위해서는 다양한 운영 데이터를 통합해야 하며, 이를 위해 필자는 관측 가능성과 CMDB를 연계하는 아키텍처와 장애 목록 데이터 모델을 제시했다. 정확한 데이터 모델과 고품질 데이터가 있어야만 AIOps가 효과적으로 작동할 수 있기 때문이다. 수백 개에 이르는 장애 사례를 정리하는 것은 필자에게도 유용한 경험이었다. 오래된 기억을 떠올리면서, 복습할 수 있는 좋은 기회이기도 했다.

CHAPTER 11

RAG와 MCP를 활용한 AIOps

AIOps 구현에 사용되는 RAG를 살펴보자. RAG(retrieval-augmented generation)는 효율적인 데이터 검색과 LLM을 결합하여, 정확하고 관련성 높은 응답을 생성하는 AI 기술로 부상했다. 최신 정보를 반영하여 답변의 부정확성이나 환각을 줄인다는 면에서, 많은 사용자의 관심을 받고 있다.

RAG를 사용해 AIOps를 구성하는 것이 이번 장의 목표이다. 2개 유형의 RAG를 개발할 것이다.

- 랭체인은 RAG를 구성할 수 있는 오픈소스다. 랭체인의 컴포넌트에 대해서 알아보고, 간단하게 에이전트와 도구를 사용해서 RAG를 개발한다.
- 오픈서치를 사용해서 신속하게 운영 가능한 수준의 RAG를 구현한다.

사용자가 질문을 한 이후 RAG 처리 과정은 다음과 같다.

- 의미적으로 가까운 단어나 문장은 가까운 값을 가진 벡터를 갖게 된다. 이 단계에서는 사용자의 질문을 벡터화한다.
- 데이터베이스에서 사용자 입력의 벡터를 검색하여 문장을 얻는다. 이를 통해 여러 개의 유사한 문장을 얻을 수 있다. 정확하지 않으며 다양한 지식을 결합할 수 없다.
- 언어 모델은 정보에서 더 정확한 답변을 생성할 수 있다.
- 지식 베이스에서 검색 결과와 질문을 결합하고, 프롬프트를 구축한다. 언어 모델을 호출하여 질문을 하고 답변을 얻는다.

관측 가능성의 데이터 분석이 목적이므로 랭체인을 자세히 설명하지는 않는다. AIOps를 쉽게 구축할 수 있는 방법을 중심으로 설명한다.

11.1 랭체인

랭체인은 LLM을 활용한 애플리케이션 개발을 지원하는 오픈소스 라이브러리이다. 랭체인에서는 다양한 모듈을 조합해서 복잡한 작업을 수행하는 애플리케이션을 만들 수 있다. 랭체인의 핵심은 에이전트다(오픈텔레메트리 에이전트와는 관련이 없는 다른 유형의 에이전트이다).

랭체인의 에이전트 모듈을 통해 사용자의 입력으로부터 답변으로 요구되는 것을 추론하고, 필요한 도구를 선택해 실행함으로써 최적의 답변을 도출한다. 랭체인에는 웹 검색 등의 지식이나 프로그램 실행 등의 계산 능력을 LLM에 부여하는 역할을 하는 도구가 준비돼 있다. 랭체인은 LLM을 활용한 애플리케이션 개발에 도움이 되는 다양한 모듈을 제공한다. 모듈은 개별적으로 사용할 수 있을뿐더러, 여러 개를 조합해서 복잡한 애플리케이션을 구축할 수도 있다.

주요 모듈은 다음과 같다.

- **LLM**: LLM 호출을 위한 공통 인터페이스
- **프롬프트 템플릿**: 사용자 입력에 따른 프롬프트 생성
- **체인**: 여러 LLM과 프롬프트의 입출력을 연결
- **에이전트**: 사용자의 요청에 따라 어떤 기능을 어떤 순서로 실행할 것인지 결정
- **도구**: 에이전트가 수행하는 특정 기능
- **메모리**: 체인 및 에이전트의 메모리 보유

AIOps를 구성하기 위해서는 다양한 컴포넌트가 필요하다. 랭체인에는 벡터 데이터베이스, 에이전트, 도구, 모델 등 다수의 컴포넌트가 함께 사용되므로 이들에 대한 지식이 필요하다. 운영에서 서비스를 하기 위해서는 컴포넌트를 잘 결합해야 하고, 이는 많은 경험을 필요로 한다. 오픈서치는 RAG 컴포넌트를 쉽게 운영에 배포할 수 있도록 도와준다. 이어서 각 모듈에 대해 간략하게 살펴보겠다.

11.1.1 LLM

랭체인은 다양한 LLM을 동일한 방식으로 이용할 수 있는 공통 인터페이스인 LLM 클래스를 제공한다. 이를 통해 애플리케이션에서 사용하는 LLM을 손쉽게 전환할 수 있다.

다음과 같이 LLM을 초기화한다.

```
from langchain.chat_models import ChatOpenAI

# LLM 준비
chat_llm = ChatOpenAI(
    model_name="gpt-3.5-turbo",  # 모델 아이디
    temperature=0  # 무작위성
)
```

LLM을 호출한다.

```
from langchain.schema import (
    SystemMessage,
    HumanMessage,
    AIMessage
)

messages = [
    HumanMessage(content="how to get cache hit rate?")
]
result = chat_llm(messages)
print(result)

messages_list = [
    [HumanMessage(content=" Why are only certain transactions experiencing high latency?")],
    [HumanMessage(content=" To find slow queries in OpenSearch?")]
]
result = chat_llm.generate(messages_list)

# 출력 텍스트
print("response0:", result.generations[0][0].text)
print("response1:", result.generations[1][0].text)

# 사용한 토큰 개수
print("llm_output:", result.llm_output)
```

11.1.2 프롬프트 템플릿

프롬프트는 LLM에서 최적의 답변을 도출하기 위해 매우 중요한 모듈이다. 랭체인의 답변 템플릿은 사용자 입력으로부터 답변을 생성하기 위한 템플릿이다. 프롬프트 템플릿에는 LLM에 대한 지시, LLM에 대한 질문, LLM이 더 나은 답변을 작성하는 데 도움이 되는 답변 예시와 같은 정보가 포함된다.

LLM을 이용한 애플리케이션을 개발할 때, 일반적으로 사용자 입력을 직접 LLM에 전달하는 경우는 많지 않다. 대부분 좋은 답변을 반환하는 것으로 확인된 프롬프트 구문에 사용자 입력을 주입한 후, LLM에 전달하는 경우가 많다.

11.1.3 체인

체인은 여러 개의 LLM이나 프롬프트의 입출력을 연결할 수 있는 모듈이다. 체인은 프롬프트 템플릿, 모델, 임의의 메서드, 다른 체인 등으로 구성된다. 체인은 여러 개의 LLM이나 프롬프트의 입출력을 연결하기 위한 모듈이다. 앞에서는 LLM과 프롬프트 템플릿을 단독으로 사용했지만, 실제 애플리케이션에서는 이를 체인으로 묶어 사용한다.

11.1.4 에이전트

에이전트는 사용자의 요청에 따라 어떤 기능을 어떤 순서로 실행할지 결정하는 모듈이다. 체인은 미리 정해진 기능을 수행하지만, 에이전트는 사용자의 요청에 따라 수행되는 기능이 달라진다. 이 에이전트가 수행하는 특정 기능을 도구라고 한다.

에이전트는 행동 이유 추론과 이유에 따른 행동을 번갈아가며 수행한다. 행동은 외부 환경에 영향을 주어 새로운 정보를 관찰로 수집한다. 추론은 외부 환경에 영향을 미치지 않지만, 대신 상황과 콘텍스트를 추론해서 미래의 추론과 행동에 유용한 정보의 업데이트를 통해 내부 상태에 영향을 미친다.

에이전트의 처리 흐름은 다음과 같다.

- **입력**: 사용자가 에이전트에게 작업을 부여하는 방식이다.
- **추론**: 에이전트는 무엇을 해야 할지 생각한다.
- **행동**: 에이전트는 사용할 도구와 도구에 대한 입력을 결정한다.

- **관찰**: 도구의 출력 결과를 관찰한다.
- **반복**: 에이전트가 작업 완료를 판단할 때까지 반복한다.

다음과 같이 초기화한다.

```
from langchain.agents import load_tools
from langchain.chat_models import ChatOpenAI

# 도구 준비
tools = load_tools(
    tool_names=["serpapi", "llm-math"], # 도구 이름
    llm=ChatOpenAI(temperature=0) # 도구의 초기화에 사용할 LLM
)
```

메모리를 생성한다.

```
from langchain.chains.conversation.memory import ConversationBufferMemory

memory = ConversationBufferMemory(
    memory_key="chat_history",
    return_messages=True
)
```

에이전트를 생성한다.

```
from langchain.agents import initialize_agent

agent = initialize_agent(
    agent="conversational-react-description", # 에이전트 유형 설정
    llm=ChatOpenAI(temperature=0), # 에이전트 초기화에 사용할 LLM
    tools=tools, # 도구
    memory=memory, # 메모리
    verbose=True # 상세 정보 출력
)
```

에이전트를 실행한다.

```
agent.run("What caused the spike?")
```

11.1.5 도구

에이전트에서 복잡한 작업을 수행하려면 이번 절에서 설명한 도구 모듈을 이용한다. 도구는 에이전트의 처리 흐름 중 행동에서 수행하는 특정 기능이다. 외부 환경에 영향을 주어 새로운 정보를 관찰로 획득한다. 도구는 LLM에게 지식과 계산 능력을 부여하는 역할을 한다.

- **지식**: 웹 검색, 지식 기반
- **계산**: 수치 계산, 프로그램 실행

도구를 준비하려면 load_tools()에 도구명 배열을 지정한다. 일부 도구에서는 도구 초기화에 LLM이 필요한 경우가 있는데, 이 경우 LLM 매개변수에 LLM을 전달한다.

```
from langchain.agents import load_tools
from langchain.chat_models import ChatOpenAI

# 도구 준비
tools = load_tools(
    tool_names=["google-search"],
    llm=ChatOpenAI(temperature=0)
)
```

메모리를 생성한다.

```
from langchain.chains.conversation.memory import ConversationBufferMemory

memory = ConversationBufferMemory(
    memory_key="chat_history",
    return_messages=True
)
```

에이전트를 생성한다.

```
from langchain.agents import initialize_agent

agent = initialize_agent(
    agent="zero-shot-react-description",
    llm=ChatOpenAI(temperature=0),
    tools=tools,
    memory=memory,
```

```
    verbose=True
)
```

에이전트를 실행한다.

```
agent.run("What is the MTTR formula?")
```

11.1.6 메모리

메모리는 에이전트의 처리 흐름 중 추론에서 사용되는 모듈이다. 향후 추론과 행동에 유용한 정보를 에이전트 내부에 저장한다. 구체적으로는 에이전트와 사용자 간의 대화 내용을 기억해서, 다음에 무엇을 말해야 할지 결정하는 정보로 사용할 수 있다. 채팅 AI가 과거 대화 내용을 기억해, 다음에 무엇을 말해야 할지 추론할 때 사용하는 것 등을 예로 들 수 있다.

메모리는 다음과 같이 생성한다.

```
from langchain.memory import ConversationBufferMemory

memory = ConversationBufferMemory()
memory.chat_memory.add_user_message("Collect metrics.")
```

메모리 변수를 가져오는 방법은 다음과 같다.

```
memory.load_memory_variables({})
```

11.2 관측 가능성 데이터 검색을 위한 벡터 데이터베이스

데이터를 활용하는 데 있어서 기본적인 활동은 검색, 분석, 집계이다. 데이터 분석, 집계에 대해서는 이미 설명했다. RAG를 구현하기 위해서는 에이전트, 도구, 벡터 데이터베이스가 필요하다. 벡터 데이터베이스는 지식 베이스를 구성하기 위해서 필요하다. 여기에서는 벡터 데이터베이스를 사용한 시맨틱 데이터 검색에 대해서 설명하겠다.

핵심은 AI를 통해 만드는 임베딩 모델이다. 임베딩은 다양한 유형의 데이터를 벡터로 인코딩한다. 이를 통해 인접 데이터 포인트를 검색하여, 유사한 데이터를 찾을 수 있다.

벡터 임베딩은 데이터 포인트들의 집합으로, 그들의 기본적인 관계와 패턴을 보여주는 저차원 공간에 수학적으로 표현하는 것이다. 이미지, 텍스트, 오디오와 같은 복잡한 데이터 유형을 머신러닝 알고리즘이 쉽게 처리할 수 있도록 표현하는 데에 임베딩이 자주 활용된다.

이는 인간 전문가가 직접 정의하는 것이 아니라 모델이 대규모 데이터셋을 학습하는 과정에서 자체적으로 발견하는 것이다. 모델은 사람이 식별하기 어려운 복잡한 패턴과 관계를 학습하고, 학습이 완료된 후에는 분류나 회귀와 같은 다른 머신러닝 모델의 특징으로 임베딩을 사용할 수 있다. 모델은 임베딩된 데이터를 활용하여, 데이터 간의 근본적인 패턴과 관계를 기반으로 예측이나 결정을 내릴 수 있다.

N차원 공간에서 가장 가까운 이웃을 효율적이고 빠르게 조회할 수 있는 추가적인 기능이 필요하다. k-NN 인덱스로 구동할 것이며, HNSW 및 IVF 같은 알고리즘으로 구축된다.

결과의 정확도가 높아질수록, 쿼리 응답 시간은 느려질 가능성이 있다. 실제 벡터는 2차원이 아닌 수백 개의 차원을 가질 수 있으며, 이러한 벡터를 수천 개와 거리 메트릭을 이용해 비교하는 것은 시간이 많이 소요된다. 따라서 벡터 데이터베이스에서의 처리는 인덱싱, 쿼리, 후처리라는 3가지 과정으로 구성된다.

- **인덱싱**: 벡터 데이터베이스는 PQ, LSH, HNSW 같은 알고리즘을 사용하여 벡터를 인덱싱한다. 이 과정은 데이터 구조에 벡터를 매핑하여, 더욱 빠른 검색을 가능하게 한다.
- **쿼리**: 벡터 데이터베이스는 인덱스 쿼리 벡터와 데이터셋의 인덱스 벡터를 비교하여, 가장 가까운 이웃을 찾는다.
- **후처리**: 필요에 따라 벡터 데이터베이스는 데이터셋에서 최종적으로 가장 가까운 이웃을 검색하고 후처리하여 최종 결과를 반환한다. 이 과정은 다른 유사성 척도를 사용하여 가장 가까운 이웃의 순위를 재정렬하는 작업을 포함할 수 있다.

즉, 벡터 데이터베이스는 임베딩 모델을 운영하는 방법을 제공한다. 모델 내에서 k-NN 인덱스는 벡터를 효율적으로 검색하고, 코사인과 같은 거리 메서드를 적용하여, 유사성을 기준으로 결과의 순위를 매긴다.

11.2.1 시맨틱 검색

시맨틱 검색을 사용하면 검색 문서에 임베딩을 사용하여 검색 결과의 관련성을 향상시킬 수 있다. k-NN은 점(벡터) 집합과 쿼리가 주어지면 집합에서 쿼리에 가장 가까운 점 k개를 찾는 알고리즘으로, 다른 ML 기법에 비해 비교적 간단하다. 집합의 각 벡터에 대해 쿼리의 거리를 계산하고, 그 과정에서 상위 k를 추적하는 접근 방식이다.

이러한 접근 방식의 문제점은 확장이 어렵다는 것이다. 런타임 검색 복잡도는 O(N log k)인데, N은 벡터의 수이고 k는 가장 가까운 이웃의 수다. 집합이 수천 개의 벡터로 이루어져 있다면 문제가 없겠지만, 크기가 수백만 개로 늘어나면 눈에 띄게 달라진다. '정확한' k-NN 알고리즘을 사용하면, 검색 속도를 높일 수 있지만, 더 높은 차원에서는 '대략적인' 비교 방식의 알고리즘과 비슷한 성능을 보이는 경향이 있다.

오픈서치는 BM25 알고리즘을 사용해, 문서 점수를 계산한다. BM25는 키워드 기반 알고리즘으로, 키워드가 포함된 쿼리에서는 잘 수행되지만, 쿼리 용어의 의미론적 의미는 포착하지 못한다. 시맨틱 검색은 키워드 기반 검색과 달리, 검색 콘텍스트에서 쿼리의 의미를 고려한다. 따라서 시맨틱 검색은 자연어 이해가 필요한 쿼리에서 우수한 성능을 발휘한다.

시맨틱 검색은 검색할 때 벡터 유사도를 활용하기 때문에, 의미상 유사한 문서를 찾을 수 있다는 장점이 있지만, 문자열을 비교하는 키워드 검색 방식보다는 관련도가 떨어지는 문서가 검색될 수 있다는 단점도 있다. 이런 단점을 보완하기 위해 키워드 검색과 시맨틱 검색을 조합해 사용하는 하이브리드 검색을 사용할 수도 있다.

11.2.2 오픈서치 벡터 데이터베이스

오픈서치 벡터 데이터베이스는 k-NN 플러그인을 통해 시맨틱 검색, LLM을 사용하기 위한 RAG, 추천 검색 등 다양한 활용 사례를 구현할 수 있다. 오픈서치 k-NN 플러그인은 오픈서치 클러스터 내에서 k-NN 알고리즘을 사용할 수 있게 해준다.

오픈서치에서 k-NN 워크로드를 실행하려면 먼저 인덱스를 생성해야 한다. 인덱스는 쉽게 검색할 수 있는 방식으로, 문서 집합을 가지고 있다. k-NN의 경우, 인덱스의 'mappings'을 통해 어떤 알고리즘을 사용하고, 어떤 매개변수를 사용할 것인지를 오픈서치에 알려줄 수 있다.

대략적인 k-NN 검색에 사용되는 3가지 엔진은 각각 주어진 상황에 따라 다른 엔진보다 사용하기에 더 합리적인 고유한 속성을 가지고 있다.

- **NMSLIB(Non-Metric Space Library)**: HNSW 알고리즘을 구현한다.
- **FAISS(Facebook AI Similarity Search)**: HNSW 및 IVF 알고리즘을 모두 구현한다.

- **Lucene**: HNSW 알고리즘을 구현한다.

일반적으로 대규모 사용 사례에는 NMSLIB와 FAISS를 선택해야 한다. Lucene은 소규모 배포에 적합한 옵션이지만, 상황에 따라 최적의 필터링 전략(사전 필터링, 사후 필터링 또는 정확한 k-NN)이 자동으로 적용되는 스마트 필터링과 같은 이점을 제공한다.

오픈서치는 NMSLIB, FAISS, Lucene 라이브러리의 대략적인 k-NN 알고리즘을 사용하여 k-NN 검색을 강화한다.

1 오픈서치 k-NN 플러그인

k-NN 필드 유형으로 벡터와 함께 문서를 수집할 수 있다. 다음과 같이 오픈서치 k-NN을 쉽게 설치할 수 있다.

```
sudo bin/opensearch-plugin list
sudo bin/opensearch-plugin install opensearch-k-NN
```

k-NN 플러그인은 이웃을 얻는 3가지 방법을 지원한다.

- 사전 필터링된 쿼리가 없는 큰 인덱스에는 대략적인 k-NN을 사용한다.
- 작은 본문과 사전 필터링된 쿼리에는 스코어링 스크립트를 사용한다.
- 점수를 계산하기 위해 거리 메서드를 사용해야 하는 경우에는 페인리스 스크립트를 사용한다.

유사한 벡터를 찾는 간단한 방법은 쿼리 벡터와 벡터 데이터베이스의 다른 벡터 사이의 거리를 계산하는 k-NN 알고리즘을 사용하는 것이다. 스코어링 스크립트와 페인리스 스크립트 검색 방법은 내부적으로 정확한 k-NN 알고리즘을 사용한다. 그러나 차원이 매우 큰 데이터셋의 경우, 이는 검색의 효율성을 떨어뜨리는 확장 문제를 일으킨다. 대략적인 k-NN 검색 방법은 인덱스를 보다 효율적으로 재구성하고, 검색 가능한 벡터의 차원을 줄이는 도구를 사용하여 이 문제를 극복할 수 있다.

지역 민감 해싱, 트리 기반, 클러스터 기반, 그래프 기반 등 다양한 대략적인 k-NN 검색 알고리즘이 있다. 오픈서치는 HNSW와 IVF라는 2가지 대략적인 k-NN 알고리즘을 구현한다.

HNSW(hierarchical navigable small world) 알고리즘은 인공 신경망 검색에 많이 사용되는 알고리즘 중 하나다. 이 알고리즘의 핵심 아이디어는 서로 가까운 인덱스 벡터를 연결하는 가장자리가 있는 그래프를 구축하는 것이다. 그런 다음 검색 시 이 그래프를 부분적으로 탐색하여, 쿼리 벡터에 가장 가까운 이웃을 찾는다. 쿼리의 가장 가까운 이웃을 향해 탐색을 진행하기 위해, 알고리즘은 항상 쿼리 벡터에 가장 가까운 후보를 다음으로 방문한다.

IVF(inverted file system) 알고리즘은 인덱스 벡터를 버킷 집합으로 분리한 다음, 검색 시간을 줄이기 위해 이러한 버킷의 하위 집합만 검색한다. 그러나 알고리즘이 벡터를 무작위로 여러 버킷으로 분할하고, 그 하위 집합만 검색하면 근삿값이 좋지 않다. 따라서 IVF 알고리즘은 보다 개선된 접근 방식을 사용한다. 먼저 인덱싱을 시작하기 전에 각 버킷에 대표 벡터를 할당한다. 벡터가 인덱싱되면 가장 가까운 대표 벡터를 가진 버킷에 추가된다. 이렇게 하면 서로 더 가까운 벡터는 대략 같은 버킷이나 가까운 버킷에 배치된다.

❷ k-NN 인덱스 만들기

대략적인 k–NN 방법을 사용하여, 검색할 일부 문서를 수집해보자. 단어 임베딩 데모를 사용하겠다. 벡터 배열의 값은 단어 임베딩 라이브러리를 사용하여 생성한다.

가장 관련 있는 속성은 다음과 같다.

- **dimension**: 벡터가 가질 차원성의 양이다.
- **space_type**: 벡터 사이의 거리를 계산하는 데 사용되는 공간적 방법이다.
- **ef_construction**: k–NN에 사용되는 동적 목록의 크기다. 값이 높을수록 정밀도는 높아지지만 색인 속도는 느려진다.
- **m**: 플러그인이 생성할 양방향 링크의 수다. 이 값은 메모리 사용량에 영향을 미치므로 2에서 100 사이로 유지한다.

예시 코드는 다음과 같다.

```
PUT test-k-NN
{
  "settings": {
    "index": {
      "k-NN": true,
      "k-NN.algo_param.ef_search": 100
    }
  },
  "mappings": {
    "properties": {
        "product_vector": {
```

```
          "type": "k-NN_vector",
          "dimension": 4,
          "method": {
            "name": "hnsw",
            "space_type": "l2",
            "engine": "nmslib",
            "parameters": {
              "ef_construction": 128,
              "m": 24
            }
          }
        }
      }
    }
  }
}
```

이제 몇 가지 예시 문서를 수집해보자.

```
POST _bulk
{ "index": { "_index": "test-k-NN", "_id": "1" } }
{ "product_vector": [1, 5, 5, 4], "price": 10.00,"name": "Hygienic sand" }
{ "index": { "_index": "test-k-NN", "_id": "2" } }
{ "product_vector": [5, 4, 4, 4], "price": 25.00,"name": "Pet supplies pack" }
{ "index": { "_index": "test-k-NN", "_id": "3" } }
{ "product_vector": [7, 9, 9, 9], "price": 500,"name": "Catapult" }
{ "index": { "_index": "test-k-NN", "_id": "4" } }
{ "product_vector": [1, 1, 2, 1], "price": 5,"name": "Hot Wheels Car" }
```

벡터 배열의 각 컴포넌트는 문서의 기능을 나타내는 차원이다. 수천 개의 서로 다른 차원을 계산할 수 있다.

```
GET test-k-NN/_search
{
  "size": 2,
  "query": {
    "k-NN": {
      "product_vector": {
        "vector": [2, 3, 5, 6],
        "k": 2
      }
    }
  }
}
```

매핑의 차원 속성은 최대 1만 개를 지원한다. 모델을 훈련한 후 결과가 나타내는 의미는 다음과 같다.

- **size**: 반환할 결과의 양이다.
- **k**: 각 그래프에 대해 반환할 이웃의 양이다.
- **vector**: 검색 중인 문서의 벡터 표현이다.

3 대략적인 n-NN과 정확한 k-NN

오픈서치 k-NN 플러그인은 벡터 인덱스에서 k-NN을 구하는 3가지 방법을 제공한다. 대략적인 k-NN, 스코어링 스크립트(정확한 k-NN), 페인리스 스크립트(정확한 k-NN)다. 메트릭을 한 번에 최적화하는 완벽한 알고리즘이나 접근 방식은 존재하지 않는다. HNSW, IVF, PQ는 각각 k-NN 워크로드에서 서로 다른 메트릭을 최적화할 수 있게 해준다. 사용할 k-NN 알고리즘을 선택할 때는 먼저 사용 사례의 요구 사항을 파악한 다음, 이를 충족하도록 알고리즘 구성을 조정해야 한다.

대략적인 k-NN

대략적인 k-NN은 여러 알고리즘 중 하나를 사용해 쿼리 벡터에 대략적인 k-NN을 반환한다. 일반적으로 이러한 알고리즘은 지연 단축, 더 작은 메모리 사용량, 더 확장 가능한 검색과 같은 성능상의 이점을 제공하는 대신, 인덱스 속도와 검색 정확도를 희생한다. 대략적인 k-NN은 짧은 지연이 필요한 대규모 인덱스(수십만 개 이상의 벡터)에 대한 검색에 가장 적합한 선택이다.

k-NN 검색 시 인덱스에 필터를 적용하여 검색할 벡터의 수를 크게 줄이려는 경우에는, 필터를 사용할 수 있다. 이 기능은 HNSW를 사용하는 Lucene과 Faiss 엔진에서만 사용이 가능하다.

대략적인 k-NN은 사전 필터링할 수 없다. 예를 들어 k-NN을 실행한 후, 가격별로 제품을 필터링하려는 경우 사후 필터링(post_filter) 절을 사용할 수 있다. 예를 들어 쿼리를 사용하면, 가격 때문에 결과가 반환되지 않는다.

```
GET test-k-NN/_search
{
  "size": 2,
  "query": {
    "k-NN": {
      "product_vector": {
        "vector": [2, 3, 5, 6],
        "k": 2
      }
    }
```

```
  },
  "post_filter": {
    "range": {
      "price": {
        "lte": 20
      }
    }
  }
}
```

스코어링 스크립트 k-NN(정확한 k-NN)

스코어링 스크립트는 이진 객체를 나타낼 수 있는 knn_vector 필드에 대해 정확한 k-NN 검색을 실행하는 것이다. 이 접근 방식을 사용하면 인덱스의 벡터 하위 집합에 대해 k-NN 검색을 실행할 수 있다(사전 필터링 검색이라고 한다). 이 접근 방식은 작은 문서 본문에 대한 검색이나 사전 필터링이 필요한 경우에 선호된다. 대규모 인덱스에 이 접근 방식을 사용하면 지연이 길어질 수 있다.

이 접근 방식을 사용하면 가장 가까운 이웃 검색을 실행하기 전에 필터를 적용할 수 있다. 이러한 이유로 확장이 쉽지는 않더라도 인덱스 본문이 다른 조건에 따라 달라질 수 있는 동적 검색 사례에 유용하다.

```
PUT my-k-NN-index-1
{
  "mappings": {
    "properties": {
      "product_vector": {
        "type": "k-NN_vector",
        "dimension": 4
      }
    }
  }
}
```

스코어링 스크립트와 근사치 모두에 대해 이 인덱스를 사용하려면 k–NN.index: true를 설정하고 k–NN.space_type을 설정해야 한다. 예시 쿼리는 다음과 같다.

```
GET my-k-NN-index-1/_search
{
 "size": 4,
 "query": {
   "script_score": {
```

```
    "query": {
      "match_all": {}
    },
    "script": {
      "source": "k-NN_score",
      "lang": "k-NN",
      "params": {
        "field": "product_vector",
        "query_value": [2.0, 3.0, 5.0, 6.0],
        "space_type": "cosinesimil"
      }
    }
  }
 }
}
```

페인리스 스크립트(정확한 k-NN)

세 번째 방법은 거리 메서드를 더 복잡한 조합에 사용할 수 있는 간편한 확장이 추가된다. k-NN 스코어링 스크립트와 마찬가지로, 인덱스의 각 벡터를 서로 대입하여 비교하는 정확한 k-NN 검색을 수행할 수 있으며, 사전 필터링도 함께 지원한다. 이 접근 방식은 k-NN 스코어링 스크립트에 비해서는 쿼리 성능이 약간 느리다.

이 방법을 사용하면 거리 메서드의 값과 점수를 변경할 수 있다. 사용 가능한 메서드 목록을 선택하고, 예를 들어 점수를 곱하거나 방정식에 문서의 다른 필드를 포함시킬 수 있다. 모든 메서드는 필드 이름과 값을 매개변수로 받는다.

다음 스크립트는 코사인 유사성 메서드를 실행하여, 점수를 계산한 다음, 합계를 1.0으로 합산한다.

```
GET my-k-NN-index-1/_search
{
  "query": {
    "script_score": {
      "query": {
        "match_all": {}
      },
      "script": {
        "source": "1.0 + cosineSimilarity(params.query_value, doc[params.field])",
        "params": {
          "field": "product_vector",
          "query_value": [
            7.9,
```

```
          2.9,
          4.9,
          4.9
        ]
      }
    }
  }
}
}
```

11.2.3 랭체인 벡터 데이터베이스

오픈서치 내 벡터 데이터베이스를 구성하고 랭체인 애플리케이션에서 벡터 데이터베이스를 조회해보자. 먼저 파이썬 라이브러리를 설치한다.

```
pip install opensearch-py
```

오픈 AI 임베딩을 사용하기 위해서는 OpenAI API가 필요하다.

```
import os
import getpass

os.environ["OPENAI_API_KEY"] = getpass.getpass("OpenAI API Key:")
```

임베딩을 생성한다.

```
from langchain.document_loaders import TextLoader

loader = TextLoader("../../../state_of_the_union.txt")
documents = loader.load()
text_splitter = CharacterTextSplitter(chunk_size=1000, chunk_overlap=0)
docs = text_splitter.split_documents(documents)

embeddings = OpenAIEmbeddings()
```

사용자 정의 매개변수와 함께 스코어링 스크립트를 처리한다.

```
print(docs[0].page_content)
```

```
docsearch = OpenSearchVectorSearch.from_documents(
    docs, embeddings, opensearch_url="http://localhost:9200", is_appx_search=False
)

query = "What did the president say about Ketanji Brown Jackson"
docs = docsearch.similarity_search(
    "What did the president say about Ketanji Brown Jackson",
    k=1,
    search_type="script_scoring",
)

print(docs[0].page_content)
```

페인리스 스크립트를 처리한다.

```
docsearch = OpenSearchVectorSearch.from_documents(
    docs, embeddings, opensearch_url="http://localhost:9200", is_appx_search=False
)
filter = {"bool": {"filter": {"term": {"text": "smuggling"}}}}
query = "What did the president say about Ketanji Brown Jackson"
docs = docsearch.similarity_search(
    "What did the president say about Ketanji Brown Jackson",
    search_type="painless_scripting",
    space_type="cosineSimilarity",
    pre_filter=filter,
)
print(docs[0].page_content)
```

오픈서치에 저장된 기업 내부의 데이터와 OpenAI 등 외부 LLM을 결합해서 정확도 높은 결과물을 전달하는 것이 가능하다. 회사가 가지고 있는 자료와 문서를 임베딩해서 벡터 데이터베이스에 저장하면, LLM은 저장된 문서들을 이해하고 답변하는 것이 가능하다. 즉, 근본 원인 분석에 활용이 가능하다.

11.3 오픈서치 AIOps

실무에서는 장애를 지원하고 해결한 후, 결과 보고서 혹은 장애 리포트를 작성한다. 장애 리포트가 잘 정리되면 장애를 유형화할 수 있다. 인프라, 애플리케이션 수준에서 잘 정리해놓은 플레이북이 될 수 있다. 장애 리포트를 정리하고 지식 베이스로 만들고, 이를 사용해 장애에 대응하고 MTTR을 줄이려는 노력이 필요하다. 이러한 과정을 쉽게 할 수 있는 도구로 생성형 AI와 RAG가 유용하다.

기본적인 작동 원리는 플레이북으로 지식 베이스를 만들고, 생성형 AI에게 질문하는 방식으로 처리된다. 그러므로 생성형 AI가 정확한 답변을 할 수 있도록 지식 베이스를 만드는 것이 가장 중요하다.

- 카오스 엔지니어링으로 테스트 환경에서 좋은 데이터를 생성한다. 이때 생성되는 에러와 신호들은 벡터 데이터베이스의 지식 베이스로 활용된다.
- 운영 환경에서는 스냅숏을 사용한다. 프롬스케일, 오픈서치 등은 스냅숏을 지원한다. 기존에 발생한 장애를 보관하고, 재현하기에 유용하기 때문이다.

생성형 AI에게 에러 메시지와 튜닝 데이터를 제공하면, 근본 원인 분석이 가능하다. 생성형 AI는 문서의 양도 중요하지만 품질 좋은 소수의 문서만으로도 좋은 답변을 할 수 있다. 이 책의 데모들에서 다뤘듯 카오스 엔지니어링을 통해서 많은 에러 메시지와 튜닝 데이터를 획득해서 이를 벡터 데이터베이스에 저장하고 정확한 자료를 기반으로 질문을 하면, 생성형 AI로부터 정확한 답변을 얻는 데 도움이 될 것이다.

오픈서치를 사용하면 RAG 개발 시간을 절감할 수 있다. 랭체인에서 직접 개발했던 도구와 에이전트 등을 오픈서치는 개발이 필요 없는 모듈로 제공하기 때문이다. 오픈서치는 임베딩 모델을 관리하고, 벡터 데이터베이스와 함께 RAG의 주요 컴포넌트인 에이전트와 도구를 제공한다. 벡터 데이터베이스와 에이전트 구성의 복잡함을 감안하면 오픈서치는 AIOps 구현에 우수한 기능을 제공한다.

RAG, 즉 검색 증강 생성은 이름 그대로 필요한 정보를 검색하고, 프롬프트를 보강(증강)해서 생성(추론)하는 기술이다. 오픈서치 RAG는 랭체인 RAG와 기능적으로는 유사하지만, 더 자동화되었다. 오픈서치 RAG는 다음과 같은 순서대로 처리된다.

- 검색하고 싶은 데이터를 데이터 소스에서 가져와, 임베딩 모델을 통해 임베딩 벡터로 만들고, 벡터 데이터베이스에 저장한다.
- 검색할 데이터를 저장한 벡터 데이터베이스에서 요청과 관련된 데이터를 검색하고, 검색한 결과를 프롬프트에 반영한다.
- 사용자 인터페이스를 통해 들어온 사용자의 요청에 관련된 정보를 벡터 데이터베이스에서 검색한 후, 사용자의 요청과 결합해 프롬프트를 완성한다.

이미 이상 탐지와 메트릭 상관관계가 구성되어 있으므로 RAG를 추가해서 오픈서치 하나로 AIOps를 구성할 수 있다. LLM에 대한 지식 베이스로 오픈서치 k-NN 인덱스를 제공하고 RAG 애플리케이션을 구축할 것이다. 데이터 검색을 위해서는 시맨틱 검색을 사용한다. 다음과 같이 RAG

및 에이전트를 구성하고 개발하는 방법을 살펴볼 것이다.

- **데이터 검색**: 지식 베이스에 저장된 벡터 데이터를 검색하기 위한 알고리즘이 필요하다.
- **데이터 추가**: 실시간 혹은 배치로 인제스트되는 데이터는 벡터 형태로 저장되어야 한다. 이를 벡터 임베딩이라고 하는데, 임베딩하기 위한 모델이 필요하다. 데이터가 실시간으로 추가되는 것은 큰 도전임에 분명하다. 큰 규모의 벡터 데이터베이스를 관리하기 위해서는 많은 시스템 리소스가 필요하다. 데이터가 인제스트되면서 벡터가 지속적으로 미세하게 변경이 발생한다.
- **LLM**: 외부 LLM 모델과 연계하기 위해서는 커넥터가 필요하다. 오픈서치는 비표준 커넥터이고, 근래에 자주 언급되는 표준이 바로 MCP이다.
- **에이전트**: 벡터 조회, LLM 요청에 사용되는 2개의 도구를 사용한다.

11.3.1 오픈서치 RAG

전통적인 방식에서는 인덱스 파이프라인에서 임베딩 모델을 사용해 데이터를 임베딩 처리한 후, 데이터를 인덱스한다. 그러고 나서 백엔드 API 시스템에서는 검색 키워드를 임베딩한 후 시맨틱 검색을 수행한다. 오픈서치가 제공하는 시맨틱 검색을 사용하면 검색 쿼리가 벡터화되고, k-NN이 말뭉치에서 가장 가까운 벡터를 반환하는 데 사용된다.

① 텍스트 임베딩 모델 등록 및 배포

다음 그림에서 볼 수 있듯 벡터 검색을 용이하게 하려면 텍스트 임베딩 모델이 필요하다. 오픈서치에서 제공하는 사전 학습된 모델 중 하나를 사용하겠다.

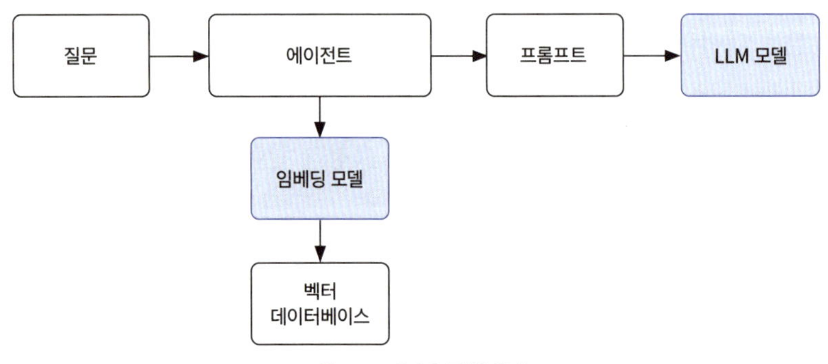

그림 11.1 **RAG 구성 요소**

각 구성 요소는 사용자의 요구 사항에 따라 많은 선택이 가능하다. 어떠한 구성 요소를 선택하느냐에 따라서, 아키텍처가 달라진다. 이러한 복잡함이 RAG를 학습하는 것을 어렵게 한다.

텍스트 임베딩 모델과 LLM 모델, 2개 모델을 등록하겠다. 콘텍스트 정보를 저장하고 검색하기 위해서는, 텍스트를 임베딩 벡터로 변환해야 하는데, 이때 임베딩 모델을 사용한다. 사용자 인터페이스를 통해 들어온 사용자의 요청에 관련된 정보를 벡터 데이터베이스에서 검색한 후, 사용자의 요청과 결합해 프롬프트를 완성하는 과정이다.

다음 오픈서치 깃허브 저장소에서 데모를 clone한다.

- https://github.com/opensearch-project/opentelemetry-demo

테스트는 우분투가 아니라 CentOS에서 진행되었다. 가급적 CentOS를 추천한다. 도커 컴포즈를 실행하기 이전에 다음과 같은 명령을 실행한다.

```
export OPENSEARCH_USER=admin
export OPENSEARCH_PASSWORD=Corr#ecthorsebatterystaple1
export OPENSEARCH_INITIAL_ADMIN_PASSWORD=Corr#ecthorsebatterystaple1
```

첫 번째 단계로 텍스트 임베딩 모델을 등록하겠다. 이후 텍스트 임베딩 모델을 참조하는 파이프라인을 생성하고, 파이프라인을 참조하는 인덱스를 생성한다.

오픈서치 내 포함된 모델을 등록한다.

```
PUT _cluster/settings
{
    "persistent": {
        "plugins.ml_commons.only_run_on_ml_node": false,
        "plugins.ml_commons.native_memory_threshold": 100,
        "plugins.ml_commons.agent_framework_enabled": true
    }
}
```

예를 들어 384차원의 고밀도 벡터 임베딩을 생성하는 huggingface/sentence-transformers/all-MiniLM-L12-v2 모델을 사용하겠다. 모델을 등록하고 배포하려면, 다음 요청을 보내야 한다. 오픈서치에 연결되어 커넥터를 생성하고, 모델을 등록하는 과정을 자동으로 진행한다.

```
POST /_plugins/_ml/models/_register?deploy=true
{
  "name": "huggingface/sentence-transformers/all-MiniLM-L12-v2",
  "version": "1.0.1",
```

```
  "model_format": "TORCH_SCRIPT"
}
```

등록한 임베딩 모델을 확인해보자.

```
GET /_plugins/_ml/tasks/your_task_id
```

이제 모델을 배포한다.

```
POST /_plugins/_ml/models/your_text_embedding_model_id/_deploy
```

작업이 완료되면 작업 상태가 완료됨으로 변경되고, 작업 API 응답에 배포된 모델 아이디가 포함된다.

모델을 테스트해보자.

```
POST /_plugins/_ml/models/your_text_embedding_model_id/_predict
{
  "text_docs":[ "today is sunny"],
  "return_number": true,
  "target_response": ["sentence_embedding"]
}
```

다음 그림처럼 테스트 결과를 확인할 수 있다.

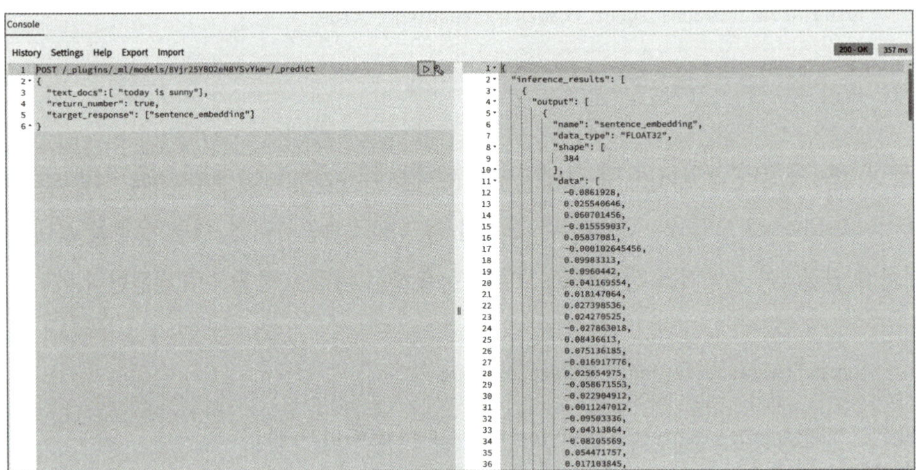

그림 11.2 임베딩 모델을 테스트

❷ 파이프라인 생성

텍스트를 벡터 임베딩하려면 파이프라인을 설정해야 한다. 파이프라인은 텍스트 필드를 식별하고, 결과를 임베딩 필드에 쓴다. 다음 요청과 같이 각자 model_id를 지정하여 파이프라인을 생성하자.

```
PUT /_ingest/pipeline/test_population_data_pipeline
{
    "description": "text embedding pipeline",
    "processors": [
        {
            "text_embedding": {
                "model_id": "your_text_embedding_model_id",
                "field_map": {
                    "population_description": "population_description_embedding"
                }
            }
        }
    ]
}
```

모델 상태가 개발 도구에서 DEPLOYED 또는 오픈서치 대시보드에서 응답 중으로 표시되면, 모델 아이디를 사용하여 파이프라인을 구축할 수 있다. 모델 아이디를 도메인에 배포된 모델에 대해 생성된 고유 아이디로 바꾸어야 한다.

파이프라인은 문서가 인덱싱될 때 문서에 적용되는 일련의 프로세서이다. 파이프라인의 각 프로세서는 데이터 필터링, 변환, 보강과 같은 작업을 수행할 수 있다. 여기에서는 text_embedding 프로세서를 사용한다.

❸ k-NN 인덱스 생성

이제 데이터가 오픈서치 인덱스에 저장되었는데, 오픈서치에서 벡터는 k-NN 인덱스로 구성된다. 다음 요청을 송신하여, k-NN 인덱스를 생성할 수 있다.

```
PUT test_population_data
{
  "mappings": {
    "properties": {
      "population_description": {
        "type": "text"
      },
      "population_description_embedding": {
```

```
            "type": "knn_vector",
            "dimension": 384
          }
        }
      },
      "settings": {
        "index": {
          "default_pipeline": "test_population_data_pipeline",
          "knn": "true"
        }
      }
    }
```

인덱스를 생성한 후에는 구성된 기본 파이프라인으로 인덱스 매핑을 정의할 수 있다. 결과를 보고 벡터 필드가 knn_vector로 선언되어 있고 차원이 배포된 모델에 적합한지 확인한다. 이전 단계에서 생성한 파이프라인을 활용해서 인덱스를 만든다.

인덱스는 파이프라인을 참조한다. 벡터 검색을 위해 settings.index.knn을 true로 구성했다. type은 knn_vector로 지정해야 벡터를 인덱싱할 수 있으며, dimension은 임베딩하는 모델에 따라 값이 달라진다.

RAG 파이프라인을 구축할 때는 특정 콘텐츠의 청크 크기를 최적화하고 적절한 콘텍스트 길이를 가진 LLM을 선택하여 벡터 저장소 문서를 청크로 올바르게 분할하는 것이 중요하다. 경우에 따라 여러 LLM의 복잡한 체인이 필요할 수도 있다. RAG 파이프라인의 성공 여부는 대부분 검색 단계에서 생성에 적합한 콘텍스트를 찾는 데 달려 있기 때문에 적절한 청크 크기를 설정하는 것은 RAG 성능에 매우 중요하다. 검색 단계에서는 일반적으로 모든 문서가 아닌 원본 텍스트의 작은 청크를 검사한다.

전체 프롬프트(검색된 청크와 사용자 쿼리)는 LLM의 콘텍스트 창에 맞아야 한다. 청크 크기를 너무 크게 지정하지 말고 예상 쿼리 크기와 균형을 맞춘다. 다양한 청크 크기로 실험하고, 일반적인 값은 LLM에 따라 100~600토큰이어야 한다.

이 단계에서 추가되는 데이터는 앞에서 설명한 장애 목록 데이터 모델이다.

```
POST _bulk
{"index": {"_index": "test_population_data"}}
{"population_description": "Chart and table of population level and growth rate for the
Ogden-Layton metro area from 1950 to 2023. United Nations population projections are also
```

```
included through the year 2035.\nThe current metro area population of Ogden-Layton in 2023
is 750,000, a 1.63% increase from 2022.\nThe metro area population of Ogden-Layton in 2022
was 738,000, a 1.79% increase from 2021.\nThe metro area population of Ogden-Layton in 2021
was 725,000, a 1.97% increase from 2020.\nThe metro area population of Ogden-Layton in 2020
was 711,000, a 2.16% increase from 2019."}
{"index": {"_index": "test_population_data"}}
{"population_description": "Chart and table of population level and growth rate for the New
York City metro area from 1950 to 2023. United Nations population projections are also
included through the year 2035.\\nThe current metro area population of New York City in 2023
is 18,937,000, a 0.37% increase from 2022.\\nThe metro area population of New York City in
2022 was 18,867,000, a 0.23% increase from 2021.\\nThe metro area population of New York
City in 2021 was 18,823,000, a 0.1% increase from 2020.\\nThe metro area population of New
York City in 2020 was 18,804,000, a 0.01% decline from 2019."}
```

4 외부 LLM 모델을 위한 커넥터 생성

이제 첫 번째 모델이 완료되었다. 시맨틱 검색을 사용하려면 LLM 모델을 설정해야 한다. LLM 서비스 또는 타사 대체 서비스에 대한 커넥터를 구성하는 것이 좋다. 오픈서치 버전 2.9부터 LLM 커넥터는 시맨틱 검색과 통합되어 검색 쿼리를 벡터 임베딩으로 변환하는 작업을 단순화하고 자동화하여 벡터화와 검색의 복잡성을 크게 줄인다.

다음으로 두 번째 모델을 구성한다. 외부 LLM 모델을 위한 커넥터를 생성하고, 외부 LLM 모델을 등록하고 배포한다.

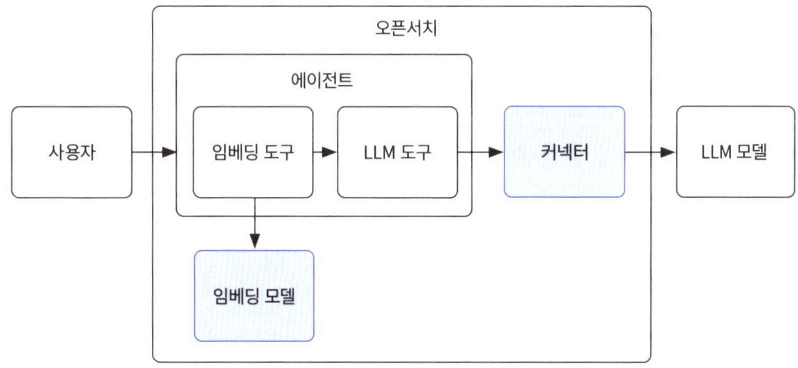

그림 11.3 LLM과 커넥터 사이의 처리 과정

커넥터를 구성하여, 복잡한 인덱싱과 검색 절차를 단순화하는 방법에 대해 알아보자. 내부 모델을 사용하면 커넥터가 필요 없지만, 외부 모델을 사용하려면 커넥터가 필요하다. OpenAI 커넥터는 다음과 같이 구성한다.

```
POST /_plugins/_ml/connectors/_create
{
    "name": "OpenAI Chat Connector",
    "description": "The connector to public OpenAI model service for GPT 3.5",
    "version": 1,
    "protocol": "http",
    "parameters": {
        "endpoint": "api.openai.com",
        "model": "gpt-3.5-turbo"
    },
    "credential": {
        "openAI_key": "..."
    },
    "actions": [
        {
            "action_type": "predict",
            "method": "POST",
            "url": "https://${parameters.endpoint}/v1/chat/completions",
            "headers": {
                "Authorization": "Bearer ${credential.openAI_key}"
            },
            "request_body": "{ \"model\": \"${parameters.model}\", \"messages\":
${parameters.messages} }"
        }
    ]
}
```

오픈서치 커넥터를 활용하면, 데이터 인덱스와 검색을 위한 백엔드 애플리케이션에서 별도의 임베딩 로직을 구현할 필요가 없다. 즉, 파이프라인과 함께 내장된 모델을 사용하여 데이터를 자동으로 임베딩하고, 이를 기반으로 시맨틱 검색을 수행할 수 있다. 결과적으로 이러한 접근 방식은 시스템의 복잡성을 크게 줄이면서도 검색 품질을 향상시킨다. 특히 백엔드 서버에서 백터화를 위한 추가적인 서버 리소스 할당이나 개발 작업 없이도 효율적이고 간편하게 시맨틱 검색을 구현할 수 있다는 점에서 유리하다.

```
{
  "connector_id": "a1eMb4kBJ1eYAeTMAljY"
}
```

기본적으로 오픈서치에서는 서드파티 ML 플랫폼과 연결을 위한 커넥터를 직접 생성할 수 있다. 오픈서치 콘솔을 사용하여, 오픈서치 커넥터를 간편하게 만들 수 있다. 모델을 배포하고, LLM 커넥터를 통해 모델 아이디를 생성하는 단계가 필요하다. 오픈서치에 모델 연결을 고유하게 식별하는 모델 이름만 제공하면 된다.

임베딩 모델의 배포 및 호스팅을 관리하고, 이를 사용해 오픈서치에서 시맨틱 검색 쿼리를 강화할 수 있다. 커넥터가 만들어지면 모델을 호스팅하고, 오픈서치는 추론 결과를 기반으로 검색 쿼리를 수행하는 데 사용한다.

5 외부 모델 등록 및 배포

사용자 질문에 대한 응답을 생성하려면 LLM이 필요하다. 텍스트 임베딩 모델과 마찬가지로 LLM을 등록하고, 오픈서치에 배포해야 한다. 다음과 같이 외부의 OpenAI, Bedrock 모델을 등록한다.

```
POST /_plugins/_ml/models/_register
{
    "name": "Bedrock Claude Instant model",
    "function_name": "remote",
    "description": "Bedrock Claude instant-v1 model",
    "connector_id": "your_LLM_connector_id"
}
```

배포 상태를 확인한다. 모델이 배포되면 상태가 완료로 변경되고, 응답에 모델 아이디가 포함된다.

```
{
  "model_id": "NWR9YIsBUysqmzBdifVJ",
  "task_type": "REGISTER_MODEL",
  "function_name": "remote",
  "state": "COMPLETED",
  "worker_node": [
    "4p6FVOmJRtu3wehDD74hzQ"
  ],
  "create_time": 1694358489722,
  "last_update_time": 1694358499139,
  "is_async": true
}
```

GET _plugins REST API에서 모델 상태도 볼 수 있는 API를 제공한다. 다음 명령을 사용하면, 원격 모델의 상태를 확인할 수 있다.

```
POST /_plugins/_ml/models/your_LLM_model_id/_deploy
```

결과는 다음 그림과 같다.

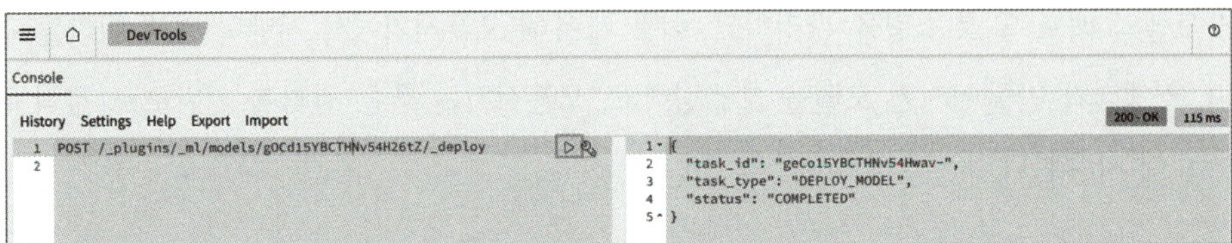

그림 11.4 **LLM 모델 배포**

6 에이전트 등록 및 실행

랭체인에서 설명했던 에이전트와 개념은 유사하다. 대화형 플로 에이전트를 사용하여, RAG 애플리케이션을 구축할 것이다. 이미 만든 텍스트 임베딩 모델과 LLM 모델을 사용하여, 플로 에이전트를 생성한다. 이 플로 에이전트는 VectorDBTool을 실행한 다음 MLModelTool을 실행한다.

- **VectorDBTool**: 에이전트는 이 도구를 사용하여 사용자 질문과 관련된 오픈서치 문서를 검색한다. 벡터 검색을 용이하게 하기 위해 텍스트를 벡터 임베딩으로 변환하는 텍스트 임베딩 모델을 배포한다. 오픈서치는 수집한 문서를 임베딩으로 변환하여 인덱스에 저장한다.
- **MLModelTool**: 에이전트에게 사용자 질문을 제공하면, 에이전트는 질문에서 쿼리를 구성하고 오픈서치 인덱스에서 벡터 검색을 실행한 다음, 검색된 관련 문서를 MLModelTool로 전달한다. 에이전트는 이 도구를 실행하여 LLM에 연결하고, 오픈서치 문서로 보강된 사용자 쿼리를 모델로 보낸다. 그러면 LLM이 자신의 지식과 제공된 문서를 기반으로 질문에 답한다.

벡터 검색을 위해 생성한 텍스트 임베딩 모델의 모델 아이디로 VectorDBTool이 구성된다. MLModelTool은 생성된 LLM 모델로 구성된다. 에이전트와 도구 구성 시에는, 이미 구성한 임베딩 모델과 LLM 모델의 모델 아이디를 참조한다.

```
POST /_plugins/_ml/agents/_register
{
    "name": "population data analysis agent",
    "type": "conversational_flow",
    "description": "This is a demo agent for population data analysis",
    "app_type": "rag",
    "memory": {
        "type": "conversation_index"
    },
    "tools": [
        {
            "type": "VectorDBTool",
            "name": "population_knowledge_base",
            "parameters": {
```

```
                "model_id": "your_text_embedding_model_id",
                "index": "test_population_data",
                "embedding_field": "population_description_embedding",
                "source_field": [
                    "population_description"
                ],
                "input": "${parameters.question}"
            }
        },
        {
            "type": "MLModelTool",
            "name": "bedrock_claude_model",
            "description": "A general tool to answer any question",
            "parameters": {
                "model_id": "your_LLM_model_id",
                "prompt": "\n\nHuman:You are a professional data analysist. You will always
answer question based on the given context first. If the answer is not directly shown in
the context, you will analyze the data and find the answer. If you don't know the answer,
just say don't know. \n\nContext:\n${parameters.population_knowledge_base.output:-}\n\
n${parameters.chat_history:-}\n\nHuman:${parameters.question}\n\nAssistant:"
            }
        }
    ]
}
```

오픈서치는 새로 만든 에이전트 아이디를 반환한다.

```
{
  "agent_id": "fQ75lI0BHcHmo_czdqcJ"
}
```

에이전트를 실행하려면 다음과 같이 요청을 보낸다. 에이전트를 등록할 때 parameters.question을 받도록 구성했으므로 요청에 이 매개변수를 제공해야 한다. 이 매개변수는 사용자가 생성한 사용자 질문을 나타낸다.

```
POST /_plugins/_ml/agents/your_agent_id/_execute
{
  "parameters": {
    "question": "what's the population increase of Seattle from 2021 to 2023?"
  }
}
```

수집한 데이터를 기반으로 질문에 대한 답변을 추론하여 결과를 보여준다.


```
{
  "inference_results": [
    {
      "output": [
        {
          "name": "memory_id",
          "result": "gQ75lI0BHcHmo_cz2acL"
        },
        {
          "name": "parent_message_id",
          "result": "gg75lI0BHcHmo_cz2acZ"
        },
        {
          "name": "bedrock_claude_model",
          "result": """ Based on the context given:
- The metro area population of Seattle in 2021 was 3,461,000
- The current metro area population of Seattle in 2023 is 3,519,000
- So the population increase of Seattle from 2021 to 2023 is 3,519,000 - 3,461,000 =
58,000"""
        }
      ]
    }
  ]
}
```


엔드포인트는 도구가 아니라 에이전트에서 제공한다. 에이전트가 다수의 도구를 오케스트레이션하는 역할을 한다.

데이터가 텍스트가 아니고, 구조화된 데이터라면 벡터로 구성하면 안 된다. SQL처럼 구조화된 형태로 구성해야 한다. LLM에서도 구조화된 데이터와 비구조화된 데이터를 처리할 수 있다. 구조화된 텍스트는 SQL 도구를 사용해서 에이전트 내에서 통합해야 한다. UUID 등의 데이터 검색에 벡터를 사용하면 정확도가 낮아진다.

11.3.2 관측 가능성 RAG

앞에서는 에이전트가 2개의 도구를 순차처리했지만, 관측 가능성 RAG는 도구를 순차처리하지 않고 동적으로 처리한다.

오픈서치는 관측 가능성을 위한 기능을 다수 제공하며, 추적에서 문제가 발생하는 경우에 대해서는 이벤트, 로그, 바이트코드 계측 등으로 추적의 문제점을 해결할 수 있다. 이번 데모는 근본 원인 분석 데이터 모델 대신에 추적과 로그를 데이터 소스로 사용한다. 제한적이지만, 복잡한 에이전트 기능을 설명하는 데 집중했다.

오픈서치 3.0에는 복잡한 문제를 세분화하고, 도구를 자율적으로 선택 및 실행하고, 반영을 통해 조정하는 강력한 새 기능인 계획-실행-반영 에이전트가 도입되었다. 이는 랭체인의 계획-실행 에이전트와 동일한 개념이다. 계획-실행-반영 에이전트는 반복적인 추론과 단계별 실행이 필요한 복잡한 작업을 해결하도록 설계되었다. 하나의 LLM인 계획자를 사용하여 계획을 생성 및 업데이트하고, 에이전트를 사용하여 각 개별 스텝을 실행한다. 계획-실행-반영 에이전트는 세 단계로 작동한다.

- **계획**: 계획자 LLM이 사용 가능한 도구를 사용하여 초기 단계별 계획을 생성한다.
- **실행**: 에이전트와 도구를 사용하여 각 단계가 순차적으로 실행된다.
- **반영**: 각 단계를 실행한 후 계획자 LLM이 중간 결과를 사용하여 계획을 재평가한다. LLM은 새로운 상황에 따라 단계를 건너뛰거나 추가 또는 변경하도록 계획을 동적으로 조정할 수 있다.

복잡한 작업을 일련의 간단한 단계로 나누고(계획), 각 단계를 실행하며(실행), 중간 단계 결과를 바탕으로 계획을 최적화(반영)하는 개념이다. 에이전트는 다음 단계로 진행하기 전에 중간 결과를 바탕으로 계획을 동적으로 조정할 수 있다. 하위 단계의 실행을 위해서는 별도의 실행 에이전트를 사용한다. 이때 도구 설명과 현재 콘텍스트에 따라 각 단계에 가장 적합한 도구를 자동으로 선택한다.

계획-실행-반영 에이전트의 워크플로 및 데모는 오픈서치 블로그 게시물에 잘 설명되어 있다.

- https://opensearch.org/blog/intelligent-troubleshooting-using-opensearch-3-0s-plan-execute-reflect-agent/

계획-실행-반영 에이전트는 LLM과 에이전트 간의 상호작용을 메모리 인덱스에 저장한다. 다음 예에서 에이전트는 conversation_index를 사용하여 사용자의 질문, 중간 결과 및 최종 결과물을 포함한 실행 기록을 유지한다.

계획-실행-반영 에이전트는 OpenAI를 사용한다. 다음과 같이 구성한다.

```
POST /_plugins/_ml/connectors/_create
{
    "name": "My openai connector: gpt-4",
```

```
    "description": "The connector to openai chat model",
    "version": 1,
    "protocol": "http",
    "parameters": {
      "model": "gpt-4o"
    },
    "credential": {
      "openAI_key": ""
    },
    "actions": [
      {
      "action_type": "predict",
      "method": "POST",
      "url": "https://api.openai.com/v1/chat/completions",
      "headers": {
        "Authorization": "Bearer ${credential.openAI_key}"
      },
      "request_body": "{ \"model\": \"${parameters.model}\", \"messages\": [{\"role\":\"de
veloper\",\"content\":\"${parameters.system_prompt}\"},${parameters._chat_history:-}{\"role\
":\"user\",\"content\":\"${parameters.prompt}\"}${parameters._interactions:-}]${parameters.
tool_configs:-} }"
      }
    ]
}
```

커넥터 아이디는 모델을 등록하는 데 사용할 수 있다.

```
POST /_plugins/_ml/models/_register
{
    "name": "Bedrock Claude Sonnet model",
    "function_name": "remote",
    "description": "Bedrock Claude 3.7 sonnet model for Plan, Execute and Reflect Agent",
    "connector_id": "etRC_ZYBgSi1HZubvLl_"
}
```

에이전트를 등록할 때 사용할 모델 아이디를 기록한다.

```
POST _plugins/_ml/agents/_register
{
  "name": "My Plan Execute and Reflect agent with Claude 3.7",
  "type": "plan_execute_and_reflect",
  "description": "this is a test agent",
  "llm": {
    "model_id": "fNRC_ZYBgSi1HZub8bmd",
```

```
      "parameters": {
        "prompt": "${parameters.question}"
    }},
    "memory": {
      "type": "conversation_index"
    },
    "parameters": {
      "_llm_interface": "openai/v1/chat/completions"
    },
    "tools": [
      {
        "type": "ListIndexTool"
      },
      {
        "type": "SearchIndexTool"
      },
      {
        "type": "IndexMappingTool"
      }
    ]
}
```

오픈서치 3.0에는 에이전트를 비동기적으로 실행하는 기능이 도입되었다. 이 에이전트는 오래 실행되므로 async=true 쿼리 매개변수를 통해 비동기적으로 실행해보자.

작업 아이디와 메모리 아이디에 유의한다. 작업(task) 아이디는 결과를 쿼리하는 데 사용하고 메모리 아이디는 에이전트와 LLM 간의 상호작용을 추적하는 데 사용한다.

```
POST /_plugins/_ml/agents/ftRD_ZYBgSi1HZubL7lq/_execute?async=true
{
  "parameters": {
    "question": "How many flights from Beijing to Seattle?"
  }
}
```

오픈서치는 작업 정보로 응답한다. tasks 엔드포인트를 쿼리하여 작업의 상태를 확인해보자.

```
GET _plugins/_ml/tasks/cMpD_ZYBrHbyBa1aX8Jf
```

에이전트가 실행을 완료하면 다음 그림과 같은 응답을 받게 된다.

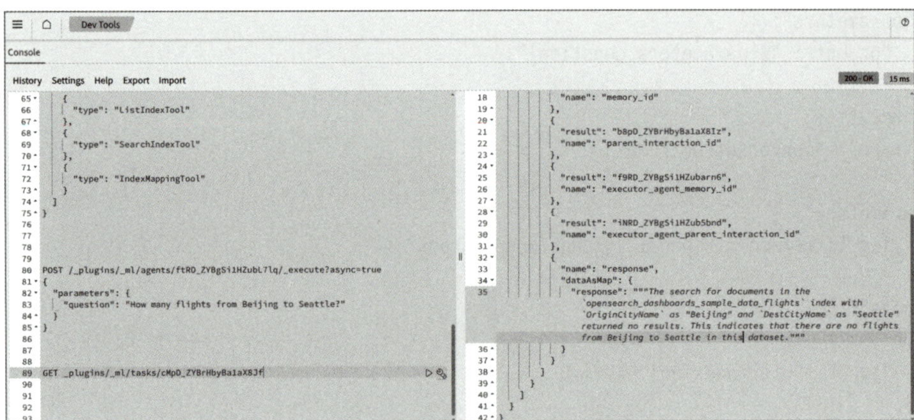

그림 11.5 **관측 가능성 RAG OpenAI 리랭킹 결과**

에이전트는 높은 수준의 작업을 더 작은 단계로 나누고 반복적으로 실행함으로써 복잡한 추론 워크플로를 자동화할 수 있는 강력하고 유연한 방법을 제공한다. 이 접근 방식은 근본 원인 분석이 필요한 관측 가능성 및 운영 고도화 사용 사례에 특히 유용하다.

계획-실행-반영 에이전트는 지능형 자동화가 근본 원인 분석을 어떻게 간소화할 수 있는지 보여준다. 관측 가능성 데이터와 LLM 기반 추론을 결합함으로써 이제 오픈서치는 단 한 번의 프롬프트만으로 복잡한 마이크로서비스 시스템을 디버깅하는 데 도움을 줄 수 있다.

다양한 상용 관측 가능성을 사용해 근본 원인 분석과 AIOps를 수행한 경험이 있지만, 오픈서치 관측 가능성 RAG가 제공하는 기능은 유연하고 정확도가 매우 높다. 상용 관측 가능성이 폐쇄적이고 커스터마이징이 불가능한 경우가 대부분이므로 오픈소스 기반의 관측 가능성 RAG는 좋은 대안이 될 수 있다.

추적과 로그 신호는 애플리케이션과 서비스에 집중하는 측면이 있다. 비즈니스 프로세스와 시스템 리소스에 대한 자세한 설명이 오픈서치 인덱스에 추가되어야 한다. 지식 베이스의 노이즈를 최소화하고, 데이터 품질을 향상해야 한다. 계획-실행-반영 에이전트가 애플리케이션, 비즈니스 프로세스, 시스템 리소스 등 다양한 측면에서 결과를 생성하도록 정확한 데이터를 제공해줘야 한다.

11.3.3 근본 원인 분석 RAG

기본 오픈서치 RAG는 RAG의 표준 절차에 가까운 반면에, 근본 원인 분석 RAG는 다음과 같이 RAG를 오픈서치에 적합하도록 개선한 방법이다.

- 벡터 임베딩을 사용하지 않고, 오픈서치의 인덱스를 사용한다. 장애 목록 데이터 모델의 내용이 벡터로 저장되지 않아도 된다.
- 입력과 출력을 담당하는 에이전트와 도구는 generative_qa_parameters로 변경되었다.
- 벡터 데이터베이스의 인제스트 파이프라인을 RAG 파이프라인으로 변경했다.
- RAG 내 메모리 기능을 개선했다. 특정 장애 목록 데이터 모델을 메모리에 직접 로딩할 수 있다.

대화형 검색을 사용하면 자연어로 질문하고 후속 질문을 통해 답변을 구체화할 수 있다. 따라서 대화는 사용자와 LLM 간의 대화가 된다. 이를 위해서는 모델이 각 질문에 개별적으로 대답하는 대신 전체 대화의 콘텍스트를 기억해야 한다.

RAG는 인덱스에서 데이터를 검색하고 모든 정보를 콘텍스트로 LLM에 보낸다. 그러면 LLM은 동적으로 검색된 데이터로 정적 지식 베이스를 보완한다. 오픈서치에서 RAG는 retrieval_augmented_generation 프로세서가 포함된 검색 파이프라인을 통해 구현된다. 프로세서는 오픈서치 쿼리 결과를 가로채고 대화 메모리에서 대화의 이전 메시지를 검색한 후 LLM에 프롬프트를 보낸다. 프로세서는 LLM으로부터 응답을 수신한 후 대화 메모리에 응답을 저장하고 원래 오픈서치 쿼리 결과와 LLM 응답을 모두 반환한다.

OpenAI를 사용해서 LLM을 구성한다.

```
PUT /_cluster/settings
{
  "persistent": {
    "plugins.ml_commons.memory_feature_enabled": true,
    "plugins.ml_commons.rag_pipeline_feature_enabled": true
  }
}
```

RAG가 작동하려면 LLM이 필요하다. LLM에 연결하려면 커넥터를 생성한다. 다음 요청은 OpenAI GPT 3.5 모델에 대한 커넥터를 생성한다.

```
POST /_plugins/_ml/connectors/_create
{
  "name": "OpenAI Chat Connector",
  "description": "The connector to public OpenAI model service for GPT 3.5",
  "version": 2,
  "protocol": "http",
```

```
  "parameters": {
    "endpoint": "api.openai.com",
    "model": "gpt-3.5-turbo",
    "temperature": 0
  },
  "credential": {
    "openAI_key": ""
  },
  "actions": [
    {
      "action_type": "predict",
      "method": "POST",
      "url": "https://${parameters.endpoint}/v1/chat/completions",
      "headers": {
        "Authorization": "Bearer ${credential.openAI_key}"
      },
      "request_body": """{ "model": "${parameters.model}", "messages": ${parameters.
messages}, "temperature": ${parameters.temperature} }"""
    }
  ]
}
```

오픈서치는 커넥터에 대한 커넥터 아이디로 응답한다.

```
{
  "connector_id": "GdQn3JYBgSi1HZub0Z8b"
}
```

이전 단계에서 커넥터를 생성한 LLM을 등록한다. 오픈서치에 모델을 등록하려면 이전 단계에서 반환된 connector_id를 입력한다.

```
POST /_plugins/_ml/models/_register
{
  "name": "openAI-gpt-3.5-turbo",
  "function_name": "remote",
  "description": "test model",
  "connector_id": "u3DEbI0BfUsSoeNTti-1"
}
```

오픈서치는 등록 작업에 대한 아이디와 등록된 모델에 대한 모델 아이디를 반환한다.

```
{
  "task_id": "G9Qo3JYBgSi1HZubVJ8E",
  "status": "CREATED",
  "model_id": "HNQo3JYBgSi1HZubVp90"
}
```

등록이 완료되었는지 확인하려면 tasks API를 호출한다.

```
GET /_plugins/_ml/tasks/gXDIbI0BfUsSoeNT_jAb
```

응답에서 상태가 COMPLETED로 변경된다.

```
{
  "model_id": "HNQo3JYBgSi1HZubVp90",
  "task_type": "REGISTER_MODEL",
  "function_name": "REMOTE",
  "state": "COMPLETED",
  "worker_node": [
    "91rV9g-1QzucpDDpeH99ZQ"
  ],
  "create_time": 1747450352266,
  "last_update_time": 1747450353535,
  "is_async": false
}
```

모델을 배포하려면 deploy API에 모델 아이디를 제공한다.

```
POST /_plugins/_ml/models/gnDIbI0BfUsSoeNT_jAw/_deploy
```

응답에서 모델이 배포된 것을 볼 수 있다.

```
{
  "task_id": "HdQp3JYBgSi1HZubO5_F",
  "task_type": "DEPLOY_MODEL",
  "status": "COMPLETED"
}
```

다음으로 retrieval_augmented_generation 프로세서를 사용하여 검색 파이프라인을 생성한다.

```
PUT /_search/pipeline/rag_pipeline
{
  "response_processors": [
    {
      "retrieval_augmented_generation": {
        "tag": "openai_pipeline_demo",
        "description": "Demo pipeline Using OpenAI Connector",
        "model_id": "gnDIbI0BfUsSoeNT_jAw",
        "context_field_list": ["text"],
        "system_prompt": "You are a helpful assistant",
        "user_instructions": "Generate a concise and informative answer in less than 100
words for the given question"
      }
    }
  ]
}
```

RAG는 보충 데이터로 LLM의 지식을 보강할 수 있다. 먼저 데이터를 저장할 인덱스를 생성하고 기본 검색 파이프라인을 이전 단계에서 생성한 파이프라인으로 설정한다.

```
PUT /my_rag_test_data
{
  "settings": {
    "index.search.default_pipeline" : "rag_pipeline"
  },
  "mappings": {
    "properties": {
      "text": {
        "type": "text"
      }
    }
  }
}
```

다음으로 추가 데이터를 인덱스에 수집한다.

```
POST _bulk
{"index": {"_index": "my_rag_test_data", "_id": "1"}}
{"text": "Abraham Lincoln was born on February 12, 1809, the second child of Thomas Lincoln
and Nancy Hanks Lincoln, in a log cabin on Sinking Spring Farm near Hodgenville, Kentucky.
[2] He was a descendant of Samuel Lincoln, an Englishman who migrated from Hingham, Norfolk,
to its namesake, Hingham, Massachusetts, in 1638. The family then migrated west, passing
through New Jersey, Pennsylvania, and Virginia.[3] Lincoln was also a descendant of the
```

```
Harrison family of Virginia; his paternal grandfather and namesake, Captain Abraham Lincoln
and wife Bathsheba (née Herring) moved the family from Virginia to Jefferson County,
Kentucky.[b] The captain was killed in an Indian raid in 1786.[5] His children, including
eight-year-old Thomas, Abraham's father, witnessed the attack.[6][c] Thomas then worked at
odd jobs in Kentucky and Tennessee before the family settled in Hardin County, Kentucky, in
the early 1800s."}
{"index": {"_index": "my_rag_test_data", "_id": "2"}}
{"text": "Chart and table of population level and growth rate for the New York City metro
area from 1950 to 2023. United Nations population projections are also included through the
year 2035.\\nThe current metro area population of New York City in 2023 is 18,937,000, a 0.37%
increase from 2022.\\nThe metro area population of New York City in 2022 was 18,867,000, a
0.23% increase from 2021.\\nThe metro area population of New York City in 2021 was
18,823,000, a 0.1% increase from 2020.\\nThe metro area population of New York City in 2020
was 18,804,000, a 0.01% decline from 2019."}
```

RAG는 인덱스에서 문서를 검색하여 LLM과 같은 seq2seq 모델을 통과시킨 다음, 정적 LLM 정보를 동적으로 검색된 데이터로 콘텍스트에 맞게 보완한다.

대화의 모든 메시지를 저장할 대화 메모리를 만들어야 한다. 메모리를 쉽게 식별할 수 있도록 하려면 다음 예시와 같이 선택적 name 필드에 메모리의 이름을 입력한다.

```
POST /_plugins/_ml/memory/
{
  "name": "Conversation about NYC population"
}
```

오픈서치는 새로 생성된 메모리에 대한 메모리 아이디로 응답한다.

```
{
  "memory_id": "HtQq3JYBgSi1HZubLp9c"
}
```

이제 memory_id를 사용해 메모리에 메시지를 추가할 수 있다. RAG 파이프라인을 사용하려면 오픈서치에 쿼리를 보내고 ext.generative_qa_parameters 객체에 추가 매개변수를 제공한다.

LLM에 질문을 하면 몇 년 전의 데이터로 학습되었기 때문에 현재에 대한 답은 제공하지 못한다. 하지만 현재 정보를 콘텍스트로 추가하면 응답을 생성할 수 있다. 예를 들어 2023년 뉴욕시 대도시 지역의 인구에 대해 LLM에 질문해보자. 오픈서치 match 쿼리와 LLM 쿼리를 포함하는 쿼리를 구성한다. 메시지가 적절한 메모리 객체에 저장되도록 memory_id를 제공해야 한다.

```
GET /my_rag_test_data/_search
{
  "query": {
    "match": {
      "text": "What's the population of NYC metro area in 2023"
    }
  },
  "ext": {
    "generative_qa_parameters": {
      "llm_model": "gpt-3.5-turbo",
      "llm_question": "What's the population of NYC metro area in 2023",
      "memory_id": "znCqcI0BfUsSoeNTntd7",
      "context_size": 5,
      "message_size": 5,
      "timeout": 15
    }
  }
}
```

응답은 다음과 같다. 콘텍스트에 뉴욕시 인구에 대한 정보가 들어 있는 문서가 포함되어 있기 때문에 LLM은 질문에 올바르게 답할 수 있다. 응답에는 지식 베이스 데이터와 LLM 응답에서 일치하는 문서도 포함되어 있다.

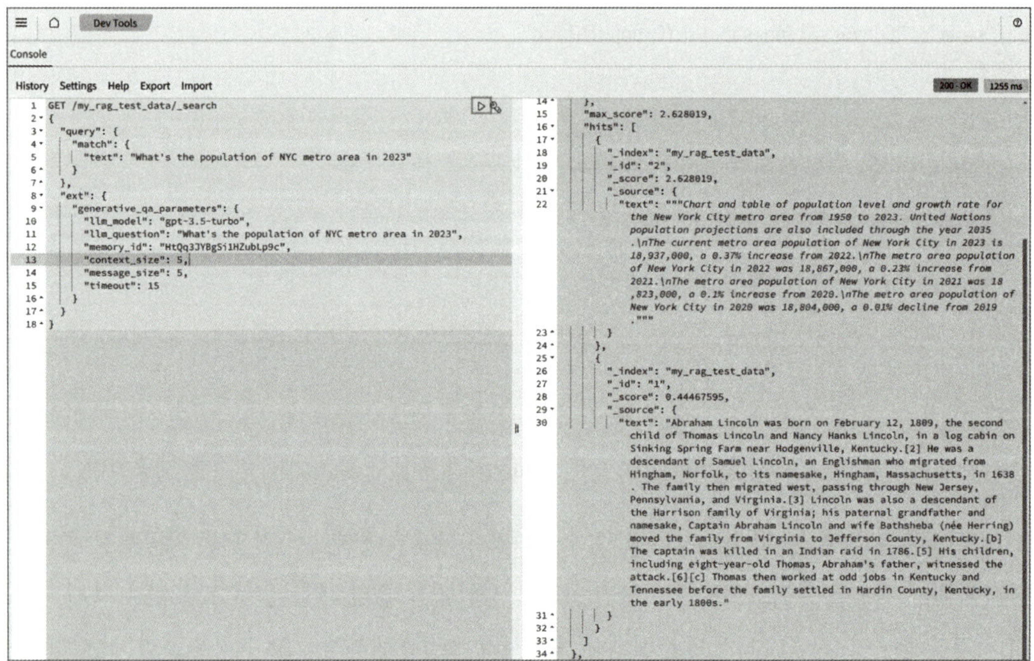

그림 11.6 근본 원인 분석 RAG OpenAI 결과

AWS Bedrock을 사용하더라도 OpenAI와 큰 차이점은 없다. AWS의 session token이 필요한데, 다음과 같이 구하면 된다. 특정 모델에 대한 종속 없이 다양한 모델과 연계가 가능하다.

```
aws sts get-session-token --serial-number arn:aws:iam::xxxxxx:mfa/xxxxxx --token-code xxxxxx
```

11.4 RAG 고급 기능

관측 가능성 RAG에서는 추적과 로그를 사용해서 주로 애플리케이션과 서비스의 장애를 식별하고 원인을 설명했다. 인프라와 시스템 리소스의 경우는 이상 탐지 RAG를 사용하는 것이 적합하다.

이번 절에서는 리랭킹, 가드레일, 자연어처리, 데이터 관리, 후속 처리 같은 RAG의 고급 기능에 대해서 설명한다.

11.4.1 리랭킹

리랭킹을 사용하는 RAG를 구성할 때 이상 탐지를 사용하고 리랭킹을 적용하면 정확도를 향상할 수 있다. RAG 시스템이 보다 복잡한 실제 애플리케이션에 적용됨에 따라, 시맨틱 벡터 검색 및 답변 생성과 같은 기본적인 RAG 파이프라인 구성만으로는 요구 사항을 만족시키기 어려울 수도 있다.

리랭킹은 LLM의 고급 언어 이해 기능을 사용하여 검색 결과의 관련성을 높이는 데 사용되는 정교한 기법이다. 최근 논문(arXiv:2403.17759, arXiv:2505.20046 등)에 따르면 RAG의 정확도는 관련 정보의 콘텍스트 내 존재 유무가 아니라 순서에 달려 있다고 한다.

간단히 말해 리랭킹은 RAG가 생성한 후보 문서들에 대해 질문에 대한 관련성 및 일관성을 판단하여 문서의 우선순위를 재정렬하는 것이다. 즉, 질문과 관련성 있는 문서들을 콘텍스트의 상위권에 위치시킴으로써, 답변의 정확도를 올리는 방법이다.

처음에는 BM25 또는 벡터 유사도 검색과 같은 기존의 정보 검색 방법을 사용하여 후보 문서 또는 구절 집합을 검색한다. 그런 다음 이러한 후보 문서들을 쿼리와 각 문서 간의 의미론적 관련성을 분석하는 LLM에 입력한다. LLM은 관련성 점수를 할당하여 가장 관련성이 높은 문서의 우선순위를 정할 수 있도록 문서를 재정렬한다.

이 프로세스는 단순한 키워드 매칭을 넘어 쿼리와 문서의 콘텍스트와 의미를 이해함으로써 검색 결과의 품질을 크게 향상시킨다. 리랭킹은 일반적으로 초기 빠른 검색 단계에 이어 두 번째 단계로 사용되며, 가장 관련성이 높은 문서만 사용자에게 표시되도록 한다. 또한 여러 데이터 소스의 결과를 결합할 수 있을 뿐만 아니라 RAG 파이프라인에 통합하여 특정 쿼리에 맞게 콘텍스트가 이상적으로 조정되도록 할 수도 있다.

다음 데모는 리랭킹 파이프라인에서 코히어 리랭킹 모델을 사용하는 방법을 보여준다. 먼저 코히어 리랭킹 모델용 커넥터를 만든다.

```
POST /_plugins/_ml/connectors/_create
{
    "name": "cohere-rerank",
    "description": "The connector to Cohere reanker model",
    "version": "1",
    "protocol": "http",
    "credential": {
        "cohere_key": ""
    },
    "parameters": {
        "model": "rerank-v3.5"
    },
    "actions": [
        {
            "action_type": "predict",
            "method": "POST",
            "url": "https://api.cohere.ai/v2/rerank",
            "headers": {
                "Authorization": "Bearer ${credential.cohere_key}"
            },
            "request_body": "{ \"documents\": ${parameters.documents}, \"query\":
\"${parameters.query}\", \"model\": \"${parameters.model}\", \"top_n\": ${parameters.top_n}
}",
            "pre_process_function": "connector.pre_process.cohere.rerank",
            "post_process_function": "connector.post_process.cohere.rerank"
        }
    ]
}
```

응답의 커넥터 아이디를 사용하여 코히어 리랭킹 모델을 등록한다.

```
POST /_plugins/_ml/models/_register?deploy=true
{
    "name": "cohere rerank model",
```

```
    "function_name": "remote",
    "description": "test rerank model",
    "connector_id": "ldTCAJcBgSi1HZub7bn2"
}
```

응답에 모델 아이디를 기록해두면 다음 단계에서 사용할 수 있다. 이제 predict API를 호출하여 모델을 테스트한다.

```
POST _plugins/_ml/models/l9TDAJcBgSi1HZubA7lt/_predict
{
  "parameters": {
    "query": "What is the capital of the United States?",
    "documents": [
      "Carson City is the capital city of the American state of Nevada.",
      "The Commonwealth of the Northern Mariana Islands is a group of islands in the Pacific
Ocean. Its capital is Saipan.",
      "Washington, D.C. (also known as simply Washington or D.C., and officially as the
District of Columbia) is the capital of the United States. It is a federal district.",
      "Capital punishment (the death penalty) has existed in the United States since
beforethe United States was a country. As of 2017, capital punishment is legal in 30 of the
50 states."
    ],
    "top_n": 4
  }
}
```

오픈서치의 추론 결과 응답에는 4개의 유사도 객체가 포함되어 있을 것이다. 각 유사도 객체에 대해 데이터 배열에는 쿼리와 관련된 각 문서에 대한 관련성 점수가 포함된다. 유사도 객체는 입력된 문서 순서대로 제공되며, 이는 관련성 점수를 기준으로 문서를 정렬하는 코히어 리랭킹 모델의 기본 출력과 다르다. 문서 순서는 재랭크 파이프라인과 호환되는 출력을 만들기 위해 connector.post_process.cohere.rerank post-processing 함수에서 변경된다.

테스트 데이터 수집을 위한 대량 요청을 보내보자. 코히어 리랭킹 모델을 사용하여 리랭킹 파이프라인을 생성한다.

```
PUT /_search/pipeline/rerank_pipeline_cohere
{
    "description": "Pipeline for reranking with Cohere Rerank model",
    "response_processors": [
        {
```

```
                "rerank": {
                    "ml_opensearch": {
                        "model_id": "19TDAJcBgSi1HZubA7lt"
                    },
                    "context": {
                        "document_fields": ["passage_text"]
                    }
                }
            }
        ]
}
```

반환되는 결과의 수를 제한하려면 size 매개변수를 지정하면 된다. 예를 들어 2로 설정하면 상위 2개 문서만 반환한다.

```
GET my-test-data/_search?search_pipeline=rerank_pipeline_cohere
{
  "query": {
    "match_all": {}
  },
  "size": 4,
  "ext": {
    "rerank": {
      "query_context": {
        "query_text": "What is the capital of the United States?"
      }
    }
  }
}
```

다음 그림과 같은 응답을 볼 수 있을 것이다. 관련성이 높은 문서들이 포함되어 있다.

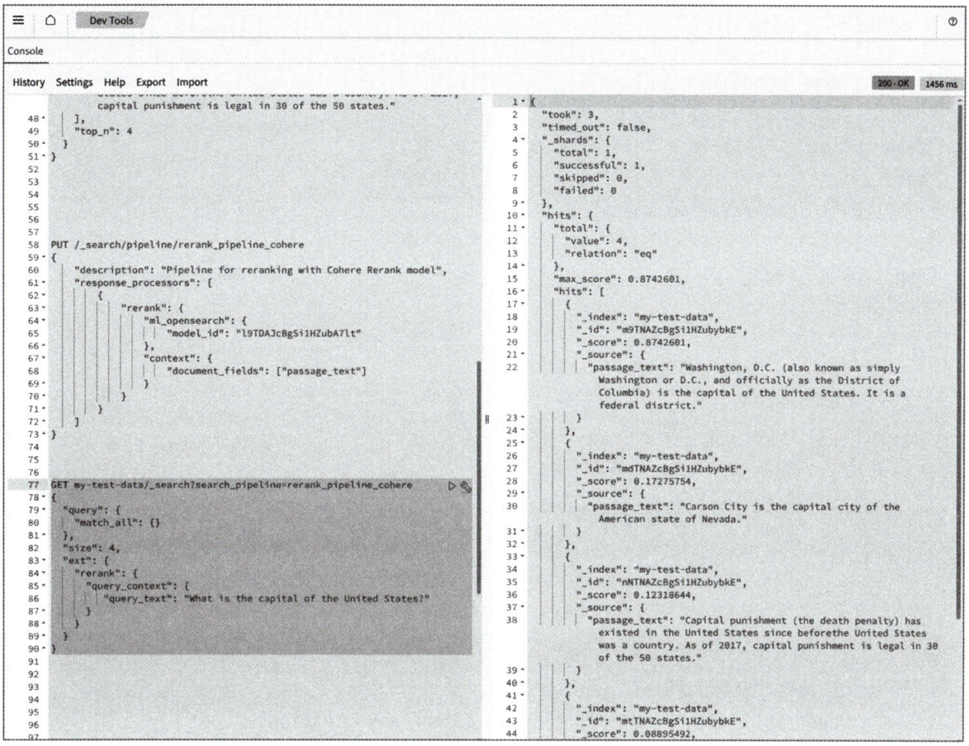

Dev Tools

Console

History Settings Help Export Import

```
      capital punishment is legal in 30 of the 50 states."
    ],
    "top_n": 4
  }
}





PUT /_search/pipeline/rerank_pipeline_cohere
{
  "description": "Pipeline for reranking with Cohere Rerank model",
  "response_processors": [
    {
      "rerank": {
        "ml_opensearch": {
          "model_id": "l9TDAJcBgSi1HZubA7lt"
        },
        "context": {
          "document_fields": ["passage_text"]
        }
      }
    }
  ]
}



GET my-test-data/_search?search_pipeline=rerank_pipeline_cohere
{
  "query": {
    "match_all": {}
  },
  "size": 4,
  "ext": {
    "rerank": {
      "query_context": {
        "query_text": "What is the capital of the United States?"
      }
    }
  }
}
```

200 - OK 1456 ms


```
{
  "took": 3,
  "timed_out": false,
  "_shards": {
    "total": 1,
    "successful": 1,
    "skipped": 0,
    "failed": 0
  },
  "hits": {
    "total": {
      "value": 4,
      "relation": "eq"
    },
    "max_score": 0.8742601,
    "hits": [
      {
        "_index": "my-test-data",
        "_id": "m9TNAZcBgSi1HZubybkE",
        "_score": 0.8742601,
        "_source": {
          "passage_text": "Washington, D.C. (also known as simply
            Washington or D.C., and officially as the District of
            Columbia) is the capital of the United States. It is a
            federal district."
        }
      },
      {
        "_index": "my-test-data",
        "_id": "mdTNAZcBgSi1HZubybkE",
        "_score": 0.17275754,
        "_source": {
          "passage_text": "Carson City is the capital city of the
            American state of Nevada."
        }
      },
      {
        "_index": "my-test-data",
        "_id": "nNTNAZcBgSi1HZubybkE",
        "_score": 0.12318644,
        "_source": {
          "passage_text": "Capital punishment (the death penalty) has
            existed in the United States since beforethe United States
            was a country. As of 2017, capital punishment is legal in 30
            of the 50 states."
        }
      },
      {
        "_index": "my-test-data",
        "_id": "mtTNAZcBgSi1HZubybkE",
        "_score": 0.08895492,
```


그림 11.7 리랭킹 RAG cohere 결과

리랭킹은 정확도는 높지만, 호출 비용은 일반적인 질의응답보다 높고 호출 시 지연 시간도 길다. 계획–실행 에이전트와 비교하면 장단점이 있으므로, 지연 시간과 데이터의 유무를 고려하고 많은 테스트를 통해서 더 나은 에이전트를 선정해야 한다.

11.4.2 자연어처리

LLM의 결과를 인덱스에 저장한 후, 후속 처리하는 경우를 고려해보자. 결과가 자연어 텍스트이므로 이를 시스템이 이해할 수 있는 언어로 변환하는 것이 필요하다. 오픈서치는 자연어 쿼리(natural language query, NLQ)를 오픈서치 쿼리로 변환하는 도구 파이프라인 처리 언어(Piped Processing Language, PPL)를 제공하고 이를 통해 에이전트를 구성할 수 있다.

PPL 모델과 LLM 모델, 두 모델을 등록해야 한다. PPLTool은 NLQ를 PPL로 번역하고, 생성된 PPL 쿼리를 실행할 수 있다. 다음과 같이 PPLTool을 에이전트에 등록한다(시작하기 전에 오픈서치 대시보드 홈페이지로 이동하여, 샘플 이커머스 주문을 추가해야 한다).

```
POST /_plugins/_ml/agents/_register
{
    "name": "Demo agent for NLQ",
    "type": "conversational_flow",
    "description": "This is a test flow agent for NLQ",
    "memory": {
        "type": "conversation_index"
    },
    "app_type": "rag",
    "tools": [
        {
            "type": "PPLTool",
            "parameters": {
                "model_id": "",
                "model_type": "CLAUDE",
                "execute": true,
                "input": "{\"index\": \"${parameters.index}\", \"question\": ${parameters.
question} }"
            }
        },
        {
            "type": "MLModelTool",
            "description": "A general tool to answer any question",
            "parameters": {
                "model_id": "your_llm_model_id",
                "prompt": "\n\nHuman:You are a professional data analysist. You will always
answer question based on the given context first. If the answer is not directly shown in
the context, you will analyze the data and find the answer. If you don't know the answer,
just say don't know. \n\n Context:\n${parameters.PPLTool.output:-}\n\nHuman:${parameters.
question}\n\nAssistant:"
            }
        }
    ]
}
```

11.4.3 가드레일

챗봇과 같은 사용자가 사용하는 RAG 애플리케이션은 다양한 보안 취약점에 노출될 가능성이 높다. LLM을 책임감 있게 사용하기 위해서는 가드레일을 이용하여 프롬프트 수준의 위협을 완화하는 것이 필요하다. 가드레일은 모델의 행동과 출력을 제어하고 안전하게 만들기 위한 중요한 안전장치이다. 유해한 사용자 입력 또는 모델 응답을 필터링하거나, 악의적인 투자 자문 사용자 쿼리 차단 등이 대표적 사례다.

먼저 OpenAI 가드레일 모델에 대한 커넥터를 만든다. OpenAI 프롬프트는 IO가 허용 가능한지 여부에 따라 모델에 수락 또는 거부라는 단어로만 응답하도록 지시한다. 또한 요청에는 가드레일 모델이 유효성 검사 결과를 제공할 필드를 지정하는 response_filter 매개변수가 포함되어 있다.

```
POST /_plugins/_ml/connectors/_create
{
    "name": "openai",
    "description": "openai",
    "version": "1",
    "protocol": "http",
    "parameters": {
        "endpoint": "api.openai.com",
        "max_tokens": 7,
        "temperature": 0,
        "model": "gpt-3.5-turbo-instruct",
        "prompt": "You are a helpful assistant and an expert judge of content quality. Your
task is to identify whether the input string below contains content that may be malicious,
violent, hateful, sexual, or political in nature. Your answer should consist of a single
word, either reject or accept. If the input belongs to any of these categories, please write
reject. Otherwise, write accept. \\n\\nHere is the input: ${parameters.question}. \\n\\nYour
answer: ",
        "response_filter": "$.choices[0].text"
    },
    "credential": {
        "openAI_key": ""
    },
    "actions": [
        {
            "action_type": "predict",
            "method": "POST",
            "url": "https://${parameters.endpoint}/v1/completions",
            "headers": {
                "Authorization": "Bearer ${credential.openAI_key}"
            },
            "request_body": "{ \"model\": \"${parameters.model}\", \"prompt\":
\"${parameters.prompt}\", \"max_tokens\": ${parameters.max_tokens}, \"temperature\":
${parameters.temperature} }"
        }
    ]
}
```

OpenAI 가드레일 모델에 대한 모델 그룹을 등록하려면 다음 요청을 보낸다.

```
POST /_plugins/_ml/model_groups/_register
{
    "name": "guardrail model group",
    "description": "This is a guardrail model group."
}
```

커넥터 아이디와 모델 그룹 아이디를 사용하여 OpenAI 가드레일 모델을 등록하고 배포한다.

```
POST /_plugins/_ml/models/_register?deploy=true
{
    "name": "openai guardrails model",
    "function_name": "remote",
    "model_group_id": "ntSRBZcBgSi1HZubnbnp",
    "description": "guardrails test model",
    "connector_id": "ndSRBZcBgSi1HZubJrli"
}
```

작업 상태를 확인하려면 tasks API에 작업 아이디를 제공한다.

```
GET /_plugins/_ml/tasks/n9SSBZcBgSi1HZubcbnA
```

가드레일 모델 사용자 입력 유효성 검사를 테스트하기 위해 불쾌감을 주는 단어가 포함된 요청과 포함되지 않은 요청을 보내보고 각각의 결과를 비교해보자.

11.4.4 RAG 데이터 관리

근본 원인 분석 데이터 모델이 정확하게 구성되었다고 가정하면, 지연이 발생했거나 문제가 발생하는 경우에 원인이 무엇인지를 이해하는 것이 필요하다. 장애 목록 데이터 모델이 400개 정도라면, 지연은 400개 중에 어느 하나와는 일치할 것이기 때문이다. 이를 정확히 식별하는 것은 상당히 어려우므로 AI를 사용해서 근본 원인 분석 데이터 모델에서 발생한 지연과 특정 장애 목록 데이터 모델을 일치시키도록 자동화하는 것이 필요하다.

데이터의 유형을 정확히 이해하고 지식 베이스를 구성하는 것이 중요하다.

- UUID를 포함한 테이블
- 숫자를 포함한 테이블
- 텍스트를 포함한 테이블

- 이미지를 포함한 데이터
- 조인이 안 된 정규화된 테이블
- 다수의 칼럼이 조인된 테이블

일반적으로 벡터의 정확성이 낮다는 것을 고려하면, 데이터베이스를 추천한다. 정형 데이터를 벡터화해서 조회할 필요는 없다. 이미지, 오디오 등의 데이터 유형에는 벡터를 사용하는 것이 더 적합하다. 데이터 관계가 복잡하거나, 원본 데이터가 그래프 형식이 아니라면 그래프 데이터베이스를 사용하지 않아도 된다. 불필요한 변환은 최소화하는 게 좋다.

데이터의 유형에 따라서, 데이터를 조회하고 프롬프트를 보강하는 방법이 달라진다. 이로 인해서 AI의 정확도가 달라질 수 있다. 불필요한 데이터가 많아지거나, 필요한 데이터의 우선순위가 낮아지면, 지식 베이스에서 검색이 되더라도 정확도에 문제가 발생한다. 지식 베이스를 최적화하는 것이 RAG 정확도에 중요하다.

장애 목록 데이터 모델은 텍스트를 포함한 테이블에 해당한다. 근본 원인 분석 데이터 모델은 다수의 칼럼이 조인된 테이블이다. 장애 목록 데이터 모델에는 엔터티 정보를 포함한다. 하지만 근본 원인 분석 데이터 모델에는 엔터티가 불명확한 경우가 있다. 예를 들어 CPU 코어에서 발생하는 지연, 레거시와 블랙박스에서 발생하는 에러는 엔터티가 불분명하다. 특정 CPU 코어에서 나노초의 지연이 발생했다고 가정하면, 리전 가용존, 쿠버네티스 클러스터, 쿠버네티스 워크로드, 쿠버네티스 파드의 정보가 식별되어야만 서비스가 식별하고, 서비스에 할당된 코어를 이해할 수 있다.

지연 발생 시 SRE가 직접 확인하는 것은 상대적으로 간단하지만, AI를 사용한 자동화는 복잡하다. 부득이한 경우에는 엔터티와 태그를 수동으로 설정해야 한다. 에이전트에 의해서 자동으로 디스커버리되지 않는 CPU 코어와 레거시가 설치된 호스트의 정보도 수동으로 CMDB에 추가하는 것이 유용하다. 신호가 가지고 있는 엔터티의 정보를 명확하게 해야만 근본 원인 분석이 쉬워진다. IT 운영에 필요한 모든 시스템의 엔터티가 명확하게 구성되어야 한다.

클라우드와 관리형 서비스의 도입으로 주니어 SRE가 시스템 리소스에 대한 학습이 어렵고 성장하기 어려운 현실을 감안하면, AI 에이전트 기반의 근본 원인 분석이 대세가 될 가능성이 높다고 본다.

11.4.5 후속 처리

전체 업무 프로세스로 보면, LLM은 질문을 하고 답변을 하는 일부이며, 이에 대한 다양한 후속 처리가 필요하다. 앞에서는 LLM의 결과를 저장하고, 저장된 텍스트를 이해하고 추가적인 액션을 하는 것에 대해서는 설명하지 않았다. 시계열, 머신러닝, LLM의 결과를 이해하고, 프롬프트를 수동으로 입력하거나 추가적인 액션을 수행하는 등 여러 가지 측면에서 사람의 개입이 필요한 것이 사실이다.

물론 LLM의 결과가 정확하다면, 많은 후속 처리도 자동화가 될 수 있다. 예를 들어 다음 그림을 보자. 여러 데이터 소스가 있고, 지식 베이스, 에이전트, 후속 처리 LLM 순으로 처리된다.

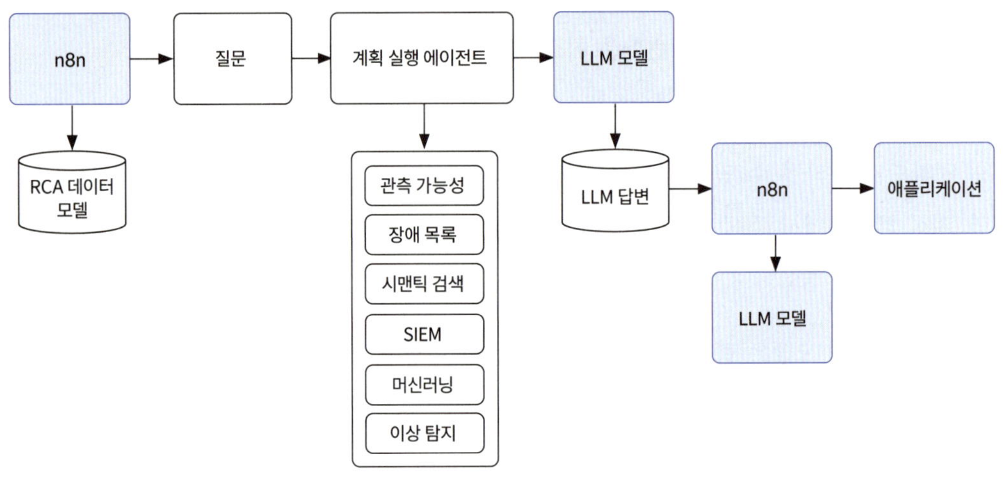

그림 11.8 **후속 처리 과정**

LLM의 응답을 데이터베이스에 저장한 후 n8n에서 응답을 읽는다. n8n은 텍스트를 이해하기 위해서 LLM을 호출한다. 랭그래프와 n8n은 LLM의 응답을 받고, 다른 애플리케이션에 결과를 반영하고, 액션을 처리한다. 오픈서치 RAG로 완료되는 것이 아니라, 랭그래프와 n8n을 오픈서치 RAG와 연계해서 후속 처리를 하는 간단한 예다.

계획–실행 에이전트로 구현된 관측 가능성 RAG와 마찬가지로, 인덱스에 데이터가 존재한다면 이를 후속 처리에서 활용하는 것이 가능하다. 이 책에서는 계획–실행 에이전트를 단일 에이전트로 배포했지만, 다수의 에이전트를 구성해 협업시키고 계획–실행 에이전트와 n8n이 순차처리해서 전체 프로세스를 구성하는 것이 보편적인 AIOps 프로세스다. 업무 프로세스, 다양한 지침, 런북, 지식 베이스를 장기적으로 개선하고, 후속 처리에서 활용해서 정확도를 높이는 것이 가능하다. AIOps는 데이터 측면뿐만 아니라 프로세스 측면에서도 개선이 가능하게 해준다.

업무의 난이도와 중요성을 고려한 에이전트의 구성이 필요하다. 이 책에서 설명한 데이터와 RAG는 전체 데이터 중 일부이며, 다양한 RAG 유형과 다양한 에이전트가 함께 작동하도록 프로세스를 설계할 수 있다. 예를 들어 주문 처리 업무가 주문 생성, 재고 조회, 가격 결정, 배송일 결정 등 4개의 업무로 구성된다면 LLM과 에이전트를 구성 시에 다음과 같은 사항을 고려해야 할 것이다.

- 1개의 에이전트 내에 4개의 도구를 개발할 것인가?
- 아니면 4개 에이전트로 분리해서 랭그래프 노드로 처리하는 방식으로 개발할 것인가?
- 1개 계획자 LLM과 다수 실행자 LLM을 어떻게 구성할 것인가?

다수 에이전트 운영 등에서 랭그래프와 n8n은 기능이 다르므로 목적에 적합하게 선택해야 한다. 랭그래프는 랭체인보다 복잡한 요구 사항을 구현하기에 적합하다. 랭그래프는 다수의 랭체인을 포함할 수 있으며, 관리자 상호작용을 처리 중간에 추가하는 것이 가능하다. 멀티 에이전트를 구성하려면 랭체인보다 랭그래프가 더 적합하다. 한편, 단순하게 애플리케이션 연계 관점에서 후속 처리를 개발한다면, n8n만으로 충분하다. 채널과 에이전트 간 연계는 복잡하므로 랭그래프가 적합하고, 단순한 애플리케이션 간 연계는 n8n이 적합하다. 결국 요구 사항에 맞게 다양한 툴을 사용해서 개발해야 한다.

11.5 MCP 근본 원인 분석 에이전트

개발 측면에서 바이브 코딩 등의 새로운 개념이 등장하고, 계속 발전되고 있다. 하지만 운영 측면에서는 아직 AI 성공 사례가 많이 보이지는 않는다. 세일즈포스의 에이전트포스(Agentforce)가 한 사례인데, 이러한 에이전트 기술을 운영과 근본 원인 분석에도 응용할 수 있다.

11.5.1 MCP

MCP는 AI 에이전트와 외부 도구 간의 통합 복잡성을 줄여주는 표준화된 통신 프레임워크이다. MCP가 없으면 각 도구를 통합할 때마다 특정 API 엔드포인트, 매개변수 스키마, 응답 형식, 오류 처리 패턴에 대한 사용자 지정 코드를 구현해야 하므로 상당한 기술적 오버헤드가 발생할 수 있다.

MCP는 도구 검색, 매개변수 유효성 검사, 응답 형식 지정, 오류 처리를 위한 일관된 인터페이스를 갖춘 통합 프로토콜 계층을 제공함으로써 이러한 문제를 해결한다. 이 프로토콜은 AI 애플리케이션과 도구 제공 업체의 서버 간에 표준화된 JSON 페이로드와 잘 정의된 상호 운용성을 가능하게 한다. 이러한 표준화는 에이전트가 각 도구의 독점적인 API 구조에 적응하는 대신 일관된 MCP 인터페이스와 통신하기만 하면 되기 때문에 최소한의 코드 변경으로 새로운 도구를 통합할 수 있다는 것을 의미한다. MCP는 중개 계층의 역할을 하여 커뮤니케이션을 간소화하고 보다 확장 가능한 아키텍처를 만든다.

오픈서치 3.0은 ML Commons 플러그인의 일부로 MCP 서버를 제공한다. 이 서버는 서버 전송 이벤트(server-sent events, SSE) 인터페이스(/_plugins/_ml/mcp/sse)를 통해 MCP 엔드포인트를 제공한다. 예를 들어 랭그래프의 ReAct 에이전트와 같은 LLM 에이전트는 서버에 연결하여 서버가 제공하는 도구를 검색한 다음 JSON 인수를 사용하여 도구를 호출하기만 하면 된다. 사용자 정의 어댑터 코드나 추가 REST 엔드포인트가 필요 없다.

오픈서치 MCP 서버는 에이전트에게 검색 데이터에 대한 안전한 실시간 액세스를 제공하고, 로그, 벡터 스토어 등 클러스터의 모든 인덱스가 MCP 서버를 사용하여 원하는 에이전트 프레임워크에서 쿼리, 요약 또는 상호 참조될 수 있다.

아키텍처에 따라서 MCP 서버와 클라이언트를 구성할 수 있다. 기술적으로는 차이점이 없지만, 다음과 같이 2가지 방법으로 MCP를 구성할 수 있다.

- **서버 모드**: 에이전트와 랭그래프에서 등록된 도구에 바인딩하고 도구를 호출
- **클라이언트 모드**: MCP 클라이언트에 MCP 서버를 등록하고, MCP 클라이언트에서 MCP 서버를 호출

1 서버 모드 구성

오픈서치 MCP 데모의 서버 모드 설정은 다음과 같다.

```
# curl -X GET "localhost:9200/_cluster/settings?pretty"
{
  "persistent" : {
    "plugins" : {
      "ml_commons" : {
        "mcp_server_enabled" : "true"
      }
    }
  },
  "transient" : { }
}
```

랭체인과 OpenAI를 위한 파이썬 라이브러리를 설치한다.

```
# python3 -m venv venv
# source venv/bin/activate
# pip install -r requirements.txt
```

MCP 서버에 연결할 때 오픈서치 보안 설정에 따라 적절한 인증 헤더를 포함해야 한다. 다음 예시는 랭체인 클라이언트에 헤더를 추가하는 방법을 보여준다.

```
cred = base64.b64encode(f"{username}:{password}".encode()).decode()
headers = {
    "Content-Type": "application/json",
    "Accept-Encoding": "identity",
    "Authorization": f"Basic {cred}"
}

client = MultiServerMCPClient({
    "opensearch": {
        "url": "http://localhost:9200/_plugins/_ml/mcp/sse?append_to_base_url=true",
        "transport": "sse",
        "headers": headers
    }
})
```

데모에 포함된 스크립트는 ListIndexTool과 SearchIndexTool 2개 도구다. 에이전트는 도구 필터에 따라 사용하고자 하는 도구를 선택할 수 있다.

랭체인 initialize_agent API를 사용한다. MCP 서버에 오픈서치의 도구가 등록되어 있으므로, 랭체인 내 에이전트는 MCP에 등록된 도구를 호출할 수 있다.

```
from dotenv import load_dotenv
from langchain_mcp_adapters.client import MultiServerMCPClient
from langchain_openai import ChatOpenAI
from langchain.agents import AgentType, initialize_agent

load_dotenv()

# Initialize the OpenAI chat model
model = ChatOpenAI(model="gpt-4.1")
opensearch_server = "http://127.0.0.1:9200"

async def main():
    # Create MCP client with OpenSearch connection details
    client = MultiServerMCPClient({
```

```
        "opensearch": {
            "url": f"{opensearch_server}/_plugins/_ml/mcp/sse?append_to_base_url=true",
            "transport": "sse",
            "headers": {
                "Content-Type": "application/json",
                "Accept-Encoding": "identity",
            }
        }
    })

    tools = await client.get_tools()

    agent = initialize_agent(
        tools=tools,
        llm=model,
        agent=AgentType.OPENAI_FUNCTIONS,
        agent_kwargs={
            "system_message": "You are a helpful assistant that can interact with OpenSearch
to retrieve and process data.",
            "max_iterations": 5,
            "max_execution_time": 60,
        },
        handle_parsing_errors=True,
        verbose=True,
    )

    while True:
        user_input = input("Input (type 'exit' to quit): ")
        if user_input.strip().lower() == "exit":
            break
        result = await agent.ainvoke({"input": user_input})
        print("Result:", result['output'])

if __name__ == "__main__":
    asyncio.run(main())
```

요약하자면 랭체인에서는 다음과 같이 에이전트를 구성한다.

1. **MultiServerMCPClient**: MCP 서버를 구성한다.
2. **initialize_agent**: 기본적인 랭체인 에이전트를 구성한다.
3. **agent.ainvoke**: 에이전트를 실행한다.

에이전트는 내부적으로 여러 단계로 구성된다. 시작, 행동, 행동 입력, 관찰, 사고, 답변, 종료의 순서대로 처리된다. AgentExecutor는 에이전트의 실행 환경이다. AgentExecutor에 중단점을 설정해 디버깅하는 방법을 통해 AgentAction, AgentFinish, AgentExecutor의 실행 순서를 조사하고, 내부적으로 시작, 행동, 관찰, 사고, 답변 등의 처리 과정을 이해할 수 있다. 다음과 같이 파이썬 라이브러리를 구성한다.

```
pip install langchain-mcp-adapters
pip install langchain-mcp-adapters langgraph "langchain[openai]"
export OPENAI_API_KEY=<your_api_key>
```

제공되는 데모는 랭체인 에이전트를 초기화하고, 사용 가능한 MCP 도구를 검색하고, 에이전트에 클러스터의 모든 인덱스를 나열하도록 요청한다(예제에서는 gpt-4o를 사용하지만, 랭그래프 및 도구 호출과 통합되는 모든 LLM과 호환된다). 오픈서치에서 샘플 인덱스로 실행하면 에이전트가 지능적인 도구 사용을 보여준다. 먼저 ListIndexTool을 호출하여 사용 가능한 인덱스를 검색한 다음, 인덱스에서 SearchIndexTool을 사용하여 정보를 검색하고 구조화된 형식으로 표시한다. 출력은 다음과 같을 것이다.

```
# python agent.py
Input (type 'exit' to quit): Find the most delayed flights within 24 hours

> Entering new AgentExecutor chain...

Here are the most delayed flights within the last 24 hours, sorted by the length of the
delay (all with 360 minutes/6 hours delay):

1. **Flight Number:** Q77B7WF
   - **Origin:** Bologna Guglielmo Marconi Airport (Italy)
   - **Destination:** Lester B. Pearson International Airport (Toronto, Canada)
   - **Delay:** 360 minutes
   - **Carrier:** BeatsWest
   - **Type of Delay:** Carrier Delay
   - **Cancelled:** No
   - **Timestamp:** 2025-05-30T15:23:17

2. **Flight Number:** TE3A0YP
   - **Origin/Destination:** Tokyo Haneda International Airport (Japan)
   - **Delay:** 360 minutes
   - **Carrier:** OpenSearch Dashboards Airlines
   - **Type of Delay:** Weather Delay
   - **Cancelled:** No
   - **Timestamp:** 2025-05-30T10:31:54

> Finished chain.
```

```
Result: Here are the most delayed flights within the last 24 hours, sorted by the length of
the delay (all with 360 minutes/6 hours delay):

1. **Flight Number:** Q77B7WF
   - **Origin:** Bologna Guglielmo Marconi Airport (Italy)
   - **Destination:** Lester B. Pearson International Airport (Toronto, Canada)
   - **Delay:** 360 minutes
   - **Carrier:** BeatsWest
   - **Type of Delay:** Carrier Delay
   - **Cancelled:** No
   - **Timestamp:** 2025-05-30T15:23:17
```

이처럼 MCP를 사용하면 오픈서치에서 실행되는 ReAct와 계획-실행 에이전트를 랭그래프 워크플로에 자연스럽게 결합할 수 있다.

❷ 클라이언트 모드 구성

두 번째 방법은 MCP 클라이언트를 사용하는 것이다. 오픈서치 MCP 클라이언트를 사용하면 오픈서치 에이전트가 MCP 프로토콜을 통해 외부 도구 제공 업체에 연결하므로 기능을 크게 확장할 수 있다. 에이전트는 기본으로 제공되는 도구에 국한되지 않고 일기예보, 번역, 문서 처리 도구 등과 같은 특화된 외부 서비스를 사용할 수 있다.

MCP 서버와 연계되는 슬랙봇을 개발한다고 하면, 슬랙봇은 MCP 클라이언트 API를 사용해서 개발해야 하며, MCP 서버와 통신하게 된다.

오픈서치의 기본 제공 MCP 서버는 버전 3.0부터 사용할 수 있으며, 다음과 같이 처리된다.

- 에이전트는 도구 호출을 시작한다.
- 이 호출은 독립 실행형 MCP 서버로 전달된다.
- MCP 서버는 오픈서치 클러스터에 REST 요청을 하고, 필요한 데이터를 검색하고, 응답 형식을 지정하여 에이전트에게 반환한다.

먼저 파이썬을 구성한다.

```
python -m venv .venv
source .venv/bin/activate
```

파이썬 라이브러리를 구성한다.

```
pip install opensearch-mcp-server-py
```

SSE 프로토콜을 사용하기 위해서, 아래의 명령어를 입력한다.

```
python -m mcp_server_opensearch --transport sse
```

오픈서치 환경 변수를 입력한다.

```
export OPENSEARCH_URL="<your_opensearch_domain_url>"
export OPENSEARCH_USERNAME="<your_opensearch_domain_username>"
export OPENSEARCH_PASSWORD="<your_opensearch_domain_password>"
```

예제에서는 다음의 도구를 사용할 수 있다.

- **ListIndexTool**: 모든 인덱스를 나열한다.
- **IndexMappingTool**: 인덱스에 대한 인덱스 매핑 및 설정 정보를 검색한다.
- **SearchIndexTool**: 쿼리를 사용하여 인덱스를 검색한다.
- **GetShardsTool**: 샤드에 대한 정보를 가져온다.

uvx를 실행하려면 astral-uv를 설치한다. MCP 클라이언트에서 참조하는 MCP 서버는 아래와 같다.

```
{
    "mcpServers": {
        "opensearch-mcp-server": {
            "command": "uvx",
            "args": ["mcp_server_opensearch"],
            "env": {
                "OPENSEARCH_URL": "<your_opensearch_domain_url>",
                "OPENSEARCH_USERNAME": "<your_opensearch_domain_username>",
                "OPENSEARCH_PASSWORD": "<your_opensearch_domain_password>",
            }
        }
    }
}
```

아키텍처에 따라 서버 모드와 클라이언트 모드를 선택하고, 에이전트는 MCP를 통해서 채널 및 애플리케이션과 통신해야 한다.

11.5.2 에이전트 워크플로

이제까지 설명한 근본 원인 분석, 관측 가능성, 리랭킹, 가드레일, MCP 서버를 모두 통합해서 멀티 에이전트를 구성하고 근본 원인 분석을 자동화하는 방법을 살펴보겠다. 근본 원인 분석, AIOps 대시보드는 시각화를 제공하지만, SRE의 개입이 필요하다. 사람의 개입을 최소화하고, AI를 사용해서 자동화를 구성해야 한다.

오픈서치에 구성되는 에이전트와 RAG는 차이점이 있다.

- **에이전트**: 도구를 포함한다. 랭체인에서는 단일 에이전트에 다수 도구를 구성한다. 랭그래프에서는 단일 에이전트에 소수 도구를 포함한다.
- **RAG**: 지식 베이스와 LLM을 사용한다. RAG에서는 에이전트가 필수가 아니다. 일반적으로 RAG는 에이전트를 포함하는 경우가 대부분이다.

실무의 복잡한 요구 사항을 구성하기 위해서는 다수의 워크플로와 에이전트를 필요로 한다. 다음 그림처럼 랭그래프 내 워크플로를 구성함으로써 오픈서치 내 에이전트와 다양한 상호작용을 처리할 것이다. MCP를 통해 상호작용을 단순화하고 표준화할 수 있다.

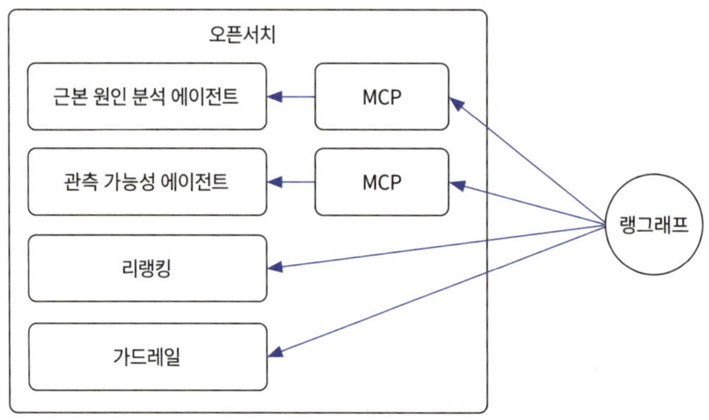

그림 11.9 랭그래프와 에이전트 간 상호작용

오픈서치에 ReAct, 계획-실행 에이전트가 구성되고, 랭그래프는 MCP를 통해서 다수의 에이전트를 호출하고 상태를 관리한다.

랭그래프는 다음 그림처럼 워크플로 개발 툴을 제공한다. 멀티 에이전트를 구현한 랭그래프 데모 전체 소스 코드는 책의 깃허브 저장소에서 제공된다.

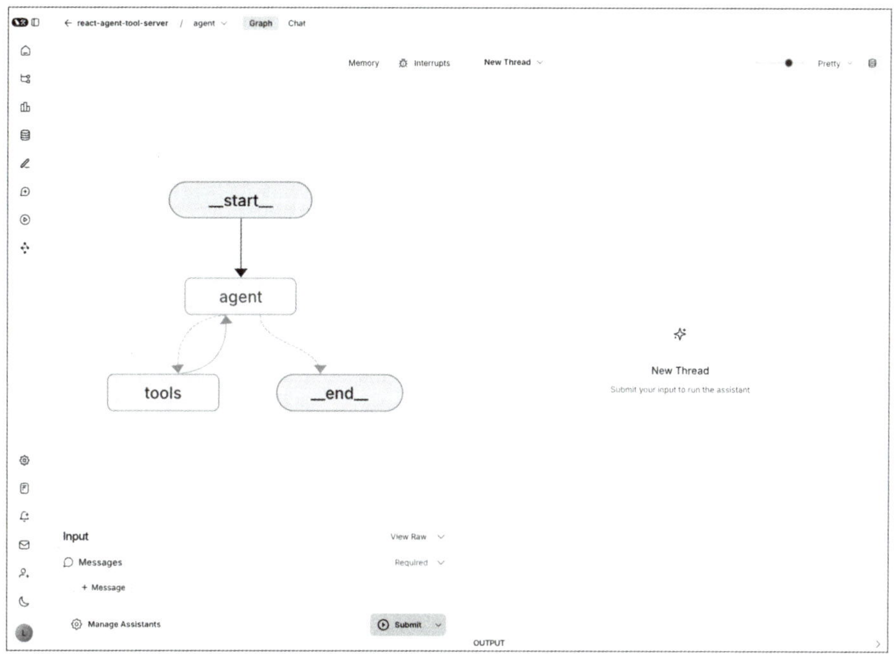

그림 11.10 랭그래프 스튜디오 개발 화면

랭그래프와 오픈서치 간에 다양한 연계가 필요하다.

- **랭체인**: ReAct 에이전트 혹은 계획–실행 에이전트를 개발한다.
- **랭그래프**: 멀티 에이전트를 실행하고 관리한다.
- **오픈서치**: 에이전트, 벡터 데이터베이스, 지식 베이스, MCP를 제공한다.
- **근본 원인 분석 에이전트**: ReAct 에이전트 혹은 계획–실행 에이전트로 구성한다.
- **관측 가능성 에이전트, 이상 탐지 에이전트**: 계획–실행 에이전트로 구성한다.
- **리랭킹**: SRE가 근본 원인 분석 에이전트와 관측 가능성 에이전트의 결과를 평가 후, 기대하는 결과와 다른 경우에 리랭킹 에이전트를 실행한다. 에이전트로 구성되지 않는다.
- **후속 처리**: 불필요한 액션을 제한하기 위해서 가드레일을 구성한다. 에이전트로 구성되지 않는다.
- **MCP**: 근본 원인 분석 에이전트와 관측 가능성 에이전트를 사용해서 랭그래프와 연계된다. 리랭킹과 가드레일은 MCP 없이 오픈서치 API를 사용한다.
- **지식 베이스**: 근본 원인 분석, 관측 가능성, 리뱅킹은 오픈서치에 구축된 지식 베이스를 사용해서 RAG를 구성한다. 구글 캘린더에 등록된 온콜 로스터, 시스템 관리자 이름, 애플리케이션 이름, 레거시, 블랙박스에 대한 정보는 별도 인덱스에 추가한다. 시니어 엔지니어의 노하우가 추가되어야 한다. 다목적 용도로 사용된다.

- **슬랙, 지라**: 슬랙, 지라의 MCP 서버와 랭그래프를 사용해서 연계한다.
- **CMDB**: 구성 변경, 리소스와 서비스 등 IT 운영에 필요한 다양한 데이터를 제공한다.

신뢰성과 MTTR을 개선하기 위해 인프라 엔지니어, 1선 운영자, SRE, 아키텍트, 개발자는 서로 협업하지만 서로 다른 워크플로를 필요로 한다. 워크플로의 예는 다음과 같다. 이들은 서로 다른 특징과 에이전트로 구성되지만 서로 간에 공통점도 있으므로 공통점을 식별하고 재사용할 수 있도록 워크플로를 구성한다.

- **인프라, 보안, 네트워크 엔지니어의 워크플로**: 작은 지연을 포함한 근본 원인 분석을 통해 신뢰성을 향상시키고 동일한 장애가 재발되는 것을 방지
- **24시간 1선 운영자의 워크플로**: 이상 탐지와 선제 대응을 통해 장애 발생을 최소화
- **SRE의 워크플로**: 신속하게 서비스를 복구해서 고객의 손실을 최소화할 수 있도록 구성
- **아키텍트의 워크플로**: SLO, MTTR 등 신뢰성에 관련된 다양한 리포트를 정확하게 생성
- **개발자의 워크플로**: 기본적인 배포뿐만 아니라 롤링 업데이트, 블루그린, 카나리를 배포하고 분석하고 문제 발생 시 롤백

시스템 리소스를 관리하는 인프라 엔지니어의 워크플로를 그림으로 나타내면 다음과 같다.

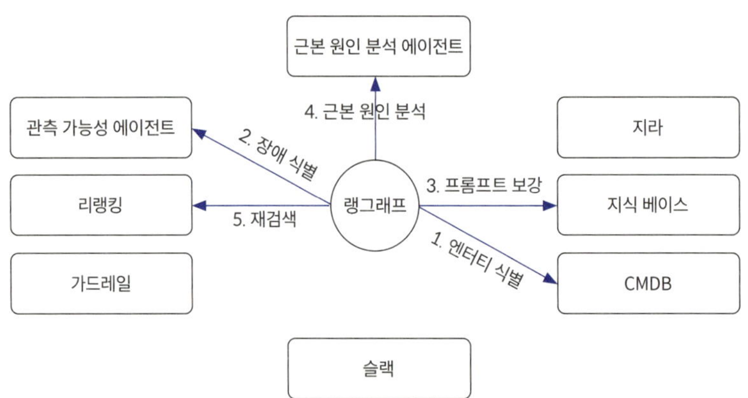

그림 11.11 인프라 엔지니어의 워크플로

시스템 리소스, 보안, 네트워크의 장애를 분석하는 데에는 오랜 시간이 걸린다. 직접적인 에러보다 작은 지연을 식별하고 분석하는 것이 중요하다. 지식 베이스를 사용해서 프롬프트를 보강해야 하고, 근본 원인 분석 에이전트를 사용한다. 장애 원인을 이해하지 못하면, 리랭킹을 사용해서 재검색한다.

24시간 운영을 담당하는 1선 운영자의 워크플로는 다음과 같다.

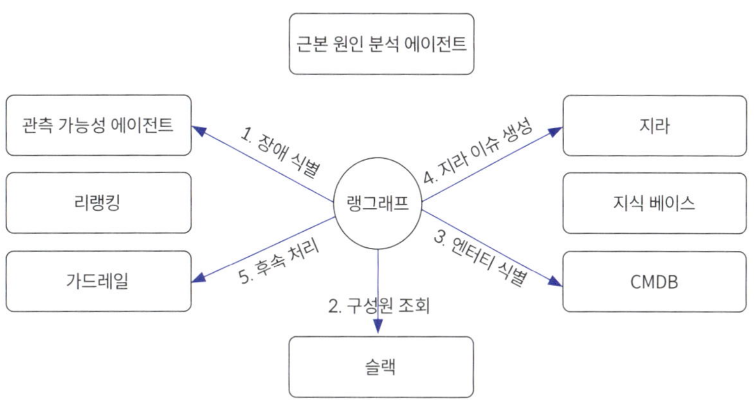

그림 11.12 **24시간 1선 운영자의 워크플로**

이상 탐지와 관측 가능성 에이전트를 사용해서, 장애를 사전에 미리 식별하는 것이 중요하다. 문제 해결이 목적이 아니고, 2선 SRE와 3선 개발자에게 문제 해결을 요청해야 한다. 선제적인 대응이 필요한 경우에는 가드레일을 적용해서, 후속 처리의 정확도를 향상해야 한다.

장애에 대응하는 SRE의 워크플로는 다음과 같다.

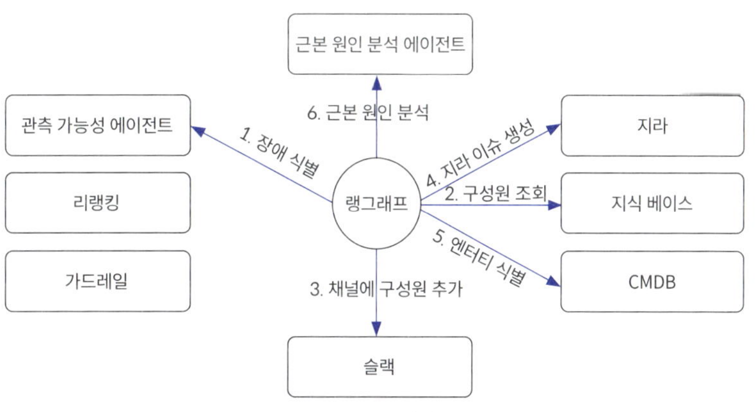

그림 11.13 **SRE의 워크플로**

애플리케이션의 서비스 장애에 대응하는 SRE는 엔터티를 식별하고, 장애의 전파 여부와 고객 서비스의 부정적인 영향을 이해해야 한다. 에러 메시지는 문제 해결을 위한 단서이다. 서비스를 신속하게 복구하고 고객의 피해를 최소화하는 것이 중요하다. 워크플로는 신속한 장애 대응이 가능하도록 조직과 절차를 자동화한다.

SLO, MTTR을 측정하는 아키텍트의 워크플로는 다음과 같다.

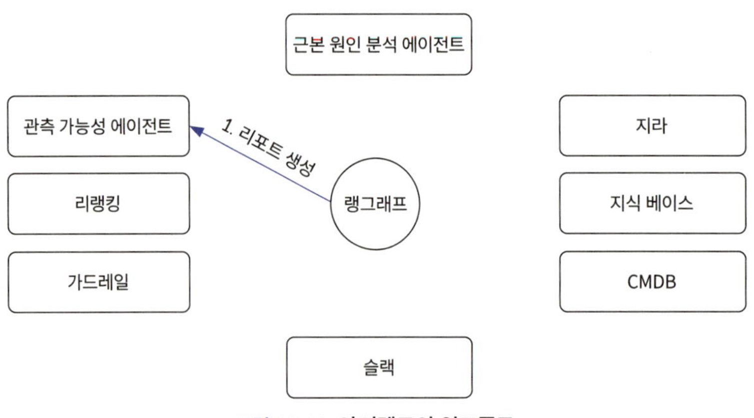

그림 11.14 **아키텍트의 워크플로**

아키텍트는 관측 가능성 에이전트를 사용해서 SLO, MTTR에 대한 리포트를 자동적으로 생성한다.

테스트와 빌드를 담당하는 개발자의 워크플로는 다음과 같다.

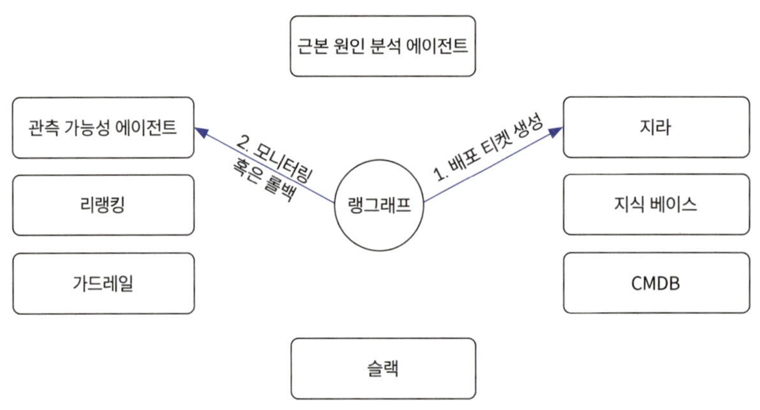

그림 11.15 **개발자의 배포 워크플로**

개발자는 카나리, AB, 블루그린 배포 절차와 배포 후 모니터링을 자동화한다. 문제 발생 시 롤백도 처리한다.

이상의 개별 5개 워크플로는 운영 차원에서 1개의 큰 워크플로로 통합될 수 있다.

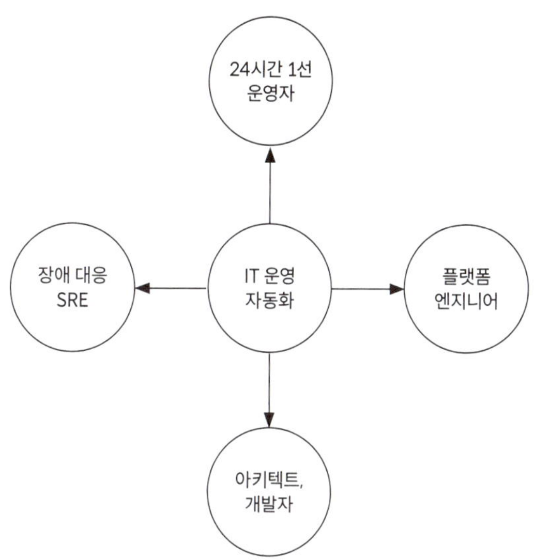

그림 11.16 **IT 자동화를 위한 워크플로 통합**

다양한 조직, 구성원, 워크플로를 통합한 운영 전략을 수립하고, 점진적으로 자동화를 진행해야 한다. 올바른 방향성을 정의할 수 있다면, 많은 에이전트의 개발은 필요하지 않다. 소수 에이전트로 재사용을 향상시키고, 워크플로를 간단히 구성하려고 노력해야 한다.

11.5.3 랭그래프

오픈서치에서 에이전트를 정의할 때 에이전트는 도구를 포함한다. 랭그래프는 에이전트를 정의하지만, MCP를 통해서 오픈서치 내 도구를 호출한다. 랭체인은 RAG, 에이전트, MCP, LLM, 지식 베이스 등 다양한 기술을 사용해서 IT 운영 프로세스를 구성할 수 있지만, 랭체인만으로는 복잡한 워크플로를 구성하기 어렵기 때문에, 랭체인 대신에 랭그래프가 필요하다.

랭그래프가 도구를 어떻게 호출하는 것인지가 중요한데, 5개 워크플로는 모두 외부 애플리케이션의 도구를 호출한다. 모든 도구는 MCP에 등록되어 있다. 예를 들어 MCP에 다양한 도구가 등록되는 경우, 사용자의 자세한 설명 없이도 AI가 스스로 특정 도구를 선택해서 결과를 생성할 수 있다. 즉, 상세한 입력 없이 워크플로와 MCP만으로 자동화를 달성할 수 있다. 비용 문제를 제외한다면 MCP에 많은 도구가 바인딩되는 것이 자동화에 더욱 유리하다.

예를 들어 MCP에 구글 캘린더, 슬랙, 줌, 지라, 컨플루언스의 도구가 등록되었다고 하자. 워크플로에 "특정 이슈를 의논하기 위해서, 일정을 잡고 특정 업무 전문가와 미팅 예약을 해줘"라고 입력하면, 워크플로는 아래의 절차를 자동으로 수행한다.

1. 슬랙에서 "특정 이슈를 의논하기 위해서, 일정을 잡고 특정 업무 전문가와 미팅 예약을 해줘"를 입력하면, 워크플로는 웹훅으로 트리거된다.
2. 기업의 내부 정보를 포함한 지식 베이스가 있다면, 리트리버를 사용해서 조회한다.
3. 지라에 이슈를 생성한다.
4. 컨플루언스에서 관련된 추가 정보를 검색하고, 지라 이슈에 추가한다.
5. 특정 업무 전문가를 슬랙과 지라에서 검색한다.
6. 업무 전문가의 구글 캘린더에서 일정 정보를 읽고, 미팅 가능한 날짜를 설정한다.
7. 일정 정보를 바탕으로 줌 미팅을 생성한다.
8. 해당 업무 전문가에게 미팅 가능한 날짜에 줌의 초대 이메일을 보낸다.

MCP 서버에 구글 캘린더, 슬랙, 줌, 지라, 컨플루언스, 아웃룩의 도구가 설정되면, 워크플로 내 에이전트에 서드파티의 도구를 구성하는 것이 가능하다. 가능한 한 많은 서드파티의 도구들이 MCP 서버에 등록되어야 하는 이유이다. 어떠한 사용자의 질문이건, 에이전트는 사용자의 질문의 문맥과 의도를 이해하고, MCP를 통해서 적절한 도구를 찾아서 응답할 것이다.

오픈서치 내부에 워크플로를 구성하지 않고, 랭그래프에 워크플로와 에이전트를 구성하고, 오픈서치와 슬랙의 도구를 사용할 것이다. 즉, 에이전트는 랭그래프에서 구성하지만, 에이전트 내 도구는 MCP에 바인딩된다.

다양한 방법으로 랭그래프와 MCP를 연계할 수 있는데, 다음과 같이 3가지 방법을 사용한다.

1. 랭체인의 initialize_agent를 사용
2. 랭그래프의 create_react_agent를 사용
3. StateGraph의 노드에 MCP 도구를 추가

1번 랭체인의 initialize_agent를 사용하는 방법은 앞에서 설명했고 2, 3번에 대해서 설명하겠다. 먼저 랭체인과 랭그래프는 create_react_agent를 제공한다. 랭그래프에서는 from langgraph.prebuilt import create_react_agent로 임포트하고 랭체인에서는 from langchain.agents import create_react_agent로 임포트한다. 다음 예제는 랭그래프의 create_react_agent를 보여준다.

```
from langchain_mcp_adapters.client import MultiServerMCPClient
from langgraph.prebuilt import create_react_agent
```

```
client = MultiServerMCPClient({
        "opensearch": {
            "url": f"{opensearch_server}/_plugins/_ml/mcp/sse?append_to_base_url=true",
            "transport": "sse",
            "headers": {
                "Content-Type": "application/json",
                "Accept-Encoding": "identity",
            }
        }
    })

tools = await client.get_tools()
agent = create_react_agent("openai:gpt-4.1", tools)
```

랭그래프는 StateGraph를 필요로 하므로 create_react_agent만으로는 워크플로를 구성할 수 없다. 다음과 같은 API가 필요하다.

1. **tools = await client.get_tools()**: MCP의 도구를 가져온다.
2. **bind_tools(tools)**: 도구를 바인드한다.
3. **builder.add_node(ToolNode(tools))**: 노드에 도구를 추가한다.

예제 코드는 다음과 같다.

```
from langchain_mcp_adapters.client import MultiServerMCPClient
from langgraph.graph import StateGraph, MessagesState, START
from langgraph.prebuilt import ToolNode, tools_condition

from langchain.chat_models import init_chat_model
model = init_chat_model("openai:gpt-4.1")

client = MultiServerMCPClient({
        "opensearch": {
            "url": f"{opensearch_server}/_plugins/_ml/mcp/sse?append_to_base_url=true",
            "transport": "sse",
            "headers": {
                "Content-Type": "application/json",
                "Accept-Encoding": "identity",
            }
        }
    })

tools = await client.get_tools()
```

```
def call_model(state: MessagesState):
    response = model.bind_tools(tools).invoke(state["messages"])
    return {"messages": response}

builder = StateGraph(MessagesState)
builder.add_node(call_model)
builder.add_node(ToolNode(tools))
builder.add_edge(START, "call_model")
builder.add_conditional_edges(
    "call_model",
    tools_condition,
)
builder.add_edge("tools", "call_model")
graph = builder.compile()
```

랭체인은 사람이 프로세스 중간에 개입하거나 사람의 선택에 따라 분기하는 것이 어렵고, 에이전트 간 상호작용을 관리하거나 멀티 에이전트를 구성하는 것이 어렵다는 단점이 있다. 이에 랭그래프에서 HITL(human-in-the-loop)을 이용하는 방법이 있다. 다음 주소에 있는 공식 문서의 예제에 잘 설명되어 있다.

- https://docs.langchain.com/oss/python/langgraph/add-human-in-the-loop#approve-or-reject

예제를 보면, API 호출 후 그래프를 일시 중지하여 작업을 검토하고 승인한다. 작업이 거부되면 그래프가 해당 단계를 실행하지 못하도록 하고 다른 작업을 수행할 수 있다. 예를 들어 근본 원인 분석 에이전트의 결과를 검토 후, 기대에 미치지 못하는 경우에 리랭킹을 호출할 수 있다.

랭그래프는 다양한 에이전트, LLM, 오픈서치, RAG, 워크플로, 지식 베이스를 통합하는 백엔드 역할을 하게 된다. 고객과 사용자를 위해서 다양한 채널이 필요하다. 예를 들어 사용자는 음식 인식, 스트림릿, 슬랙봇을 통해서 텍스트를 입력하고, 텍스트가 백엔드에 해당하는 랭그래프에 전달이 되어야 한다.

다음 그림과 같이 랭그래프 워크플로는 채널과 백엔드의 애플리케이션과 연계하게 된다. 백엔드에 비해서 채널은 더 어렵고 복잡하다. 다양한 채널에서 백엔드로 전달하는 과정이 간단하지 않다. 랭그래프와 MCP를 사용해서 애플리케이션과 연계하는 것은 어려운 작업이 아니고, 대부분의 공수는 다양한 채널과 백엔드 에이전트 프레임워크와의 연계에서 발생한다.

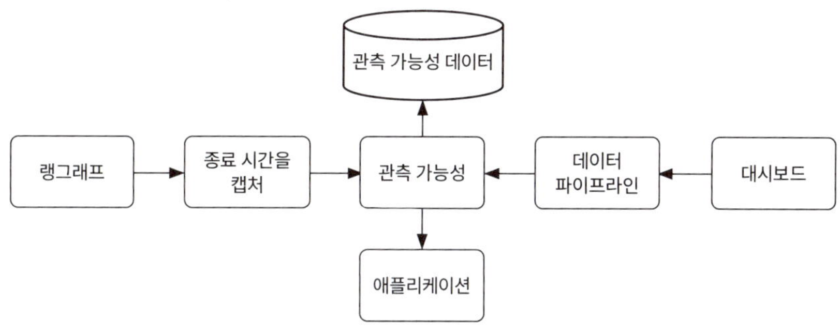

그림 11.17 **랭그래프 아키텍처**

향후 랭그래프보다 더 우수한 AI 자동화 도구가 발표되겠지만, 현시점에서 가장 발전된 기술은 랭그래프를 사용해서 워크플로를 개발하고, 계획-실행 에이전트와 슈퍼바이저 에이전트를 이용하는 것이다. 랭그래프는 추론의 브레인에 해당하는 에이전트를 실행하고, 다양한 채널에서 데이터를 수집하고 저장하는 중요한 역할을 수행한다.

랭그래프는 러닝 커브가 있지만 세밀한 요구 사항까지 적합하게 구현할 수 있다. 이어서 스트림릿, 음성 인식, 슬랙 등 3개의 채널을 랭그래프 워크플로와 연계하는 방법에 대해서 자세히 설명할 것이다. 물론 자동화 툴과 드래그앤드드롭으로 쉽게 워크플로를 구성하는 것도 가능하지만 복잡한 커스터마이징에는 한계가 있다. 예를 들어 구글 시트에서 변경이 발생하면 이벤트를 트리거해서 슬랙으로 전송하는 워크플로는 n8n만으로도 구성이 가능하다. 하지만 n8n만으로 스트림릿, 음성 인식, 슬랙봇과 연계해서 에이전트와 워크플로를 통합하는 것은 한계가 있다.

1 스트림릿

스트림릿은 보편적으로 사용하는 질의응답 화면이다. 예를 들어 회계, 주문 업무의 화면에 스트림릿을 추가하고 AI와 질의응답을 하는 것이 가능하다.

스트림릿의 화면 구조는 기존에 많이 사용하는 슬랙과 유사하다. 기능적인 측면에서는 중복이 있고, 슬랙만큼 다양한 기능을 제공하지는 못한다. 슬랙과 비교해서 스트림릿 기능을 보강하는 것보다는, 기존 애플리케이션에 질의응답을 할 수 있는 기능을 쉽게 추가하는 것이 낫다.

스트림릿이 랭그래프로 텍스트를 전달할 수 있는 방법은 FastAPI이다. AI Agent Service Toolkit을 커스터마이징하여 스트림릿과 랭그래프를 연계하는 방법을 살펴보겠다.

- https://github.com/JoshuaC215/agent-service-toolkit

이 깃허브 저장소의 'Architecture Diagram'에서 볼 수 있듯이 랭그래프 에이전트, 이를 제공하는 FastAPI 서비스, 서비스와 상호작용하는 클라이언트, 그리고 클라이언트를 사용하여 채팅 인터페이스를 제공하는 스트림릿 앱이 포함된다. 데이터 구조와 설정은 Pydantic으로 구축된다. 랭그래프 프레임워크를 사용하여 자체 에이전트를 쉽게 빌드하고 실행할 수 있는 템플릿을 제공한다. 에이전트 정의부터 사용자 인터페이스까지 완전한 설정을 보여주며, 완전한 툴킷을 제공하여 랭그래프 기반 프로젝트를 쉽게 시작할 수 있도록 도와준다.

스트림릿이 클라이언트이고, 요청을 FastAPI로 전달한다. 향후에 랭그래프가 아니라 다른 백엔드로 대체될 수도 있으며, 다른 채널이 추가될 수도 있다. 기술이 계속 변화하는 상황에서, 스트림릿과 같은 채널과 백엔드 변경을 최소화하면서 연계될 수 있다.

계획자와 실행자를 분리해서 좋은 결과를 출력하는 계획-실행-반영 에이전트에 대해 앞에서 설명했다. 계획-실행-반영 에이전트는 에이전트 패턴 중의 하나다. 이 외에도 슈퍼바이저 패턴이 자주 사용되며, 데모에서도 슈퍼바이저 워크플로를 사용한다.

- https://github.com/langchain-ai/langgraph-supervisor-py/

다수 에이전트가 서로 상호작용하는 과정에서 호출 경로가 복잡해지고 관리가 어려워지게 된다. 불필요하게 HITL이 많이 구성된다면, 사람이 매번 개입해야 되므로 자동화가 어렵게 된다. SRE 워크플로는 다양한 에이전트 간에 상호작용이 발생할 수 있는데, 슈퍼바이저를 사용하면 다수 에이전트를 쉽게 관리할 수 있다.

다음과 같이 파이썬 라이브러리를 구성한다.

```
pip install langgraph-supervisor langchain-openai
export OPENAI_API_KEY=<your_api_key>
```

이 프레임워크의 공식 예제를 변형한 다음 코드를 보자. 스트림릿과 연계되는 슈퍼바이저 워크플로로서, 일반적인 랭그래프 슈퍼바이저와 동일하다.

```
from langgraph.checkpoint.memory import MemorySaver
from langgraph.prebuilt import create_react_agent
from langgraph.store.memory import InMemoryStore
from langgraph_supervisor import create_supervisor
```

```python
from core import get_model, settings

model = get_model(settings.DEFAULT_MODEL)


def add(a: float, b: float) -> float:
    """Add two numbers."""
    return a + b


def multiply(a: float, b: float) -> float:
    """Multiply two numbers."""
    return a * b


def web_search(query: str) -> str:
    """Search the web for information."""
    return (
        "Here are the headcounts for each of the FAANG companies in 2024:\n"
        "1. **Facebook (Meta)**: 67,317 employees.\n"
        "2. **Apple**: 164,000 employees.\n"
        "3. **Amazon**: 1,551,000 employees.\n"
        "4. **Netflix**: 14,000 employees.\n"
        "5. **Google (Alphabet)**: 181,269 employees."
    )


math_agent = create_react_agent(
    model=model,
    tools=[add, multiply],
    name="math_expert",
    prompt="You are a math expert. Always use one tool at a time.",
).with_config(tags=["skip_stream"])

research_agent = create_react_agent(
    model=model,
    tools=[web_search],
    name="research_expert",
    prompt="You are a world class researcher with access to web search. Do not do any
math.",
).with_config(tags=["skip_stream"])

# Create supervisor workflow
workflow = create_supervisor(
    [research_agent, math_agent],
    model=model,
    prompt=(
        "You are a team supervisor managing a research expert and a math expert. "
```

```
        "For current events, use research_agent. "
        "For math problems, use math_agent."
    ),
    add_handoff_back_messages=False,
)

langgraph_supervisor_agent = workflow.compile(checkpointer=MemorySaver(),
store=InMemoryStore())
```

랭그래프와 스트림릿이 연계되도록 구성되어 있으며, 쉽게 다양한 워크플로를 추가할 수 있도록 구성되어 있다. 스트림릿 화면에서 다양한 모델과 워크플로를 선택할 수 있으며, 스레드 아이디와 유저 아이디를 생성할 수 있다.

랭그래프 StateGraph를 사용하는 워크플로는 오픈서치 MCP와 쉽게 연계가 가능하다. 에이전트와 다양한 애플리케이션 간 연계에 MCP 서버를 사용했고, MCP 클라이언트를 사용하면 채널과 연계할 수 있다.

2 음성 인식

음성 인식은 자연어처리와 장기 기억을 결합하여 보다 직관적이고 적응력 있는 경험을 제공하는 AI 에이전트이다. 트윌리오처럼 수신되는 콜을 곧바로 음성 인식으로 처리하는 것도 가능하다. 데모에서 사용한 도구는 다음과 같다.

- 음성에서 텍스트로의 변환에는 OpenAI's Whisper를 사용한다.
- 텍스트가 랭그래프로 전달되고, 랭그래프는 오픈서치 도구와 연계한다.
- 텍스트를 음성으로 변환하는 데에는 ElevenLabs을 사용한다.

에이전트가 사람처럼 지식을 수집하고 학습하기 위해서 음성 인식이 필요하다. 가급적 다양한 채널이 동일한 백엔드 랭그래프에 연계되도록 하는 것이 중요하다. 채널이 다르더라도 에이전트가 동일해야만 동일한 메모리에서 기억을 공유하기 때문이다. 만약 채널별로 다른 에이전트를 사용한다면, 사용자는 채널별로 다른 서비스를 경험하게 될 것이기 때문이다.

기본 로직은 랭그래프 워크플로이며, 오픈서치 지식 베이스를 이용하기 위해 task_maistro.py에 bind_tools API를 추가하는 것이 필요하다.

랭그래프는 StateGraph를 필요로 하고, get_tools, bind_tools, ToolNode를 사용함으로써 워크플로를 구성할 수 있다. 단순한 질의응답보다 오픈서치 지식 베이스를 도구로 등록함으로써 응답으로 생성되는 텍스트를 보강할 수 있다.

```
client = MultiServerMCPClient({
        "opensearch": {
            "url": f"{opensearch_server}/_plugins/_ml/mcp/sse?append_to_base_url=true",
            "transport": "sse",
            "headers": {
                "Content-Type": "application/json",
                "Accept-Encoding": "identity",
            }
        }
    })

tools = await client.get_tools()

def call_model(state: MessagesState):
    response = model.bind_tools(tools).invoke(state["messages"])
    return {"messages": response}

builder = StateGraph(MessagesState)
builder.add_node(call_model)
builder.add_node(ToolNode(tools))
builder.add_edge(START, "call_model")
builder.add_conditional_edges(
    "call_model",
    tools_condition,
)
builder.add_edge("tools", "call_model")
graph = builder.compile()
```

음성 인식은 MCP 서버와 연계하고, 슬랙봇은 MCP 클라이언트와 연계한다.

❸ 슬랙 통합: 슬랙봇 방식

장애가 발생하면, 다양한 부서의 엔지니어를 슬랙 채널에 초대해서 문제를 확인하면서, 해결책을 토론하는 것이 일반적이다. 리더는 수십 명에 이르는 엔지니어를 초대해서 토론을 진행한다. 문제가 복잡하고, 조직이 클수록 커뮤니케이션이 비효율적이고 오랜 시간이 걸리며 문제 해결이 가능한 전문가를 조직에서 찾는 것이 어렵다.

따라서 특정 분야의 전문가에 해당하는 슬랙봇을 만들고, 그 슬랙봇에 장애 경험과 문제 해결 능력을 학습시켜 비효율적인 근본 원인 분석을 개선하고자 하는 것이 목표다. 슬랙은 효과적인 커뮤니케이션 툴이고 다양한 기능을 제공한다. 처리하는 방식은 다음과 같다.

- 슬랙에서 슬랙봇을 생성한다. 예를 들어 프로덕트 오너 에이전트, SRE 에이전트, 아키텍트 에이전트, 플랫폼 에이전트 등 다양한 에이전트는 다른 지식 베이스와 연결되고, 다른 지식을 보유하게 된다.
- 장애가 발생하면, 토론에 필요할 것으로 판단되는 다수 에이전트를 슬랙 채널에 초대한다.
- SRE 에이전트의 응답이 정확한지 혹은 추가적인 의견은 있는지, 플랫폼 에이전트에게 질문할 수 있다. 특정 에이전트의 응답을 다수의 에이전트에게 확인시키거나 반박하도록 유도할 수 있다. 예를 들어 플랫폼 에이전트가 반박한다면, 프로덕트 오너 에이전트가 재반박하는 것도 가능할 것이다.
- 상용 관측 가능성을 다수 사용한다면, 데이터독 슬랙봇과 다이나트레이스 슬랙봇을 생성할 수 있다. 2개 슬랙봇을 채널에 초대해서 근본 원인 분석에 대해서 함께 토론하게 할 수 있다.
- 사람과 슬랙봇이 함께 질의응답하면서 협업하는 것도 가능해진다.

슬랙을 사용해서 다양한 방법으로 근본 원인 분석을 개선할 수 있다. 방법은 슬랙봇 방식과 워크플로 방식 두 가지가 있다. 먼저 슬랙봇 방식은 MCP 클라이언트를 구성하고, 채널에 전문가에 해당하는 슬랙봇을 추가하는 방식이다. 슬랙봇은 과거의 경험과 지식의 상태를 지속적으로 관리한다. 슬랙봇을 시작하는 화면은 다음과 같다.

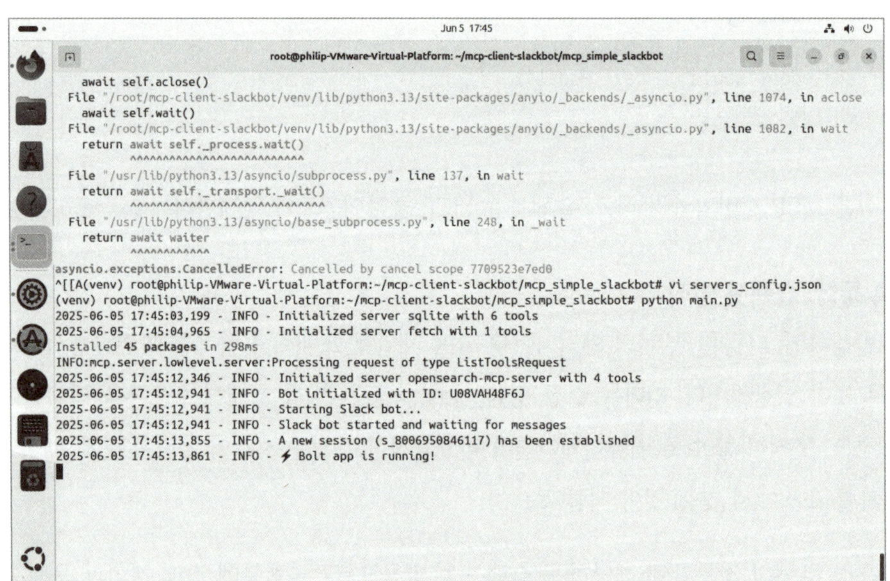

그림 11.18 슬랙봇 시작 화면

SRE, 아키텍트, 플랫폼 에이전트에 대응되는 슬랙봇을 생성하는데, 다음과 같이 오픈서치 MCP

서버의 정보를 추가해야 한다. 슬랙봇이 질문을 받으면, MCP를 통해서 오픈서치 지식 베이스에서 지식을 얻은 다음 답변을 한다.

```
{
    "mcpServers": {
        "opensearch-mcp-server": {
            "command": "uvx",
            "args": ["mcp_server_opensearch"],
            "env": {
                "OPENSEARCH_URL": "<your_opensearch_domain_url>",
                "OPENSEARCH_USERNAME": "<your_opensearch_domain_username>",
                "OPENSEARCH_PASSWORD": "<your_opensearch_domain_password>",
            }
        }
    }
}
```

현재 슬랙봇은 랭그래프 워크플로와 통합되지 않았지만, 향후에는 슬랙봇도 워크플로와 연계가 되어야 한다. 슬랙봇이 스트림릿, 음성 인식 채널과 기억과 경험을 공유하도록 에이전트가 구성되어야 한다. 예를 들어 스트림릿과 음성 인식 에이전트는 특정 장애의 원인과 해결책을 기억하지만, 슬랙봇은 기억하지 못하면 문제가 될 수 있다. 다수 채널이 있더라도 백엔드의 워크플로와 에이전트는 하나로 구성해서, 기억과 경험을 공유해야 한다. 서비스 향상을 위해서는 동일한 사용자 경험을 제공해야 된다.

슬랙봇이 워크플로와 통합되지 않았지만, 대신에 슬랙 채널에서의 대화 내용을 저장하거나, 요약해서 데이터베이스에 저장하고, 도구에서 채널의 대화 내용을 조회한다면 다양한 채널 간의 기억을 공유할 수 있는 방법이 될 수 있다. 슬랙 채널에 유용한 정보가 많으므로, 이를 조회하고 검색하는 기능을 제공하고, 채널 간에 공유할 수 있도록 구성하는 것이 필요하다.

단일 슬랙봇이 아니라, 다수의 슬랙봇을 정의하는 이유는 다음과 같다.

- 단일 슬랙봇이 쿼리하는 경우에는 풀스캔이 자주 발생하고, 처리 시간이 오래 걸린다.
- 단일 슬랙봇을 사용하면 풀스캔으로 인해서 더 많은 비용이 발생한다.
- 슬랙봇 간에 반박을 하거나 토론을 하는 것이 어렵다.
- 기업 내 지식 베이스가 분리되어 있다면 슬랙봇도 조직을 고려해서 분리하는 것이 적합하다.
- 다른 지식 베이스에 연결하고 전문성을 향상시키는 것이 적합하다.

❹ 슬랙 통합: 워크플로 방식

슬랙과 랭그래프 워크플로를 연계하여, 슬랙의 이벤트를 수신하고 워크플로에서 처리 후 슬랙에 응답하는 방식이다. 챗봇 및 에이전트와 같은 최신 AI 애플리케이션은 자연어를 통해 소통하므로 슬랙과 같은 메시징 플랫폼은 이들과 상호작용하는 데 이상적인 인터페이스이다. 이러한 AI 어시스턴트가 더 복잡한 작업을 수행함에 따라 사용자는 별도의 웹 인터페이스가 아닌 기본 업무 환경에서 이들과 소통할 수 있어야 한다.

랭그래프 기반 애플리케이션(챗봇, 에이전트 또는 기타 AI 시스템)을 슬랙에 연결하면 팀이 일상적인 커뮤니케이션 채널에서 AI 어시스턴트와 직접 상호작용하는 것이 가능하다.

전체적인 개념은 간단하다. 랭그래프 플랫폼에 배포된 API 서버에 슬랙 경로가 직접 추가된다. 서버는 두 가지 주요 기능을 수행한다.

1. 슬랙 이벤트를 수신하여 랭그래프가 이해할 수 있는 형식(채팅 메시지)으로 패키징한 후 랭그래프에 전달
2. 랭그래프의 응답을 수신하고 메시지 목록에서 가장 최근 메시지를 추출한 후 다시 슬랙으로 전송

향후에는 AI 에이전트와 함께 개발하고 운영하는 방식으로 변화될 것이다. 항상 에이전트가 실행 중이고, 음성 인식, 스트림릿 텍스트, 슬랙에서 발생하는 다양한 정보를 수집하고 응용해서 시니어 엔지니어처럼 답변하는 것이 가능해질 것이다.

11.6 AI 관측 가능성을 위한 OpenLLMetry

랭체인과 랭그래프 워크플로는 복잡한 처리 스텝을 다수 포함하고 있으며, 예상치 못한 에러와 지연이 발생할 가능성이 높다. 내부 지식 베이스에 풀스캔이 자주 발생하거나, MCP 연계에 과부하가 발생할 가능성이 높다. 또한 랭스미스와 랭그래프 스튜디오는 향후 라이선스 문제가 발생할 가능성이 있고, 오픈텔레메트리와 같은 표준을 지원하지도 않는 기술이다. 사람이 개입하든가 개입하지 않든가 두 방식 모두 모니터링이 필요하다. 스텝별 모니터링 없이 애플리케이션 연계와 워크플로 운영이 어렵기 때문이다. 여러모로 전 구간을 지원하는 관측 가능성의 방향과는 일치하지가 않는다.

전 구간 추적의 개념은 워크플로와 MCP 운영에도 동일하게 적용된다. 오픈텔레메트리는 채널과 워크플로의 추적에 집중하지만, MCP 서버와 MCP 서버에 연계되는 애플리케이션은 추적이 적용

되지 않는 경우가 많다. ReAct 에이전트는 비교적 처리 방식이 간단하므로 모니터링이 쉽지만, 비동기로 처리되는 계획-실행 에이전트는 내부적으로 처리 방식이 복잡하다. HITL과 슈퍼바이저 워크플로는 처리 과정이 복잡하고, 오래 걸릴 수 있다. AI 애플리케이션의 처리 과정은 채널, 웹 프레임워크, 워크플로, 에이전트, 도구, MCP 클라이언트, MCP 서버, 레거시 애플리케이션 순으로 처리된다. 워크플로는 복잡한 경우에는 수십 개에 이른다.

이번 절에서 살펴볼 OpenLLMetry는 오픈텔레메트리의 제약을 보완한다. 예를 들어 랭그래프, MCP 서버, 벡터 데이터베이스를 계측할 수 있도록 도와준다. 랭스미스와 랭퓨즈(Langfuse)도 좋은 선택이지만, 유료이므로 라이선스를 지불해야 하고 전 구간 관측 가능성 구축에 적합한 설루션은 아니다. 사실 AI 관측 가능성을 위한 독립적인 설루션을 사용하는 것은 권장하지 않는다. 비용은 비용대로 발생하지만, 근본 원인을 분석하는 데 도움이 되지 않기 때문이다.

OpenLLMetry는 오픈텔레메트리를 기반으로 구축된 확장 기능 세트로서, LLM 애플리케이션에 대한 완전한 관찰 가능성을 제공한다. 오픈텔레메트리를 내부적으로 사용하기 때문에, 기존 관찰 가능성 설루션(Datadog, Honeycomb 등)과 연결할 수 있다. 예를 들어 Traceloop에 출력되는 추적은 다음 그림과 같다.

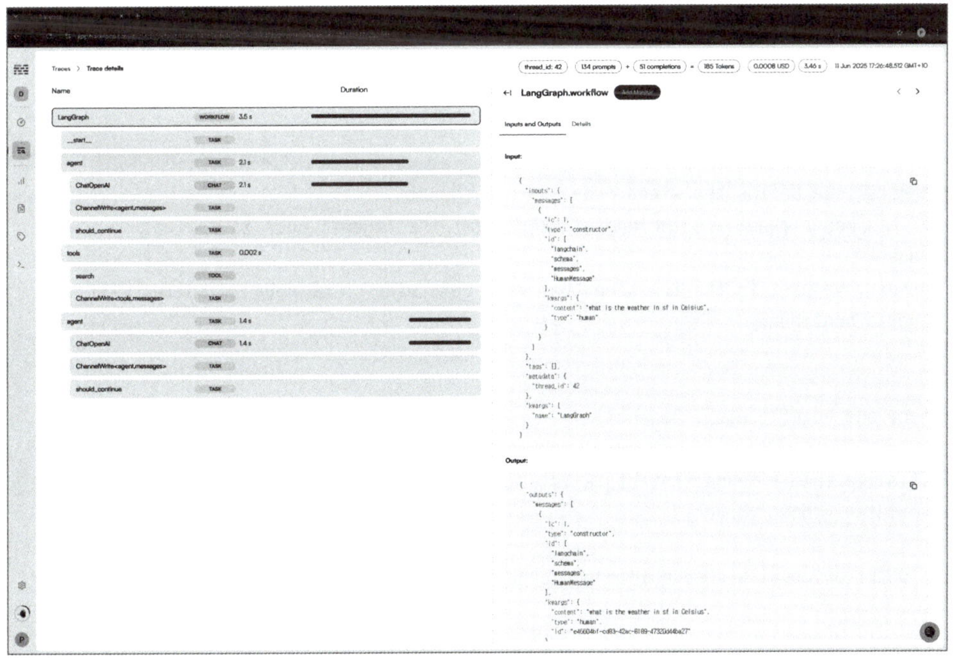

그림 11.19 OpenLLMetry 출력

기존 랭그래프 소스에서 임포트 2줄을 추가한다.

```
from traceloop.sdk import Traceloop
Traceloop.init(app_name="langgraph_example")
```

전체 소스는 아래와 같다.

```
# Define the function that calls the model
def call_model(state: MessagesState):
    messages = state["messages"]
    response = model.invoke(messages)
    # We return a list, because this will get added to the existing list
    return {"messages": [response]}


# Define a new graph
workflow = StateGraph(MessagesState)

# Define the two nodes we will cycle between
workflow.add_node("agent", call_model)
workflow.add_node("tools", tool_node)

# Set the entrypoint as 'agent'
# This means that this node is the first one called
workflow.set_entry_point("agent")

# We now add a conditional edge
workflow.add_conditional_edges(
    # First, we define the start node. We use 'agent'.
    # This means these are the edges taken after the 'agent' node is called.
    "agent",
    # Next, we pass in the function that will determine which node is called next.
    should_continue,
)

workflow.add_edge("tools", "agent")

# Initialize memory to persist state between graph runs
checkpointer = MemorySaver()

app = workflow.compile(checkpointer=checkpointer)

final_state = app.invoke(
    {"messages": [HumanMessage(content="what is the weather in sf in Celsius")]},
    config={"configurable": {"thread_id": 42}},
```

```
)

print(final_state["messages"][-1].content)
```

11.6.1 워크플로 수동 계측

클라이언트는 FastAPI를 호출하고, FastAPI는 랭그래프 워크플로를 호출하는 전 과정을 추적하고, 스팬을 생성한다.

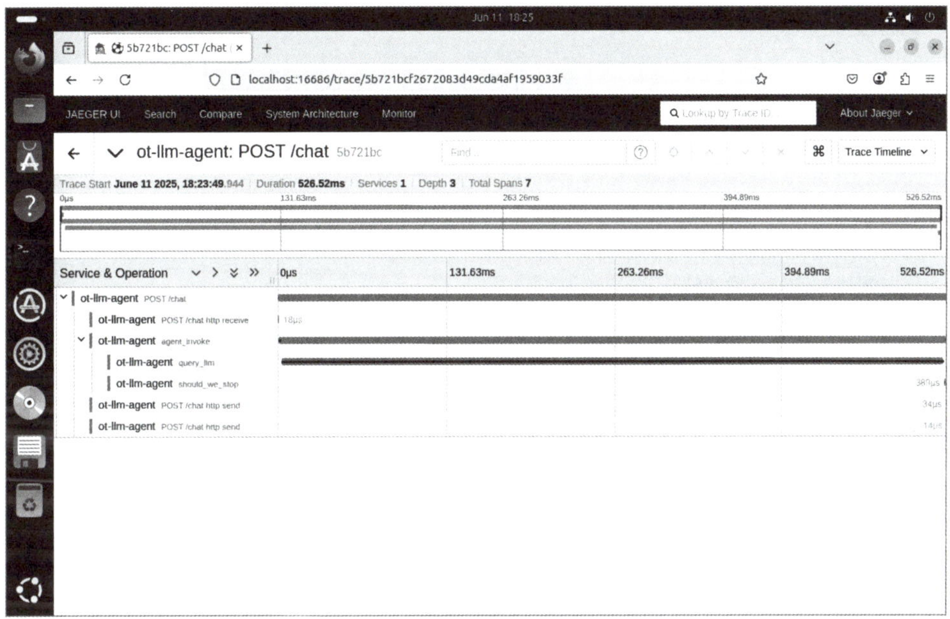

그림 11.20 랭그래프 추적 출력

에이전트 소스는 다음과 같다.

```
def query_llm(state: OverallState) -> dict:
    local_client = client_large.bind_tools(tools)
    result = local_client.invoke(
        [
            SystemMessage(content="You are a helpful assistant. Use the wikipedia tool when
necessary.")
        ]
        + state.messages
    )
    trace.get_current_span().set_attribute("query", state.messages[-1].content)
```

```
    trace.get_current_span().set_attribute("response", result.content)

    input_tokens_counter.add(
        result.usage_metadata["input_tokens"], {"model": client_large.model_name}
    )
    output_tokens_counter.add(
        result.usage_metadata["output_tokens"], {"model": client_large.model_name}
    )

    return {"messages": [result]}


@trace.get_tracer("opentelemetry.instrumentation.custom").start_as_current_span(
    "should_we_stop"
)
```

FastAPI를 구성하는 서버는 다음과 같다.

```
def chat_route(query: Query, request: Request) -> Response:
    """Handles chat requests."""
    try:
        thread_id = query.thread_id
        logger.info(f"Started processing {thread_id=}")
        message = query.message
        agent: CompiledGraph = request.state.agent

        config = {"configurable": {"thread_id": thread_id}}

        new_state = OverallState(messages=[HumanMessage(content=message)])

        final_state_dict = agent.invoke(new_state, config=config)

        final_state = OverallState(**final_state_dict)

        if not final_state.messages or not isinstance(final_state.messages, list):
            raise HTTPException(
                status_code=500, detail="Agent failed to generate a response."
            )

        response_message = final_state.messages[-1].content
        return Response(message=response_message)

    except Exception as e:
        logger.error("Processing failed")
        raise HTTPException(status_code=500, detail=f"An error occurred: {e}")
```

11.6.2 오픈텔레메트리 Gen AI

Instrumentation Library는 OpenTelemetry Python Contrib의 instrumentation-genai 프로젝트 내에서 생성형 AI 애플리케이션의 텔레메트리 수집을 자동화하기 위해 개발되고 있다. 첫 번째 릴리스는 OpenAI 클라이언트 호출을 모니터링하기 위한 파이썬 라이브러리이다. 이 라이브러리는 스팬과 이벤트를 캡처하여 모델 입력, 응답 메타데이터, 토큰 사용량 등 필수 데이터를 구조화된 형식으로 수집한다.

```
dotenv run -- opentelemetry-instrument python3 main.py
```


```
{
    "name": "chat gpt-4o-mini",
    "context": {
        "trace_id": "0x40584e0bf400607446aefc86a40ce04d",
        "span_id": "0x33b2cd235c684482",
        "trace_state": "[]"
    },
    "kind": "SpanKind.CLIENT",
    "parent_id": null,
    "start_time": "2025-06-10T12:13:39.175298Z",
    "end_time": "2025-06-10T12:14:00.282252Z",
    "status": {
        "status_code": "UNSET"
    },
    "attributes": {
        "gen_ai.operation.name": "chat",
        "gen_ai.system": "openai",
        "gen_ai.request.model": "gpt-4o-mini",
        "server.address": "api.openai.com",
        "gen_ai.response.model": "gpt-4o-mini-2024-07-18",
        "gen_ai.response.finish_reasons": [
            "stop"
        ],
        "gen_ai.response.id": "chatcmpl-Bgs9DOoL8Soeu44liNPIjASZNlPAw",
        "gen_ai.openai.request.service_tier": "default",
        "gen_ai.usage.input_tokens": 15,
        "gen_ai.usage.output_tokens": 152
    },
    "events": [],
    "links": [],
    "resource": {
        "attributes": {
            "telemetry.sdk.language": "python",
            "telemetry.sdk.name": "opentelemetry",
```

```
            "telemetry.sdk.version": "1.30.0",
            "service.name": "opentelemetry-python-openai",
            "telemetry.auto.version": "0.51b0"
        },
        "schema_url": ""
    }
}
```

추적이 적용되는 전 구간은 다음과 같이 7단계로 구성된다.

1. 스트림릿, 음성 인식, 슬랙에서 추적이 시작된다.
2. 채널은 FastAPI 서버로 전달되고, RAG 벡터 데이터베이스에 전달된다.
3. FastAPI는 랭그래프 워크플로를 시작한다.
4. 랭그래프 노드가 처리되고, 에이전트를 호출한다.
5. 에이전트는 MCP 서버와 바인딩되고, 도구를 호출한다.
6. MCP 클라이언트가 MCP 서버를 호출할 수 있다.
7. MCP 서버는 다양한 서드파티 애플리케이션을 호출한다.

11.7 요약

AIOps를 위해서는 에이전트와 RAG를 효율적으로 구성해야 한다. 랭그래프 워크플로를 사용해서 ReAct, 계획-실행 에이전트와 다양한 상호작용을 구성하는 방법을 살펴봤다. IT 운영 자동화에 필요한 다양한 워크플로, 리랭킹과 후속 처리 등 고급 기능도 설명했다.

LLM으로 개별 장애와 지연 등 근본 원인 분석에 대한 상세한 답변을 할 수 있다. 하지만 상세한 답을 하기 위해서는 프롬프트를 개선하는 것이 필요하다. 지식 베이스에 상세히 장애를 기록함으로써 프롬프트를 보강하고 LLM 정확도를 향상할 수 있다. 데이터가 올바르게 구성이 된다면, LLM의 성공 확률은 높아진다. 하지만 LLM의 결과를 사용하는 사용자도 일정 수준 이상의 지식을 필요로 한다. LLM의 결과가 정확한지 부정확한지 판단할 수 있어야 하기 때문이다. AIOps가 성공하기 위해서는 개인과 회사, 회사의 방향성이 올바르게 수립되어야 한다. 무엇보다 업무와 기술에 대한 깊은 이해가 있어야만 AIOps가 성공할 수 있다.

맺음말

토머스 프리드먼은 《늦어서 미안해》(21세기북스, 2017)에서 현재를 '가속의 시대'라 부른다. 기하급수적 변화가 당혹감이나 절망감을 줄 수 있지만, 겁먹거나 후퇴하지 말고 잠시 멈춰 지금 이 시대에 대해 잠시 생각할 시간을 가지라고 조언한다.

근래 AI 기술의 발전은 개발, 운영을 포함한 IT 전반의 변화를 가져오고 있다. 이 책에서는 개발보다는 운영 관점에서 관측 가능성에 어떻게 AI 기술을 적용할 것인지 설명했다. 결론부터 말하면, 기술은 항상 변화하지만 기본기에 충실하고 변화에 능동적으로 대응하라고 권하고 싶다.

첫째, 커널, 자바머신 등 시스템의 내부적인 작동 원리를 이해하는 것이 중요하다. 응용 기술과 비즈니스 프로세스를 이해하는 것은 중요하지만, 상위 수준의 이해만으로는 근본 원인을 식별하고 해결책을 제시하는 것이 어렵다. 하위 수준의 동작을 자세히 이해하고, 시스템의 내부 처리를 세분화하고 근본 원인을 식별해야만 장애가 재발하는 것을 방지하고 신뢰성 있는 서비스를 제공할 수 있다.

둘째, AI의 도입은 필수이고, 이를 적극적으로 도입해서 시간과 비용을 절감하고 근본 원인을 분석하는 데 적극적으로 활용해야 한다. 아직 랭그래프, MCP, 에이전트의 정확도가 부족해 생각만큼 좋은 결과를 보이지는 않지만, 향후에는 많이 개선될 것이고 SRE와 데브옵스를 위한 가장 효율적인 도구가 될 것이다. 향후에 SRE의 많은 업무가 AI에 의해서 대체될 것이다. AI에 익숙해지고 함께 협업하는 데 익숙해져야 한다.

이 책은 단순히 기술을 소개하는 것보다 성공적인 관측 가능성과 AIOps를 구성하는 데 집중했다. AI뿐만 아니라 IT 운영 전반에 걸쳐 설명했다. 개발에서 SDLC와 애자일, 스프린트가 정의되는 것처럼, IT 운영도 하나의 큰 도메인이다. 데이터와 프로세스를 포함하며, 조직과 비용 측면에서 효과적으로 운영되어야 한다.

사실 이 책의 대부분은 잘못된 데이터를 어떻게 바로잡을 것인지에 대한 내용이다. 그만큼 데이터를 올바르게 구성하는 것이 중요하기 때문이다. 운영 데이터가 잘못 구성되어서 조인이 안 되고, 의미가 충분하지 않고 불분명하거나, 콘텍스트가 부족하거나, 누락, 중복, 관계와 구조가 잘못 구성되고 끊어지는 경우가 비일비재하다.

책 전체를 통해 어댑터를 사용해서 많은 레거시 애플리케이션을 통합하고 전 구간 관측 가능성을 구성했다. 관측 가능성 에이전트를 사용해서 비즈니스, 애플리케이션, 시스템 데이터를 올바르게 수집하는 방법에 대해서 설명했고, AI 에이전트를 사용해서 수집된 데이터를 자동화하는 방법에 대해서도 살펴봤다.

기술적인 이해만으로는 목적을 달성하는 것이 어렵다. 목적 달성을 위해서는 데이터와 프로세스에 대한 깊은 통찰이 필요하다.

진솔한 서평을 올려주세요!

이 책 또는 이미 읽은 제이펍의 책이 있다면, 장단점을 잘 보여주는 솔직한 서평을 올려주세요.
매월 최대 5건의 우수 서평을 선별하여 원하는 제이펍 도서를 1권씩 드립니다!

- **서평 이벤트 참여 방법**
  1. 제이펍 책을 읽고 자신의 블로그나 SNS, 각 인터넷 서점 리뷰란에 서평을 올린다.
  2. 서평이 작성된 URL과 함께 review@jpub.kr로 메일을 보내 응모한다.

- **서평 당선자 발표**
  매월 첫째 주 제이펍 홈페이지(www.jpub.kr)에 공지하고, 해당 당선자에게는 메일로 연락을 드립니다.
  단, 서평단에 선정되어 작성한 서평은 응모 대상에서 제외합니다.

독자 여러분의 응원과 채찍질을 받아 더 나은 책을 만들 수 있도록 도와주시기를 바랍니다.

찾아보기